증권투자론

이 하 일

Security Investment

三 英 社

머리말

오늘날의 금융환경은 국제화, 자율화, 증권화의 조류속에 금융기관간 업무구분이 허물어지면서 경쟁이 심화되고, 세계 주요 금융시장의 변화가 즉각적으로 국내금융시장에 파급되는 세계 단일시장으로의 통합화가 진전되고 있으며, 저출산 고령화의 진전으로 개인의 자산관리 및 노후대비에 대한 관심이 고조되고 있다.

증권시장은 자금의 수요자인 기업과 자금의 공급자인 가계를 직접 연결시켜 기업에는 증권의 발행을 통해 양질의 장기산업자금을 조달할 수 있도록 하고 개인에게 금융자산에 대한 투자기회를 제공해 주는 동시에, 사회적으로 재산 및 소득의 재분배에 기여하는 자본주의 경제체제를 상징하는 대표적인 시장조직이다.

본서는 증권투자의 전반적인 내용을 일관성 있도록 구성하여 증권투자의 기초개념에 대한 확실한 이해를 바탕으로 현실에 대한 적응력을 높일 수 있도록 증권시장, 불확실성의 선택이론, 주식투자, 채권투자, 파생상품의 5개 주제로 이루어졌다. 본서의 내용은 다음과 같이 제5편 제17장으로 구성되었다.

제1편 증권시장에서는 증권투자의 정의, 증권의 개념과 종류, 금융시장 및 증권시장의 개념과 구성, 증권가격의 결정, 매매계약의 체결, 증권시장의 지표, 주가지수의 개념, 투자결정과 투자전략의 일반적인 내용을 소개하고 이러한 증권거래가 실제 상황에서 어떻게 적용되는지를 상세하게 설명하였다.

제2편 포트폴리오선택에서는 불확실성하의 선택이론, 투자자가 평균-분산기준에 따라 기대효용을 극대화하도록 투자한다는 포트폴리오이론, 시장균형상태에서 위험과 기대수익률의 관계를 설명하는 자본자산가격결정모형과 차익거래가격결정모형의 내용을 소개하고 실제로 어떻게 활용되는지를 살펴보았다.

제3편 주식투자에서는 과거의 주가와 거래량의 흐름을 분석하여 미래의 주가를 예측하는 기술적 분석, 주식의 내재가치를 산출하는데 초점을 집중시키는 기본적 분석 그리고 주식가치를 평가하는데 일반적으로 사용되는 배당평가모형, 성장기회평가모형, 주가배수모형의 일반적인 내용을 살펴보았다.

제4편 채권투자에서는 채권의 기본개념, 채권가치의 평가, 채권수익률, 채권수익률의 기간구조이론, 채권수익률의 위험구조, 듀레이션과 볼록성, 채권투자전략으로 소극적 투자전략과 적극적 투자전략의 일반적인 내용을 소개하고 이러한 채권투자전략이 실제 상황에 어떻게 적용되는지를 살펴보았다.

제5편 파생상품에서는 선물거래의 개념, 선물거래의 유형, 주식선물, 주가지수선물, 금리선물, 통화선물, 상품선물, 옵션거래의 개념, 옵션가격결정모형, 통화옵션, 주가지수옵션, 포트폴리오보험전략, 스왑거래의 내용을 소개하고 이러한 파생상품이 실제 상황에 어떻게 적용되는지를 살펴보았다.

본서는 투자론과 관련된 대학강의 교재와 증권투자에 관심있는 일반인들의 참고서로 적합할 것으로 생각된다. 특히 금융자격증 시험을 준비하는 수험생들을 위해 증권시장, 포트폴리오선택, 주식투자, 채권투자, 파생상품의 내용을 쉽게 이해할 수 있도록 정리하였다. 각 장의 주제들에 대한 내용을 충분히 이해하고 기본체계를 세운 후 효율적인 반복학습으로 실력을 향상시키는 것이 합격의 지름길이다.

본서가 출판되기까지 적극적으로 도와주신 삼영사의 고성익 부사장님과 깔끔한 편집으로 최선을 다한 편집부에 감사드리며 무궁한 발전을 기원한다. 끝으로 자식 잘 되기만을 기원하다 돌아가신 어머니와 따뜻한 격려를 보내주신 장인어른께 깊은 감사를 드리고 장기간 성원을 보내준 가족들과 남편의 성공을 염원하는 아내와 아들 동선에 대한 사랑의 마음을 본서로 대신한다.

2014년 6월

보건학관 연구실에서

이 하 일

Contents

PART 01 증권투자

Contents

PART 02 위험과 수익률

Contents

Contents

Chapter 10 기술적 분석 / 274

Contents

PART 04 증권평가

Contents

PART 05 파생상품

Contents

Contents

01 증권투자

01 증권시장

증권시장은 유가증권이 발행자로부터 투자자에게 공급되고 다시 많은 투자자 상호간에 매매되는 경제사회관계를 총칭하여 말한다. 따라서 자금을 유통시키는 시장이라는 의미에서 금융시장의 일환으로 이해되며 공장건설이나 기계설비 등 장기자금을 조달하여 주는 역할을 한다는 의미에서 자본시장이라고도 한다.

제 1 절 증권투자

1 증권의 정의

증권은 시장에서 자유롭게 양도하거나 거래될 수 있는 금융자산을 말한다. 예금은 미래의 원리금에 대한 청구권을 나타내어 금융자산의 일종이나, 금융시장에서 다른 사람에게 양도할 수 없기 때문에 증권이라고 할 수 없다. 증권은 균등한 지분을 갖는 다수의 지분으로 나누어져 증권시장에서 거래된다.

증권은 권리의 내용에 따라 보통 세 가지 종류로 구분할 수 있다. 첫째, 출자자의 지위나 권리를 나타내는 증권으로 대표적인 것이 주식이다. 둘째, 원금과 이자에 대한 금전채권을 나타내는 증권으로 대표적인 것이 채권이다. 셋째, 투자신탁의 신탁수익권을 나타내는 증권으로 대표적인 것이 수익증권이다.

증권은 발행사가 투자자들로부터 거액의 장기자금을 조달하기 위해 발행하는 자본조달수단으로 자유로운 양도가 보장되어 유동성을 갖고 있다. 자본주의 경제에서 기업의 실물자산 투자규모는 막대한 자본의 투입을 필요로 하기 때문에 한 개인이나 소수가 아닌 다수의 투자자로부터 소요자본을 조달해야 한다.

대부분의 증권은 자유로운 양도가 보장되어 있다. 따라서 투자자들은 소유하고 있는 증권을 매도하여 투자자금을 회수할 수 있고, 증권을 매입하여 증권이 지닌 재산권을 획득할 수 있다. 즉, 증권은 증권시장에서 일정한 규칙에 의해 반복적으로 거래되어 가치 전환이 쉽게 이루어질 수 있는 시장성을 갖고 있다.

2 증권의 다양화

증권시장에서 가장 활발하게 거래되고 있는 주식과 채권은 발행자의 입장에서 보면 가장 일반적인 자본조달의 수단이지만 투자자의 입장에서 보면 자신들의 여유자금을 운용하기 위한 수단이다. 따라서 투자자들이 재테크의 대상을 선택할 경우에 수익성, 안전성, 유동성이라는 세 가지 원칙을 고려해야 한다.

첫째, 수익성의 원칙이다. 수익성은 투자자들이 선택하는 금융상품에서 얼마만큼의 이익이 발생할 것인가를 나타내어 보다 나은 미래의 소득을 얻기 위한 것이다. 따라서 재테크의 출발점은 여유자금을 금융상품에 투자할 경우에 반드시 투자대상이 얼마나 많은 이익을 가져다 줄 수 있는가를 고려해야 한다.

둘째, 안전성의 원칙이다. 안전성은 얼마나 안전하여 투자원금이나 이자를 떼일 염려가 없는가를 나타내어 투자로 인해 미래에 얻게 될 소득이 불확실하면 이는 좋은 투자대상이 되지 못한다. 따라서 아무리 수익이 많이 날 것으로 기대된다 하더라도 투자원금이 손상될 가능성이 높은 투자는 바람직한 투자가 아니다.

셋째, 유동성의 원칙이다. 유동성은 적정한 가격으로 증권을 매도하여 현금으로 바꿀 수 있는 능력을 말하며 환금성이라고도 한다. 따라서 투자자들은 투자대상을 선택할 때 투자원금을 어느 정도 긴급하게 회수할 필요가 있는가를 고려하고, 필요한 경우에는 언제든지 쉽게 현금화할 수 있는 투자대상을 선택해야 한다.

이러한 세 가지 원칙을 가장 잘 충족시키는 것이 가장 좋은 투자대상이다. 그러나 이러한 투자대상은 존재하지 않는다. 왜냐하면 이들 원칙은 서로 대립적이기 때문이다. 수익성과 안전성은 서로 대치되어 안전성의 희생이 없으면 높은 수익성을 기대할 수 없고, 수익성을 희생하지 않으면 높은 안전성을 기대하기 어렵다.

일반적으로 주식은 수익성이 높은 증권이라 할 수 있고, 채권은 안전성이 뛰어난 증권이라 할 수 있다. 따라서 주식과 채권의 중간 형태로 수익성과 안전성이 적절히 조합된 투자대상이 있을 수 있다. 즉, 수익성과 안전성에 대한 투자자들의 세분화된 요구를 충족시킬 수 있도록 증권의 다양화 현상이 생기게 되었다.

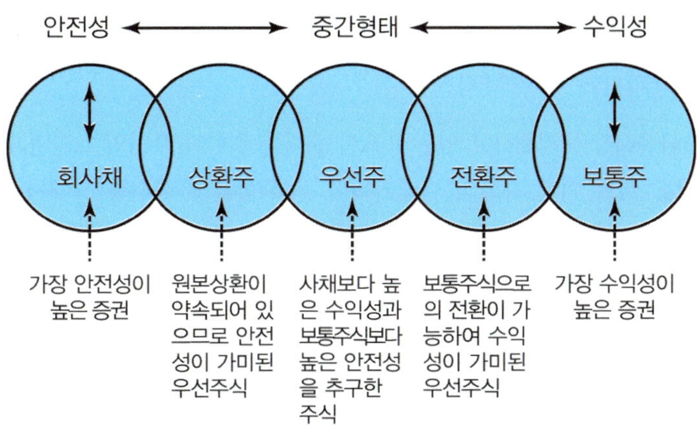

[그림 1-1 증권의 다양화]

3 증권의 종류

국가, 공공단체, 기업이 발행하는 증권은 분류기준에 따라 확정소득증권과 변동소득증권, 1차 증권과 2차 증권, 위험자산과 무위험자산, 단기증권과 장기증권, 그리고 채무증권과 지분증권으로 구분한다. 그러나 자본시장에서 거래되는 증권의 대부분은 주식과 채권이므로 주식과 채권을 중심으로 살펴보기로 한다.

(1) 확정소득증권과 변동소득증권

증권은 법률적 · 경제적 특성에 따라 확정소득증권과 변동소득증권으로 구분한다. 확정소득증권은 계약에 의해 미래소득의 크기와 시기가 약정되어 있는 증권으로 채권이 대표적인 형태이다. 변동소득증권은 미래이득의 크기와 시기가 약정되어 있지 않은 증권으로 주식과 같은 지분증권이 대표적인 형태이다.

(2) 1차 증권과 2차 증권

채권과 주식은 실물자산 투자를 위한 자본조달수단으로 발행되고 실물자산에서 얻어진 미래소득에 대해 직접 청구권을 행사한다는 점에서 1차 증권이라고 한다. 반면에 파생상품은 1차 증권의 가격에 따라 증권의 가치가 달라진다는 점에서 2차 증권이라고 하며 여기에는 선도, 선물, 옵션, 스왑이 있다.

(3) 위험자산과 무위험자산

금융시장을 지배하고 있는 중요한 원리는 위험과 수익의 교환관계(risk-return trade-off)이다. 이는 어떤 자산의 미래이득이 큰 위험을 가질수록 그 자산의 기대수익률이 더 크다는 논리를 말한다. 따라서 위험과 수익의 교환관계를 기준으로 증권을 분류하면 위험자산과 무위험자산으로 구분할 수 있다.

위험자산은 미래에 얻게 될 소득의 크기가 불확실하거나 변동성을 갖는 자산을 말하며 주식이 대표적이다. 반면에 무위험자산은 미래에 얻게 될 소득이 확실하게 얻어지는 자산으로 안전자산이라고도 한다. 국공채는 원리금의 지급을 정부가 보장하기 때문에 무위험자산의 대표적인 예라고 할 수 있다.

제 2 절 유가증권

1 주식의 정의

주식은 주식회사의 사원인 주주가 회사에 대해 가지고 있는 지분으로써 자본의 구성분자로서의 금액의 뜻과 주주의 회사에 대한 권리의무의 단위로서의 주주의 법적 지위(주주권)의 뜻이 있다. 일반적으로 주주권을 표창하는 유가증권도 주식이라 하지만, 상법에서는 주식을 주권이라 부른다.

(1) 자본의 구성분자

주식회사의 자본은 발행주식의 액면총액을 말하며 주식으로 나누어야 하고 주식의 금액은 균일해야 한다. 따라서 주식은 자본을 균일하게 나눈 단위로서의 금액을 표시한다. 주식과 자본의 관련은 밀접하여 주식은 사원의 출자를 측정하는 단위로서 작용하는 것이므로 자본의 구성분자로서의 금액을 의미한다.

주식 액면가액의 법정 최저한은 100원 이상으로 균일해야 하고 주식인수인이 공동으로 주식을 인수한 경우에는 연대하여 납입할 책임이 있다. 주식공유자는 회사에 대해 주주의 권리를 행사할 1인을 정해야 하며, 주주의 권리를 행사할 자가 없는 때에는 공유자에 대한 통지나 최고는 1인에 대해 하면 된다.

주식의 최저단위는 1주이므로 이를 다시 세분화할 수 없다. 1주 미만의 주식을 단주라고 하며 단주가 발생하면 회사가 단주를 모아 처분해야 한다. 주식과 주주의 권리를 분리하여 주주권만을 양도할 수 없다. 다만 주주의 권리 중 구체화된 신주인수권이나 이익배당청구권은 주식과 분리하여 양도할 수 있다.

(2) 주주의 권리의무단위

주식은 회사에 대한 사원의 지위 또는 자격을 말한다. 이를 주주권이라고 하는데 주주권은 주식과 분리하여 양도 · 입질 · 담보 · 압류 등의 목적으로 할 수 없다. 따라서 주식을 양도하면 주주권도 함께 양도하게 된다. 주식은 권리뿐만 아니라 출자의무도 포함되는데 이는 주식의 인수가액을 한도로 하는 유한책임이다.

주주권은 주주 자신의 이익만을 위한 권리인 자익권(自益權)과 회사 및 다른 주주의 이익을 확보하기 위해 행사하는 공익권(共益權)이 있다. 자익권은 주주의 투자이익과 출자자본의 회수를 위한 권리로 구분할 수 있고, 공익권은 경영참여를 위한 권리인 의결권과 경영감독을 위한 권리로 구분할 수 있다.

2 주식의 종류

(1) 상법상 분류

① 보통주

보통주(common stock)는 주식회사가 출자의 증거로 주주에게 발행한 주식을 말하며 보통주를 소유한 주주는 그 기업의 실질적 주인으로서 상법과 해당기업의 정관이 규정한 권리와 의무의 주체가 된다. 보통주의 주주는 기업의 소유주로 경영참가권과 이익분배권을 가지고 있는 반면 그 기업의 위험을 부담해야 한다.

그러나 기업경영에 직접 참가할 임원을 선출하는 의결권을 가짐으로써 기업경영에 간접적으로 참여한다. 오늘날 대기업에는 주주의 수가 매우 많으며 지리적으로 분산되어 있어 주주의 권리는 명목에 불과한 경우가 많다. 실제로 소액주주들은 이러한 권리의 행사보다는 배당과 자본이득에 관심을 가지고 있는 실정이다.

보통주는 주권에 액면가액이 표시되어 있느냐에 따라 액면주식과 무액면주식으로 구분된다. 또한 주권에 주식소유자의 이름이 명시되어 있느냐에 따라 기명주식과 무기명주식으로 구분된다. 우리나라에서는 액면가액 100원 이상의 액면주식을 발행하도록 하고 있고 기명주식의 발행을 원칙으로 하고 있다. 무기명주식은 정관에 규정한 경우에 한해 발행할 수 있으나 주권을 회사에 공탁하도록 하고 있다.

보통주는 회사채나 차입금에 대한 이자와 같이 고정적인 재무비용을 발생시키지 않고 상환부담이 없는 영구자본으로 기업의 안정적인 장기자금을 조달하는 수단이다. 보통주에 대한 배당은 당기순이익이 발생하면 지급할 수 있지만 반드시 지급해야 한다는 의무규정은 없다. 보통주를 발행하여 조달한 자본은 자기자본에 속하여 기업의 재무구조를 개선시키고 기업의 대외신용도와 차입능력을 증가시킨다.

그러나 이자비용은 세법상 손금으로 인정되어 법인세 절감효과를 얻을 수 있는 반면에 보통주의 배당금은 법인세 절감효과가 없다. 따라서 보통주의 자본비용은 부채의 자본비용보다 높게 나타난다. 보통주는 다수의 투자자를 대상으로 주주를 모집하기 때문에 그 발행비용은 부채의 발행비용보다 높게 나타난다.

② 우선주

우선주(preferred stock)는 배당이나 잔여재산분배시 그 청구권리가 보통주에 우선하는 주식을 말하며 보통주를 소유한 주주는 그 기업의 실질적 주인으로 상법과 해당기업의 정관이 규정한 권리와 의무의 주체가 된다. 우선주에 의해 조달된 자본은 법률적으로 자기자본을 형성하나 실질적으로 타인자본과 성격이 유사하다.

우선주를 발행할 때 예정배당률을 사전에 결정하는데 경영성과가 좋더라도 약속된 배당률 이상은 지급하지 않기 때문이다. 그러나 우선주는 자기자본을 형성하고 약속된 배당률을 지급하지 않더라도 법적인 책임을 부담하지 않지만 이익배당과 잔여재산분배에 대한 청구권이 사채보다 후순위라는 점에서 사채와 차이가 있다.

우선주는 약정된 배당을 지급하지 못하면 미지급한 배당금을 차기에 누적시켜 지급하는 누적적 우선주와 당기에 미지급한 배당금을 차기에 누적시켜 지급하지 않는 비누적적 우선주로 구분된다. 우선주는 보통주의 배당금이 지급된 이후에 잔여배당가능이익이 있을 경우 보통주와 함께 잔여이익의 배당에 참가할 수 있는 참가적 우선주와 배당가능이익이 있더라도 참가할 수 없는 비참가적 우선주로 구분된다.

우선주는 회사채나 차입금에 대한 이자와 달리 배당을 지급하지 않아도 되므로 고정적인 재무비용을 발생시키지 않는다. 우선주는 일반적으로 의결권이 주어지지 않는 무의결권주이기 때문에 주주들이 경영지배권의 침해를 받지 않는다. 보통주와 마찬가지로 우선주를 발행하여 조달한 자본은 자기자본에 속하며 만기가 없는 영구증권으로 기업의 재무구조를 개선시킨다.

회사채의 이자지급액은 세법상 손금으로 인정되어 법인세 절감효과를 얻을 수 있는 반면 우선주의 배당금은 법인세 절감효과가 없어 우선주의 자본비용은 부채의 자본비용보다 높게 나타난다. 우선주는 잔여재산 및 이익분배에 대한 청구권에서 사채보다 순위가 늦어 기업은 보상차원에서 사채이자에 비해 우선주배당을 높게 한다. 따라서 우선주의 자본비용은 사채의 자본비용보다 높다고 할 수 있다.

③ 상환주

주식을 발행하여 조달된 자본은 회사의 자기자본을 구성하고 회사가 존재할 때까지 영구적으로 운명을 하는 것이 보통이다. 그런데 상환주는 주식의 발행시점부터 회사의 이익으로 소각할 것이 예정된 주식으로 종류주식에 한해 발행할 수 있으며 상환가액, 상환기간, 상환방법 등은 정관에 기재해야 한다.

상환주는 이익이 없으면 상환이 불가능한 점이 사채와 다르다. 회사는 상환주를 발행하여 이를 상환하면 장래의 배당압력을 경감할 수 있으며 투자자는 일정기간 우선적 배당을 받고 일정기간 후에 액면금액 또는 액면금액 이상으로 상환을 받을 수 있기 때문에 비교적 안전한 투자대상이라고 할 수 있다.

④ 전환주

전환주는 회사가 수종의 주식을 발행하는 경우에 다른 종류의 주식으로 전환할 수 있는 권리인 전환권이 부여된 주식을 말한다. 그러나 전환주는 일정한 기한이 도래하면 다른 종류의 주식으로 전환되는 기한부우선주나 조건의 성취로 다른 종류의 주식으로 전환되는 조건부우선주와는 그 내용이 다르다.

회사가 전환주를 발행하면 자금조달이 원활하고 출자자는 자신의 선택권에 의해 전환조건에 따라 다른 종류의 주식으로 전환을 청구할 수 있다. 그러나 전환청구기간 내에 전환청구서에 주권을 첨부하여 회사에 제출해야 하며 회사는 전환으로 인해 발행할 주식에 대한 수권주식수를 보유하고 있어야 한다.

(2) 특성상 분류

증권시장에서 거래되는 주식들을 투자의 대상으로 보면 여러 가지 형태로 분류할 수 있는데, 배당소득과 자본이득 가능성에 따른 분류나 재무안정성 및 경제환경의 변화에 따른 적응도에 따라 다양하게 분류할 수 있다. 다음과 같은 주식의 분류는 증권시장에서 어느 정도 인정이 되고 있는 방법에 해당한다.

① 성장주

성장주는 기업의 영업실적이나 수익의 증가율이 시장 평균보다 높을 것이라고 기대되는 주식을 말한다. 이러한 기업들은 수익의 대부분을 사내유보하여 높은 성장률을 유지하고 기업의 가치를 증대시키는데 주력한다. 따라서 배당소득보다 자본이득에 중점을 두어야 하는 시기에 적합한 투자대상이라 할 수 있다.

② 가치주

가치주는 향후 성장률이 낮을 것으로 기대되거나 해당기업의 악재로 인해 주가가 지나치게 하락하여 주식의 내재가치보다 현재의 주가수준이 상당히 낮게 형성되어 있는 주식을 말한다. 가치주의 선택은 현재의 이익에 비해 소외를 받는 저PER주와 주식의 장부가치에 비해 저평가된 저PBR주 등으로 분류할 수 있다.

③ 순환주

순환주는 경기변동에 따라 영업실적이나 수익의 변화가 심해 경기가 호황이면 높은 성장률을 나타내나 경기가 불황이면 실적이 급속히 악화되는 기업의 주식이 해당된다. 경기에 따라 수요의 변화가 심한 건설, 철강, 화학, 유통, 자동차, 조선, 반도체산업에 해당되는 주식이 경기민감주에 해당한다.

④ 방어주

방어주는 경기변화에 덜 민감한 주식으로 경기침체기에도 안정적인 주가흐름을 나타낸다. 반면에 경기가 호전되면 다른 주식에 비해 상대적으로 낮은 상승률을 나타낼 가능성이 높다. 일반적으로 불황에도 꾸준한 수요가 있는 음식료, 제약업, 가스나 전력업종에 해당되는 주식이 경기방어주에 해당한다.

⑤ 대형주, 중형주, 소형주

대형주, 중형주, 소형주를 구분하는 뚜렷한 기준은 없지만 2003년부터 우리나라의 한국거래소에서는 상장법인의 시가총액에 따라 다음과 같이 구분하고 있다. 시가총액을 기준으로 대형주는 시가총액 1~100위까지, 중형주는 시가총액 101~300위까지, 소형주는 시가총액 301위 이하 나머지 종목으로 구성된다.

과거에는 자본금을 기준으로 분류했으나 시장상황 및 주가지수와의 괴리가 발생하고 대부분의 선진국들이 시가총액으로 분류하여 2003년부터 시가총액방식으로 주가지수를 발표하고 있다. 대형주는 유통주식수가 많고 주식분포가 고르며 기관투자가들이 많이 갖고 있어 주가변동폭이 중소형주에 비해 비교적 작다.

⑥ 우량주

우량주(blue chip)는 주식시장에서 경영성과가 좋고 재무구조가 건실하여 업계에서 유력한 지위를 갖는 주식으로 경기변동에 강하고 고수익, 고배당을 유지하여 신용도와 지명도가 높다. 블루칩의 기원은 트럼프의 포커에서 쓰이는 세 종류(흰색, 빨간색, 청색)의 칩 가운데 비싼 것이 청색 칩이라는 데서 유래되었다.

⑦ **주식예탁증서**(DR : depositary receipts)

주식예탁증서는 국내주식을 외국에서 거래하면 주식의 수송 · 법률 · 제도 등 여러 문제로 원활한 유통이 어렵다는 문제를 해결하고자 외국의 예탁기관이 해외현지에서 증권을 발행 유통하게 하여 원주와 상호 전환이 가능하도록 한 예탁증서를 말한다. 예탁증서를 발행하려면 보관기관과 예탁기관이 있어야 한다.

주식발행회사는 예탁은행과 예탁계약을 맺고 주주의 권리를 예탁증서 보유자에게 부여하는데 예탁증서에는 예탁은행과 예탁증서보유자간의 권리 및 의무가 명시되어 예탁증서보유자가 자유롭게 예탁증서 권면과 원주식을 교환할 수 있다. 주식발행회사는 주주명부에 예탁은행을 명의인으로 하여 단일주주로 기재하고 예탁은행은 예탁증서 보유자에게 관련 통지 및 배당금 지불 등의 의무를 진다.

3 채권의 개요

(1) 채권의 정의

채권은 국가, 지방자치단체, 특수법인, 주식회사 등 발행자가 투자자로부터 일시에 대량의 자금을 조달하고, 그 반대급부로 약정에 따라 만기까지 이자를 지급하고 만기에는 원금을 상환하기로 약속한 채무증서를 말하며, 미래의 현금흐름이 확정되어 있다는 의미에서 고정수익증권이라고도 한다.

채권은 발행자의 입장에서 보면 경영활동에 필요한 자금조달의 수단이 되지만, 채권을 매입하는 투자자의 입장에서 보면 이자를 목적으로 하는 투자대상이 된다. 채권의 발행을 일상적인 금전의 대차관계에 비유하면 발행자는 채무자가 되고, 채권을 보유하는 투자자는 채권자, 채권은 차용증서에 해당한다.

그러나 채권의 발행은 일상적인 금진대차와는 달리 다수의 투자자들이 동일한 조건으로 채권에 투자하며 자금의 수요자인 발행자는 일시에 거액의 장기자금을 조달할 수 있다. 그리고 채권은 유가증권이기 때문에 채권을 매도하게 되면 채권자로서의 입장을 다른 사람에게 이전할 수 있다는 특징이 있다.

(2) 채권의 본질

① 확정이자부증권

채권은 발행자가 채권을 발행할 때 지급해야 할 약정이자와 만기에 상환금액이 사전에 확정되어 있어 투자원금에 대한 수익은 발행시점에 결정된다. 따라서 채권수익률은 채권을 발행할 때 결정되어 발행자의 원리금 지급능력이 중요하며, 채권의 유동성은 발행자의 원리금 지급능력의 안정도와 비례한다.

② 기한부증권

채권은 영구증권인 주식과는 달리 이자지급과 원금의 상환기간이 사전에 정해져 있어 일정시점이 경과하면 이자를 지급하고 만기가 도래하면 원금을 상환해야 하는 기한부 증권이다. 원금은 상환하지 않고 이자만 영구적으로 지급하는 영구채는 발행자의 상환 의무가 없어 국제회계기준(IFRS)에서 자본으로 인정한다.

③ 이자지급증권

채권은 발행자의 경영성과에 관계없이 만기까지 약정된 이자와 만기에는 원금을 상환해야 한다. 발행자가 채권자에게 지급하는 이자비용은 발행자가 부담하는 금융비용이지만, 채권자가 수령하는 이자수익은 안정적인 수입원이 된다. 채권은 이자지급방법에 따라 이표채, 무이표채, 복리채로 분류할 수 있다.

④ 장기증권

채권은 발행자가 여유자금을 가진 투자자를 대상으로 경영활동에 필요한 장기의 안정적 자금을 조달하기 위해 발행하는 유가증권이므로 기업어음(CP), 양도성예금증서(CD)에 비해 장기의 상환기간을 가지고 있다. 따라서 채권투자자의 환금성을 보장하기 위해 유통시장이 반드시 존재해야 한다.

⑤ 상환증권

채권은 영구증권인 주식과 달리 발행자가 만기까지 약정이자를 지급하고 만기가 도래하면 반드시 원금을 상환해야 하는 증권에 해당한다. 따라서 채권의 발행자인 국가, 지방자치단체, 공공기관, 특수법인, 주식회사는 합리적인 재무관리 및 공채관리가 필수적이라 할 수 있다.

(3) 채권의 특성

어떤 투자대상을 선택하는 경우에 중요한 요소는 얼마나 이익을 올릴 수 있는가(수익성), 원금과 이자를 확실하게 받을 수 있는가(안전성), 돈이 필요할 때 제 값을 받고 바로 팔 수 있는가(환금성)라는 점을 충분히 검토해야 한다. 이러한 세 가지 요소를 고려할 경우에 채권은 우수한 특성을 가지고 있다.

① 수익성

채권투자자는 이자소득과 자본이득의 두 가지 소득원천을 갖고 있어 계획적인 자금운용의 수단으로 뛰어난 특성을 갖고 있다. 이자소득은 원금에 대한 약정이자를 말하고, 자본이득(capital gain)은 금리하락에 따른 채권가격의 상승으로 인한 소득이다. 그러나 금리가 상승하면 자본손실이 발생할 수도 있다.

② 안정성

채권은 정부, 지방자치단체, 공공기관, 특수법인, 금융기관, 상법상의 주식회사만 발행할 수 있고 발행자격이 있더라도 국회의 동의를 받아야 하기 때문에 채무불이행위험이 상대적으로 낮다. 그러나 신용도가 낮은 기업도 채권을 발행할 수 있는데, 이러한 채권을 정크본드(junk bond)라고 부른다.

③ 유동성

채권은 상환일이 되면 원금이 회수되지만 만일 도중에 현금이 필요한 경우에는 유통시장을 통해 채권을 매도하면 언제든지 현금을 회수할 수 있다. 채권의 환금은 채권의 매도를 의미하여 발행자에게 아무런 불이익을 미치지 않고 채권의 이자도 변경되지 않아 투자자는 안심하고 투자할 수 있다.

4 채권의 종류

(1) 발행주체에 따른 분류

① 국채

국채는 국가가 공공목적을 달성하기 위해 중앙정부가 발행하고 원리금의 지급을 보증하는 채권을 말한다. 국채의 효시는 1949년에 발행된 건국채권으로 정부수립 후 계속된 재정적자를 보전하기 위해 발행되었다. 1993년 이전에는 금융기관에 할당하여 배정했으나 1994년부터는 경쟁입찰방식으로 전환되었다.

국채에는 국고채권, 재정증권, 양곡증권, 국민주택채권, 공공용지보상채권 등이 있으며 현재는 국고채권이 국채의 대부분을 차지하고 있다. 정부가 국채시장의 선진화를 위해 국고채 전문딜러제도와 국고채 통합발행제도의 도입, 국채전문유통시장과 국채선물시장의 개설 등으로 국채시장은 많이 활성화되었다.

② 지방채

지방채는 지방자치단체가 지방재정법의 규정에 의해 특수한 사업에 필요한 자금을 조달하기 위해 발행하는 채권을 말한다. 지방채에는 도로공채, 상수도공채, 지역개발채권, 서울특별시의 도시철도채권, 부산광역시의 부산교통채권 등이 있다. 지방채는 액면가로 발행되며 지방채 발행은 중앙정부에 의해 엄격히 규제된다.

③ 특수채

특수채는 상법 이외의 한국토지개발공사, 한국도로공사, 한국전력공사, 한국전기통신공사, 한국가스공사 등 특별법에 의해 공공사업을 추진하는 특별법인이 발행하는 채권을 말하며 정부가 보증한다. 특수채에는 토지개발채권, 고속도로건설채권, 한국전력공사채권, 한국전기통신공사채권, 한국가스공사채권 등이 있다.

④ 금융채

금융채는 특별법에 의해 설립된 한국은행, 한국산업은행, 한국수출입은행, 기업은행과 같은 특수금융기관에서 일반인에게 발행하는 채권을 말한다. 금융채에는 통화안정증권, 산업금융채권, 중소기업금융채권, 주택금융채권 등이 있으며 회사채보다 믿을 만하고 국공채보다 수익률이 높으며 만기가 다양하다.

통화안정증권은 한국은행이 통화량을 조절하기 위해 금융기관과 일반인을 대상으로 발행하는 단기증권을 말한다. 산업금융채권은 산업은행이 1954년부터 기간산업에 대한 자금지원을 목적으로 발행하는 채권을 말한다. 중소기업금융채권은 기업은행이 발행하는 채권으로 원리금의 상환을 정부가 보증한다.

⑤ 회사채

회사채는 주식회사가 일반투자자로부터 비교적 장기간에 필요한 대량의 자금을 일시에 조달하고 그 반대급부로 만기까지 약정이자를 지급하고 만기에 원금상환을 약속하고 발행하는 채무증서를 말하며 줄여서 사채(社債)라고도 한다. 현재 발행되는 회사채는 무기명사채, 3년 미만의 만기, 이자는 3개월마다 지급된다.

상법상 주식회사가 채권을 발행하여 조달한 자금은 재무상태표의 대변에 비유동부채로 계상된다. 주식회사가 회사채를 발행하는 경우에 주주의 소유권과 경영권에 영향을 미치지 않으면서 장기자금을 안정적으로 조달할 수 있으며 채권의 지급이자는 세법상 손금으로 인정되어 법인세 절감효과를 얻을 수 있다.

그러나 채권의 과도한 발행은 지급불능위험을 증가시켜 기업을 재무적 곤경에 빠뜨릴 수 있고, 기업이 채권을 발행할 경우 사채권자와 사채약정을 체결해야 하는데, 이는 기업의 경영활동을 제약하는 요인이 된다. 사채약정의 내용에는 사채권자를 보호하기 위해 배당지급의 제한, 감채기금의 규정 등이 포함된다.

[표 1-1 발행주체에 따른 분류]

구 분	종 류
국 채	국고채권, 외국환평형기금채권, 국민주택채권, 공공용지보상채권 등
지방채	지하철공채, 지역개발공채, 도로공채, 상수도공채, 도시철도채권 등
특수채	토지개발채권, 한국전력채권, 한국가스공사채권, 고속도로건설채권 등
금융채	통화안정증권, 산업금융채권, 주택금융채권, 중소기업채권 등
회사채	보증사채, 담보부사채, 전환사채(CB), 신주인수권부사채(BW) 등

(2) 이자지급에 따른 분류

채권은 이자지급방법에 따라 이표채, 무이표채, 복리채로 구분한다. 이표채는 약정된 이자를 만기까지 지급하고 만기에 원금을 상환하는 채권이고, 무이표채는 만기까지 이자를 지급하지 않는 대신에 할인하여 발행된다. 복리채는 이자가 복리로 재투자되어 만기에 원금과 이자를 동시에 지급하는 채권을 말한다.

(3) 이자변동에 따른 분류

채권은 지급이자 변동여부에 따라 고정금리채권과 변동금리채권으로 구분한다. 고정금리채권은 채권발행일에 약정한 표면이자율이 만기까지 계속해서 유지되어 고정된 이자를 지급하고 만기에 원금을 상환하는 채권을 말하고, 변동금리채권은 표면이자율이 기준금리에 연동되어 일정기간마다 재조정되는 채권을 말한다.

(4) 지급보증에 따른 분류

채권은 원리금에 대한 제3자의 지급보증여부에 따라서 보증채와 무보증채로 구분된다. 보증채는 보증주체에 의해 정부보증채와 일반보증채로 구분된다. 일반보증채는 신용보증기금, 보증보험회사, 은행 등이 지급을 보증하는 채권을 말하는 반면에 무보증채는 발행자의 신용도에 의해서 발행되는 채권을 말한다.

(5) 담보제공에 따른 분류

채권은 발행자의 담보제공여부에 따라 담보부채권과 무담보부채권으로 구분된다. 담보부채권은 원리금 지급불능시 발행자의 재산에 대한 법적 청구권을 지니는 채권이고, 무담보부채권은 발행자의 신용을 바탕으로 발행하는 채권이다. 후순위채권은 발행자의 자산에 대한 청구권을 가지나 다른 무담보사채보다 우선권이 없다.

(6) 상환기간에 따른 분류

채권의 만기는 발행자가 채무증권의 조건을 준수하겠다고 약정한 기간을 말하며 항상 확정되어 있는 것은 아니다. 이는 채권약정서에 채권만기의 변경을 허용하는 조항이 포함될 수 있기 때문이다. 이러한 조항은 내포된 옵션이거나 감채기금일 수 있다. 채권은 만기에 따라서 단기채, 중기채, 장기채로 분류할 수 있다.

【 표 1-2 채권만기에 따른 분류 】

구 분	국내의 경우	미국의 경우
단기채	1년 미만 (통화안정증권, 금융채, 양곡증권)	1년 이하 (T-bill)
중기채	1년~10년 (국민주택채권 1종, 지역개발공채, 회사채)	1년~10년 (T-notes)
장기채	10년 이상 (국민주택채권 2종, 도시철도공채, 국고채)	10년 이상 (T-bonds)

(7) 권리부여에 따른 분류

① **전환사채**

전환사채(CB : convertible bond)는 채권투자자의 의사에 따라 전환기간에 일정한 조건으로 발행회사 주식으로 전환할 수 있는 권리인 전환권이 부여된 채권을 말한다. 따라서 전환사채는 다른 조건은 동일하고 전환권만 없는 일반사채에 주식으로 전환할 수 있는 전환권이 첨가된 혼성증권으로 볼 수 있다.

전환권이 행사되기 이전에는 이자가 지급되는 채권으로 존재하고 전환권이 행사되면 주식으로 전환된다. 따라서 채권투자자는 전환권을 행사하지 않으면 확정이자 및 만기에 원금을 상환받아 안전하고, 전환권을 행사하면 보통주로 전환하여 매도하면 시세차익을 남길 수 있어서 높은 수익률을 달성할 수 있다.

② **신주인수권부사채**

신주인수권부사채(BW : bond with warrant bond)는 채권투자자에게 미래의 일정기간에 약정된 가격으로 약정된 신주를 인수할 수 있는 권리인 신주인수권이 부여된 채권을 말한다. 따라서 신주인수권부사채는 다른 조건은 동일하고 신주인수권만 없는 일반사채에 신주인수권이 결합된 혼성증권으로 볼 수 있다.

신주인수권부사채는 신주인수권이라는 프리미엄이 있어 일반사채보다 낮은 이자율로 발행되고 사채권자가 신주인수권을 행사하면 사채는 그대로 존속하면서 추가자금이 유입되어 총자산이 증가한다. 또한 신주인수권이 행사되더라도 사채는 소멸하지 않고 잔존하기 때문에 확정이자와 원금을 확보할 수 있다.

③ 교환사채

교환사채(EB : exchangeable bond)는 채권투자자에게 일정기간이 경과하면 일정한 가격으로 채권을 발행한 기업이 보유하고 있는 주식으로 교환을 청구할 수 있는 권리인 교환권이 부여된 채권을 말한다. 따라서 다른 조건은 동일하고 교환권만 없는 일반사채에 교환권이 결합된 혼성증권으로 볼 수 있다.

교환사채와 전환사채는 사채의 안정성과 주식의 투기성을 함께 가지고 있으며 교환권이나 전환권을 행사하면 사채는 소멸한다. 그러나 전환사채는 채권소유자의 전환권 청구로 기채회사가 신주를 발행하는 반면에 교환사채는 발행회사가 소유하고 있는 상장유가증권과 교환한다는 점에서 권리의 내용이 다르다.

④ 수의상환사채

수의상환사채(callable bond)는 채권발행자가 정해진 기간 이내에 약정된 가격(수의상환가격)으로 사채를 상환할 수 있는 권리인 수의상환권(call provision)이 첨가된 사채를 말한다. 수의상환사채의 발행자는 이자율이 하락하여 채권가격이 수의상환가격보다 높을 경우 수의상환권을 행사하여 수의상환가격에 채권을 매입한다.

수의상환권은 채권발행자에게 유리한 반면에 채권투자자에게 불리하게 작용하여 수의상환사채의 가치는 일반사채의 가치보다 콜옵션의 가치만큼 낮은 수준에서 형성된다. 따라서 수의상환사채의 가치는 일반사채의 가치에서 콜옵션가격결정모형으로 구한 수의상환권의 가치를 차감하여 구할 수 있다.

⑤ 상환청구사채

상환청구사채(puttable bond)는 수의상환사채와 반대로 채권투자자가 정해진 기간 이내에 약정된 가격(상환청구가격)으로 사채의 상환을 요구할 수 있는 권리인 상환청구권이 첨가된 사채를 말한다. 따라서 상환청구권부사채는 일반사채와 상환청구권이 결합된 혼성증권으로 볼 수 있다.

상환청구사채를 보유한 투자자는 이자율이 상승하여 채권가격이 하락하면 상환청구권을 행사하여 회수한 자금을 높은 이자율로 재투자할 수 있고, 발행자의 신용도가 급락할 경우 원리금을 조기에 회수할 수 있다. 상환청구권은 일반사채를 기초자산으로 하고 상환청구가격을 행사가격으로 하는 풋옵션으로 볼 수 있다.

5 주식과 채권의 비교

주식회사가 장기자금을 조달하기 위해 발행하는 증권에는 채권(채무증권)과 주식(지분증권)이 있다. 주주는 주주총회의 의사결정에 참여할 수 있는 반면에 채권투자자는 주주총회에 참석할 수 없다. 주식과 채권은 간접금융이 아닌 직접적인 자금조달수단이라는 점에서 서로 같지만 근본적인 성격은 전혀 다르다.

첫째, 자본조달방법에서 주식은 자기자본의 조달인 반면에 채권은 타인자본의 조달이다. 따라서 주식에 의한 자본조달은 재무상태표의 자본항목에 표시되지만 채권에 의한 자본조달은 부채항목에 표시된다. 증권소유자의 입장에서 주식은 주주로서의 권리를 나타내는 반면에 채권은 채권자로서의 권리를 나타낸다.

둘째, 증권소유로부터 발생하는 권리의 측면에서 주주는 회사의 경영성과에 따라 배당금을 받지만, 채권의 소유자는 회사의 경영성과에 관계없이 확정된 원금과 이자를 수령한다. 주식은 발행회사와 존속을 같이 하는 영구증권이지만 채권은 원리금의 상환기간을 시장상황에 따라 조정할 수 있는 기한부증권이다.

【 표 1-3 주식과 채권의 비교 】

구 분	주식(stock)	채권(bond)
자금조달방법	자기자본	타인자본
증권소유자의 위치	주주로서의 지위	채권자로서의 지위
소유로부터의 권리	결산시 경영성과에 따른 배당을 받을 권리	확정이자수령권리, 만기도래시 원금을 상환받을 권리
존속기간	영구증권	기한부증권

제 3 절 금융시장

1 금융시장의 의의

금융은 경제주체간의 자금융통을 말하고, 금융시장(financial market)은 자금융통이 이루어지는 시장을 말한다. 따라서 금융시장은 자금의 조달 및 운용과 관련하여 여유자금을 가지고 있는 경제주체(가계)로부터 자금을 모아서 자금을 필요로 하는 경제주체(기업)에게 자금을 공급해 주는 역할을 수행한다.

자금의 공급자와 수요자를 연결하는 금융시장과 자본시장은 자금의 최적배분을 목표로 한다는 점에서 동일하다. 그러나 금융시장은 단기자금의 거래를 수반하고 자본시장은 장기자금의 거래를 담당하고 있다는 점에서 다르다. 금융시장의 역할을 국민경제의 순환과정과 함께 도시하면 [그림 1-2]와 같다.

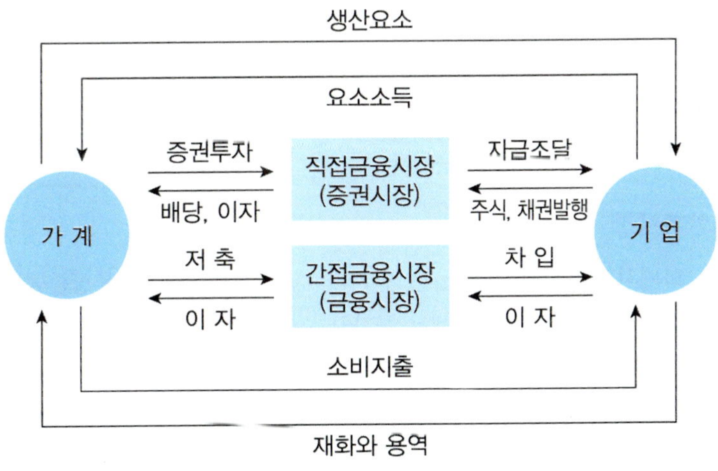

[그림 1-2 국민경제의 순환과 금융시장]

2 금융시장의 종류

(1) 자금의 조달방법

금융시장은 규모의 경제에 의해 거래비용을 최소화하여 거래를 성사시키는 중개기관의 개입여부에 따라 직접금융시장과 간접금융시장으로 구분된다.

1) 직접금융시장

직접금융시장은 자금의 공급자와 최종수요자간에 중개기관을 경유하지 않고 자금의 수급이 이루어지는 시장을 말한다. 기업은 직접금융시장에서 주식이나 채권을 발행하여 경영활동에 필요한 자금을 조달하고, 가계는 여유자금을 주식이나 채권에 투자하여 배당소득 또는 이자소득을 얻는다.

2) 간접금융시장

간접금융시장은 자금의 공급자와 최종수요자간에 은행이나 보험회사와 같은 중개기관이 개입하여 자금의 수급이 이루어지는 시장을 말한다. 가계는 간접금융시장에서 여유자금을 중개기관에 저축하여 이자소득을 얻고, 기업은 필요한 자금을 중개기관에서 차입하고 그 대가로 이자를 지급한다.

(2) 자금의 공급기간

직접금융시장은 금융시장에서 거래되는 금융상품의 만기와 특징에 따라서 다시 화폐시장과 자본시장으로 구분된다.

1) 화폐시장

화폐시장(money market)은 만기가 1년 이하인 단기금융상품들이 거래되는 금융시장을 말한다. 단기금융상품에는 콜자금, 요구불예금, 단기국공채, 기업어음(CP), 표지어음, 통화안정증권, 은행인수어음(BA), 머니마켓펀드(MMF), 양도성예금증서(CD), 환매조건부채권(RP) 등이 있다.

① **수시입출금식예금**(MMDA : money market deposit account)

입출금이 자유롭고 시장금리를 지급하는 은행의 단기상품으로 500만원 이상의 목돈을 1개월 이내로 운용할 때 유리하며 공과금 및 신용카드대금 등의 자동이체 결제통장으로 활용할 수 있고 예치기간과 가입한도에 제한이 없다. 그러나 다른 단기금융상품보다 이자율이 낮고 통장잔액에 따라 이자가 차등 적용된다.

② 머니마켓펀드(MMF : money market fund)

수시로 입출금해야 하는 여유자금을 단기로 맡길 때 활용되는 투자신탁회사의 금융상품을 말한다. 투신사가 고객의 돈을 모아 단기금융상품에 투자하여 얻은 수익을 돌려주는 실적배당형 상품으로 중도에 해약를 해도 환금수수료를 물지 않기 때문에 은행의 보통예금처럼 입출금이 자유롭고 단 하루만 맡겨도 된다.

③ 양도성예금증서(CD : certificate of deposit)

은행의 정기예금에 양도성을 부여하면서 무기명 할인식으로 발행하여 양도가 자유롭고 유동성이 높은 상품을 말한다. 만기는 30일 이상으로 대개 정기예금 금리보다 약간 높다. 만기 전이라도 현금화가 가능하나 예금자보호대상이 아니라는 단점이 있다. CD 1계좌를 매입하려면 보통 1백만원을 한 달 이상 맡겨야 한다.

④ 금전신탁

금전신탁은 신탁업무를 취급하는 은행이 고객의 금전을 예탁받아 일정기간 운용한 후 원금과 수익을 수익자에게 지급하는 상품을 말한다. 신탁재산의 운용방법에 따라 위탁자에 의해 지정되어 수탁자의 재량의 여지가 없는 특정 금전신탁과 위탁자가 운용방법에 아무런 지시를 하지 않는 불특정 금전신탁으로 구분된다.

⑤ 환매조건부채권(RP : repurchase agreement)

금융기관이 보유한 국공채 등 장기채권을 단기채권으로 만들어 투자자에게 일정한 이자를 붙여 만기에 매수하는 것을 조건으로 매도하는 채권을 말한다. 환매채는 입출금이 자유롭고 확정이자는 가입시점에 정해진다. 그러나 중도환매시 불이익이 발생할 수 있으며 예금자 보호대상이 아니라는 단점이 있다.

⑥ 상업어음(commercial bill)

기업이 상거래의 대금결제를 위해 발행하는 어음으로 자금융통을 위해 발행하는 융통어음과 대비된다. 상업어음은 지급이 확실한 우량어음으로 알려져 있으나 상품의 판매대금이 순조롭게 회수되지 않아 부도어음화할 위험과 상품의 실질거래의 보증이 없는 융통어음이 섞여 들어와도 분별하기가 어려우므로 주의해야 한다.

⑦ 표지어음(cover bill)

기업이 발행한 어음을 금융기관이 매입한 후 어음금액을 다시 나누어 새빌행하여 이를 개인이나 기관투자가에게 판매하는 융통어음으로 상거래를 수반하는 진성어음과 대비된다. 금융기관은 표지어음의 발행을 통해 원어음 할인에 따른 자금부담을 줄이고 원어음 할인금리와 표지어음 발행금리간의 금리차익을 획득한다.

2) 자본시장

자본시장(capital market)은 만기가 1년 이상의 유가증권들이 거래되는 직접금융시장을 말한다. 유가증권에는 보통주, 우선주, 회사채, 장기국공채 등이 있다. 증권시장에서 기업은 주식과 채권을 발행하여 장기자본을 조달하기 때문에 증권시장은 장기금융시장 또는 자본시장과 동일한 의미로 사용되고 있다.

3 금융기관의 기능

(1) 거래비용의 절감

여유자금을 가진 개인과 투자자금을 조달할 기업이 거래상대방을 찾는데 많은 시간과 비용이 소요된다. 대출자는 금융기관에 예금하고 차입자는 금융기관에서 차입하면 거래상대방을 찾는데 시간과 비용을 줄이게 된다. 따라서 금융기관이 대출자와 차입자의 중간에서 금융거래를 중개하면 거래비용을 낮출 수 있다.

(2) 위험의 축소

금융기관은 다수의 자금공급자로부터 자금을 조달하여 여러 자산에 분산투자할 수 있기 때문에 투자자산의 가격변동에 따른 위험을 축소시킬 수 있다. 예컨대 투자자가 위험자산에 직접투자하면 가격변동위험을 전부 부담하지만 여러 자산에 분산투자하는 집합투자상품에 가입하면 가격변동위험을 줄일 수 있다.

(3) 유동성의 제고

차입자는 자금을 장기로 차입하기를 원하고 저축자는 단기로 대여하기를 원한다. 금융기관은 다수의 예금자로부터 단기자금을 모아 기업에 장기로 대출하면 차입자와 대출자를 모두 만족시킬 수 있다. 이러한 과정에서 금융기관은 유동성이 높은 단기자금을 유동성이 낮은 실물자본으로 변환시키는 역할을 수행한다.

(4) 결제수단의 제공

일반적으로 실물거래에 수반되는 지급결제에 따른 비용이 낮을수록 재화와 서비스의 생산 및 교환이 활발하게 이루어진다. 금융기관은 저렴한 거래비용으로 신속하게 결제할 수 있는 화폐, 수표, 어음, 신용카드, 계좌이체 등 다양한 지급결제 수단을 제공함으로써 실물경제의 활동을 활성화시켜 경제성장에 기여한다.

제 4 절 증권시장

증권시장은 기업이나 공공단체가 발행한 증권이 처음으로 투자자들에게 매각되는 발행시장과 이미 발행된 증권이 투자자들 상호간에 매매되는 유통시장으로 이루어져 있다. 발행시장은 발행된 증권이 유통시장에서 활발하게 매매될 수 있어야 하고, 유통시장은 발행시장의 존재를 전제로 성립하게 된다.

1 증권시장의 의의

증권시장은 자본주의 경제체제를 상징하는 시장조직으로 기업은 증권의 발행을 통해 양질의 장기안정자금을 조달할 수 있고, 투자자는 금융자산을 자유로이 운용할 수 있는 금융자산운용의 장을 마련하며, 정부는 증권을 통한 자금의 조달과 운용이 시장원리에 의해 이루어지도록 하여 국민경제의 효율적인 운영에 기여한다.

광의의 증권시장은 주식이나 채권과 같은 증권을 매개로 하여 자금의 수요자인 발행주체가 금융기관이 아닌 투자자로부터 자금을 직접금융방식으로 조달하는 시장을 말한다. 협의의 증권시장은 일정한 조직과 설비를 구비하여 증권을 매매하기 위해 한국거래소가 개설하는 유가증권시장과 코스닥시장을 의미한다.

2 증권시장의 구성

증권시장은 기업이나 공공단체가 발행한 증권이 처음으로 투자자들에게 매각되는 발행시장과 이미 발행된 증권이 투자자들 사이에서 매매되는 유통시장으로 구분된다. 유통시장은 한국거래소가 개설한 거래소시장과 금융투자협회가 운영하는 프리보드시장으로 분류되는데 거래소시장을 협의의 증권시장이라고 한다.

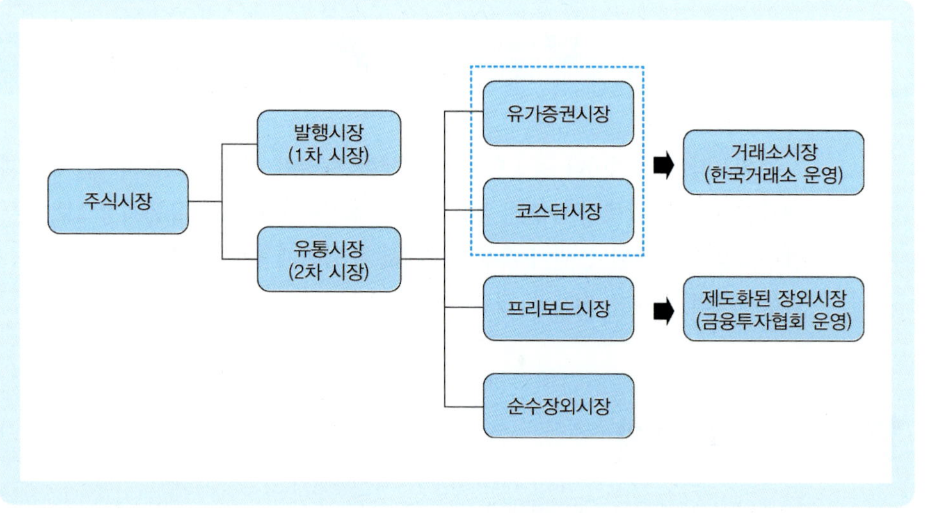

【 그림 1-3 증권시장의 구분 】

(1) 발행시장

발행시장은 증권의 발행자가 증권을 발행하고 투자자가 이를 매수하여 자본의 수요자인 발행자에 의해 신규로 발행된 증권이 일반투자자나 기관투자자에게 매각됨으로써 자본이 투자자로부터 발행주체에게 이전되는 추상적 시장으로 최초로 증권이 발행되어 1차 시장(primary market)이라고도 한다.

이러한 발행시장의 기능은 경제적인 관점에서 볼 때 기업이나 공공단체의 소요자금이 증권화되는 과정이며, 투자자들이 가지고 있는 단기자금이 기업이나 공공단체가 필요로 하는 장기자본으로 전환되는 직접금융(directing financing)의 과정이다. 발행시장은 원칙적으로 발행주체의 자본조달시장이다.

그러나 광의로 보면 주식이 무상교부되거나 국공채가 일시적 급부금을 대신하여 발행되는 증권교부시장 그리고 전환증권의 전환권이 행사될 경우와 주식분할 또는 주식합병으로 인해 증권이 상호교환될 경우에 형성되는 증권교환시장도 발행시장에 포함된다. 따라서 발행시장은 증권을 모집하고 매출하는 시장이다.

1) 증권의 발행방법

증권의 발행은 발행자가 발행할 증권을 소화시키는 모집방법에 따라 공모발행과 사모발행, 발행위험의 부담과 발행사무의 절차를 어떻게 정하느냐에 따라 직접발행과 간접발행으로 구분한다. 여기서 발행위험은 발행된 증권이 투자자에게 완전히 매각되지 않고 잔여증권이 존재할 가능성을 말한다.

가. 공모발행과 사모발행

공모발행은 증권의 발행자가 일반투자자에게 발행가격과 발행시점 등을 균일한 조건으로 하여 증권을 공개적으로 모집·매출하는 방법을 말한다. 공모발행은 발행증권에 대한 매점을 방지하고 투자자층을 분산시킨다는 점에서 바람직한 반면 발행위험도 크고 사무절차도 복잡하다.

공모발행에서 모집은 50인 이상의 투자자에게 최초로 발행되는 증권의 취득을 위한 청약을 권유하는 행위를 말하고, 매출은 50인 이상의 투자자에게 이미 발행된 증권의 매도나 매수의 청약을 권유하는 행위를 말한다. 그러나 전문투자자나 특정연고자는 50인 산정에서 제외한다.

사모발행은 발행자가 특정 개인이나 은행, 보험회사, 증권회사 등 기관투자가에게 증권을 발행하며 비공개모집발행 또는 직접모집발행이라고도 한다. 사모발행은 발행자의 경비를 절감시키고 단기간에 모집할 수 있는 장점이 있으나 공모발행에 비해 증권발행의 소화능력에 한계가 있다.

나. 직접발행과 간접발행

직접발행은 증권의 발행자가 발행위험과 발행업무를 직접 담당하면서 일반투자자에게 증권을 발행하는 것을 말하며, 직접모집 또는 자기모집이라고 한다. 직접발행은 금융기관과 같이 모집능력이 충분하거나 발행규모가 상대적으로 적어 발행위험과 발행업무가 간단한 경우에 이용이 가능하다.

직접발행은 증권발행의 비전문기관인 발행자가 직접 대규모의 복잡한 증권발행의 사무를 담당하기가 매우 어렵고 발행위험도 높아 현실성이 희박한 증권발행의 방법이다. 그리고 응모총액이 발행총액에 미달될 때 이사회의 결의에 의해 잔량을 처리하며 인수능력이 없으면 발행 자체가 성립하지 않는다.

간접발행은 은행과 증권회사 등의 발행기관을 중개자로 하여 증권발행의 업무를 담당하도록 하는 간접적인 발행방법을 말하고 발행기관의 인수비용이나 매출비용은 증권의 발행자가 부담한다. 간접발행은 발행위험의 소재 및 발행위험의 부담정도에 따라 다음과 같이 위탁모집, 잔액인수, 총액인수의 방법으로 분류된다.

① 위탁모집

위탁모집은 증권발행의 업무를 발행기관에 위탁시키고 발행위험은 발행자가 부담하는 방법으로 모집주선이라고도 한다. 즉, 증권발행에 대한 전문지식을 갖고 있는 발행기관이 발행사무를 시장상황에 맞추어 신속히 처리하고, 매출하지 못한 증권이 있으면 발행자에게 반환시켜 발행위험은 발행자가 부담한다.

② 잔액인수

잔액인수는 발행기관이 발행자로부터 위탁받은 증권의 발행사무를 담당하고 모집기간에 소화시키지 못한 증권의 잔량이 있으면 그 잔량을 발행기관이 인수하는 방법으로 청부모집이라고도 한다. 발행자의 입장에서 잔액인수는 잔액인수계약이 성립하는 시점부터 사실상 모집이 달성된 것이나 다름이 없다.

③ 총액인수

총액인수는 발행기관이 증권발행의 모든 위험을 부담하고 발행증권의 전부를 자기의 명의로 인수하여 증권의 발행사무를 담당하는 방법으로 매입인수라고도 한다. 한편 총액인수는 인수에 필요한 많은 자금을 인수기관이 부담해야 하고 발행위험도 높기 때문에 인수기관은 인수단을 조직하는 것이 일반적이다.

2) 발행시장의 구조

증권의 직접발행과 간접발행이 이루어지는 발행시장은 발행자, 발행기관, 투자자로 구성된다. [그림 1-4]에 제시된 것처럼 증권의 발행이 중개기관을 거치지 않고 발행자와 투자자간에 직접 이루어지는 경우도 있지만, 대부분은 발행자와 투자자 간에 전문기관인 발행기관이 개입되는 간접발행으로 이루어진다.

발행주체는 경영활동에 필요한 자금을 조달하기 위해 증권을 발행하는 주체로서 증권을 공급하는 주체에 해당된다. 따라서 주식이나 회사채를 발행하는 주식회사, 국공채를 발행하는 국가나 지방자치단체, 그리고 특수채를 발행하는 특수법인이나 특수은행 등은 모두 증권의 발행주체가 된다.

발행기관은 발행자와 투자자의 중간에서 발행자를 위해 인수단을 구성하고 발행업무와 발행위험을 대행하는 기관을 말한다. 인수단은 발행증권을 발행자로부터 인수하는 기능을 담당하는 기관으로 은행, 증권회사 등이 이에 속한다. 인수단은 발행증권을 대량으로 인수하여 이를 청약기관에 도매하는 기능을 수행한다.

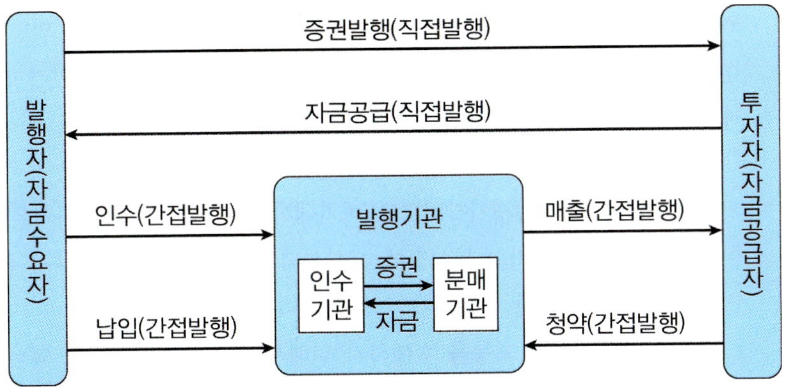

【 그림 1-4 발행시장의 구조 】

청약기관은 인수단으로부터 취득한 증권을 일반투자자에게 직접 판매하는 기관을 말한다. 그러나 인수단과는 달리 매출하지 못한 잔여증권이 있을 경우에도 이를 인수할 의무가 없어 인수위험을 부담하지 않고 불특정투자자를 모집하여 청약업무만을 대행하는 기관으로 투자매매업자 · 투자중개업자가 그 기능을 담당한다.

일반투자자는 개인의 자격으로 자산을 증식하거나 기업을 지배할 목적으로 주식이나 채권에 투자하는 자연인을 말한다. 기관투자가는 은행, 증권회사, 보험회사, 연금기금 등과 같이 법인을 구성하는 투자기관으로 증권투자에 대한 전문적인 지식을 갖추고 투자규모도 방대하여 증권시장에 미치는 영향은 지대하다.

(2) 유통시장

1) 유통시장의 개념

유통시장은 발행시장을 통해 발행된 증권이 투자자들 상호간에 매매되는 구체적 시장으로 2차 시장(secondary market)이라고 한다. 유통시장에서 거래가 활발하면 발행시장에서 수요가 촉진되고, 발행시장에서 많은 증권이 발행되면 유통시장에서 투자자의 투자기회가 확대되어 유통시장과 발행시장은 상호보완관계에 있다.

2) 유통시장의 기능

유통시장은 발행된 유가증권의 시장성과 유통성을 높여 일반투자자의 투자를 촉진시켜 발행시장에서 장기자본조달을 원활하게 해 주고, 유통시장에 의한 유가증권의 시장성과 유통성은 적정가격으로 유가증권을 처분하여 현금화할 수 있기 때문에 유가증권에 대한 담보력을 높여주고 유가증권을 담보로 한 차입이 용이하다.

유통시장은 발행시장에서 발행된 증권의 시장성과 유동성을 높여 주며, 다수의 투자자가 참여하는 완전경쟁시장이므로 여기에서 형성되는 증권의 가격은 공정한 시장가격이라 할 수 있다. 또한 유통시장에서 형성되는 가격은 발행시장에서 유가증권의 가격을 결정하며 향후 발행할 증권의 가격을 결정하는 지표가 된다.

유통시장이 이러한 기능을 수행하기 위해서는 우선 거래대상이 되는 증권의 발행물량이 많아야 한다. 또한 발행된 증권이 다수의 투자자에게 분산소유되어야 하며, 증권의 매매와 유통에 아무런 제약이 없어야 하는 등의 요건을 구비해야 한다. 흔히 유통시장이라고 하면 한국거래소만을 의미하는 경우가 많다.

그러나 유통시장은 한국거래소와 장외시장으로 구분된다. 한국거래소는 지정된 일정한 건물을 점하고 있으며, 증권의 계속적이고 조직적인 매매거래를 수행하는 시장이다. 한국거래소에서 매매되는 증권은 반드시 상장증권이어야 하며, 경쟁매매를 원칙으로 일정한 매매거래제도에 따라 증권거래가 이루어진다.

유통시장과 관계되는 기관에는 증권의 매매거래가 집중되는 시장으로 구체적 거래장소인 한국거래소, 증권매매를 직접 담당하는 거래원(증권회사), 증권의 대체결제를 담당하는 대체결제회사, 증권의 유통금융을 담당하는 증권금융회사, 증권의 거래원(증권회사)들의 모임으로 자율규제조직인 증권업협회가 있다.

3) 유통시장의 구조

유통시장은 이미 발행된 유가증권이 투자자들 상호간에 거래되는 시장으로 거래소시장과 장외시장으로 구분된다. 한국거래소가 개설하는 거래소시장은 유가증권시장, 코스닥시장, 파생상품시장으로 분리하여 운영되며, 장외시장에는 금융투자협회가 운영하는 프리보드시장과 금융투자회사가 운영하는 점두시장이 있다.

① 장내시장

장내시장은 일정한 장소에서 정해진 시간에 계속적으로 상장증권 및 장내파생상품의 주문이 집중되어 일정한 매매제도에 따라서 조직적으로 매매거래가 이루어져 공정한 가격형성, 거래질서의 안정, 유통의 원활화를 위해 한국거래소가 개설하는 시장으로 유가증권시장, 코스닥시장, 파생상품시장이 있다.

㉠ 유가증권시장

유가증권시장은 유가증권의 공정한 가격형성과 투자자 보호를 위해 수익성, 안정성, 성장성을 갖춘 기업이 많이 상장되어 투자자들이 믿고 투자할 수 있으며 상장법인은 투자자의 투자판단에 필요한 기업정보를 신속히 공시하도록 하며 공시된 정보는 전자공시시스템을 통해 투자자들이 실시간으로 접근할 수 있다.

유가증권시장에 상장하고자 하는 기업은 자기자본이 100억원 이상, 상장주식수가 100만주 이상, 최근 사업연도 300억원 이상의 매출액 등의 상장요건을 충족해야 한다. 한국거래소는 상장유가증권의 상장요건 충족여부와 기업내용의 적시공시 실시여부를 관찰하여 관리종목으로 지정한 후 상장을 폐지할 수 있다.

㉡ 코스닥시장

코스닥시장은 유망 중소기업, 성장성이 높은 벤처기업의 자본조달기회를 제공하기 위해 설립된 한국거래소가 운영하는 증권시장으로 미국의 나스닥시장을 벤치마킹한 시장이다. 처음에는 증권업협회가 개설하여 운영해 왔으나 2005년부터 한국거래소가 통합하여 운영하고 있는 체계적이고 조직적인 시장이다.

코스닥시장은 소규모이나 성장잠재력이 높은 벤처기업이나 유망 중소기업의 자금조달이 가능하고, 유가증권시장과 별도로 운영되는 독립된 시장이다. 또한 우량기업의 발굴에 금융투자업자의 역할과 책임이 중시되고, 높은 가격변동성으로 고위험 · 고수익 현상으로 투자자의 자기책임원칙이 중요한 시장이다.

㉢ 코넥스시장

코넥스(KONEX : Korea New Exchange)시장은 자본시장을 통한 초기 중소기업 지원을 강화하여 창조경제 생태계 기반을 조성하기 위해 2013년 7월 1일에 개설한 중소기업전용 주식시장으로 성장가능성은 있지만 기존의 유가증권시장이나 코스닥시장에 상장하기에는 규모가 작은 창업 초반기 중소기업의 주식을 거래한다.

현재 중소기업의 자금조달 현황을 살펴보면 대부분 은행대출에 편중되어 있고, 주식발행을 통한 자금조달은 매우 낮은 수준이다. 또한 코스닥시장은 투자자 보호를 위한 상장요건 강화로 성숙단계의 시장으로 변모하여 초기 중소기업은 진입이 어렵게 되면서 초기 중소기업 특성을 반영한 코넥스시장을 개설하게 되었다.

② 장외시장

장외시장은 거래소시장 밖에서 당사자간에 상대매매의 방법으로 매매거래가 이루어지는 시장을 말한다. 프리보드는 비상장증권의 매매거래를 위해 금융투자업자가 운영하는 장외시장으로 투자매매업자와 투자자 사이에 이루어지는 상장주권의 단주 장외거래나 투자자 사이에 직접 거래하는 장외시장과는 구별된다.

프리보드(Free Board)는 비상장 벤처기업, 이노비즈(Inno-Biz) 등 혁신형 중소기업의 직접금융 기회를 제공하고, 비상장주식 또는 상장이 폐지된 주식에 유동성을 부여한다. 벤처기업의 육성 및 투자회사에 초기투자자금 회수기회를 제공하며, 코스닥시장 상장 이전에 투자할 수 있는 다양한 투자수단을 제공한다.

【 표 1-4 유통시장의 구조 】

구 분		내 용
거래소 시장	유가증권 시장	지분증권, 채무증권, 수익증권, 파생결합증권, 증권예탁증권 등의 매매를 위해 개설하는 시장
	코스닥 시장	유가증권시장에 상장되지 않은 주권 및 채권의 매매를 위해 개설하는 시장
장외시장 (프리보드시장)		거래소시장에 상장되지 않은 주권의 매매거래를 위해 금융투자협회가 운영하는 시장

3 한국거래소

(1) 한국거래소의 의의

한국거래소는 유가증권 및 장내파생상품의 공정한 가격형성과 거래질서의 안정 및 유통의 원활화를 위해 자본시장법에 의해 설립된 특수법인이다. 2005년에 종전의 한국증권거래소, 코스닥증권시장, 한국선물거래소, 코스닥위원회가 합병하여 통합되었으며 자본시장법의 시행을 계기로 한국거래소로 통합 개편되었다.

한국거래소는 자본금을 1천억원 이상으로 하며 그 주사무소를 부산광역시에 두고 필요한 곳에 지점을 둘 수 있다. 한국거래소는 자본시장법에 특별한 규정이 있는 것을 제외하고 주식회사의 규정을 준용하며 이사장 산하에 경영지원본부, 유가증권시장본부, 코스닥시장본부, 선물시장본부, 시장감시본부로 구성되어 있다.

(2) 한국거래소의 성격

한국거래소는 상장증권과 파생상품을 운영하는 주체로서 거래소의 회원이 아니면 거래소시장에서 매매거래를 하지 못한다. 한국거래소의 회원은 결제회원, 매매전문회원, 대통령령이 정하는 회원(증권회원, 파생상품회원, 증권시장과 파생상품시장의 일부시장이나 일부종목의 매매결제에 참여하는 회원 등)으로 구분한다.

한국거래소는 법률의 구체적인 위임에 의한 업무관련규정과 정관에 의해 회원 등 시장참가자에 대한 자율규제기능을 수행한다. 자율규제에는 거래회원 및 임직원의 법령 및 규정준수 여부에 대한 감리, 매매거래의 안정과 결제불이행 방지를 위한 회원의 영업활동과 재무건전성, 증권회사와 상장법인의 공시까지 포함된다.

(3) 한국거래소의 기능

한국거래소는 증권자본과 화폐자본이 거래소의 매매를 통해 전환되고, 다수의 수요자와 공급자의 주문이 집중되어 공정한 가격을 형성하며, 투기적 가수요로 가격안정화 및 차익거래의 증가로 증권의 가격차이를 해소하며, 융자나 대주를 이용한 신용거래와 헤지거래를 통해 증권가격의 위험을 최소화하는 기능을 수행한다.

(4) 한국거래소의 업무

한국거래소의 기본업무에는 유가증권시장, 코스닥시장, 파생상품시장의 개설 및 운영, 증권 및 파생상품의 매매, 거래에 따른 매매확인, 채무인수, 결제증권 · 결제품목 · 결제금액의 확정, 결제이행의 보증, 결제불이행에 따른 처리 및 결제지시, 증권 및 파생상품의 상장, 매매거래, 공시제도가 있다.

핵심요약

제1절 증권투자

1. **증권의 정의** : 증권시장에서 자유롭게 양도 또는 거래될 수 있는 금융자산
2. **증권의 종류** : 확정소득증권과 변동소득증권, 1차 증권과 2차 증권, 위험자산과 무위험자산

제2절 유가증권

1. **주식의 정의** : 주식회사의 사원인 주주가 회사에 대해 가지고 있는 지분
2. **주식의 종류**
   (1) 상법상 분류 : 보통주, 우선주, 상환주, 전환주
   (2) 특성상 분류 : 성장주, 가치주, 순환주, 방어주, 우량주, 주식예탁증서
3. **채권의 정의** : 발행자가 투자자로부터 자금을 조달하고 약정에 따라 만기까지 이자를 지급하고 만기에는 원금을 상환하기로 약속한 채무증서
4. **채권의 본질** : 확정이자부증권, 기한부증권, 이자지급증권, 장기증권, 상환증권
5. **채권의 종류**
   (1) 발행주체에 따른 분류 : 국채, 지방채, 특수채, 금융채, 회사채
   (2) 이자지급에 따른 분류 : 이표채, 무이표채, 복리채
   (3) 이자변동에 따른 분류 : 고정금리채권, 변동금리채권
   (4) 지급보증에 따른 분류 : 보증채(정부보증채와 일반보증채), 무보증채
   (5) 담보제공에 따른 분류 : 담보부채권, 무담보부채권
   (6) 상환기간에 따른 분류 : 단기채, 중기채, 장기채
   (7) 권리부여에 따른 분류 : 전환사채, 신주인수권부사채, 교환사채

제3절 금융시장

1. **금융시장의 의의** : 경제주체간의 자금융통이 이루어지는 시장
2. **금융시장의 종류**
   (1) 자금의 조달방법 : 직접금융시장, 간접금융시장
   (2) 자금의 공급기간 : 화폐시장, 자본시장
3. **금융기관의 기능** : 거래비용 절감, 위험의 축소, 유동성의 제고, 결제수단 제공

제4절 증권시장

1. **증권시장의 의의** : 증권을 매개로 직접금융방식으로 자금을 조달하는 시장
2. **증권시장의 구성** : 발행시장(1차 시장), 유통시장(2차 시장)
3. **한국거래소** : 유가증권과 파생상품의 공정한 가격형성, 거래질서의 안정 및 유통의 원활화를 위해 자본시장법에 의해 설립된 특수법인

연습문제

01 **다음 중 합리적인 투자자의 행동으로 옳지 않은 것은?**

① 위험이 동일한 투자안에서 기대수익이 높은 투자기회를 선호한다.
② 기대수익이 동일한 투자안에서 위험이 높은 투자기회를 선호한다.
③ 높은 기대수익을 원한다면 보다 높은 위험을 부담해야 한다.
④ 기대수익이 낮아도 위험이 낮은 투자기회를 선호한다.

해설 위험회피형 투자자는 동일한 수익률의 가정하에서 위험이 낮은 투자안을 선호한다.

02 **다음 중 금융상품의 선택요령에 대한 설명으로 옳지 않은 것은?**

① 투자목적이 분명하여 자기의 사정과 형편에 맞는 금융상품을 선택해야 한다.
② 다른 조건에 관계없이 언제나 수익성이 높은 상품을 우선 선택해야 한다.
③ 자금지출과 저축기간을 일치시켜 상품을 적절히 혼합하는 분산전략이 필요하다.
④ 일상의 생활자금은 수시로 입출금이 자유로운 금융상품을 선택해야 한다.

해설 금융상품을 선택할 경우에는 수익성은 물론 안전성과 유동성도 고려해야 한다.

03 **다음 중 금융상품을 선택할 때 고려사항이 아닌 것은?**

① 안전성, 수익성, 유동성을 적절하게 고려한다.
② 본인의 수입이나 재산상태를 고려한다.
③ 향후 필요한 자금의 규모를 고려한다.
④ 현재 필요한 1~2가지 상품에 집중투자한다.

해설 금융상품을 선택할 경우에는 유동성과 수익성을 고려하여 단기상품과 장기상품에 나누어 분산투자한다.

04 **다음 중 주식에 대한 설명으로 옳은 것은?**

① 주식은 자본의 구성분자로서 상법은 균등한 액면가로 표시된 액면주식만을 인정한다.
② 주식은 원칙적으로 단위미만으로 세분할 수 없으나 주식을 분할하는 경우는 예외이다.
③ 주식은 병합하여 수개의 주식을 합해 종전의 주식수를 줄일 수 없다.
④ 수인이 단위주식 그 자체를 공유할 수 없다.
⑤ 상법상 기명주식이 원칙이고 무기명주식은 주주총회 결의가 있으면 발행된다.

해설
② 주식의 최소단위는 1주이므로 그 단위 미만으로 세분화할 수 없다.
③ 주식병합은 수개의 주식을 그 보다 작은 수의 주식으로 합하는 것을 말한다.
④ 주식의 공유를 인정한다.
⑤ 무기명주식은 정관에 규정이 있는 경우에만 발행할 수 있다.

05 다음 중 주식에 대한 설명으로 옳지 않은 것은?

① 주식은 주식회사의 자본을 구성하는 출자단위이다.
② 주식회사는 무액면주식을 발행할 수 없다.
③ 수종의 주식을 발행한 경우 정관에 각종 주식의 내용과 수를 정해야 한다.
④ 전환주식의 전환은 그 청구를 한 때가 속하는 영업연도말에 효력이 발생한다.

해설 ④ 전환주식의 전환은 전환을 청구한 때에 효력이 발생한다.

06 다음 중 주식에 대한 설명으로 옳지 않은 것은?

① 주식은 사원의 지위를 의미한다.
② 주식의 공유는 가능하지만 분할소유는 인정하지 않는다.
③ 무기명주식과 무액면주식은 정관의 규정에 의해 발행할 수 없다.
④ 기명주식을 소유한 주주가 권리를 행사함에는 주권을 제시할 필요가 없다.
⑤ 액면주식의 권면액은 100원 이상 균일해야 한다.

해설 ③ 무기명주식은 정관에 규정이 있으면 발행할 수 있으나, 상법은 무액면주식의 발행은 인정하지 않는다.

07 다음 중 주식에 대한 설명으로 가장 옳지 않은 것은?

① 일반적으로 가치주는 고PER주, 고PBR주, 고PSR주를 말한다.
② 경기순환주는 건설, 자동차, 철강, 조선업 등에 해당되는 주식을 말한다.
③ 일반적으로 유통주식수가 많고 주식분포가 고르며 기관투자가들이 많이 가지고 있어 주가의 변동폭이 상대적으로 적은 주식을 대형주라고 한다.
④ 블루칩은 수익과 재무내용이 좋고 유력한 지위를 갖고 있어 일반적으로 고수익과 고배당의 경향이 높은 주식을 말한다.

해설 가치주는 저평가상태로 방치된 종목에 투자하여 초과수익률을 얻는 투자전략을 말한다. 저평가되었다고 판단하는 기준에는 PER, PBR, PSR, 배당수익률 등이 있다.

08 다음 중 주식 및 주식회사에 대한 설명으로 적절하게 표현하고 있는 것은?

① 주식회사는 필수적으로 주주총회, 이사회, 감사회의 세 기관을 가져야 한다.
② 주식회사는 자본없이도 성립할 수 있다.
③ 주주는 회사에 출자의무를 부담하며, 채권자에 대해 일정 부분의 책임을 진다.
④ 주주권은 의결권, 소수주주권 등의 공익권과 이익배당청구권, 신주인수권, 잔여재산분배청구권 등의 자익권으로 구분할 수 있다.

해 설 ① 주식회사의 기관에는 필수기관으로 최고의사결정기관인 주주총회, 업무집행기관인 이사회와 대표이사, 감독기관인 감사가 있으며, 임시기관으로 검사인, 상담역, 고문 등이 있다.
② 주식회사는 자본없이는 성립할 수 없다.
③ 주주는 주식인수가액에 한정되는 유한책임을 부담한다.

09 다음 중 수종의 주식에 속하지 않은 것은?

① 보통주 ② 우선주
③ 후배주 ④ 상환주

해 설 특수한 주식(상환주식, 전환주식, 무의결권주식)은 수종의 주식에 대해 각각 다른 성질을 포함시킨 것을 말한다.

10 다음 중 상환주식과 의결권 없는 주식에 대한 설명으로 옳지 않은 것은?

① 상환주식과 의결권 없는 주식은 이익배당우선주에 한해 발행할 수 있다.
② 상환주식을 상환하는 경우에는 자본감소의 절차가 필요없다.
③ 상환주식이 상환되면 회사가 발행한 주식수가 감소한다.
④ 의결권 없는 주식은 총발행주식수의 1/4을 초과하여 발행할 수 없다.
⑤ 상환주식을 발행하면 상법에 의해 매년 일정액을 상환자금으로 적립해야 한다.

해 설 ⑤ 상환주식을 발행하는 경우에 적립의무규정은 없고, 이익으로 상환하면 된다.

11 다음 중 의결권 없는 주식에 대한 설명으로 옳지 않은 것은?

① 의결권 없는 주식은 보통주로는 발행할 수 없다.
② 의결권 없는 주식의 총수는 총발행주식수의 1/4을 초과하지 못한다.
③ 상장회사는 총발행주식수의 1/2까지 의결권 없는 주식을 발행할 수 있다.
④ 의결권 없는 주식의 주주는 창립총회에서 의결권행사를 하지 못한다.
⑤ 의결권 없는 주식은 주주총회결의시 총발행주식수에 산입하지 않는다.

해 설 의결권 없는 주식은 종류주주총회나 창립총회에서는 의결권을 행사할 수 있다.

12 다음 중 가치주투자의 특징에 해당하는 것은?

① 기업의 성장성에 주목하여 성장성이 높은 기업에 투자한다.
② 기업의 내재가치에 주목하여 과소평가된 기업에 투자한다.
③ 상대적으로 가격변동성이 높은 기업에 투자한다.
④ 정보의 신속성을 중시한다.

해설 가치주투자는 기업의 내재가치에 주목하여 과소평가된 기업에 투자한다.

13 주식의 특성상 분류에 대한 설명으로 옳게 짝지은 것은?

가. 일반적으로 상당기간 동안 안정적인 이익창출과 배당지급을 실행한 기업을 말하며 수익과 재무내용이 좋고 업계에서 유력한 지위를 갖고 있는 주식
나. 기업의 영업실적과 수익의 증가율이 시장의 평균보다 높을 것으로 기대되는 주식

① 가 : 블루칩, 나 : 성장주
② 가 : 대형주, 나 : 가치주
③ 가 : 가치주, 나 : 경기순환주
④ 가 : 가치주, 나 : 경기방어주

해설 대형주는 시가총액 상위 100위 이내인 은행, 건설, 화학, 조선, 철강 등을 말한다. 경기순환주는 호황시 주가가 급등하고 불황시 주가가 급락하는 건설, 화학, 자동차, 조선업종 등을 말하고, 경기방어주는 약세장에서 잘 하락하지 않는 음식료, 제약업종 등을 말한다.

14 다음 중 채권의 성격으로 옳은 것은?

① 자기자본조달의 성격을 갖는다.
② 주주로서 경영참가권을 갖는다.
③ 경영성과에 따라 배당을 받는다.
④ 원리금 상환청구를 할 수 있다.

해설 ①, ②, ③은 주식의 성격에 해당한다.

15 다음 중 채권에 대한 설명으로 옳지 않은 것은?

① 전환사채는 전환권을 행사하면 사채는 소멸한다.
② 교환사채는 교환권을 행사하면 사채는 소멸한다.
③ 신주인수권부사채는 신주인수권을 행사하면 사채는 소멸한다.
④ 이익참가부사채는 최소한의 확정이자는 보장한다.

해설 신주인수권부사채는 신주인수권을 행사하더라도 사채는 소멸하지 않고 존속한다.

16 다음 중 채권을 발행주체별로 분류할 때 발행주체가 다른 것은?

① 국고채권
② 통화안정증권
③ 국민주택채권
④ 외국환평형기금채권

해설 통화안정증권은 한국은행이 발행하는 금융채에 해당하고 나머지는 국채에 속한다.

17 다음 중 주식관련 권리행사 이후에도 채권이 존속하는 것은?

① 전환사채(CB) ② 신주인수권부사채(BW)
③ 교환사채(EB) ④ 이익참가부사채(PB)

해설 신주인수권부사채는 신주인수권을 행사하더라도 사채는 소멸하지 않고 존속한다.

18 다음의 특징들을 모두 충족할 수 있는 신종채권으로 적절한 것은?

가. 사채시장 악화시에도 발행이 가능하며 권리행사 후에도 사채권이 존속된다.
나. 낮은 자금조달비용과 추가자금부담이 없어 유상증자 대체수단이 될 수 있다.
다. 주가변동으로 행사시기가 일정하지 않아 자본구조가 불확실하다.
라. 투자자의 입장에서 투자의 안정성과 투기성을 동시에 만족시켜 준다.

① 전환사채(CB) ② 교환사채(EB)
③ 신주인수권부사채(BW) ④ 이익참가부사채(PB)

해설 신주인수권부사채(BW)는 일반사채(SB)에 신주인수권(warrant)이 결합된 혼성증권으로 신주인수권이라는 프리미엄이 있어 일반사채보다 낮은 이자율로 발행되고 사채권자가 신주인수권을 행사하면 사채는 그대로 존속하면서 추가자금이 유입되어 총자산이 증가한다.

19 다음 중 채권을 발행한 기업으로 현금이 유입되는 것은?

① 전환사채(CB) ② 신주인수권부사채(BW)
③ 교환사채(EB) ④ 이익참가부사채(PB)

해설 신주인수권부사채는 신주인수권을 행사하면 주식대금을 납입해야 한다.

20 다음 중 채권과 주식에 대한 설명으로 옳지 않은 것은?

① 채권은 타인자본조달이며, 주식은 자기자본조달이다.
② 채권은 채권자의 권리, 주식은 주주의 권리를 갖는다.
③ 채권은 원리금 상환청구권이 있고, 주식은 이익배당청구권이 있다.
④ 채권은 간접적인 자금조달이고, 주식은 직접적인 자금조달이다.

해설 주식과 채권은 모두 직접적인 자금조달수단에 해당한다.

연습문제

21 **다음 중 주식과 채권에 대한 설명으로 옳지 않은 것은?**

① 주주는 경영참가권 등을 가지고 채권자는 원리금 상환청구권과 이익배당청구권을 갖는다.
② 주주는 경영성과에 따라 배당금을 받지만, 채권자는 경영성과에 관계없이 확정된 이자를 지급받는다.
③ 회사가 해산하는 경우 채권자는 주주에 우선하여 변제받을 권리가 있다.
④ 채권발행은 타인자본으로 계상하고, 주식발행은 자기자본으로 계상한다.

해설 주주는 경영참가권, 이익배당청구권 등을 갖고 채권자는 원리금 상환청구권을 갖는다.

22 **다음 중에서 발행시장에서 유가증권을 인수할 수 없는 금융기관은?**

① 은행 ② 보험회사
③ 증권회사 ④ 투신운용회사

해설 발행시장에서 발행주식을 총액인수하여 인수단의 역할을 할 수 금융기관에는 은행(신탁계정), 증권회사, 종합금융회사, 투신운용회사가 있다.

23 **다음 중 발행시장의 기능과 직접 관계가 없는 것은?**

① 기업의 장기자금조달을 촉진시킨다.
② 투자자에게 새로운 투자대상을 제공한다.
③ 정부의 경기조절정책에 기여한다.
④ 증권시장에서 증권의 공정가격 형성에 기여한다.

해설 증권시장에서 증권의 공정가격 형성에 기여하는 것은 유통시장의 기능에 속한다.

24 **다음 중 발행시장에 대한 설명으로 거리가 먼 것은?**

① 발행시장은 장기자금을 조달하는 기능을 수행한다.
② 모집은 50명 이상의 투자자들에게 이미 발행한 증권을 판매하는 것을 말한다.
③ 총액인수는 인수기관이 주식발행 총액을 인수하고 발행 및 모집을 담당한다.
④ 위탁모집에서 위험부담은 증권의 발행자가 부담한다.

해설 매출은 50명 이상의 투자자들에게 이미 발행한 증권을 판매하는 것을 말한다.

25 우리나라 주식발행의 가장 일반적인 형태는?

① 직접발행　　② 모집주선
③ 잔액인수　　④ 총액인수

해 설 우리나라 주식발행의 형태 중에서 금융기관이 아닌 기업은 간접발행이 일반적이다. 간접발행에는 모집주선, 잔액인수, 총액인수가 있는데, 인수단이 발행주식을 자신의 계산과 책임하에 인수하고 발행위험과 발행업무도 모두 부담하는 총액인수가 일반적이다.

26 다음 중 발행기관이 발행주식 전체를 인수하고 이에 따른 발행위험과 발행업무도 함께 부담하는 우리나라에서 가장 일반적인 발행형태는?

① 직접발행　　② 총액인수
③ 잔액인수　　④ 모집주선

해 설 우리나라 주식의 발행형태는 간접발행이 일반적이다. 발행기관이 발행주식 전체를 인수하고 발행위험과 발행업무를 부담하는 발행형태는 총액인수제도이다.

27 다음 중 직접금융과 간접금융에 대한 설명으로 옳지 않은 것은?

① 직접금융의 경우 자금공여에 따른 위험은 자금의 최종공급자가 부담한다.
② 간접금융의 경우 금융중개기관은 직접증권을 발행하여 자금을 조달한다.
③ 직접금융의 경우 자금대여자가 차입자가 발행한 본원적 증권을 매입하면 자금융통이 이루어진다.
④ 간접금융의 경우 금융중개기관은 다수의 저축자를 통해 자금을 조달하므로 자금공급이 안정적이다.
⑤ 금융중개기관은 장기차입을 원하는 차입자와 단기대출을 원하는 저축자를 모두 만족시킬 수 있다.

해 설 자금의 최종수요자가 발행한 주식, 회사채 등을 직접증권 또는 본원적 증권이라 하고, 금융중개기관이 발행한 예금증서, 보험증서 등을 간접증권 또는 2차적 증권이라 한다.

28 다음 중 한국거래소에 대한 설명으로 그 내용이 적절하지 않은 것은?

① 증권의 공정한 가격형성과 유통의 원활화를 위해 설립된 법인이다.
② 유가증권시장, 코스닥시장, 파생상품시장이 한국거래소로 통합 운영되고 있다.
③ 증권거래회원은 자기매매업무와 위탁매매업무의 허가를 받은 법인이다.
④ 공정한 가격형성을 위해 현재 주식회사가 아닌 공영제로 운영되고 있다.

해설 유가증권시장, 코스닥시장, 파생상품시장이 주식회사 한국거래소로 통합되어 현재는 공영제가 아닌 주식회사 제도로 운영되고 있다.

29 다음 중 한국거래소에 대한 설명으로 옳지 않은 것은?

① 거래소의 설립은 법정 설립주의이다.
② 거래소는 영리법인이다.
③ 거래소가 개설하는 시장은 유가증권시장, 코스닥시장, 파생상품시장이다.
④ 거래소의 회원에는 결제회원, 매매전문회원, 대통령이 정하는 회원이 있다.

해설 2013년 4월 자본시장법의 개정으로 거래소의 설립은 법정 설립주의에서 영업 허가주의로 변경되었다.

30 다음 중 한국거래소의 경제적 기능에 해당하지 않은 것은?

① 자본전환기능 ② 공정한 가격형성기능
③ 보험적 기능 ④ 기업의 신규자금조달기능

해설 한국거래소의 주요기능은 자본전환기능, 가격형성기능, 가격평준화기능, 보험적 기능이 있다. 기업의 신규자금조달기능은 유통시장인 한국거래소가 아닌 발행시장의 기능이다.

정답

01.② 02.② 03.④ 04.① 05.④ 06.③ 07.① 08.④ 09.④ 10.⑤
11.④ 12.② 13.① 14.④ 15.③ 16.② 17.② 18.③ 19.② 20.④
21.① 22.② 23.④ 24.② 25.④ 26.② 27.② 28.④ 29.① 30.④

02 증권거래

투자자가 증권시장에서 매매를 하고자 할 경우에는 금융위원회로부터 금융투자업 허가를 받은 증권회사인 거래소의 회원사에 위탁해야 한다. 증권시장에서 형성된 시장가격은 일반적인 상품가격과 마찬가지로 수요와 공급에 의해 결정되며 증권의 수요와 공급은 미래이득에 대한 투자자들의 예상에 근거하여 이루어진다.

제 1 절 매매거래

1 거래의 위탁

한국거래소에서 증권거래는 대량의 거래가 신속하게 이루어질 수 있도록 거래원(증권회사)만이 직접 참여하여 일정한 준칙에 따라 수행하도록 되어 있다. 거래소의 매매거래에 참가할 수 있는 자는 금융투자업의 허가를 받은 금융투자(증권)회사인 거래소 회원사에 한정되어 있어 일반투자자는 직접 참가할 수 없다.

(1) 매매계좌의 개설

투자자가 증권시장에서 증권거래를 하려면 증권회사에 매매거래계좌를 개설하고, 동 계좌를 개설한 증권회사를 통해 주문을 내야 한다. 주문을 직접 낼 수 있는 자는 한국거래소의 회원사에 한정된다. 비회원사는 회원사를 통해 주문을 내야 하고 외국인투자자는 금융감독원 외국인 한도 관리시스템을 경유해야 한다.

(2) 매매거래의 수탁

매매거래의 위탁방법은 문서, 전화, 전자통신으로 가능하다. 그러나 금지되는 공매도,

공매도 호가의 가격제한에 해당하는 매도주문, 불공정거래에 해당하는 주문은 투자자 보호 또는 증권시장 거래질서 안정을 위해 회원이 수탁을 거부할 수 있다. 회원이 매매거래를 위탁받은 경우 고객주문정보를 이용할 수 없다.

(3) 위탁증거금 징수

위탁증거금은 결제이행을 위한 담보를 확보하여 원활한 결제를 통한 거래의 안정을 도모하는 제도로서 매수는 현금, 매도는 현금이나 당해증권을 증거금으로 징수한다. 위탁증거금은 현금에 갈음하여 대용증권으로 납부가 가능하고, 회원은 대용증권의 가치를 감안하여 사정비율 내에서 비율을 변경할 수 있다.

(4) 위탁수수료 징수

고객이 증권회사에 위탁하여 증권을 매매했을 때 지불하는 위탁수수료의 징수율과 징수방법은 증권회사가 자율로 결정하고, 이를 변경하는 경우 매매일 5일 이내에 한국거래소에 보고하고 투자자에게 공표해야 한다. 위탁증거금은 대용증권으로 납부가 가능하며, 대용증권 및 가격은 한국거래소가 결정한다.

(5) 매매체결의 통보

증권회사가 거래소에 제출한 주문은 거래소가 정한 업무규정에 관한 원칙에 따라 체결되며, 거래소는 체결결과를 회원에게 통보하고 회원은 고객에게 통지해야 한다. 투자자는 체결분에 대해 체결일 기준 3일후까지 위탁증권회사에 매수대금 또는 매도증권을 납부하고 거래소를 통해 결제하면 매매거래가 완료된다.

2 주문의 유형

투자자가 증권회사에 증권의 매매거래를 위탁할 경우에 내는 주문에는 매수, 매도, 정정, 취소 4가지 종류가 있다. 증권시장에서 매수주문과 매도주문시 가격을 지정하는 방법에는 크게 지정가주문과 시장가주문이 있다. 또한 조건부지정가주문, 최유리지정가주문, 최우선지정가주문, 목표가주문 등도 있다.

(1) 지정가주문

지정가주문은 가장 기본적인 매매주문의 형태로 매매체결 여부보다 가격을 우선 생각하고 내는 주문이다. 따라서 투자자가 매매를 원하는 종목의 수량 및 가격을 지정하여 주문하는 방법으로 투자자가 지정한 가격보다 불리한 가격으로 체결되지 않는 반면에 매매체결이 되지 않을 수도 있다는 단점이 있다.

(2) 시장가주문

시장가주문은 매매를 원하는 종목과 수량을 지정하고 가격은 지정하지 않아 현 시점에서 가장 유리한 가격조건이나 시장에서 형성되는 가격으로 매매거래를 하는 방법으로 매매거래가 신속히 이루어지는 장점이 있는 반면에 원하지 않은 가격에 매매가 체결될 수 있고 가격이 급등락할 우려가 있다는 단점이 있다.

(3) 조건부지정가주문

조건부지정가주문은 정규매매시간(09 : 00~14 : 50)에 지정가주문으로 시장에 참여하다 지정가에 매매체결이 되지 않으면 장 마감전 10분간 단일가매매시간에 시장가로 전환되는 주문을 말하며, 장중에는 지정가주문의 가격보장기능을 유지하다 장종료 전까지 체결이 안 되면 시장가주문으로 전환되어 환금성이 제고된다.

(4) 최유리지정가주문

최유리지정가주문은 상대방향의 최유리가격으로 지정되는 주문으로 매도의 경우 가장 높은 매수호가의 가격, 매수의 경우 가장 낮은 매도호가의 가격으로 주문한다. 최우선지정가는 동일방향의 최우선가격으로 지정되는 주문으로 매도의 경우 가장 낮은 매도호가의 가격, 매수의 경우 가장 높은 매수호가의 가격으로 주문한다.

(5) 최우선지정가주문

최우선지정가주문은 주문의 접수시점에 자기주문방향의 최우선호가가격으로 가격을 지정한다. 최유리지정가주문과 마찬가지로 수량과 종목은 지정하되 가격은 매도호가의 경우 가장 낮은 매도호가의 가격, 매수호가의 경우 가장 높은 매수호가의 가격으로 지정한 것으로 보아 매매거래를 하고자 하는 주문을 말한다.

(6) 목표가주문

목표가주문은 목표로 하는 가격에 최대한 근접하여 회원이 재량으로 당해 주문을 장중에 여러 차례 분할하여 호가하는 형태의 주문을 말한다. 따라서 주문의 접수시점에서는 가격이 결정되지 않고 장 종료 이후 결정될 가격 또는 그 근접가격으로 거래를 원하는 경우에 기관투자가나 물량이 많은 경우에 사용한다.

3 호가단위

다양한 종류의 증권을 대량으로 거래하려면 거래방식, 계약체결방법, 거래단위 등에 대해 일정한 규칙이 있어야 한다. 매매거래의 단위는 호가단위와 수량단위로 구분된다. 호가는 사거나 팔고자 하는 증권의 종목, 수량, 가격을 거래상대방에게 제시하는 것으로 호가단위는 주가의 수준에 따라 다르게 정해져 있다.

수량단위는 증권거래의 대량화를 도모하기 위해 결정된 거래수량의 기준단위를 말한다. 우리나라는 10만원 미만의 주식은 10주, 10만원 이상의 주식은 1주를 수량단위로 하며 채권은 액면가액 10만원 단위로 하고 있다. 이 수량단위에 미달하는 주식을 단주(odd lot)라고 하며 시간외 종가나 장외시장에서 거래된다.

4 거래시간

주식시장은 월요일부터 금요일까지 오전 9시에 개장하여 오후 3시에 폐장한다. 투자자들은 오전 8시부터 주문을 낼 수 있고 단일가매매방식으로 오전 9시에 시가(始價)가 결정된다. 그 이후 접속매매방식에 의해 오후 2시 50분까지 거래가 진행되다가 단일가매매방식으로 전환되어 오후 3시에 종가(終價)가 결정된다.

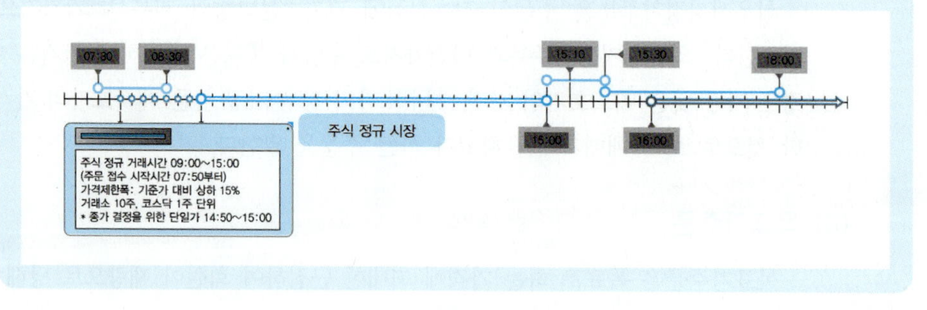

【 그림 2-1 주식거래시간 】

5 결제방법

증권의 매매거래는 결제방법과 결제기한에 따라서 현물거래와 선물거래로 구분할 수 있다. 우리나라 한국거래소(KRX)에서는 현물거래의 일종인 보통거래가 사용되고 있다. 보통거래(regular-way transaction)는 증권의 매매계약이 체결된 날로부터 3일째 되는 날에 증권과 대금이 인도되는 결제방식을 말한다.

현물거래(spot transaction)는 현재시점에서 기초자산의 가격을 지불하고 기초자산을 인수하거나 기초자산의 가격을 지급받고 기초자산을 인도하는 거래를 말한다. 즉, 현물거래는 매매계약의 체결과 거래대금의 결제 및 기초자산의 인수도가 현재시점에서 이루어지는 주식거래와 채권거래는 현물거래에 속한다.

선물거래(futures transaction)는 미래의 일정시점에 특정상품을 현재시점에서 약정한 가격으로 인수하거나 인도하기로 거래당사자가 약정한 계약을 말한다. 따라서 현물거래와 달리 매매계약의 체결은 현재시점에서 이루어지고 거래대금의 결제와 기초자산의 인수도는 미래시점에 이루어지는 거래를 말한다.

6 거래비용

투자자들은 증권을 매매하거나 증권투자에서 소득을 얻었을 때 거래비용과 세금을 부담해야 한다. 거래비용은 증권거래의 위탁수수료뿐만 아니라 증권거래와 관련되는 부수적인 경비까지 포함된다. 그러나 협의로는 증권회사에 대한 거래의 위탁수수료로서 매입 및 매도시 지급하는 비용만을 말한다.

증권거래 위탁수수료는 각 증권회사들이 자율적으로 결정하고 있다. 일반적으로 투자자가 증권회사에 직접 주문할 경우보다 인터넷거래를 이용할 때 훨씬 낮은 수수료를 부담한다. 증권거래세는 주식의 매도시점에 내는 세금으로 거래손익 여부에 불문하고 매도약정금액의 0.3%를 예탁결제원이 징수한다.

제 2 절 증권가격

1 증권가격의 결정

증권시장에서 형성된 시장가격은 일반적인 상품의 가격과 마찬가지로 수요와 공급에 의해 결정된다. 증권가격은 특정시점에서 증권에 대한 수요와 공급이 일치되도록 결정된다. 그러나 상품가격은 상품의 사용가치에 근거하여 이루어지는 반면에 증권가격은 미래이득에 대한 투자자들의 예상에 근거하여 이루어진다.

증권의 미래이득에 대한 투자자의 예상은 증권정보에 따라 달라진다. 즉, 증권의 미래이득을 결정하는 여러 요인에 대한 정보에 근거하여 증권의 미래이득에 대한 위험과 수익을 예상하여 투자자들의 주관적 가치가 결정된다. 투자자들이 평가한 증권의 주관적 가치는 시장가격과 비교되어 수요와 공급으로 구체화된다.

어떤 투자자가 평가한 주관적 가치가 이미 형성된 시장가격보다 높다면 증권을 매입하려고 하여 시장에서 수요로 나타날 것이다. 반면에 주관적 가치가 이미 형성된 시장가격보다 낮다면 증권을 매도하려고 하여 시장에서 공급으로 나타날 것이다. 이렇게 나타난 수요와 공급이 시장경쟁을 통해 시장가격을 형성한다.

따라서 증권의 시장가격은 궁극적으로 증권정보의 산물이다. 만일 새로운 증권정보가 시장에 전달되면 이는 투자자의 예상을 변경시켜 주관적 가치의 변경을 가져올 것이고 마침내 시장가격의 변동을 가져온다. 일반적으로 증권정보는 불규칙적으로 주어지기 때문에 증권의 가격도 역시 불규칙적으로 변동하게 된다.

2 매매계약의 체결

(1) 체결방법의 유형

매매계약의 체결방법에는 다수의 매도자와 매수자간에 매매거래가 이루어지는 경쟁매매, 단일의 매도자와 매수자간에 매매거래가 이루어지는 상대매매, 단일의 매도자 또는 매수자와 복수의 매수자 또는 매도자간에 매매거래가 이루어지는 경매 또는 입찰매매가 있다. 우리나라는 경쟁매매를 채택하고 있다.

(2) 경쟁매매의 구분

집단경쟁매매는 일정한 시각과 일정한 장소에 매도측과 회원의 시장대리인이 모여 직원의 리드에 따라 각 시장대리인에 공개적으로 손짓 및 발성에 의해 가격과 수량의 경합을 거쳐 매매계약을 체결하는 방법으로 격탁매매라고도 부른다. 개별경쟁매매에는 단일가격 또는 복수가격에 의한 경쟁매매가 있다.

(3) 매매체결의 원칙

한국거래소는 공정한 주식거래와 합리적인 주식의 가격결정을 위해 몇 가지 주식매매 체결의 원칙을 세워두고 있다. 우리나라 증권시장에서 적용되는 매매거래의 체결원칙은 가격우선의 원칙, 시간우선의 원칙, 수량우선의 원칙, 위탁우선의 원칙을 순차적으로 적용하여 매도자와 매수자간에 거래를 체결시킨다.

① 가격우선의 원칙

주식매매시 특정 주식을 고가에 사려는 매입자와 저가에 팔려는 매도자에게 우선권을 준다. 즉, 고가의 매수호가는 저가의 매수호가에 우선하고, 저가의 매도호가는 고가의 매도호가에 우선하여 체결된다. 시장가호가는 지정가호가에 가격에서 우선한다. 단, 시장가매도호가와 하한가매도호가는 동일호가로 본다.

② 시간우선의 원칙

복수가격에 이한 접속매매에서 동일한 가격호가에 대해서는 시간적으로 먼저 접수된 호가가 우선한다는 원칙으로 가격우선의 원칙에 의해 주문 체결의 우선순위를 판단하기 어려울 경우에 후차적으로 적용된다. 그러나 시간의 선후를 구별할 없는 동시호가 주문의 경우에는 시간우선의 원칙이 적용되지 않는다.

③ 수량우선의 원칙

한국거래소에서 매매를 성립시킬 때 동일한 가격과 동일한 시간에 접수된 주문에 시간의 선후가 분명하지 않은 경우에는 주식 수량이 많은 주문이 수량이 적은 주문에 우선한다는 원칙을 말하며 동시호가의 주문에만 적용된다. 여기서 동시호가는 동시에 접수된 호가 및 시간의 선후가 분명하지 않은 호가를 말한다.

④ 위탁우선의 원칙

증권회사의 자기매매가 투자자의 위탁매매에 우선할 경우에 나타날 수 있는 부작용을 감안하여 동시호가 매매에서 일반투자자의 위탁매매 주문이 증권회사의 자기매매 주문에 우선하여 체결된다. 즉, 동일한 가격의 동시호가 매매체결에서 투자자의 주문이 전량 처리된 후에야 증권회사의 자기매매 주문이 처리된다.

(4) 매매체결의 방식

투자자가 증권회사에 제출한 매매주문에 대해 한국거래소에서 매매계약을 체결하는 방식은 1975년부터 개별경쟁매매방식으로 단일화되었다. 개별경쟁매매는 다시 단일가격에 의한 개별경쟁매매(동시호가)방식과 복수가격에 의한 개별경쟁매매(접속매매)방식의 두 가지로 구분할 수 있다.

① 단일가격에 의한 개별경쟁매매

동시호가방식은 매일의 개장 또는 폐장시점의 주가를 결정할 때 사용하며 일정시간에 들어온 주문을 모아 하나의 가격으로 거래를 성립시킨다. 단일가매매에 의해 결정된 가격은 특정시점의 수요와 공급을 잘 반영하고 있다는 장점을 갖고 있으나 주가에 반영된 정보가 어느 정도 시간이 경과된 정보일 가능성이 많다.

② 복수가격에 의한 개별경쟁매매

접속매매방식은 시가 및 종가를 결정할 때를 제외하고 모든 시간대에 사용하는 가격결정방식으로 주문이 들어오는 순간마다 가격과 수량이 맞으면 거래를 성립시킨다. 따라서 소수의 매입 및 매도주문에 의해 가격이 결정되는 단점을 갖고 있으나 특정시점의 정보가 즉각적으로 주가에 반영된다는 장점을 갖고 있다.

(5) 매매거래의 예외

① 대량매매제도

고객의 주문수량이 대량으로 정상거래가 어려우면 그 호가를 원활하게 집행하기 위해 거래소가 지정한 방법으로 종목과 수량이 동일한 쌍방호가에 회원이 사전에 결정한 가격으로 매매를 체결한다. 거래소는 대량매매와 바스켓 매매의 체결과정이 자동적으로 이루어지도록 대량거래 전용네트워크를 가동하고 있다.

② 바스켓 매매

바스켓 매매는 정규시장의 거래시간에 일정요건을 충족하는 개별종목 또는 주식집단의 매매쌍방호가에 대해 거래를 체결시켜 주는 제도로서 2005년부터 시행하고 있다. 수량요건, 매매수량단위, 체결방법 등은 시간 외 대량바스켓매매와 동일하나 호가가격은 정규시장에서 형성된 최고가격과 최저가격 이내이다.

(6) 매매거래의 결제

결제는 증권시장에서 체결된 매매계약을 이행하는 절차로 결제를 이행하면 매매거래가 최종적으로 종결된다. 매매거래는 수도결제의 시간적 간격에 따라 당일결제거래, 익일결제거래, 보통거래로 구분한다. 결제이행을 보증하기 위한 제도적 장치에는 위약손해배상기금, 신원보증금 등이 있다.

① 당일결제거래

당일결제거래는 증권의 매매거래에서 매매계약이 체결된 날(T) 오후 4시에 유가증권과 거래대금이 결제되는 거래를 말한다. 우리나라는 주식 중에서 관리대상종목과 국공채, 회사채 등의 채권거래에 적용하고 있는데, 증권매매를 위탁할 경우에 매수대금 전액을 위탁증거금으로 납부해야 한다.

② 익일결제거래

익일결제거래는 증권의 매매거래에서 매매계약이 체결된 날(T)로부터 2일째 되는 날(T+1)에 결제가 이루어진다. 자본시장과 금융투자업에 관한 법률에 의해 국채에 대한 투자매매업 인가를 받은 국채딜러가 참여하는 국채전문유통시장의 대금결제나 증권결제는 모두 익일결제거래가 적용되고 있다.

③ 보통거래

보통거래는 증권거래에서 매매계약이 체결된 날(T)로부터 3일째 되는 날(T+2)에 결제가 이루어지는 것으로 주식 및 주식관련채권(전환사채, 신주인수권부사채, 교환사채)의 거래에 적용된다. 공휴일은 날짜 계산에서 제외되며 토요일에는 결제가 되지 않는다. 따라서 금요일에 체결된 거래는 다음 주 화요일에 결제된다.

(7) 매매거래의 관리

① 가격제한폭제도

증권시장의 가격결정은 매 시점에 주식을 매입하고자 하는 가격과 수량이 매도하고자 하는 가격과 수량이 일치하도록 이루어진다. 따라서 매 시점마다 서로 다른 가격으로 거래가 성립될 수 있으므로 서로 다른 가격이 결정된다. 따라서 하루 중 개시시점에 결정된 시가와 폐장시점에 결정된 종가가 서로 다를 수 있다.

우리나라는 매일 종가의 변동폭을 제한하고 있는데, 이를 가격제한폭이라고 한다. 한국거래소에서 주식에 대한 가격제한폭은 전일 종가의 15% 이내이다. 일반적으로 어떤 주식의 종가가 상한가나 하한가로 결정되면 그 주식의 가격은 초과수요나 초과공급을 완전히 흡수하지 못해 익일에도 상승 또는 하락할 가능성이 높다.

가격제한폭제도는 증권시장에서 주가의 급등락을 완화하고 투자자에게 주의를 환기시켜 주가의 안정적 형성을 도모하기 위해 도입되었다. 그러나 정리매매종목, 신주인수권증서, 신주인수권증권, ELW는 가격제한폭을 적용하지 않고, 장기휴장 후 최초 거래재개나 시장상황으로 적용이 곤란한 경우에는 별도로 결정한다.

가격제한폭제도는 증권정보가 주식시장에 전달되면 주가에 즉시 그리고 충분히 반영되지 않기 때문에 자본시장을 비효율적으로 만든다는 문제점을 가지고 있다. 증권시장에서 가격제한은 자유경쟁시장의 원리에 위반되기 때문에 주요 선진국에서는 가격제한폭제도가 없거나 그 폭을 넓게 유지하는 것이 일반적이다.

② 투자주의종목

투기적이거나 불공정거래의 개연성이 있는 소수지점 거래집중종목, 소수계좌 거래집중종목, 상한가잔량 상위종목 등을 투자주의종목으로 공표하여 투자자들의 뇌동매매를 방지하고 잠재적 불공정거래 행위자에 대한 경각심을 고취시키는 제도를 말한다. 주권, 주권예탁증권, ETF를 투자주의종목으로 지정할 수 있다.

③ 투자경고종목

최근 5일간 주가상승률이 75%인 경우가 연 2일간 계속되고, 2일째 되는 날을 기준으로 최근 5일간 주가상승률이 업종 지수상승률의 6배 이상이면 불공정거래를 예방하고 투자자를 보호하기 위해 투자경고종목으로 지정한다. 지정일로부터 10일 후 지정예고요건에 해당하지 않으면 투자경고종목에서 해제된다.

④ 투자위험종목

투자경고종목으로 지정된 후 30일 이내 다시 투자경고종목 지정요건에 해당하고 투자경고종목이 지정된 날부터 기산하여 10일 이내 다시 투자경고종목에 해당하며 지정 후 주가가 3일 연속 상승하면 1일간 매매거래가 정지되고 투자위험종목 지정일부터 10일 이내 지정예고요건에 해당하지 않으면 투자위험종목에서 해제된다.

⑤ 관리종목제도

한국거래소 관리종목지정제도는 상장법인이 갖추어야 할 최소한도의 유동성을 갖추지 못했거나 영업실적 악화로 인한 기업부실, 자본잠식, 사업보고서 미제출, 주식분산요건 미충족, 기업지배구조 불량 등으로 향후 상장폐지 위험이 높아 상장폐지기준에 해당할 우려가 있는 주식을 관리종목으로 지정하는 제도를 말한다.

관리종목의 지정사유는 유가증권 상장폐지기준에 해당하는 사유가 발생하는 경우에 투자자에게는 투자에 유의하도록 주의를 환기시키고 당해 법인에게 일정기간 해당사유를 해소하도록 하여 조속한 정상화를 유도하기 위함이다. 관리대상종목으로 지정되면 주식의 신용거래가 금지되고 대용유가증권으로 사용할 수 없다.

(8) 매매거래의 중단

① 개별주식의 매매거래중단

한국거래소는 특정 종목과 관련한 풍문이나 보도 등으로 투자자에게 기업정보를 충분히 주지시키기 위한 시간적 여유를 부여할 필요성이 있거나 매매거래의 폭주로 시장에서 정상적인 매매체결이 불가능할 경우에 시장에서 안정적인 매매거래를 도모하기 위해 개별주식에 대한 매매거래를 일시적으로 정지할 수 있다.

매매거래를 정지하여 정지사유에 대한 조회결과를 공시한 경우에는 거래소가 공표한 공시시점부터 30분이 경과하면 매매거래를 재개한다. 다만, 공시시점이 당일 장 개시전인 경우에는 장 개시시점부터 30분이 경과하면 매매거래를 재개하고, 장 종료 60분전 이후에는 그 다음 매매거래일부터 매매거래를 재개한다.

정지사유에도 불구하고 당해 풍문 등이 공시후에도 해소되지 않거나 공시내용이 상장폐지기준과 관리종목 지정기준에 해당하는 경우에는 매매거래의 재개를 연기할 수 있으며, 거래소가 시장관리상 필요하다고 인정하면 조회결과를 공시하지 않는 경우에도 거래소가 정하는 날까지 매매거래의 재개를 연기할 수 있다.

② 주식시장의 매매거래중단

서킷브레이커(circuit breakers)는 주식시장에서 코스피지수가 전일종가 대비 10% 이상 하락하여 1분간 지속되면 주식시장의 모든 종목의 호가접수 및 매매거래를 20분간 중단시키는 제도를 말한다. 그리고 코스피지수가 10% 이상 하락하는 경우에는 매매거래중단의 발동을 예고할 수 있다.

그러나 매매거래중단 후 20분이 경과하면 10분간 호가를 접수한 후 단일가격으로 매매를 체결하고 그 이후에는 접속매매방식으로 매매를 체결한다. 서킷브레이커가 발동되면 20분간 호가접수 및 현물시장과 연계된 선물시장과 옵션시장의 매매거래도 중단하지만, 채권시장은 매매거래가 계속된다.

③ 프로그램메메의 호가중단

사이드카(side car)는 선물시장에서 기준종목(KOSPI200선물 종목 중 직전매매일의 거래량이 가장 많은 종목)의 선물가격이 전일종가 대비 5% 이상 상승 또는 하락하여 1분간 지속되면 상승의 경우에는 프로그램매수호가의 효력을, 하락의 경우에는 프로그램매도호가의 효력을 5분간 정지시키는 제도를 말한다.

그러나 5분이 지나면 자동으로 해제되어 접수순서에 따라 매매체결이 재개된다. 주식시장 매매종료 40분 전(14시 20분) 이후와 프로그램매매호가의 효력정지 시간에 주식시장의 매매거래중단제도에 의해 주식시장의 매매거래가 중단된 후 매매거래가 재개되면 발동할 수 없고 1일 1회에 한해서 발동할 수 있다.

핵심요약

제1절 매매거래

1. 거래의 위탁 : 매매계좌의 개설, 매매거래의 수탁, 위탁증거금 징수, 위탁수수료 징수, 매매체결의 통보
2. 주문의 유형 : 지정가주문, 시장가주문, 조건부지정가주문, 최유리지정가주문, 최우선지정가주문
3. 호가단위 : 주식(10만원 미만 10주, 10만원 이상 1주), 채권은 액면가액 10만원
4. 거래시간 : 주식시장은 월요일~금요일 오전 9시에 개장하여 오후 3시에 폐장
5. 결제방법 : 결제방법과 결제기한에 따라서 현물거래와 선물거래로 구분

제2절 증권가격

1. 증권가격의 결정 : 특정시점에서 증권에 대한 수요와 공급이 일치되도록 결정
2. 매매계약의 체결
   (1) 체결방법의 유형 : 경쟁매매, 상대매매, 입찰매매
   (2) 경쟁매매의 구분 : 단일가격에 의한 경쟁매매, 복수가격에 의한 경쟁매매
   (3) 매매체결의 원칙 : 가격우선, 시간우선, 수량우선, 위탁자우선의 원칙
   (4) 매매체결의 방식
      ① 단일가격에 의한 개별경쟁매매
      매일 개장시 시가와 폐장시 종가를 결정할 때 사용하는 동시호가방식
      ② 복수가격에 의한 개별경쟁매매
      시가와 종가의 결정을 제외하고 모든 시간대에 사용하는 접속매매방식
   (5) 매매거래의 결제 : 당일결제거래, 익일결제거래, 보통거래
   (6) 매매거래의 관리 : 가격제한폭제도, 투자주의종목, 투자경고종목, 관리종목제도
   (7) 매매거래의 중단
      ① 개별주식의 매매거래중단 : 특정종목과 관련한 풍문으로 투자자에게 기업정보를 충분히 주지시킬 필요성이 있을 경우에 매매거래를 일시적으로 정지할 수 있음
      ② 주식시장의 매매거래중단 : 코스피지수가 전일대비 10% 이상 하락하여 1분간 지속시 주식시장 모든 종목의 호가접수와 매매거래를 20분간 중단시키는 제도
      ③ 프로그램매매의 호가중단 : 선물시장에서 기준종목의 선물가격이 전일 대비 5% 이상 상승·하락하여 1분간 지속시 프로그램호가효력을 5분간 정지시키는 제도

연습문제

01 **한국거래소가 지정하는 대용증권의 사정비율로 적절하지 않은 것은?**

① 일반주식 및 주식형 수익증권 : 70%
② 일반채권 및 채권형 수익증권 : 80%
③ 코스피 50종목 : 80%
④ 국채 : 90%

해설 대용증권은 유가증권의 활용도를 높이기 위해 현금에 갈음하여 사용하도록 한국거래소가 지정한 유가증권으로 국채의 사정비율은 95%이다.

02 **다음 중 한국거래소의 수탁제도에 대한 설명으로 옳지 않은 것은?**

① 수탁제도는 고객과 증권회사간 매매거래의 수탁에 관한 사항을 결정한 것이다.
② 증권회사는 불공정거래와 관련한 수탁사항은 거절해야 한다.
③ 매매거래의 수탁장소는 증권회사 본지점, 기타 영업소에 한정된다.
④ 위탁증거금은 결제의 이행을 보증하기 위한 제도를 말한다.

해설 정보통신기술이 발달하여 매매거래의 수탁장소는 증권회사 본점과 지점, 기타 영업소를 통해 문서, 전화, 홈트레이딩(HTS)도 가능하다.

03 **다음 중 한국거래소의 호가제도에 대한 설명으로 옳지 않은 것은?**

① 호가접수 개시시간은 정규매매 개시 1시간부터 시작한다.
② 공매도를 하고자 하는 경우에는 시장가호가를 제출할 수 없다.
③ 호가는 접수된 후부터 매매체결이 성립되는 시간까지 당일에 한해 유효하다.
④ 일반적으로 동일가격에서 지정가호가는 시장가호가에 우선한다.

해설 시장가호가는 가격을 지정하지 않으며 매매는 지정가호가에 우선하여 체결된다.

04 **다음 중 주권상장법인의 주식의 액면가액에 해당되지 않는 것은?**

① 100원
② 500원
③ 2,000원
④ 5,000원

해설 유가증권시장과 코스닥시장에 주권상장법인의 액면가액은 100원, 200원, 500원, 1,000원, 2,500원, 5,000원의 6가지 종류에서 하나를 선택해야 한다.

05 다음 중 한국거래소 유가증권시장 매매수량단위에 대한 설명으로 맞는 것은?

① 일반주식 : 10주
② 소액채권 : 액면 10,000원
③ 국채딜러간 매매 : 100억원
④ 주가가 10만원 이상 주식 : 1주

해설 증권시장에서 매매수량단위는 주식은 10주, 일반채권은 액면 10만원, 소액채권은 1,000원, 국채딜러간 매매는 10억원, 주가가 5만원 이상 주식은 1주이다.

06 다음 중 유가증권 매매거래제도에 대한 설명으로 옳지 않은 것은?

① 채무증권 : 당일결제거래
② 주식 : 보통거래
③ 국채딜러간 거래 : 익일결제거래
④ 신종사채 : 당일결제거래

해설 신종사채는 일반채권이 아니라 주식의 성격을 가지므로 보통거래(T+2)이다.

07 다음 중 유가증권시장의 정규시장과 시간외시장의 매매시간으로 옳은 것은?

① 정규시장 07 : 30~15 : 00 시간외시장 15 : 10~15 : 40
② 정규시장 08 : 00~15 : 00 시간외시장 15 : 10~18 : 00
③ 정규시장 09 : 00~15 : 00 시간외시장 07 : 30~08 : 30, 15 : 10~15 : 40
④ 정규시장 09 : 00~15 : 00 시간외시장 07 : 30~08 : 30, 15 : 10~18 : 00

해설 정규시장은 6시간(09 : 00~15 : 00)이고, 시간외시장은 장 개시 전 1시간(07 : 30~08 : 30) 및 장 종료 후 2시간 50분(15 : 10~18 : 00)이다.

08 다음 중 유가증권시장의 가격제한폭에 대한 설명으로 옳지 않은 것은?

① 수급의 안정이나 과당경쟁에 의한 가격의 안정을 위한 조치이다.
② 가격제한폭 설정의 기준가격은 전일의 평균가격이다.
③ 가격제한폭은 기준가격의 15% 범위 이내의 가장 가까운 가격이다.
④ ELW나 정리매매의 경우에는 가격제한폭이 적용되지 않는다.

해설 유가증권시장에서 가격제한폭 설정의 기준가격은 전일의 종가를 기준으로 한다.

연습문제

09 **다음 중 코스닥시장의 가격제한폭제도에 대한 설명으로 옳지 않은 것은?**

① 일반적으로 가격제한폭의 계산은 전일 종가가 기준이 된다.
② 코스닥시장의 가격제한폭은 기준가격 대비 상하 10%이다.
③ 대부분의 선진국에서 가격제한폭제도는 없다.
④ 주가가 외부충격으로 급등락하는 경우 투자자를 보호하는 제도이다.

해설 가격제한폭의 기준가격은 유가증권시장과 동일하게 전일의 종가이며, 가격제한폭은 기준가격 대비 ±15%이다.

10 **다음 중 증권시장의 매매체결기준에 대한 설명으로 적절하지 않은 것은?**

① 시가 및 종가 형성시에는 단일가격 경쟁매매방식을 적용한다.
② 접속매매의 가격결정은 먼저 접수된 호가가 우선한다.
③ 종목별 매매거래중단 또는 매매거래정지 후 시장재개시에는 단일가격 매매방식을 적용한다.
④ 정리매매에서는 접속매매방식을 적용한다.

해설 정리매매에서는 접속매매방식이 아닌 단일가격 매매방식을 적용한다.

11 **다음 중 증권시장의 매매체결기준으로 적절하지 않은 것은?**

① 가격우선의 원칙
② 시간우선의 원칙
③ 동시호가로 간주되는 경우 수량우선의 원칙
④ 동시호가로 간주되는 경우 자기매매우선의 원칙

해설 동시호가에서 금융투자업자의 자기매매호가보다 고객의 위탁매매호가가 우선한다.

12 **다음 중 동시호가매매가 적용되지 않는 경우는?**

① 시가를 결정하는 경우
② 매매거래 중단 후 최초가격 결정시
③ 신규상장종목의 최초가격 결정시
④ 사이드카 발동 후 매매 재개시

해설 프로그램매매에서 호가의 효력을 정지한 후 매매를 재개할 경우에는 동시호가매매를 적용하지 않고 접수된 호가 순으로 매매를 체결한다.

13 다음 중 코스닥시장의 매매에 대한 설명으로 옳지 않은 것은?

① 매매의 체결은 가격우선의 원칙, 시간우선의 원칙, 수량우선의 원칙, 위탁매매우선의 원칙의 순으로 이루어진다.
② 코스닥시장에서의 가격제한폭은 유가증권시장과 동일하게 ±15%이다.
③ 코스닥 상장주권의 주문수량단위는 유가증권시장과 동일하게 10주이다.
④ 매매의 결제는 매매체결일을 포함하여 3일째 되는 날 이루어진다.

해설 코스닥시장은 호가의 수량단위를 1주 단위로 하고 있다. 그러나 유가증권시장은 10주 단위로 하되 주가가 5만원 이상이면 1주 단위로 한다.

14 다음 중 코스닥시장의 매매체결기준에 대한 설명으로 옳지 않은 것은?

① 시가와 종가 형성시에는 단일가격 경쟁매매방식을 적용한다.
② 접속매매의 가격결정은 먼저 접수된 호가가 우선한다.
③ 종목별 매매거래중단 후 시장 재개 시에는 단일가격 매매방식을 적용한다.
④ 정리매매에서는 접속매매방식을 적용한다.

해설 정리매매에서는 접속매매방식이 아닌 단일가매매방식을 적용한다.

15 다음 중 코스닥시장 매매거래 중단제도에 대한 설명으로 옳지 않은 것은?

① 코스닥지수가 전일 대비 10% 이상 하락하여 1분간 지속되면 모든 종목의 거래가 중단된다.
② 1일 1회에 한정되며 오후 2시 20분 이후에는 발동하지 않는다.
③ 매매거래가 중단되는 제도를 사이드카(side car)라고 한다.
④ 발동시간 20분간은 모든 종목의 호가접수 및 매매거래가 중단된다.

해설 ①, ②, ④는 서킷브레이커(circuit breaker)에 대한 설명이다. 사이드카는 KOSPI 200 선물시장이 시장개시 5분 후부터 선물가격의 5% 이상 상승 또는 하락하여 1분간 지속되면 주식시장의 프로그램매매호가를 5분간 지연시키는 제도를 말한다.

16 다음 중 유가증권시장의 매매거래중단제도(circuit-breaker)제도에 내용으로 적절한 것은?

가. 코스피지수가 전일종가 대비 10% 이상 하락해 1분 이상 지속되면 발동된다.
나. 선물가격이 전일종가 대비 5% 이상 상승 또는 하락하여 1분간 지속되면 발동된다.
다. 발동시점부터 20분간 모든 종목의 호가접수 및 매매거래가 중단된다.
라. 주식시장 개장 5분 후부터 주식시장 매매종료 40분 전까지 하루에 한번만 발동될 수 있다.
마. 서킷브레이크는 프로그램매매의 효과만 정지되는 반면에 사이드카는 시장전체의 거래가 정지된다.

① 가-나-다 ② 가-다-라
③ 나-다-라 ④ 나-라-마

해설
나. 사이드카는 선물가격이 전일종가 대비 5% 이상 상승 또는 하락해 1분간 지속되면 발동된다.
마. 서킷브레이크는 시장전체의 거래가 20분간 정지되는 반면에 사이드카는 프로그램매매의 효과만 정지된다.

17 유가증권시장의 사이드카제도에 대한 설명으로 옳지 않은 것은?

① 선물가격이 5% 이상 급변상태가 1분 이상 지속되면 주식시장 프로그램 호가의 효력을 5분간 정지한 후 재개한다.
② 증권시장의 안정을 위해 프로그램매매호가의 효력을 5분간 정지시킨다.
③ 주식시장 개장 5분 이내 및 장 종료 전 40분 이후에는 적용하지 않는다.
④ 서킷브레이커는 프로그램매매의 효과만 정지되는 반면에 사이드카는 시장전체의 거래가 정지된다.

해설
서킷브레이커는 시장 전체의 거래가 정지되는 반면에 사이드카는 프로그램매매의 효과만 정지된다.

18 다음 중 상장주권의 매매거래 정지요건에 해당하지 않은 것은?

① 관리종목의 지정사유에 해당하는 경우
② 사업보고서를 제출하지 않은 경우
③ 상장폐지기준에 해당하는 경우
④ 서킷브레이커가 발동되는 경우

해설
서킷브레이커는 주가지수가 전일보다 10% 이상 하락하여 1분간 지속되면 모든 종목의 호가접수및 매매거래를 20분간 중단시키는 제도를 말한다.

19 다음 중 투자주의종목 지정사유에 해당하지 않은 것은?

① 종가가 직전가 대비 5% 이상 급등하고 일거래량 30,000주 이상
② 종가가 상한가로 미체결수량이 10만주 이상이고 대기계좌 20개 이상
③ 특정계좌 거래량이 상장주식수의 20%이고 주가변동 5% 이상
④ 20일간 상승률 50% 이상, 20일째 매수관여율 상위 20계좌 관여율 50% 이상

해설
20일간 상승률이 100% 이상이고 20일째 매수관여율 상위 20계좌 관여율이 30% 이상인 경우에 투자자의 주의를 환기시키기 위해 투자주의종목으로 지정한다.

20 다음 중 투자경고종목과 관리종목에 대한 설명으로 옳지 않은 것은?

① 투자경고종목은 단기간 주가급등의 경우 이를 진정시켜 주가의 안정을 도모하기 위한 제도이다.
② 투자경고종목은 신용거래종목에서 제외된다.
③ 관리종목은 상장폐지기준에 해당하는 종목으로 투자자의 주의환기를 위한 제도이다.
④ 관리종목은 신용거래종목에서는 제외되지만, 대용증권으로는 이용할 수 있다.

해설 관리종목은 신용거래종목에서 제외되고 대용증권으로도 이용할 수 없어 증권금융의 담보제공도 불가능하다.

정답

01.④ 02.③ 03.④ 04.③ 05.① 06.④ 07.④ 08.② 09.② 10.④
11.④ 12.④ 13.③ 14.④ 15.③ 16.② 17.④ 18.④ 19.④ 20.④

03 투자목표

증권시장의 전반적인 상황을 나타내는 시장지표는 투자판단의 자료로 이용되고 정책당국의 시장관리와 정책자료로 활용되고 있다. 주식시장의 상황을 나타내는 주가지수는 투자성과를 반영하기 위한 주식들의 평균화된 가격으로 시황판단 및 투자판단을 위한 지표와 자산운용실적의 평가지표로 사용되고 있다.

제 1 절 시장지표

1 시장지표의 의의

증권시장에는 아주 많은 증권이 거래되고 있으며 매매거래의 결과 체결되는 가격은 증권마다 천차만별이고 그 등락폭이나 등락률도 각양각색이다. 따라서 주가수준이 전체로서 기간 중에 얼마만큼 등락했는가를 분명하게 알기 위해서는 증권시장전체의 움직임을 나타낼 수 있는 시장지표가 필요하게 된다.

증권시장의 전반적인 동향을 나타내는 증권시장의 기본적인 지표는 종류가 매우 다양하다. 일반적으로 시장지표는 증권관계기관에서 발표하고 있는 주요통계지표를 의미한다. 그러나 넓게는 증권회사와 투자정보 제공자가 투자자에게 제공하는 각종 투자지표를 모두 포함하여 말하기도 한다.

시장지표는 투자자들에게 합리적인 투자판단의 중요한 자료로 이용될 수 있고, 증권관계기관에게 효율적인 시장관리와 정책결정을 위한 지표로 활용된다. 시장지표는 증권시장이 지리적·제도적으로 구분되어 있는 경우에 각 부분시장마다 특성이 다르기 때문에 이들 각각에 대해 시장지표가 작성된다.

요컨대 제도상으로는 별도로 증권시장이 구분되어 있는 것은 아니지만 어떤 관점에서 보면 동일한 종류라고 생각되는 주식을 모아서 의제적으로 부분시장을 설정하여 이들에 대해 주가지표를 작성할 수 있다. 여기에는 종합지수, 업종별 지수, 자본금 규모로 분류한 대형주·중형주·소형주 지수 등이 있다.

그리고 계산식의 특성에 의한 분류로서 복수의 주가를 평균함에 있어서 산술평균에 의해 계산하느냐 기하평균에 의하느냐 또는 단순평균으로 계산하느냐 가중평균으로 계산하느냐 하는 분류가 있다. 이들 중에서 어느 것을 선택하여 계산하느냐에 따라서 지표의 의미와 변동특성이 크게 달라질 수 있다.

증권시장에는 주식시장의 지표로 주가평균, 주가지수, 배당실적, 배당수익률, 주가수익비율, 시가총액, 시가총액회전율, 거래실적 등이 있고 채권시장의 지표에는 채권수익률, 채권지수, 채권거래실적 등이 있다. 여기서는 주식시장의 지표 중 가장 대표적으로 사용되고 있는 주가평균과 주가지수에 대해 살펴본다.

2 주가평균의 개념

주가평균은 주식시장통계에서 가장 기본적인 평균개념으로 상장종목의 주가합계를 평균한 것을 말한다. 주가는 여러 가지 복합적 요인에 따라 시시각각으로 변화하고 경기변동 및 경제여건도 민감하게 반영하고 있기 때문에 주가평균은 주가수준의 파악은 물론 시장 및 경기동향에 대한 분석의 지표로 중요하다.

(1) 단순주가평균

단순주가평균은 채용종목의 주가합계를 단순히 채용종목수로 나누어 산출한 평균주가로 계산방법이 간단하고 주가의 일반적인 수준을 단기에 비교하는데 편리하다. 그러나 증자에 따른 권리락이 있거나 채용종목의 변경이 있으면 전일의 주가평균과 당일의 주가평균간에 단층이 발생하여 장기적 추세를 나타낼 수 없다.

우리나라는 한국거래소가 1962년부터 수정주가지수 채용종목에 대해 단순주가평균을 산출하기 시작한 이래 종합주가지수에 대해서도 주가지수와 함께 발표하였다. 1983년 주가지수 산출방법이 시가총액식으로 전환된 이후에도 다양한 주가지수별 채용종목에 대한 단순주가평균이 가중주식평균과 함께 산출되고 있다.

단순주가평균은 채용된 주식종목에 대한 가격을 합계하여 단순히 산술평균한 것으로 식(3.1)과 같이 계산하는데, 채용하고 있는 주식들이 모두 동일한 중요도를 갖고 있는 것으로 가정한다. 따라서 주식시장 전체의 가격수준을 표시할 때 중요도가 상대적으로 크거나 작은 주식의 영향을 적절히 반영하지 못하고 있다.

$$\text{단순주가평균} = \frac{\text{채용종목의 종가합계}}{\text{채용종목수}} \times 100 \tag{3.1}$$

(2) 수정주가평균

수정주가평균은 매일의 주가를 단순주가평균과 마찬가지로 산술평균을 하되 채용종목 중 어느 종목이 권리락, 무상증자, 유상증자, 주식분할 등이 있거나 채용종목의 추가, 삭제, 교체가 있으면 항상제수를 수정하여 조정해 줌으로써 주가평균에 단층을 제거하여 주가평균의 연속성을 유지하는 주가평균을 말한다.

예컨대 권리락의 수정방법은 권리락 전일의 주가를 기준으로 이론상 권리락가격을 계산하고 그것을 기준으로 하여 수정주가를 산출하는 방법(다우식)과 권리락당일의 주가를 기준으로 하는 방법(환원법)이 있다. 일반적으로 다우식 방법이 많이 채용되고 있으며 우리나라도 전에는 다우식 수정방법을 사용하였다.

(3) 가중주가평균

단순주가평균과 수정주가평균은 채용종목의 주가만을 산술평균하나 가중주가평균은 각 종목의 거래량이나 상장주식수를 가중치로 하여 산출한 평균주가를 말한다. 매매거래량을 가중치로 하는 주가평균은 기간의 총거래대금을 총거래량으로, 상장주식수를 가중치로 하는 주가평균은 시가총액을 상장주식수로 나누어 산출한다.

전자는 주가평균이라기보다 1주당 평균매매가격으로 시장의 인기나 경기동향을 보는데 적합하고, 후자는 증권시장의 평균적 주가수준을 파악하는데 적합하다. 우리나라는 한국거래소가 1983년 주가지수 산출방식을 시가총액방식으로 전환하여 각 지수별로 채용종목의 상장주식수를 가중치로 한 가중주가평균을 산출하고 있다.

요컨대 가중주가평균은 주식의 상대적 중요도를 고려하여 주식시장 전체의 가격수준을 표시하는 방법을 말하며 거래금액, 매매거래량, 상장주식수, 시가총액 등이 가중치로 사용될 수 있다. 시가총액을 가중치로 사용하는 경우에 가중주가평균은 식(3.2)와 같이 상장주식 시가총액을 상장주식수로 나누어 산출한다.

$$\text{가중주가평균} = \frac{\text{상장주식 시가총액}}{\text{상장주식수}} \times 100 \tag{3.2}$$

3 주가지수의 개념

주가지수(stock price index)는 한국거래소(KRX)의 유통시장에서 형성되고 있는 주가변동을 종합적으로 표시한 것을 말한다. 주가지수는 기준시점의 주가수준을 100으로 설정하고 비교시점의 주가수준과 비교하여 산출하는데 경제동향 및 주식시장의 전반적인 동향을 파악할 수 있는 중요한 지표로 활용되고 있다.

주가지수는 주식시장에서 주가예측에 대한 기본적인 정보를 제공하고 주식투자의 평가기준이 될 수 있으며 개별주식이나 포트폴리오의 위험을 측정하는 기준이 된다. 또한 주가지수는 거시경제적 측면에서 특정시점의 경제상황을 나타내는 대표적인 지수일 뿐만 아니라 미래의 경기를 예측하는 선행지표의 역할을 한다.

주가지수는 평균적인 주가변동을 나타내므로 개별주식이나 포트폴리오의 수익성과 위험을 측정하는 기준치가 될 수 있고, 투자기간 동안 개별종목의 가격변동률과 주가지수 변동률을 비교하여 투자성과를 측정할 수 있다. 또한 주가지수는 주식시장 전체의 주가변동을 나타내므로 시장전체 수익률의 대용치로 사용될 수 있다.

4 주가지수의 구분

주가지수는 구성종목, 구성종목간의 가중방법, 평균산정방법 등에 따라 달라진다. 여기서는 구성종목간의 가중방법에 따라 지수를 구성하는 모든 종목의 가격을 합산한 다음 제수로 나누어 산출하는 주가평균방식, 비교시점의 시가총액을 기준시점의 시가총액으로 나누어 산출하는 시가총액방식으로 구분하여 살펴본다.

(1) 주가평균방식

주가평균방식은 주가지수를 구성하는 일부종목의 종가합계를 항상제수로 나누어 구하는 수정주가평균을 지수화한 것으로 기준시점의 수정주가평균에 대한 비율로 표시된다. 주가변동 이외에 주식배당, 주식분할, 유상증자, 무상증자, 상장폐지 등이 발생하면 주가의 연속성을 유지하기 위해 항상제수를 수정해야 한다.

$$\text{주가지수} = \frac{\text{비교시점의 수정주가평균}}{\text{기준시점의 수정주가평균}} \times 100 \qquad (3.3)$$

예컨대 다우존스 산업평균지수(DJIA), MMI, 일본의 Nikkei 225지수 등은 주가평균방식으로 주가지수를 산출한다. 주가평균방식은 계산방법이 단순하고 이해하기 쉬운 반면에 소형주의 가격변동이 대형주의 가격변동과 동일한 크기로 지수에 영향을 미치므로 시장전체의 가격변동을 제대로 반영하지 못한다는 단점이 있다.

(2) 시가총액방식

시가총액방식은 주가평균방식의 단점을 보완하고 시장전체의 정확한 주가수준을 반영하기 위해 일정시점의 주가지수를 구성하는 전체종목의 시가총액을 100으로 비교시점의 시가총액을 지수화한 것으로 개별기업의 주식가치가 시장전체의 시가총액에서 차지하는 비율에 따라 주식비중을 구성하는 시장포트폴리오와 유사하다.

$$\text{주가지수} = \frac{\text{비교시점의 시가총액}}{\text{기준시점의 시가총액}} \times 100 \tag{3.4}$$

예컨대 미국의 S&P 500지수, NYSE 종합지수, 영국의 FTSE 100, 일본의 TOPIX, 한국의 KOSPI 200지수와 스타지수 등은 시가총액방식으로 주가지수를 산출한다. 시가총액방식은 기업가치의 변동이 주가지수에 미치는 영향이 발행주식수에 따라 달라지지 않는다는 점에서 수익률평균지수와 유사하다.

시가총액방식은 개별주식의 주가에 상장주식수를 가중한 주가지수로 비교시점 시가총액을 기준시점 시가총액과 비교한 변동률로 표시된다. 따라서 주식시장 전체의 주가수준을 반영하여 소수 고가주의 영향을 작게 받는 장점이 있지만 시가총액이 큰 종목의 영향을 지나치게 많이 받게 된다는 단점도 있다.

예제 3-1 주가지수의 산정

구분	기준시점		비교시점	
	A	B	A	B
주식가격	20,000원	15,000원	25,000원	18,000원
발행주식수	20만주	40만주	30만주	50만주

현재 한국거래소 주식시장에는 A주식과 B주식만이 존재한다고 가정하자. 기준시점과 비교시점에서 A주식과 B주식에 관련된 정보는 다음과 같다.

1. 가격가중방식 주가지수를 구하시오.
2. 시가총액방식 주가지수를 구하시오.

해설

1. 기준시점과 비교시점의 주가평균을 구하면 다음과 같다.

$$기준시점\ 주가평균 = \frac{20,000+15,000}{2} = 17,500원$$

$$비교시점\ 주가평균 = \frac{25,000+18,000}{2} = 21,500원$$

$$가격가중방식\ 주가지수 = \frac{21,500}{17,500} \times 100 = 122.86$$

2. 기준시점과 비교시점의 시가총액을 구하면 다음과 같다.
기준시점 시가총액 = 20,000원×20만주+15,000원×40만주 = 1,000,000만원
비교시점 시가총액 = 25,000원×30만주+18,000원×50만주 = 1,650,000만원

$$시가총액방식\ 주가지수 = \frac{1,650,000}{1,000,000} \times 100 = 165$$

5 우리나라 주가지수

우리나라는 1964년부터 1982년 말까지 다우존스식 산출방법에 의해 주가지수를 산출하였다. 그러나 주가변동이 심한 소수종목이 지수에 미치는 영향이 크고 채용종목이 인기업종에 편중되는 다우존스식 방법의 문제점이 제기되면서 1983년부터 주가지수의 산출방법이 시가총액식으로 전환되었다.

(1) KOSPI지수

코스피(KOSPI : Korea Composite Stock Price Index)지수는 주가에 주식수를 가중한 시가총액식 주가지수로 한국거래소의 유가증권시장에 상장된 모든 주식을 대상으로 산출되나 우선주를 포함하지 않는다. 1983년 1월 4일에 채용된 코스피 기준시점은 1980년 1월 4일로 기준지수는 100포인트이고 산식은 다음과 같다.

$$주가지수 = \frac{비교시점의\ 시가총액}{기준시점의\ 시가총액} \times 100 \tag{3.5}$$

코스피지수는 한국거래소의 유가증권시장에 상장된 모든 종목을 대상으로 주가에 발행주식수를 가중한 시가총액방식으로 산출하기 때문에 우리나라 주식시장을 대표하는 주가지수이다. 그러나 유상증자, 신규상장, 상장폐지 등이 발생하면 주가지수의 연속성을 유지하기 위해 기준시점의 시가총액을 수정한다.

시가총액식 가중방법에 의한 코스피지수는 시장가치가 큰 대형주의 가격변동이 상대적으로 많은 영향을 미치는 반면에 유통물량이 적은 소형주는 주가지수에 많은 영향을 미치지 못한다. 따라서 실제로 소형주의 많은 종목이 하락해도 시가총액이 큰 대형주 몇 종목만 상승하더라도 코스피지수는 상승한다.

(2) KOSPI 200지수

KOSPI 200지수는 주가지수선물과 주가지수옵션의 기초자산이 되는 지수로 한국거래소에 상장된 주식 중에서 시장대표성, 업종대표성, 유동성이 높은 200개 주식을 대상으로 시가총액방식으로 산정한다. KOSPI 200의 기준시점은 1990년 1월 3일이며 기준지수는 100포인트이고 산식은 다음과 같다.

$$KOSPI\ 200 = \frac{\text{비교시점의 시가총액}}{\text{기준시점의 시가총액}} \times 100 \tag{3.6}$$

(3) 코스닥지수

코스닥지수는 코스닥시장에 상장된 모든 주식을 대상으로 산출된 시가총액방식 주가지수로 기준시점은 1996년 7월 1일이며 기준지수는 1,000포인트이다. 코스닥시장은 코스닥 종합지수 이외에 보조지수로서 자본금 규모로 구분한 자본금 규모별 지수와 IT업종과 일반업종으로 구분한 업종별 지수를 발표한다.

(4) 스타지수

스타지수는 코스닥시장에 상장된 종목 중에서 시장대표성, 재무건전성, 유동성 등을 감안하여 선정된 우량 30개 종목의 주가로 산출되는 지수를 말한다. 기업규모와 유동성 등을 감안하여 적정성 여부를 정기적으로 심사하고 있으며 기준일은 2003년 1월 2일이며 기준지수는 1,000포인트이다.

스타지수는 특정종목이 지수를 좌우하는 영향을 줄이기 위해 한 종목의 비중을 10% 이내로 제한하고, 2005년 11월 7일 한국거래소에 상장된 코스닥 선물거래의 기준가격으로 사용된다. 스타지수에 포함된 종목은 선물과 현물을 이용한 거래가 가능하여 코스닥 시장에 대한 안전판 역할을 한다.

제 2 절 투자목표

1 투자결정

(1) 투자목표

투자자들은 자신이 목표로 하는 기대수익률과 위험의 크기를 설정하는데 투자동기나 연령에 따라 달라진다. 일반적으로 고령의 투자자들은 기대수익률은 낮더라도 위험이 작은 증권에 투자하려고 하는 반면에, 젊은 투자자들은 더 큰 위험을 부담하더라도 더 높은 기대수익률을 얻기를 원한다.

(2) 제약조건

투자자들은 사회적 또는 개인적 제약조건하에 행동해야 하기 때문에 자본시장에서 거래되는 모든 투자자산을 마음대로 선택할 수 없다. 일반적으로 투자자의 투자행동을 제약하는 조건에는 투자금액의 크기, 투자기간, 증권분석 및 예측능력, 거래비용 및 세금, 유동성, 법규들이 포함된다.

(3) 투자전략

투자자들은 주어진 제약조건하에 자신이 원하는 기대수익률과 위험을 달성하고자 한다면 구체적이고 실천가능한 투자전략을 수립해야 한다. 투자전략을 구성하는 내용에는 투자대상에 대한 자산배분, 증권분석, 분산투자, 자산배분 변경의 시기선택 그리고 투자성과의 사후적 측정 등이 포함된다.

2 투자유형

(1) 투자자의 구분

일반적으로 투자자는 전문성의 구비여부와 보유자산의 규모에 따라 개인투자자, 전문투자자, 기관투자가로 구분할 수 있다. 개인투자자는 연령, 성별, 직업, 가족구성 등에 따라 매우 다양한 구성을 보인다. 일반적으로 개인투자자가 보유하는 자산은 주거용 부동산, 각종 금융자산으로 이루어져 있다.

전문투자자는 수수료를 받고 투자관리의 서비스를 제공하는 개인 또는 기관을 말한다. 전문투자자의 가장 전형적인 형태는 다수의 개인 또는 기관에서 투자자금을 위탁받아 운용하는 자산운용회사가 있으며, 종합금융회사의 투자신탁 부문과 은행의 금전신탁 부문도 전문투자자에 해당한다.

기관투자자는 증권시장에서 대규모의 자금으로 투자활동을 하는 주체로 증권투자에서 수익이 주요 수입원으로 운영되는데, 개인투자자보다 월등한 자금력과 정보력으로 주가에 큰 영향을 미친다. 여기에는 은행, 증권회사, 보험회사, 종합금융회사, 상호저축은행, 연금기금, 학교법인, 종교재단 등이 포함된다.

전문투자자나 기관투자자는 거액의 자금을 운용하고 투자관리업무를 담당하는 포트폴리오관리자를 고용한다. 1명의 포트폴리오관리자가 관리할 수 있는 투자규모에는 일정한 한도가 있으며, 포트폴리오관리자들의 경쟁을 유도하기 위해 거액의 투자자금을 몇 개의 펀드로 구분하고 각 펀드매니저가 관리한다.

(2) 투자자별 투자목적

투자자가 목표로 하는 수익과 위험은 [표 3-1]에 제시되어 있다. 개인투자자는 그들의 라이프사이클에 따라 투자목적이 설정된다. 전문투자자와 기관투자자는 고객의 요구와 설립목적에 따라 투자목적이 달라진다. 예컨대 투자운용회사는 고객의 요구에 맞추어 다양한 펀드를 설정하고 투자자금을 모집·운용한다.

연금기금은 연금수혜자에 대한 연금지급 스케줄에 따라 목표수익률이 결정된다. 연금지급액은 반드시 이행해야 할 채무이므로 투자자금을 위험이 큰 자산에 운용할 수 없다. 생명보험은 연금기금과 거의 비슷한 투자목적을 가지고 있다. 손해보험은 빈번히 발생하는 우발적 사고에 대비하여 투자자금을 운용해야 한다.

은행의 수익원은 주로 예대마진인데, 이는 예금 및 CD의 구성에 의해 영향을 받지만,

대출 및 증권투자에 의해서도 영향을 받는다. 따라서 은행은 위험이 큰 차입자에게 대출하거나 장기대출의 비중을 증가시켜 예대마진을 증가시킬 수 있으나, 이러한 대출정책은 위험을 증가시키고 지급능력을 약화시킨다.

【 표 3-1 투자자별 투자목적 】

구 분	수 익	위 험
개 인	라이프사이클에 의존	라이프사이클에 의존
은 행	예대마진을 고려	보수적
투자신탁	고객의 요구에 좌우	고객의 요구에 좌우
연금기금	연금지급스케줄에 의존	대체로 보수적
생명보험	장기금융자산수익률	대체로 보수적
손해보험	단기금융자산수익률	보수적

(3) 투자자별 제약조건

투자자의 유형에 따라서 투자전략의 선택에 대한 제약조건의 강도가 다르게 나타난다. 전문투자자는 투자규모도 크고 풍부한 여유자금을 보유하고 있어 유동성의 제약을 크게 받지 않으며 정보분석 및 예측능력이 뛰어나다. 그러나 개인투자자는 작은 투자규모와 분석능력에 의존하여 투자결정을 내려야만 한다.

【 표 3-2 투자자별 제약조건 】

구 분	투자규모	유동성	투자기간	분석능력
개 인	작다	가변적	가변적	적다
은 행	크다	낮다	짧다	가변적
투자신탁	크다	가변적	가변적	많다
연금기금	크다	낮다	길다	가변적
생명보험	크다	낮다	길다	많다
손해보험	크다	높다	짧다	가변적

제 3 절 투자전략

1 자산배분과 시기선택

(1) 자산배분

투자자들이 실제로 투자할 수 있는 자산은 크게 두 가지 범주로 구분된다. 하나는 주식, 펀드, 회사채와 같은 위험자산이고, 다른 하나는 예금, CD(양도성예금증서), 국공채와 같은 무위험자산이다. 필요에 따라서는 무위험자산을 예금과 같은 단기 무위험자산과 국공채와 같은 장기 무위험자산으로 구분할 수도 있다.

투자자들의 투자결정은 자산배분과 증권선택으로 구분된다. 자산배분(asset allocation)은 투자자가 투자금액을 주식, 펀드, 예금, 채권과 같은 투자대상에 어떻게 나누어 투자해야 할 것인가를 결정하는 의사결정을 말한다. 증권선택은 어떤 자산에 얼마를 투자하여 포트폴리오를 구성할 것인가를 결정하는 것이다.

(2) 시기선택

증권시장에서 여러 가지 요인의 변동이 발생하면 투자자는 각 자산유형별 수익과 위험을 분석하여 새롭게 자산배분을 수행해야 한다. 만일 투자자가 시장예측능력을 갖고 있다면 각 자산유형의 수익률을 예측하여 적절한 시기에 자산배분을 변경할 것인데, 이를 시기선택(market timing)이라고 한다.

예컨대 앞으로 주식시장에서 강세장(bull market)이 예상되는 경우 주식이나 펀드와 같은 위험자산포트폴리오에 더 많은 자산배분을 실행한다. 반면에 주식시장에서 약세장(bear market)이 예상되는 경우 예금이나 채권과 같은 안전자산포트폴리오에 더 많은 자산배분을 실행하는 것이 시기선택이다.

따라서 완전한 시장예측능력을 갖고 있다면 가장 유리한 자산에만 100% 투자하는 것이 수익률을 극대화할 수 있다. 그러나 투자자들은 불완전한 시장예측능력을 갖고 있어 투자자금의 일부에 대해서만 예측결과를 반영하여 자산배분을 변경하고, 나머지 일부는 고정적인 자산배분을 유지하게 된다.

2 증권선택과 증권분석

(1) 증권선택

증권선택(aecurity selection)은 각 자산유형별 포트폴리오를 구성하는 의사결정을 말한다. 예컨대 [그림 3-1]에서 주식 a, b, c에 30%, 40%, 30%의 투자비율로 결합하여 위험자산포트폴리오를 구성하고, 국고채와 CD를 60%, 40%의 투자비율로 결합하여 안전자산포트폴리오를 구성하는 의사결정이 증권선택이다.

투자자들의 증권선택의 기준은 개별자산의 위험 및 기대수익률의 특성과 여러 가지 제약조건을 고려하여 이루어지게 된다. 특히 투자대상을 선택할 경우 개별자산의 위험 및 기대수익률 특성을 파악하기 위한 증권분석능력의 수준은 증권선택의 구체적인 내용에 매우 중요한 영향을 미치기 때문에 중요하다.

따라서 개별자산의 위험 및 수익률에 대해 우월한 예측능력을 갖고 있는 투자자들은 소수의 개별자산으로만 포트폴리오를 구성하는 적극적 투자전략을 구사한다. 반면에 전혀 증권분석의 노력을 행하지 않는 투자자들은 증권시장 전체의 평균적인 성과만을 얻는데 만족하는 소극적 투자전략을 구사하게 된다.

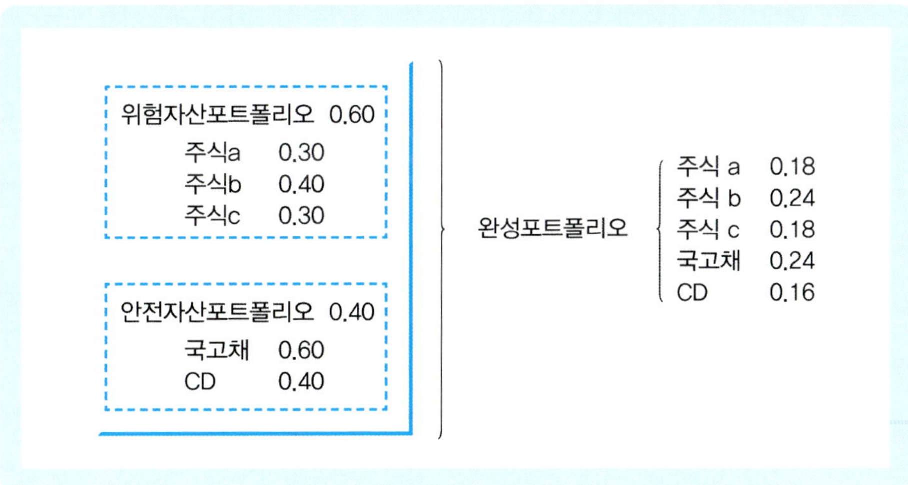

[그림 3-1 자산배분과 포트폴리오의 구성]

(2) 증권분석

증권투자는 투자자가 현재의 확실한 소비를 포기하고 미래에 소득을 가져다 줄 것으로 기대되는 유가증권에 투자하는 것을 말한다. 그런데 유가증권의 가격은 경기, 금리, 환율, 물가, 통화량, 국제수지 등 여러 가지 거시경제변수에 의해 영향을 받기 때문에 증권투자에서 예상할 수 있는 소득도 불확실하다.

투자자들은 증권투자에 따른 수익성과 위험을 분석하여 투자가치를 평가할 필요를 느끼게 되고 이러한 필요를 충족시킬 수 있는 분석활동이 증권분석이다. 증권분석은 증권의 수익성과 위험에 영향을 미치는 요인이 변화됨에 따라 계속적으로 행해져야 하므로 광범위한 정보수집과 분석체계가 갖추어져야 한다.

실무에서 이용하는 증권분석의 방법에는 기본적 분석, 기술적 분석, 포트폴리오분석이 있다. 이들 방법은 증권시장의 효율성 정도에 분석자가 어떤 견해를 가지고 있으며, 하나의 유가증권에 투자하는 관점에서 분석하는가 아니면 다수의 유가증권을 결합하여 투자하는 관점에서 분석하는가에 따라 구분한 것이다.

① 기본적 분석

기본적 분석은 경제변수, 산업요인, 기업요인의 기본적 요인을 토대로 증권마다 내재가치가 존재하며 장기적으로 증권가격은 내재가치에 접근한다는 가정하에 특정 증권의 내재가치를 산출한 다음 내재가치와 시장가격을 비교해서 과소평가 또는 과대평가되어 있는 증권을 식별하여 매매종목을 결정하는 방법을 말한다.

증권의 내재가치는 공식적으로 이용가능한 정보를 통해 평가할 수 있어 준강형 효율적 시장가설이 성립하면 기본적 분석은 의미가 없다. 따라서 기본적 분석은 재무정보의 분석을 통한 투자종목의 선택을 중요시하는 방법이며, 증권의 시장가격과 내재가치가 같지 않다고 가정한다는 점에서 기술적 분석과 다르다.

따라서 거시적 관점에서 경기 · 금리 · 통화 등의 경제요인을 분석함으로써 주가흐름을 판단하고, 산업분석에서는 산업동향을 파악함으로써 투자유망업종을 선정한다. 그리고 기업분석에서는 경제 및 산업분석을 토대로 개별기업의 미래 수익성을 예측하고 기업의 내재적 가치를 추정함으로써 투자유망종목을 선택한다.

기본적 분석은 크게 질적 분석과 양적 분석으로 구분할 수 있다. 질적 분석은 경기 · 정치상황 · 산업동향 · 경제정책 · 노사문제 · 경영능력 등 계량화가 불가능한 사항을 분석하는 방법을 말한다. 반면에 양적 분석은 주식투자와 관련된 각종 경제지표 · 산업지표 · 재무제표 등 계량화가 가능한 사항을 분석하는 방법을 말한다.

기본적 분석은 시장에서 잘못 평가된 주식을 찾기 위해 개별종목에 대한 내재가치를 분석한다. 그러나 재무제표에 근거한 주식가격 평가는 불충분하고, 회계처리방법의 다양성 때문에 기업간의 비교평가가 어렵고, 주가는 재무요인뿐만 아니라 계량화할 수 없는 심리적 요인들에 의해서도 결정된다는 한계점이 있다.

② 기술적 분석

주가는 모든 사람들의 의사결정에 의해 이루어지고 있으며, 일정한 간격을 두고 끊임없이 변해가고 있다. 즉, 어느 투자자는 앞으로 주가가 상승할 것으로 예상하여 주식을 매입하는 반면에 다른 투자자는 앞으로 주가가 하락할 것으로 예상하여 주식을 매도하게 되는데 그 매매거래의 결과로 주가가 형성된다.

주가가 형성되는 과정을 예측하기 위해 수요와 공급에 영향을 미치는 요인들로 나타나는 주가 그 자체를 그래프를 통해서 분석할 필요가 있다. 기술적 분석은 도표(chart)를 이용하여 과거의 주가와 거래량의 추세 및 패턴을 분석해서 증권의 수급을 예측하고 매매종목과 매매시점을 선택하는 방법을 말한다.

기술적 분석은 주식의 매매시점을 파악할 수 있도록 과거의 시세흐름과 패턴을 파악해서 정형화하고 이를 분석하여 향후 주가를 예측하는데 목적이 있다. 그러나 증권의 시장가격은 과거의 역사적 정보를 즉시 그리고 충분히 반영하고 있다는 약형 효율적 시장가설이 성립하면 기술적 분석은 의미가 없게 된다.

③ 포트폴리오분석

포트폴리오분석은 일정한 기대수익을 얻으면서 위험을 최소화하거나 일정한 위험을 부담하면서 기대수익은 최대화할 수 있는 투자전략을 모색하는 방법이다. 자본시장이 효율적이면 어떤 정보를 이용하더라도 비정상적 초과수익을 얻기 어려워 위험을 최소화하거나 기대수익을 최대화하는 것이 우수한 분석방법이다.

(3) 투자전략

투자자가 어느 정도의 증권분석 및 예측능력을 갖고 있는가에 따라 투자자가 구사하는 투자전략은 달라진다. 만일 어떤 투자자가 증권분석이나 예측을 수행하지 않고 증권시장의 평균적 성과만을 얻고자 할 경우에는 충분히 많은 증권에 투자하려고 할 것인데, 이러한 투자전략을 소극적 투자전략이라고 한다.

소극적 투자전략의 전형적인 예는 지수펀드(index fund)에 투자하는 것이다. 지수펀드는 주식시장 전체를 나타내는 주가지수와 동일한 투자성과를 얻을 수 있도록 구성된 포트폴리오이다. 따라서 지수펀드에 투자하면 증권분석을 위한 노력과 비용을 부담하지 않고 주식시장 전체의 평균적인 성과를 얻을 수 있다.

그러나 어떤 투자자가 다른 투자자들보다 우월한 예측능력을 갖고 있다면 자신의 예측능력을 이용하여 보다 나은 투자성과를 가져다 줄 것으로 예상되는 소수의 증권만으로 포트폴리오를 구성할 것이다. 이와 같이 우월한 예측능력에 기초하여 자산배분 및 증권선택을 하는 투자전략을 적극적 투자전략이라고 한다.

적극적 투자전략을 구사하면 비교적 소수의 증권만으로 포트폴리오를 구성하여 투자자는 비교적 큰 위험을 부담한다. 따라서 미래의 결과가 예상대로 전개되면 시장평균보다 좋은 투자성과를 얻지만, 예상에서 벗어나면 시장평균보다 나쁜 투자성과를 얻고 고도의 증권분석능력을 갖추기 위한 관리비용이 발생한다.

3 포트폴리오 성과측정

증권투자는 현재의 확실한 소비를 희생하여 이에 대한 보상으로 불확실한 미래에 더 큰 부를 얻기 위한 행위를 말한다. 따라서 사후적으로 실현된 투자성과가 투자시점의 목표수준과 어떠한 차이를 보이고 있는지를 측정해야 하는데, 이를 포트폴리오 성과측정(performance evaluation)이라고 한다.

포트폴리오의 성과를 사후적으로 측정하는 목적은 실적과 목표의 차이를 비교하여 투자시점의 목표수준이 어느 정도 달성되었는가를 파악하는 투자결정의 유효성을 알고자 하기 위함이고, 실적과 목표를 비교하는 과정에서 투자성과의 낮은 원인이 무엇인지를 알 수 있어 포트폴리오 관리능력을 향상시킬 수 있다.

그리고 포트폴리오 관리자의 포트폴리오 관리능력에 해당하는 증권선택능력과 시장예측능력 등을 측정하는데 있다. 즉, 포트폴리오 성과를 측정함으로써 앞으로 어떤 포트폴리오 관리자에게 자신의 투자자금을 맡길 것이며, 그 대가로 어느 정도의 보수를 주는 것이 적절할 것인가를 결정하는 기준을 얻을 수 있다.

핵심요약

제1절 시장지표

1. 시장지표의 의의 : 증권관계기관에서 발표하고 있는 주요통계지표
2. 주가평균의 개념 : 주식시장통계에서 상장종목의 주가합계를 평균한 값
   (1) 단순주가평균 : 채용종목의 주가합계를 채용종목수로 나누어 산출한 평균주가
   (2) 수정주가평균 : 채용종목의 추가, 삭제, 교체가 있는 경우에 항상제수를 수정
   (3) 가중주가평균 : 각 종목의 거래량과 상장주식수를 가중하여 산출한 평균주가
3. 주가지수의 개념 : 주식유통시장에서 형성되는 주가변동을 종합적으로 표시
4. 주가지수의 구분
   (1) 주가평균방식 : 주가지수를 구성하는 일부종목의 종가합계를 항상제수로 나누어 구하는 수정주가평균을 지수화한 것
   (2) 시가총액방식 : 일정시점 주가지수를 구성하는 전체종목의 시가총액을 100으로 비교시점의 시가총액을 지수화한 것
5. 우리나라 주가지수
   (1) KOSPI지수 : 한국거래소의 유가증권시장에 상장된 모든 주식을 대상으로 산출한 시가총액식 주가지수
   (2) KOSPI 200지수 : 유가증권시장에 상장된 주식 중 시장대표성, 업종대표성, 유동성이 높은 200개 주식을 시가총액방식으로 산정함
   (3) 코스닥지수 : 한국거래소의 코스닥시장에 상장된 모든 주식을 대상으로 산출된 시가총액방식 주가지수
   (4) 스타지수 : 코스닥시장에 상장된 종목 중 시장대표성, 재무건전성, 유동성이 높은 우량 30개 종목의 주가로 산출되는 지수

제2절 투자목표

1. 투자결정 : 투자목표, 제약조건, 투자전략
2. 투자유형
   (1) 투자자의 구분 : 개인투자자, 전문투자자, 기관투자가, 외국인투자자
   (2) 투자자별 제약조건 : 투자규모, 유동성, 투자기간, 분석능력

제3절 투자전략

1. 자산배분과 시기선택
   (1) 자산배분 : 투자금액을 투자대상에 어떻게 나누어 투자할 것인가를 결정
   (2) 시기선택 : 투자대상의 수익률을 예측하여 적절한 시기에 자산배분을 변경
2. 증권선택과 증권분석
   (1) 증권선택 : 투자대상의 유형별 포트폴리오를 구성하는 의사결정

(2) 증권분석 : 증권의 수익성과 위험에 영향을 미치는 요인을 분석

① 기본적 분석

경제변수, 산업요인, 기업요인을 토대로 특정 주식의 내재가치를 산출하고 내재가치와 시장가격을 비교해서 과소평가 또는 과대평가된 주식을 매매하는 방법

② 기술적 분석

주식의 매매시점을 파악할 수 있도록 도표(chart)를 이용하여 과거의 주가와 거래량의 추세 및 패턴을 분석해서 정형화하여 향후 주가를 예측하는 방법

③ 포트폴리오분석

일정한 기대수익을 얻으면서 위험을 최소화하거나 일정한 위험을 부담하면서 기대수익을 최대화할 수 있는 투자전략을 모색하는 방법

(3) 투자전략

① 소극적 투자전략

증권분석이나 예측을 수행하지 않고 증권시장의 평균적 성과만을 얻고자 할 경우에 충분히 많은 증권에 투자하는 전략

② 적극적 투자전략

증권시장의 우월한 예측능력에 기초하여 자산배분 및 증권선택을 하는 투자전략

3. 포트폴리오 성과측정

실적과 목표의 차이를 비교하여 투자시점의 목표수준이 어느 정도 달성되었는가를 파악하는 투자결정의 유효성을 알기 위함

연습문제

01 다음 중 주가지수의 유용성에 해당하지 않는 것은?

① 국내외 경제, 산업, 기업 등의 요인을 반영하는 종합지표
② 미래의 경제를 예측하는 선행지표
③ 개별종목의 투자성과를 평가하는 기준
④ 개별기업의 가치를 측정하는 수단

해설 주가지수는 국내외 경제, 산업, 기업 등의 요인을 반영하는 종합지표로 주식시장의 전반적인 가격변동흐름을 나타낸다. 또한 미래의 경제를 예측하는 선행지표이고 개별주식과 주가지수의 등락을 비교하여 개별주식에 대한 투자성과를 측정할 수 있다.

02 다음 중 코스피지수에 대한 설명으로 옳지 않은 것은?

① 한국거래소의 유가증권시장에 상장된 모든 주식을 대상으로 한다.
② 주가에 발행주식수를 가중한 시가총액방식으로 산출한다.
③ 원칙적으로 시가총액을 계산할 때 우선주는 포함되지 않는다.
④ 산출방식이 미국의 다운존스지수와 동일하다.

해설 코스피지수는 시가총액방식으로 산출하는 반면에 다우존스식 주가지수는 주가평균방식으로 산출한다.

03 다음 중 시가총액방식에 의해 산출되는 주가지수가 아닌 것은?

① S&P 500 ② KOSDAQ
③ KOSPI ④ NIKKEI 225

해설 주가지수 산출방법에는 주가평균방식과 시가총액방식이 있다. 미국의 S&P 500지수, NYSE 종합지수, NASDAQ지수, 영국의 FTSE 100, 일본의 TOPIX, 한국의 KOSPI지수, KOSPI 200지수, KOSDAQ지수, KOSDAQ 스타지수, KRX 100지수 등은 시가총액방식으로 산출한다. 한편 미국의 다우존스지수와 일본의 NIKKEI 225지수는 가격가중방식으로 산출한다

04 현재 우리나라의 코스피지수, 코스닥지수의 산출에 사용되는 방식은?

① 균등가중방식 ② 가격가중방식
③ 시가총액방식 ④ 산술평균방식

해설 주가지수 산출방법에는 주가평균방식과 시가총액방식이 있다. 미국의 S&P 500지수, NYSE 종합지수, NASDAQ지수, 영국의 FTSE 100, 일본의 TOPIX, 한국의 KOSPI지수, KOSPI 200지수, KOSDAQ지수, KOSDAQ 스타지수, KRX 100지수 등은 시가총액방식으로 산출한다. 한편 미국의 다우존스지수와 일본의 NIKKEI 225지수는 가격가중방식으로 산출한다

연습문제

05 다음 보기에 해당하는 주가지수의 산정방식은?

> 가. 모든 주식을 대상으로 비교시점의 시가총액을 합산한 금액과 기준년도의 시가총액을 합산한 금액을 비교하여 지수를 산출하는 방식이다.
> 나. 대부분의 전문투자자들이 주식포트폴리오의 성과를 측정하는 기준지표로 사용한다.
> 다. 시가총액이 큰 기업의 주가움직임에 지수가 크게 좌우되는 단점이 있다.

① 균등가중방식 ② 가격가중방식
③ 시가총액방식 ④ 산술평균방식

해 설
주가지수를 작성하는 방법에는 각 종목의 규모에 상관없이 지수산출에 채용된 종목의 가격을 산출하여 비교하는 다우존스식 주가평균방법과 각 종목의 주식수를 가중치로 시가총액을 합산하여 비교하는 시가총액방법이 있다

06 아래 자료를 이용하여 시가총액방식으로 산출한 주가지수로 적절한 것은? (단, 기준시점의 주가지수는 100으로 가정)

종 목	주식수	기준시점의 주가	비교시점의 주가
1	20,000	9,000	11,000
2	1,500	25,000	28,500
3	800	100,000	95,000

① 113.87 ② 126.64
③ 132.89 ④ 144.21

해 설

종목	주식수	기준시점 주가	비교시점 주가	기준시점 시가총액	비교시점 시가총액
1	20,000	9,000	11,000	180,000,000	220,000,000
2	1,500	25,000	28,500	37,500,000	42,750,000
3	800	100,000	95,000	80,000,000	76,000,000
	22,300			297,500,000	338,750,000

$$\text{주가지수} = \frac{\text{비교시점의 시가총액}}{\text{기준시점의 시가총액}} \times 100 = \frac{338,750,000}{297,500,000} \times 100 = 113.87$$

07 다음 중 주가지수선물과 주가지수옵션의 기초자산인 KOSPI 200지수에 대한 설명으로 옳은 것은?

① 시가총액이 큰 주가 움직임에 지수가 크게 좌우된다.
② 저가주식 가격보다 고가주식 가격이 지수에 영향을 많이 준다.
③ 주가지수에 포함되는 모든 주식은 가격수준과 시장가치에 관계없이 동등한 가치를 지닌다.
④ 다우존스지수, Nikkei 225지수 등과 같은 방식으로 산정된다.

해설 주가지수의 산정방법에는 균등가중방식, 가격가중방식, 시가총액방식 등이 있다. KOSPI 200지수는 시가총액방식으로 산정된다. 보기 ②와 ④는 가격가중방식, 보기 ③은 균등가중방식에 대한 설명이다.

08 다음 중 기본적 분석에 의한 접근방법에서 하향식분석의 순서로 옳은 것은?

① 과거분석 → 현재분석 → 미래분석
② 기업분석 → 산업분석 → 경제분석
③ 경제분석 → 산업분석 → 기업분석
④ 거시분석 → 미시분석 → 정밀분석

해설 기본적 분석의 방법에는 상향식분석과 하향식분석이 있다. 하향식분석은 경제분석, 산업분석, 기업분석 순으로 상향식분석은 기업분석, 산업분석, 경제분석의 순으로 투자결정을 내린다.

09 다음 중 기본적 분석에 대한 설명으로 옳지 않은 것은?

① 증권의 내재가치를 산정하여 시장가격과 비교한다.
② 재무제표를 분석하여 기업이 갖는 내재가치를 산출한다.
③ 주식시장의 실제 주가와 비교하여 매수 또는 매도의 판단에 이용된다.
④ 투자자들의 심리적 요인까지 분석이 가능하다.

해설 기본적 분석은 경제변수, 산업요인, 기업의 재무제표 등을 분석하여 그 주식의 내재가치를 산출하여 실제주가와 비교하여 과소평가되었으면 매입하고 과대평가되었으면 매도하는 방법이다. 투자자들의 심리적 요인까지 파악할 수 있는 것은 기술적 분석이다.

10 다음 중 기본적 분석에 대한 설명으로 옳지 않은 것은?

① 증권의 내재가치와 시장가격을 비교해서 매매종목을 선정하고자 하는 투자기법이다.
② 기업분석, 산업분석, 경제분석을 순차적으로 수행한다.
③ 약형 효율적 시장에서는 과대평가된 주식이나 과소평가된 주식이 존재하므로 기본적 분석을 통해 비정상적인 초과수익을 얻을 수 있다.
④ 시장에서 잘못 평가된 주식을 찾기 위해 개별종목에 대한 내재가치를 분석한다.

해설 기본적 분석에서는 경제변수분석, 산업요인분석, 기업분석을 순차적으로 수행한다.

11 다음 중 기본적 분석방법이 효과가 있는 효율적 시장은?

① 약형 효율적 시장 ② 준강형 효율적 시장
③ 강형 효율적 시장 ④ 완전 효율적 시장

해설 약형 효율적 시장에서는 기본적 분석을 통한 초과이윤 획득이 가능하다.

12 다음 중 기본적 분석에 대한 설명으로 거리가 먼 것은?

① 내재가치 ② 본질적 가치
③ 주가와 거래량의 변화 ④ 경제분석, 산업분석, 기업분석

해설 기술적 분석은 과거의 주가와 거래량을 분석하여 미래주가를 예측한다.

13 다음 중 기술적 분석에 대한 설명으로 옳지 않은 것은?

① 증권가격이나 거래량의 추세와 패턴을 분석하고 그 연장선상에서 주가변동의 미래추세를 예측하고자 하는 적극적 투자전략이다.
② 증권의 수요와 공급에 대한 분석을 중시하며 미래 가격변동을 예측함으로써 증권의 매매시기를 포착하고자 한다.
③ 특정기업의 재무정보와 밀접한 관련이 있는 분석기법이다.
④ 증권시장의 비효율성을 전제로 비정상적인 초과수익을 얻고자 하는 기법이다.

해설 기술적 분석에서는 주가가 그 주식에 대한 수요와 공급에 의해서 결정되며, 주가는 추세를 형성하면서 변동하므로 매매시점만 잘 포착하면 비정상적인 초과수익을 얻을 수 있다고 본다. 따라서 기업의 재무정보와는 관계가 없다.

14 다음 중 기술적 분석에 대한 설명으로 옳지 않은 것은?

① 증권의 시장가치는 수요와 공급에 의해서 결정된다.
② 과거의 주가와 거래량의 흐름을 분석하여 미래의 주가를 예측하려고 한다.
③ 시장의 변동에만 집착하여 시장이 변화하는 원인을 분석할 수 없다.
④ 주가의 움직임은 무작위로 변한다고 가정한다.

해설 주가는 장기간 존속하면서 추세속에서 움직이므로 매우 짧은 기간의 출렁거림은 무시할 수 있다고 가정한다.

15 **다음 중 기술적 분석에 대한 설명으로 옳지 않은 것은?**

① 수요와 공급 변동의 발생요인 분석이 가능하다.
② 내재가치를 무시하고 시장변동에 중점을 둔다.
③ 기본적 분석의 한계를 보완할 수 있다.
④ 주가와 거래량의 과거흐름을 분석하여 향후 주가를 예측하려고 한다.

해 설 기본적 분석은 수요와 공급 변동의 발생요인 분석이 가능하다.

정답

01.④ 02.④ 03.④ 04.③ 05.③ 06.① 07.① 08.③ 09.④ 10.②
11.① 12.③ 13.③ 14.④ 15.①

02

위험과 수익률

04 불확실성하의 선택이론

불확실성하의 선택이론은 미래성과가 확률분포의 형태로 주어지는 세계에서 투자자들이 어떻게 투자결정을 하는지를 다루는 의사결정문제를 말한다. 불확실성에서는 기대수익률과 위험을 함께 고려해야 하는데, 미래수익률에 대한 확률분포의 기대값을 이용하여 수익성을 계산하고 분산이나 표준편차를 이용하여 위험을 측정한다.

제 1 절 기본개념

1 불확실성의 세계

(1) 불확실성과 위험

불확실성(uncertainty)은 미래현금흐름이 확률분포의 형태로 발생하는 상황을 말한다. 불확실성의 세계에서는 현재시점에서 미래의 현금흐름을 알 수 없고, 확률분포를 통해 기대성과만을 측정할 수 있다. 따라서 미래에 실제로 실현되는 현금흐름은 기대성과와는 다를 가능성이 존재하는데, 이를 위험(risk)이라고 한다.

(2) 위험의 측정

위험은 미래수익(현금흐름)의 변동가능성으로 정의할 수도 있다. 왜냐하면 변동가능성이 클수록 미래의 현금흐름이 기대현금흐름과 다를 가능성이 커지기 때문이다. 따라서 위험의 정도는 미래수익률의 확률분포가 평균적인 수익률의 크기를 나타내는 기대성과로부터 분산되어 있는 정도로 측정할 수 있다.

위험을 측정하는 방법은 매우 다양한데, 일반적으로 분산 또는 표준편차를 사용하여 위험을 측정한다. 분산은 기대수익률이 실현되지 않을 가능성을 나타내는 척도로서 미래에 실현될 수익률이 기대수익률간의 차이인 편차를 제곱한 값에 각각의 수익률이 발생할 확률을 곱한 다음 이를 모두 합하여 구한다.

2 기대수익률과 위험

(1) 수익률의 확률분포

일반적으로 자산의 투자성과는 수익률로 측정한다. 투자자가 위험자산인 주식에 투자할 경우에 주식투자로 얻을 수 있는 수익에는 배당금과 주식을 처분해서 받는 처분금액이 있다. 따라서 주식을 t시점에 매입하여 t+1시점에 매도하는 경우에 1년간의 수익률 (R_{t+1})은 다음과 같이 계산한다.

$$R_{t+1} = \frac{(P_{t+1} - P_t) + d_{t+1}}{P_t} = \frac{P_{t+1} - P_t}{P_t} + \frac{d_{t+1}}{P_t} \qquad (4.1)$$

식(4.1)에서 현재 주가에 대한 가격변동액의 비율을 자본이득률(capital gain yield), 현재 주가에 대한 배당금 비율을 배당수익률(dividend yield)이라고 한다. 수익률의 확률분포(probability distribution)는 미래에 발생가능한 상황에서 확률변수가 가질 수 있는 모든 값과 그것들의 발생확률간의 관계를 말한다.

예제 4-1 수익률의 확률분포

다음은 미래의 경기상황에 따라서 실현될 것으로 예상되는 주식 A와 B의 1년 후 예상되는 배당금과 배당 후 주식가격의 확률분포이다. 두 주식이 모두 현재 10,000원에 거래되고 있다고 가정하여 각 주식으로부터 실현될 것으로 예상되는 수익률의 확률분포를 구하시오.

상황	확률	주식 A		주식 B	
		주가	배당금	주가	배당금
불황	0.2	8,000	100	9,000	400
보통	0.5	12,000	200	11,000	500
호황	0.3	15,000	400	12,000	600

해설

경기상황이 불황일 경우에 예상되는 각 주식의 수익률을 구하면 다음과 같다.

$$R_A = \frac{(P_{t+1} - P_t) + d_{t+1}}{P_t} = \frac{(8,000 - 10,000)}{10,000} + \frac{100}{10,000} = -0.19$$

$$R_B = \frac{(P_{t+1} - P_t) + d_{t+1}}{P_t} = \frac{(9,000 - 10,000)}{10,000} + \frac{400}{10,000} = -0.06$$

동일한 방법으로 각 상황에서 예상되는 주식수익률을 구하면 다음과 같다.

상황	확률	R_A	R_B
불황	0.2	−19%	−6%
보통	0.5	22%	15%
호황	0.3	54%	26%

(2) 기대수익률

기대수익률(expected rate of return)은 수익률에 대한 확률분포의 기대값을 말한다. 즉, 기대수익률은 미래에 평균적으로 예상되는 수익률로서 미래에 발생가능한 각 상황별 수익률에 각각의 수익률이 발생할 확률을 곱한 다음 이를 모두 합하여 구할 수 있다.

$$E(R_i) = \sum_{i=1}^{n} R_i P_i \qquad (4.2)$$

[예제 4-1]에 제시된 주식 A와 B의 기대수익률은 식(4.2)를 이용하여 다음과 같이 구할 수 있다. 기대수익률은 확실하게 얻을 수 있는 수익률이 아니라 미래의 상황에 따라서 그 자산으로부터 평균적으로 얻을 수 있을 것으로 기대되는 수익률의 크기를 나타낸다는 점에 유의해야 한다.

$$E(R_A) = (-0.19)(0.2) + (0.22)(0.5) + (0.54)(0.3) = 23.4\%$$

$$E(R_B) = (-0.06)(0.2) + (0.15)(0.5) + (0.26)(0.3) = 14.1\%$$

(3) 위험의 측정

위험(risk)은 미래에 실제로 얻게 될 수익률이 기대수익률과 다를 가능성의 정도로 측정된다. 위험의 정도는 미래수익률의 확률분포가 평균적인 수익률의 크기를 나타내는 기대수익률로부터 분산되어 있는 정도로 측정할 수 있다. 일반적으로 위험은 분산이나 표준편차를 이용하여 구한다.

분산(variance)은 미래에 실제로 실현될 수익률과 기대수익률간의 편차의 제곱에 대한 기댓값을 말한다. 즉, 분산은 기대수익률이 실현되지 않을 가능성을 나타내는 척도로 미래의 각 상황별 수익률과 기대수익률간의 차이인 편차를 제곱한 값에 그 상황이 발생할 확률을 곱한 후 이를 모두 합하여 구한다.

$$\sigma_i^2 = Var(R_i) = \sum_{i=1}^{n}[R_i - E(R_i)]^2 P_i = E[R_i - E(R_i)]^2 \quad (4.3)$$

분산의 단위는 확률변수 단위의 제곱이기 때문에 분산을 이용하면 불편할 때가 많다. 이러한 불편함을 해소하기 위한 측정치가 표준편차이다. 표준편차(standard deviation)는 분산에 정(+)의 제곱근을 취해 확률변수 자체의 단위와 같아지도록 해준 값으로 부(-)의 값을 가질 수 없음에 유의해야 한다.

$$\sigma_i = \sqrt{Var(R_i)} \quad (4.4)$$

[예제 4-1]에 제시된 주식 A와 B의 분산과 표준편차는 식(4.3)과 식(4.4)를 이용하여 다음과 같이 구할 수 있다.

$$Var(R_A) = [(-0.19 - 0.234)]^2 0.2 + [0.22 - 0.234]^2 0.5$$
$$+ [0.54 - 0.234]^2 0.3 = 0.06415$$
$$\sigma_A = \sqrt{0.06415} = 0.25328 = 25.328\%$$
$$Var(R_B) = [(-0.06 - 0.141)]^2 0.2 + [0.15 - 0.141]^2 0.5$$
$$+ [0.26 - 0.141]^2 0.3 = 0.01237$$
$$\sigma_B = \sqrt{0.01237} = 0.11122 = 11.222\%$$

3 불확실성하의 선택기준

확실성의 세계에서는 수익률이 가장 높은 투자안을 선택하면 효용을 극대화할 수 있다. 불확실성하의 선택이론은 불확실성의 세계에서 투자자들이 어떻게 투자행동을 하는지를 다루는 의사결정문제이다. 미래의 성과가 하나로 주어지지 않는 불확실성의 세계에서는 수익률과 위험을 고려하여 투자안을 선택해야 한다.

불확실성하의 투자결정기준에는 기대가치극대화기준, 기대효용극대화기준, 평균-분산기준, 확률지배이론 등이 있고, 기대성과와 위험을 모두 고려한 합리적인 선택기준은 기대효용극대화기준이다. 이하에서는 불확실성의 세계에서 투자결정기준의 발전과정을 살펴보고 투자자들의 투자행동에 대해서 살펴보기로 한다.

제 2 절 불확실성하의 선택기준

1 기대가치극대화기준

기대가치극대화기준은 각 투자안별로 기대성과(부 또는 수익률)를 구하여 기대성과가 가장 큰 투자안을 선택하는 방법을 말한다. 여기서 기대가치(EV : expected value)는 투자안의 성과에 대한 확률분포의 기대값으로 미래의 각 상황별 성과에 그 상황이 발생할 확률을 곱한 후 이를 모두 합하여 구한다.

$$EV_i = \sum_{i=1}^{n} R_i P_i \quad (4.5)$$

그러나 기대가치극대화기준은 기대성과만을 고려할 뿐 위험을 고려하지 않았기 때문에 합리적인 투자안의 선택기준으로 보기가 어렵다. 기대가치극대화기준의 문제점은 피터스버그의 역설에 잘 나타나 있으며, 이러한 기대가치극대화기준의 문제점을 해결하기

위해서 기대효용극대화기준이 도입되었다.[1)]

2 기대효용극대화기준

기대효용극대화기준은 각 투자안별로 기대효용을 구하여 기대효용이 가장 큰 투자안을 선택하는 방법을 말한다. 여기서 기대효용(EU : expected utility)은 투자안의 성과에 대한 효용의 기대값을 말하며, 미래의 각 상황별 성과에 대한 효용에 그 상황이 발생할 확률을 곱한 후 이를 모두 합하여 구한다.

$$E[U(R)] = \sum_{i=1}^{n} U(R_i)P_i \tag{4.6}$$

식(4.6)에서 기대효용은 투자안의 기대성과뿐만 아니라 위험도 동시에 고려하고 있는 투자결정기준임에 유의할 필요가 있다. 따라서 기대효용극대화기준은 기대가치극대화기준의 문제점을 해결하기 위해 도입된 투자결정기준이므로 불확실성하의 합리적인 선택이론이라고 할 수 있다.

3 위험에 대한 태도와 효용함수

투자안의 기대성과와 위험을 모두 고려한 기대효용극대화기준을 적용하려면 투자자의 위험에 대한 태도를 파악해야 한다. 투자자가 위험에 대해 어떤 태도를 보이느냐에 따라 위험회피형, 위험중립형, 위험선호형의 세 가지로 구분하는데 효용함수의 특성을 이해하기 위해 다음과 같은 게임을 가정하여 보자.

1) 기대가치극대화기준의 문제점은 베르누이에 의해서 제기된 피터스버그의 역설(St. Petersberg's Paradox)에 잘 나타나 있다.

>>>

현재 5,000원의 부를 가지고 있는 투자자 갑은 게임에서 이기면 투자자 을로부터 1,000원을 받고 게임에서 지면 투자자 을에게 1,000원을 주어야 하는데 게임에서 이기거나 질 확률이 각각 50%라고 가정한다.

해설

투자자 갑이 위의 게임에 참가할 경우의 기대 부와 위험을 구하면 다음과 같다.

$$E(W) = (5,000+1,000)\times\frac{1}{2}+(5,000-1,000) = 5,000$$

$$\sigma^2(W) = (6,000-5,000)^2\times\frac{1}{2}+(4,000-5,000)^2\times\frac{1}{2} = 1,000,000$$

투자자 갑은 위의 게임에 참가할 것인가? 아니면 참가하지 않을 것인가? 투자자 갑이 선택할 수 있는 대안 및 그때의 성과와 분산을 나타내면 다음과 같다.

대안	확률	미래 부	기대 부	분산
게임에 불참	100%	5,000원	5,000원	0원
게임에 참가	50% 50%	6,000원 4,000원	5,000원	1,000,000원

공정한 게임(fair game)은 게임에 참가할 경우의 기대부와 게임에 참가하기 이전의 현재 부가 동일한 게임 또는 게임의 성과에 대한 기대부가 0인 게임을 말한다. 공정한 게임에 대한 참가여부에 따라 투자자를 위험회피형, 위험중립형, 위험선호형으로 구분하며 위험회피형 투자자를 합리적인 투자자로 본다.

(1) 위험회피형 투자자

위험회피형 투자자(risk averter)는 위험을 싫어하는 투자자를 말한다. 따라서 위험회피형은 위험을 기피하는 이성적인 인간의 행동으로 기대수익이 동일하면 보다 작은 위험을 선호하고 위험이 동일하면 기대수익이 보다 큰 대안을 선호하기 때문에 위험을 부담하면 반드시 이에 상응하는 보상을 요구한다.

① 효용함수

위험회피형 투자자는 공정한 게임에 참가하지 않는다. 왜냐하면 공정한 게임에서 추가적인 수익(보상)은 없이 위험만 부담하여 효용이 감소할 것이기 때문이다. 이는 위험회피형 투자자의 경우 위험이 없는 확실한 부가 주는 효용이 위험이 있는 동일한 금액의 기대부가 주는 효용보다 더 크다는 것을 의미한다.

$$U[E(W)] = E[U(W)]$$

게임에 참가하지 않으면 확실한 부 5,000원의 효용 U(5,000)은 효용함수상의 점 A로 나타난다. 그러나 게임에 참가하면 4,000원 또는 6,000원이 될 수 있다. 이러한 경우의 효용은 U(4,000)와 U(6,000)이 되며 기대효용은 U(4,000)×0.5+U(6,000)×0.5= [U(5,000)]이 되며 직선상의 점 B로 나타난다.

따라서 위험회피형 투자자의 효용함수는 [그림 4-1]에서 보는 바와 같이 원점에 대해 아래로 오목한 형태를 가지게 된다. 즉, 위험회피형 투자자의 효용함수는 부의 증가함수이나 한계효용은 체감한다. 왜냐하면 일반적으로 수익률이 높을수록 위험이 증가하여 효용이 한계적으로 작아지기 때문이다.

㉠ 부가 증가할수록 총효용은 증가한다. → $U' > 0$(불포화만족)

㉡ 부가 증가하면 한계효용은 체감한다. → $U'' < 0$(한계효용체감)

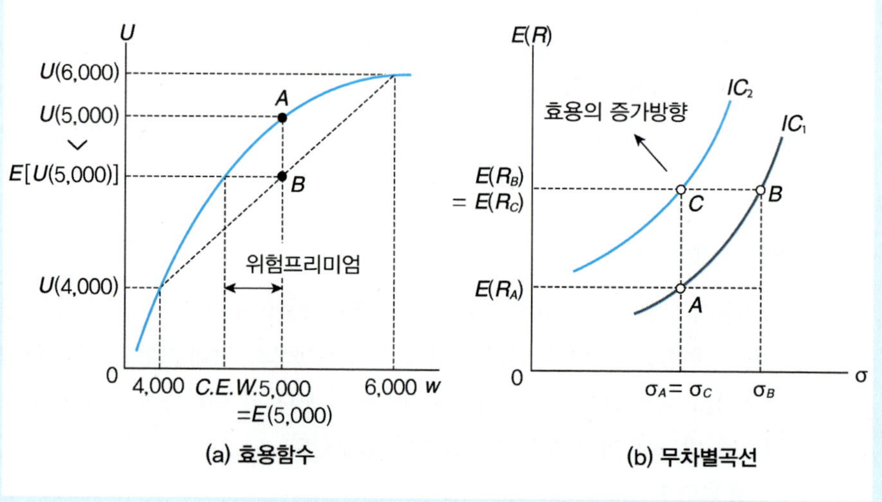

【 그림 4-1 위험회피형 투자자의 효용함수와 무차별곡선 】

② 확실성등가 부

확실성등가 부(CEW : certainty equivalent wealth)는 불확실한 게임에 참가할 경우에 얻게 되는 기대효용과 동일한 효용을 가져다주는 확실한 부의 수준을 말한다. 즉 다음의 관계를 만족시키는 CEW가 확실성등가 부이다.

$$U(CEW) = E[U(W)]$$

위험회피형 투자자는 위험을 싫어하고 위험을 부담하면 반드시 이에 상응하는 보상을 요구하는 투자자이다. 따라서 불확실한 게임에 참가할 경우의 효용이 불확실한 게임에 참가하지 않는 확실한 부에 대한 효용과 동일해지기 위해서는 게임에 대한 기대부가 확실성등가 부보다 커야 한다.

③ 위험프리미엄

공정한 게임에 대한 위험프리미엄(RP : risk premium)은 게임에 대한 기대부에서 확실성등가 부를 차감한 값으로 측정할 수 있다. 위험회피형 투자자는 위험을 부담할 경우에는 반드시 위험부담에 상응하는 보상을 요구하기 때문에 위험프리미엄은 항상 정(+)의 값을 갖게 된다.

$$RP = E(W) - CEW \tag{4.7}$$

이는 위험회피형 투자자가 불확실한 게임에 직면해 있을 경우 위험을 내포한 불확실한 기대부를 CEW의 부가 보장되는 확실한 상황으로 전환하기 위해 지불할 수 있는 최대금액을 말한다. 따라서 위험프리미엄 이하의 금액을 지불하고 위험을 완전히 제거할 수 있다면 기꺼이 지불하고자 할 것이다.

④ 갬블의 비용

갬블의 비용(CG : cost of gamble)은 불확실한 게임에 참가할 경우에 발생하는 현재부의 감소액을 말한다. 즉, 위험회피형 투자자가 게임에 참가한다는 것은 현재부를 포기하고 게임의 확실성등가 부를 얻는 것이므로 현재부에서 확실성등가 부를 차감한 값만큼의 비용을 부담한다는 의미이다.

$$CG = \text{현재부} - CEW \tag{4.8}$$

여기서 현재부는 게임에 불참할 경우의 확실한 부를 말하고, 확실성등가 부는 게임에 참가할 경우에 얻게 되는 확실한 부를 말한다. 즉, 게임에 참가하지 않는 경우에서 게임에 참가한 경우를 차감하면 게임에 참가함으로써 발생하는 비용을 구할 수 있고, 갬블의 비용은 게임의 성격에 따라 (+), 0, (−)의 값을 가질 수 있다.

갬블의 비용이 (+)인 게임에 참가하면 부가 감소하여 최소한 감소하는 부만큼의 대가가 주어져야 게임에 참가할 것이다. 즉, 게임에 참가하는데 대해 지급받고자 하는 최소한의 대가를 의미한다. 반면에 갬블의 비용이 (−)인 게임에 참가하면 부가 증가하므로 증가하는 부까지는 대가를 지불하고 게임에 참가할 것이다.

따라서 갬블의 비용이 (−)인 경우에는 게임에 참가하기 위해 지불할 수 있는 최대금액을 의미한다. 그리고 갬블의 비용이 0인 경우에는 게임에 참가하더라도 부의 변동이 없기 때문에 게임의 참가에 대해 대가를 요구하지도 않고 게임에 참가하기 위해 대가를 지불하지도 않게 된다.

⑤ **무차별곡선**

위험회피형 투자자의 무차별곡선은 우상향하며 좌상방으로 이동할수록 효용이 증가하는데, 이는 위험을 부담하면 반드시 이에 상응하는 대가를 요구한다. 또한 무차별곡선이 원점에 대해 볼록하다. 이는 부담하는 위험이 커질수록 한 단위의 위험을 추가로 부담하는데 대해 요구하는 대가가 점차 증가한다는 것을 나타낸다.

(2) 위험중립형 투자자

위험중립형 투자자(risk neutralist)는 투자대상을 선택할 때 위험을 고려하지 않고 기대수익률만 고려하는 투자자를 말한다. 따라서 위험중립형은 위험의 크기에 관계없이 기대수익률이 보다 높은 대안을 선호하기 때문에 위험자산인 주식과 안전자산인 채권에 적절히 분산투자하여 높은 수익을 추구한다.

① **효용함수**

위험중립형 투자자는 공정한 게임의 참가여부에 무차별하다. 왜냐하면 위험중립형 투자자는 위험의 크기에 관계없이 부의 수준에 의해서만 행동하기 때문이다. 이는 위험이 없는 확실한 부가 주는 효용과 위험을 내포하고 있는 동일한 금액의 기대부가 주는 효용이 동일하다는 것을 의미한다.

$$U[E(W)] = E[U(W)]$$

위험중립형 투자자는 공정한 게임의 참가여부에 대해 무차별하게 느끼는 투자자이므로 효용함수상의 점 A로 나타나는 게임에 불참할 경우에 얻게 되는 확실한 부의 효용 U(5,000)이 직선상의 점 B로 나타나는 게임에 참가할 경우에 얻을 수 있는 불확실한 부의 기대효용 E[U(5,000)]과 동일하게 나타난다.

따라서 위험중립형 투자자의 효용함수는 [그림 4-2]에서 보는 바와 같이 원점에 대해 단순증가하는 선형함수의 형태를 갖게 된다. 요컨대 위험중립형 투자자의 효용함수는 부가 증가함에 따라 총효용이 단순히 일정하게 증가하는 선형적 증가함수의 형태로 제시할 수 있다.

㉠ 부가 증가할수록 총효용은 증가한다. → $U' > 0$(불포화만족)

㉡ 부가 증가해도 한계효용은 일정하다. → $U'' = 0$(한계효용일정)

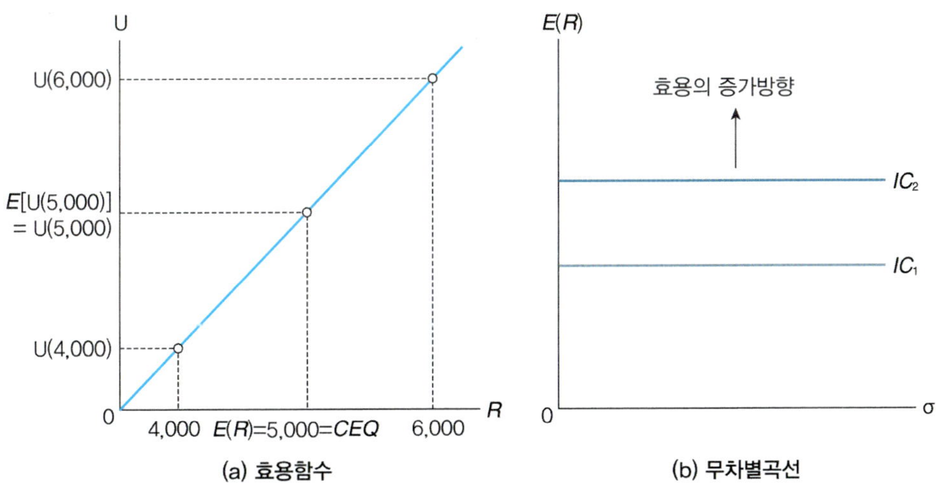

【 그림 4-2 위험중립형 투자자의 효용함수와 무차별곡선 】

② 위험프리미엄

위험중립형 투자자는 위험의 크기에 관계없이 기대수익률만 고려하는 투자자이기 때문에 위험중립형 투자자가 평가하는 확실성등가 부는 위험을 내포하고 있는 기대부와 같다. 따라서 위험중립형 투자자의 위험프리미엄은 항상 0의 값을 갖는다. 이는 위험을 부담하더라도 그에 대한 대가를 요구하지 않는다는 의미이다.

③ 무차별곡선

위험중립형 투자자의 무차별곡선은 수평선의 형태로 나타나며 상방으로 이동할수록 효용이 증가한다. 이는 위험의 크기에 관계없이 기대수익률만 동일하면 효용이 동일하다는 것을 의미한다.

(3) 위험선호형 투자자

위험선호형 투자자(risk seeker)는 위험을 좋아하는 투자자를 말한다. 따라서 위험선호형은 기대수익률이 동일하면 위험이 보다 큰 대안을 선호하고, 위험이 동일하면 기대수익률이 보다 큰 대안을 선호하기 때문에 위험이 커지더라도 충분한 보상의 대가가 존재한다면 기꺼이 위험을 감수하려고 한다.

① 효용함수

위험선호형 투자자는 공정한 게임에 참가한다. 왜냐하면 위험선호형 투자자는 높은 수익률을 얻기 위해서 보다 큰 위험을 기꺼이 부담하려고 하기 때문이다. 이는 위험을 내포하고 있는 기대부가 주는 효용이 동일한 금액의 위험이 없는 확실한 부가 주는 효용보다 더 크다는 것을 의미한다.

$$U[E(W)] < E[U(W)]$$

위험선호형 투자자는 공정한 게임에 기꺼이 참가하려고 하는 투자자이기 때문에 효용함수상의 점 A로 나타나는 게임에 불참할 경우에 얻게 되는 확실한 부의 효용 U(5,000)이 직선상의 점 B로 나타나는 게임에 참가할 경우에 얻을 수 있는 불확실한 부의 기대효용 E[U(5,000)]보다 작게 나타난다.

따라서 위험선호형 투자자의 효용함수는 [그림 4-3]에서 보는 바와 같이 원점에 대해서 볼록한 형태를 가지게 된다. 즉, 위험선호형 투자자의 효용함수는 부가 증가함에 따라 총효용이 체증적으로 증가하는 체증적 증가함수의 형태가 된다.

㉠ 부가 증가할수록 총효용은 증가한다. → $U' > 0$(불포화만족)

㉡ 부가 증가하면 한계효용도 증가한다. → $U'' > 0$(한계효용체증)

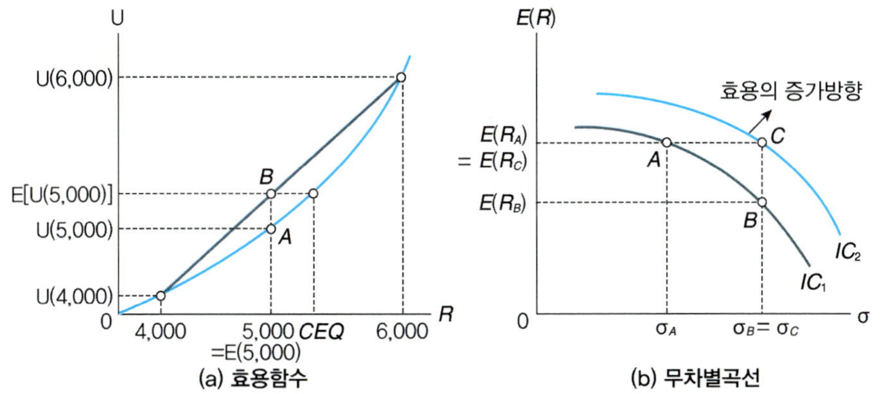

【 그림 4-3 위험선호형 투자자의 효용함수와 무차별곡선 】

② 위험프리미엄

위험선호형 투자자는 대가를 지불하고서라도 위험을 부담하고자 한다. 따라서 위험선호형 투자자가 평가하는 확실성등가 부는 위험을 내포하고 있는 기대부보다 크기 때문에 위험프리미엄은 항상 부(−)의 값을 갖는다. 위험프리미엄이 부(−)라는 것은 대가를 지불하고서라도 위험을 부담하려고 한다는 의미이다.

③ 무차별곡선

위험선호형 투자자의 무차별곡선은 우하향하는 형태로 나타나며 우상방으로 이동할수록 효용이 증가한다. 이는 높은 기대수익률을 달성하기 위해서 대가를 지불하고서라도 위험을 부담한다는 것을 의미한다.

제 3 절 평균-분산기준

1 평균-분산기준의 전제

불확실성하에서 합리적인 선택기준은 기대효용극대화이다. 그러나 기대효용극대화기준을 적용하기 위해서는 자산의 미래수익률에 대한 확률분포와 투자자의 효용함수가 구체적으로 제시되어야 하는데, 현실적으로 자산의 미래수익률에 대한 확률분포와 투자자의 효용함수를 파악하는 것은 매우 어려운 일이다.

평균-분산기준(mean-variance criterion)은 미래수익률에 대한 전체 확률분포에 관계없이 확률분포의 평균과 분산만을 이용하여 기대효용극대화기준과 동일한 선택을 할 수 있도록 투자안을 선택하는 기준이다. 평균-분산기준을 적용하려면 다음과 같이 확률분포의 평균과 분산만으로 기대효용을 측정할 수 있어야 한다.

기대효용 = f(평균, 분산)

자산의 미래수익률에 대한 확률분포가 정규분포(normal distribution)를 이루거나 투자자의 효용함수가 2차 함수(quadratic function)인 경우에 평균과 분산만 가지고 기대효용을 측정할 수 있다. 따라서 자산의 미래수익률이 정규분포이거나 투자자의 효용함수가 2차 함수이면 평균-분산기준을 적용할 수 있다.

2 최적자산의 선택과정

평균-분산기준에 의해서 위험회피형 투자자의 기대효용을 극대화하는 최적자산의 선택과정은 다음과 같은 두 단계를 거쳐 이루어진다. 1단계는 지배원리를 적용해서 효율적 자산집합을 선정하는 단계이고, 2단계는 효율적 자산들 중에서 자신의 기대효용을 극대화할 수 있는 최적자산을 선택하는 단계이다.

(1) 1단계 : 지배원리에 의한 효율적 자산의 선택

재무관리에서 이성적이고 합리적인 투자자인 위험회피형 투자자는 위험이 동일한 투자안에 대해서는 기대수익률이 높은 투자안을 선택하고 기대수익률이 동일한 투자안에 대해서는 위험이 작은 투자안을 선택하게 되는데, 이러한 선택원리를 지배원리(dominance principle)라고 한다.

효율적 자산은 지배원리를 충족시켜 선택된 자산을 말한다. [그림 4-4]에서 투자안 D는 B에 비해 위험은 동일하나 기대수익률은 더 크므로 B를 지배하며, 투자안 D는 E에 비해 기대수익률은 동일하나 위험은 더 작기 때문에 E를 지배한다. 따라서 지배원리에 의해 우열을 가릴 수 없는 자산 A, D, G, I만이 효율적 자산이다.

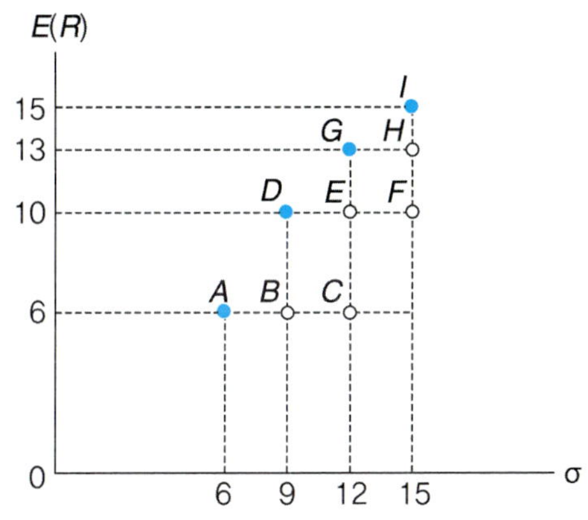

【 그림 4-4 지배원리에 의한 효율적 자산의 선택 】

(2) 제2단계 : 효용구조에 따른 최적자산의 선택

지배원리에 의해 얻어지는 효율적 자산집합은 위험회피도에 관계없이 누구에게나 동일하다. 즉, 모든 투자자가 자산 A, D, G, I를 효율적 자산으로 생각한다. 따라서 위험회피형 투자자들은 지배원리를 충족시켜서 선택된 효율적 자산 중에서 자신의 기대효용을 극대할 수 있는 자산을 최적자산으로 선택하게 된다.

최적자산의 선택은 투자자의 상대적인 위험회피도를 나타내는 주관적인 무차별곡선에 의해 결정된다. [그림 4-5]에서 상대적으로 위험을 더 싫어하여 위험회피도가 큰 방어적인 투자자(defensive investor) 같은 기대수익률이 낮아도 위험이 상대적으로 작은 A를 최적자산으로 선택하면 기대효용을 극대화할 수 있다.

상대적으로 위험을 덜 싫어하여 위험회피도가 작은 공격적인 투자자(aggressive investor) 을은 약간의 위험을 감수하고 기대수익률이 높은 자산 I를 최적자산으로 선택하면 기대효용을 극대화할 수 있다. 이와 같이 갑과 을의 최적자산의 선택이 다른 것은 갑과 을의 상대적인 위험회피도가 서로 다르기 때문이다.

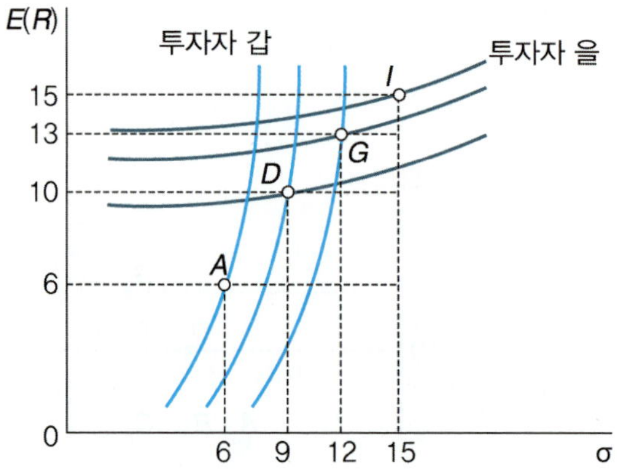

[그림 4-5 효용구조에 따른 최적자산의 선택]

보론 4-1 세인트 피터스버그의 역설

1. 내용

세인트 피터스버그(St. Petersberg : 현재의 성 페테르스부르크)의 어떤 도박장에 참가비는 10,000루블이고 동전을 던져 n번째 처음 앞면이 나오면 게임이 종료되고 2^n의 상금을 지급하는 도박장을 개설하였다. 게임의 기대가치는 각각의 상황이 발생했을 때의 기대가치를 모두 합한 값으로 도박의 기대가치는 무한대로 계산된다.

	확률	기대치
• 처음에 앞면이 나올 확률	$=\frac{1}{2}$	$\rightarrow$ 기대치$=\left(\frac{1}{2}\right)\times 2^1=1$
• (처음에 뒷면이 나오고 두 번째 앞면이 나올 확률)	$=\left(\frac{1}{2}\right)\cdot\left(\frac{1}{2}\right)=\left(\frac{1}{2}\right)^2$	$\rightarrow$ 기대치$=\left(\frac{1}{2}\right)^2\times 2^2=1$
• (처음에 두 번 뒷면이 나오고 세 번째 앞면이 나올 확률)	$=\left(\frac{1}{2}\right)^2\cdot\left(\frac{1}{2}\right)=\left(\frac{1}{2}\right)^3$	$\rightarrow$ 기대치$=\left(\frac{1}{2}\right)^3\times 2^3=1$
⋮	⋮	⋮
+ • (처음에 $(n-1)$번 뒷면이 나오고 n번째 앞면이 나올 확률)	$=\left(\frac{1}{2}\right)^{n-1}\cdot\left(\frac{1}{2}\right)=\left(\frac{1}{2}\right)^n$	$\rightarrow$ 기대치$=\left(\frac{1}{2}\right)^n\times 2^n=1$
⋮	⋮	⋮

$$\text{도박의 기대치}=\left[\left(\frac{1}{2}\right)^1\times 2^1\right]+\left[\left(\frac{1}{2}\right)^2\times 2^2\right]+\left[\left(\frac{1}{2}\right)^3\times 2^3\right]$$
$$=1+1+1+\cdots=\infty$$

도박의 참가비는 10,000루블이며 도박의 기대가치가 무한대인 도박에 참가하는 사람은 전혀 없었다고 한다. 수학적인 기대가치가 매우 커서 유리한 도박임에도 불구하고 사람들이 도박에 참가하지 않는 역설적인 상황을 세인트 피터스버그의 역설이라고 하며 스위스의 수학자 베르누이(N. Bernoulli)에 의해 제기되었다.

2. 시사점

세인트 피터스버그의 역설은 기대가치가 사람들의 의사결정이 아님을 부각시킨다. 도박의 금전적인 기대치가 높아도 사람들이 도박에 참가하지 않은 것은 도박참가로 얻을 수 있는 심리적인 만족이 크지 않다는 것을 의미한다. 따라서 불확실성하의 선택기준은 금전의 기대가치가 아니라 효용의 기대가치에 의존함을 시사한다.

보론 4-2 위험회피도

1. 위험회피도의 정의

위험회피도는 효용함수의 오목한 정도와 무차별곡선의 기울기를 통해서 파악할 수 있다. 효용함수의 오목한 정도가 클수록 그리고 무차별곡선의 기울기가 가파를수록 위험회피도가 커진다. 이는 위험회피도가 큰 투자자일수록 위험을 더 싫어하여 보다 많은 위험프리미엄을 요구하기 때문이다.

2. 위험회피도의 측정

위험회피형 투자자의 위험회피도를 측정하는 척도에는 절대위험회피도와 상대위험회피도가 사용된다.

(1) 절대위험회피도(ARA)

절대위험회피도(ARA : absolute risk aversion)는 투자자의 부가 증가할수록 위험자산에 대한 투자금액이 어떻게 변화하는지의 여부를 측정하는 위험회피도를 말하며 수학적으로 다음과 같이 측정할 수 있다.

$$ARA = -\frac{U''(W)}{U'(W)} \tag{4.8}$$

위험을 싫어하는 투자자일수록 위험자산에 대한 투자금액이 적을 것이므로 절대위험회피도는 부의 수준이 증가할수록 감소한다. 즉, 부의 수준이 증가함에 따라 위험자산에 대한 투자금액은 증가한다. 식(4.8)에서 ARA의 크기가 큰 투자자일수록 상대적으로 위험회피정도가 큰 보수적인 투자자임을 나타낸다.

(2) 상대위험회피도(RRA)

상대위험회피도(RRA : relative risk aversion)는 투자자의 부가 증가할수록 위험자산에 대한 투자비율이 어떻게 변화하는지의 여부를 측정하는 위험회피도를 말하며 수학적으로 다음과 같이 측정할 수 있다.

$$RRA = -\frac{U''(W)}{U'(W)} \times W = ARA \times W \tag{4.9}$$

RRA는 절대위험회피도에 부의 수준을 곱한 값으로 위험을 싫어하는 투자자일수록 위험자산에 대한 투자비율이 적을 것이므로 상대위험회피도는 큰 값을 가지며 부의 수준에 관계없이 일정하다. 식(4.9)에서 RRA의 크기가 큰 투자자일수록 상대적으로 위험회피정도가 큰 보수적인 투자자임을 나타낸다.

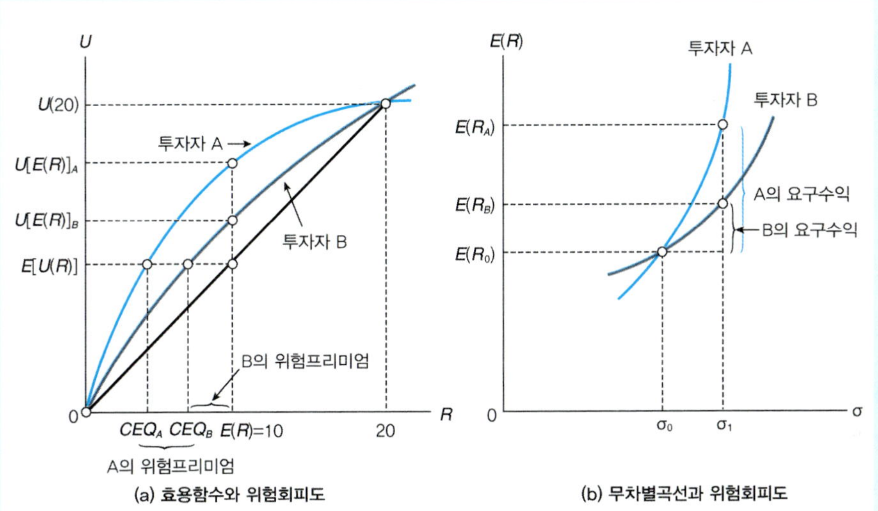

【 그림 4-6 위험회피도 】

(3) ARA와 RRA의 비교

절대위험회피도(ARA)와 상대위험회피도(RRA)에 대한 이해를 돕기 위해서 3명의 투자자 갑, 을, 병이 보유하고 있는 현재 부와 위험자산에 대한 투자금액 및 투자비율이 다음과 같다고 가정하자.

투자자	부	위험자산 투자금액	위험자산 투자비율
갑	10,000만원	5,000만원	50%
을	10,000만원	6,000만원	60%
병	20,000만원	10,000만원	50%

부가 1억원으로 동일한 투자자 갑과 을의 경우에 갑은 을보다 위험자산에 대한 투자금액과 투자비율이 모두 작다. 따라서 절대위험회피도(ARA)와 상대위험회피도(RRA) 중에서 어떤 척도를 이용하더라도 갑의 위험회피도가 큰 것으로 나타나 갑은 보수적 투자자가 되고, 을은 공격적 투자자가 된다.

위험자산에 대한 투자금액은 을이 작아 ARA에서 을은 방어적 투자자, 병은 공격적 투자자가 된다. 위험자산에 대한 투자비율은 병이 작아 RRA에서 병은 방어적 투자자, 을은 공격적 투자자가 된다. 따라서 부의 수준이 서로 다르면 부의 수준이 위험회피도에 미치는 영향을 제거한 RRA로 비교해야 의미가 있다.

핵심요약

제1절 기본개념

1. 불확실성의 세계
   (1) 불확실성과 위험
      ① 불확실성 : 미래의 현금흐름이 확률분포의 형태로 발생하는 상황
      ② 위험 : 미래에 실제로 실현되는 현금흐름이 기대성과와 다를 가능성
   (2) 위험의 측정
      기대수익률이 실현되지 않을 가능성을 나타내는 분산 또는 표준편차로 측정
2. 불확실성하의 선택기준
   기대가치극대화기준, 기대효용극대화기준, 평균–분산기준, 확률지배이론

제2절 불확실성하의 선택기준

1. 기대가치극대화기준 : 기대성과만을 고려하고 위험을 고려하지 않은 방법
2. 기대효용극대화기준 : 기대성과뿐만 아니라 위험까지 고려한 합리적 선택
3. 위험에 대한 태도와 효용함수
   (1) 위험회피형 투자자
      기대수익이 동일하면 위험이 작은 대안을 선호하고 위험이 동일하면 기대수익이 가장 큰 대안을 선호하는 투자자
   (2) 위험중립형 투자자
      투자대상을 선택할 때 위험을 고려하지 않고 기대수익률만 고려하는 투자자
   (3) 위험선호형 투자자
      기대수익이 동일하면 위험이 가장 큰 대안을 선호하고 위험이 동일하면 기대수익이 가장 큰 대안을 선호하는 투자자

제3절 평균–분산기준

1. 평균–분산기준의 전제
   기대효용극대화기준을 적용하려면 자산의 미래수익률에 대한 확률분포와 투자자의 효용함수가 구체적으로 제시되어야 함
2. 최적자산의 선택과정
   (1) 제1단계 : 지배원리에 의한 효율적 자산의 선택
   (2) 제2단계 : 효용구조에 따른 최적자산의 선택

연습문제

01 **다음 중 불확실성하의 선택이론에 해당하지 않는 것은?**

① 기대가치극대화기준
② 기대효용극대화기준
③ 평균－분산기준
④ 확률지배이론
⑤ 피셔의 분리정리

해 설 피셔의 분리정리는 생산기회와 교환기회가 동시에 존재하는 경우에 최적투자결정은 시장이자율에 따라 결정되며, 소비자의 효용구조와는 무관하여 소유와 경영이 분리될 수 있음을 제시하고, 기업가치의 극대화가 재무의사결정의 목표로 설정될 수 있음을 설명한다.

02 **다음 중 불확실성하의 선택이론에 대한 설명으로 옳지 않은 것은?**

① 불확실성의 세계는 위험을 내포하고 있어 기대성과와 위험을 고려해야 한다.
② 기대가치극대화기준은 기대성과만을 고려하고 위험을 고려하지 않는다.
③ 기대효용극대화기준은 기대성과뿐만 아니라 위험도 동시에 고려하고 있다.
④ 평균－분산기준은 평균과 분산만을 이용하여 자산을 선택하는 기준이다.
⑤ 효용함수의 오목한 정도가 작을수록 위험회피도가 커진다.

해 설 효용함수의 오목한 정도가 클수록 위험회피도가 커진다.

03 **다음 중 기대효용이론에 대한 설명으로 옳은 것은?**

① 불확실성에서는 부의 증가에 따라 효용은 비례적으로 증가한다.
② 투자안의 기대성과가 동일하면 위험이 작은 투자안을 선택한다.
③ 위험회피척도가 위험회피형은 부(－)이며, 위험선호형은 정(+)이다.
④ 합리적인 투자자는 불확실한 미래수익보다는 동액의 확실한 수익을 선호한다.
⑤ 불확실성에서는 투자자의 유형에 관계없이 위험이 증가하면 효용도 증가한다.

해 설
① 투자자의 위험에 대한 태도에 따라 효용은 체감적, 체증적, 비례적으로 증가한다.
② 위험회피형 투자자의 경우이고 위험선호형이나 위험중립형 투자자는 그렇지 않다.
③ 위험회피척도(GRM)가 위험회피형은 정(+)이며, 위험선호형은 부(－)이다.
④ 합리적인 투자자는 위험회피형 투자자이므로 옳은 설명에 해당한다.
⑤ 위험선호형 투자자의 경우이고 위험회피형이나 위험중립형 투자자는 그렇지 않다.

04 건양기업의 부채는 현재 2,000억원이다. 미래의 상황은 호황과 불황이 동일한 확률로 발생하며 건양기업은 상호배타적인 두 투자안을 고려하고 있다. 두 투자안이 시행되면 호황과 불황에서의 기업가치는 다음과 같이 예상된다.

상 황	A 투자안이 시행되는 경우	B 투자안이 시행되는 경우
호황에서 기업가치	4,300억원	3,800억원
불황에서 기업가치	1,100억원	2,000억원

다음 중 적절한 설명을 모두 모은 것은?

a. A투자안 시행시의 기대 기업가치는 B투자안 시행시의 기대 기업가치보다 200억원 만큼 작다.
b. A투자안 시행시의 기업가치 변동성(표준편차)은 B투자안 시행시의 기업가치 변동성 보다 700억원 만큼 크다.
c. 주주가치를 극대화하는 기업은 B투자안을 선택한다.

① a, b, c　　② a, c
③ b, c　　④ a
⑤ a, b

해 설

(1) 각 투자안의 기대가치와 표준편차

$E(V_A)=4,300\times\frac{1}{2}+3,800\times\frac{1}{2}=2,700$억원, $E(V_B)=1,100\times\frac{1}{2}+2,000\times\frac{1}{2}=2,900$억원

따라서 B투자안의 기대 기업가치는 A투자안보다 200억원 더 크다.

$\sigma(V_A)=\sqrt{(4,300-2,700)^2\times\frac{1}{2}+(1,100-2,700)^2\times\frac{1}{2}}$ = 1,600억원

$\sigma(V_B)=\sqrt{(3,800-2,900)^2\times\frac{1}{2}+(2,000-2,900)^2\times\frac{1}{2}}$ = 900억원

따라서 A투자안의 표준편차(위험)가 B투자안보다 700억원 더 크다.

(2) 각 상황에서 자기자본가치(단, S = V−B)

상황	A투자안	B투자안
호황	4,300 − 2,000 = 2,300	3,800 − 2,000 = 1,800
불황	1,100 − 2,000 = 0	2,000 − 2,000 = 0

$E(S_A)=2,300\times\frac{1}{2}+0\times\frac{1}{2}=1,150$억원, $E(S_B)=1,800\times\frac{1}{2}+0\times\frac{1}{2}=900$억원

따라서 A투자안의 자기자본가치는 B투자안보다 250억원 더 크다.

(3) 기업가치극대화를 추구하면 B투자안을 선택하고, 자기자본가치극대화를 추구하면 A투자안을 선택한다.

05 투자자 홍길동의 현재부는 100원이고 부에 대한 효용함수는 $U(w) = \sqrt{w}$ 이다. 홍길동은 10원을 잃을 확률이 10%, 100원을 획득할 확률이 90%인 게임에 직면해 있다. 보험회사에서 이 게임에 포함된 모든 불확실성을 없애 주는 보험에 가입할 것을 권유해 왔다. 홍길동이 보험료로 지불할 수 있는 최대금액은 얼마인가?

① 1원 ② 2원 ③ 3원 ④ 4원 ⑤ 5원

해설

$E(w) = 0.1 \times 90 + 0.9 \times 200 = 189$원

$E[U(w)] = 0.1 \times \sqrt{90} + 0.9 \times \sqrt{200} = 13.68$원

$CEW = \sqrt{w} = 13.68 \rightarrow \therefore w = 187$원

최대보험료 = 위험프리미엄 = 기대부 − 확실성등가 = $E(w) - CEW = 189 - 187 = 2$원

06 현재 10,000원을 보유한 투자자의 효용함수는 $U(w) = \sqrt{w}$ 이다. 주식시장에서 현재 10,000원에 거래되는 건양기업 주식은 1년 후에 동일한 확률로 12,100원이 되거나 9,000원이 된다고 한다. 무위험이자율이 10%일 경우에 투자자가 건양기업 주식에 투자하여 발생하는 순현재가치(NPV)는 얼마인가?

① 250원 ② 493원 ③ 550원 ④ −409원 ⑤ −461원

해설

$CEW = (\sqrt{12,100} \times 0.5 + \sqrt{9,000} \times 0.5)^2 = 10,493$

$NPV = \frac{10,493}{1.1} - 10,000 = -461$

07 아래의 표에는 A, B, C, D 네 투자안의 호경기와 불경기 때의 수익률이 주어져 있다. 4개의 투자안 가운데 하나를 선택하는 경우 다음의 설명 중 옳은 것은? (단, 호경기와 불경기가 발생할 확률은 각각 1/2로 동일하다.)

투자안	호경기	불경기
A	10%	10%
B	13%	7%
C	14%	6%
D	15%	9%

a. 위험회피적 투자자들 가운데서도 D투자안을 선택하는 투자자가 있다.
b. 위험중립적 투자자는 A투자안, B투자안, C투자안을 동일하게 평가한다.
c. 위험추구적 투자자는 A투자안과 B투자안 중에서 B투자안을 선택한다.

① a, b, c ② b, c ③ a, c ④ a, b ⑤ c

해설

투자안	호경기	불경기	기대수익률	편차
A	10%	10%	10%	0
B	13%	7%	10%	±3
C	14%	6%	10%	±4
D	15%	9%	12%	±3

a. 위험회피형 투자자는 기대수익률이 동일한 A, B, C의 세 투자안에 대해 위험이 작은 A, B, C의 순서로 선호한다. D 투자안의 경우에 기대수익률이 12%인데 위험프리미엄을 2% 이하로 요구하면 D 투자안을 선택할 수도 있다.

b. 위험중립형 투자자는 위험에 대해 무차별하므로 기대수익률이 제일 높은 D 투자안을 가장 선호하며, 기대수익률이 동일한 A, B, C 투자안은 무차별하다.

c. 위험선호형 투자자는 기대수익률이 동일한 A, B, C 세 투자안에 대해 위험이 큰 C, B, A의 순서로 선호한다.

08 다음 중 위험회피형 투자자의 특징에 대한 설명으로 옳지 않은 것은?

① 원점에 대해 오목한 형태의 효용함수를 갖는다.
② 부에 대한 효용함수의 1차 미분값은 0보다 크고 2차 미분값은 0보다 작다.
③ 위험을 싫어하여 기대 부와는 관계없이 위험이 최소인 자산을 선호한다.
④ 위험을 싫어하여 공정한 갬블에 참가하지 않는다.
⑤ 확실성등가부가 기대부보다 작다.

해설 불확실성하의 선택이론에서는 기대부와 위험을 동시에 고려해야 한다.

09 다음 중 위험회피형 투자자의 특징에 대한 설명으로 옳은 것은?

① 원점에 대해 볼록한 형태의 효용함수를 갖는다.
② 무차별곡선은 원점에 대해 오목하다.
③ 공정한 게임에서 갬블의 비용은 (+) 또는 (−)일 수 있다.
④ 기대부에서 확실성등가부를 차감한 위험프리미엄은 항상 정(+)의 값을 갖는다.
⑤ 지수함수를 효용함수로 한다.

해설

① 한계효용체감의 법칙 때문에 효용함수는 원점에 대해 오목하다.
② 무차별곡선은 원점에 대해 볼록하다
③ 게임에 참가하면 현재 부를 포기하고 이보다 작은 확실성등가부를 갖게 되어 갬블의 미용은 정(+)의 값을 갖게 되며, 현재 부를 감소시키는 공정한 게임에 참가하지 않는다.
⑤ 원점에 대해 오목한 함수는 로그함수이어야 한다.

10 다음 중 위험선호형 투자자의 특징에 대한 설명으로 옳지 않은 것은?

① 높은 수익을 달성하기 위해 공정한 게임에 기꺼이 참여한다.
② 부에 대한 효용함수의 1차 미분값과 2차 미분값은 0보다 크다.
③ 원점에 대해 볼록한 형태의 효용함수를 갖는다.
④ 확실성등가부가 기대부보다 작다.
⑤ 위험프리미엄은 항상 부(−)의 값을 갖는다.

해설 위험선호형 투자자는 확실성등가부가 기대부보다 커서 위험프리미엄은 부(−)의 값을 갖는다.

11 다음 중 위험중립형 투자자의 특징에 대한 설명으로 옳지 않은 것은?

① 공정한 게임의 참가여부에 무차별하다.
② 부에 대한 효용함수의 1차 미분값은 0보다 크고 2차 미분값은 0보다 작다.
③ 위험의 크기에 관계없이 부의 수준에 의해서만 행동한다.
④ 확실성등가부가 기대부와 일치한다.
⑤ 위험프리미엄은 항상 0의 값을 갖는다.

해설 위험중립형 투자자는 부에 대한 효용함수의 1차 미분값은 0보다 크고 2차 미분값은 0이다.

12 다음 중 투자자의 유형에 대한 설명으로 옳은 것은?

① 위험기피형은 기대효용이 기대값의 효용보다 큰 경우이다.
② 위험선호형은 기대부가 확실성등가보다 크다.
③ 기대부와 현재부가 일치하면 갬블의 비용과 위험프리미엄은 동일하다.
④ 차입하여 시장포트폴리오를 추가적으로 매입하는 사람은 위험선호자이다.
⑤ 확실성등가와 위험프리미엄이 동일한 사람은 위험중립형이다.

해설
① 위험기피형은 기대효용이 기대값의 효용보다 작다.
② 위험선호형은 기대부가 확실성등가보다 작다.
④ 자금을 차입하여 시장포트폴리오를 추가적으로 매입하는 사람은 위험선호자가 아니라 위험회피자인데 대출형보다는 위험회피도가 상대적으로 작은 공격적 투자자에 해당한다.
⑤ 위험중립형은 확실성등가와 기대부가 같다.

연습문제

13 **다음 중 위험에 대한 설명으로 옳지 않은 것은?**

① 위험중립형 투자자의 기대효용 극대화는 기대수익 극대화와 동일한 결과를 가져온다.
② 위험과 기대수익률 평면에서 위험중립형 투자자의 무차별곡선 기울기는 0이다.
③ 위험회피형 투자자의 기대수익률과 위험의 관계는 한계효용체감의 법칙에 의해 원점에 대해 볼록하게 나타난다.
④ 위험회피형 투자자의 위험회피도가 클수록 부와 효용의 관계가 더욱 오목해진다.
⑤ 위험회피형 투자자의 효용함수만이 불포화성의 조건을 만족해야 한다.

해 설 어떤 투자자든지 효용함수의 불포화성을 만족하며 한계효용체감이냐 체증이냐에 따라 위험성향이 구분된다.

14 **자산 A, B, C의 1년 후 시장상황에 따른 예상수익은 다음과 같고 1년 후 호황과 불황의 확률은 각각 50%이다. 자산 A의 현재가격이 100원일 경우에 자산의 균형가격으로 성립할 수 없는 것은?**

시장상황	자산 A	자산 B	자산 C
호황	110원	120원	160원
불황	110원	100원	80원

① 위험회피형 투자자만 있는 세계에서 자산 B의 현재가격은 97원이다.
② 위험회피형 투자자만 있는 세계에서 자산 C의 현재가격은 105원이다.
③ 위험선호형 투자자만 있는 세계에서 자산 C의 현재가격은 115원이다.
④ 위험중립형 투자자만 있는 세계에서 자산 B의 현재가격은 100원이다.
⑤ 위험중립형 투자자만 있는 세계에서 자산 C의 현재가격은 107원이다.

해 설 자산A는 1년 후 시장상황에 관계없이 현금흐름이 110원으로 동일하고 현재가격이 100원이므로 무위험이자율은 10%이다.

$$P_A = \frac{110\times0.5+110\times0.5}{1+R_f} = 100 \rightarrow R_f = 10\%$$

위험회피형의 이자율 〉10%, 위험선호형의 이자율 〈 10%

$$P_B = \frac{120\times0.5+100\times0.5}{1.1} = 100$$

위험회피형 투자자만 있는 세계에서 자산 B의 가격 〈 100원
위험선호형 투자자만 있는 세계에서 자산 B의 가격 〉100원

$$P_C = \frac{160\times0.5+80\times0.5}{1.1} = 109$$

위험회피형 투자자만 있는 세계에서 자산 C의 가격 〈 109원
위험선호형 투자자만 있는 세계에서 자산 C의 가격 〉109원

15 다음 중 평균-분산기준에 대한 설명으로 옳지 않은 것은?

① 추상적인 기대효용이론을 대체하기 위한 투자선택이론이다.
② 수익률의 확률분포가 정규분포이거나 투자자의 효용함수가 2차 함수이다.
③ 위험회피도가 작은 적극적 투자자는 무차별곡선의 기울기가 완만하다.
④ 효율적 자산을 지배원리에 의해서 우열을 가릴 수 없는 자산을 말한다.
⑤ 지배원리는 투자자의 상대적인 위험회피의 정도에 입각한 투자행동이다.

해설 지배원리는 평균과 분산이라는 객관적 지표에 입각한 투자행동이다. 평균-분산기준에서 1단계는 객관적인 지표에 의해 효율적 자산을 선택하고, 2단계는 주관적인 무차별곡선에 의해 최적자산을 선택한다.

16 다음 중 분산투자효과에 대한 설명으로 적절한 것은?

① 분산투자를 하면 기대수익률도 비체계적 위험과 같이 감소한다.
② 아무런 주식 2개를 매입하면 분산투자효과가 발생한다.
③ 상관계수가 0이라 하더라도 분산투자효과는 존재한다.
④ 최소분산포트폴리오는 비체계적 위험을 최소로 하는 포트폴리오이다.
⑤ 위험회피형 투자자일수록 분산투자효과는 더 크다.

해설
① 기대수익률과 분산투자는 관련성이 없다.
② 상관계수가 1이면 분산추자효과는 존재하지 않는다.
④ 최소분산포트폴리오는 총위험을 최소로 하는 포트폴리오를 말하고, 시장포트폴리오는 비체계적위험을 최소로 하는 포트폴리오를 말한다.
⑤ 효용함수와 분산투자는 무관하며 효용함수의 형태에 따라서 최적포트폴리오만 달라진다.

17 개별주식의 기대수익률과 위험이 다음과 같을 경우에 옳은 것은?

포트폴리오	기대수익률	표준편차
A	10%	14%
B	5%	4%
C	10%	18%
D	4%	4%
E	8%	10%

① D는 B에 의해, C는 A에 의해 지배당하므로 A와 B만 효율적 자산이 된다.
② 보수적 투자자는 D, 공격적 투자자는 C에 투자할 수 있다.
③ 상대적으로 위험회피도가 강한 투자자는 A, 약한 투자자는 B에 투자한다.
④ 평균-분산기준에서 어떤 투자자도 E에 투자하지 않는다.
⑤ 모두 틀린 내용이다.

해 설
① D는 B에 의해, C는 A에 의해 지배당하므로 A, B, C가 효율적 자산이 된다.
② C와 D는 지배원리에 의해서 지배당하므로 어떤 투자자도 투자하지 않는다.
③ 상대적으로 위험회피도가 강한 투자자는 B, 약한 투자자는 A에 투자한다.
④ 상대적으로 위험회피도가 중간인 투자자는 E에 투자한다.

18 다음 중 지배원리에 의한 효율적 포트폴리오가 아닌 것은?

포트폴리오	기대수익률	표준편차
A	20%	35%
B	11%	13%
C	8%	10%
D	10%	11%
E	8%	9%

① A ② B
③ C ④ D
⑤ E

해 설
포트폴리오 C는 포트폴리오 E에 의해 지배를 당하므로 효율적 포트폴리오가 아니다.

19 다음 중 효율적 포트폴리오라고 보기 어려운 것은?

① 포트폴리오 A : E(R) = 10%, σ = 5%
② 포트폴리오 B : E(R) = 20%, σ = 17%
③ 포트폴리오 C : E(R) = 14%, σ = 10%
④ 포트폴리오 D : E(R) = 21%, σ = 16%
⑤ 포트폴리오 E : E(R) = 17%, σ = 15%

해 설
포트폴리오 D는 B보다 기대수익률도 높고 위험도 작아 D가 B를 지배한다.

20 **다음 중 효율적 포트폴리오에 대한 설명으로 옳은 것은?**

① 효율적 투자선 아래의 포트폴리오는 과소평가되어 있는 포트폴리오이다.
② 효율적 주식은 주어진 기대수익에 대해 표준편차가 최대인 주식을 말한다.
③ 상관계수가 0이면 분산투자효과는 발생하지 않는다.
④ 포트폴리오에 주식을 추가하면 비체계적 위험은 감소하나 총위험은 증가할 수도 있다.
⑤ 투자자의 최적포트폴리오는 효율적 투자선과 무차별곡선의 접점에서 결정된다.

해 설

① 지배원리에 의해 비효율적인 포트폴리오이며 과소평가 여부는 판단할 수 없다.
② 효율적 주식은 주어진 기대수익에 대해 표준편차가 최소인 주식을 말한다.
③ 상관계수가 1이면 분산투자효과가 발생하지 않는다.
④ 포트폴리오에 주식을 추가하면 비체계적 위험과 총위험 모두 감소한다.

정답

01.⑤ 02.⑤ 03.④ 04.⑤ 05.② 06.⑤ 07.① 08.③ 09.④ 10.④
11.② 12.③ 13.⑤ 14.⑤ 15.⑤ 16.③ 17.⑤ 18.③ 19.② 20.⑤

05 포트폴리오이론

포트폴리오이론은 투자자들이 평균–분산기준에 의해 기대효용이 극대화되도록 투자한다고 가정하여 투자자들의 선택행동을 분석한다. 평균–분산기준을 적용하려면 포트폴리오의 기대수익률과 위험을 측정하고 기대수익률과 위험간 관계를 분석하여 기대수익률과 위험의 평면상에서 어떻게 형성되는지를 파악해야 한다.

제 1 절 포트폴리오선택의 원리

1 포트폴리오이론의 개요

(1) 포트폴리오의 의의

대부분의 투자자들은 위험을 줄이고 투자수익을 극대화하기 위해 투자자금을 하나의 자산에만 집중적으로 투자하지 않고 여러 자산에 나누어 분산투자를 한다. 포트폴리오(portfolio)는 투자자금을 여러 자산에 나누어 분산투자할 경우 투자대상인 두 개 이상의 자산의 조합 또는 복수증권의 결합을 말한다.

(2) 포트폴리오이론

포트폴리오이론은 위험자산인 주식만 존재하는 세계에서 포트폴리오를 구성하여 투자할 경우에 최적포트폴리오의 선택과정을 설명하는 이론을 말하며 완전공분산모형 또는 마코위츠모형이라고도 한다. 평균–분산기준에 의해서 최적포트폴리오를 선택하는 과정은 개별자산을 선택하는 과정이 그대로 적용된다.

2 포트폴리오분석의 목적

포트폴리오를 구성하는 이유는 기대수익률을 희생시키지 않으면서 위험을 감소시킬 수 있는 분산투자효과가 있기 때문이다. 포트폴리오를 구성하는 종목수가 늘어날수록 위험이 감소하는 포트폴리오효과는 두 주식수익률간의 상관관계가 작고 포트폴리오에 포함되는 종목수가 증가할수록 크게 나타난다.

3 포트폴리오이론의 가정

마코위츠(H. Markowitz, 1952)가 포트폴리오이론을 전개하기 위해 도입한 가정을 살펴보면 다음과 같다.

① 모든 투자자들은 위험회피형이며 기대효용을 극대화할 수 있도록 투자한다.

② 모든 투자자들은 평균–분산기준에 따라 투자하며 투자기간은 단일기간이다.

③ 모든 투자자들은 자산의 미래수익률에 대한 확률분포에 동질적 기대를 한다.

제 2 절 포트폴리오의 기대수익률과 위험

평균–분산기준에 의해 기대효용을 극대화하는 최적포트폴리오를 선택하기 위해서는 개별주식으로 구성된 포트폴리오의 기대수익률과 분산 또는 표준편차에 대한 측정이 선행되어야 한다. 투자자가 선택하는 최적포트폴리오는 효율적 투자선과 무차별곡선의 접점에 있으며 투자자의 효용함수형태에 따라 결정된다.

1 두개의 주식으로 구성된 포트폴리오

(1) 포트폴리오의 기대수익률

두 개의 주식으로 포트폴리오를 구성하는 경우에 포트폴리오의 기대수익률은 포트폴리오를 구성하고 있는 개별주식의 기대수익률을 투자비율에 따라 가중평균하여 계산한 값을 말한다. 식(5.1)에서 w_1과 w_2는 각 개별자산에 대한 투자비율을 나타내고, 투자비율의 합은 항상 1이어야 한다.

$$E(R_p) = w_1 E(R_1) + w_2 E(R_2) = \sum_{i=1}^{n} w_i E(R_i) \tag{5.1}$$

예제 5-1 포트폴리오의 기대수익률

현재 여유자금 1,000만원을 보유하고 있는 투자자가 기대수익률이 10%인 주식 A에 600만원을 투자하고, 기대수익률인 20%인 주식 B에 400만원을 투자할 경우에 포트폴리오의 기대수익률을 계산하시오.

해설

$E(R_p) = w_A E(R_A) + w_B E(R_B) = (0.6)(0.1) + (0.4)(0.2) = 0.14$

(2) 포트폴리오의 위험

포트폴리오 수익률의 분산과 표준편차는 개별주식들간에 존재하는 상호관련성에 의해 영향을 받는데, 포트폴리오의 위험을 계산하려면 개별주식들간의 상호관련성을 측정하는 공분산과 상관계수를 이해해야 한다. 두 개별자산 수익률의 상관관계를 나타내는 공분산은 절대적 척도를, 상관계수는 상대적 척도를 나타낸다.

1) 공분산과 상관계수

공분산(covariance)은 포트폴리오를 구성하는 각 개별주식의 기대수익률로부터의 편차와 편차의 곱에 대한 기대값을 말하며, 두 개별주식의 수익률이 평균적으로 어느 정도 같은 방향으로 또는 반대방향으로 움직이고 있는가를 나타내는 통계치를 의미한다.

$$Cov(R_1, R_2) = \sigma_{12} = \sum_{s=1}^{n} [R_{1s} - E(R_1)][R_{2s} - E(R_2)]P_s \tag{5.2}$$

식(5.2)에서 공분산이 정(+)의 값을 가지면 두 개별주식의 수익률이 기대수익률을 중심으로 같은 방향으로 움직이고, 공분산이 부(−)의 값을 가지면 두 개별주식의 수익률이 기대수익률을 중심으로 반대 방향으로 움직이고 있음을 의미한다. 그러나 공분산은 변수를 측정하는 단위에 따라 그 크기가 달라지는 문제점이 있다.

따라서 두 변수간의 관계를 보다 정확하게 파악하기 위해서 상관계수(ρ)를 이용하게 된다. 상관계수(correlation coefficient)는 두 개별주식 수익률간의 상관관계의 정도를 나타내는 통계치를 말하며, 공분산을 각 개별주식 수익률의 표준편차의 곱으로 나누어 표준화시킨 값으로 −1에서 +1 사이의 범위에 존재한다.

$$\rho_{12} = \frac{\sigma_{12}}{\sigma_1 \sigma_2} \leftrightarrow \sigma_{12} = \rho_{12}\sigma_1\sigma_2 \tag{5.3}$$

식(5.3)에서 상관계수는 두 개별주식 수익률간의 선형관계의 정도를 나타내는 통계치임에 유의해야 한다. 상관관계의 정도는 상관계수가 0일때 가장 낮고 −1이나 +1에 접근할수록 커진다. 상관계수의 부호는 방향을 나타낸다. 따라서 부호에 관계없이 절대값이 같으면 상관관계의 정도는 같다.

상관계수가 +1에 가까우면 두 개별주식 수익률은 같은 방향으로 움직이고, −1에 가까우면 두 개별주식 수익률은 반대방향으로 움직이며, 0에 가까우면 두 개별주식 수익률은 상관관계가 없다. 상관계수가 +1이면 완전한 정(+)의 상관관계를, 상관계수가 −1이면 완전한 부(−)의 상관관계를 갖는다.

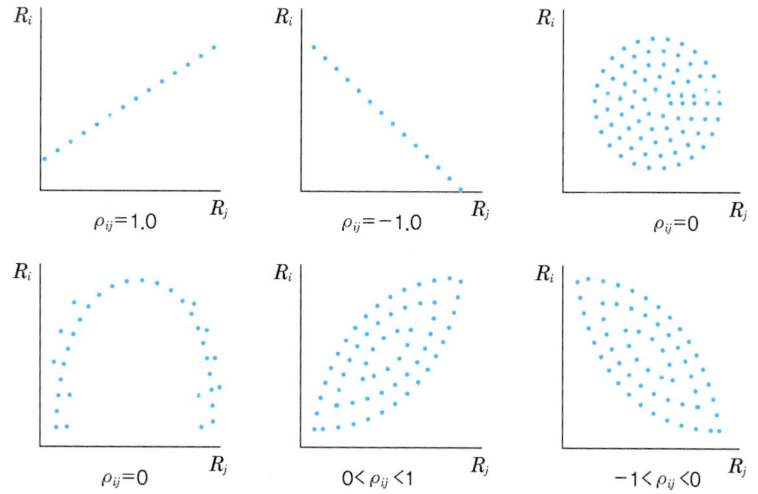

【 그림 5-1 개별자산 수익률간의 상관관계 】

예제 >>> 5-2 공분산과 상관계수

다음과 같은 특성을 지닌 개별주식 수익률간의 공분산과 상관계수를 계산하시오.

상황	확률	주식 1	주식 2
불황	0.4	0.05	0.15
보통	0.2	0.10	0.10
호황	0.4	0.15	0.30
기대수익률		0.10	0.20
분산		0.002	0.007

해설

$$\sigma_{12} = \sum_{s=1}^{n}[R_{1s} - E(R_1)][R_{2s} - E(R_2)]P_s$$
$$= (0.05-0.1)(0.15-0.2)(0.4) + (0.1-0.1)(0.1-0.2)(0.2) + (0.15-0.1)(0.3-0.2)(0.4)$$
$$= 0.003$$
$$\rho_{12} = \frac{\sigma_{12}}{\sigma_1\sigma_2} = \frac{0.003}{\sqrt{0.002}\sqrt{0.007}} = 0.8018$$

2) 포트폴리오 수익률의 분산

두 개의 개별주식 1과 2로 구성된 포트폴리오 수익률의 분산은 분산의 통계적 특성을 이용하여 다음과 같이 나타낼 수 있다.

$$\sigma_p^2 = w_1^2\sigma_1^2 + w_2^2\sigma_2^2 + 2w_1w_2\sigma_{12} = w_1^2\sigma_1^2 + w_2^2\sigma_2^2 + 2w_1w_2\rho_{12}\sigma_1\sigma_2 \quad (5.4)$$

개별주식 수익률의 분산은 자기자신과의 공분산이기 때문에 포트폴리오 수익률의 분산은 다음과 같이 나타낼 수도 있다.

$$\sigma_p^2 = \sum_{i=1}^{2}\sum_{j=1}^{2} w_iw_j\sigma_{ij} = \sum_{i=1}^{2} w_i^2\sigma_i^2 + \sum_{i=1}^{2}\sum_{j=1}^{2} w_iw_j\sigma_{ij}(i \neq j) \quad (5.5)$$

식(5.5)에서 포트폴리오 수익률의 분산은 대각선 방향에 개별주식 수익률의 분산 2개와 대각선을 벗어난 개별주식 수익률간의 공분산 2개로 구성되어 있다.

예제 >>> 5-3 포트폴리오 수익률의 분산

[예제 5-2]에 주어진 주식 A와 주식 B에 각각 60%, 40%의 비율로 투자한 경우에 포트폴리오 수익률의 분산을 계산하시오.

해설

$\sigma_p^2 = w_1^2\sigma_1^2 + w_2^2\sigma_2^2 + 2w_1w_2\sigma_{12}$

$= (0.6)^2(0.002) + (0.4)^2(0.007) + 2(0.6)(0.4)(0.003) = 0.00328$

2 n개의 주식으로 구성된 포트폴리오

(1) 포트폴리오의 기대수익률

n개의 개별주식으로 구성된 포트폴리오의 기대수익률은 포트폴리오를 구성하고 있는 각 개별주식의 기대수익률을 투자비율에 따라서 가중평균하여 계산한 값을 말하며, 이를 수식으로 나타내면 다음과 같다.

$$E(R_p) = w_1E(R_1) + w_2E(R_2) + \cdots + w_nE(R_n) = \sum_{i=1}^{n} w_iE(R_i) \qquad (5.6)$$

(2) 포트폴리오의 위험

n개의 개별주식으로 구성된 포트폴리오 수익률의 분산도 두 개의 주식으로 구성된 포트폴리오 수익률의 분산과 동일한 논리로 다음과 같은 수식으로 구하고 분산-공분산행렬을 이용하여 표시하면 [그림 5-2]와 같다.

$$\sigma_p^2 = \sum_{i=1}^{n}\sum_{j=1}^{n} w_iw_j\sigma_{ij} = \sum_{i=1}^{n} w_i^2\sigma_i^2 + \sum_{i=1}^{n}\sum_{j=1}^{n} w_iw_j\sigma_{ij}(i \neq j) \qquad (5.7)$$

[그림 5.2]에서 포트폴리오 수익률의 분산은 대각선의 방향에 개별주식 수익률의 분산 n개와 대각선을 벗어난 개별주식 수익률간의 공분산 n(n−1)개로 구성되어 있다. 따라서 포트폴리오에 포함되는 주식수가 증가할수록 개별주식 수익률의 분산보다는 개별주식 수익률간의 공분산이 포트폴리오 위험에 미치는 위험이 커진다.

	주식 1	주식 2	주식 3		주식 n
주식 1	$w_1w_1\,\sigma_{11}(=w_1^2\,\sigma_1^2)$	$w_1w_2\,\sigma_{11}$	$w_1w_3\,\sigma_{13}$		$w_1w_n\,\sigma_{1n}$
주식 2	$w_2w_1\,\sigma_{21}$	$w_2w_2\,\sigma_{11}(=w_2^2\,\sigma_2^2)$	$w_2w_3\,\sigma_{23}$		$w_2w_n\,\sigma_{2n}$
주식 3	$w_3w_1\,\sigma_{31}$	$w_3w_2\,\sigma_{32}$	$w_3w_3\,\sigma_{33}(=w_3^2\,\sigma_3^2)$		$w_3w_n\,\sigma_{3n}$
⋮	⋮	⋮	⋮		⋮
주식 n	$w_nw_1\,\sigma_{n1}$	$w_nw_2\,\sigma_{n2}$	$w_nw_3\,\sigma_{n1}$		$w_nw_n\,\sigma_{nn}(=w_n^2\,\sigma_n^2)$

【 그림 5-2 n개의 주식으로 구성된 포트폴리오의 수익률 분산 】

(3) 개별주식의 포트폴리오위험에 대한 공헌도

이제 포트폴리오위험에서 각 개별주식이 공헌하는 정도를 살펴보기 위해 n개의 개별주식으로 구성된 포트폴리오위험을 분해하면 다음과 같다.

$$\begin{aligned}\sigma_p^2 = &\ w_1w_1\sigma_{11} + w_1w_2\sigma_{12} + \cdots + w_1w_n\sigma_{1n} \rightarrow \text{주식 1의 공헌도}\\ &+ w_2w_1\sigma_{21} + w_2w_2\sigma_{22} + \cdots + w_2w_n\sigma_{2n} \rightarrow \text{주식 2의 공헌도}\\ &+ w_nw_1\sigma_{n1} + w_nw_2\sigma_{n2} + \cdots + w_nw_n\sigma_{nn} \rightarrow \text{주식 } n\text{의 공헌도}\end{aligned}$$

위 식에서 각 행의 합은 각 개별주식이 포트폴리오 수익률의 분산에 공헌하는 정도를 나타낸다. 개별주식 1이 포트폴리오위험에 공헌하는 정도는 다음과 같다.

개별주식 1의 공헌도

$$\begin{aligned}&= w_1w_1Cov(R_1, R_1) + w_1w_2Cov(R_1, R_2) + \cdots + w_1w_nCov(R_1, R_n)\\ &= w_1w_1Cov(R_1, R_1) + w_2Cov(R_1, R_2) + \cdots + w_1Cov(R_1, R_n)\\ &= w_1Cov(R_1, w_1R_1 + w_2R_2 + \cdots + w_nR_n)\\ &= w_1Cov(R_1, R_p)\end{aligned}$$

위 식에서 임의의 개별주식 i가 포트폴리오위험에서 차지하는 공헌도는 다음과 같이 표시된다.

$$\text{개별주식 } i \text{의 공헌도} = w_i Cov(R_i, R_p) = w_i \sigma_{ip} \tag{5.8}$$

식(5.8)로부터 포트폴리오위험에서 임의의 개별주식 i가 차지하는 비율은 다음과 같이 나타난다.

$$\text{개별주식 } i \text{의 공헌비율} = W_i \sigma_{ip} / \sigma_p{}^2 \tag{5.9}$$

제 3 절 상관계수에 따른 포트폴리오효과

포트폴리오효과(portfolio effect)는 투자자가 두 개 이상의 주식을 매입하여 포트폴리오를 구성하는 경우에 기대수익률을 희생시키지 않으면서 위험을 감소시킬 수 있는 효과를 말하며 분산투자효과(diversification effect)라고도 한다. 포트폴리오위험은 개별주식 수익률간의 상관계수에 의해서 영향을 받게 된다.

1 포트폴리오의 기대수익률과 상관계수

다음과 같은 특성을 갖는 두 개의 개별주식으로 구성된 포트폴리오에서 각 주식의 기대수익률과 표준편차를 알고 있을 때 두 주식수익률의 상관관계에 따라 포트폴리오의 기대수익률과 표준편차가 어떤 관계를 보이는지 살펴본다.

주식	기대수익률	표준편차	투자비율
1	19%	26%	50%
2	15%	18%	50%

두 개의 개별주식으로 구성된 포트폴리오의 기대수익률은 각 개별주식의 기대수익률을 투자비율에 따라 가중평균한 값이며 투자비율이 일정하면 개별주식 수익률간의 상관계수에 관계없이 일정하다. 즉, 포트폴리오의 기대수익률은 각 개별주식의 기대수익률을 단순히 평균한 값으로 감소된 것이 아님에 유의해야 한다.

$$E(R_p) = w_1E(R_1) + w_2E(R_2)$$
$$= 0.5 \times 0.19 + 0.5 \times 0.15 = 17\%$$

2 포트폴리오의 위험과 상관계수

두 개의 개별주식으로 구성된 포트폴리오의 위험인 표준편차는 각 개별주식의 투자비율과 개별주식 수익률간의 상관계수에 의해 영향을 받게 된다. 포트폴리오의 위험은 상관계수가 +1인 경우를 제외하고 포트폴리오효과가 나타나며 상관계수가 작을수록 포트폴리오의 위험은 감소하여 포트폴리오효과가 크게 발생한다.

$$\sigma_p = \sqrt{w_1^2\sigma_1^2 + w_2^2\sigma_2^2 + 2w_1w_2\rho_{12}\sigma_1\sigma_2} \tag{5.10}$$

3 상관계수에 따른 포트폴리오의 위험

두 개의 개별주식으로 포트폴리오를 구성하는 경우에 포트폴리오의 기대수익률과 위험의 관계는 개별주식 수익률간의 상관계수에 따라 다른 형태로 나타난다.

(1) ρ_{12} =+1인 경우

상관계수가 +1일 때 포트폴리오 수익률의 표준편차는 다음과 같이 나타난다.

$$\sigma_p = \sqrt{w_1^2\sigma_1^2 + w_2^2\sigma_2^2 + 2w_1w_2(+1)\sigma_1\sigma_2} = \sqrt{(w_1\sigma_1 + w_2\sigma_2)^2}$$
$$= w_1\sigma_1 + w_2\sigma_2 = 0.5 \times 0.26 + 0.5 \times 0.18 = 0.22(22\%)$$

상관계수가 +1인 경우에 포트폴리오 수익률의 표준편차는 개별주식 수익률의 표준편차를 투자비율에 따라 단순히 가중평균한 값이 된다. 따라서 포트폴리오 수익률의 표준편차 22%는 개별주식 수익률의 위험을 단순히 평균한 값으로 감소된 것이 아니므로 포트폴리오효과가 발생하지 않는다.

(2) $\rho_{12}=-1$인 경우

상관계수가 −1일 때 포트폴리오 수익률의 표준편차는 다음과 같이 나타난다.

$$\begin{aligned}\sigma_p &= \sqrt{w_1^2\sigma_1^2 + w_2^2\sigma_2^2 + 2w_1w_2(-1)\sigma_1\sigma_2} = \sqrt{(w_1\sigma_1 - w_2\sigma_2)^2} \\ &= w_1\sigma_1 - w_2\sigma_2 = 0.5\times0.26 - 0.5\times0.18 = 0.04(4\%)\end{aligned}$$

상관계수가 −1인 경우 포트폴리오의 수익률의 표준편차는 개별주식 수익률의 표준편차에 투자비율을 곱한 것들의 차가 되므로 포트폴리오효과가 크게 발생한다. 이때 개별주식 수익률간의 상관계수가 1보다 작은 주식들에 분산투자하여 얻어지는 위험의 감소효과를 분산투자의 이득이라고 한다.

(3) $-1<\rho_{12}<+1$인 경우

상관계수가 0일 때 포트폴리오 수익률의 표준편차는 다음과 같이 나타난다.

$$\begin{aligned}\sigma_p &= \sqrt{w_1^2\sigma_1^2 + w_2^2\sigma_2^2 + 2w_1w_2(0)\sigma_1\sigma_2} \\ &= \sqrt{0.5^2\times0.26^2 + 0.5^2\times0.18^2 + 2\times0.5\times0.5\times(0)\times0.26\times0.18} \\ &= 0.158(15.8\%)\end{aligned}$$

상관계수가 0인 경우에 포트폴리오 수익률의 표준편차는 위험을 전혀 감소시킬 수 없는 상관계수가 +1인 경우보다 포트폴리오 위험이 약간 줄어들게 된다. 따라서 투자비율이 일정하더라도 다른 조건이 일정하면 상관계수가 작을수록 포트폴리오 위험이 줄어들기 때문에 포트폴리오효과는 크게 나타난다.

$-1<\rho_{12}<+1$인 경우에 두 개의 개별주식으로 구성할 수 있는 모든 포트폴리오는 [그림 5-3]의 삼각형내에 존재하며 포트폴리오의 기대수익률과 표준편차간에 직선관계가 아닌 곡선관계가 성립한다. 이때 곡선의 모양은 상관계수의 크기에 따라 달라지고 상관계수가 작을수록 포트폴리오효과는 크게 나타난다.

현실적으로 대부분의 개별주식들은 경기변동, 통화량, 이자율, 환율, 인플레이션, 국제유가, 국제수지와 같은 경제전반에 영향을 미치는 경제변수에 의해서 동일한 영향을 받는다. 따라서 개별주식 수익률간의 상관계수는 $0<\rho_{12}<1$ 사이의 값을 갖게 되고 대체로 [그림 5-3]에서 색칠된 영역에 위치하게 된다.

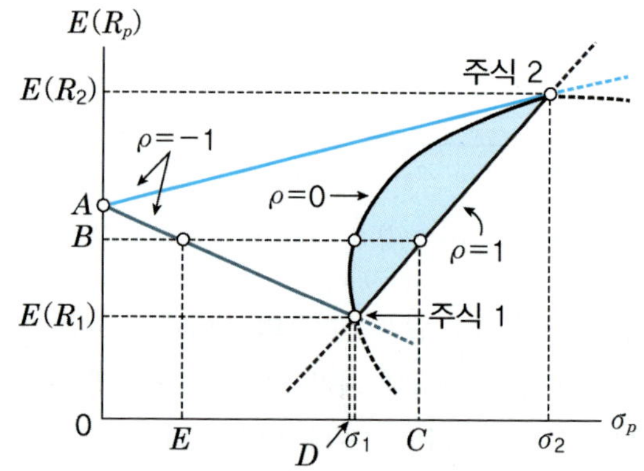

【 그림 5-3 상관계수에 따른 포트폴리오효과 】

2 최소분산포트폴리오(MVP)

(1) MVP의 개념

최소분산포트폴리오(MVP : minimum variance portfolio)는 두 개의 개별주식으로 구성된 포트폴리오 중 위험이 최소가 되는 포트폴리오를 말한다. 상관계수가 주어진 상태에서 포트폴리오의 위험은 개별주식에 대한 투자비율에 따라 달라지므로 최소분산포트폴리오는 위험이 가장 작은 개별주식의 투자비율을 구하는 문제이다.

(2) MVP의 산출

개별주식 1과 개별주식 2로 포트폴리오를 구성하는 경우에 포트폴리오의 분산은 다음과 같이 구할 수 있다.

$$\begin{aligned}\sigma_p^2 &= w_1^2\sigma_1^2 + w_2^2\sigma_2^2 + 2w_1w_2\sigma_{12} \\ &= w_1^2\sigma_1^2 + (1-w_1)^2\sigma_2^2 + 2w_1(1-w_1)\sigma_{12} \qquad (5.11)\end{aligned}$$

식(5.11)을 w_1에 대해 1차 미분한 값을 0으로 놓고 w_1에 대해 정리하면 최소분산포트폴리오를 구성하기 위한 개별주식의 투자비율은 다음과 같이 구할 수 있다.

$$w_1 = \frac{\sigma_2^2 - \sigma_{12}}{\sigma_1^2 + \sigma_2^2 - 2\sigma_{12}}, \quad w_2 = \frac{\sigma_1^2 - \sigma_{12}}{\sigma_1^2 + \sigma_2^2 - 2\sigma_{12}} = 1 - w_1 \qquad (5.12)$$

제 4 절 포트폴리오의 위험분산효과

1 상관계수와 위험분산효과

(1) 의의

상관계수가 +1이면 포트폴리오의 표준편차는 개별주식의 표준편차를 투자비율로 가중평균한 값으로 위험분산효과가 없다. 상관계수가 +1이 아니면 포트폴리오의 표준편차가 개별주식의 표준편차를 가중평균한 값보다 작아 위험분산효과가 있으며 상관계수가 작을수록 위험분산효과가 크게 나타난다.

(2) 분산투자이득

상관계수가 0인 경우에는 $2w_1w_2\rho_{12}\sigma_1\sigma_2$ 부분이 없어지기 때문에 위험을 전혀 감소시킬 수 없는 상관계수가 1인 경우보다 포트폴리오의 위험이 줄어들게 된다. 따라서 분산투자이득(gain from diversification)은 상관계수가 +1일 때의 위험(표준편차)과 주어진 상관계수의 위험간의 차이를 말한다.

$$\text{분산투자이득} = \rho\text{가 } +1\text{일 때의 위험} - \text{주어진 상관계수의 위험} \qquad (5.13)$$

2 구성주식수와 위험분산효과

(1) 구성주식수와 위험분산효과

포트폴리오에 포함되는 주식수의 증가에 따른 포트폴리오효과를 살펴보기 위해서 n

개의 개별주식으로 포트폴리오를 구성하고 개별주식에 대한 투자비율이 1/n로 동일한 동일가중 포트폴리오를 구성할 경우에 포트폴리오 수익률의 분산은 다음과 같이 나타낼 수 있다.

$$\sigma_p^2 = \sum_{i=1}^{n} w_i^2 \sigma_i^2 + \sum_{i=1}^{n}\sum_{j=1}^{n} w_i w_j \sigma_{ij}$$

$$= \frac{1}{n}\overline{\sigma}_i^{\,2} + \frac{n-1}{n}\overline{\sigma}_{ij} = \frac{1}{n}(\overline{\sigma}_i^{\,2} - \overline{\sigma}_{ij}) + \overline{\sigma}_{ij} = \overline{\sigma}_{ij} \tag{5.14}$$

식(5.14)에서 우변의 첫째항은 포트폴리오에 포함되는 구성주식수를 증가시키면 0에 접근한다. 따라서 포트폴리오의 구성주식수를 무한히 증가시킨 포트폴리오를 완전분산 투자된 포트폴리오라고 하며 완전분산투자된 포트폴리오에서 포트폴리오의 위험은 공분산의 평균인 $\overline{\sigma}_{ij}$ 이하로는 줄일 수 없다.

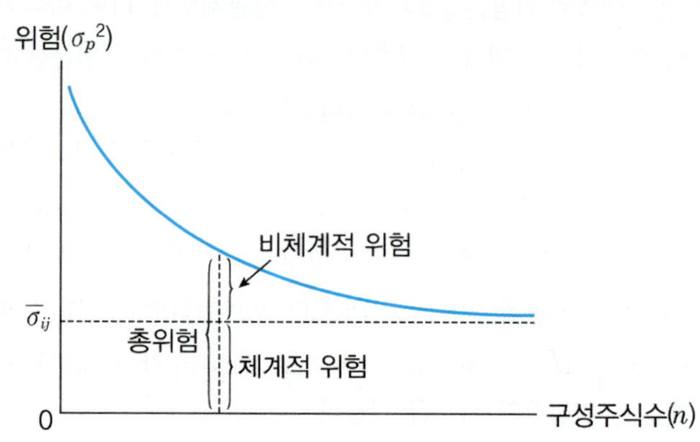

【 그림 5-3 구성주식수와 위험분산효과 】

(2) 체계적 위험과 비체계적 위험

1) 체계적 위험

식(5.14)에서 구성종목수를 증가시키더라도 포트폴리오의 위험을 $\overline{\sigma}_{ij}$ 이하로 줄일 수 없다. 이와 같이 체계적 위험(systematic risk)은 포트폴리오를 구성하는 주식수를 증가시켜 분산투자를 하더라도 제거할 수 없는 위험을 말하며 시장위험(market risk) 또는 분산불능위험(non-diversifiable risk)이라고도 한다.

체계적 위험은 경기변동, 금리변동, 환율변동, 국제수지, 인플레이션 등 거시경제변수가 모든 주식에 공통적으로 영향을 미치므로 분산투자를 하더라도 제거할 수 없다. 완전분산투자된 포트폴리오에서 투자자들의 관심은 분산투자를 통해 제거할 수 없는 체계적 위험이며 투자자들은 체계적 위험에 대한 보상만을 요구한다.

2) 비체계적 위험

식(5.14)에서 포트폴리오를 구성하는 종목수를 증가시키면 분산투자를 통해 줄일 수 있다. 비체계적 위험(unsystematic risk)은 주식시장 전반의 움직임에 관계없이 특정 개별주식에 한정된 위험을 말하며, 분산투자에 의해 제거할 수 있기 때문에 분산가능위험(diversifiable risk)이라고도 한다.

비체계적 위험은 경영성과, M&A, 신제품개발, 노사분규, 공장화재, 소송사건 등 개별주식을 발행한 기업의 특수한 상황과 관련이 있어 기업고유위험(firm specific risk)이라고도 한다. 이러한 비체계적 위험은 10~15개의 주식으로 포트폴리오를 구성하게 되면 그 영향이 서로 상쇄되어 대부분 제거할 수 있게 된다.

제 5 절 최적포트폴리오의 선택

1 최적포트폴리오의 선택

(1) 지배원리에 의한 효율적 투자기회선의 도출

투자기회집합내에 있는 수많은 포트폴리오가 모두 투자대상이 되는 것은 아니며 이성적인 투자자는 지배원리를 충족시키는 효율적 포트폴리오만을 선택할 것이다. 효율적 포트폴리오는 주어진 기대수익률에서 위험이 가장 작은 포트폴리오를 구하거나 주어진 위험하에서 기대수익률이 가장 높은 포트폴리오를 말한다.

투자기회집합은 자본시장의 주식들로 구성가능한 포트폴리오의 기대수익률과 위험을 측정하여 기대수익률-표준편차 평면상에 도시하면 얻을 수 있는 투자대상의 집합으로 원점에 대해 오목한 곡선을 갖는다. 대부분의 개별주식은 거시경제변수에 의해 동일한 영향을 받아 상관계수가 0과 1 사이에 존재하기 때문이다.

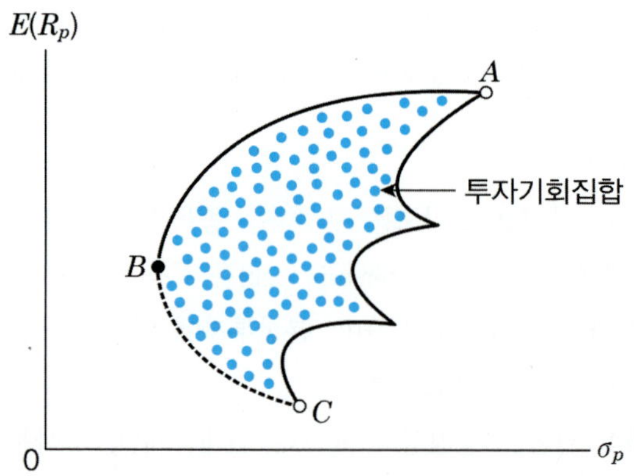

[그림 5-5 투자기회집합과 효율적 투자선]

효율적 투자선(efficient frontier)은 위험자산인 주식으로만 포트폴리오를 구성하는 경우에 투자기회집합내의 포트폴리오 가운데 지배원리에 의해 우열을 가릴 수 없는 AB선상에 있는 효율적 포트폴리오를 의미한다. 여기서 효율적 포트폴리오는 지배원리를 충족시켜 선택된 자산을 말한다.

(2) 효용구조에 따른 최적포트폴리오의 선택

투자자들은 효율적 포트폴리오 중에서 자신의 기대효용을 극대화할 수 있는 최적포트폴리오를 선택하는데, 이는 투자자의 상대적인 위험회피도를 나타내는 주관적인 무차별곡선에 의해 결정된다. 투자자에게 주어지는 효율적 투자선은 동일하나 투자자들의 상대적인 위험회피도에 따라 최적포트폴리오의 선택은 달라진다.

예컨대 상대적으로 위험회피도가 큰 보수적 투자자 갑은 위험이 작은 포트폴리오 A를 선택하는 반면에, 상대적으로 위험회피도가 작은 공격적 투자자 을은 위험이 큰 포트폴리오 B를 선택하게 될 것이다. 따라서 최적포트폴리오는 효율적 포트폴리오와 투자자의 주관적인 무차별곡선과의 접점에서 결정된다.

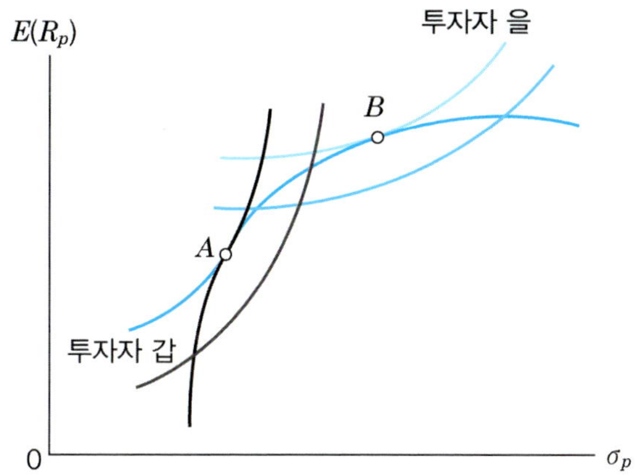

【 그림 5-6 최적포트폴리오의 선택 】

2 포트폴리오이론의 한계점

마코위츠의 포트폴리오이론은 위험을 계량화하고, 위험을 고려한 투자자들의 최적선택과정을 정립함으로써 재무관리의 발전에 크게 공헌하였다. 그러나 포트폴리오이론은 현실적으로 다음과 같은 한계점을 가지고 있다.

첫째, 마코위츠모형은 투사대상을 위험자산만 고려하고 무위험자산은 고려하지 않았다. 즉, 투자대상을 주식으로 한정하여 효율적 투자선을 도출했으나 투자대상에는 미래의 수익을 정확히 예측할 수 있어서 수익률의 변동가능성이 없는 무위험자산이 존재하는데 이를 고려하지 않았다.

둘째, 마코위츠모형은 포트폴리오를 구성하는 주식수가 많아지면 효율적 투자선을 도출하기 위해서 필요한 정보가 너무 많아진다. 포트폴리오이론에서 필요한 정보량이 많은 이유는 포트폴리오에 포함되어 있는 서로 다른 주식수익률간의 공분산에 대한 모든 정보가 필요하기 때문이다.

예컨대 100개의 주식으로 포트폴리오를 구성하는 경우 개별주식의 기대수익률 100개, 개별주식의 분산 100개, 개별주식 수익률간의 공분산 4,950개, 총 5,150개의 정보가 필요하다. 이러한 문제점을 해결하기 위해서 등장한 것이 제6장에서 설명할 샤프의 시장모형(market model)이다.

보론 5-1 기대값, 분산, 공분산의 특성

포트폴리오의 기대수익률과 위험을 계산할 때 아래에 제시된 기대값, 분산, 공분산의 통계적 특성을 이용하면 쉽게 계산할 수 있다. a, b, c가 상수이고 X, Y, Z가 확률변수라고 가정하면 기대값, 분산, 공분산은 다음과 같은 특성이 있다.

1. 기대값

① $E(a) = a$

상수 a의 기대값은 상수 a이다. 상수는 변하지 않는 하나의 숫자이기 때문이다.

② $E(aX) = aE(X)$

확률변수 X에 상수 a를 곱한 확률변수의 기대값은 확률변수 X의 기대값에 a를 곱한 것과 같다.

③ $E(X+b) = E(X)+b$

확률변수 X에 상수 b를 더한 확률변수의 기대값은 확률변수 X의 기대값에 b를 더한 것과 같다.

2. 분 산

① $\mathrm{Var}(X+a) = 0$

확률변수 X에 상수 a를 더한 확률변수의 분산은 본래의 확률변수의 분산과 같다. 확률변수에 상수를 더하는 것은 분포의 분산도에 영향을 미치지 못하기 때문이다.

② $\mathrm{Var}(aX) = a^2\mathrm{Var}(X)$

확률변수 X에 상수 a를 곱한 확률변수의 분산은 본래의 확률변수의 분산에 a^2를 곱한 것과 같다.

③ $\mathrm{Var}(aX+bY) = \mathrm{Var}(aX)+\mathrm{Var}(bY)+2\mathrm{Cov}(aX, bY)$

3. 공분산

① $\mathrm{Cov}(a, X) = 0$

② $\mathrm{Cov}(ax, Y) = a\mathrm{Cov}(X, Y)$

③ $\mathrm{Cov}(aX, bY) = ab\mathrm{Cov}(X, Y)$

④ $\mathrm{Cov}(aX,\ bY+cZ) = \mathrm{Cov}(aX, bY)+\mathrm{Cov}(aX, cZ) = ab\mathrm{Cov}(X, Y)+ac\mathrm{Cov}(X, Z)$

핵심요약

제1절 포트폴리오선택의 원리

1. 포트폴리오이론의 개요
   (1) 포트폴리오의 의의 : 투자자금을 여러 자산에 나누어 분산투자할 때 투자대상인 두 개 이상의 자산의 조합 또는 복수증권의 결합
   (2) 포트폴리오이론 : 위험자산만 존재하는 세계에서 포트폴리오를 구성하여 투자할 경우에 최적포트폴리오의 선택과정을 설명하는 이론
2. 포트폴리오분석의 목적
   기대수익률을 희생시키지 않으며 위험을 감소시킬 수 있는 분산투자효과가 있음

제2절 포트폴리오의 기대수익률과 위험

1. 두개의 주식으로 구성된 포트폴리오
   (1) 포트폴리오의 기대수익률 : $E(R_p)=w_1E(R_1)+w_2E(R_2)$
   (2) 포트폴리오의 위험 : $\sigma_p^2=w_1^2\sigma_1^2+w_2^2\sigma_2^2+2w_1w_2\sigma_{12}=w_1^2\sigma_1^2+w_2^2\sigma_2^2+2w_1w_2\rho_{12}\sigma_1\sigma_2$
2. n개의 주식으로 구성된 포트폴리오
   (1) 포트폴리오의 기대수익률 : $E(R_p)=w_1E(R_1)+\cdots+w_nE(R_n)=\sum_{i=1}^{n}w_iE(R_i)$
   (2) 포트폴리오의 위험 : $\sigma_p^2=\sum_{i=1}^{n}\sum_{j=1}^{n}w_iw_j\sigma_{ij}=\sum_{i=1}^{n}w_i^2\sigma_i^2+\sum_{i=1}^{n}\sum_{j=1}^{n}w_iw_j\sigma_{ij}(i\neq j)$

제3절 상관계수에 따른 포트폴리오효과

1. 포트폴리오의 기대수익률과 상관계수
   포트폴리오의 기대수익률은 개별주식의 기대수익률을 투자비율에 따라 가중평균하며 투자비율이 일정하넌 개별주식 수익률간의 상관계수에 관계없이 일정함
2. 포트폴리오의 위험과 상관계수
   포트폴리오의 위험은 개별주식의 투자비율과 개별주식 수익률간의 상관계수에 따라 영향을 받음
3. 상관계수에 따른 포트폴리오의 위험
   (1) $\rho_{12}=+1$인 경우에 포트폴리오 위험은 개별주식 수익률의 표준편차를 투자비율에 따라 단순히 가중평균한 값으로 포트폴리오효과가 발생하지 않음
   (2) $\rho_{12}=-1$인 경우에 포트폴리오의 위험은 개별주식 수익률의 표준편차에 투자비율을 곱한 것들의 차가 되어 포트폴리오효과가 크게 발생함
   (3) $\rho_{12}=0$인 경우에 포트폴리오의 위험은 위험을 전혀 줄일 수 없는 상관계수가 +1인 경우보다 포트폴리오 위험이 약간 감소함

4. 최소분산포트폴리오(MVP)

두 개의 개별주식으로 구성된 포트폴리오 중 위험이 최소가 되는 포트폴리오

제4절 포트폴리오의 위험분산효과

1. 상관계수와 위험분산효과
   (1) 상관계수가 +1인 경우에 포트폴리오의 표준편차는 개별주식의 표준편차를 투자비율로 가중평균한 값으로 위험분산효과가 없음
   (2) 상관계수가 +1이 아니면 포트폴리오의 표준편차가 개별주식의 표준편차를 가중평균한 값보다 작아 위험분산효과가 있음
2. 구성주식수와 위험분산효과

   포트폴리오를 구성하는 주식수를 증가시키면 포트폴리오의 위험은 공분산의 평균인 $\bar{\sigma}_{ij}$로 감소하며 비체계적 위험을 제거할 수 있음
3. 체계적 위험과 비체계적 위험
   (1) 체계적 위험 : 포트폴리오를 구성하는 주식수를 증가시켜 분산투자를 하더라도 제거할 수 없는 시장위험(market risk), 분산불능위험(non-diversifiable risk)
   (2) 비체계적 위험 : 주식시장 전반의 움직임에 관계없이 특정 개별주식에 한정된 개별기업 고유위험, 분산가능위험(diversifiable risk)

제5절 최적포트폴리오의 선택

1. 최적포트폴리오의 선택
   (1) 지배원리에 의한 효율적 투자기회선의 도출

   이성적인 투자자는 주어진 기대수익률에서 위험이 가장 작은 포트폴리오를 선택하거나 주어진 위험에서 기대수익률이 가장 높은 효율적 포트폴리오를 선택
   (2) 효용구조에 따른 최적포트폴리오의 선택
      ① 위험회피도가 상대적으로 큰 보수적 투자자는 위험이 작은 포트폴리오를 선택
      ② 위험회피도가 상대적으로 작은 공격적 투자자는 위험이 큰 포트폴리오를 선택
2. 포트폴리오이론의 한계점
   ① 마코위츠모형은 투자대상으로 위험자산만 고려하고 무위험자산은 고려하지 않음
   ② 포트폴리오 구성주식수가 많아지면 효율적 투자선의 도출에 많은 정보가 필요함

연습문제

01 **다음 중 위험과 수익률에 대한 설명으로 옳지 않은 것은?**

① 투자는 현재의 소비 일부를 억제하는 대가로 미래에 더 큰 소비를 향유하기 위한 활동을 말한다.
② 합리적인 투자자는 투자를 결정하기 위해 시간과 물가 그리고 위험에 대한 보상을 고려한다.
③ 60%와 40%의 확률로 미래수익률이 각각 20%와 10%로 예상되는 자산이 있다면 이 자산의 기대수익률은 16%로 측정된다.
④ 일반적으로 수익률의 분포가 좁으면 위험이 크다고 말하고, 수익률의 분포가 넓으면 위험이 작다고 말한다

해설 수익률의 분포가 좁으면 수익률의 편차가 작아 상대적으로 위험이 낮다.

02 **다음 중 마코위츠 포트폴리오이론의 가정에 해당하지 않는 것은?**

① 투자자들은 동질적 예측을 한다.
② 투자자의 효용함수를 2차함수로 가정한다.
③ 수익률의 확률분포를 정규분포로 가정한다.
④ 투자기간은 단일기간을 가정한다.
⑤ 완전자본시장을 가정한다.

해설 마코위츠의 포트폴리오이론에서는 완전자본시장을 가정하지 않는다. CAPM과 APM에서 완전자본시장을 가정한다.

03 **다음 중 마코위츠 포트폴리오이론의 가정에 해당하지 않는 것은?**

① 위험회피적인 합리적인 투자자를 가정한다.
② 투자자들은 자신들의 기대효용을 극대화하는 방향으로 투자자산을 선택한다.
③ 자산의 수익률에 동질적 예측을 하며 평균-분산기준에 따라 자산을 선택한다.
④ 투자기간은 단일기간을 가정한다.
⑤ 국공채와 같은 무위험자산이 존재한다.

해설 무위험자산의 가정은 CAPM의 가정에 해당한다.

04 다음 중 투자수익률을 계산하는 방법에 대한 설명으로 옳지 않은 것은?

① 공분산과 상관계수는 두 개별자산 수익률간의 상관관계를 나타내는데 공분산은 상대적 척도이고, 상관계수는 절대적 척도이다.
② 과거의 평균적인 수익률을 측정할 경우에는 기하평균이 적합하고, 미래의 예상수익률에 이용하려면 산술평균이 적합하다.
③ 투자자산이 하나가 아니라 여러 자산으로 구성된 경우에 포트폴리오의 전체수익률을 계산하기 위해서는 가중평균수익률을 사용한다.
④ 가중평균수익률은 개별자산의 수익률을 기초로 기초포트폴리오의 총시장가치에서 개별자산의 시장가치가 차지하는 비율로 가중하여 합산한 값이다.

해설 공분산과 상관계수는 두 개별자산 수익률간의 상관관계를 나타내는 척도이다. 공분산은 절대적 척도이고, 상관계수는 상대적 척도이다.

05 다음 중 공분산과 상관계수에 대한 설명으로 옳지 않은 것은?

① 공분산은 두 개별자산의 수익률이 움직이는 방향을 나타내는 통계치이다.
② 상관계수는 개별자산 수익률간의 선형관계의 정도만을 나타내는 통계치이다.
③ 상관관계의 정도는 상관계수가 0일 때 가장 낮고 ±1에 접근할수록 커진다.
④ 공분산과 상관계수의 부호는 항상 일치한다.
⑤ 두 개별자산 수익률간의 상관관계를 나타내는 공분산은 상대적 척도이고, 상관계수는 절대적 척도이다.

해설 공분산과 상관계수는 두 개별자산 수익률간의 상관관계를 나타내는 척도이다. 공분산은 절대적 척도이고, 상관계수는 상대적 척도이다.

06 다음 중 포트폴리오에 대한 설명으로 옳지 않은 것은?

① 각 기대수익률에서 위험이 가장 작은 포트폴리오의 집합을 최소분산포트폴리오라고 한다.
② 효율적 포트폴리오의 집합을 효율적 투자선이라고 한다.
③ 효율적 투자선은 지배원리 및 분리정리에 의해 도출된다.
④ 무위험자산이 존재하지 않는 경우 최적포트폴리오의 선택은 투자자의 효용함수에 따라 달라진다.
⑤ 동일한 위험에서 기대수익률이 가장 크고, 동일한 수익률에서 위험이 가장 작은 포트폴리오를 연결한 것이 효율적 투자선이다.

해설 효율적 포트폴리오는 지배원리에 의해 도출된다.

07 다음 중 두 개의 자산으로 구성된 포트폴리오의 기대수익률과 위험을 상관계수에 따라 그래프로 표시한 것으로 잘못 표시된 것은?

①
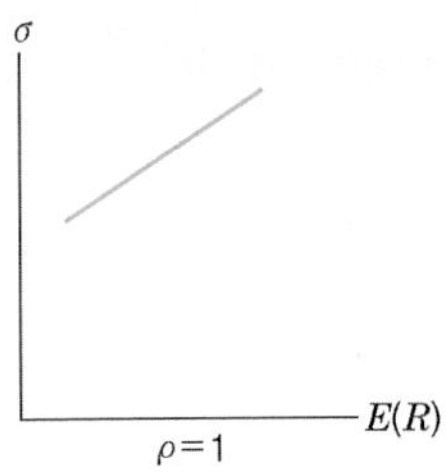

②
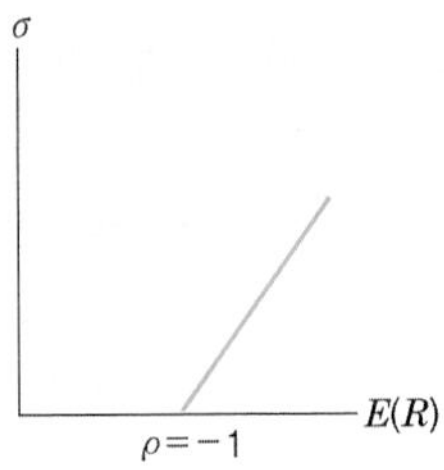

③
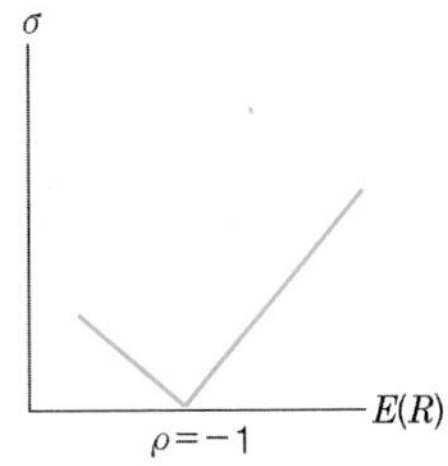

④
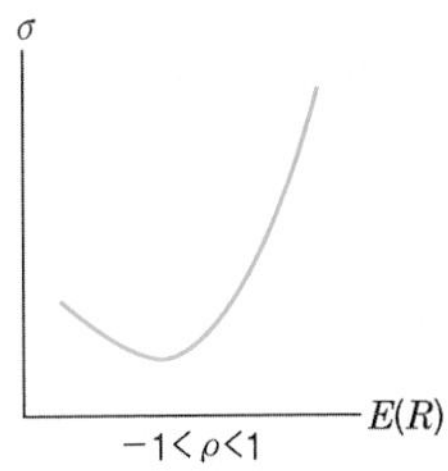

⑤
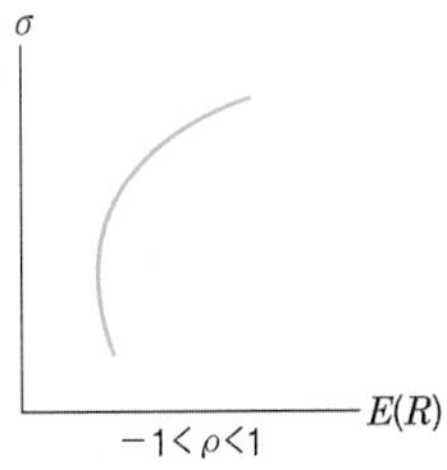

해 설 재무관리 교과서에 제시된 그림과 달리 X축과 Y축이 바뀌었다. 원칙적으로 축을 회전하여 분석해야 하지만 ⑤는 $0<\rho<1$의 범위에서 기존의 그림과 동일하므로 틀린 답이라는 것을 쉽게 알 수 있다.

08 다음 중 포트폴리오의 분산투자효과에 대한 설명으로 타당한 것은?

① 완전한 분산투자는 모든 위험을 제거한다.
② 정(+)의 상관계수를 갖는 주식들 사이에는 분산투자효과가 없다.
③ 포트폴리오에 포함된 주식의 종류가 많을수록 총위험은 줄어든다.
④ 15~20 종목의 주식을 구입하기 전에는 분산투자효과가 없다.
⑤ 분산투자로 포트폴리오의 기대수익률은 줄어든다.

해 설
① 완전한 분산투자는 기업과 관련된 비체계적 위험은 제거할 수 있으나 시장과 관련된 체계적 위험은 제거할 수 없다.
② 양(+)의 상관계수를 갖는 주식들 사이에서도 상관계수가 +1이 아닌 이상 분산투자효과는 발생한다.
③ 포트폴리오에 포함된 주식의 종류가 많을수록 비체계적 위험이 많이 감소하여 총위험은 줄어든다.
④ 두 개의 자산으로 포트폴리오를 구성하더라도 상관계수가 1이 아니라면 분산투자효과는 발생한다.
⑤ 분산투자를 하면 포트폴리오의 위험은 감소하지만 포트폴리오의 기대수익률에는 영향을 미치지 않는다.

연습문제

09 **다음 중 포트폴리오를 구성하는 종목수가 증가할수록 분산투자효과가 발생하는 이유에 대한 설명으로 옳은 것은?**

① 포트폴리오를 구성하는 종목수가 증가할수록 체계적 위험이 감소하기 때문이다.
② 포트폴리오를 구성하는 주식들에게 공통적으로 영향을 미치는 요인이 줄어들기 때문이다.
③ 포트폴리오를 구성하는 주식들의 수익률분포가 서로 다르기 때문이다.
④ 위험과 기대수익률은 선형관계에 있어 위험이 감소할수록 기대수익률이 낮아지는데 종목수를 늘리면 포트폴리오 수익률이 낮아지기 때문이다.
⑤ 개별주식에 투자할 때는 부담하지 않았던 위험요소가 포트폴리오를 구성하면서 발생하기 때문이다.

해설
① 포트폴리오를 구성하는 종목수가 증가할수록 비체계적 위험이 감소한다.
③ 포트폴리오를 구성하는 주식들의 수익률분포가 서로 다르면 개별주식간의 상관계수가 낮아 분산투자효과가 발생한다.

10 **다음 중 위험에 대한 설명으로 가장 적절하지 않은 것은?**

① 포트폴리오를 구성하는 자산의 종목수를 증가시키면 비체계적 위험을 줄일 수 있다.
② 체계적 위험은 모든 주식에 공통적으로 영향을 미치기 때문에 분산투자를 하더라도 제거할 수 없다.
③ 포트폴리오의 위험을 구할 때 개별자산들의 투자비중, 기대수익률, 표준편차, 공분산 또는 상관계수를 고려해야 한다.
④ 거시경제변수의 변동성에 관한 위험은 체계적 위험에 해당한다.

해설
포트폴리오의 위험을 계산하려면 개별주식의 투자비중, 표준편차, 공분산 또는 상관계수를 고려해야 한다.

11 **다음 중 두 개의 주식으로 구성된 포트폴리오의 분산투자효과에 대한 설명으로 옳지 않은 것은?**

① 상관계수가 1이면 포트폴리오의 분산투자효과가 존재하지 않는다.
② 포트폴리오 위험은 개별증권의 위험, 상관계수, 투자비율에 의해 결정된다.
③ 포트폴리오 기대수익률은 투자비율만 일정하면 상관계수에 관계없이 일정하다.
④ 상관계수가 작은 주식으로 포트폴리오를 구성하면 포트폴리오 위험을 줄일 수 있다.
⑤ 상관계수가 1이 아니면 최소분산포트폴리오는 주어진 상관계수마다 존재한다.

해설
상관계수가 1인 경우에도 최소분산포트폴리오는 존재한다.

12 다음 중 포트폴리오분석에 대한 설명으로 옳지 않은 것은?

① 위험이 적은 증권으로 구성된 포트폴리오 위험은 위험이 큰 증권으로 구성된 포트폴리오 위험보다 적다.
② 두 개별증권의 수익률간에 2차 함수관계가 존재하면 상관계수는 0이 된다.
③ 현실적으로 상관계수가 +1이거나 −1인 자산은 존재하지 않는다.
④ 상관계수가 작을수록 포트폴리오 수익률의 표준편차는 개별증권 수익률의 표준편차를 가중평균한 것보다 점점 작아진다.
⑤ 공매도가 가능하면 상관계수가 +1인 경우에도 무위험포트폴리오를 구성할 수 있다.

해설 포트폴리오 위험은 개별증권간의 상관관계에 의존하여 위험이 큰 증권으로 구성된 포트폴리오라도 상관계수가 부(−)인 증권으로 구성하면 개별증권의 위험은 작지만, 상관계수가 정(+)인 증권으로 구성된 포트폴리오위험보다 얼마든지 작아질 수 있다.

13 다음 중 마코위츠의 포트폴리오이론에 대한 설명으로 옳지 않은 것은?

① 효율적 포트폴리오는 투자기회집합 중 분리정리에 따라 채택된 포트폴리오를 말한다.
② 마코위츠의 효율적 포트폴리오집합은 위험자산을 투자대상으로 할 때 의미가 있다.
③ 최적포트폴리오는 투자자의 위험회피성향에 따라 달라진다.
④ 포트폴리오효과는 기대수익률을 희생시키지 않으면서 위험을 감소시키는 효과를 말한다.
⑤ 투자자의 무차별곡선과 효율적 투자선이 만나는 접점에서 기대효용이 가장 크다.

해설 효율적 포트폴리오는 지배원리에 의해 채택된 포트폴리오를 말한다.

14 다음 중 포트폴리오에 대한 설명으로 옳지 않은 것은?

① 동일가중 포트폴리오에서 포트폴리오 위험은 개별주식간의 공분산의 평균치로 수렴한다.
② 투자자에게 주어지는 효율적 투자선은 누구에게나 동일하다.
③ 아무리 많은 주식에 투자하더라도 공분산의 평균 이하로 투자위험을 줄일 수 없다.
④ 포트폴리오 구성종목수가 증가할수록 개별주식의 분산보다 공분산이 포트폴리오 위험에 미치는 영향이 커진다.
⑤ 위험자산만 존재하는 경우에 효율적 포트폴리오는 최소분산포트폴리오 집합과 일치한다.

해설 투자대상으로 위험자산만 고려하는 마코위츠모형에서 효율적 투자선과 최소분산선은 일치하지 않는다.

연습문제

15 **다음 중 포트폴리오이론에 대한 내용으로 가장 옳지 않은 것은?**

① 두 자산으로 구성된 포트폴리오에서 두 자산이 정(+)의 상관관계에 있으면 포트폴리오효과는 전혀 발생하지 않는다.
② 이론상 개별자산의 비체계적 위험은 분산투자를 통해 완벽하게 제거할 수 있다.
③ 개별자산이 포트폴리오위험에 공헌하는 정도는 개별자산에 대한 투자비율과 포트폴리오와의 공분산에 의해 결정된다.
④ 최적포트폴리오를 선택하기 위해 지배원리에 의한 효율적 포트폴리오 중에서 효용을 극대화시키는 포트폴리오를 선택한다.
⑤ 포트폴리오를 구성하는 주식의 종목수를 증가시킬수록 포트폴리오위험은 체감적으로 감소한다.

해설 완전 정(+)의 상관관계에 있는 상관계수가 1인 경우에 포트폴리오효과가 전혀 발생하지 않는다.

16 **다음 보기에서 효율적 포트폴리오에 해당하는 것으로만 짝지워진 것은?**

a. 주식 1에 90%, 주식 2에 10% 투자　　b. 주식 1에 50%, 주식 2에 50% 투자
c. 주식 1에 40%, 주식 2에 60% 투자　　d. 주식 1에 10%, 주식 2에 90% 투자

① a, b, c, d　　② a, b, c
③ b, c, d　　④ a, c
⑤ c, d

해설 최소분산포트폴리오 위에 있는 포트폴리오 c와 d만 효율적 포트폴리오에 해당한다.

17 **주식포트폴리오를 운영하는 홍길동은 최근 주식시장의 움직임과 전혀 관련이 없는 자산을 포트폴리오에 편입하기를 원하고 있다. 아래의 자료를 바탕으로 홍길동에게 추천하기에 가장 적절한 자산은?**

구분	기대수익률	표준편차	상관계수	베타
① A주식	8%	4%	+1.20	1.6
② B주식	12%	3%	−0.87	1.0
③ C주식	6%	9%	+0.01	0.7
④ D주식	10%	12%	−0.15	0.4

해설 주식시장의 움직임과 무관한 자산은 상관계수가 0에 가까운 자산이다.

18 아래의 여러 펀드 중 가장 합리적인 펀드에 해당하는 것은?

구 분	기대수익률	표준편차
① A펀드	9%	4%
② B펀드	10%	6%
③ C펀드	15%	9%
④ D펀드	19%	13%

해 설 기대수익률과 위험이 다를 경우에는 상대위험계수값이 낮은 것을 선택한다.

구 분	기대수익률	표준편차	상대위험계수
① A펀드	9%	4%	4/9 = 0.44
② B펀드	10%	6%	6/10 = 0.60
③ C펀드	15%	9%	9/15 = 0.60
④ D펀드	19%	13%	13/19 = 0.88

19 두 개의 자산으로 포트폴리오를 구성하고자 한다. 각 자산의 수익률의 표준편차와 구성비율은 다음과 같다. 단 $\sigma_1 < \sigma_2$, $w_1 + w_2 = 1$, $w_1 \geq 0$, $w_2 \geq 0$이다. 아래에서 옳은 기술만을 모두 모은 것은?

자 산	표준편차	구성비율
Ⅰ	σ 1	w1
Ⅱ	σ 2	w2

a. 상관계수가 −1일 경우 무위험포트폴리오를 만들기 위한 구성비율은

$$w_1 = \frac{\sigma_1}{\sigma_1 + \sigma_2},\quad w_2 = \frac{\sigma_2}{\sigma_1 + \sigma_2}$$ 이다.

b. 만약 $a_1 = 0$이고 $w_1 = w_2 = 0.5$이면 포트폴리오의 표준편차는 $0.5 \times \sigma_2$이다.

c. 상관계수가 양수이면 포트폴리오의 표준편차는 항상 σ_1 보다 크거나 같다.

① a　② b

③ a, b　④ b, c

⑤ a, b, c

해 설 a. 상관계수가 −1일 경우 최소분산포트폴리오는 분산이 0인 무위험포트폴리오를 말하며 MVP를 구성하기 위한 투자비율은 다음과 같다.

$$w_1 = \frac{\sigma_2^2 - \sigma_{12}}{\sigma_1^2 + \sigma_2^2 - 2\sigma_{12}} = \frac{\sigma_2^2 + \sigma_1\sigma_2}{\sigma_1^2 + \sigma_2^2 + 2\sigma_1\sigma_2} = \frac{\sigma_2(\sigma_2 + \sigma_1)}{(\sigma_1 + \sigma_2)^2} = \frac{\sigma_2}{\sigma_1 + \sigma_2}(\because \rho = -1)$$

$$w_2 = 1 - w_1 = 1 - \frac{\sigma_2}{\sigma_1 + \sigma_2} = \frac{\sigma_1}{\sigma_1 + \sigma_2}$$

b. $\sigma_P^2 = w_1^2\sigma_1^2 + w_2^2\sigma_2^2 + 2w_1w_2\sigma_1\sigma_2\rho_{12} = 0.5^2 \times 0^2 + 0.5^2 \times \sigma_2^2 + 2(0.5)(0.5)(0)(\sigma_2)(\rho_{12}) = 0.5^2 \times \sigma_2^2$

c. 상관계수 = +1이 아니면 분산투자로 인해 포트폴리오의 위험(σ_p)〈개별주식의 위험(σ_1)이 가능하다.

20 **다음은 두 주식 A, B에 대한 기대수익률, 표준편차, 수익률의 공분산이다. 총 1억원의 투자자금으로 위의 주식들을 활용하여 세 개의 포트폴리오를 구축하였다면 위험회피형 투자자의 투자행태에 대한 설명으로 가장 적절한 것은?**

$$E(R_A) = 8\%,\ E(R_B) = 10\%,\ \sigma(R_A) = 10\%,\ \sigma(R_B) = 15\%,\ \text{Cov}(R_A, R_B) = -0.006$$

포트폴리오	주식 A	주식 B
1	1억원	−
2	0.5억원	0.5억원
3	−	1억원

① 포트폴리오 1은 적절한 투자안이 될 수 있다.
② 포트폴리오 2는 적절한 투자안이 될 수 있다.
③ 지배원리에 의하면 포트폴리오 3은 포트폴리오 2보다 효율적인 투자안이므로 2를 지배한다.
④ 위험회피도가 낮은 투자자는 포트폴리오 3에 비해 포트폴리오 2를 선택할 가능성이 높다.
⑤ 위험회피도가 높은 투자자는 포트폴리오 2에 비해 포트폴리오 3을 선택할 가능성이 높다.

해 설

포트폴리오	1	2	3
기대수익률	8%	9%	10%
표준편차	10%	7%	15%

① 포트폴리오 1은 포트폴리오 2에 의해 지배되어 포트폴리오 1은 적절한 투자안이 될 수 없다.
② 포트폴리오 2는 포트폴리오 1을 지배하며 포트폴리오 3과는 지배관계가 존재하지 않으므로 적절한 투자안이 될 수 있다.
③ 포트폴리오 2와 포트폴리오 3간에는 지배관계가 존재하지 않는다.
④ 포트폴리오 2와 포트폴리오 3간에는 지배관계가 존재하지 않으므로 위험회피도가 낮은 투자자는 포트폴리오 1에 비해 기대수익률이 높은 포트폴리오 3을 선택할 가능성이 높다.
⑤ 위험회피도가 높은 투자자는 포트폴리오 3에 비해 위험이 낮은 포트폴리오 2를 선택할 가능성이 높다.

정답

01.④ 02.⑤ 03.⑤ 04.① 05.⑤ 06.③ 07.⑤ 08.③ 09.③ 10.③
11.⑤ 12.① 13.① 14.⑤ 15.① 16.④ 17.③ 18.① 19.② 20.②

06

자본자산가격결정모형

자본자산가격결정모형은 모든 자산에 대한 수요와 공급이 일치하는 균형상태에서 자산가격이 결정되는 과정을 설명하는 이론이다. 모든 자산의 기대수익률이 체계적 위험과 선형관계를 나타내는 증권시장선은 주식의 가치평가, 자본비용의 산정, 투자성과의 평정 등 재무관리 전반에 걸쳐서 활용되는 중요한 개념이다.

제 1 절 기본개념

1 자본시장 균형이론

자본시장 균형이론은 자본시장에서 거래되는 모든 자산에 대한 수요와 공급이 일치하는 균형상태에서 자산의 가격이 어떻게 결정되어야 하는가를 설명한다. 즉, 시장균형상태에서 위험자산의 기대수익률과 위험간의 선형관계를 설명하는 이론으로 자본자산가격결정모형(CAPM)과 차익거래가격결정모형(APM)이 있다.

2 CAPM의 의의 및 가정

(1) CAPM의 의의

자본자산가격결정모형(CAPM : capital asset pricing model)은 위험회피형투자자들이 마코위츠의 포트폴리오이론을 근거로 하여 평균–분산기준에 의해 기대효용을 극대화할 수 있도록 최적포트폴리오를 선택하는 경우에 자본시장균형상태에서 위험자산의 기대수익률과 위험간의 선형관계를 설명하는 이론을 말한다.

(2) CAPM의 가정

자본자산가격결정모형(CAPM)의 가정을 살펴보면 자본자산가격결정모형의 개념을 이해할 수 있다. CAPM에서는 현실을 단순화하기 위해 제5장에서 공부한 마코위츠의 논리에 따라 투자한다는 것을 전제로 하여 포트폴리오이론에서 제시된 3가지 가정을 포함하여 다음과 같은 가정을 하고 있다.

① 모든 투자자들은 위험회피형이며 기대효용을 극대화할 수 있도록 투자한다.
② 모든 투자자들은 평균-분산기준에 따라 투자하며 투자기간은 단일기간이다.
③ 모든 투자자들은 자산의 미래수익률에 대한 확률분포에 동질적으로 기대한다.
④ 모든 투자자들은 무위험이자율로 자금을 얼마든지 차입 또는 대출할 수 있다.
⑤ 자본시장은 세금과 거래비용 같은 마찰적 요인이 없는 완전자본시장이다.

제 2 절 자본시장선(CML)

1 무위험자산의 존재

(1) 자본시장선의 의의

무위험자산은 미래의 어떤 상황에서나 동일한 수익률을 가져다주기 때문에 수익률의 변동성이 전혀 없는 자산을 말한다. 현실에서는 미래의 상황에 관계없이 확정수익률을 보장해주는 국채, 공채, 정기예금 등을 무위험자산이라고 할 수 있다. 무위험자산은 수익률의 변동성(표준편차)이 0인 자산이다.

무위험자산이 존재하면 투자자들은 위험자산과 무위험자산을 결합하여 포트폴리오를 구성할 수 있다. 무위험자산 R_f에 w%를 투자하고 마코위츠의 효율적 투자선상의 하나인 포트폴리오 A에 (1-w)%를 투자하여 포트폴리오를 구성할 경우에 포트폴리오의 기대수익률과 표준편차는 각각 다음과 같다.

$$E(R_p) = wR_f + (1-w)E(R_A) \tag{6-1}$$

$$\sigma_p = \sqrt{w^2\sigma_f^2 + (1-w)^2\sigma_A^2 + 2w(1-w)\sigma_{Af}} \tag{6-2}$$

식(6-2)에서 무위험자산의 수익률은 어떤 상황에서나 확률변수가 아닌 일정한 상수값을 갖기 때문에 무위험자산의 수익률의 분산($\sigma_f{}^2$)은 0이고 무위험자산의 수익률과 포트폴리오 A의 수익률간의 공분산(σ_{Af})도 0이므로 다음과 같이 나타낼 수 있다.

$$\sigma_p = \sqrt{(1-w)^2\sigma_A^2} = (1-w)\sigma_A \rightarrow (1-w) = \frac{\sigma_p}{\sigma_A} \tag{6-3}$$

식(6-3)을 식(6-1)에 대입하여 정리하면 포트폴리오의 기대수익률과 표준편차간에는 다음과 같은 선형관계가 성립하며, 이를 도시하면 직선 R_fAX로 표시된다.

$$E(R_p) = R_f + \left[\frac{E(R_A) - R_f}{\sigma_A}\right]\sigma_p \tag{6-4}$$

식(6.4)는 무위험자산과 위험자산 A로 구성한 포트폴리오의 기대수익률과 표준편차간에는 직선의 관계가 성립함을 의미한다. [그림 6-1]에서 무위험자산과 마코위츠 효율적 투자선상의 포트폴리오 A를 결합한 포트폴리오는 위험자산에 대한 투자비율의 변화에 따라 직선 R_fAX선상에 놓이게 된다.

(2) 자본시장선의 도출

같은 논리로 무위험자산과 위험자산 B로 구성한 포트폴리오들은 직선 R_fBY선상에 놓이며, 이는 직선 R_fAX선상의 포트폴리오들을 지배한다. 이와 같이 지배원리를 적용하면 무위험자산과 마코위츠의 효율적 투자선이 접하는 직선상의 포트폴리오들만이 효율적 포트폴리오가 되는데, 이를 자본시장선이라고 한다.

자본시장선(CML : capital market line)은 무위험자산이 존재하는 경우에 무위험자산과 위험자산으로 포트폴리오를 구성하여 투자할 때 새로운 효율적 포트폴리오의 기대수익률은 총위험인 표준편차와 선형관계에 있음을 나타내는데, 이를 수식으로 표시하면 다음과 같이 제시할 수 있다.

$$E(R_p) = R_f + \left[\frac{E(R_M) - R_f}{\sigma_M}\right]\sigma_p \tag{6-5}$$

식(6.5)에서 절편(R_f)은 효율적 포트폴리오의 시간가치(time value)를 나타낸다. 자본시장선의 기울기 $[E(R_M) - R_f/\sigma_M]$는 총위험 1단위에 대한 자본시장에서의 위험의 대가를 나타내는 것으로 자본시장에서 포트폴리오 위험에 대한 시장가격 또는 위험의 균형가격이라고 한다. 그리고 σ_P는 총위험의 크기를 의미한다.

따라서 자본시장선의 기대수익률은 무위험수익률과 위험프리미엄의 합으로 구성되며, 이때 위험프리미엄은 총위험 1단위에 대한 위험대가에 위험의 크기를 곱한 값이다. 여기서 총위험 1단위에 대한 위험대가는 시장에서 결정되는 상수로 효율적 포트폴리오의 기대수익률은 총위험인 표준편차와 직선관계를 갖는다.

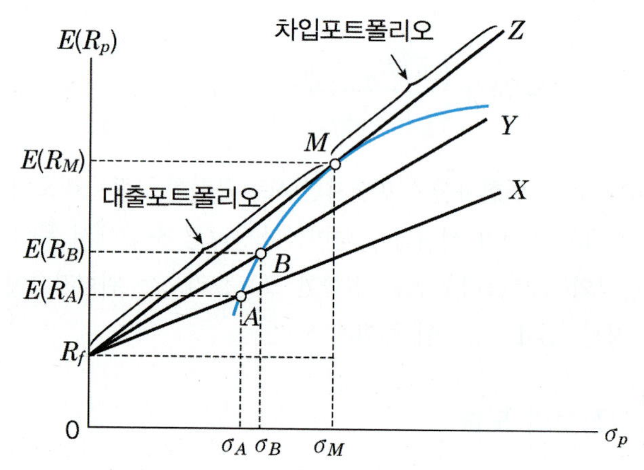

【 그림 6-1 자본시장선의 도출 】

[그림 6-1]에서 R_fM 선상의 포트폴리오들은 자금의 일부는 무위험자산에 투자하고 나머지는 시장포트폴리오에 투자하여 대출포트폴리오(lending portfolio), 직선 MZ선상의 포트폴리오들은 무위험이자율로 자금을 차입하여 자신의 투자금액과 합한 금액을 시장포트폴리오에만 투자하여 차입포트폴리오(borrowing portfolio)라고 한다.

(4) 시장포트폴리오

1) 시장포트폴리오의 의의

무위험자산이 존재하면 투자자들은 위험자산으로 시장포트폴리오만을 최적포트폴리오로 선택한다. 이는 시장포트폴리오가 평균–분산기준에 의해 지배원리를 충족시키는 우월한 포트폴리오이기 때문이다. 시장포트폴리오(M : market portfolio)는 자본시장선과 마코위츠의 효율적 투자선상의 접점에 해당하는 포트폴리오를 말한다.

2) 시장포트폴리오의 구성

시장포트폴리오는 무위험자산이 존재할 경우 위험자산 중의 최적포트폴리오인데 그 이유는 마코위츠의 효율적 투자선상에 존재하는 어떤 포트폴리오보다 총위험 1단위당 프리미엄이 크기 때문이다. 시장포트폴리오는 자본시장에 존재하는 모든 위험자산을 포함하고 있고 위험자산으로는 시장포트폴리오에만 투자한다.

이것은 시장포트폴리오가 완전분산투자된 포트폴리오임을 의미한다. 모든 투자자가 위험자산으로 시장포트폴리오를 선택하면 모든 위험자산에 대한 수요와 공급이 일치하는 균형상태에서 개별자산 i가 시장포트폴리오에서 차지하는 구성비율(w_i)은 위험자산의 총시장가치에서 그 자산의 시장가치가 차지하는 비율이 된다.

$$w_i = \frac{\text{개별자산}\,i\text{의 시장가치}}{\text{위험자산의 총시장가치}} = \frac{P_iO_i}{\sum_{i=1}^{n} P_iQ_i} \tag{6.6}$$

예제>>> 6-1 시장포트폴리오

다음과 같은 세 개의 개별주식과 무위험자산만 존재하는 자본시장의 균형상태에서 아래의 물음에 답하시오.

주식	주식가격	발행주식수
A	10,000원	6,000주
B	12,000원	10,000주
C	8,000원	2,500주

1. 시장포트폴리오에 포함되는 위험자산의 구성비율을 계산하시오.
2. 동질적 기대를 가정할 경우 투자자들의 위험자산에 대한 투자금액을 구하시오.

투자자	총투자금액	무위험자산 투자액
갑	1,000만원	500만원
을	400만원	80만원
병	100만원	−30만원

해설

1. 시장포트폴리오는 자본시장에서 거래되고 있는 모든 위험자산을 포함하고 있는 포트폴리오이므로 위험자산들의 구성비율은 다음과 같다.

주식	주가	발행주식수	시장가치	구성비율
A	10,000원	6,000주	6,000만원	30%
B	12,000원	10,000주	12,000만원	60%
C	8,000원	2,500주	2,000만원	10%
합계			20,000만원	100%

2. 모든 투자자들은 무위험자산과 개별주식으로 포트폴리오를 구성할 수 있으므로 시장포트폴리오에 대한 투자금액은 무위험자산에 대한 투자금액을 제외한 나머지 금액이 된다.

투자자	총투자금액	무위험자산투자	시장포트폴리오투자
갑	1,000만원	500만원	500만원
을	400만원	80만원	320만원
병	100만원	-30만원	130만원

모든 투자자들은 위험자산에 대해서는 시장포트폴리오에만 투자하게 된다. 이때 위험자산에 대한 투자비율은 시장포트폴리오의 구성비율과 동일해야 하므로 투자자들의 개별주식에 대한 투자금액은 다음과 같다.

주식	구성비율	투자자 갑	투자자 을	투자자 병
A	0.3	150만원	96만원	39만원
B	0.6	300만원	192만원	78만원
C	0.1	50만원	32만원	13만원
합계	1.0	500만원	320만원	130만원

3) 시장포트폴리오의 대용치

위험자산으로 주식만 고려하면 시장포트폴리오는 모든 주식을 시장가치비율대로 포함하고 있는 포트폴리오라고 할 수 있는데, 시가총액식으로 산출한 주가지수가 이와 동일한 의미를 갖는다. 따라서 시가총액식으로 산출한 주가지수의 변동률을 시장포트폴리오 수익률의 대용치(proxy)로 사용할 수 있다.

(5) 자본시장선의 의미

무위험자산이 존재하면 효율적 포트폴리오의 기대수익률은 총위험인 표준편차와 선형관계에 있고 무위험이자율과 위험프리미엄의 합으로 구성된다. 자본시장선상의 포트폴리오들은 무위험자산과 시장포트폴리오로만 구성된 포트폴리오이므로 완전분산투자가 이루어진 체계적 위험으로 구성된 효율적 포트폴리오이다.

따라서 자본시장선은 [그림 6-2]의 A와 같이 자본시장선상에 존재하는 효율적 포트폴리오만을 평가대상으로 한다는 점에 유의해야 한다. 그러나 자산 B와 같이 자본시장선의 아래쪽에 위치하는 비효율적 포트폴리오나 개별자산의 경우에는 자본시장선을 이용하여 위험과 기대수익률간의 관계를 설명할 수 없다.

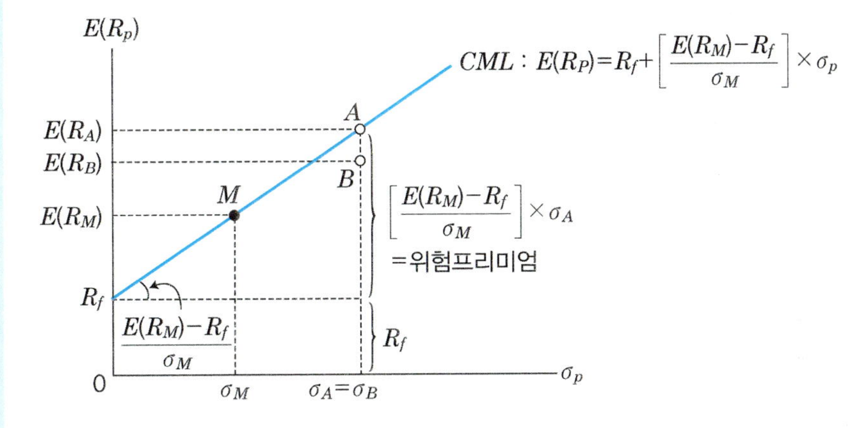

[그림 6-2 자본시장선의 의미]

2 최적포트폴리오의 선택

(1) 최적포트폴리오의 선택

위험회피형 투자자들은 지배원리를 충족시키는 효율적 포트폴리오인 자본시장선상에 놓여 있는 수많은 포트폴리오 중에서 자신의 기대효용을 극대화할 수 있는 포트폴리오를 최적포트폴리오로 선택하게 되는데, 이는 투자자 자신의 상대적인 위험회피도를 나타내는 주관적인 무차별곡선에 의해서 결정된다.

[그림 6-3]에서 투자자들의 기대효용을 극대화할 수 있는 최적포트폴리오는 무차별곡선의 기울기인 한계대체율과 자본시장선의 기울기인 위험의 시장가격이 일치하는 점이다. 따라서 위험회피성향이 높은 보수적인 투자자는 A포트폴리오를, 위험회피성향이 낮은 공격적인 투자자는 B포트폴리오를 선택한다.

(2) 토빈의 분리정리

토빈의 분리정리(separation theorm)는 무위험자산이 존재하면 투자자들의 최적포트폴리오 선택과정은 다음과 같은 두 단계를 거쳐 독립적으로 이루어진다는 것을 의미한다. 또한 경영자가 주주들의 무차별곡선에 관계없이 시장에서 결정되는 위험의 시장가격만을 이용하여 투자결정을 할 수 있다는 것을 시사한다.

첫째, 1단계 : 자산투자결정 → 시장포트폴리오의 구성
모든 투자자들은 위험회피도를 나타내는 무차별곡선에 관계없이 위험자산 중에서는 시장포트폴리오 M만을 선택하여 투자한다.

둘째, 2단계 : 자본조달결정 → 최적포트폴리오의 선택
투자자들은 위험회피도에 따라서 시장포트폴리오와 무위험자산에 대한 투자비율을 조절함으로써 최적포트폴리오를 선택한다.

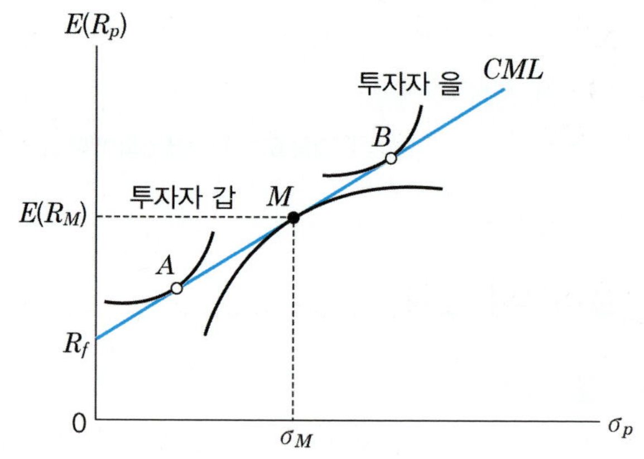

【 그림 6-3 최적포트폴리오의 선택 】

제 3 절 시장모형

1 시장모형과 증권특성선

(1) 시장모형의 의의

샤프의 시장모형(market model)은 마코위츠의 완전공분산모형을 이용할 경우에 포트폴리오의 분산을 계산하려면 개별주식 수익률간의 공분산을 모두 구해야 하기 때문에 포트폴리오를 구성하는 주식수가 많아지면 포트폴리오의 위험을 계산하는데 필요한 정보량이 너무 많아지는 문제점을 해결하기 위해 도입되었다.

시장모형(market model)은 시장포트폴리오의 수익률이 모든 주식의 수익률을 설명하는 하나의 공통요인이라는 가정하에 개별주식의 수익률을 시장수익률과의 선형관계로 나타낸 모형을 말한다. 따라서 시장모형은 시장포트폴리오의 수익률을 독립변수로 하고 개별주식의 수익률을 종속변수로 하는 단순회귀식과 동일하다.

$$R_i = \alpha_i + \beta_i R_m + \varepsilon_i \tag{6.7}$$

식(6.7)에서 $\alpha_i + \beta_i R_m$는 개별주식 i의 수익률변동 중에서 시장포트폴리오 수익률(공통요인)의 영향을 받아서 결정되는 부분을 나타낸다. 그리고 ε_i는 시장포트폴리오 수익률과는 무관하게 개별주식 i의 고유요인에 의해 결정되는 부분을 나타내는데, 이를 잔차(random error)라고 한다.

(2) 시장모형의 가정

시장모형에서는 다음의 가정을 기초로 한다. 이러한 가정들은 시장모형을 이용해서 기대수익률과 위험을 측정할 때 중요한 역할을 하게 된다.

첫째, $E(\varepsilon_i) = 0$

개별기업의 고유요인에 의해 발생하는 수익률변동은 정(+) 또는 부(−)의 값을 갖지만 평균적으로 잔차항에 대한 기대치는 0이다.

둘째, $\mathrm{Cov}(\varepsilon_i,\ R_m) = 0$

개별기업의 고유요인에 의해 발생하는 수익률변동과 시장전체의 공통요인에 의해 발생하는 수익률변동은 무관하다.

셋째, $\mathrm{Cov}(\varepsilon_i,\ \varepsilon_j)=0$

특정 개별기업의 고유요인에 의해 발생하는 수익률변동과 다른 개별기업의 고요인에 의해 발생하는 수익률변동은 무관하다.

(3) 증권특성선

증권특성선(SCL : security charteristic line)은 시장모형에서 α_i와 β_i를 추정해서 얻어지는 개별주식 수익률과 시장수익률간의 회귀식을 말한다. 증권특성선의 절편(α_i)는 시장포트폴리오 수익률이 0일 때 주식 i의 기대수익률을 의미하고, 기울기(β_i)는 시장포트폴리오 수익률의 변동에 대한 i주식 수익률의 민감도를 나타낸다.

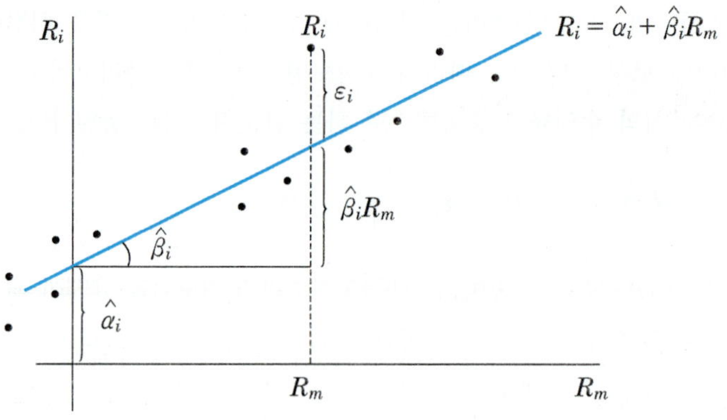

【 그림 6-4 시장모형 】

$$\beta_i = \frac{\text{주식 } i\text{의 수익률과 시장수익률간의 공분산}}{\text{시장수익률의 분산}} = \frac{\sigma_{im}}{\sigma_m{}^2} \tag{6.8}$$

따라서 베타가 1보다 큰 개별주식의 수익률변동은 시장포트폴리오의 수익률변동보다 크게 나타나므로 이러한 자산을 공격적 자산(aggressive asset)이라고 한다. 베타가 1보다 작은 개별주식의 수익률변동은 시장포트폴리오의 수익률변동보다 작게 나타나므로 이러한 자산을 방어적 자산(defensive asset)이라고 한다.

(4) 사전적 베타와 사후적 베타

1) 사전적 베타

자본자산가격결정모형(CAPM)은 개별자산의 미래의 기대수익률을 예측하고자 하는 사전적 모형(ex-ante model)이기 때문에 베타도 이에 상응하여 미래수익률의 확률분포를 이용해서 추정해야 한다. 이와 같이 미래수익률의 확률분포를 이용해서 추정한 베타를 사전적 베타(ex-ante β)라고 한다.

2) 사후적 베타

미래수익률의 확률분포로부터 사전적 베타를 추정해야 하지만 현실적으로 거의 불가능하다. 따라서 과거의 역사적 자료가 미래의 발생가능한 상황을 잘 설명할 수 있다는 가정하에 과거의 자료를 이용하여 베타를 추정한다. 이와 같이 과거의 자료를 이용하여 추정한 베타를 사후적 베타(ex-post β)라고 한다.

2 시장모형에 의한 기대수익률과 위험

(1) 기대수익률과 위험의 계산

시장모형에 의하면 개별주식의 기대수익률은 시장포트폴리오의 기대수익률과 시장포트폴리오의 수익률에 대한 개별주식의 민감도(β)에 의해 결정된다는 것을 알 수 있다. 따라서 시장모형을 이용해서 개별주식의 기대수익률과 분산 그리고 개별주식 수익률간의 공분산은 다음과 같이 구할 수 있다.

첫째, 개별주식의 기대수익률과 위험

$$E(R_i) = E(\alpha_i + \beta_i R_m + \varepsilon_i) = \alpha_i + \beta_i E(R_m) \tag{6. 9}$$

$$\mathrm{Var}(R_i) = \mathrm{Var}(\alpha_i + \beta_i R_m + \varepsilon_i) = \beta_i^{\,2}\mathrm{Var}(R_m) + \mathrm{Var}(\varepsilon_i) \tag{6.10}$$

식(6.10)에서 $\beta_i^{\,2}\mathrm{Var}(R_m)$은 공통요인인 시장포트폴리오 수익률의 변동에 기인하여 발생하는 체계적 위험을 나타내고, $\mathrm{Var}(\varepsilon_i)$은 시장포트폴리오 수익률의 변동에 관계없이 개별주식 고유요인에 의해 발생하는 비체계적 위험을 나타낸다.

둘째, 개별주식 수익률간의 공분산

$$\sigma_{ij} = \mathrm{Cov}(\alpha_i + \beta_i R_m + \varepsilon_i,\ \alpha_j + \beta_j R_m + \varepsilon_j) = \beta_i \beta_j \mathrm{Var}(R_m) \quad (6.11)$$

개별주식 수익률간의 공분산은 시장포트폴리오에 대한 개별주식의 민감도(베타)와 시장포트폴리오 수익률의 분산에 의해 결정된다. 따라서 포트폴리오를 구성하는 개별주식의 베타만 알면 서로 다른 주식 수익률간의 공분산을 알 수 있어 완전공분산모형에 비해 포트폴리오의 분산을 계산하는데 필요한 계산량이 크게 줄어든다.

셋째, 포트폴리오의 기대수익률과 위험

$$E(R_p) = E(\alpha_p + \beta_p R_m + \varepsilon_p) = \alpha_p + \beta_p E(R_m) \quad (6.12)$$

$$\mathrm{Var}(R_p) = \mathrm{Var}(\alpha_p + \beta_p R_m + \varepsilon_p) = \beta_p{}^2 \mathrm{Var}(R_m) + \mathrm{Var}(\varepsilon_p) \quad (6.13)$$

식(6.13)에서 개별주식 수익률의 분산은 두 개의 항으로 구성되어 있다. 우변의 첫째항 $\beta_p{}^2 \mathrm{Var}(R_m)$은 포트폴리오의 체계적 위험을 나타내고, 둘째항 $\mathrm{Var}(\varepsilon_p)$은 비체계적 위험을 나타낸다. 여기서 포트폴리오의 비체계적 위험은 다음과 같이 개별자산의 투자비율의 제곱에 비체계적 위험을 곱해서 모두 합한 값이다.

$$\mathrm{Var}(e_p) = \sum_{i=1}^{n} W_i^2 \mathrm{Var}(e_i) \quad (6.14)$$

(2) 포트폴리오의 위험분산효과

n개의 주식에 동일한 비율로 투자한 포트폴리오를 가정할 경우 시장모형에 의한 포트폴리오의 수익률분산은 다음과 같이 나타낼 수 있다.

$$\begin{aligned} Var(R_p) &= \beta_p^2 Var(R_m) + Var(e_p) \quad (6.15) \\ &= \beta_p^2 Var(R_m) + \frac{1}{n}\overline{Var(e_i)} \end{aligned}$$

비체계적 위험의 평균치인 $\overline{Var(e_i)}$는 상수이므로 포트폴리오에 포함되는 주식수가 증가하면 포트폴리오의 비체계적 위험은 0으로 수렴하여 완전분산투자가 이루어진 포트폴리오의 위험은 다음과 같이 체계적 위험만 남게 된다.

$$Var(R_p) = \beta_p^2 Var(R_m) \rightarrow \sigma_p = \beta_p \sigma_m \qquad (6.16)$$

(3) 증권특성선의 설명력

결정계수(R^2 : coefficient of determination)는 독립변수인 시장포트폴리오의 수익률변동이 종속변수인 개별주식의 수익률변동을 몇 %나 설명할 수 있는가를 나타내는 척도로 종속변수인 개별주식의 수익률변동에 대한 증권특성선의 설명력을 나타내며 총위험에서 체계적 위험이 차지하는 비율로 구할 수 있다.

$$\frac{\text{체계적 위험}}{\text{총위험}} = \frac{\beta_i^2 Var(R_m)}{Var(R_i)} = \rho_{im}^2 = R^2 \qquad (6.17)$$

식(6.17)에서처럼 결정계수는 시장포트폴리오 수익률과 개별주식 i의 수익률간의 상관계수를 제곱한 값으로 구할 수 있으며 0에서 1 사이의 값을 갖는다. 만일 상관계수가 0.8이라고 가정하면 시장포트폴리오 수익률변화가 개별주식 i의 수익률변화를 80% 설명할 수 있음을 나타낸다.

3 시장모형의 유용성과 한계점

(1) 시장모형의 유용성

샤프의 시장모형을 이용하면 마코위츠의 완전공분산모형에 비해 효율적 투자선을 도출하기 위해서 필요한 정보량이 대폭 축소되어 실용적인 측면에서 매우 유용성이 높다. 예컨대 100개의 주식으로 포트폴리오를 구성하면 마코위츠모형에서는 총 5,150개의 정보가 필요한 반면에 시장모형에서는 302개의 정보가 필요하다.

【 표 6-1 효율적 투자선 도출에 필요한 정보량 】

마코위츠의 완전공분산모형		샤프의 시장모형	
항목	정보량	항목	정보량
σ_i^2	n개	$Var(e_i)$	n개
σ_{ij}	n(n−1)/2개	α_i	n개
$E(R_i)$	n개	β_i	n개
		$E(R_m)$	1개
		$Var(R_m)$	1개
합계	$(n^2+3n)/2$개	합계	3n+2

(2) 시장모형의 한계점

시장모형은 $Cov(\varepsilon_i,\ \varepsilon_j)$를 0으로 가정하고 있어 이러한 관계가 성립하지 않으면 시장모형의 정확성이 떨어진다는 문제점이 있다. 실제로 시장 전체에 영향을 미치지는 않지만 특정 산업에는 중요한 영향을 미치는 요인이 있으면 동종산업에 있는 주식들끼리의 $Cov(\varepsilon_i,\ \varepsilon_j)$는 0이 아닐 것이다.

제 4 절 증권시장선(SML)

자본시장선(CML)은 자본시장 균형상태에서 CML상에 존재하는 효율적 포트폴리오의 기대수익률과 총위험인 표준편차간의 직선관계만을 설명하는 식이다. 따라서 비체계적 위험을 가지고 있는 개별자산이나 CML의 아래쪽에 있는 비효율적 포트폴리오의 기대수익률과 총위험간의 관계는 설명하지 못한다.

1 증권시장선의 도출

(1) 증권시장선의 개념

증권시장선(SML : security market line)은 시장균형상태에서 완전분산투자된 효율적 포트폴리오뿐만 아니라 비체계적 위험을 가지고 있는 개별자산이나 비효율적 포트폴리오를 포함한 모든 위험자산의 기대수익률과 체계적 위험간의 직선관계를 설명하기 위해 제시된 모형을 말한다.

CAPM의 가정에서 투자자들은 위험자산의 최적포트폴리오로 비체계적 위험이 완전히 제거된 시장포트폴리오를 선택한다. 이는 위험자산으로 시장포트폴리오를 보유한 투자자가 특정자산에 대해 부담하는 위험은 그 자산의 총위험인 표준편차가 아니라 체계적 위험임을 의미한다.

따라서 식(6.5)의 자본시장선에서 표준편차 σ_p 대신에 적절한 위험의 척도인 체계적 위험 $\beta_i \sigma_m$을 사용하여 나타내면 식(6.18)과 같은 관계가 성립한다. 이와 같이 모든 위험자산의 기대수익률과 체계적 위험간의 선형관계를 갖는 직선식을 CAPM 또는 증권시장선(SML)이라고 한다.

$$E(R_i) = R_f + \left[\frac{E(R_m) - R_f}{\sigma_m}\right]\beta_i \sigma_m = R_f + [E(R_m) - R_f]\beta_i \tag{6.18}$$

식(6.18)에서 R_f와 $E(R_m)$은 시장에서 결정되는 상수로 모든 위험자산의 기대수익률은 베타와 선형관계를 갖는다. i는 효율적 포트폴리오뿐만 아니라 개별자산과 비효율적인 포트폴리오를 포함한 모든 위험자산을 지칭한다. $[E(R_m) - R_f]$는 체계적 위험을 나타내는 베타 1단위에 대한 위험의 균형가격을 나타낸다.

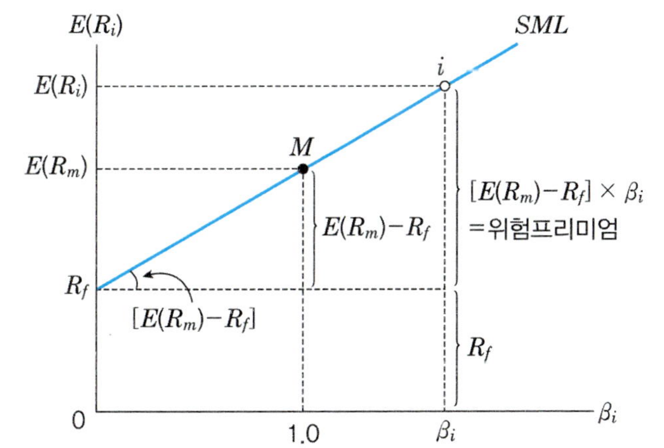

【 그림 6-5 증권시장선 】

(2) 증권시장선의 의미

증권시장선(SML)은 자본시장 균형상태에서 모든 위험자산의 기대수익률 또는 균형수익률과 체계적 위험간에 선형관계에 있음을 나타낸다. 또한 증권시장선은 효율적 포트폴리오뿐만 아니라 비체계적 위험을 갖는 개별자산이나 비효율적 포트폴리오를 포함한 모든 위험자산을 평가대상으로 한다.

(3) 베타계수의 측정

증권시장선(SML)에 의하면 모든 자산의 균형수익률은 베타에 의해 결정되므로 특정자산의 베타를 구해서 증권시장선에 대입하면 그 자산의 균형수익률을 구할 수 있다. 이때 개별자산의 베타는 개별자산과 시장수익률간의 공분산을 시장포트폴리오 수익률의 분산으로 나누어 구할 수 있다.

$$\beta_i = \frac{\sigma_{im}}{\sigma_m^2} = \frac{\rho_{im}\sigma_i\sigma_m}{\sigma_m^2} = \frac{\rho_{im}\sigma_i}{\sigma_m} \qquad (6.19)$$

한편 포트폴리오의 베타는 포트폴리오를 구성하는 개별자산의 베타를 투자비율에 따라서 가중평균한 값으로 다음과 같이 구할 수 있다.

$$\beta_p = w_1\beta_1 + w_2\beta_2 + \cdots + w_n\beta_n = \sum_{i=1}^{n} w_i\beta_i \qquad (6.20)$$

(4) 증권시장선과 시장균형

자본시장이 균형상태에 있으면 모든 자산의 기대수익률은 증권시장선(SML)상에 놓이도록 자산의 가격이 결정되어야 한다. 그러나 일시적으로 자본시장이 불균형상태에 있으면 [그림 6-5]의 자산 U나 O와 같이 증권시장선상에 놓이지 않은 자산이 존재하며 다음과 같은 과정을 거쳐서 증권시장선상에서 균형을 이룬다.

① SML의 상방에 놓이는 자산 U

기대수익률이 SML의 균형수익률보다 높아 주식가격이 과소평가되어 있어 이러한 주식을 매입하면 시장이 균형에 도달하는 과정에서 주식가격이 상승하여 시세차익을 얻을 수 있기 때문에 투자가치가 있는 주식에 해당한다.

기대수익률>SML상의 균형수익률 → 시장가격<균형가격 → 주식가격 과소평가 → 수요증가 → 주식가격 상승(기대수익률 하락) → SML상에서 균형

② SML의 하방에 놓이는 자산 O

기대수익률이 SML의 균형수익률보다 낮아 주식가격이 과대평가되어 있어 이러한 주식을 매도하면 시장이 균형에 도달하는 과정에서 주식가격이 하락하여 자본손실을 얻을 수 있기 때문에 투자가치가 없는 주식에 해당한다.

기대수익률<SML상의 균형수익률 → 시장가격>균형가격 → 주식가격 과대평가 → 공급증가 → 주식가격 하락(기대수익률 상승) → SML상에서 균형

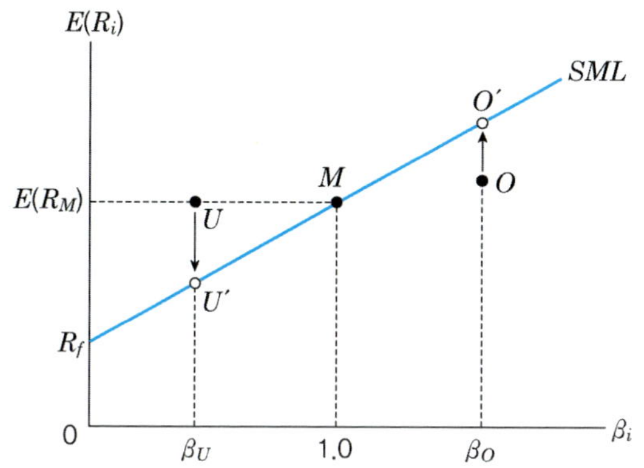

【 그림 6-6 증권시장선과 시장균형 】

2 자본시장선과 증권시장선의 비교

자본시장선(CML)과 증권시장선(SML)은 투자자들의 사전적 기대를 반영한 모형으로 자본시장균형상태에서 기대수익률과 위험간의 선형관계를 제시해주는 직선식이라는 점에서 동일하다. 그러나 다음과 같은 근본적인 차이점이 존재한다.

자본시장선(CML)은 완전분산투자된 효율적 포트폴리오의 총위험과 기대수익률간의 선형관계를 나타내는 모형이다. 반면에 증권시장선(SML)은 완전분산투자된 효율적 포트폴리오뿐만 아니라 비효율적 포트폴리오 및 개별자산을 포함한 모든 위험자산의 체계적 위험과 기대수익률간의 선형관계를 나타내는 모형이다.

[그림 6-7]에서 A와 C는 자본시장선상의 포트폴리오로 비체계적 위험은 제거되고 체계적 위험만 남아있는 완전분산투자가 이루어진 포트폴리오이다. 자본시장선상에 있지

않은 B와 D는 비효율적 자산이며 기대수익률이 동일한 자산은 체계적 위험이 동일한 자산이므로 B는 A와, D는 C와 체계적 위험이 동일하다.

증권시장선은 CML상에 존재하는 완전분산투자된 효율적 포트폴리오인 A나 C뿐만 아니라 비효율적 자산인 B나 D의 균형수익률까지 설명할 수 있다. 그러나 자본시장선은 완전분산투자된 효율적 포트폴리오인 A와 C의 균형수익률은 설명할 수 있으나 비효율적 자산인 B와 D의 균형수익률은 설명하지 못한다.

그러나 이러한 근본적인 차이점에도 불구하고 증권시장선은 앞에서 살펴본 자본시장선에서 도출된 것으로 자본시장선은 증권시장선을 효율적 포트폴리오의 경우에만 적용시킨 특수한 경우라고 할 수 있다. 즉, 증권시장선의 평가대상을 효율적 포트폴리오로 한정할 경우에는 자본시장선과 증권시장선은 일치한다.

【 표 6-2 자본시장선과 증권시장선의 비교 】

비교사항	CML	SML
관계식	$E(R_p) = R_f + \left[\dfrac{E(R_M) - R_f}{\sigma_M}\right]\sigma_p$	$E(R_i) = R_f + [E(R_M) - R_f]\beta_i$
의 미	총위험과 기대수익률의 선형관계	체계적 위험과 기대수익률의 선형관계
평가대상	효율적 포트폴리오	모든 자산

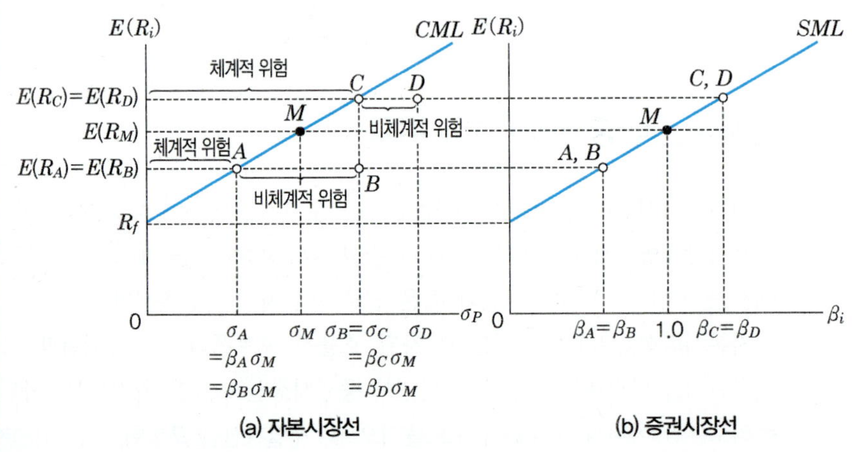

【 그림 6-7 자본시장선과 증권시장선의 비교 】

3 증권시장선의 이용

(1) 주식평가시 할인율

CAPM에 의하면 모든 위험자산의 기대수익률은 증권시장선상에서 결정되어야 하므로 주식을 포함한 모든 위험자산의 가격을 평가할 때 적절한 할인율로 이용될 수 있다. 따라서 어떤 자산의 가치는 그 자산으로부터 얻게 될 미래 현금흐름을 증권시장선을 이용하여 산출한 기대수익률로 할인한 현재가치가 된다.

(2) 주식가치의 평가

CAPM에 의하면 모든 위험자산의 기대수익률은 증권시장선상에서 결정되어야 한다. 만일 자본시장이 균형상태를 이루지 못해 증권시장선상에 놓이지 못한 자산이 존재하면 차익거래를 통해 균형상태로 돌아간다. 따라서 증권시장선은 주식의 과소 또는 과대평가 여부를 판단하여 주식가치를 평가하는데 이용될 수 있다.

(3) 자본비용의 산정

증권시장선은 투자자들의 입장에서 보면 어떤 주식의 베타를 증권시장선에 대입하여 산출한 기대수익률은 그 주식에 투자하고자 할 경우 최소한 그 주식의 위험에 대해 요구하는 수익률을 나타낸다. 이는 기업의 입장에서 주식을 발행하여 자금을 조달하고자 할 경우에 부담해야 하는 자기자본비용에 해당한다.

(4) 투자성과의 평가

투자성과의 평가는 부담해야 하는 위험의 성격을 어떻게 정의하느냐에 따라 자본시장선을 이용하는 방법과 증권시장선을 이용하는 방법이 있다. 증권시장선은 미래의 기대수익률을 예측하기 위한 사전모형이지만, 주식투자로부터 실현된 과거의 수익률자료를 이용하여 투자성과를 평가하는데도 이용할 수 있다.

(5) 가치가산의 원리

CAPM에 의하면 모든 위험자산의 기대수익률은 체계적 위험에 의해서만 결정되며 체계적 위험은 아무리 많은 투자안에 분산투자하더라도 제거할 수 없다. 따라서 여러 투자안에 분산투자할 경우 포트폴리오의 가치는 개별투자안의 가치를 단순히 합한 것일 뿐 어떠한 시너지효과도 발생하지 않는다.

제 5 절 CAPM 가정의 수정

CAPM은 여러 가지 비현실적인 가정하에서 위험자산의 기대수익률과 체계적 위험간의 선형관계를 설명하고 있기 때문에 현실적 타당성이 결여될 수 있다. 따라서 본 절에서는 CAPM을 도출하기 위해 설정한 가정들을 현실에 맞게 수정함으로써 CAPM의 현실적 타당성을 살펴보고자 한다.

1 투자자들이 이질적으로 기대하는 경우

(1) 가정의 현실화

CAPM은 모든 투자자들이 주식의 미래수익률에 대한 확률분포에 대해 동질적으로 기대한다고 가정한다. 그러나 현실적으로 투자자들이 이용하는 정보가 서로 다르고 정보의 분석능력에도 차이가 있으므로 주식의 미래수익률에 대한 확률분포에 대한 기대가 서로 다른 것이 일반적이다.

(2) 이질적으로 기대하는 경우

투자자들이 주식의 미래수익률에 대한 확률분포에 이질적으로 기대한다면 투자자마다 개별주식의 기대수익률, 표준편차, 공분산에 서로 다른 기대를 하게 된다. 따라서 투자자들이 예상하는 효율적 투자선, 시장포트폴리오, 자본시장선, 증권시장선이 달라지게 되어 동일한 자산의 가격을 서로 다르게 평가할 수 있다.

예컨대 어떤 투자자는 주식의 특정가격을 균형가격이라고 생각하는 반면에 어떤 투자자는 그 가격을 과대 또는 과소평가된 가격이라고 생각할 수도 있다. 따라서 특정주식에 대해 지속적인 초과수요나 초과공급이 존재할 수 있기 때문에 자본시장균형을 전제로 하는 자본자산가격결정모형(CAPM)은 성립할 수 없다.

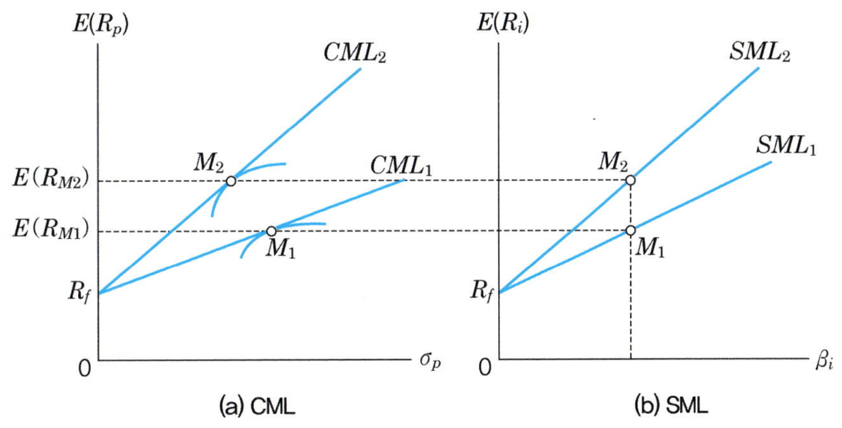

【 그림 6-8 이질적 기대가 존재하는 경우 】

2 무위험자산이 존재하지 않는 이유

(1) 가정의 현실화

CAPM은 무위험자산이 존재하고 투자자들이 무위험이자율로 얼마든지 자금을 차입하거나 대출할 수 있다고 가정한다. 그러나 현실적으로 무위험자산으로 간주되는 국공채나 정기예금도 전쟁이 나거나 은행이 파산하면 약정한 수익을 보장하지 못하기 때문에 진정한 무위험자산은 존재하지 않는다고 할 수 있다.

이러한 현실을 반영하여 블랙은 무위험자산이 존재하지 않더라도 효율적 시장포트폴리오만 존재한다면 시장포트폴리오와의 공분산이 0인 제로포트폴리오를 구성하여 기대수익률을 무위험이자율로 사용하는 경우 기대수익률과 체계적 위험간의 선형관계가 존재함을 확인했는데 이를 제로베타 CAPM이라고 한다.

(2) 제로베타 CAPM의 도출

마코위츠의 효율적 투자선상에 존재하는 시장포트폴리오 M에서 M에 접하는 가상의 접선을 그었을 때 기대수익률축과 만나는 점을 $E(R_z)$라 하고 그 점에서 수평선을 그어 최소분산포트폴리오집합과 만나는 점을 Z라고 하면 ZZ′상의 포트폴리오들은 증권시장선상에서는 모두 $E(R_z)$에 위치한다.

따라서 ZZ′상에 있는 모든 포트폴리오들은 총위험은 서로 다르지만 체계적 위험은 0인 제로베타포트폴리오가 된다. 따라서 이러한 포트폴리오의 기대수익률을 무위험이자율 대신에 이용하면 모든 위험자산의 기대수익률과 체계적 위험간의 선형관계를 나타내는 증권시장선을 도출할 수 있다.

$$E(R_i) = E(R_z) + [E(R_m) - E(R_z)]\beta_i \tag{6.21}$$

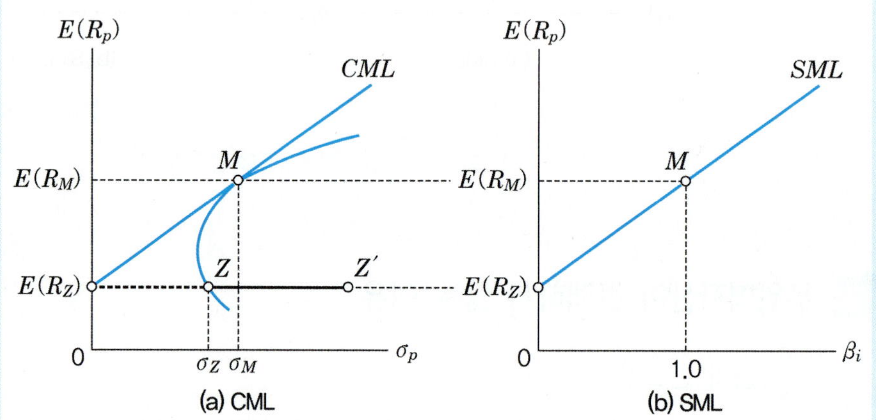

【그림 6-9 제로베타 CAPM】

(3) 제로베타포트폴리오의 의미

무위험자산은 총위험이 0인 자산이므로 체계적 위험과 비체계적 위험이 모두 0인 반면에, 제로베타포트폴리오는 체계적 위험만 0일 뿐 비체계적 위험을 가지고 있어서 제로베타포트폴리오의 기대수익률은 R_f보다 클 것이므로 제로베타 SML의 기울기는 표준 SML보다 완만하다.

제로베타포트폴리오는 베타가 0인 포트폴리오이므로 최소한 하나 이상의 개별자산에 대한 투자비율이 0보다 작아야만 가중평균베타가 0인 제로베타포트폴리오를 구성할 수 있다. 따라서 제로베타포트폴리오를 구성하기 위해서는 공매도(short selling)가 가능해야 한다.

3 차입이자율과 대출이자율이 다른 경우

(1) 가정의 현실화

CAPM은 투자자들이 동일한 무위험이자율로 얼마든지 차입하거나 대출할 수 있다고 가정한다. 그러나 현실적으로 차입이자율은 대출이자율보다 높은 것이 일반적이다. 이러한 상황에서는 CAPM이 성립하지 않게 된다.

(2) 투자유형에 따른 증권시장선

[그림 6-10]의 (a)에서 투자금액의 일부를 무위험이자율로 대출하여 대출포트폴리오를 구성하는 방어적인 투자자들은 위험자산의 최적포트폴리오로 M_L을 선택하므로 자본시장선은 CML_L로 나타나지만 차입은 할 수 없기 때문에 점선부분은 제외된다. 따라서 효율적 투자선은 R_LM_L이 된다.

[그림 6-10]의 (a)에서 투자금액의 일부를 무위험이자율로 차입하여 차입포트폴리오를 구성하는 공격적인 투자자들은 위험자산의 최적포트폴리오로 M_B를 선택하므로 자본시장선은 CML_B로 나타나지만 대출은 할 수 없기 때문에 점선부분은 제외된다. 따라서 효율적 투자선은 R_BM_B이 된다.

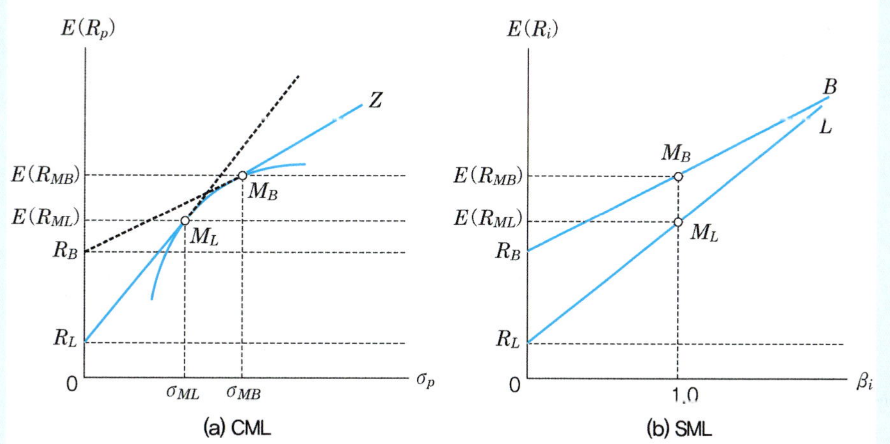

[그림 6-10 차입이자율과 대출이자율이 다른 경우]

그리고 자기자금만으로 위험자산포트폴리오에 투자하는 투자자들은 자신의 무차별곡선의 형태에 따라 M_LM_B상의 포트폴리오를 선택한다. 따라서 대출포트폴리오와 차입포트폴리오를 구성하는 투자자들이 서로 다른 SML로 자산의 가격을 평가하여 시장균형을 전제로 한 CAPM은 성립할 수 없다.

4 개인소득세가 존재하는 경우

(1) 가정의 현실화

CAPM은 세금과 거래비용이 존재하지 않는 완전자본시장을 가정한다. 그러나 현실적으로 투자자들은 투자소득에 대해서 개인소득세를 부담하고 있으며, 동일한 형태의 소득이라도 투자자들의 소득수준에 따라서 서로 다른 누진세율이 적용되고 있기 때문에 개인소득세를 차감한 세후수익률은 투자자마다 달라진다.

(2) 차등세율이 존재하는 경우

모든 투자자에게 동일한 세율이 적용되어 세전수익률에 대한 기대가 동질적이면 누구나 동일한 SML로 균형가격을 평가하여 CAPM이 성립한다. 그러나 개인소득세가 존재하면 투자자마다 다른 세율이 적용되어 세전수익률에 대한 기대가 동일하더라도 세후수익률이 달라 SML도 달라지므로 CAPM은 성립할 수 없다.

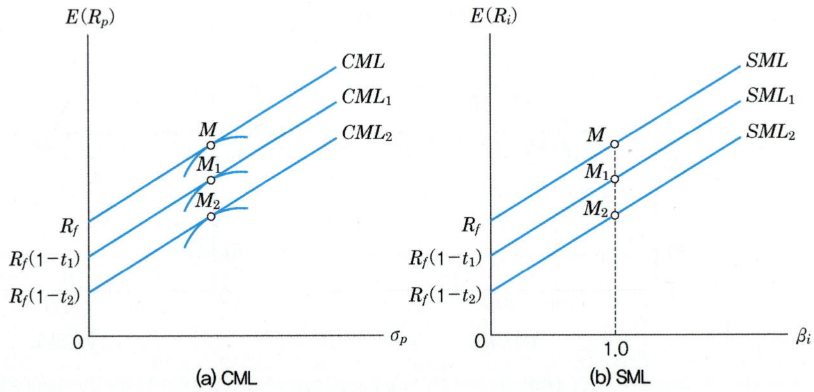

【 그림 6-11 차등적인 소득세율이 존재하는 경우 】

5 거래비용이 존재하는 경우

(1) 가정의 현실화

CAPM은 세금과 거래비용이 존재하지 않는 완전자본시장을 가정한다. 그러나 현실적으로 주식을 매매할 경우에 거래수수료와 같은 거래비용을 부담해야 한다.

(2) 거래비용이 존재하는 경우

거래비용이 존재하지 않는 완전자본시장에서는 과소평가된 주식은 매입하고 과대평가된 주식은 매도하는 차익거래를 통해 신속히 균형으로 회복하게 되므로 균형상태에서 과소평가 또는 과대평가된 주식은 존재할 수 없다.

거래비용이 존재하는 경우에는 [그림 6-12]의 A나 B와 같은 주식이 존재하더라도 주식의 매입과 매도로 인한 자본이득이 거래비용의 범위안에 존재하면 차익거래가 발생하지 않는다. 따라서 거래비용이 존재하면 자본시장선과 증권시장선은 직선이 아닌 띠(band)의 형태로 나타나며 거래비용이 클수록 띠의 폭은 넓어진다.

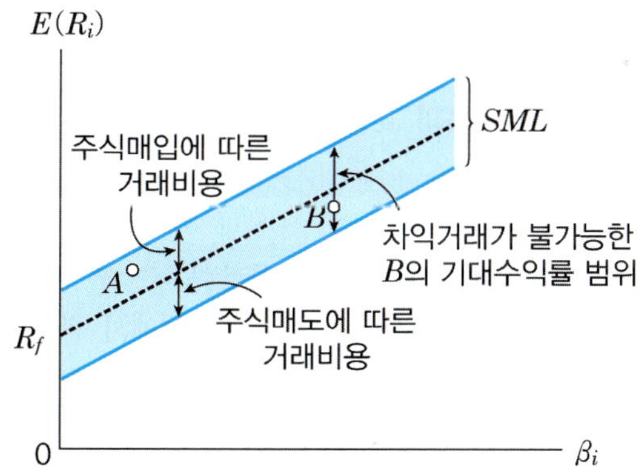

[그림 6-12 거래비용이 존재하는 경우]

핵심요약

제1절 기본개념

1. 자본시장 균형이론

자본시장에서 거래되는 모든 자산에 대한 수요와 공급이 일치하는 균형상태에서 자산의 가격이 어떻게 결정되어야 하는가를 설명함

2. CAPM의 의의

투자자들이 기대효용을 극대화할 수 있도록 최적포트폴리오를 선택하는 경우에 자본시장균형상태에서 위험자산의 기대수익률과 위험간 선형관계를 설명하는 이론

3. CAPM의 가정

포트폴리오이론의 가정+무위험자산의 존재, 완전자본시장

제2절 자본시장선

1. 무위험자산의 존재

(1) 자본시장선의 의의

무위험자산과 위험자산으로 포트폴리오를 구성할 경우에 효율적인 포트폴리오

(2) 자본시장선의 도출 : $E(R_p) = R_f + \left[\frac{E(R_M) - R_f}{\sigma_M} \right] \sigma_p$

(3) 자본시장선의 의미

자본시장선상의 포트폴리오들은 완전분산투자가 이루어진 체계적 위험으로만 구성된 효율적 포트폴리오

(4) 시장포트폴리오

자본시장선(CML)과 마코위츠의 효율적 투자선상의 접점에 해당하는 포트폴리오

2. 최적포트폴리오의 선택

(1) 최적포트폴리오의 선택

투자자들의 기대효용을 극대화하는 최적포트폴리오는 무차별곡선 기울기인 한계 대체율과 자본시장선 기울기인 위험의 시장가격이 일치하는 점에서 결정

(2) 토빈의 분리정리

첫째, 1단계 : 자산투자결정 → 시장포트폴리오의 구성

둘째, 2단계 : 자본조달결정 → 최적포트폴리오의 선택

제3절 시장모형

1. 시장모형과 증권특성선

(1) 시장모형의 의의

시장포트폴리오의 수익률이 모든 주식의 수익률을 설명하는 하나의 공통요인이라는 가정하에 개별주식의 수익률을 시장수익률과의 선형관계로 나타낸 모형

(2) 증권특성선의 의의

시장모형에서 α_i와 β_i를 추정해 구한 개별주식 수익률과 시장수익률간의 회귀식

2. 시장모형에 의한 기대수익률과 위험

(1) 개별주식의 경우

① 개별주식의 기대수익률 : $E(R_i) = E(\alpha_i + \beta_i R_m + \varepsilon_i) = \alpha_i + \beta_i E(R_m)$

② 개별주식의 위험 : $\mathrm{Var}(R_i) = (\alpha_i + \beta_i R_m + \varepsilon_i) = \beta_i{}^2 \mathrm{Var}(R_m) + \mathrm{Var}(\varepsilon_i)$

③ 개별주식 수익률간의 공분산 : $\sigma_{ij} = \mathrm{Cov}(\alpha_i + \beta_i R_m + \varepsilon_i,\ \alpha_j + \beta_j R_m + \varepsilon_j) = \beta_i \beta_j \mathrm{Var}(R_m)$

(2) 포트폴리오의 경우

① 포트폴리오의 기대수익률 : $E(R_p) = E(\alpha_p + \beta_p R_m + \varepsilon_p) = \alpha_p + \beta_p E(R_m)$

② 포트폴리오의 위험 : $\mathrm{Var}(R_p) = \mathrm{Var}(\alpha_p + \beta_p R_m + \varepsilon_p) = \beta_p{}^2 \mathrm{Var}(R_m) + \mathrm{Var}(\varepsilon_p)$

(3) 증권특성선의 설명력

시장포트폴리오의 수익률변동이 개별주식의 수익률변동을 설명할 수 있는 결정계수는 개별주식의 수익률변동에 대한 증권특성선의 설명력을 나타냄

3. 시장모형의 유용성과 한계점

(1) 시장모형의 유용성

마코위츠의 완전공분산모형에 비해 효율적 투자선을 도출하기 위해 필요한 정보량이 대폭 축소되어 실용적인 측면에서 유용함

(2) 시장모형의 한계점

시장모형은 $\mathrm{Cov}(\varepsilon_i,\ \varepsilon_j)$를 0으로 가정하는데 이러한 관계가 성립하지 않으면 시장모형의 정확성이 떨어진다는 한계가 있음

제4절 증권시장선

1. 증권시장선의 개념

시장균형상태에서 모든 주식의 기대수익률과 체계적 위험간의 직선관계를 설명

2. 증권시장선의 도출 : $E(R_i) = R_f + [E(R_m) - R_f]\beta_i$

3. 증권시장선의 의미

시장균형상태에서 모든 주식의 기대수익률은 체계적 위험간에 선형관계에 있음

4. 증권시장선과 시장균형

시장균형상태에서 모든 자산의 기대수익률은 SML에 놓이도록 자산가격이 결정

㉠ SML의 상방에 놓이는 자산은 기대수익률이 SML의 균형수익률보다 높아 가격이 과소평가되어 이러한 주식을 매입하면 시장이 균형을 이루는 과정에서 가격이 상승하여 이익을 얻을 수 있기 때문에 투자가치가 있는 주식에 해당함

㉡ SML의 하방에 놓이는 자산은 기대수익률이 SML의 균형수익률보다 낮아 가격이 과대평가되어 이러한 주식을 매도하면 시장이 균형을 이루는 과정에서 가격이 하락하여 손실을 얻을 수 있기 때문에 투자가치가 없는 주식에 해당함

5. 증권시장선의 이용

주식평가시 할인율, 주식가치의 평가, 자본비용의 산정, 투자성과의 평가

연습문제

01 **다음 중 토빈의 분리정리에 대한 설명으로 옳지 않은 것은?**

① 위험자산에 대한 투자결정과 자본조달결정이 상호독립적으로 이루어진다.
② 시장포트폴리오의 구성과 최적포트폴리오의 선택이 독립적으로 이루어진다.
③ 시장포트폴리오와 무위험자산에 대한 투자비율은 객관적으로 정해진다.
④ 위험자산의 최적포트폴리오는 투자자들의 위험회피도에 관계없이 무관하다.
⑤ 경영자가 주주들의 무차별곡선에 관계없이 위험의 시장가격만을 이용하여 투자결정을 할 수 있음을 나타낸다.

해설 무위험자산과 시장포트폴리오에 대한 투자비율은 투자자의 주관적인 위험선호구조에 따라 달라진다.

02 **다음 중 시장포트폴리오에 대한 설명으로 옳지 않은 것은?**

① 무위험자산의 존재와 동질적 기대의 가정하에 위험자산의 최적포트폴리오이다.
② 마코위츠의 효율적 투자선에서 무위험자산과 결합할 수 있는 유일한 포트폴리오이다.
③ 주식시장에서 거래되는 모든 위험자산을 포함하는 포트폴리오이다.
④ 종합주가지수(KOSPI)를 시장포트폴리오의 대용치로 사용한다.
⑤ 투자자의 선호구조에 관계없이 시장포트폴리오에 대한 투자비율은 일정하다.

해설 시장포트폴리오를 구성하는 위험자산에 대한 투자비율은 투자자의 주관적인 무차별곡선에 관계없이 일정하지만, 무위험자산과 시장포트폴리오에 대한 투자비율은 투자자의 주관적인 무차별곡선에 따라 달라진다.

03 **다음 중 자본시장선(CML)에 대한 설명으로 옳지 않은 것은?**

① 효율적 포트폴리오의 기대수익률과 총위험간의 선형관계를 설명하는 모형이다.
② 자본시장의 균형상태에서 유일하게 존재하는 효율적 투자선이다.
③ 자본시장선의 기울기는 총위험 1단위에 대한 시장에서의 위험보상을 나타낸다.
④ 자본시장선상의 포트폴리오를 구성하는 자산은 동일하다.
⑤ 자본시장선은 위험을 분산으로 나타내므로 자본시장선을 통해 분산에 상응하는 개별자산의 균형수익률을 구할 수 있다.

해설 자본시장선은 완전분산투자된 포트폴리오만 설명할 수 있으므로 개별자산이나 비효율적 포트폴리오의 균형수익률은 자본시장선을 통해 구할 수 없다.

연습문제

04 **다음과 같은 그림에서 투자자 1과 2의 포트폴리오 선택에 관한 설명으로 옳지 않은 것은?**

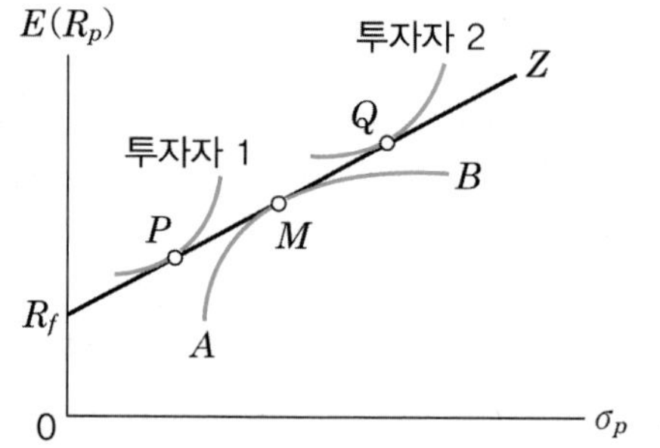

① 투자자 1과 투자자 2 모두 위험회피형이다.
② 이를 자본시장선(CML)이라고 한다.
③ 효율적 투자선은 AMB이다.
④ 투자자 2가 투자자 1보다 덜 위험회피적이다.
⑤ P, Q의 포트폴리오는 전체 위험자산에 투자한 금액 중에서 개별 위험자산이 차지하는 투자비율이 동일하다.

해설

① 무차별곡선의 형태로 보아 투자자 1과 2 모두 위험회피형에 속한다.
② X축이 포트폴리오의 표준편차이고 Y축이 기대수익률이므로 CML을 나타낸다.
③ 효율적 투자선은 무위험자산이 없으면 AMB, 무위험자산이 있으면 CML이다.
④ 투자자 1과 2는 모두 위험회피형에 속한다. 투자자 1은 대출형으로 더 위험회피적이며, 투자자 2는 차입형으로 덜 위험회피적이다.
⑤ 투자자 1과 2의 최적포트폴리오에서 무위험자산과 위험자산의 투자비율은 다르다. 그러나 위험자산으로는 시장포트폴리오(M)만을 선택하므로 위험자산의 투자금액에서 개별 위험자산이 차지하는 비율은 동일하다.

05 **1억원의 투자자금을 10개 주식에 1천만원씩 투자한 포트폴리오의 베타는 1.64이다. 베타가 2.0인 주식을 매도하고 새로운 주식을 매입했더니 포트폴리오의 베타는 1.5가 되었다. 새로 매입한 주식의 베타는 얼마인가?**

① 0.6 ② 0.4 ③ 0.7
④ 0.8 ⑤ 0.9

해설

(1) 현재의 포트폴리오 베타 : $\beta_P = \frac{1}{10}(\beta_1 + \cdots + \beta_{10}) = 1.64$

(2) 변경후 포트폴리오 베타 : $1.64 - \frac{1}{10} \times 2.0 + \frac{1}{10} \times \beta_{\neq w} = 1.5 \rightarrow \beta_{\neq w} = 0.6$

06 자본시장의 균형을 가정하여 자본시장선에서 A증권에 대한 관련된 설명으로 적절하지 못한 것은?

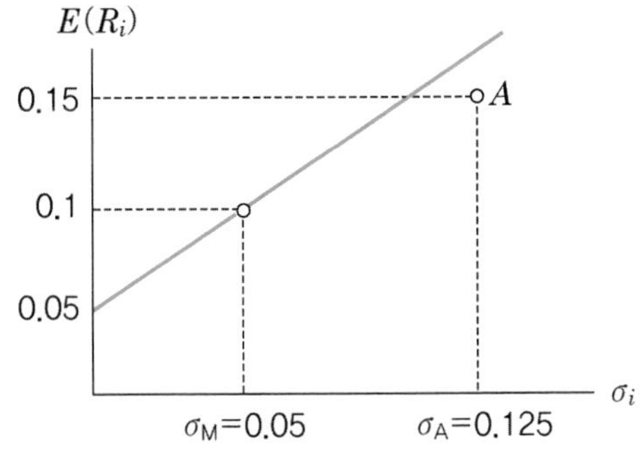

① A증권의 체계적 위험에 대한 보상은 0.1이다.
② A증권의 수익률과 시장포트폴리오 수익률간의 상관계수는 0.8이다.
③ A증권은 비효율적인 투자안이다.
④ 결정계수는 0.64이다.
⑤ A증권의 체계적 위험(β_A)은 3이다.

해설
① A증권의 체계적 위험에 대한 보상은 $E(R_A) - R_f = 0.15 - 0.05 = 0.1$
② $\beta_A = \frac{\sigma_{Am}}{\sigma_m^2} = \frac{\rho_{Am}\sigma_A\sigma_m}{\sigma_m^2} = \frac{\rho_{Am}\sigma_A}{\sigma_m} = \frac{\rho_{Am} \times 0.125}{0.05} = 2 \rightarrow \rho_{Am} = 0.8$
③ A증권은 CML 하방에 존재하므로 비체계적 위험이 남아있는 비효율적인 자산이다.
④ 상관계수가 0.8이므로 결정계수는 상관계수의 제곱인 0.64이다.
⑤ $E(R_A) - R_f = 0.1 = [E(R_m) - R_f]\beta_A \rightarrow \beta_A = 2$

07 시장포트폴리오의 기대수익률은 연 20%, 무위험이자율은 연 10%이다. CAPM이 성립한다는 가정하에서 시장포트폴리오에 부의 25%, $\beta = 2$인 자산에 나머지 75%를 투자했을 경우에 포트폴리오의 기대수익률은?

① 20%
② 22.5%
③ 25%
④ 27.5%
⑤ 30%

해설
시장포트폴리오의 투자비율은 $W_m = 0.25$, β가 2인 자산의 투자비율을 $(1 - W_m) = 0.75$
$\beta_P = (W_m \times \beta_m) + (W_i \times \beta_i) = (0.25 \times 1) + (0.75 \times 2) = 1.75$
$E(R_P) = R_f + [E(R_m) - R_f]\beta_P = 0.1 + (0.2 - 0.1)1.75 = 0.275$
[별해]
β 가 2인 자산의 투자비율$= 0.1 + (0.2 - 0.1)(2.0) = 0.3$
$E(R_P) = 0.25 \times E(R_m) + 0.75 \times 0.3 = 0.275$

연습문제

08 **베타계수가 1인 A주식의 기대수익률은 16%이고, 베타계수가 0.5인 B주식의 기대수익률은 10%이다. 무위험자산의 수익률이 6%라고 가정할 경우에 가장 바람직한 투자전략은?**

① A주식을 매도하고 B주식을 매입한다.
② A주식을 공매하고 무위험자산에 투자한다.
③ B주식을 공매하고 무위험자산과 A주식에 투자한다.
④ A주식을 공매하고 무위험자산과 B주식에 공매한다.
⑤ B주식을 공매하고 무위험자산에 투자한다.

해설
A주식의 베타가 1이므로 $E(R_A)=E(R_m)=16\%$로 가정한다.
$E(R_B)=0.06+(0.16-0.06)0.5=0.11>0.10$ → 수익률 과소평가, 주가 과대평가이므로 매도
차익거래포트폴리오를 구성하려면 추가적인 부와 위험이 없어야 한다.
$w_A+w_B+w_c=1$, $w_A\times1.0+w_B\times0.5+w_{Rf}\times0=0$ → $w_A : w_B : w_C=0.5 : -1.0 : 0.5$
따라서 B주식은 공매하고 공매대금의 50%는 A주식, 50%는 무위험자산에 투자한다.

09 **아래와 같은 투자환경의 변화가 동시에 발생했을 때 증권시장선(SML)은 어떤 변화를 보이겠는가?**

> a. 물가상승률이 기대보다 낮았다.
> b. 투자자들이 보다 더 위험회피적이 되었다.

① SML의 기울기는 커지고 위로 이동한다.
② SML의 기울기는 작아지고 아래로 이동한다.
③ SML의 기울기는 커지고 아래로 이동한다.
④ SML의 기울기는 작아지고 위로 이동한다.
⑤ SML의 기울기는 달라지지 않고 아래로 이동한다.

해설
(1) 물가상승률 하락 → 명목이자율 하락 → 무위험이자율 하락 → SML 아래로 평행이동
(2) 투자자들이 더 위험회피적이면 시장위험프리미엄이 증가하여 SML 기울기 더 커진다.

10 **아래와 같은 투자환경의 변화가 동시에 발생했을 때 증권시장선(SML)은 어떤 변화를 보이겠는가?**

> a. 물가상승률이 기대보다 높았다.
> b. 투자자들이 보다 덜 위험회피적이 되었다.

① SML의 기울기는 커지고 위로 이동한다.
② SML의 기울기는 작아지고 아래로 이동한다.
③ SML의 기울기는 커지고 아래로 이동한다.
④ SML의 기울기는 작아지고 위로 이동한다.
⑤ SML의 기울기는 달라지지 않고 아래로 이동한다.

해 설 (1) 물가상승률 상승 → 명목이자율 상승 → 무위험이자율 상승 → SML 위로 평행이동
(2) 투자자들이 덜 위험회피적이면 시장위험프리미엄이 감소하여 SML 기울기 작아진다.

11 **다음 중 증권시장선(SML)에 대한 설명으로 옳지 않은 것은?**

① 개별주식 또는 효율적 포트폴리오의 기대수익률과 체계적 위험간의 선형관계를 설명한다.
② 모든 위험자산의 기대수익률은 시장포트폴리오와의 공분산에 의해 결정된다.
③ CAPM에 의하면 위험자산의 가격은 그 자산의 가격이 SML에 있도록 결정된다.
④ 시장포트폴리오와의 공분산이 큰 자산은 항상 체계적 위험이 크다.
⑤ 시장균형상태에서 위험회피형 투자자는 체계적 위험에 따라 위험프리미엄을 요구한다.

해 설 개별주식, 효율적 포트폴리오뿐만 아니라 완전분산투자 되지 않은 비효율적 포트폴리오의 기대수익률과 체계적 위험간의 선형관계를 설명한다.

12 **다음 중 자본자산가격결정모형(CAPM)에 대한 설명으로 틀린 것은?**

① 시장위험프리미엄(market risk premium)은 항상 0보다 커야 한다.
② 시장포트폴리오와 무위험자산간의 상관계수는 정확히 0이어야 한다.
③ SML에 위치한다고 해서 반드시 CML에 위치하는 것은 아니다.
④ 위험자산의 기대수익률은 무위험자산의 수익률보다 항상 높아야 한다.
⑤ 개별자산의 진정한 위험은 총위험의 크기가 아니라 체계적 위험의 크기만으로 평가되어야 한다.

해 설
① CAPM은 위험회피형 투자자를 가정하므로 시장위험프리미엄 $[E(R_m)-R_f]$은 0보다 커야 한다.
② 위험자산과 무위험자산간의 상관계수는 0이다.
③ SML산에 위치하는 자산도 완전분산투자된 효율적 포트폴리오가 아니면 비체계적 위험이 남아 있어 CML 하방에 위치할 수 있다.
④ $E(R_i)=R_f+[E(R_m)-R_f]$에서 β_i는 정(+) 또는 부(−)의 값을 가질 수 있다. 만일 β_i가 부(−)라면 $E(R_i)<R_f$도 성립할 수 있다.
⑤ 개별자산의 총위험 중에서 비체계적 위험은 분산투자로 제거할 수 있기 때문에 제거할 수 없는 체계적 위험이 적절한 위험척도이다.

13 **몇 개의 주식으로 이루어진 어느 포트폴리오는 시장포트폴리오와 0.8의 상관계수를 갖는다. 포트폴리오의 수익률과 위험이 시장모형에 의해 설명된다고 가정하고 이 포트폴리오의 총위험 중 비체계적 위험의 비율을 구하면?**

① 80% ② 64% ③ 36%
④ 20% ⑤ 1

해 설 총위험 = 체계적 위험 + 비체계적 위험

(1) 결정계수$(R^2) = \dfrac{\text{체계적 위험}}{\text{총위험}} = \dfrac{\beta_p^2 \times \sigma_m^2}{\sigma_p^2} = \dfrac{\left(\dfrac{\sigma_{pm}}{\sigma_m^2}\right)\sigma_m^2}{\sigma_p^2} = (\rho_{pm})^2 = (0.8)^2 = 0.64$

(2) $\dfrac{\text{비체계적 위험}}{\text{총위험}} = 1 - R^2 = 1 - 0.64 = 0.36$

14 시장모형이 성립한다고 가정하자. 주식 A($\beta_A = 1.44$)와 B($\beta_B = 0.6$)에 투자금액의 3/4과 1/4을 각각 투자한 포트폴리오 수익률의 표준편차가 0.040이다. 시장포트폴리오 수익률의 표준편차는 0.02로 알려져 있다. 이 포트폴리오의 총위험에 대한 체계적 위험의 비율은 얼마인가?

① 32% ② 34% ③ 36%
④ 38% ⑤ 40%

해 설 총위험 = 체계적 위험 + 비체계적 위험, $\sigma_i^{\ 2} = \beta_i^{\ 2}\sigma_m^{\ 2} + \sigma_{ei}^{\ 2}$

(1) $\beta_P = w_A\beta_A + w_B\beta_B = \dfrac{3}{4}(1.4) + \dfrac{1}{4}(0.6) = 1.2$

(2) $R^2 = \dfrac{\text{체계적 위험}}{\text{총위험}} = \dfrac{\beta_P^2 \times \sigma_m^2}{\sigma_P^2} = \dfrac{(1.2)^2(0.02)^2}{(0.04)^2} = 0.36$

15 다음 중 자본자산가격결정모형(CAPM)에 대한 설명으로 가장 올바른 것은?

① 증권시장선에서 다른 조건은 동일하고 시장포트폴리오의 기대수익률이 커진다면 β가 1보다 매우 큰 주식의 균형수익률은 상승하지만, β가 0보다 크지만 1보다 매우 작은 주식의 균형수익률은 하락한다.
② 자본시장선에서 무위험자산과 시장포트폴리오에 대한 투자비율은 객관적이지만 시장포트폴리오에 대한 투자비율은 주관적이다.
③ 증권시장선의 기울기는 β값에 관계없이 항상 일정한 값을 가진다.
④ 자본시장선상에 있는 포트폴리오는 효율적이므로 베타는 0이다.
⑤ 자본시장선상에 있는 포트폴리오와 시장포트폴리오의 상관계수는 0이다.

해 설 ① $E(R_m)$이 상승하면 $\beta > 1$인 주식은 $E(R_m)$보다 더 상승하고, $0 < \beta < 1$인 주식은 덜 상승한다.
② 토빈의 분리정리 : 1단계 : 시장포트폴리오의 구성 ← 투자자의 무차별곡선과 무관(객관적)
2단계 : 최적포트폴리오의 선택 ← 투자자의 무차별곡선과 관련(주관적)
③ SML의 기울기 $[E(R_m) - R_f]$는 β와 무관하게 결정된다.
④, ⑤ CML상에 위치한 포트폴리오와 시장포트폴리오간의 상관계수는 1이다.

16 무위험이자율은 3%, 시장포트폴리오의 기대수익률은 13%이다. 아래 두 자산 가격의 균형, 저평가, 고평가 여부에 대해 가장 적절한 것은?

자산	β계수	기대수익률
A	0.5	9%
B	1.5	17%

① 두 자산의 가격은 모두 균형상태이다.
② 두 자산의 가격은 모두 저평가되어 있다.
③ 두 자산의 가격은 모두 고평가되어 있다.
④ 자산 A는 저평가되어 있고, 자산 B는 고평가되어 있다.
⑤ 자산 A는 고평가되어 있고, 자산 B는 저평가되어 있다.

해 설

$E(R_i) = R_f[E(R_m) - R_f]\beta_i = 0.03 + (0.13 - 0.03)\beta_i$

$E(R_A) = 0.03 + (0.13 - 0.03)0.5 = 0.08 < 0.09$ → A주식 SML 상방에 위치, 과소평가(매입)

$E(R_B) = 0.03 + (0.13 - 0.03)1.5 = 0.18 > 0.17$ → B주식 SML 하방에 위치, 과대평가(매도)

17 아래 표에서와 같이 세 가지 펀드만 판매되고 있는데 위험수준은 수익률의 표준편차를 나타낸다. 위험수준 25%를 추구하는 투자자에게 총투자액 1억원을 안정주식형에 3천만원, 성장주식형에 5천만원, 국채투자형에 2천만원씩 투자하는 최적포트폴리오를 추천하고 있다. 위험수준 15%를 추구하는 투자자가 총투자액 8천만원으로 최적포트폴리오를 구성할 때 안정주식형에 투자해야 하는 금액은?

펀드명칭	기대수익률	위험수준
안정주식형	10%	20%
성장주식형	20%	40%
국채투자형	5%	0%

① 1,152만원 ② 1,440만원 ③ 1,800만원
④ 2,400만원 ⑤ 3,840만원

해 설

(1) 위험수준 25% 추구하는 투자자
최적포트폴리오는 CML선상에 위치하며 시장포트폴리오의 구성 = 안정×3/8+성장×5/8
$\sigma_P = \sigma_m \times w_m$ → 25% = $\sigma_m \times 0.8$ → σ_m = 31.25%

(2) 위험수준 15% 추구하는 투자자
15% = 31.35% × w_m → w_m = 48% 이므로 안정주식형의 비율 = 0.48×3/8 = 0.18

(3) 안정주식형 투자금액 = 8,000만원×0.18 = 1,440만원

18 **다음 중 위험(risk)에 대한 설명으로 가장 적절한 것은?**

① 총위험이 큰 주식의 기대수익률은 총위험이 낮은 주식의 기대수익률보다 크다.
② 증권시장선(SML) 위쪽에 위치하는 주식의 기대수익률은 과대평가되어 있으므로 매각하는 것이 바람직하다.
③ 시장포트폴리오의 베타는 항상 1로서 비체계적 위험은 모두 제거되어 있다.
④ 상관계수가 1인 두 주식으로 포트폴리오를 구성하는 경우에도 미미하지만 분산투자효과의 효과를 볼 수 있다.
⑤ 베타로 추정한 주식의 위험과 표준편차로 추정한 주식의 위험 사이에는 일정한 관계가 있다.

해 설
① 총위험이 크다고 해서 기대수익률이 항상 높은 것은 아니다. 자산의 기대수익률은 총위험이 아닌 분산투자하더라도 제거할 수 없는 체계적 위험에 의해 결정되기 때문이다.
② SML 상방의 주식 : 요구수익률의 과대평가 → 주식가치의 과소평가 → 주식매입
③ 시장포트폴리오는 비체계적 위험이 모두 제거된 포트폴리오이며 베타는 1이다.
④ 상관계수가 +1인 주식으로 포트폴리오를 구성하면 분산투자효과가 발생하지 않는다.
⑤ 베타는 체계적 위험을 나타내고 표준편차는 총위험을 나타낸다. 총위험과 체계적 위험간에는 일정한 관계가 성립하지 않는다.

19 **다음 중 자본시장선(CML)과 증권시장선(SML)의 관계에 대한 설명으로 옳지 않은 것은?**

① 동일한 베타를 갖고 있는 자산이면 SML선상에서 동일한 위치에 놓이게 된다.
② CML과 SML은 기대수익률과 총위험간의 선형관계를 설명하고 있다는 점에서 공통점을 가지고 있다.
③ 비체계적 위험을 가진 포트폴리오는 CML선상에 놓이지 않는다.
④ 어떤 자산과 시장포트폴리오간의 상관계수가 1이면 CML과 SML은 동일한 표현식이 된다.
⑤ SML선상에 있는 자산이라고 하여 모두 다 CML선상에 위치하지 않는다.

해 설
① 시장균형상태에서 총위험은 다르지만 체계적 위험이 동일하면 SML선상에 위치한다.
② CML은 효율적 포트폴리오의 기대수익률과 총위험간의 선형관계를 설명하는 반면에 SML은 모든 자산의 기대수익률과 체계적 위험간의 선형관계를 설명한다.
③ 비체계적 위험을 가진 포트폴리오는 비효율적 포트폴리오이므로 CML선상에 위치하지 않지만 SML선상에 놓일 수 있다.
④ 시장포트폴리오 수익률과 상관계수가 1이면 비체계적 위험이 완전히 제거된 자산이므로 CML과 SML은 동일한 표현식이 된다.
⑤ CML선상의 모든 점은 SML선상에도 존재하지만, SML선상에 있는 점은 모두 CML선상에 위치하지 않는다. 이는 CML은 효율적인 포트폴리오만을 설명하는 반면에 SML은 효율적인 포트폴리오는 물론이고 비효율적인 포트폴리오도 설명할 수 있기 때문이다.

20 자본시장선(CML)과 증권시장선(SML)에 대한 설명으로 옳지 않은 것은?

① CML과 SML은 증권의 위험과 기대수익률간의 관계를 나타내는 식이다.
② CML과 SML은 모든 증권에 적용되는데, 그 차이는 CML에서는 위험이 표준편차로, SML에서는 위험이 베타계수로 측정된다는 점이다.
③ 시장균형하에서 모든 증권의 위험과 기대수익률간의 관계가 CML상에 위치하는 것은 아니다.
④ CML의 기울기는 효율적 포트폴리오의 위험 1단위에 대한 보상을 나타낸다.
⑤ 시장균형하에서 모든 증권의 위험과 기대수익률은 SML상에 위치한다.

해설

비교사항	CML	SML
관 계 식	$E(R_p) = R_f + [\frac{E(R_m) - R_f}{\sigma_m}]\sigma_p$	$E(R_i) = R_f + [E(R_m) - R_f]\beta_i$
의 미	총위험과 기대수익률의 선형관계	체계적 위험과 기대수익률의 선형관계
평가대상	효율적 포트폴리오	모든 자산

정답

01.③ 02.⑤ 03.⑤ 04.③ 05.① 06.⑤ 07.④ 08.③ 09.③ 10.④
11.① 12.④ 13.③ 14.③ 15.③ 16.④ 17.② 18.③ 19.② 20.②

07 차익거래가격결정모형

자본자산가격결정모형은 모든 자산의 수익률이 시장포트폴리오 수익률이라는 단일요인에 의해 결정된다고 가정한다. 그러나 차익거래가격결정모형은 자산의 수익률이 여러 개의 공통요인에 의해 결정되고 시장균형상태에서 자산의 기대수익률이 각 요인에 대한 체계적 위험의 선형결합에 의해 결정된다는 이론을 말한다.

제 1 절 기본개념

1 APM의 등장배경

차익거래가격결정모형(APM : arbitrage pricing model)은 CAPM이 가지고 있는 다음과 같은 문제점을 해결하기 위해 등장한 이론으로 CAPM의 엄격한 가정과는 달리 자산의 수익률이 k개의 공통요인에 의해 선형으로 생성된다는 가정과 차익거래이익이 없는 균형상태의 조건하에서 도출되는 모형이다.

첫째, 자본자산가격결정모형(CAPM)에서는 투자자들이 평균－분산기준을 따른다고 가정하여 자산의 미래수익률에 대한 확률분포가 정규분포이거나 투자자의 효용함수가 2차함수라는 엄격한 가정이 필요하다.

둘째, 자본자산가격결정모형(CAPM)에서는 자산수익률이 시장포트폴리오라는 단일공통요인에 의해 결정되는 것으로 가정하는데 현실적으로 자산수익률에 영향을 미치는 공통요인은 여러 가지가 존재한다.

2 APM의 의의와 가정

(1) APM의 의의

차익거래가격결정모형은 자산의 수익률이 여러 개의 공통요인에 의해서 결정되고 투자자들이 차익거래를 통해 이익을 극대화하도록 행동할 경우에 차익거래이익을 실현할 수 없는 시장균형상태에서는 자산의 기대수익률이 각 요인에 대한 민감도와 선형관계를 갖는다는 이론을 말한다.

(2) APM의 가정

차익거래가격결정모형(APM)은 자본자산가격결정모형(CAPM)에 비해 보다 현실적이고 덜 제한적인 다음과 같은 가정을 전제로 하고 있다.

① 개별자산의 기대수익률은 여러 개(k개)의 독립적인 공통요인에 의해서 결정된다.
② 모든 투자자는 위험회피형이며 차익거래이익을 극대화할 수 있도록 투자한다.
③ 모든 투자자는 공통요인과 개별자산의 확률분포에 대해 동질적으로 기대한다.
④ 자본시장은 세금과 거래비용 같은 마찰적 요인이 없는 완전자본시장이다.

3 수익률생성모형

(1) K요인모형의 도출

자산의 수익률이 k개의 독립적인 공통요인에 의해서 결정될 경우 다음의 관계가 성립한다.

$$R_i = a_i + b_{i1}f_1 + b_{i2}f_2 + \cdots + b_{ik}f_k + e_i \qquad (7.1)$$

식(7.1)에서 기대값을 취하여 개별자산의 기대수익률을 구하면 다음과 같다.

$$E(R_i) = a_i + b_{i1}E(f_1) + b_{i2}E(f_2) + \cdots + b_{ik}E(f_k) \qquad (7.2)$$

식(7.1)에서 식(7.2)를 차감하여 정리하면 차익거래가격결정모형의 균형식을 유도하는데 필요한 수익률생성모형을 구할 수 있다.

$$R_i = E(R_i) + b_{i1}F_1 + b_{i2}F_2 + \cdots + b_{ik}F_k + e_i \tag{7.3}$$

(2) K요인모형의 의미

식(7.3)에 의하면 자산 i의 실제수익률은 자산 i의 기대수익률, k개의 공통요인에 대한 실제값과 기대값의 차이 그리고 비체계적 요인에 의해 결정된다는 것을 의미하는데, 이를 구체적으로 살펴보면 다음과 같다.

첫째, 자산 i의 기대수익률 $E(R_i)$은 식(7.2)에 의해 결정된다.

둘째, $b_{i1}F_1 + b_{i2}F_2 + \cdots + b_{ik}F_k$는 각 공통요인들의 실제값과 기대값의 차이로 공통요인에 대해 투자자들이 예상하지 못한 부분으로 인한 수익률변동을 나타낸다.

셋째, e_i는 개별자산 i의 고유요인으로 인한 수익률변동을 나타낸다.

예제>>> 7-1 3요인모형

모든 주식수익률은 물가상승률, 국민총생산(GNP), 시장이자율에 의해서 공통적으로 영향을 받는다. 연세기업은 올해의 물가상승률은 5%, GNP의 증가율은 2%, 이자율은 변동이 없을 것으로 예상하였다. 그러나 연말에 실제로 물가는 7% 상승하였고, GNP는 1% 증가했으며, 이자율은 2% 하락했다고 가정하여 다음 물음에 답하시오.

1. 요인모형을 제시하시오.
2. 연세기업 주식수익률의 각 요인에 대한 베타값은 물가상승률의 경우 2, GNP의 경우 1, 이자율의 경우 −1.8이다. 체계적 위험이 연세기업 주식수익률에 미친 효과를 산출하시오.
3. 연세기업 주식수익률은 올해 4%로 예상했으나 기대하지 않았던 신제품의 개발로 5%의 수익률을 추가로 실현하였다. 연세기업의 실제수익률을 구하시오.

해설

1. $R_i = E(R_i) + b_{i1}F_1 + b_{i2}F_2 + b_{i3}F_3 + e_i$
   F_1 : 물가상승률의 예상하지 못한 변화
   F_2 : 국민총생산의 예상하지 못한 변화
   F_3 : 시장이자율의 예상하지 못한 변화
2. $R_i = E(R_i) + 2F_1 + F_2 - 1.8F_3 + e_i$
   $F_1 = f_1 - E(f_1) = 7\% - 5\% = 2\%$
   $F_2 = f_2 - E(f_2) = 1\% - 2\% = -1\%$
   $F_3 = f_3 - E(f_3) = -2\% - 0 = -2\%$
   따라서 체계적 위험에 해당하는 크기는 다음과 같다.
   $b_{i1}F_1 + b_{i2}F_2 + b_{i3}F_3 = 2(2\%) + 1(-1\%) + (-1.8)(-2\%) = 6.6\%$
3. $R_i = E(R_i) + b_{i1}F_1 + b_{i2}F_2 + b_{i3}F_3 + e_i = 4\% + 6.6\% + 5\% = 15.6\%$

제 2 절 APM의 도출

1 차익거래의 개요

(1) 차익거래의 과정

모든 자산의 가격은 그 자산에서 발생할 미래현금흐름을 위험이 반영된 적절한 할인율로 할인한 현재가치이다. 따라서 시장균형상태라면 미래현금흐름과 위험이 동일한 자산은 동일한 가격에 거래가 이루어져야 한다. 그러나 불균형상태라면 미래현금흐름과 위험이 동일한 자산도 상이한 가격에 거래될 수 있다.

차익거래(arbitrage)는 동일한 자산이 자본시장에서 일시적인 불균형상태에 있어 서로 다른 상이한 가격에 거래될 경우 비싸게 거래되고 있는 과대평가된 자산은 매도하고 싸게 거래되고 있는 과소평가된 자산은 매입함으로써 추가적인 자금부담이나 추가적인 위험부담 없이 이익(free lunch)을 얻는 거래를 말한다.

차익거래의 기회가 존재하면 투자자들은 과대평가된 자산은 매도하고 과소평가된 자산은 매입하는 차익거래를 통해 이익을 극대화할 것이다. 차익거래의 과정에서 과대평가된 자산은 공급의 증가로 인해 가격이 하락하고 과소평가된 자산은 수요의 증가로 인해 가격이 상승할 것이다.

이러한 차익거래를 통해서 자본시장에서 거래되고 있는 동일한 내용의 자산은 차익거래의 기회가 없도록 가격이 형성되어야 한다. 따라서 동일한 물건에 대해서는 동일한 가격이 형성되는 일물일가의 법칙이 성립하는 시장균형상태에 도달하게 되면 차익거래의 기회는 사라지게 된다.

(2) 차익거래의 실제

자본자산가격결정모형(CAPM)이나 차익거래가격결정모형(APM)은 체계적 위험과 기대수익률간의 균형관계를 나타내기 때문에 다음과 같은 두 단계를 거쳐 차익거래의 과정을 분석할 수 있다.

첫째, 1단계 : 균형가격에 거래되는 자산들을 대상으로 균형상태에서 벗어나는 자산과 체계적 위험이 동일하도록 포트폴리오를 구성한다.

둘째, 2단계 : 균형상태에서 벗어나는 자산과 포트폴리오의 기대수익률을 비교하여 기대수익률이 높은 과소평가된 자산은 매입하고 기대수익률이 낮은 과대평가된 자산은 매도한다.

예제 7-2 차익거래의 과정

개별자산의 수익률에 영향을 미치는 공통요인이 하나인 경우 기대수익률과 공통요인에 대한 체계적 위험과의 관계를 나타내면 아래와 같다. 여기서 A, B, U는 분산가능위험은 포함되어 있지 않은 포트폴리오로서 위험요인에 대한 민감도는 $b_A = 1.2$, $b_U = 1.0$, $b_B = 0.8$이고 개별자산의 수익률은 $R_A = 13.4\%$, $R_U = 15.0\%$, $R_B = 10.6\%$이다.

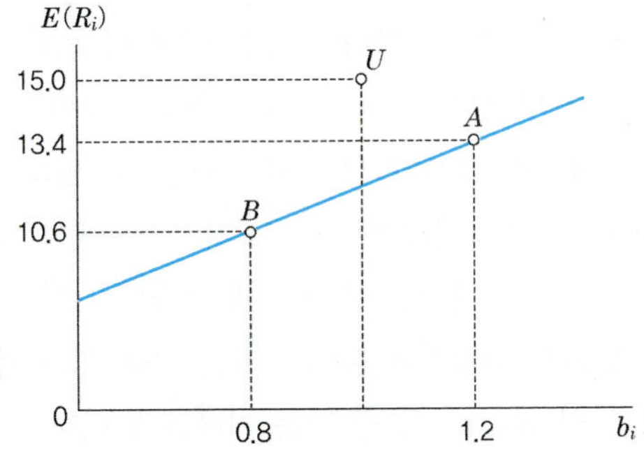

1. 공통요인에 대한 민감도가 1인 포트폴리오를 구성하기 위한 자산 A, B의 투자비율은 얼마인가? 그리고 포트폴리오 F의 균형수익률을 구하시오.
2. 차익거래를 위한 포트폴리오를 구성하고 차익거래를 통한 가격조정과정을 설명하시오.

해설

1. APM의 공통요인에 대한 민감도인 b_{ik}도 CAPM의 β계수처럼 가법성이 성립한다. 포트폴리오 A에 대한 투자비율을 w라고 하면 w는 1/2이 되어 포트폴리오 A, B에 각각 50%씩 투자하면 된다.
   $b_F = w \times b_A + (1-w) \times b_B = w(1.2) + (1-w)(0.8) = 1 \rightarrow w = 0.5$
   그리고 포트폴리오 F의 균형수익률을 구하면 12%가 된다.
   $E(R_F) = w_A E(R_A) + w_B E(R_B) = 0.5 \times 0.134 + 0.5 \times 0.106 = 0.12$
2. 균형에서 벗어나 증권시장선 상방에 위치한 포트폴리오 U의 기대수익률은 15%로 균형상태의 수익률 12%보다 높아 포트폴리오 U의 가격은 과소평가되어 있다. 따라서 과소평가된 U를 매입하고 포트폴리오 F를 매도하는 차익거래를 통해서 추가적인 부나 위험부담 없이 3%의 수익률을 얻을 수 있다.

거래	수익률	위험(b)
포트폴리오 U를 매입 포트폴리오 F를 매도	15% –12%	1 –1
합계	3%	0

2 차익거래포트폴리오

시장균형상태에서 차익거래이익이 없다는 것은 추가적인 자금을 부담하지 않고(no investment) 추가적인 체계적 위험이나 비체계적 위험을 부담하지 않은(no risk) 차익거래포트폴리오를 구성할 경우에 차익거래포트폴리오의 수익률은 0이 되어야 한다(no return)는 것을 의미한다.

(1) 차익거래포트폴리오의 구성

차익거래포트폴리오(arbitrage portfolio)는 차익거래의 과정에서 만들어지는 포트폴리오로서 추가적인 자금이나 위험부담 없이 현재 소유하고 있는 포트폴리오를 변경하여 새로이 구성한 포트폴리오를 말한다. 따라서 시장균형상태에서 차익거래포트폴리오를 구성하기 위해서는 다음과 같은 세 가지 조건을 충족시켜야 한다.

① 추가적인 자금부담이 없어야 한다.

추가적인 자금부담 없이 포트폴리오를 구성하기 위해서는 보유중인 기존의 자산이나 포트폴리오를 매도하거나 또는 공매를 통해서 조달한 자금으로 다른 자산 또는 포트폴리오를 매입해야 한다. 따라서 차익거래포트폴리오를 구성하는 각 개별자산에 대한 투자비율의 합은 0이 되어야 한다.

$$\sum_{i=1}^{n} w_i = 0 \tag{7.4}$$

② 추가적으로 부담하는 체계적 위험이 없어야 한다.

차익거래포트폴리오를 구성하기 위해서는 각 공통요인에 대한 개별자산의 체계적 위험을 투자비율로 가중평균한 값이 0이 되도록 투자비율을 결정하면 체계적 위험을 부담하지 않는다.

$$\sum_{i=1}^{n} w_i b_{i1} = 0, \sum_{i=1}^{n} w_i b_{i2} = 0, \cdots, \sum_{i=1}^{n} w_i b_{ik} = 0 \tag{7.5}$$

③ 추가적으로 부담하는 비체계적 위험이 없어야 한다.

비체계적 위험은 포트폴리오의 분산투자효과에 의해 제거할 수 있다. 따라서 자본시장에 존재하는 다수의 자산으로 포트폴리오를 구성하면 포트폴리오의 분산투자효과에 의해 비체계적 위험을 부담하지 않는다.

$$\sum_{i=1}^{n} w_i e_i = 0 \tag{7.6}$$

(2) 시장균형조건

자본시장이 균형상태에 있다면 추가적인 자금부담이나 위험부담 없이 차익거래를 통해서 이익을 얻을 수 없다. 따라서 위의 세 가지 조건에 의해 구성되는 차익거래포트폴리오의 수익률은 0이 되어야 한다.

$$R_p = \sum_{i=1}^{n} w_i R_i = 0 \tag{7.7}$$

3 APM의 도출

(1) APM의 도출

APM은 차익거래포트폴리오가 충족해야 하는 조건과 차익거래포트폴리오의 수익률은 0이어야 한다는 조건을 이용하여 도출할 수 있다. 자본시장의 균형상태에서는 모든 자산의 기대수익률이 다음과 같이 각 공통요인에 대한 민감도 또는 체계적 위험의 선형결합으로 나타나는데 이를 차익거래가격결정모형(APM)이라고 한다.

$$E(R_i) = \lambda_0 + \lambda_1 b_{i1} + \lambda_2 b_{i2} + \cdots + \lambda_k b_{ik} \tag{7.8}$$

(2) APM의 의미

만일 수익률이 R_f인 무위험자산이 존재한다면 무위험자산은 각 공통요인에 대한 민감도가 0이므로 식(7.8)에서 무위험자산의 수익률은 λ_0가 된다. 따라서 식(7.8)은 다음과 같이 나타낼 수 있다.

$$E(R_i) = R_f + \lambda_1 b_{i1} + \lambda_2 b_{i2} + \cdots + \lambda_k b_{ik} \tag{7.9}$$

한편 공통요인 k에 대한 민감도가 1이고 다른 모든 공통요인에 대한 민감도가 0인 포트폴리오를 요인포트폴리오(factor portfolio)라고 한다. 특정 요인 k에 대한 요인포트폴리오의 기대수익률을 $E(R_{Fk})$라고 하면 다음의 관계가 성립한다.

$$E(R_{Fk}) = R_f + \lambda_k \rightarrow \lambda_k = E(R_{Fk}) - R_f \qquad (7.10)$$

식(7.10)에서 λ_k은 공통요인 k에 대한 요인포트폴리오의 위험프리미엄을 나타낸다. 요컨대 λ_1, λ_2, $\cdots$, λ_k는 특정요인에 대한 요인포트폴리오의 위험프리미엄 또는 특정요인에 대한 민감도 1단위당 위험프리미엄을 의미한다.

제 3 절 CAPM과 APM의 비교

1 CAPM과 APM의 관계

자본자산가격결정모형은 차익거래가격결정모형의 여러 가지 가능한 형태 중에서 모든 자산의 수익률을 설명할 수 있는 공통요인이 시장포트폴리오 하나뿐인 경우에 해당한다. 따라서 모든 자산의 수익률이 시장포트폴리오라는 단일요인에 의해 설명될 수 있다면 식(7.9)는 다음과 같이 나타낼 수 있다.

$$E(R_i) = R_f + [E(R_m) - R_f]b_{im} \qquad (7.11)$$

식(7.11)에서 $E(R_m)$은 시장포트폴리오에 대한 민감도가 1인 포트폴리오, 즉 시장포트폴리오의 기대수익률을 나타내고, b_{im}은 자산 i의 시장포트폴리오에 대한 민감도이므로 자본자산가격결정모형에서의 β_i와 동일하다. 따라서 식(7.11)은 다음과 같이 CAPM과 동일한 형태로 나타낼 수 있다.

$$E(R_i) = R_f + [E(R_m) - R_f]\beta_i \qquad (7.12)$$

2 CAPM과 APM의 결합

(1) 베타와 요인의 민감도간의 관계

CAPM과 APM의 가정이 동시에 유효하여 자산의 수익률을 설명하는 타당한 모형이라면 특정 자산의 베타와 그 자산의 요인에 대한 민감도간에는 일정한 관계가 존재하게 된다. 자산 i의 수익률이 2요인모형에 의해 생성된다고 가정하면 자산 i의 수익률과 시장포트폴리오 수익률간의 공분산은 다음과 같다.

$$Cov(R_i, R_m) = Cov(a_i + b_{i1}F_1 + b_{i2}F_2 + e_i, R_m) \tag{7.13}$$

이러한 경우에 자산 i의 베타는 다음과 같은 형태로 나타낼 수 있다.

$$\begin{aligned}\beta_i &= \frac{Cov(R_i, R_m)}{\sigma_m^2} = \frac{Cov(a_i + b_{i1}F_1 + b_{i2}F_2 + e_i, R_m)}{\sigma_m^2} \\ &= b_{i1}\frac{Cov(F_1, R_m)}{\sigma_m^2} + b_{i2}\frac{Cov(F_2, R_m)}{\sigma_m^2} = b_{i1}\beta_{F1} + b_{i2}\beta_{F2}\end{aligned} \tag{7.14}$$

식(7.14)에서 자산 i의 베타는 시장포트폴리오 수익률에 대한 각 공통요인의 민감도와 선형관계임을 알 수 있다. 여기서 β_{F1}과 β_{F2}는 시장포트폴리오 수익률에 대한 각 공통요인 F_1과 F_2의 민감도를 나타내는 것으로, 이를 (공통)요인베타(factor beta)라고 한다.

(2) CAPM과 APM의 결합

자본자산가격결정모형(CAPM)에서 개별자산 i의 기대수익률은 다음과 같다.

$$E(R_i) = R_f + [E(R_m) - R_f]\beta_i \tag{7.15}$$

식(7.15)에서 자산 i의 수익률이 2요인모형에 의해 생성된다고 가정하면 식(7.14)에서처럼 자산 i의 베타는 각 공통요인에 대한 민감도(b_{ik})와 요인베타(β_{ik})의 함수이므로 식(7.15)에 대입하여 정리하면 다음과 같다.

$$\begin{aligned}E(R_i) &= R_f + [E(R_m) - R_f](b_{i1}\beta_{F1} + b_{i2}\beta_{F2}) \\ &= R_f + [E(R_m) - R_f]\beta_{F1}b_{i1} + [E(R_m) - R_f]\beta_{F2}b_{i2}\end{aligned} \tag{7.16}$$

따라서 CAPM과 APM이 동시에 성립한다면 요인포트폴리오의 위험프리미엄인 λ_1과 λ_2의 값은 다음과 같이 결정되어야 함을 알 수 있다.

$$\lambda_1 = [E(R_m) - R_f]\beta_{F1} \tag{7.17}$$

$$\lambda_2 = [E(R_m) - R_f]\beta_{F2} \tag{7.18}$$

3 APM의 우월성

APM은 CAPM처럼 완전자본시장과 동질적 기대의 가정하에서 도출된 자산가격결정 모형이다. 그러나 APM은 CAPM과 비교해서 시장포트폴리오의 존재가 필요하지 않으며 APM을 도출하는데 사용된 가정들이 CAPM보다 덜 제한적이다. 따라서 APM은 CAPM을 대체하기 위한 보다 일반화된 모형이라고 할 수 있다.

첫째, CAPM은 투자자들이 평균–분산기준을 따른다고 가정하여 자산수익률이 정규분포이거나 투자자의 효용함수가 2차함수라는 엄격한 가정이 필요하다. 반면에 APM은 자산수익률의 확률분포나 투자자의 효용함수에 대해 특별한 가정을 하지 않으며, 투자자들이 차익거래를 통해 이익을 극대화하려고 한다고 가정한다.

둘째, CAPM은 시장포트폴리오의 존재를 필요로 하지만, APM은 시장포트폴리오의 존재가 필요없으므로 자산의 부분집합만으로 실증분석이 가능하다. CAPM은 자산의 균형수익률이 단일요인에 의해 결정된다고 가정하는 반면에 APM은 자산의 균형수익률이 다수의 공통요인에 의해 결정된다고 가정한다.

셋째, CAPM의 경우와 달리 APM은 무위험자산의 존재여부나 무위험이자율로 차입과 대출에 아무런 제한을 두고 있지 않으므로 무위험자산이 존재하지 않더라도 성립한다. 그리고 APM은 CAPM의 경우와 달리 단일기간(one period)을 가정하지 않으므로 다기간(multi–period)으로 쉽게 확장할 수 있다.

4 APM의 한계점

APM은 CAPM에 비해서 위험자산의 기대수익률을 설명하는 보다 일반화된 모형이지만 다음과 같은 한계점을 가지고 있다.

첫째, 모든 자산의 수익률에 영향을 미치는 공통요인(common factor)의 개수나 순위가 표본 또는 기간에 따라 다르게 나타나기 때문에 공통요인의 선정이 어렵다.

둘째, 일반적으로 공통요인은 요인분석(factor analysis)을 이용하여 찾게 되는데 비록 공통요인을 추출하더라도 공통요인들이 어떠한 경제적 의미를 갖는지 설명하기가 어렵다.

셋째, 차익거래가격결정모형에서는 모든 공통요인들이 서로 독립적이라고 가정을 하지만 현실적으로 각 공통요인간에 상호관련성이 존재할 수 있다.

핵심요약

제1절 기본개념

1. APM의 등장배경

CAPM이 가지고 있는 비현실적인 문제점을 해결하기 위해 등장한 이론

2. APM의 의의

자산의 수익률이 복수의 공통요인에 의해 결정되고 투자자들이 차익거래를 통해 이익을 극대화하도록 행동하면 차익거래이익을 얻을 수 없는 시장균형상태에서 자산의 기대수익률은 각 요인에 대한 민감도와 선형관계를 갖는다는 이론

3. 수익률생성모형 : $Ri = E(R_i) + b_{i1}F_1 + b_{i2}F_2 + \cdots + b_{ik}F_k + e_i$

제2절 APM의 도출

1. 차익거래의 개념

동일한 자산이 상이한 가격에 거래되면 과대평가된 자산은 매도하고 과소평가된 자산은 매입하여 추가적인 자금부담이나 위험부담 없이 이익을 얻는 거래

2. 차익거래의 과정

① 1단계 : 균형가격에 거래되는 자산들을 대상으로 균형에서 벗어나는 자산과 체계적 위험이 동일한 포트폴리오를 구성

② 2단계 : 균형에서 벗어나는 자산과 포트폴리오의 기대수익률을 비교하여 기대수익률이 낮은 자산을 매도하고 기대수익률이 높은 자산을 매입

3. 차익거래포트폴리오

차익거래과정에서 만들어지는 포트폴리오로서 추가적인 자금이나 추가적인 위험부담없이 현재 소유하고 있는 포트폴리오를 변경하여 새로이 구성한 포트폴리오

① 추가적인 자금부담이 없어야 한다.

② 추가적으로 부담하는 체계적 위험이 없어야 한다.

③ 추가적으로 부담하는 비체계적 위험이 없어야 한다.

시장균형상태라면 추가적인 자금부담이나 위험부담 없이 차익거래를 통해 이익을 얻을 수 없어 차익거래포트폴리오의 수익률은 0이 되어야 함

4. APM의 도출 : $E(R_i) = \lambda_0 + \lambda_1 b_{i1} + \lambda_2 b_{i2} + \cdots + \lambda_k b_{ik}$

① 시장균형상태에서 자산의 기대수익률은 각 공통요인에 대한 민감도의 선형결합

② λ_1, λ_2, $\cdots$, λ_k는 특정요인에 대한 요인포트폴리오의 위험프리미엄

연습문제

01 **다음 차익거래가격결정모형(APM)의 가정으로 옳은 것은?**

① 자산의 수익률을 결정하는 공통요인은 시장포트폴리오의 수익률뿐이다.
② 자산의 수익률은 정규분포를 이룬다.
③ 투자자들은 위험회피형이며, 평균–분산기준을 따른다.
④ 무위험자산이 존재하고 무위험이자율로 차입과 대출이 가능하다.
⑤ 투자자들은 적은 부보다 많은 부를 선호한다.

해 설
① 자산의 수익률은 여러 개의 독립적인 공통요인에 의해 결정된다고 가정한다.
② 자산의 수익률에 대해 특별한 가정을 하지 않는다.
③ 투자자들은 적은 부보다 많은 부를 선호하여 차익거래이익을 극대화할 수 있도록 투자한다고 가정한다.
④ 무위험자산의 존재여부에 대해 아무런 가정을 하지 않는다.

02 **다음 중 차익거래포트폴리오에 대한 설명으로 옳지 않은 것은?**

① 추가적인 자금을 투자하지 않는 포트폴리오이다.
② 추가적인 위험을 부담하지 않는 포트폴리오이다.
③ 균형상태에서 차익거래포트폴리오의 수익률은 0이 된다.
④ 다수의 자산에 분산투자하면 모든 위험을 제거할 수 있다.
⑤ 동일한 특성을 가진 자산의 가격은 동일해야 한다는 논리에 근거하고 있다.

해 설
다수의 자산에 분산투자하면 비체계적 위험은 제거할 수 있지만, 체계적 위험은 제거할 수 없다.

03 **다음 중 차익거래가격결정모형(APM)에 대한 설명으로 옳지 않은 것은?**

① 자본시장은 충분히 많은 자산이 거래되는 완전자본시장이다.
② APM에서 평균–분산기준은 필요없는 조건이다.
③ APM에서는 시장포트폴리오의 존재를 필요로 하지 않는다.
④ APM에서도 투자자의 관심대상은 체계적 위험이다.
⑤ 각 공통요인간에는 상호관련성이 있는 것으로 가정한다.

해 설
APM에서는 각 공통요인이 독립적이라고 가정한다. 그러나 현실적으로 상호관련성이 있을 수 있다.

04 증권시장에서는 GDP증가율과 이자율변동의 요인이 증권의 수익률에 영향을 미친다고 알려져 있다. 두 요인의 기대값과 실제값 그리고 건양기업 주식의 두 요인에 대한 민감도가 아래 표와 같다. 현재 건양기업 주식의 수익률은 예상하지 못했던 소송사건의 여파로 1.5% 하락하였다. 건양기업의 주식에 대한 기대수익률을 15%라고 가정하면 실제수익률은?

요인	민감도	기대값	실제값
GDP증가율	1.0	6%	7%
이자율변동	1.6	5%	4%

① 11.5%　② 12.9%　③ 13.5%
④ 14.9%　⑤ 15.5%

해설 $Ri = E(R_i) + b_{i1}F_1 + b_{i2}F_2 + e_i = 15 + 1.0(7-6) + 1.6(4-5) - 1.5 = 12.9\%$

05 자산의 수익률이 두 개의 공통요인 G와 M에 의해 결정되며 무위험이자율은 10%라고 한다. 충분히 분산투자된 세 포트폴리오 A, B, C의 균형수익률과 세 공통요인에 대한 민감도가 다음과 같을 때 다음 중 옳은 것은?

포트폴리오	E(Ri)	b_{iG}	b_{iM}
A	0.15	1.0	0
B	0.13	0	1.0
C	0.15	1.2	0.5

① 균형상태에서 $E(R_i) = 0.1 + 0.15b_{iG} + 0.13b_{iM}$이다.
② 투자자는 가능하면 많은 투자자금을 포트폴리오 A에 투자하는 것이 바람직하다.
③ 무위험차익거래를 위해서는 포트폴리오 A와 B를 각각 1,200만원, 500만원 공매하고 C와 무위험자산에 1,000만원, 700만원씩 투자해야 한다.
④ 포트폴리오 C의 현재가격은 균형가격보다 과대평가되어 있다.
⑤ 포트폴리오 A와 B를 각각 1,200만원과 500만원씩 매입하고 포트폴리오 C를 1,000만원 공매하여 포트폴리오를 구성하면 5만원의 확실한 이익을 얻을 수 있다.

해설

$E(R_i) = \lambda_0 + \lambda_1 b_{i1} + \lambda_2 b_{i2} + \cdots + \lambda_k b_{ik}$

$E(R_A) = 0.1 + \lambda_1 \times 1.0 + \lambda_2 \times 0 = 0.15 \rightarrow \lambda_1 = 0.05$

$E(R_B) = 0.1 + \lambda_1 \times 0 + \lambda_2 \times 1.0 = 0.13 \rightarrow \lambda_2 = 0.03$

$E(R_i) = \lambda_0 + 0.05 \times b_{i1} + 0.03 \times b_{i2}$

$E(R_c) = 0.1 + (0.05 \times 1.2) + (0.03 \times 0.5) = 0.175 > 0.15$(기대수익률)

따라서 C주식은 기대수익률의 과소평가로 주가는 과대평가되어 있어 C를 공매하고 A에는 1,200만원, B에는 500만원 투자하면 무위험이자율로 700만원 차입한 차익거래포트폴리오의 성과는 다음과 같다.

거래	t=0	t=1
A 주식 매입 B 주식 매입 무위험이자율로 차입 C 주식 공매	−1,200 −500 +700 +1,000	+180(=1,200×0.15) +65(=500×0.13) −70(=700×0.1 −150(=1,000×0.15)
합계	0	'+25

차익거래이익 = 25만원/1.1 = 22.7만원

06 다음 중 차익거래가격결정이론(APT)에 대한 설명으로 옳지 않은 것은?

① 자산수익률의 확률분포가 정규분포가 아니라도 성립한다.
② 투자자의 효용함수가 아니라도 성립한다.
③ 투자자들은 차익거래를 통해 이익을 극대화하고자 한다.
④ 무위험자산의 존재유무에 아무런 가정을 하지 않는다.
⑤ 자산수익률의 결정과정은 투자자들의 동질적 기대와 관계없이 성립한다.

해설 CAPM과 APM은 모두 완전자본시장과 동질적 기대의 가정에서 도출된 시장균형모형이다.

07 다음 중 CAPM과 APM에 대한 설명으로 옳지 않은 것은?

① CAPM과 APM은 완전자본시장과 동질적 기대의 가정하에서 도출된 자산의 가격결정에 대한 시장균형모형이다.
② CAPM과 APM은 위험자산의 기대수익률과 체계적 위험간에 정(+)의 관계가 있음을 나타낸다.
③ APM을 도출하는데 사용되는 가정은 CAPM보다 덜 제한적이며 CAPM에 비해 일반화된 모형이다.
④ CAPM과 APM은 차익거래이익이 없는 균형상태의 조건하에서 증권의 가격을 결정하는 모형이다.
⑤ APM은 CAPM의 특수한 형태에 해당된다.

해설 CAPM은 APM에서 자산의 수익률을 설명할 수 있는 공통요인이 시장포트폴리오 하나뿐인 특수한 경우에 해당된다.

08 다음 중 CAPM과 APM에 대한 설명으로 옳지 않은 것은?

① CAPM은 투자자들이 평균-분산기준에 따라 투자한다고 가정하는 반면에 APM은 투자자들이 적은 부보다는 많은 부를 선호한다는 가정한다.
② CAPM과 APM은 모두 무위험자산의 존재를 가정해야 도출할 수 있다.
③ CAPM에서는 시장포트폴리오가 유일한 효율적 투자대상으로 중요한 역할을 하는 반면에 APM에서는 그렇지 않다.
④ CAPM과 APM은 모두 투자자가 위험회피형이라고 가정한다.
⑤ APM에서 설명요인이 하나이고 그 설명요인이 시장포트폴리오의 수익률이라면 APM의 결과는 CAPM과 일치한다.

해설 CAPM은 무위험자산이 존재해야 하지만, APM은 무위험자산이 존재하지 않아도 된다.

09 다음 중 APT(차익거래가격결정이론)에 대한 설명으로 옳지 않은 것은?

① APT를 유도하기 위한 가정은 CAPM의 경우보다 상대적으로 약하다. 따라서 CAPM은 APT의 특수한 형태로 볼 수 있다.
② APT에서는 자산의 수익률 분포에 대한 제약이 필요 없으며 투자자가 위험회피적이라는 가정도 필요없다.
③ APT는 시장포트폴리오를 필요로 하지 않기 때문에 시장에 존재하는 자산의 일부만으로 자산가치평가를 할 수 있다.
④ APT에서 위험자산의 기대수익률 결정에 영향을 미치는 체계적 위험은 하나 이상이다.
⑤ APT와 CAPM은 모두 자산의 기대수익률과 관련 위험요인이 선형관계를 갖고 있다는 것을 보여 준다.

해설
① APT의 가정은 CAPM보다 약하며, CAPM은 APT에서 공통요인이 시장포트폴리오 수익률 하나뿐인 APT의 특수한 형태로 볼 수 있다.
② CAPM은 평균-분산기준을 적용하기 위해 자산수익률의 확률분포가 정규분포이거나 투자자의 효용함수가 2차 함수라는 가정이 필요하다. 그러나 APT는 이러한 가정을 필요로 하지 않고 차익거래이익을 극대화하는 위험회피형 투자자를 전제로 한다.
③ CAPM은 자본시장에 존재하는 모든 위험자산으로 구성된 시장포트폴리오의 존재를 필요로 한다. 그러나 APT는 자본시장에 존재하는 일부의 자산만으로 실증분석을 할 수 있다.
④ CAPM은 자산의 기대수익률이 시장포트폴리오 수익률이라는 단일의 공통요인에 의해 결정된다고 한다. 그러나 APT는 복수의 공통요인에 의해 결정된다고 본다.
⑤ CAPM : $E(R_i) = R_f + [E(R_m) - R_f]\beta_i$
APT : $E(R_i) = \lambda_0 + \lambda_1 b_{i1} + \lambda_2 b_{i2} + \cdots + \lambda_k b_{ik}$

연습문제

10 다음 중 APT(차익거래가격결정이론)의 한계점으로 옳은 것은?

① 시장포트폴리오가 유일한 효율적 자산집합으로 중요한 역할을 하는데, 진정한 시장포트폴리오를 발견하기가 어렵다.
② 투자자들이 평균-분산기준을 따른다는 엄격한 가정을 기초로 한다.
③ APT를 도출하려면 무위험자산이 반드시 존재해야 하는데 현실적으로는 무위험자산을 찾아보기가 어렵다.
④ 모든 투자안의 수익률에 공통적으로 영향을 미치는 요인의 선정이 어렵고 요인에 대한 경제적 의미를 부여하기가 어렵다.
⑤ CAPM에 비해 일반적이지 못하다.

해설 ①, ②, ③은 CAPM의 한계점이다.
⑤ APT가 CAPM보다 더 일반적이다.

정답

01.⑤ 02.④ 03.⑤ 04.② 05.④ 06.⑤ 07.⑤ 08.② 09.② 10.④

03

증권분석

08 자본시장의 효율성

자본시장에서 형성되는 자산가격은 미래소득에 대한 투자자들의 예상을 반영하여 결정되고 미래소득에 대한 투자자들의 예상은 미래소득에 관한 다양한 정보를 반영하여 형성된다. 주식가격은 효율적 시장가설이 성립한다는 가정하에서 정보의 가치를 반영하여 평가하기 때문에 중요한 의미를 갖는다.

제 1 절 효율적 자본시장

1 자본시장의 효율성

기업의 자금조달에서 중요한 역할을 하는 것은 자본시장이다. 자본시장의 중요한 기능은 여유자금을 가지고 있는 경제주체로부터 자금을 필요로 하는 경제주체에게로 자금이 원활히 이전되도록 하는 것이나. 자본시장이 이러한 역할을 제대로 수행하기 위해서는 다음과 같은 세 가지 측면에서 효율성이 충족되어야 한다.

① 운영의 효율성

운영의 효율성(operational efficiency)은 자본시장에 거래비용, 세금, 규제와 같은 거래의 마찰적 요인이 없거나 아주 작아서 증권거래가 원활하게 이루어질 수 있는 상태를 말한다. 운영의 효율성은 내적 효율성(internal efficiency)이라고도 한다.

② 정보의 효율성

정보의 효율성(informational efficiency)은 자본시장에서 결정된 주식가격은 주식가격에 영향을 미칠 수 있는 정보를 즉시, 정확하게 그리고 충분히 반영하고 있는 상태를 말한다. 정보의 효율성은 외적 효율성(external efficiency)이라고도 한다.

③ 배분의 효율성

배분의 효율성(allocational efficiency)은 사회전체적으로 한정된 자금이 생산적인 투자안에 최적으로 배분되어 있는 상태를 말한다. 배분의 효율성은 운영의 효율성과 정보의 효율성이 충족되어야 달성될 수 있다.

2 효율적 자본시장

완전자본시장(perfect capital market)은 위에서 제시한 운영의 효율성, 정보의 효율성, 배분의 효율성 세 가지 요건을 완벽하게 충족시키는 시장을 말한다. 반면에 효율적 자본시장(efficient capital market)은 위에서 제시한 세 가지 조건 중에서 정보의 효율성이 충족되는 시장으로 완전자본시장보다 넓은 개념이다.

제 2 절 효율적 시장가설

1 효율적 시장가설의 의의

효율적 시장가설(EMH : efficient market hypothesis)은 자본시장에서 결정된 주가는 주가에 영향을 미칠 수 있는 정보를 즉시 그리고 충분히 반영한다는 가설이다. 즉시 반영한다는 것은 정보가 시장에 알려짐과 동시에 반영한다는 뜻이고, 충분히 반영한다는 것은 그 정보가 지니고 있는 가치만큼 정확히 반영한다는 의미이다.

예컨대 건양기업이 주당 100원의 NPV를 갖는 새로운 투자안을 발견했다고 하자. 이러한 사실을 시장에 공시하면 [그림 8-1]에서 보는 바와 같이 공시와 함께 건양기업의 주가가 100원만큼 상승해야 효율적 시장이라고 할 수 있으며, 공시 이후에 주가가 상승하거나 100보다 크게 상승하면 효율적 시장이라고 할 수 없다.

따라서 효율적 시장가설이 성립하면 주식가격에 반영된 정보는 정보로서의 가치가 없기 때문에 특정 정보를 이용해서 투자하더라도 비정상적 초과수익(abnormal excess return)을 실현할 수 없게 된다. 그러나 자본시장이 비효율적이어서 지연된 반응(delayed reaction)을 보이거나 과잉반응(overreaction)을 보일 경우에는 특정 정보를 이용해서 투자할 경우 비정상적인 초과수익을 얻을 수 있게 된다.

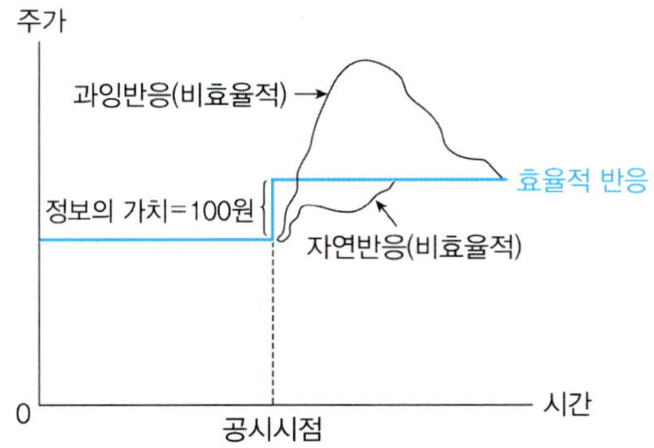

[그림 8-1 효율적 자본시장]

2 효율적 시장가설의 유형

주가에 영향을 미칠 수 있는 모든 이용가능한 정보가 신속하고 충분히 반영되고 있는가는 실증분석의 문제로 효율적 자본시장의 성립여부는 하나의 가설이 되는데, 이를 효율적 시장가설이라고 한다. 파마(E. Fama)는 주식가격에 반영되는 정보의 범위에 따라 효율적 시장가설을 다음과 같은 세 가지의 유형으로 구분하였다.

(1) 약형 효율적 시장가설(weak form EMH)

약형 EMH는 주식가격은 과거의 주가나 거래량과 같은 역사적 정보를 즉시 그리고 충분히 반영하고 있다는 가설을 말한다. 따라서 약형 효율적 시장가설이 성립하는 시장에서는 역사적 정보가 이미 주가에 반영되어 있기 때문에 기술적 분석에 의해 투자하더라도 초과수익을 얻을 수 없게 된다.

(2) 준강형 효율적 시장가설(semistrong form EMH)

준강형 EMH는 주식가격은 역사적 정보를 포함하여 기업의 회계정보, 증권회사의 투자자료, 정부의 경제시책 등 공식적으로 이용가능한 정보를 즉시 그리고 충분히 반영하고 있다는 가설을 말한다. 따라서 준강형 효율적 시장가설이 성립하면 기본적 분석에 의해 투자하더라도 초과수익을 얻을 수 없게 된다.

(3) 강형 효율적 시장가설(strong form EMH)

강형 EMH는 주식가격은 이용가능한 모든 정보를 즉시 그리고 충분히 반영하고 있다는 가설을 말한다. 이용가능한 모든 정보에는 공식적으로 이용가능한 정보뿐 아니라 공식적으로 이용할 수 없는 내부정보까지 포함한다. 따라서 강형 효율적 시장가설이 성립하면 내부정보를 이용하여 투자하더라도 초과수익을 얻을 수 없다.

효율적 시장가설을 세 가지 유형으로 구분한 것은 자본시장의 효율성의 정도를 확인하기 위한 것이다. 예컨대 강형 효율적 시장가설이 성립하는 시장은 준강형 효율적 시장가설만 성립하는 시장보다 효율적인 시장이고, 준강형 효율적 시장가설이 성립하는 시장은 약형 효율적 시장가설만 성립하는 시장보다 효율적 시장이다.

따라서 강형 효율적 시장가설이 성립하는 시장은 약형 및 준강형 효율적 시장가설이 당연히 성립하는 시장이고, 준강형 효율적 시장가설이 성립하는 시장은 약형 효율적 시장가설이 당연히 성립하는 시장이다. 이러한 정보의 종류와 효율적 시장가설의 관계를 도시하면 [그림 8-2]와 같이 제시할 수 있다.

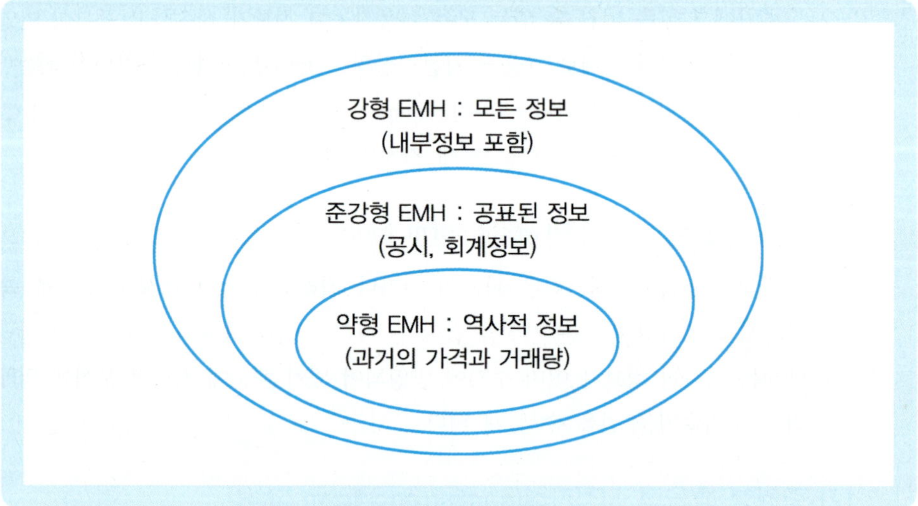

【 그림 8-2 정보의 종류와 효율적 시장가설 】

3 효율적 시장가설의 검증

(1) 약형 EMH의 검증

약형 EMH는 과거의 역사적 정보가 현재의 주가에 충분히 반영되어 있다는 가설을 말하므로 약형 EMH가 성립하는 시장에서 미래의 주가는 과거의 주가에 관계없이 독립적으로 변동해야 한다. 따라서 약형 EMH를 검증하기 위해서는 주식가격의 시계열에 독립성이 존재하는가를 확인해야 한다.

구체적으로 연의 검증(test of run), 필터기법(filter technique), 시계열 상관분석(serial correlation analysis) 등의 방법으로 주가의 시계열에 독립성이 있는 것으로 확인되면 약형 EMH가 성립하고, 주가의 시계열에 독립성이 없는 것으로 확인되면 약형 효율적 시장가설이 성립하지 않는다고 할 수 있다.

① 연의 검증

연의 검증은 주가변동의 시계열이 무작위인지 아니면 어떤 추세를 지니고 있는가를 보는 단순한 형태의 검정방법으로, 연(run)이란 주가상승을 (+), 주가하락을 (−)로 표시했을 때 동일한 부호를 갖는 가격변동들의 연속을 말한다. 예컨대 주가의 상승 또는 하락이 + + − − + −의 형태로 나타났다면 4개의 연을 갖는다.

연의 검증에서는 무작위성을 가정한 이론적인 연의 수와 현실의 주식시장에서 실제로 관찰된 연의 수간에 통계학적인 유의성(significance)이 존재하는가의 여부를 검정하여 판단한다. 이론적인 연의 수와 실제로 관찰된 연의 수간에 통계학적인 유의성이 존재한다면 약형 효율적 시장가설이 성립한다고 할 수 있다.

② 필터기법

필터기법(filter technique)은 주가변동의 일정폭을 설정해 놓고 주식가격이 저점에서 일정비율 5%만큼 상승하면 그 주식을 매입하고, 고점에서 일정비율 5%만큼 하락하면 그 주식을 매도하는 투자기법을 말한다. 이때 주식의 매입과 매도를 결정하는 일정비율 5%를 필터(filter)라고 한다.

만일 주식시장이 효율적이라면 필터기법을 통한 투자성과가 단순한 매입보유전략(naive buy & hold strategy) 이상의 비정상적인 초과수익을 얻을 수 없다. 왜냐하면 주식시장이 효율적이어서 주가변동의 시계열이 무작위적이라면 일정한 규칙을 나타내는 필터는 존재할 수 없기 때문이다.

따라서 필터기법은 내용이 단순하여 초보적인 투자자도 쉽게 이용할 수 있는 투자전략이다. 그러나 필터의 크기를 어떻게 결정하느냐 하는 것은 투자자가 주관적으로 결정해야 하고, 저점이라고 판단하여 주식을 매입했는데 주가가 상승하지 않고 더 하락할 수도 있다는 문제점이 있다.

③ 시계열상관분석

주가변동의 시계열이 랜덤워크(random walk)를 따른다는 것은 미래의 주가변동과 과거의 주가변동이 독립적이라는 것을 의미한다. 따라서 미래의 주가변동과 과거의 주가변동간에 시계열 상관관계가 존재하는지의 여부를 살펴봄으로써 주가변동의 무작위성을 검정할 수 있다.

예컨대 어제 주식가격이 상승했는데 오늘도 주식가격이 상승한다면 두 기간의 주가변화간에는 상관관계가 있다고 할 수 있다. 이러한 두 기간의 주가변화간의 관계를 자기상관(autocorrelation) 또는 시계열상관(serial correaltion)이라고 하며, 그 정도를 측정하는 척도로 자기상관계수가 있다.

시계열 자료에 내재하는 시점간의 자기상관계수가 0에 가까우면 주식가격의 변화는 시계열 독립이라고 할 수 있고, −1이나 +1에 가까우면 시계열 상관이라고 할 수 있다. 따라서 자기상관계수 또는 시계열 상관계수가 통계학적으로 0에 가깝다면 약형 효율적 시장가설이 성립한다고 할 수 있다.

(2) 준강형 EMH의 검증

준강형 EMH가 성립하는 시장에서는 주식가격에 영향을 미치는 정보가 공시시점에 주식가격에 반영되어야 하며, 공시시점 이후에는 주식가격에 유의한 변동이 없어야 한다. 따라서 특정 정보에 대한 공시시점 전후의 주식가격이나 수익률의 움직임을 관찰해 보면 준강형 EMH의 성립여부를 확인할 수 있다.

준강형 EMH의 성립여부를 검증하기 위해 사건연구 또는 잔차분석을 이용한다. 사건연구는 특정 정보의 공시를 하나의 사건으로 보고 공시시점 전후의 주식가격이나 수익률의 움직임을 분석하는 방법을 말한다. 사건연구를 이용한 준강형 EMH의 검증절차는 우선 특정 사건이 있었던 증권들을 선정하고 자료를 수집한다.

특정 정보가 주식가격에 영향을 미친다고 생각되는 사건기간을 정하고 사건 전후 일정기간을 사건기간으로 한다. 각 주식별로 사건기간의 잔차를 측정한다. 잔차(e_{it})는 실제수익률과 특정 사건이 발생하지 않았을 때 기대되는 정상수익률간의 차이를 말한다. 정상수익률은 시장모형이나 CAPM을 이용하여 추정할 수 있다.

기업의 정상수익률을 구할 경우에는 비사건기간의 자료를 이용해야 하고 사건기간에서 개별주식들의 비정상 초과수익률을 계산한다. 비정상 초과수익률(ER : excess return)은 사건기간의 실제수익률에서 특정 사건이 발생하지 않았다고 가정할 경우에 기대되는 정상수익률간의 차이로서 다음과 같이 구할 수 있다.

$$ER = R_{it} - R_{it} = R_{it} - (\alpha_i + \beta R_{mt}) \quad (8.1)$$

특정 사건의 공시시점을 전후한 주가의 평균적인 변동을 측정하기 위해서 각 시점별로 표본에 포함된 개별주식들의 비정상 초과수익률을 평균한 평균잔차(AR : average residual)와 그 시점까지의 평균잔차를 누적시킨 누적평균잔차(CAR : cumulative average residual)를 구하여 시장효율성을 검정한다.

준강형 EMH가 성립하면 특정 정보가 공시되기 직전이나 공시되는 시점에서 정보가 주식가격에 반영되므로 공시시점 이후에는 주가의 비정상적인 움직임을 나타내는 평균잔차가 0과 다르지 않아야 한다. 따라서 공시시점 이후의 누적평균잔차에 유의한 변동이 없으면 준강형 EMH가 성립한다고 할 수 있다.

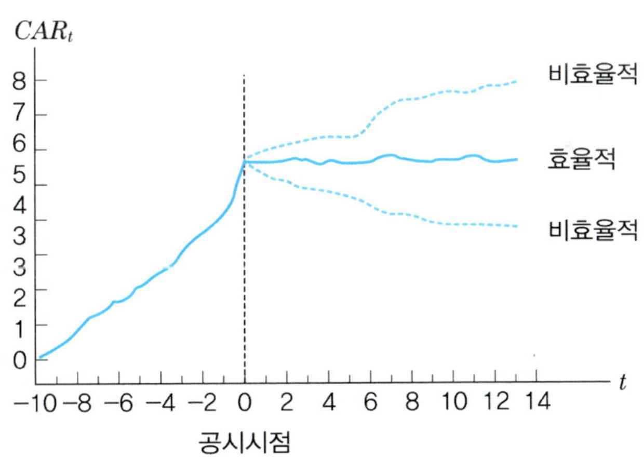

【 그림 8-3 효율적 자본시장에서의 주가반응 】

(3) 강형 EMH의 검증

강형 EMH는 내부정보를 포함한 모든 정보가 현재의 주가에 충분히 반영되어 있어 강형 EMH가 성립하는 시장에서는 내부정보를 이용할 수 있는 투자자도 비정상적 초과수익을 얻을 수 없다. 따라서 강형 EMH을 검증하려면 내부정보를 독점적으로 사용하는 투자자집단이 초과수익을 얻고 있는지의 여부로 확인한다.

내부정보를 독점적으로 이용할 수 있는 투자자집단이 비정상적 초과수익을 얻지 못하고 있다면 강형 EMH가 성립한다. 반면에 내부정보를 이용할 수 있는 투자자집단이 비정상적 초과수익을 얻고 있다면 이는 내부정보가 현재의 주가에 충분히 반영되어 있지 않다는 뜻이므로 강형 EMH가 성립하지 않는다고 할 수 있다.

제 3 절 증권시장의 이상현상

CAPM에 의하면 모든 위험자산의 수익률은 베타에 의해 결정되어야 한다. 그러나 베타 이외에 다른 여러 가지 변수들이 위험자산의 수익률에 영향을 미치는 것으로 나타나고 있다. 증권시장의 이상현상(anomalies)은 위험자산의 수익률이 베타 이외에 다른 여러 가지 요인에 의해 영향을 받는 현상을 말한다.

이상현상의 존재는 모든 위험자산의 기대수익률과 체계적 위험간의 선형관계를 나타내는 CAPM이 잘못 설정되어 있음을 의미할 수 있고, 시장균형모형이 옳다는 관점에서 보면 증권시장이 비효율적이므로 투자자들이 정보를 잘 활용하면 비정상적인 초과수익률을 얻을 수 있음을 의미할 수도 있다.

1 PER효과

주가수익비율(PER : price earnings ratio)는 주가를 주당순이익으로 나눈 값으로 주당순이익 1원이 시장에서 얼마의 가격으로 평가되고 있는가를 나타낸다. 기본적 분석을 중시하는 분석가들은 PER가 높으면 주가가 수익력에 비해 높게 평가되어 있고, PER가 낮으면 주가가 수익력에 비해 낮게 평가되어 있다고 한다.

투자자들이 이익 1단위당 지불하고자 하는 가격은 그 기업이 벌어들일 이익의 질(이익의 성장성이나 위험 등)에 따라 달라진다. 따라서 PER는 이익의 질을 평가한 값이고 회수기간의 의미도 가지고 있다. 미래의 주당이익이 일정하면 투자원금(현재의 주식가격)을 회수하는데 몇 년 정도 걸리는지를 나타내기 때문이다.

기본적 분석에서는 PER가 낮아 저평가되어 있는 주식에 투자하면 PER가 높은 주식에 비해 평균적으로 높은 수익을 얻을 수 있다. 즉, 특정 기업의 PER가 다른 기업에 비해 낮다는 것은 특정 기업의 주가가 상대적으로 저평가되었다고 볼 수 있기 때문에 PER가 낮은 기업의 주가가 상승할 가능성이 높다는 것이다.

【 표 8-1 PER과 주식수익률 】

(단위 : %)

구 분	유가증권시장			코스닥시장		
	3개월	6개월	12개월	3개월	6개월	12개월
상위	1.76	4.39	9.45	-2.96	-6.60	-14.22
중위	3.97	7.74	18.61	0.02	-1.07	-7.22
하위	6.33	12.62	24.52	6.50	8.43	8.23

자료 : 한국거래소(2005.9.26)

2 PBR효과

주가순자산비율(PBR)은 주가를 주당순자산으로 나눈 비율로서 주가가 순자산에 비해 주당 몇 배로 거래되고 있는지를 측정하는 지표를 말한다. 여기서 순자산은 재무상태표의 자산에서 부채를 차감한 금액으로 대부분의 경우 자기자본과 같다. 기업의 순자산이 많은 것은 재무내용의 양호함을 나타낸다.

PBR은 주당순자산 1원의 시장에서 평가된 가치를 말하는데, PBR이 1이라면 특정시점의 주가와 주당순자산이 같다고 볼 수 있으며, 특정 기업의 PBR이 다른 기업에 비해 낮다는 것은 특정 기업의 주가가 상대적으로 저평가되었다고 볼 수 있으므로 PBR이 낮은 기업의 주가가 상승할 가능성이 높다는 것이다.

【 표 8-2 PBR과 주식수익률 】

(단위 : %)

구 분	유가증권시장			코스닥시장		
	3개월	6개월	12개월	3개월	6개월	12개월
상위	1.76	2.75	6.91	-5.96	-12.78	-26.11
중위	4.39	8.64	17.25	0.87	1.27	3.11
하위	6.61	13.14	28.30	9.46	15.25	18.66

자료 : 한국거래소(2005.9.26)

3 1월효과(January effect)

1월의 주식수익률이 다른 달의 수익률보다 체계적으로 높게 나타나는 이례적 현상을 말한다. 주식시장이 이성적인 투자자들이 거래하는 효율적 시장이라면 특정한 달의 수익률이 다른 달보다 높아야 할 이유가 없음에도 불구하고 1월의 수익률이 지속적으로 높게 나타나는 것은 주식시장의 비효율성을 말해준다.

미국의 경우 1월효과의 근거로 세금효과가설을 주장한다. 미국에서는 주식투자시 손실이 발생하면 손금으로 인정하기 때문에 투자자들은 자본손실이 발생하면 연말에 가격 하락폭이 큰 주식을 매도하고 연초에 그 주식을 매입하는 과정에서 대규모자금이 유입되어 주가상승으로 수익률이 높게 나타난다는 것이다.

예컨대 로제프와 키니(M. Roseff & W. Kinney)는 1904년부터 1974년까지 미국의 뉴욕증권거래소(NYSE)에 상장되어 거래되는 주식들의 월별수익률을 비교한 결과 모든 달의 월평균 수익률은 0.42%이었으나 1월의 평균수익률은 3.48%로 나타나 다른 달의 수익률보다 평균적으로 3.06% 높게 나타났다고 주장하였다.

【 표 8-3 미국 주식시장의 1월효과 】

기간	1월의 평균수익률	2~12월의 평균수익률	수익률의 차이
1904~1928	1.30%	0.44%	0.86%
1929~1940	6.63%	-0.60%	7.23%
1941~1974	3.91%	0.70%	3.21%
1904~1974	3.48%	0.42%	3.06%

4 주말효과(weekend effect)

주말효과는 금요일의 수익률이 높고 월요일의 수익률이 낮게 나타나는 현상으로 증권시장과 경제구조가 다른 많은 나라에서 공통적으로 발견되고 있다. 기업은 호재는 주초에 발표하여 한 주일 내내 주가를 상승하게 만들고 악재는 주말에 발표하여 휴일 동안 주가하락을 희석시키려는 부차적인 의도도 내포되어 있다.

정상적인 상황에서 특정 요일의 수익률이 특히 높거나 낮아야 할 이유가 없다. 더욱이 월요일의 수익률은 달력 기준으로 3일(토요일, 일요일, 월요일) 동안 수익률이기 때문에 다른 날의 평균수익률보다 더 높아야 한다. 그럼에도 불구하고 월요일의 수익률이 더 낮다는 것은 주식시장이 비효율적이라는 증거라고 본다.

5 기업규모효과(size effect)

규모효과는 주식의 시가총액(=상장주식수×주가)이 작은 주식일수록 더 높은 수익률을 가져다준다는 현상을 말한다. 이러한 현상이 발생하는 원인은 기업규모가 작은 소형주는 대형주에 비해 시장에서 소외되어 거래가 빈번하지 못하고 유동성이 낮아 높은 위험을 지니고 있어 소형주의 수익률이 높게 나타난다는 것이다.

반즈(R. W. Banz)는 파마와 맥베드의 CAPM 검증방법을 사용하여 시가총액과 베타계수의 크기에 따라 총 25개의 포트폴리오를 구성하고 포트폴리오의 수익률과 시가총액 및 베타계수의 관계를 검증하였다. 그 결과 체계적 위험을 고려한 후에 시가총액이 작은 주식이 더 높은 수익률을 가져다준다는 결과를 얻었다.

6 소외기업효과(neglected firm effect)

기관투자가들이 투자여건의 제약으로 관심을 갖지 않는 소형주는 활용가능한 정보가 많지 않아 위험이 높아져 더 높은 기대수익률이 형성되는 현상을 의미한다. 아벨과 스터벨(A. Arbel & P. Sterbel)은 기업의 규모가 작은 소형주에 투자했을 때 얻어지는 비정상수익률은 소외기업효과로 설명할 수 있다고 주장하였다.

8 유동성프리미엄효과

유동성은 가격변동을 유발하지 않으면서 얼마나 신속히 거래를 성립시킬 수 있는가의 정도를 말한다. 투자자들은 유동성이 높은 주식을 선호하는데, 이는 유동성이 낮은 소형주나 소외기업의 주식은 유동성이 높은 대형주에 비해 높은 거래비용이 들게 되므로 투자자들은 추가적인 유동성프리미엄을 요구한다는 것이다.

8 거품효과(bubble effect)

주가변동에서 간헐적으로 나타나는 특징적인 현상의 하나는 거품(bubble)이다. 거품효과는 주식가격이 내재가치를 초과하여 관성적으로 상승하는 경향이 있고, 어느 시점에 이르러 주식가격이 지나치게 높게 형성되었다고 인식을 하게 되면 급격하게 하락하여 진정한 가치로 환원하게 된다는 현상을 말한다.

일반적으로 거품은 비합리적 거품과 합리적 거품(rational bubble)으로 구분된다. 비합리적 거품(irrational bubble)은 현재의 자산가격이 너무 높다는 것을 알고 있지만, 앞으로 가격폭락이 발생한다고 하더라도 투자자 자신은 큰 손실을 피할 수 있다고 과신하고 주식시장에 참여하는 것을 말한다.

합리적 거품은 현재의 자산가격에 거품이 형성되어 있고 그 거품이 꺼지면 투자자 자신도 큰 손실을 입을 것을 알고서 시장에 참여하는 것을 말한다. 따라서 거품의 존재를 알고서도 투자자들이 시장에 참여하려면 자산의 기대수익률이 통상적인 주가변동의 위험에 주가폭락의 위험에 대한 대가까지 보상해 줄 수 있어야 한다.

핵심요약

제1절 효율적 자본시장

1. 자본시장의 효율성 : 운영의 효율성, 정보의 효율성, 배분의 효율성
2. 효율적 자본시장
   ① 완전자본시장은 운영의 효율성, 정보의 효율성, 배분의 효율성을 충족시키는 시장
   ② 효율적 자본시장은 정보의 효율성만 충족되는 완전자본시장보다 넓은 개념

제2절 효율적 시장가설

1. 효율적 시장가설의 의의
   주가는 주가에 영향을 미칠 수 있는 정보를 즉시 그리고 충분히 반영한다는 가설
2. 효율적 시장가설의 유형
   ① 약형 효율적 시장가설 : 주가는 과거의 주가나 거래량과 같은 역사적 정보를 즉시 그리고 충분히 반영하고 있다는 가설
   ② 준강형 효율적 시장가설 : 주가는 역사적 정보를 포함하여 공식적으로 이용가능한 정보를 즉시 그리고 충분히 반영하고 있다는 가설
   ③ 강형 효율적 시장가설 : 주가는 이용가능한 모든 정보를 즉시 그리고 충분히 반영하고 있다는 가설

제3절 증권시장의 이상현상

1. PER효과
   특정 기업의 PER이 다른 기업에 비해 낮으면 특정 기업의 주가가 상대적으로 저평가되었다고 볼 수 있어 PER이 낮은 기업의 주가가 상승할 가능성이 높음
2. PBR효과
   특정 기업의 PBR이 다른 기업에 비해 낮으면 특정 기업의 주가가 상대적으로 저평가되었다고 볼 수 있어 PBR이 낮은 기업의 주가가 상승할 가능성이 높음
3. 1월 효과
   1월의 주식수익률이 다른 달 수익률보다 체계적으로 높게 나타나는 이례적 현상
4. 주말효과
   금요일의 주식수익률이 다른 요일의 수익률보다 높게 나타나는 이례적 현상
5. 기업규모효과
   대형주보다 유동성이 낮아 소형주의 수익률이 높게 나타나는 현상
6. 소외기업효과
   기관투자가들이 투자여건의 제약으로 관심을 갖지 않는 소형주는 활용가능한 정보가 많지 않아 위험이 높아져 더 높은 기대수익률이 형성되는 현상
7. 거품효과
   주가가 내재가치를 초과하여 관성적으로 상승해서 어느 시점에 이르러 주가가 지나치게 높게 형성되었다고 인식하면 급락하여 진정한 가치로 환원하는 현상

연습문제

01 **다음 중 효율적 시장가설의 기본가정으로 옳지 않은 것은?**

① 많은 시장참여자들이 이익의 극대화를 위해 서로 독립적으로 분석하고 가치평가를 하고 있다.
② 시장에 새로운 정보가 무작위적으로 도달하고 발표시기도 각각 독립적이다.
③ 새로운 정보가 주식시장에 도달하면 투자자는 그 정보를 감안하여 신속히 주식가치를 조정한다.
④ 효율적이라는 의미는 새로운 정보에 대해 시장의 모든 투자자가 같은 정도로 증권의 가치를 조정한다는 것을 의미한다.

해설 시장참여자들이 새로운 정보가 시장에 전달되면 신속히 증권의 가치를 조정하지만 그 정도가 같지는 않다.

02 **다음 중 효율적 시장가설에 대한 설명으로 옳지 않은 것은?**

① 기본적 분석, 기술적 분석, 효율적 시장가설의 근본적인 차이점은 새로운 정보가 시장가격에 반영되는 속도의 차이 인식에서 비롯된다.
② 준강형 효율시장가설에 따르면 현재의 주가에는 과거의 시장정보 뿐만 아니라 공개적으로 이용가능한 모든 정보가 반영되어 있다고 말한다.
③ 약형 효율적 시장가설을 통계적으로 검증한 결과 증권의 수익률과 시간과는 의미있는 상관관계를 갖지 않는다는 결론에 도달하였다.
④ 소극적 투자관리는 증권시장이 비효율적이라는 전제하에 위험을 조정한 수익률이 시장수익률보다 높도록 관리하는 것을 말한다.

해설 소극적 투자관리는 증권시장이 효율적이라는 전제하에 포트폴리오 수익률이 시장수익률 정도를 따라가도록 관리하는 것을 말한다.

03 **다음 중 효율적 시장가설에 대한 설명으로 가장 옳지 않은 것은?**

① 효율적 시장은 정보의 효율성 측면에서 주식시장의 이용가능한 정보가 신속하고 정확하게 가격에 반영되는 시장을 말한다.
② 정보비대칭이 해소가 되는 속도에 따라서 강형, 준강형, 약형 효율적 시장으로 구분할 수 있다.
③ 약형 효율적 시장에서 주말효과, 1월효과, 추세분석 등을 이용하여 초과수익을 얻을 수 없다.
④ 준강형 효율적 시장에서 PER가 낮은 기업의 주식을 매입하여 초과수익을 얻을 수 없다.
⑤ 강형 효율적 시장에서 기술적 분석이나 기본적 분석으로 초과수익을 얻을 수도 있다.

해설 ⑤ 강형 효율적 시장은 약형, 준강형 효율적 시장을 포함하는 개념이므로 어떤 정보나 분석에 의해서도 초과수익을 얻을 수 없다.

04 다음 중 효율적 시장가설에 대한 내용으로 옳지 않은 것은?

① 약형 효율적 시장가설이 성립하는 경우 기술적 분석을 통해 초과이익을 얻을 수 없다.
② 준강형 효율적 시장가설이 성립하는 경우 기본적 분석을 통해 초과이익을 얻을 수 없다.
③ 내부정보가 없는 투자자가 증권에 투자하여 2년 동안 1,000%의 수익을 올렸다면 준강형 효율적 시장이 아니다.
④ 약형 효율적 시장가설이 성립하는 경우 주가상승추세에서 자금조달시점을 며칠 늦추는 것은 기업의 자금조달비용 최소화에 도움이 되지 않는다.
⑤ 투자전문회사의 자문대로 투자할 경우 평균적으로 우수한 성과를 얻을 수 있었다는 것은 강형 효율적 시장가설을 부정하는 사례이다.

해설 ③ 준강형 효율적 시장에서 내부정보가 없더라도 몇몇의 투자자는 높은 수익을 올릴 수 있다. 만약 공시정보를 이용한 투자자집단이 다른 집단보다 평균적으로 수익률이 높다면 이는 준강형 효율적 시장가설을 부정하는 사례로 볼 수 있다.

05 다음 중 효율적 시장가설에 대한 설명으로 옳지 않은 것은?

① 시계열 상관분석은 약형 EMH를 검증하기 위한 방법이다.
② 사건연구는 준강형 EMH를 검증하기 위한 방법이다.
③ 약형 EMH에서 기본적 분석은 유용하다.
④ 준강형 EMH에서 기술적 분석은 유용하다.
⑤ 준강형 EMH가 성립하면 약형 EMH가 성립한다.

해설

구 분	기술적 분석	기본적 분석
약형 EMH	부정	유용
준강형 EMH	유용	부정

06 다음 중 약형 EMH가 성립하지 않는다는 증거로 옳은 것은?

① 저PER주식을 보유하여 초과수익을 달성하였다.
② 펀드매니저의 조언을 얻어 투자하여 초과수익을 달성하였다.
③ 반대의견이론에 의거하여 투자해서 초과수익을 달성하였다.
④ 삼성전자의 자사주 매입을 미리 알고 투자하여 초과수익을 달성하였다.
⑤ 기본적 분석을 통해 투자하여 초과수익을 달성하였다.

해설
① 저PER주식의 초과수익은 이례현상으로 준강형 EMH를 부정한다.
② 펀드매니저는 전문투자자집단이므로 강형 EMH를 부정한다.
③ 기술적 분석에 해당하는 반대의견이론을 통한 초과수익은 약형 EMH를 부정한다.
④ 내부정보를 통한 초과수익은 강형 EMH를 부정한다.
⑤ 기본적 분석을 통해 초과수익을 달성하면 준강형 EMH를 부정한다.

연습문제

07 **어떤 투자자도 계속적으로 시장평균 이상의 초과수익을 달성할 수 없다. 공개적인 정보는 물론 모든 사적인 정보까지 완전하게 반영한다는 가설은?**

① 약형 효율적 시장가설
② 준강형 효율적 시장가설
③ 강형 효율적 시장가설
④ 완전 효율적 시장가설

해 설 강형 효율적 시장가설은 주가에 모든 공개적 정보 및 사적인 정보가 반영되어 있어 내부정보를 이용하여 투자하더라도 시장평균 이상의 초과수익을 달성할 수 없다는 가설을 말한다.

08 **다음 중 효율적 시장가설에 대한 설명으로 옳지 않은 것은?**

① 준강형 효율적 시장가설이 성립하면 기술적 분석으로 비정상적 초과수익을 얻을 수 없다.
② 강형 효율적 시장가설이 성립하면 기술적 분석이나 기본적 분석은 무의미하며 포트폴리오분석만이 유용하다.
③ 정보를 독점적으로 이용할 수 있는 특정 투자자집단이 비정상적 초과수익을 얻었다면 강형 효율적 시장가설이 성립하지 않는다는 의미이다.
④ 연의 검증에 의해 주가의 무작위성을 발견했다면 준강형 효율적 시장가설이 성립한다는 의미이다.
⑤ 공식적으로 이용가능한 정보가 시자에 공시된 이후에 주식가격의 유의한 변동이 없었다면 준강형 효율적 시장가설이 성립한다는 의미이다.

해 설 ④ 준강형 효율적 시장가설이 아니라 약형 효율적 시장가설이 성립한다는 의미이다.

09 **다음 중 준강형 효율적 시장가설이 성립한다는 증거로 볼 수 있는 것은?**

① 과거 1개월 동안 수익률이 낮았던 주식들을 매입하여 비정상적 초과수익을 얻었다.
② 상장주식들의 특정 월 수익률이 전달의 수익률과 상관관계가 없는 것으로 확인되었다.
③ 수익성 있는 투자안을 갖고 있는 회사가 투자사실을 공시한 이후에 그 회사의 주식을 매입하여 초과수익을 얻지 못했다.
④ 이미 공시된 상장회사의 재무제표 정보를 이용한 투자로 비정상적 초과수익을 실현하였다.
⑤ 투자전문회사의 수익증권으로부터 얻은 투자성과가 자신이 직접 선정한 주식의 투자성과보다 높았다.

해 설
① 약형 효율적 시장가설이 성립하지 않는다는 증거
② 약형 효율적 시장가설이 성립한다는 증거
④ 준강형 효율적 시장가설이 성립하지 않는다는 증거
⑤ 강형 효율적 시장가설이 성립하지 않는다는 증거

10 다음 중 기술적 분석의 가정에 대한 설명으로 옳지 않은 것은?

① 상품, 서비스, 주식가격 등의 시장가치는 단지 수요와 공급에 의해 결정된다.
② 수요와 공급에 영향을 미치는 시장참여자들의 합리적인 요소들은 장기적으로 가격에 영향을 준다고 하지만 비합리적인 행동은 단기적 효과만 있다고 본다.
③ 주가는 단기적으로 오르내림을 반복하더라도 장기간 추세를 형성하며 움직인다.
④ 뉴스가 분석가로부터 일반인들에게 전달되기까지는 시간이 걸린다고 믿는다.

해설 기술적 분석론자들은 수요와 공급에 의해 주가가 결정되며 시장참여자들의 합리적/비합리적 요소들을 구분하지 않는다.

11 다음 중 기술적 분석에 대한 설명으로 적절한 것은?

① 수요와 공급의 효과가 주가에 즉시 반영되어 이를 통해 초과수익을 획득하기는 어렵다.
② 기본적 분석에 비해 기술적 분석은 더 많은 양의 자료가 필요하다.
③ 기술적 분석은 주가변화에 반영되는 심리적 요인은 계량화하기 어려워 감안할 수 없다.
④ 기술적 분석은 동일한 상황을 가지고 해석이 달라질 수 있는 문제점이 있다.

해설
① 효율적 시장가설은 자본시장에서 결정된 주식가격은 주가에 영향을 미칠 수 있는 정보들을 즉시 그리고 충분히 반영한다는 가설을 말한다.
② 기본적 분석은 재무제표, 비계량적 정보 등 많은 정보가 필요한 반면에 기술적 분석은 주가와 거래량 등의 정보만 필요하기 때문에 상대적으로 정보의 양이 작다.
③ 기술적 분석은 과거의 주가변화 및 거래량의 추세나 패턴이 반복한다고 하지만, 미래에도 반복해서 나타난다는 것은 비현실적인 가정이다. 또한 동일한 과거의 주가양상을 놓고 어느 시점이 주가변화의 시발점인가 하는 해석이 각각 다를 수 있다는 단점이 존재한다.

12 다음 중 기술적 분석에 대한 설명으로 옳지 않은 것은?

① 기술적 분석은 주식시장에서 가치가 아니라 가격으로 거래되는 것이라고 믿기 때문에 모든 정보는 가격에 포함되어 있다고 판단한다.
② 기술적 분석은 주식의 매매시점을 파악할 수 있도록 과거 시세흐름과 패턴을 파악해서 정형화하고 이를 분석하여 향후의 주가예측을 하는데 있다.
③ 기술적 분석의 종류에는 추세분석, 패턴분석, 지표분석 등이 있다.
④ 기술적 분석은 수요와 공급을 변화시키는 원인을 분석한다.

해설 기술적 분석은 수요와 공급에 의해서만 주가가 결정되고 추세의 변화는 수요와 공급의 변동에 의해 일어나며 도표에 나타나는 모형은 반복하는 경향이 있다고 가정한다.

13 **다음 중 효율적 시장가설의 기본가정으로 옳지 않은 것은?**

① 많은 시장참여자들이 이익의 극대화를 위해 서로 독립적으로 분석하고 가치평가를 하고 있다.
② 시장에 새로운 정보가 무작위적으로 도달하고 발표시기도 각각 독립적이다.
③ 새로운 정보가 시장에 도달하면 투자자는 그 정보를 감안하여 신속히 증권의 가치를 조정한다.
④ 효율적이라는 의미는 새로운 정보에 대해 시장의 모든 투자자가 같은 정도로 증권의 가치를 조정한다는 것을 의미한다.

해설 시장참여자들은 새로운 정보가 주식시장에 전달되면 신속히 주식가치를 조정하지만 그 정도가 같지는 않다.

14 **다음 중 주가분석과 관련된 설명으로 옳지 않은 것은?**

① 기술적 분석은 주가의 움직임에 어떤 패턴이 있고, 그 패턴은 반복되는 경향이 있다고 가정한다.
② 기본적 분석은 주식의 내재가치와 시장가격을 비교하여 매매시점이나 매매종목을 선택하는 기법이다.
③ 약형 효율적 시장가설에서는 증권가격이 랜덤워크(random walk)를 따른다.
④ 기본적 분석은 약형 효율적 시장가설에 의해, 기술적 분석은 준강형 효율적 시장가설에 의해 부정된다.
⑤ 강형 효율적 시장가설에서는 일반적으로 알려지지 않는 내부정보조차 주가에 이미 반영되어 있다고 가정한다.

해설 기술적 분석은 약형 효율적 시장가설에 의해 부정되고, 기본적 분석은 준강형 효율적 시장가설에 의해 부정된다.

15 **다음 중 효율적 시장가설에 대한 설명으로 옳지 않은 것은?**

① 효율적 시장가설은 운영의 효율성, 정보의 효율성, 배분의 효율성을 모두 포함한다.
② 효율적 시장가설에 의하면 완전 정보효율적인 시장은 존재하지 않는다.
③ 효율적 시장가설은 새로운 정보가 가격에 반영되는 속도에 따라 약형, 준강형, 강형 효율적 시장가설로 구분할 수 있다.
④ 효율적 시장에서 증권가격과 관련된 정보는 신속하고 충분하게 주가에 반영된다.
⑤ 특정 주식의 가격에 영향을 미치는 정보는 예측이 불가능하게 발생하므로 주가의 움직임을 예상할 수 없다.

해설 ② 효율적 시장가설은 좁은 의미로 정보효율적 시장을 말한다.

16 다음 중 효율적 시장가설에 대한 설명으로 적절하지 않은 것은?

① 기술적 분석론자는 비합리적인 요소가 작용하여 정보의 가격반영이 상대적으로 늦다고 본다.
② 주식시장에 새로운 정보가 무작위적으로 도달하고 발표시점도 각각 독립적이다.
③ 새로운 정보가 주식시장에 도달하면 투자자는 그 정보를 감안하여 신속히 증권의 가치를 편중없이 조정한다.
④ 효율적 시장론자들은 새로운 정보를 주가가 반영하지 않기 때문에 초과수익실현의 기회가 있다고 주장한다.

해설 효율적 시장론자들은 새로운 정보를 즉각적으로 주가가 반영되기 때문에 초과수익을 얻으려는 노력은 무의미하다고 본다.

17 다음 중 최소한 준강형의 효율적 시장가설이 성립할 때 가장 적절하지 못한 주장은?

① 내부정보가 없는 상태에서 증권에 투자하여 몇 년 사이 1,000%의 수익을 올린 투자자가 있을 수 있다.
② 최근 몇 년간 경영상의 어려움을 겪어 적저누적으로 주당 장부가치가 액면가를 밑도는데도 불구하고 주가는 액면가보다 높게 형성될 수 있다.
③ 펀드매니저가 증권분석을 통해 구성한 포트폴리오가 침팬지가 무작위로 구성한 포트폴리오보다 위험 대비 수익률이 더 높을 것으로 예상된다.
④ A회사는 환경단체와의 재판에서 패소하여 추가로 부담해야 할 비용이 확정되었으므로 A회사의 주식은 당분간 매입하지 말아야 한다.
⑤ 은행장이 그 동안 불법대출을 주선하여 은행에 막대한 손실을 입혀왔다는 사실이 일주일 전 밝혀져 해당 은행의 주가가 급락했다. 그리고 오늘 아침 그 은행장이 사표를 제출했다는 사실이 알려지면서 해당 은행의 주가는 상승했다.

해설
① 내부정보가 없어도 시장의 평균수익률은 누구나 얻을 수 있다. 따라서 몇 년 사이에 시장에서 1,000%의 수익을 올렸다면 내부정보가 없는 상태에서도 1,000%의 수익을 올릴 수 있다.
② 미래 현금흐름의 현재가치로 평가된 주당 순자산가치가 액면가보다 높다면 주가는 액면가보다 높게 형성될 수 있다.
③ 펀드매니저가 내부정보를 이용했다면 무작위로 구성한 포트폴리오보다 위험 대비 수익률이 더 높을 수 있다.
④ 추가로 부담해야 할 비용이 확정된 순간 그 영향이 주가에 반영되었을 것이므로 주식을 매입해도 된다.
⑤ 준강형 효율적 시장에서 주가는 시장에 알려진 정보를 즉시 그리고 충분히 반영한다.

연습문제

18 **다음 중 효율적 시장가설에 대한 설명으로 옳지 않은 것은?**

① 준강형 효율적 시장가설을 검증하는 방법으로 사건연구를 활용할 수 있다.
② 미국 증권시장의 일별 주가수익률을 분석해 보면 소형주 수익률은 전날 대형 수익률을 추종하나, 대형주의 수익률은 전날 소형주 수익률을 추종하지 않는 것으로 나타난다. 이는 시장이 약형으로 효율적이지 않다는 증거로 볼 수 있다.
③ 시장이 강형으로 효율적이라면 베타계수가 작은 주식에 투자한 경우 베타계수가 큰 주식에 투자했을 때보다 더 높은 수익률을 올릴 수 없다.
④ 미국 주식을 성장주와 가치주로 나누어 수익률을 분석하면 두 그룹간에 확연한 차이가 발견된다. 이는 시장이 준강형으로 효율적이지 않다는 증거로 볼 수 있다.
⑤ 기업의 인수·합병 발표 직후 피인수·합병 기업의 주가가 상승하는 것으로 나타난다. 이는 시장이 강형으로 효율적이지 않다는 증거로 볼 수 있다.

해설 ③ 베타계수가 작은 주식이라도 주가를 크게 상승시킬 수 있는 정보 또는 사건이 있었다면 베타계수가 큰 주식에 투자했을 때의 수익률보다도 더 높을 수 있다.

19 **다음 중 준강형 효율적 시장가설에서 초과수익을 얻으려면 어느 정보를 이용해야 하는가?**

① 기업의 재무제표
② 과거의 주가와 거래량
③ 경제신문의 전문기사
④ 비공개적인 내부정보
⑤ 금융감독원에 공시되는 정보

해설 준강형 효율적 시장가설에서 현재의 공개적인 정보로는 초과수익을 얻을 수 없다.

20 **다음 중 저PER기업에 투자하면 초과수익을 얻는다는 증권시장의 이상현상에 대한 설명으로 옳은 것은?**

① 현재의 주식시장은 약형 EMH에 일치한다.
② 현재의 주식시장은 약형 EMH에 일치하지 않는다.
③ 현재의 주식시장은 준강형 EMH에 일치한다.
④ 현재의 주식시장은 준강형 EMH에 일치하지 않는다.
⑤ 현재의 주식시장은 강형 EMH에 일치한다.

해설 저PER기업에 투자하여 초과이익을 얻는다면 준강형 EMH는 성립하지 않는다.

정답

01.④ 02.④ 03.⑤ 04.③ 05.④ 06.③ 07.③ 08.④ 09.③ 10.②
11.④ 12.④ 13.④ 14.④ 15.② 16.④ 17.④ 18.③ 19.④ 20.④

09 기본적 분석

기본적 분석은 주식의 내재가치를 산출하는데 초점을 집중시킨다. 기본적 분석가들은 경제요인과 산업요인을 검토하고 기업의 재무제표를 분석하여 기업의 수익이나 배당력 등을 계량화하여 특정주식이 갖는 내재가치를 산출한 후 이를 시장에서 형성되는 실제 주가와 비교하여 매수 또는 매도의 판단에 이용한다.

제 1 절 기본개념

증권투자는 투자자가 현재의 확실한 소비를 포기하고 미래에 투자수익을 가져다 줄 것으로 예상되는 유가증권에 투자하는 것을 말한다. 그런데 유가증권의 가격은 예측하기 어려운 여러 가지 거시경제변수에 의해 영향을 받기 때문에 증권투자에서 예상할 수 있는 투자수익도 불확실하다고 할 수 있다.

따라서 투자자들은 증권투자에 따른 수익성과 위험을 분석하여 투자가치를 평가할 필요를 느끼게 되고 이러한 필요를 충족시킬 수 있는 분석활동이 증권분석이다. 증권분석은 증권의 수익성과 위험에 영향을 미치는 요인이 변화됨에 따라 계속적으로 행해져야 하므로 광범위한 정보수집과 분석체계가 갖추어져야 한다.

실무에서 이용하는 증권분석의 방법에는 기본적 분석, 기술적 분석, 포트폴리오분석이 있다. 이들 방법은 증권시장의 효율성 정도에 분석자가 어떤 견해를 가지고 있으며, 하나의 유가증권에 투자하는 관점에서 분석하는가 아니면 다수의 유가증권을 결합하여 투자하는 관점에서 분석하는가에 따라 구분한 것이다.

기본적 분석은 경제변수, 산업요인, 기업요인의 기본적 요인을 토대로 증권마다 내재가치가 존재하며 장기적으로 증권가격은 내재가치에 접근한다는 가정하에 특정 증권의 내재가치를 산출한 다음 내재가치와 시장가격을 비교해서 과소평가 또는 과대평가되어 있는 증권을 식별하여 매매종목을 결정하는 방법을 말한다.

증권의 내재가치는 공식적으로 이용가능한 정보를 통해 평가할 수 있어 준강형 효율적 시장가설이 성립하면 기본적 분석은 의미가 없게 된다. 따라서 기본적 분석은 재무정보의 분석을 통한 투자종목의 선택을 중요시하는 방법이며, 증권의 시장가격과 내재가치가 같지 않다고 가정한다는 점에서 기술적 분석과 다르다.

따라서 거시적 관점에서 경기 · 금리 · 통화 등의 경제요인을 분석함으로써 주가흐름을 판단하고, 산업분석에서는 산업동향을 파악함으로써 투자유망업종을 선정한다. 그리고 기업분석에서는 경제 및 산업분석을 토대로 개별기업의 미래 수익성을 예측하고 기업의 내재적 가치를 추정함으로써 투자유망종목을 선택하게 된다.

기본적 분석은 크게 질적 분석과 양적 분석으로 구분할 수 있다. 질적 분석은 경기 · 정치상황 · 산업동향 · 경제정책 · 노사문제 · 경영능력 등 계량화가 불가능한 사항을 분석하는 방법을 말한다. 반면에 양적 분석은 주식투자와 관련된 각종 경제지표 · 산업지표 · 재무제표 등 계량화가 가능한 사항을 분석하는 방법을 말한다.

기본적 분석은 시장에서 잘못 평가된 주식을 찾기 위해 개별종목에 대한 내재가치를 분석한다. 그러나 재무제표에 근거한 주식가격 평가는 불충분하고, 회계처리방법의 다양성 때문에 기업간의 비교평가가 어렵고, 주가는 재무요인뿐만 아니라 계량화할 수 없는 심리적 요인들에 의해서도 결정된다는 한계점이 있다.

제 2 절 경제분석

경제는 시간이 지남에 따라 성장을 하며, 그 과정에서 호황과 불황을 반복한다. 국내총생산(GDP)이 상승과 하락을 반복하는 형태로 변해갈 때, 경제성장을 나타내는 추세선(trend line)을 그려볼 수 있다. 경기변동은 이러한 추세선의 위 아래로 GDP가 반복적으로 움직이는 현상을 말한다.

1 경기변동

(1) 경기변동의 개념

경기변동은 국내총생산(GDP) 또는 국민소득이 주기적으로 상승과 하락을 반복하는 경기순환을 말하며 경기변동이 없다면 경제는 성장추세선을 따라 확대될 것이다. 경기변동은 각국에서 매우 광범위하게 발생하고 있으며 경기하강은 경제에 많은 어려움을 유발하기 때문에 경제학자들의 주된 관심사가 되어왔다.

경제전반의 경기순환에 따라 대부분 기업들의 영업실적이 변동하고 주가도 변화하게 되어 주식시장도 순환을 하게 되는데, 보통 주가의 변동이 경기변동을 6개월 정도 선행하는 것으로 나타나고 있다. 이때 모든 산업의 경영성과가 경제 전체의 경기변동과 일치하지 않고 산업의 특성에 따라 시차를 두고 나타난다.

(2) 경기변동의 국면

한 나라의 거시경제는 시간의 흐름에 따라 주기적으로 호황과 불황을 경험하면서 발전과 성장을 거듭해 나간다. 이러한 변화과정은 각 국가가 직면한 경제의 기본 여건에 따라 다양한 모습을 띤다. 경기변동은 장기적인 성장경로를 나타내는 추세선의 위와 아래로 총체적인 경제활동수준이 반복적으로 움직이는 현상을 말한다.

일반적으로 경기변동은 회복기 → 호황기 → 후퇴기 → 불황기의 4국면으로 구분되며 정점에 이르면 후퇴기(recession)에 접어들었다가 성장추세선 이하로 떨어지는 불황기(depression)에 빠진다. 그리고 시간이 지남에 따라 회복기(recovery)를 거쳐 성장추세선 위로 상승하는 호황기(prosperity)에 접어든다.

경기변동의 국면에서 상위전환점을 정점(peak)이라고 하며, 하위전환점을 저점(trough)이라고 한다. 한편, 정점에서 정점 또는 저점에서 저점까지의 거리를 주기(cycle)라 하고, 정점에서 저점까지의 높이를 진폭이라고 한다. 정점에서 저점까지를 수축국면, 저점에서 정점까지를 확장국면이라고 한다.

경기변동은 일정한 주기를 두고 발생하며 호황과 불황이 파상적으로 되풀이되고 그 변동은 경제의 모든 부문에 영향을 주며 국제적으로 파급해 나간다. 경기변동이 어느 정도 크게 일어나는지는 주기와 진폭에 의해 측정된다. 우리나라의 경기순환주기는 약 50개월이며 확장기는 31개월, 수축기는 18개월 정도로 알려지고 있다.

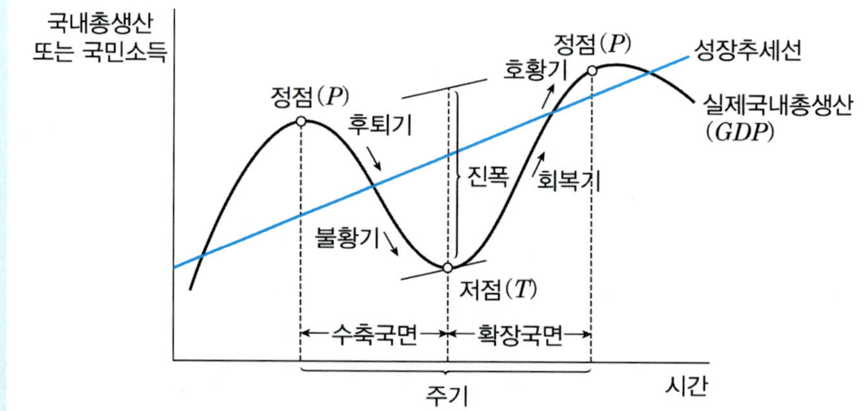

【 그림 9-1 경기변동의 국면 】

(3) 경기변동의 유형

경기변동은 개별적으로 발생하는 것이 아니라 동시에 발생하고, 경기변동과 경제성장은 독립적으로 이루어지는 것이 아니라 경제가 장기적으로 성장하는 과정에서 경기변동이 발생한다. 그리고 경기변동의 양상은 투자의 성격이나 순환주기의 길이에 따라 단기순환, 중기순환, 장기순환으로 구분할 수 있다.

① **단기순환**

단기순환은 이자율의 변화에 따른 화폐량의 증감이나 수요의 증감에 따른 재고투자의 변동으로 나타나는 순환을 말하며, 3~5년 정도의 주기를 가진다. 단기순환을 발견한 사람의 이름을 빌어 키친순환(Kitchin cycle)이라고도 한다.

② **중기순환**

중기순환은 기술혁신 등에 의한 설비투자의 변동으로 나타나는 순환을 말하며, 6~10년 정도의 주기를 가진다. 중기순환을 발견한 사람의 이름을 빌어 쥬글러순환(Juglar cycle)이라고도 한다.

③ **장기순환**

장기순환은 기술혁신, 사회적 변동이나 대발명 등으로 나타나는 순환을 말하며, 50년 정도의 주기를 가진다. 장기순환을 발견한 사람의 이름을 빌어 콘트라티에프파동(Kondratiev cycle)이라고도 한다.

【 표 9-1 경기변동의 종류 】

종 류	주기	발생원인	비고
키친파동	2.5~5년	통화공급, 금리변동, 재고변동	단기순환, 소순환
쥬글라파동	9~10년	설비투자의 내용년수	중기순환, 주순환
건축순환	17~18년	건축투자	
쿠즈네츠파동	20~25년	경제성장률 변화	
콘트라티에프파동	40~60년	기술혁신, 전쟁, 신자원의 개발	장기순환

(4) 경기변동의 특징

경기변동은 총체적, 공행적, 지속적, 보편적, 반복적 등의 특징을 갖는데, 이를 구체적으로 살펴보면 다음과 같다.

① **총체적**

경기변동은 국내총생산과 같은 특정한 경제변수만의 변동을 의미하는 것은 아니며 고용·실업·투자·이자율·통화량 등 경제전반의 총체적인 변화를 의미한다.

② **확장과 수축**

경기변동은 크게 확장국면과 수축국면으로 이루어지는데 경기변동을 연구하는 주요목적의 하나는 경기전환점을 예측하고자 하는 것이다.

③ **지속적**

경기변동은 지속성을 갖는다. 즉, 경기가 일단 확장국면에 진입하면 상당기간 더 좋아지고 경기수축이 일단 시작되면 상당기간 경기는 더 나빠진다는 특징이 있다.

④ **보편적**

경기변동은 특정국가나 특정시기에만 나타나는 현상이 아니라 자본주의 경제체제를 채택하고 있는 모든 국가에서 공통적으로 나타나는 현상이다.

⑤ **반복적**

경기변동은 반드시 일정간격으로 나타나는 현상은 아니지만 확장국면과 수축국면이 번갈아 가면서 반복되어 나타나는 현상이다. 그러나 경기변동의 주기와 진폭은 경기변동마다 다르게 나타나므로 주기적이거나 대칭적인 것은 아니다.

⑥ **공행적**

경기변동은 어떤 특정 산업부문이나 경제변수들에만 나타나지 않고 확장국면과 수축국면의 모든 부문과 변수에서 동시에 또는 일정한 시차를 두고 나타난다. 이러한 경기변동의 공행성은 방향과 시차의 측면에서 다음과 같이 구분한다.

1) 방향측면에는 경기순응적 변화와 경기역행적 변화로 구분할 수 있다.

① 경기순응적 변화는 경제변수가 경기변동의 기준지표인 실질GDP와 같은 방향으로 움직이는 것을 말하며, 제조업가동률이나 수출액 등을 그 예로 들 수 있다.

② 경기역행적 변화는 경제변수가 경기변동의 기준지표인 실질GDP와 반대 방향으로 움직이는 것을 말하며, 재고증가율이나 실업률 등을 그 예로 들 수 있다.

2) 시차측면에는 경기선행지수, 경기동행지수, 경기후행지수로 구분할 수 있다.

① 경기선행지수는 실질GDP보다 먼저 변하는 변수로 미래의 경기상황을 예고해주는 지수를 말한다.

② 경기동행지수는 실질GDP와 동시에 변하는 변수로 현재의 경기상황을 나타내는 지수를 말한다.

③ 경기후행지수는 실질GDP의 변화가 있고 나서 그 이후에 변하는 변수를 말한다.

(5) 경기변동의 지표

경기지수는 경기변동을 파악하기 위해 경기변동에 민감하게 반영하는 자료에 의해 작성된 지수를 말하며 주로 현재의 경기동향이나 향후의 경기를 예측하기 위해 작성된다. 경기지수의 종류에는 경기종합지수(CI), 기업가실사지수(BSI), 소비자체감지수(CSI)와 같은 지표들이 있다.

1) 경기종합지수

경기종합지수(CI : composite index)는 국민경제 전체의 경기동향을 파악하고 예측하기 위해 주요 경제지표의 움직임을 가공·종합하여 지수형태로 나타낸 것으로 경제활동의 변화방향, 전환점, 진폭을 동시에 나타내는 종합적인 경기지수를 말하며 가장 널리 활용되는 경기변동의 대표적인 지표이다.

경기종합지수는 각종 경제변수 중에서 경기와 밀접한 관련이 있는 변수를 선행지수·동행지수·후행지수로 구분하여 이들을 종합적으로 판단하여 작성된다. 경기종합지수는 우리나라에서 발표되는 경기지수 중에서 가장 대표적인 지수로 1993년 3월부터 통계청에서 매월 작성하여 발표하고 있다.

【 표 9-2 경기종합지수 구성지표 】

경기선행지수	경기동행지수	경기후행지수
① 구인구직비율 ② 재고순환지표 ③ 소비자기대지수 ④ 건설수주액 ⑤ 기계류내수출하지수 ⑥ 국제원자재가격지수 ⑦ 수출입물가비율 ⑧ 코스피지수 ⑨ 장단기금리차	① 비농림어업취업자수 ② 광공업생산지수 ③ 서비스업생산지수 ④ 소매판매액지수 ⑤ 내수출하지수 ⑥ 건설기성액 ⑦ 수입액	① 상용근로자수 ② 소비재수입액 ③ 생산자제품재고지수 ④ 도시가계소비지출 ⑤ 회사채유통수익률

2) 기업경기실사지수

기업경기실사지수(BSI : business survey index)는 경기동향에 대한 기업가들의 판단·예측·계획에 관한 의견을 설문조사하여 주요 업종의 경기동향과 전망 그리고 기업경영의 문제점을 파악하여 기업의 경영계획 및 경기대응책 수립에 필요한 기초자료로 이용하기 위한 지수를 말하며 약칭으로 BSI라고 한다.

다른 경기관련 자료와 달리 기업가의 주관적이고 심리적인 요소까지 조사가 가능하여 경제정책을 입안하는데 중요한 자료로 활용된다. 지수계산은 설문지를 통해 집계된 전체응답자 중 전기에 비해 호전되었다고 답한 업체수의 비율에서 악화되었다고 답한 업체수의 비율을 차감한 다음 100을 더해 계산한다.

$$BSI = \frac{\text{상승업체수} - \text{하락업체수}}{\text{전체응답업체수}} \times 100 + 100 \qquad (9.1)$$

일반적으로 BSI는 100을 기준으로 지수가 100 이상이면 경기가 확장국면, 100 이하이면 수축국면으로 판단하게 된다. 미국·일본 등 50여 개국에서 실시하고 있으며 한국은 한국은행을 비롯하여 한국산업은행, 대한상공회의소, 전국경제인연합회 등에서 분기별 또는 월별로 이를 조사하여 발표하고 있다.

3) 소비자체감지수

소비자체감지수(CSI : consumer sentiment index)는 현재와 미래의 생활형편, 경기, 소비지출 등에 대한 소비자의 주관적인 인식과 판단을 종합적으로 반영하여 지수화한 것을 말한다. 소비자체감지수는 한국은행, 통계청 등에서 작성·발표하고 있는데 각 기관에서 사용하는 명칭은 약간씩 차이가 있다.

경기종합지수의 선행지수에 포함된 소비자기대지수(CSI)는 통계청에서 작성하며 소비자동향지수(한국은행), 소비자기대지수(통계청), 소비자태도지수(삼성경제연구소) 등으로 불린다. CSI는 0과 200 사이의 값으로 표시하며 CSI가 100 이상이면 경기가 확장국면으로, 100 이하이면 수축국면으로 판단한다.

2 통화지표

통화량은 일정시점에서 시중에 유통되고 있는 화폐의 양을 말하며 화폐는 수많은 생산자와 소비자간의 거래를 원활하게 하는 기능을 수행한다. 경제의 규모에 비해 통화량이 너무 많으면 인플레이션이 발생할 수 있고, 너무 적으면 거래가 위축될 수 있어 통화량을 적정수준으로 유지하는 것은 매우 중요하다.

통화량을 측정하는 지표로 화폐의 기능이나 성격을 지닌 금융자산 중 어디까지를 포함시킬지에 따라 여러 가지로 정의될 수 있다. 우리나라에서는 금융기관이 취급하는 금융상품의 유동성에 따라 M1, M2, Lf, L의 통화지표를 편제하고 있다. 협의통화(M1)는 화폐의 지급결제기능을 중시하는 통화지표이다.

광의통화(M2)는 화폐의 거래적 기능은 물론 가치저장수단의 기능까지 포괄하고 있다. 금융기관유동성(Lf)은 전체 금융기관의 자금상황을 나타내는 지표로 과거의 통화지표 중 M3의 명칭을 변경한 것이다. 광의유동성(L)은 한 나라의 경제가 보유하고 있는 전체 유동성의 크기를 측정하기 위한 지표이다.

통화량이 증가될 경우에 기업의 설비투자 증가 → 기업실적 향상 → 주당이익 증가로 인해 주가가 상승하는 경로와 통화량이 증가하면 주식수요가 증가되어 주가가 상승하는 경로가 있다. 그리고 통화량이 증가하면 실질이자율 하락 → 주식에 대한 요구수익률 하락으로 인해 주가가 상승하는 경로 등이 있다.

3 금리수준

금리는 자금의 수요자가 자금을 이용하는 대가로서 지불하는 이자의 원금에 대한 비율인 이자율을 의미한다. 금리수준은 기본적으로 자금에 대한 수요와 공급에 의해 결정된다. 그러나 금리가 경제활동에 미치는 영향이 지대하기 때문에 정책당국이 경기동향이나 경제실정에 맞추어 영향력을 행사하고 있다.

따라서 경기가 침체하여 투자나 소비가 부진할 경우에는 금리수준을 떨어뜨려 경기부양을 도모하게 되고, 경기가 과열되어 인플레이션의 조짐이 보일 때에는 금리수준을 인상하여 경기를 진정시키려고 한다. 그리고 투기를 억제하고 저축을 촉진시키기 위해 금리수준을 높게 유지하는 경우도 있다.

금리가 인상될 경우 부채를 많이 쓰는 기업은 금융비용의 부담이 늘어나 기업의 수지가 악화되어 주가가 하락한다. 반대로 금리가 하락할 경우 그만큼 금융비용의 부담을 덜게 되어 수지가 호전되어 주가는 상승한다. 따라서 금리상승이 예상되면 주가는 하락하고, 금리하락이 예상되면 주가는 상승한다.

4 물가수준

물가는 시장에서 거래되는 모든 재화와 서비스의 가격을 일정한 기준으로 가중평균한 종합적인 가격수준을 말하고, 물가지수는 물가의 움직임을 한눈에 쉽게 알아볼 수 있도록 기준시점을 100으로 하여 지수로 나타낸 것이다. 예컨대 물가지수가 115라면 기준시점보다 물가수준이 15% 상승했다는 의미이다.

인플레이션(inflation)은 전반적인 물가상승현상으로 총수요가 증가하여 발생하는 수요견인 인플레이션과 제조원가상승에 의한 비용인상 인플레이션으로 구분된다. 인플레이션율은 물가수준의 변화율로 측정하며 소비자물가지수(CPI), 생산자물가지수(PPI), GDP 디플레이터를 이용하여 계산할 수 있다.

물가가 큰 폭으로 상승하면 제조원가가 상승하고 소비자의 실질소득 감소로 구매력이 감소하여 제품수요가 줄어들어 기업의 수지에 나쁜 영향을 미친다. 또한 기업은 불확실성이 증대되어 안정적인 경영을 할 수 없고, 개인은 금융자산보다는 실물자산을 선호하게 되어 주가가 큰 폭으로 하락한다.

5 환율수준

환율은 자국화폐와 외국화폐의 교환비율을 말하며 외환시장에서 외환에 대한 수요와 공급에 의해 결정되지만 물가상승률, 국내외 금리차, 정치·사회의 안정여부 등 복합적인 요인의 영향을 받는다. 환율은 수출입되는 재화가격에 직접적으로 영향을 미치므로 물가, 상승률, 국제수지 등의 결정에 중요한 요인으로 작용한다.

일반적으로 국제수지가 흑자이면서 물가상승률이 낮을수록 그 나라의 통화가치가 높게 평가되고, 반대의 경우에는 낮게 평가된다. 이러한 환율변동은 개별기업 특히 수출기업의 경영실적에 큰 영향을 미친다. 원화가 미국 달러화에 대해 평가절하되어 환율이 상승하면 수출기업의 가격경쟁력이 강화되어 수출이 늘어난다.

그러나 수입업체의 경우에 원화를 주고 달러를 사서 수입대금을 결제해야 하므로 제조원가가 상승하는 한편, 경제전체적으로 수입의 감소를 가져올 수 있다. 또한 달러표시 채권을 가진 기업은 외화자산에 대한 평가이익의 상승으로 유리하지만, 달러표시 부채를 부담하는 기업은 차입원리금의 증가로 불리하게 된다.

제 3 절 산업분석

사업수준에서의 경영전략은 개별 사업단위의 목표를 성공적으로 달성하기 위해 장기적인 경쟁우위를 구축하고 공고히 하는 것에 초점을 두며, 전제조건으로 개별사업이 속한 산업구조에 대한 평가문제와 사업수준에서의 전략대안들에는 어떤 것이 있는지 살펴보기로 한다.

1 산업분석의 의의

모든 기업의 수익성과 위험은 기업 자체의 특성이나 능력 이외에도 특정기업이 속한 산업의 특성과 동향에 큰 영향을 받게 된다. 그런데 산업 중에는 성장산업이 있는가 하면 사양산업이 있으며, 기업간의 경쟁이 별로 없는 산업이 있는가 하면 경쟁정도가 매우 치열하여 망하는 기업이 속출하는 산업도 있다.

기업의 수익성과 위험 및 경쟁력은 그 기업이 속해 있는 산업의 구조적 특성에 의해 결정되는 부분이 매우 커서 특정기업에 자금을 빌려주거나 특정기업이 발행한 사채의 인수를 고려하는 금융기관은 물론이고 유망한 종목을 선택하고자 하는 주식투자자의 경우에도 특정기업이 속한 산업을 분석하는 일은 매우 중요하다.

산업분석은 특정산업에 중요한 영향을 미치는 요인들을 광범위하게 연구하여 분석하며 산업간 분석과 산업내 분석을 포함한다. 산업간 분석은 여러 산업에서 경쟁력이 높고 유망한 업종에 대한 평가기준을 마련해주며, 산업내 분석은 구조적 분석을 통해 특정산업내에서 유망한 경쟁업체에 대한 비교기준을 제시해준다.

산업분석은 특정산업의 특성과 전망에 대한 분석으로 개별산업 또는 관련산업에 중요한 영향을 미치는 요인들을 광범위하게 분석하되 경제사회의 여건변화에 따른 산업의 변화와 이것이 개별기업에 미치는 영향을 파악한다. 산업분석은 다음과 같은 이유 때문에 증권평가에서 필수적인 분석과정이라고 할 수 있다.

첫째, 개별기업의 경영성과는 당해산업의 경영성과와 밀접한 관련을 가지고 있으며, 개별주식의 시장가격은 일반적으로 당해산업의 주가평균에 근사하기 때문이다. 실제로 킹(B.F.King)은 자신이 추출한 표본에서 평균수준에 속하는 주식의 시가변동은 그 원인의 10%가 산업요인에 의해 발생한 것이라고 주장하였다.

둘째, 모든 산업의 성과가 반드시 경기변동과 일치하지 않기 때문이다. 예컨대 사치품이나 내구재산업의 경영성과는 경기변동과 비교적 동일한 추세로 움직이는 반면에 생필품산업의 경영성과는 오히려 경기변동과 반대로 작용하는 경향이 있다. 따라서 개별산업의 성과분석은 기업의 증권분석에 많은 도움을 준다.

셋째, 개별기업의 경영성과에 대한 장기전망을 하는 경우에 산업의 추세분석이 유용하기 때문이다. 산업은 제각기 산업라이프사이클을 가지고 있어 당해산업이 산업라이프사이클에서 현재 어느 단계에 속해 있는가를 분석하거나 그 산업의 제품에 대한 수요를 분석하면 경영성과에 대한 장기전망에 도움을 받을 수 있다.

2 산업분석의 내용

산업분석에 필요한 자료는 특정산업 관련 통계자료, 민간경제연구소와 신용평가회사 등에서 발간하는 산업분석보고서에서 구할 수 있다. 산업분석에서 검토해야 할 사항에는 과거의 실적분석, 경기변동에 대한 적응력, 산업의 대체관계, 정부의 산업정책, 인력수급 및 노사관계, 산업의 경쟁상황 등이 있다.

(1) 과거의 실적분석

어떠한 경우에도 미래를 예측하기 위해서는 과거와 현재의 상황이 분석의 기초가 된다. 산업분석에서도 과거와 현재의 자료를 분석하고 이를 기초로 삼아 그 산업의 미래상황을 예측하는 것은 당연하다. 따라서 효과적인 산업분석을 통해 유효한 투자결정을 하려면 당해산업의 과거실적을 조사하여 분석해야 한다.

산업의 과거실적을 분석할 때 가장 중요한 것은 당해산업의 매출액과 수익률에 대한 분석이다. 왜냐하면 매출액과 수익률의 변동상황이 산업의 수익성에 중요한 영향을 미치기 때문이다. 그리고 판매조직과 유통구조를 명확하게 파악하고 유통과정의 재고수준, 판매가격의 추이, 가격카르텔의 유무 등을 검토한다.

아울러 산업의 원가구조 즉 고정비와 변동비의 관계에 대한 분석도 함께 이루어져야 한다. 왜냐하면 총비용에서 고정비의 비중이 클수록 손익분기점이 높고 영업레버리지효과도 크게 나타나기 때문이다. 호황에는 매출액 증가에 따른 이익증가율이 높아지고 불황에는 매출액 감소에 따른 이익감소율이 증가한다.

여기서 중요한 것은 산업의 역사에 대한 분석이다. 이를 통해 매출과 이익의 평균수준 및 안정성에 대한 평가를 할 수 있기 때문이다. 즉, 특정산업이 언제 시작되었고 어떤 발전단계를 거쳤으며 현재는 어떤 상태에 있는가를 검토한다. 구체적인 검토사항은 매출액신장률, 수출비중, 국민경제에서 중요성 등이 있다.

(2) 경기변동에 대한 적응력

산업에 따라서는 그 수익성이 경기순환과 일치하는 산업, 무관한 산업 그리고 역행하는 산업이 있다. 요컨대 경기변동에 따라서 유망산업의 선정도 바뀌어야 하며 매매전략도 수정되어야 한다. 또한 산업은 경기순환과 산업이익의 관계를 중심으로 하여 주기적 산업, 방어적 산업, 성장산업으로 구분할 수 있다.

주기적 산업의 경영성과는 경기순환과 일치하여 민감하게 변동하므로 호경기에는 매출이나 이익의 신장률이 높은 반면에 불황기에는 매출과 이익이 격감하거나 손실까지도 볼 수 있다. 예컨대 피아노, 에어컨 등 내구소비재와 공작기계, 철강업 등 자본재를 생산하는 산업, 레져산업, 항공산업이 주기적 산업에 속한다.

방어적 산업은 경기변동에 거의 영향을 받지 않고 일정한 경영성과를 꾸준히 유지하는 산업을 말한다. 생활필수품과 관련된 음식료 업종은 경기 방어적 산업, 저성장 성숙산업, 경기동행적 산업의 특징을 가지고 있었다. 그러나 최근에 음식료품의 고가화 등으로 경기 민감산업 및 성장산업으로 변해 가고 있다.

성장산업은 경기순환에 관계가 없이 기술혁신과 우수한 판매전략의 개발 등으로 다른 산업보다 계속해서 높은 수익신장률이 기대되는 산업을 말한다. 또 성장기에 있는 산업이 장차 대규모화할 가능성을 지녔고, 아울러 국민경제를 주도해 나갈 역할을 감당할 것이 예상되는 경우에 특히 성장산업이라고 한다.

(3) 산업의 상대적인 영속성

산업의 생산과 기술의 진보로 새로운 대체산업이 등장함으로 말미암아 기존산업의 생산품에 대한 수요가 감소되어 그 산업이 사양화되는 경우가 종종 있다. 자동차의 등장으로 마차는 자취를 감추었으며, 마가린에 대한 인기상승은 버터의 수요를 대폭으로 줄인 것이 대표적인 사례이다.

오늘날과 같은 급진적인 기술혁신의 시대에는 산업의 대체가 쉽게 일어날 수 있기 때문에 산업의 상대적인 영속성 여부는 산업분석에서 더욱 중요한 사항이 되고 있다. 따라서 산업의 성장성, 수익성, 자본구성, 원가구조 등을 면밀히 검토하고 필요하다면 관련 산업과의 비교를 실시한다.

(4) 정부의 산업정책

현대국가의 경제분야에서 정부의 역할은 점차 증대되어 가고 있다. 정부는 경제정책상, 재정적 지원, 법률의 개정, 관세 및 조세제도 등을 통해 특정산업을 육성할 수도 있고 기업통폐합, 소비자보호, 경쟁의 제한을 위한 입법 등을 통해 해당 산업의 수익성에 큰 타격을 미칠 수도 있다.

따라서 증권투자를 위한 산업분석에 있어서는 정부의 법률, 금융, 세제의 측면에 있어서 지원 또는 제한 등에 관한 충분한 정보의 수집과 분석이 선행되어야 한다. 그러나 사양산업 등으로 분류된 산업이라면 이에 속하는 기업은 자연히 정리되거나 업종전환이 이루어질 가능성이 높다.

(5) 인력수급 및 노사관계

노동조합이 국가경제에 미치는 영향이 커지면서 산업의 노사문제와 인력수급의 문제가 산업분석에서 중요한 부분이 되고 있다. 노동조합이 강력하게 조직되어 있는 산업에서는 노무비의 상승률이 높아지고 동맹파업이 발생할 가능성이 높기 때문에 이러한 산업의 주식에 투자할 때는 노사관계의 분석을 실시해야 한다.

자본집약적 산업에서는 노사분규로 생산이 감소되거나 조업이 중단되면 대규모의 고정비 때문에 기업의 수익은 큰 타격을 받게 된다. 변동비의 비중이 높은 노동집약적 산업에서도 조업중단이 기업수지에 미치는 영향은 상대적으로 적지만 노사분규로 제품이 적시에 공급되지 않음으로써 고정 고객을 상실할 우려가 있다.

(6) 산업의 경쟁상황

산업에 따라서 기업간 경쟁이 치열한 산업과 그렇지 않은 산업이 존재한다. 소매업은 기업간 경쟁이 치열하지만 방위산업은 기업간 경쟁이 덜 치열하다. 경쟁이 치열한 산업에서는 저조한 이윤을 얻게 되고, 경쟁이 치열하지 않는 산업에서는 양호한 수익성을 올릴 수 있어 반드시 특정산업의 경쟁관계를 고려해야 한다.

3 산업구조의 평가

산업구조분석은 어떤 산업에서 경쟁상태에 영향을 미치는 주요 영향요인들을 확인하고 그 산업과 관련하여 사업의 강점과 약점을 결정하는 기법을 말한다. 즉, 산업의 구조적 요인에는 어떤 것들이 있으며, 이들 간 세력구조가 산업의 경쟁상태와 잠재적 수익률에 어떻게 영향을 미치는지를 분석하는 기법이다.

포터(M. Porter)는 어떤 산업의 경쟁강도는 경쟁적 구조에 의해 결정된다고 본다. 기업의 경영활동은 진공상태에서 이루어지는 것이 아니라 외부환경의 경쟁적 세력들 속에서 전개되므로, 경쟁적 환경에 대한 분석은 자신의 강점과 약점을 파악할 수 있고 사업이 속한 산업환경으로부터 기회와 위협을 확인할 수 있게 한다.

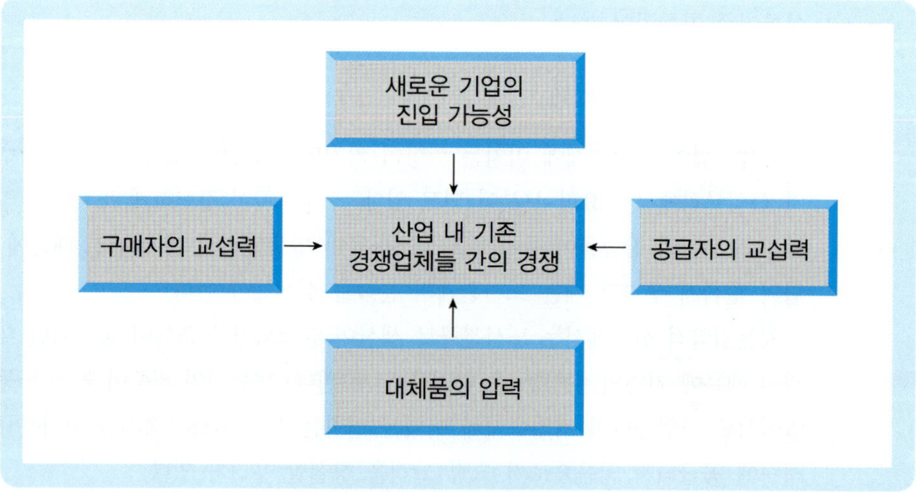

【 그림 9-3 산업구조분석모형 】

산업구조분석의 대상이 되는 산업환경의 요소는 [그림 9-3]과 같이 산업내 기존 경쟁업체들간의 경쟁, 잠재적 진입자, 대체재의 압력, 구매자의 교섭력, 공급자의 교섭력 등 다섯 가지 요소로 구성된다. 다섯 가지 요인 중 대체재, 잠재적 진입자, 기존사업자는 수평적인 경쟁요인이고 나머지는 수직적인 경쟁요소에 해당한다.

(1) 기존 경쟁업체들간의 경쟁

대부분의 산업에서 경쟁양상과 산업전체의 수익률을 결정하는 가장 중요한 요인은 그 산업내에 이미 존재하는 기업들간의 경쟁관계이다. 산업의 경쟁강도가 낮을수록 그 산업의 전반적인 수익률은 상대적으로 높아지게 되며, 산업이 경쟁적일수록 산업의 수익률은 낮아지게 된다.

이러한 산업내 경쟁강도를 높이는 요인에는 경쟁기업이 많거나 비슷한 균형을 이루고 있는 경우, 산업의 성장속도가 완만한 경우, 고정비와 재고비용이 높을 경우, 차별성이 희박한 경우, 교체비용이 적은 경우, 전략적 이해관계가 큰 경우, 혁신의 정도가 낮은 경우, 철수장벽이 높은 경우 등을 들 수 있다.

(2) 새로운 기업의 진입가능성

어느 산업의 수익률이 상당히 높거나 장래가 유망하다고 한다면, 다른 기업들도 그 산업에 진입하려고 할 것이다. 그러나 기존의 산업에 새로운 기업이 들어오는 것을 어렵게 하는 구조적 요인인 진입장벽으로 인해 새로운 기업들은 진입하기가 어렵게 된다. 산업마다 진입장벽이 존재하지만 그 정도는 다르다.

(3) 대체품의 압력

산업내에서 대체재가 많으면 많을수록 기업들이 자신의 제품에 대해 높은 가격을 받을 수 있는 가능성은 줄어들기 때문에 특정산업의 수익률은 낮아진다. 대체재의 가능성이 높으면 이윤폭이 제한되고 시장침투의 위험이 존재한다. 또한 대체품의 가격이 낮고 성장성이 클수록 산업의 수익률은 낮아진다.

그러나 소비자들이 제품의 브랜드에 대해 높은 충성도를 갖거나 제품가격에 비해 품질의 차이가 상당히 클 경우에는 대체품의 압력이 낮아지기 때문에 사업의 수익률이 높아질 가능성이 크다. 그리고 대체재의 위협이 있을 경우에 특정기업이 선택할 수 있는 전략은 제품의 차별화와 원가절감뿐이다.

(4) 구매자의 교섭력

국민경제에서 생산의 주체인 기업은 유형의 재화와 무형의 용역을 생산하여 소비자에게 공급한다. 이때 구매자(소비자)도 공급자에 대해 가격인하, 높은 품질, 양질의 서비스 등을 요구하여 공급자에게 압력을 행사할 수 있는 힘을 갖는데, 이러한 기업에 대한 구매자의 압력을 구매자의 교섭력이라고 한다.

구매자의 교섭력이 클수록 제품에 대한 소비자들의 지속적인 구매력이 낮아지기 때문에 산업의 수익률은 하락한다. 구매자의 교섭력을 결정하는 요인에는 구매자의 집중도, 구매자의 대량구매, 구매자의 후방수직계열화 가능성, 제품의 표준화, 공급자 교체(전환) 비용, 구매제품의 중요도, 구매장소 등이 있다.

(5) 공급자의 교섭력

구매자가 교섭력을 행사하여 공급자로부터 이익을 빼앗는 것처럼 기업도 구매자에 대한 교섭력이 강력할 때 가격을 인상하여 이윤의 폭을 넓힐 수 있다. 공급자의 교섭력은 고객을 잃지 않는 범위 내에서 얼마나 가격을 인상하고 그들이 공급하는 상품이나 서비스의 품질을 떨어뜨릴 수 있는 제어능력이 있는가를 말한다.

예컨대 KFC는 식당에 닭고기를 공급하는 기업들과 장기계약을 체결하여 낮은 가격에 닭고기를 공급하고 표준적인 품질의 상품을 유지하도록 막강한 영향력을 발휘하고 있다. 공급자의 교섭력을 결정하는 요인에는 공급자의 집중도, 공급물량, 대체재, 공급자 제품의 중요도, 유통망을 확대하는 통합능력 등이 있다.

제 4 절 기업분석

기업의 종합적 경영능력을 평가함에 있어 제품의 구성 및 시장위치, 경영전략, 연구개발력, 경영자원, 경영활동의 다섯 가지 평가요소를 고려해야 한다. 본절에서는 성장기회는 활용하고 위협요인은 회피하거나 최소화할 수 있는 경영전략으로 사업단위 경쟁전략 및 재무제표분석의 개념과 의미를 살펴보기로 한다.

1 사업단위 경쟁전략

포터(M. Porter)가 본원적 전략으로 제시한 사업단위 경쟁전략은 개별 사업단위들이 특정산업에서 경쟁우위를 확보하기 위한 전략으로 원가우위전략, 차별화전략, 집중화전략이 있다. 이러한 경쟁전략은 사업단위가 어떤 시장을 상대로(경쟁범위), 어떤 경쟁우위를 확보하는데 목표를 두느냐 하는 기준에 의해 구분된다.

(1) 원가우위전략

원가우위전략(cost leadership strategy)은 광범위한 고객을 대상으로 박리다매 방식이나 소품종 대량생산 방식처럼 원가절감을 위한 여러 가지 기업활동을 통해 해당산업에서 우위를 달성하는 전략을 말하며, 어떻게 하면 경쟁기업들에 비해 상대적으로 낮은 원가로 생산할 수 있느냐 하는 것에 초점을 맞춘다.

경영자들은 품질이나 서비스보다 일차적으로 관심을 가져야 하는 것은 원가통제의 문제이다. 원가상의 우위를 확보한 기업들은 시장에서 강력한 경쟁요인이 있다 할지라도 산업평균 이상의 수익을 얻을 수 있다. 왜냐하면 경쟁과정에서 이윤이 다소 희생되더라도 원가상의 우위로 이를 메워 나갈 수 있기 때문이다.

원가우위전략을 성공적으로 수행하려면 대량생산에 의한 규모의 경제를 얻을 수 있는 대규모의 자본투자와 재원확보, 생산공정의 기술적 관리, 집중적인 노동관리, 생산상의 편의성을 도모할 수 있는 제품설계, 철저한 원가관리, 빈번하고 세부적인 보고체제, 체계적인 조직화와 책임소재의 명확화 등이 확립되어야 한다.

(2) 차별화전략

차별화전략(differentiation strategy)은 광범위한 고객을 대상으로 고객이 가장 가치가 있다고 여기는 속성을 찾아내어 제품이나 서비스를 세분화하여 경쟁우위를 확보하는 전략을 말한다. 일반적으로 기업은 차별화를 위해 광범위한 연구개발, 제품디자인, 광고, 판매촉진활동의 강화 등에 많은 비용을 필요로 한다.

차별화전략의 성공은 고객들이 더 비싼 가격을 지불하고서라도 그 제품을 구매할만한 가치가 있다고 느낄 수 있을 정도로 차별화를 달성할 수 있느냐에 좌우된다. 따라서 다른 제품이나 서비스와 구별되는 독특한 제품과 서비스를 제공하는 대가로 가격할증형태의 보상을 받을 수 있는 차별화방안을 모색해야 한다.

차별화전략을 성공적으로 수행하기 위해서는 자원과 기술 측면에서 강력한 판매능력,

생산기술, 창의적인 안목과 재능, 연구능력의 강화, 품질 및 기술상의 명성이 요구되고 조직측면에서 연구개발과 제품개발, 고도의 숙련을 갖춘 노동자나 기술자, 양적인 평가 대신 질적 평가와 인센티브제도의 실시가 요구된다.

(3) 집중화전략

집중화전략(focus strategy)은 특정 구매자집단, 제품라인의 일부분, 지역적으로 한정된 특정시장을 집중적인 표적으로 삼는 전략을 말한다. 원가우위전략과 차별화전략이 광범위한 고객들을 대상으로 목표를 추구하는 반면에 집중화전략은 특정시장을 집중적으로 겨냥하면서 경영활동을 수행한다.

일반적으로 집중화전략은 세분화된 시장에서 특정대상의 요구를 보다 잘 충족시킴으로써 차별화를 이룩하려는 차별적 집중화전략이나 세분화된 시장에서 제품이나 서비스를 공급하는데 원가상의 우위를 달성함으로써 해당시장에서 효율적으로 경쟁하고자 하는 원가집중화의 형태로 나타난다.

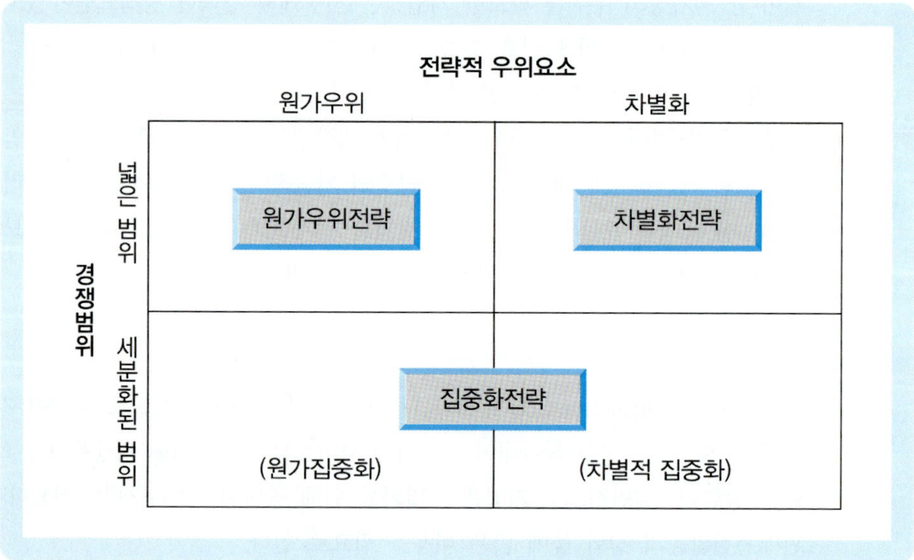

【 그림 9-3 본원적 경쟁전략 】

차별적 집중화전략을 추구하는 경우에는 차별화전략을 추구하기 위해 요구되던 자원과 기술상의 요인 및 조직상의 요인들을, 그리고 원가집중화전략을 추구하는 경우에는 비용우위전략을 추구하기 위해 요구되던 자원과 기술상의 요인 및 조직상의 요인들을 특정한 전략목표에 집중시켜야 한다.

2 재무제표분석

일반적으로 재무제표상의 특정 계정과목 하나만을 이용하여 특정기업의 유동성이나 수익성 등을 파악하는데 한계가 있어 재무제표 각 항목들간의 상호관계를 이용하여 해당기업을 평가하는 것이 재무제표분석이다. 재무제표의 분석방법에는 여러 가지가 있지만 전통적으로 비율분석을 많이 사용하고 있다.

(1) 재무상태표 분석

1) 유동성비율

유동성은 단기간에 확실한 가격으로 현금화될 수 있는 가능성을 의미하며, 유동성비율은 기업이 단기에 상환해야 하는 부채에 대한 변제능력을 의미한다. 만일 기업이 단기채무를 지불할 재력을 갖고 있지 않는다면 장기채무를 지불하는데 어려움을 가질 것이다. 유동성비율의 대표적인 지표에는 유동비율과 당좌비율이 있다.

① 유동비율

유동비율은 유동자산을 유동부채로 나누어 산출하며 단기채무의 변제에 충당할 수 있는 유동자산이 얼마나 되는지를 나타내는 비율을 말한다. 유동비율은 은행에서 대출할 때 채무자의 지급능력을 판단하는 대표적인 지표로 이용되어 왔기 때문에 은행가비율이라고도 한다.

일반적으로 채권자들은 특정 기업의 유동비율이 200% 이상이 되어야만 채권이 안전하게 회수될 수 있다고 간주하는 경향이 있다. 유동비율이 200%를 초과해도 당좌자산이 적고 재고자산이 많으면 단기채무 지급능력은 양호하다고 할 수 없어 당좌비율을 동시에 고려해야 한다.

$$\text{유동비율} = \text{유동자산}/\text{유동부채} \tag{9.2}$$

② 당좌비율

당좌비율은 유동자산에서 재고자산을 차감한 당좌자산을 유동부채로 나누어 산출하며 유동부채를 커버하기 위해서 기업이 재고자산을 제외한 유동자산을 어느 정도 가지고 있는지를 파악하는데 유용하며, 유동비율보다 기업의 단기채무 지급능력을 보다 직접적으로 평가하기 때문에 산성시험비율(acid test ratio)이라고도 한다.

당좌비율은 유동비율의 보조비율로서 기업의 단기채무 지급능력을 평가하는 지표에 해당한다. 따라서 재고자산을 포함한 유동자산으로 기업의 단기채무 지급능력을 측정하는 것보다 현금화가 쉬운 당좌자산만으로 단기채무 지급능력을 평가하는 것이 보다 합리적이라고 할 수 있다.

$$당좌비율 = 당좌자산/유동부채 \tag{9.3}$$

2) 레버리지비율

레버리지(leverage)는 지렛대라는 의미로 자기자본에 타인자본을 이용하여 자기지분에 대한 수익을 증대시키는 것을 말한다. 부채를 지렛대로 투자수익률을 극대화하는 레버리지는 경기가 호황일 때 효과적인 투자방법이 될 수 있다. 레버리지비율은 손익확대효과를 가져다주는 기업의 타인자본 의존도를 측정하는 지표이다.

① 부채비율

부채비율은 기업이 보유한 자산 중 부채가 차지하는 비율로서 기업의 재무구조 특히 타인자본의존도를 나타내는 대표적인 경영지표이다. 타인자본(총부채)을 자기자본으로 나누어 산출하지만 총부채를 총자본으로 나누어 산출할 수도 있으며 일반적으로 100% 이하를 표준비율로 보는데 여신자측의 안정성만을 고려하고 있다.

기업의 소유주는 타인자본을 조달해서 얻을 수 있는 수익률이 이자율을 상회하면 자기자본이익률을 확대시킬 수 있어 높은 부채비율을 선호할 수 있다. 그러나 부채비율이 너무 높으면 소유주의 출자원금이 상대적으로 적어 투기적 경영활동이 실패하더라도 소유주가 부담하는 손실은 적어 소유주의 무책임을 조장할 위험이 있다.

$$부채비율 = 타인자본/자기자본 \tag{9.4}$$

② 자기자본비율

자기자본비율 또는 자기자본구성률은 자기자본을 총자본으로 나누어 산출하며 부채비율과 함께 기업의 안정성을 측정하는 중요한 지표로 활용되고 있다. 특히 우리나라 은행에서는 일정수준의 자기자본비율을 자기자본 지도비율로 정하고 주거래은행 대상기업에 대한 대출심사시 이를 중요한 기준으로 삼고 있다.

자기자본비율 = 자기자본/총자본 (9.5)

③ 이자보상비율

이자보상비율은 영업이익이 이자비용의 몇 배에 해당하는지를 나타내는 비율로서 기업이 부채사용에 따른 이자비용의 지급능력을 파악하는데 이용된다. 이자보상비율은 레버리지비율보다 기업의 채무불이행과 직접적인 관계를 맺고 있으며 기업의 투자수익률과 자본비용의 관계를 이해하는데 기초가 되기 때문에 중요하다.

이자보상비율 = 영업이익/이자비용 (9.6)

3) 자본배분비율

자본배분의 안정성비율은 조달된 자본이 기업의 자산에 얼마나 적절히 배분되고 있는지를 측정하는 비율을 말하며 자기자본이 비유동자산에 투입되어 있는 정도와 자본의 고정화정도를 측정한다. 기업이 장기적으로 경기변동, 시장변화 등 경제변화에 잘 적응할 수 있는지를 검토하기 위한 비율에 해당한다.

① 고정비율

고정비율은 기업의 안정성 측정을 위해 비유동자산을 자기자본으로 나눈 비율로서 자기자본이 비유동자산에 투입되어 있는 고정화 정도를 측정하는 비율을 의미한다. 고정비율의 일반적 기준은 100% 이하이나 노동집약적 산업에서는 고정비율이 낮은 반면에 자본집약적 산업에서는 고정비율이 높게 나타난다.

고정비율은 비유동자산이 자기자본의 범위내에서 구성되어 있는지를 알려주며 고정비율이 100% 이상이면 비유동자산의 일부가 타인자본으로 조달되고 있음을 의미한다. 비유동자산은 위험도 큰 반면에 미래의 수익성도 높아 성장을 추구하는 단계에서는 부채를 조달하여 시설자산에 투자하는 적극적인 투자전략이 필요하다.

고정비율 = 비유동자산/자기자본 (9.7)

② 고정장기적합률

고정장기적합률은 비유동자산에 투자한 자본의 범위를 자기자본과 비유동부채를 포함한 장기자본까지 확장해서 자본배분의 안정성을 측정하는 비율을 말한다. 기업은 설비투자에 소요되는 자본 중에서 부족한 부분을 타인자본으로 충당하되 단기부채보다는 장기부채에 의존하는 것이 기업의 안정성을 도모하는데 유리할 것이다.

고정장기적합률은 자본배분의 안정성을 측정하는 보완비율로 이용되고 장기자본의 고정화정도를 측정하기 위한 비율이다. 예컨대 고정장기적합률이 100%를 초과하는 현상은 대부분 영업활동이 부진한 결과로 발생하며 누적적인 결손은 자기자본의 규모를 급격히 감소시키고 그 결과 고정장기적합률이 큰 폭으로 증가한다.

$$고정장기적합률 = 비유동자산/(자기자본+비유동부채) \tag{9.8}$$

4) 자산구성비율

재무상태표에 나타난 각종 자산의 상태와 구성내용, 기업의 자본운용형태를 나타낸다. 총자산에 대한 각종 자산의 구성비율은 기업의 안정성 지표로서 중요하다. 기업의 안정성을 유지하려면 총자산에 대한 유동자산의 비율을 증대하는 것이 바람직하며, 비유동자산의 비율이 증대하는 것을 경계하지 않으면 안 된다.

① 유동자산비율

유동자산비율은 총자산 중에서 유동자산이 차지하는 비율로서 유동자산비율이 높을수록 단기채무 변제능력은 높아지나 수익성이 낮아질 수 있다. 따라서 유동자산비율을 적정하게 유지하는 것이 중요한데 산업의 종류에 따라 경공업, 유통업에 속한 기업들의 유동자산 구성비율은 중화학공업, 제조업에 비해 높은 편이다.

$$유동자산비율 = 유동자산/총자산 \tag{9.9}$$

② 유형자산비율

유형자산비율은 총자산 중에서 유형자산이 차지하는 비율로서 유형자산비율이 높을수록 기업의 위험은 커지고 유동성은 떨어지는 경향이 있다. 유형자산비율이 높다는 것은 장기간 잠겨 있는 자산의 비중이 높아 비용구조측면에서도 고정비를 많이 부담하여 경기변동에 심한 영향을 받는다.

$$유형자산비율 = 유형자산/총자산 \tag{9.10}$$

③ 투자자산비율

투자자산은 단기간의 수익을 목적으로 보유하는 시장성유가증권과는 달리 대부분이 장기적으로 기업지배를 목적으로 관계회사 주식에 투자한 자산을 말한다. 투자자산을 보유해서 얻는 수익성이 정상적인 영업활동을 통해 얻는 수익성보다 높다면 소액주주는 물론 채권자도 유리할 것이다.

그러나 투자자산 보유로 얻는 수익성은 영업활동을 통해서 얻는 수익성보다 낮고 소액주주보다 대주주에게 지급되는 배당률이 낮다. 투자자산 보유로 얻는 수익성은 투자자산을 보유해서 얻은 수입배당금, 이자수익 등을 투자자산으로 나누어 구하고, 영업활동을 통해서 얻는 수익성은 총자산영업이익률로 측정할 수 있다.

투자자산비율 = 투자자산/총자산 (9.11)

(2) 손익계산서 분석

1) 수익성비율

기업의 수익성은 기업의 존속은 물론 성장과 발전의 원동력이 되고 있다. 그리고 수익성비율은 일정기간 동안 기업의 총괄적인 경영성과와 이익창출능력을 나타내며 분자에는 이익항목, 분모에는 매출액 또는 투자액이 들어가는데 재무구조와 자산의 효율적인 이용정도에 의해 영향을 받게 된다.

가. 매출수익성비율

매출액과 관련된 수익성비율은 손익계산서상의 각 항목들을 매출액에 대한 백분율로 표시함으로써 특정의 수익, 비용항목과 매출액 사이의 관계를 평가한다. 매출수익성은 매출에 대한 마진(margin)으로 기업이 생산 · 판매 · 자금조달 등의 활동을 얼마나 효율적으로 수행했는지를 측정하는 지표를 말한다.

① 매출액총이익률

매출액총이익률은 매출액에서 매출원가를 차감한 매출총이익을 매출액으로 나눈 비율로서 기업의 생산효율성을 측정하는 지표를 의미한다. 제조업이라면 관리부문 등을 제외한 생산단계의 수익성을 측정하는데 사용된다. 즉, 공장으로부터 제품을 출하하는 단계에서의 이익률이다.

매출액총이익률 = 매출총이익/매출액 (9.12)

② 매출액영업이익률

매출액영업이익률은 영업이익을 매출액으로 나눈 비율로서 매출액에 대한 영업이익의 관계를 나타내며 영업이익은 매출총이익에서 영업비용을 차감하여 계산한다. 따라서 영업외활동(재무활동)의 영향을 받지 않고 기업고유의 영업활동의 효율성만을 측정하는 지표에 해당한다.

매출액영업이익률 = 영업이익/매출액 (9.13)

③ **매출액경상이익률**

매출액경상이익률은 경상이익을 매출액으로 나눈 비율로서 경영활동의 성과를 총괄적으로 측정하는 지표를 의미하며 기업의 이익변화가 매출마진의 변화에 의한 것인지 아니면 매출액의 변동에 따른 것인지를 파악하는데 주로 사용된다.

매출액경상이익률 = 경상이익/매출액 (9.14)

④ **매출액순이익률**

매출액순이익률은 당기순이익을 매출액으로 나눈 비율로서 매출액과 순이익의 관계를 표시하며 매출액 100에 대해 순이익이 몇 %나 되는가를 나타낸다. 따라서 기업의 영업활동과 재무활동을 포함한 경영활동의 성과를 최종적으로 평가하며 ROI를 결정하는 요인에 해당한다.

매출액순이익률 = 당기순이익/매출액 (9.15)

나. 자본수익성비율

수익성비율에는 매출액이익률, 자본이익률, 주가수익률 등이 있다. 자본수익성은 기업이 투자한 자본에 대한 수익률로서 기업이 주주와 채권자로부터 조달한 자본을 이용하여 어느 정도 영업성과를 올렸는지를 측정하는 지표를 말한다.

① **총자본영업이익률**(ROA : return on asset)

총자본영업이익률은 기업이 투자한 총자본에 대한 영업활동에서 창출한 영업이익의 비율로 투자수익률, 즉 사후적인 내부수익률로 볼 수 있다. 총자본이익률이 자본비용을 상회하느냐 여부는 기업의 부가 창출되느냐를 결정짓는 기준으로 투자수익성 및 순현재가치를 추정하는데 이용된다.

총자산이익률 = 영업이익/총자산 (9.16)

② **자기자본순이익률**(ROE : return on equity)

자기자본순이익률은 손익계산서 최종적인 경영성과인 당기순이익을 자기자본으로 나눈 비율로서 주주가 기업에 투자한 자기자본에 대해 벌어들이는 대표적인 수익성지표로 경영효율성을 표시해 준다. 주주의 입장에서는 투자수익률을 나타내고, 기업의 입장에서는 사후적인 자기자본비용의 대용치에 해당한다.

자기자본순이익률이 회사채수익률보다 높으면 양호한 것으로 평가되며 적어도 정기예금 금리는 넘어야 적절하다고 볼 수 있다. 주주의 입장에서 자기자본순이익률이 시중금리보다 높아야 기업투자의 의미가 있다. 자기자본순이익률이 시중금리를 밑돌 경우 투자자금을 은행에 예금하는 것이 더 낫기 때문이다.

$$\text{자기자본순이익률} = \text{순이익}/\text{자기자본} \tag{9.17}$$

③ 총자본순이익률

총자본순이익률은 순이익을 총자산으로 나눈 비율로 기업에 투자된 총자본이 최종적으로 얼마나 많은 순이익을 창출했는지를 측정하여 기업의 종합적인 경영성과를 요약해서 나타낸다. 총자산수익률은 투자수익률(ROI : return on investment)이라고도 하는데 투자수익률은 매출액순이익률과 총자산회전률의 곱으로 구성된다.

총자산순이익률은 순이익과 총자본의 관계를 나타내며 기업의 수익성을 대표하는 비율이다. ROI에서 분모는 주주와 채권자가 제공한 금액이고, 분자는 주주에게 귀속되는 이익이므로 분모와 분자가 잘 대응되는 비율은 아니지만 기업의 재무상태표와 손익계산서를 집약한 성과지표로 이용되고 있다.

$$\text{총자산순이익률} = \text{순이익}/\text{총자산} \tag{9.18}$$

2) 활동성비율

활동성비율은 기업이 보유하고 있는 자원을 얼마나 효율적으로 이용했는지에 대한 정보를 제공하는 비율을 말한다. 일반적으로 영업활동의 결과 산출된 매출액을 기준으로 투입된 자산들이 얼마나 효율적으로 사용되었는가를 판단하며 주요자산의 회전율로 나타내는데 활동성비율은 높을수록 좋다.

① 재고자산회전율

재고자산회전율은 연간 매출액을 평균재고자산으로 나눈 비율로 재고자산이 당좌자산으로 변화하는 속도를 나타낸다. 재고자산회전율이 높을수록 판매활동을 효율적으로 수행하여 자본수익률이 높아지고 매입채무가 감소하며 상품의 재고손실을 막을 수 있고 보험료와 보관료를 절약할 수 있어 기업측에 유리하다.

그러나 과대하게 높을 경우에는 원재료 및 제품 등의 부족으로 계속적인 생산 및 판매활동에 지장을 초래할 수도 있다. 재고자산은 보통 재무상태표(대차대조표)상의 잔액을 사용하는데 기업의 특성이나 매출액의 계절적 변동에 따라 재고자산의 잔액이 달라질 수 있으므로 연평균재고자산을 사용하는 것이 합리적일 수 있다.

재고자산회전율의 식에서 매출액은 시가로 표시되고 재고자산은 원가로 표시되어 분모와 분자가 서로 다른 기준으로 평가되는 문제점이 있으므로 매출액을 매출원가로 환산하여 회전율을 계산한다. 재고자산회전율의 보조비율로 재고자산이 매출액으로 실현되는데 걸리는 기간에 해당하는 재고자산회전기간이 사용된다.

재고자산회전율 = 매출액/재고자산 (9.19)
재고자산회전기간 = 1/재고자산회전율

② 유형자산회전율

유형자산회전율은 매출액을 유형자산으로 나눈 비율로서 설비자산 규모의 적정여부와 효율적 이용정도를 측정하는 지표를 말한다. 경쟁기업에 비해 유형자산회전율이 낮은 기업은 설비자산의 과다여부를 검토해야 하고 수익지출로 계상해야 할 것을 자본지출로 계상하지 않았는지 의심해 보아야 한다.

유형자산회전율 = 매출액/유형자산 (9.20)
유형자산회전기간 = 1/유형자산회전율

③ 매출채권회전율

매출채권회전율은 매출액을 매출채권으로 나눈 비율로서 매출채권의 현금화속도를 측정하여 매출채권회전율이 높다는 것은 매출채권의 현금화속도가 빠르다는 것을 의미한다. 매출채권회수기간은 매출채권회전율의 역수로 구하며 역수를 구할 때 기간단위는 연(年)이므로 여기에 365일을 곱해야 기간단위가 일(日)이 된다.

매출채권회전율 = 매출액/매출채권 (9.21)
매출채권평균회수기간 = 매출채권/1일평균매출액

④ 매입채무회전율

매입채무회전율은 매출액을 매입채무로 나눈 비율로서 매입채무의 지급속도를 측정하고 매입채무가 원활히 결제되고 있는지를 나타내는 지표를 말한다. 매입채무평균지급기간은 매입채무회전율의 역수로 구하는데 역수를 구할 때 기간단위는 연(年)이므로 여기에 365일을 곱해야 기간단위가 일(日)이 된다.

$$매입채무회전율 = 매출액/매입채무 \quad (9.22)$$
$$매입채무평균지급기간 = 매입채무/1일평균매출액$$

⑤ 총자산회전율

총자산회전율은 매출액을 총자산으로 나눈 비율로서 기업이 소유하고 있는 총자산을 얼마나 효율적으로 이용하고 있는가를 총괄적으로 나타내는 지표를 말한다. 총자산회전율이 높으면 유동자산·비유동자산 등이 효율적으로 이용되고 있으며 총자산회전율이 낮으면 과잉투자나 비효율적인 투자를 하고 있다는 의미이다.

총자산회전율은 매출액순이익률과 함께 기업의 총투자금액에 대한 투자수익률(ROI)을 결정하는 중요한 요인으로 총자본회전율이라고도 하며 기업자본의 회전속도를 파악하는 데 이용된다. 총자산회전기간은 총자산회전율의 보조비율로서 총자산이 매출액으로 실현되는데 걸리는 기간을 말한다.

$$총자산회전율 = 매출액/총자산 \quad (9.23)$$
$$총자산회전기간 = 1/총자산회전율$$

⑥ 자기자본회전율

자기자본회전율은 매출액을 자기자본으로 나눈 비율로서 자기자본이 일정 기간 몇 번 회전했는지를 나타내는 비율을 말하며 자기자본의 활용도에 대한 양호여부를 판단하는 데 사용된다. 자기자본회전기간은 자기자본회전율의 보조비율로서 자기자본이 매출액으로 실현되는데 걸리는 기간을 말한다.

$$자기자본회전율 = 매출액/자기자본 \quad (9.24)$$
$$자기자본회전기간 = 1/자기자본회전율$$

⑦ 비유동자산회전율

비유동자산회전율은 매출액을 비유동자산으로 나눈 비율로서 비유동자산이 일정 기간 몇 번 회전했는지를 나타내는 비율을 말하며 비유동자산의 이용능률을 나타내고 영업상태를 판단하는데 사용된다. 비유동자산회전기간은 비유동자산회전율의 보조비율로서 비유동자산이 매출액으로 실현되는데 걸리는 기간을 말한다.

$$비유동자산회전율 = 매출액/비유동자산 \quad (9.25)$$
$$비유동자산회전기간 = 1/비유동자산회전율$$

3) 성장성비율

투자자들은 기업의 안정성, 수익성, 활동성비율에 관심을 가질 뿐만 아니라 기업의 성장성에도 많은 관심을 갖는다. 성장성비율은 기업의 경영규모와 경영성과가 전년도에 비해서 얼마나 증가했는지를 나타내는 지표를 말하며 기업의 대외경쟁력이나 미래의 수익창출능력을 간접적으로 나타낸다.

① 매출액증가율

매출액은 기업이 1년 동안 영업활동에 의해 판매한 제품이나 상품의 총액을 의미한다. 전년도 매출액에 비해 당해연도 매출액이 얼마나 증가했는지를 나타내는 매출액증가율은 기업이 일정 기간 얼마나 성장하고 있는가를 검토하는 성장성의 분석에 사용된다. 즉, 기업의 외형적인 신장세를 판단하는 지표에 해당한다.

$$\text{매출액증가율} = \frac{\text{당기매출액} - \text{전기매출액}}{\text{전기매출액}} \times 100 \quad (9.26)$$

② 총자산증가율

총자산증가율은 기업에 투하되어 운영된 총자산이 전년도에 비해서 얼마나 증가했는지를 나타내는 비율을 말하며 기업전체의 외형적인 성장 규모를 측정하는 지표에 해당한다. 총자산증가율과 매출액증가율을 서로 비교하면 기업성장이 바람직한 방향으로 이루어지는지에 대한 평가가 가능하다.

$$\text{총자산증가율} = \frac{\text{당기말총자산} - \text{전기말총자산}}{\text{전기말총자산}} \times 100 \quad (9.27)$$

③ 자기자본증가율

자기자본증가율은 자기자본이 전년도에 비해서 얼마나 증가했으며 장부가치 기준으로 주주의 부가 얼마나 늘었는지를 파악하는 성장지표이며 특히 주주에게 관심의 대상이 되고 있다. 여기서 자기자본은 출자자로부터 조달된 기초자본과 경영활동의 결과로 얻어진 부가자본으로 대별된다.

$$\text{자기자본증가율} = \frac{\text{당기말 자기자본} - \text{전기말 자기자본}}{\text{전기말 자기자본}} \times 100 \quad (9.28)$$

④ 당기순이익증가율

당기순이익증가율은 기업 경영활동의 최종성과인 당기순이익이 전년도에 비해서 얼마나 증가했는지를 보여주는 비율로 기업이 일정 기간 얼마나 성장하고 있는가를 검토하는 성장성의 분석에 사용된다. 매출액증가율이 외형적인 성장세를 보여준다면 순이익증가율은 실질적인 성장세를 보여주는 지표라 할 수 있다.

$$\text{순이익증가율} = \frac{\text{당기순이익} - \text{전기순이익}}{\text{전기순이익}} \times 100 \quad (9.29)$$

⑤ 주당순이익증가율

주당순이익증가율은 주당순이익이 전년도에 비해 얼마나 증가했는지를 나타내는 지표를 말하며 순이익증가율의 보조지표로 이용되고 있다. 주당순이익증가율은 주주가 투자한 자본에 대한 순이익의 증가세를 보여주는 실질적인 지표로 주주 부의 투자단위당 성장세를 파악하는데 유용하다.

$$\text{주당순이익증가율} = \frac{\text{당기주당순이익} - \text{전기주당순이익}}{\text{전기주당순이익}} \times 100 \quad (9.30)$$

4) 생산성비율

생산성은 투입(input)에 대한 산출(output)의 비율로 생산과정에서 생산요소를 얼마나 효율적으로 이용했는가를 나타낸다. 따라서 적은 양의 생산요소를 이용하여 많은 생산량을 얻게 되면 생산성이 높다라고 한다. 생산성분석은 기업 경영활동의 능률과 경영성과를 측정하고 평가하는 경영합리화의 지표에 해당한다.

① 부가가치율

부가가치율은 일정 기간 창출된 부가가치를 동일한 기간의 매출액으로 나눈 비율로서 부가가치는 매출액에서 다른 기업이 생산한 외부투입액인 재료비, 외주가공비를 차감한 값을 말한다. 부가가치율은 기업의 생산액에서 부가가치가 차지하는 비중을 의미하나, 추정이 복잡한 생산액 대신에 매출액을 이용해서 산출한다.

$$\text{부가가치율} = \text{부가가치}/\text{매출액} \quad (9.31)$$

② 노동생산성

노동생산성은 노동투입량을 기준으로 생산성을 평가하는 비율로 종업원 1인이 1년 동안 창출한 부가가치를 말한다. 노동생산성이 높다는 것은 기업이 노동력을 효율적으로 이용해서 많은 부가가치를 창출했다는 의미이다. 노동생산성은 개별기업의 경쟁력을 측정하고 국민경제적인 입장에서 대외경쟁력을 측정하는 지표이다.

노동생산성 = 부가가치/종업원수 (9.32)

③ 자본생산성

자본생산성은 기업에 투하된 총자본이 일정 기간 부가가치를 얼마나 창출했는지를 나타내는 비율로 자본의 유효이용도를 말하며 자본투자효율이라고도 불리운다. 자본생산성이 높다는 것은 투입된 총자본이 효율적으로 운영되었음을 의미하며 노동생산성과 함께 기업의 생산성을 측정하는 기본지표에 해당한다.

자본생산성 = 부가가치/총자본 (9.33)

④ 노동소득분배율

노동소득분배율은 기업이 창출한 부가가치를 근로자에게 지급된 금액의 비율로 부가가치를 생산하는데 공헌한 근로자에게 지급한 대가를 나타내는 비율이다. 노동소득분배율은 근로자에게 지급된 인건비가 기업의 생산성과 균형을 이루는지를 평가하고 성과배분의 합리성을 측정하기 위한 척도로 이용되고 있다.

노동소득분배율 = 인건비/부가가치 (9.34)

핵심요약

제1절 기본개념

1. **증권투자의 정의** : 투자자가 현재의 확실한 소비를 포기하고 미래의 불확실한 소득이 예상되는 유가증권에 투자
2. **기본적 분석의 의의** : 증권의 내재가치를 산출한 후 시장가격과 비교해서 과소평가 또는 과대평가되어 있는 증권을 식별하여 매매종목을 결정하는 방법
3. **기본적 분석의 구분**
   ① 질적 분석 : 경기 · 정치상황 · 산업동향 · 경제정책 · 노사문제 · 경영능력 등 계량화가 불가능한 사항을 분석하는 방법
   ② 양적 분석 : 증권투자와 관련된 각종 경제지표 · 산업지표 · 재무제표 등 계량화가 가능한 사항을 분석하는 방법

제2절 경제분석

1. **경기변동** : 총체적인 경제활동수준이 주기적으로 상승과 하강을 반복하는 현상으로 호황–후퇴–불황–회복의 4국면으로 구분됨
2. **통화지표** : 일정시점에서 시중에 유통되고 있는 화폐의 양을 의미하며 통화량이 너무 많으면 인플레이션이 발생할 수 있고, 너무 적으면 거래가 위축될 수 있어 통화량을 적정수준으로 유지하는 것은 중요함
3. **금리수준** : 금리가 인상되면 금융비용 부담이 늘어나 주가가 하락하고, 금리가 하락하면 금융비용 부담이 줄어들어 주가가 상승함
4. **물가수준** : 물가가 큰 폭으로 상승하면 제조원가가 상승하고 소비자의 실질소득감소로 구매력이 감소하여 기업의 수지에 나쁜 영향을 미치며, 개인은 금융자산보다 실물자산을 선호하여 주가가 큰 폭으로 하락
5. **환율수준** : 외환의 수급에 의해 결정되는 환율은 물가상승률, 국내외 금리차, 정치 · 사회의 안정여부 등 여러 요인의 영향을 받고 재화가격에 영향을 미쳐 물가, 산출량, 국제수지 등의 결정에 중요한 요인으로 작용

제3절 산업분석

1. **산업분석의 의의** : 특정산업의 특성과 전망에 대한 분석으로 개별산업이나 관련산업에 중요한 영향을 미치는 요인들을 광범위하게 연구하고 분석
2. **산업분석의 내용** : 과거의 실적분석, 경기변동에 대한 적응력, 산업의 대체관계, 정부의 산업정책, 인력수급 및 노사관계, 산업의 경쟁상황
3. **산업구조의 평가** : 포터(M.Porter)는 잠재적인 진출기업, 기존기업간 경쟁, 대체 제품, 구매자, 공급자의 5가지 요소가 산업의 경쟁강도와 수익성을 결정

제4절 기업분석

1. 사업단위 경쟁전략
   ① 원가우위전략 : 광범위한 고객을 대상으로 원가절감에 필요한 여러 기업활동을 통해 경쟁우위를 달성하는 전략
   ② 차별화전략 : 고객이 가장 중시하는 속성을 찾아내어 제품이나 서비스를 세분화하여 경쟁우위를 확보하는 전략
   ③ 집중화전략 : 특정 구매자집단, 제품라인의 일부분, 지역적으로 한정된 특정시장을 집중적인 표적으로 삼는 전략

2. 재무제표의 분석
   (1) 재무상태표 분석
      ① 유동성비율 : 기업이 단기에 상환해야 하는 부채에 대한 변제능력을 측정
      ② 레버리지비율 : 손익확대효과를 가져다주는 타인자본 의존도를 측정하는 지표
      ③ 자본배분비율 : 조달자본이 기업자산에 적절히 배분되고 있는지를 측정
      ④ 자산구성비율 : 기업이 보유한 각종 자산의 구성내용과 기업의 자본운용형태
   (2) 손익계산서 분석
      ① 수익성비율 : 일정기간 동안 기업의 총괄적인 경영성과와 이익창출능력 측정
      ② 활동성비율 : 기업이 보유한 자원을 효율적으로 이용했는지에 대한 정보를 제공
      ③ 성장성비율 : 경영규모와 경영성과가 전기에 비해 얼마나 증가했는지를 측정
      ④ 생산성비율 : 경영활동의 능률과 경영성과를 측정하는 경영합리화의 지표

연습문제

01 **다음 중 경기변동의 일반적인 특징에 관련된 설명으로 옳지 않은 것은?**

① 경기변동은 일정한 주기를 갖고 경제상황이 상승과 하강을 반복하는 현상이다.
② 경제성장과 더불어 경기변동이 이루어지기 때문에 대체로 수축국면이 확장국면보다 길다.
③ 내구재의 생산 및 소비가 비내구재보다 경기의 영향을 크게 받는다.
④ 경기변동을 연구하는 학자들의 관심사는 경기의 전환점을 예측하는 것이다.
⑤ 어떤 변수가 실질GDP와 같은 방향으로 변하는 것을 경기순응적이라고 한다.

해설 경기변동은 경제가 성장하는 추세선을 기준으로 경기가 상승과 하강을 반복하는 것을 말하며 대체로 확장국면이 수축국면보다 길게 나타난다.

02 **다음 중 경기변동에 대한 설명으로 옳은 것은?**

① 경기변동은 경제가 호황과 불황을 되풀이하는 현상으로 경기변동의 주기는 정점에서 저점까지의 거리로 측정된다.
② 쥬글러파동은 평균 9~10년에 걸치는 경기순환으로 재고투자의 변동이 원인이며 주순환이라고 불린다.
③ 여러 가지 경기순환 중에서 그 주기가 가장 긴 것은 키친파동이며, 키친파동의 원인은 설비투자의 변동이다.
④ 쿠즈네츠는 건축투자를 주원인으로 하는 3~4년에 걸친 경기파동을 발견했는데, 이것을 건축순환이라고 한다.
⑤ 콘드라티에프파동은 50~60년에 걸친 장기파동으로 이 파동의 주원인은 기술혁신이다.

해설
① 경기변동의 주기는 정점에서 정점 또는 저점에서 저점까지의 거리로 측정된다.
② 쥬글러파동의 발생원인은 설비투자의 변동이다.
③ 경기순환 중에서 그 주기가 가장 짧은 것은 키친파동이며 발생원인은 재고의 변동이다.
④ 건축순환의 주기는 17~18년이며 발견자는 한센이다.

03 **다음 중 경기침체에 선행하여 나타나리라고 예상되는 현상은 무엇인가?**

① 예상GDP성장률이 상향조정된다.
② 기업들이 생산시설을 확충할 필요를 느낀다.
③ 재고자산이 증가한다.
④ 노동자를 구하기가 어렵다.
⑤ 수출전망이 좋아진다.

해설 재고자산이 증가하면 경기가 침체될 것이라는 징조를 나타낸다.

04 **다음은 우리나라가 경기종합지수를 산출할 때 사용되는 경제지표들이다. 선행종합지수에 속하지 않는 것은?**

① 건설수주액 ② 제조업가동률지수 ③ 종합주가지수
④ 구인구직비율 ⑤ 금융기관유동성(Lf)

해설 제조업가동률은 경기동행지수에 해당한다.

05 **우리나라에서 경기선행변수로 사용되는 경제지표가 아닌 것은?**

① 소비자기대지수 ② 자본재수입액 ③ 건축허가면적
④ 수출신용장내도액 ⑤ 실업률

해설 실업률은 경기후행지수에 해당한다.

06 **다음 중 경기순환에 관한 설명 중 가장 옳지 않은 것은?**

① 종합경기지표는 작성법에 따라 여러 형태로 분류할 수 있으나, 현재 우리나라에서 사용되고 있는 대표적인 것은 경기종합지수이다.
② 선행지표의 하나인 건축허가면적이 전분기에 비해 증가하고 있다는 것은 앞으로 경기가 상승할 것을 시사한다.
③ 기업경기실사지수가 100을 넘으면 기업의 설비투자가 증가할 가능성이 높다.
④ 경기변동은 확장국면과 수축국면이 번갈아 가면서 반복적, 주기적, 대칭적으로 나타난다.
⑤ 우리나라의 경기변동순환주기는 대체로 약 4~5년이며, 확장기가 수축기에 비해 긴 것으로 나타나고 있다.

해설 경기변동의 주기와 진폭은 경기변동마다 다르게 나타나기 때문에 주기적이거나 대칭적인 것은 아니다.

07 **다음 중 경기가 변동하는 과정에서 생산물시장, 금융시장, 주식시장은 어떤 순서로 변동하는가?**

① 생산물시장 – 금융시장 – 주식시장
② 생산물시장 – 주식시장 – 금융시장
③ 금융시장 – 주식시장 – 생산물시장
④ 주식시장 – 생산물시장 – 금융시장
⑤ 주식시장 – 금융시장 – 생산물시장

해설 주식시장의 종합주가지수는 경기선행지수, 생산물시장의 산업생산지수는 경기동행지수, 금융시장의 회사채수익률은 경기후행지수에 포함된다. 따라서 경기가 변동하는 과정에서 주식시장–생산물시장–금융시장의 순으로 변화가 발생한다.

08 다음 중 경기변동에 대한 서술 중 옳지 않은 것은?

① 경기호황국면에서는 물가가 하락한다.
② 경기후퇴국면에 접어들면 초기에는 이자율이 상승하지만 나중에는 이자율이 하락한다.
③ 경기종합지수를 구성할 때 기계수주액은 경기선행지표이고 기계류수입액은 경기후행지표이다.
④ 은행의 도산과 신용제도가 붕괴하는 것을 신용공황이라고 하는데, 이는 결국 공황으로 연결된다.
⑤ 경기동향지수는 경기상황을 적신호와 청신호로 나누어 표시한다.

해 설 경기상황을 적신호와 청신호로 나누어 표시하는 것은 경기예고지표이다.

09 다음 중 경기변동에 대한 서술 중 옳은 것은?

A. 실제로 경기변동의 과정은 정점–경기수축–저점–경기확장 등 4국면으로 측정한다.
B. 미국에서 경기후퇴는 보통 실질GDP가 2분기 또는 그 이상의 기간동안 계속 감소하는 것을 의미한다.
C. 경기불황은 경기후퇴가 지속저이고 극심하게 진행되는 것을 의미한다.
D. 일반적으로 경기수축은 그 기간이 짧고 경기확장은 그 기간이 길다.

① A, B ② A, C ③ A, B, C
④ A, B, D ⑤ A, B, C, D

해 설 위에 제시된 지문 모두가 옳은 지문에 해당한다.

10 다음 중 Porter의 본원적 경쟁전략에 대한 설명으로 옳지 않은 것은?

① 경쟁범위를 좁게 잡고 전략적 우위요소를 차별화로 정했을 경우 차별적 집중화전략이 사용되어야 한다.
② 시장점유율이 높을 때에는 차별화전략이나 집중화전략을 사용할 경우 투자수익률이 높아진다.
③ 원가우위전략이나 집중화전략은 시장세분화를 많이 하지 않는다.
④ 원가우위전략은 제조와 자재관리분야에서, 차별화전략은 연구개발분야에서 차별역량을 결정한다.
⑤ 원가우위전략에서는 제품차별화 수준을 낮게 유지하고, 집중화전략에서는 제품차별화 수준이 낮거나 높게 유지될 수 있다.

해 설 시장점유율이 높을 때에는 투자수익률을 높일 수 있는 수단이 된다.

11 **다음 중 Porter의 산업구조분석기법에 대한 설명으로 옳지 않은 것은?**

① 대체재와의 경쟁, 잠재적 진입자와의 경쟁, 기존사업자와의 경쟁은 수평적인 경쟁에 해당한다.
② 공급자와 구매자의 교섭력은 수직적인 경쟁에 해당한다.
③ 산업이 집중되어 있을수록 그 산업의 전반적인 수익률은 상대적으로 낮다.
④ 동일산업 내의 기업들이 이질적인 경우 동질적인 경우에 비해 수익률이 높다.
⑤ 차별화된 산업일수록 수익률이 높고 차별화가 적은 산업일수록 수익률이 낮다.

해 설 동일산업 내에서 기업들간의 경쟁을 피하기 위해 담합할 수 있는 가능성은 기업의 수에만 의존하지 않고 그 기업들의 전략과 목적에 따라 다양하다. 동질적인 국내기업들은 담합에 의해 가격경쟁을 자제하면서 상당히 높은 수준의 수익률을 누릴 수 있다. 그러나 국제경쟁이 심화될수록 이질적인 목표나 전략을 가진 국제기업들과 경쟁을 하기 때문에 기업들간에 암묵적인 담합을 하기가 점차 어려워진다.

12 **다음 중 Porter의 산업구조분석에 대한 설명으로 옳지 않은 것은?**

① 자본집약도가 높은 산업일수록 가격경쟁은 더 치열하다.
② 매몰비용이 없는 경우 기업들의 진입과 탈퇴가 용이하며 가격이 경쟁적인 수준으로 낮아진다.
③ 수직적 통합을 할 수 없는 경우 구매자의 교섭력은 훨씬 강화된다.
④ Porter의 산업구조분석은 산업 전체의 수익률이 왜 높고 낮은지를 효과적으로 설명하는 유용한 도구이다.
⑤ Porter의 산업구조분석은 경쟁과 산업구조가 동태적으로 변한다는 사실을 충분히 고려하지 못한 문제가 있다.

해 설 구매자의 교섭력을 결정하는 요인에는 구매자들이 가격에 얼마나 민감한가의 정도와 공급자에 대한 구매자들의 상대적인 교섭능력이 중요하다. 수직적 통합을 할 수 있는 경우 구매자의 교섭력은 훨씬 강화된다. 만일 공급자가 터무니없이 높은 가격을 요구할 경우에 구매자는 자기가 직접 그 사업을 하겠다고 위협하여 가격을 인하할 수도 있다.

13 **비용우위가 경쟁우위의 중요한 요소로 평가되는 이유는 궁극적으로 낮은 비용이 기업들의 가격경쟁에 유리하게 작용하기 때문이다. 다음 중 가격인하를 주된 경쟁수단으로 하게 하는 요인이 아닌 것은?**

① 초과설비보유시
② 군소경쟁자의 경우
③ 신규진입자의 경우
④ 여러 시장에서 경쟁기업과 경쟁시
⑤ 비밀리에 행하는 거래가 많을 때

해 설 여러 시장에서 경쟁자와 만나는 다각화된 기업일수록 가격인하를 자제하려는 경향을 보인다.

14 다음 중 매출채권에 대한 설명으로 부적절한 것은?

① 매출채권이 증가하더라도 추가적인 자금부담은 없다.
② 매출채권회전률이 높을수록 기업은 유리하다.
③ 단기매출채권이 항상 기업에게 유리한 것만은 아니다.
④ 비용-효익분석에 입각하여 적절한 매출채권을 유지한다.
⑤ 매출채권의 회수정책 고려시에는 기업이미지에 손상이 없도록 할 필요가 있다.

해설 매출채권이 증가하면 매출채권의 회전기간이 길어져서 현금회수가 늦어진다. 따라서 매출채권이 증가하면 순운전자본이 증가하므로 추가적인 자금부담이 발생한다.

15 유동성비율이 120%일 때 이 비율을 감소시키는 상황은?

① 현금으로 단기차입금을 상환할 경우
② 외상매출금을 현금으로 상환할 경우
③ 현금으로 재고자산을 구입할 경우
④ 재고자산을 외상으로 구입할 경우
⑤ 사채로 고정자산을 구입할 경우

해설 유동비율=유동자산/유동부채에서 현재 유동비율이 100%보다 크기 때문에 유동부채만 증가하거나, 유동자산만 감소하거나, 유동자산과 유동부채의 동일한 금액이 증가하면 유동비율은 감소한다.
① 유동자산의 감소, 유동부채의 감소이므로 유동비율은 증가한다.
② 유동자산의 불변, 유동부채의 불변이므로 유동비율에 미치는 영향이 없다.
③ 유동자산의 불변, 유동부채의 불변이므로 유동비율에 미치는 영향이 없다.
④ 유동자산의 증가, 유동부채의 증가이므로 유동비율은 감소한다.
⑤ 유동자산의 불변, 유동부채의 불변이므로 유동비율에 미치는 영향이 없다.
만일 현재의 유동성비율이 100% 보다 작았다면 정답은 ④에서 ①로 바뀌어야 한다.

16 다음의 서술 중에서 옳지 않은 것은?

① 매출채권회전율을 알고 있으면 매출채권 평균회수기간을 구할 수 있다.
② PER(Price Earning Ratio)는 일종의 회수기간의 개념이다.
③ 당기순이익이 0보다 클 때 주당순이익의 변화율 위험은 매출액의 변화율 위험보다 작다.
④ ROI(Return on Investment)는 활동성비율과 수익성비율을 결합한 비율이다.
⑤ 유동비율과 당좌비율은 유동성비율에 속한다.

해설 ① 매출채권회수기간 = 365/매출채권회전율
② 주가수익비율 = 주식가격/주당순이익이므로 EPS의 주가에 대한 회수기간을 의미한다.
③ 주당순이익의 변화율이 매출액의 변화율보다 작아지려면 DCL<1이어야 한다. 그러나 손익분기점 이후에서는 DOL과 DFL이 모두 1이상이므로 EPS의 변화율은 항상 매출액의 변화율보다 크거나 같다.
④ $ROE = \text{매출액순이익률} \times \text{총자산회전율} \times \frac{1}{\text{자기자본비율}}$

연습문제

17 갑을기업의 전년도 자기자본순이익률(ROE)은 6%로 업계 평균 10%에 비해 상대적으로 저조하다. 내부 검토결과 매출액순이익률은 1%, 총자산회전율은 2.0으로 업계 평균과 비슷한 것으로 나타나서 이 부분에서의 개선보다는 자본구조의 변경을 통해 현재 자기자본순이익률을 업계 평균 수준으로 끌어 올리려고 한다. 이 목표를 달성하기 위한 갑을기업의 적정 부채비율은 얼마인가?

① 200% ② 300% ③ 400%
④ 500% ⑤ 600%

해 설

$$ROE = \frac{순이익}{자기자본} = \frac{순이익}{매출액} \times \frac{매출액}{S+B} \times \frac{S+B}{자기자본}$$

재투자수익률 = 매출액순이익률×총자산회전율×$\left(1+\frac{B}{S}\right)$

$$0.1 = 0.01 \times 2 \times \left(1+\frac{B}{S}\right) \rightarrow \frac{B}{S} = 4(=400\%)$$

18 다음은 2011년 12월 31일 (주)청주 재무상태표 항목들의 일부이다. 주어진 자료를 이용하여 2011년 12월 31일 현재 (주)청주의 당좌비율을 계산하면 얼마인가? 단, %는 소수점 둘째 자리에서 반올림한다.

① 61.1% ② 66.7% ③ 78.6%
④ 91.7% ⑤ 125.0%

해 설

당좌비율 = 당좌자산/유동부채 = 5,5—,000/6,000,000 = 91.7%
당좌자산 = 1,000,000 + 3,000,000 + 1,500,000 = 5,500,000
유동부채 = 1,500,000 + 2,000,000 + 2,500,000 = 6,000,000

19 상품매매기업인 (주)기산물산의 영업주기는 상품의 매입시점부터 판매후 대금의 회수시점까지 기간으로 정의된다. (주)기산물산의 연 매출이 120,000원, 이에 대한 매출원가가 75,000원, 연평균 매출채권 잔액이 20,000원, 그리고 연평균 재고자산의 가액이 25,000원이라면 (주)기산물산의 평균 영업주기는? 단, 매출은 전액 외상매출이라고 가정한다. 계산의 편의상 1년은 360일로 간주한다.

① 120일 ② 135일 ③ 156일
④ 171일 ⑤ 180일

해 설

매출채권회전율 = 120,000/20,000 = 6회
매출채권평균회수기간 = 360일/6회 = 60일
재고자산회전율 = 75,000/25,000 = 3회
재고자산평균처리기간 = 360일/3회 = 120일
영업주기 = 60일+120일 = 180일

20 (주) 대한의 매출액은 200억원, 매출액순이익률은 5%, 주가수익비율(PER)은 10배, 유보율은 60%, 발행주식수는 100만주일 때 (주)대한의 배당수익률(dividend yield)은 얼마인가?

① 4% ② 5% ③ 6%
④ 8% ⑤ 10%

해설

(1) 당기순이익 = 매출액×매출액순이익률 = 200억원×0.05 = 10억원
(2) 주당순이익 = 당기순이익/발행주식수 = 10억원/100만주 = 1,000원
(3) $PER = \frac{P}{EPS} \rightarrow P = PER \times EPS = 10 \times 1,000\text{원} = 10,000\text{원}$
(4) 주당배당금(DPS) = (10억원×0.4)/100만주 = 400원
(5) 배당수익률 = DPS/P = 400/10,00 = 0.04

정답

01.② 02.⑤ 03.③ 04.② 05.⑤ 06.④ 07.④ 08.⑤ 09.⑤ 10.②
11.④ 12.③ 13.④ 14.① 15.④ 16.③ 17.③ 18.④ 19.⑤ 20.①

10 기술적 분석

기본적 분석은 증권의 내재가치를 산출하는데 초점을 집중시킨다. 반면에 기술적 분석은 증권의 내재가치의 결정에 영향을 주는 기본적 요인들보다는 과거의 주가와 거래량의 흐름을 분석하여 일정한 패턴이나 추세를 찾아내어 미래의 주가의 변동을 예측하려고 하며 주로 차트를 활용한 분석이 이루어진다.

제 1 절 기본개념

1 기술적 분석의 정의

주가는 모든 사람들의 의사결정에 의해 이루어지고 있으며, 일정한 간격을 두고 끊임없이 변해가고 있다. 즉, 어느 투자자는 주가가 상승할 것으로 예상하여 주식을 매입하는 반면에 다른 투자자는 주가가 하락할 것으로 예상하여 주식을 매도하게 되는데 그 매매의 결과로 주가가 형성된다.

주가가 형성되는 과정을 예측하기 위해 수요와 공급에 영향을 미치는 요인들로 나타나는 주가 그 자체를 그래프를 통해서 분석할 필요가 있다. 기술적 분석은 도표(chart)를 이용하여 과거의 주가와 거래량의 추세 및 패턴을 분석해서 증권의 수급을 예측하고 매매종목과 매매시점을 선택하는 방법을 말한다.

기술적 분석은 주가의 매매시점을 파악할 수 있도록 과거의 시세흐름과 패턴을 파악해서 정형화하고 이를 분석하여 향후 주가를 예측하는데 목적이 있다. 그러나 증권의 시장가격은 과거의 역사적 정보를 즉시 그리고 충분히 반영하고 있다는 약형 효율적 시장가설이 성립하면 기술적 분석은 의미가 없게 된다.

2 기술적 분석의 가정

과거의 주가변화와 거래량의 변화양상을 이용하여 미래의 주가변화를 예측하고자 하는 기술적 분석방법은 다음과 같은 가정하에서 이루어지고 있다.

첫째, 주식시장에서 거래되는 주식의 시장가격은 그 주식에 대한 수요와 공급에 의해서만 결정된다. 수요와 공급은 경제적 요인, 비경제적 요인, 이성적 요인, 비이성적 요인 등 복합적인 요인에 의해 결정되는데, 이러한 요인들은 증권시장의 자체 내에서 자동적으로 개별주가나 종합주가지수에 반영된다.

둘째, 증권시장에 어떤 정보가 전달되었을 때 이 정보의 효과는 서서히 주가에 반영되기 때문에 이러한 정보가 반영된 주가는 장기간에 걸쳐 특정한 추세를 형성하면서 변화한다. 그리고 시장의 사소한 변동을 고려하지 않는다면 주가는 지속되는 추세에 따라 상당기간 동안 움직이는 경향이 있다.

셋째, 주가는 특정 주식에 대한 수요와 공급의 변화 때문에 변동하고 이론적으로 수요와 공급의 변화에 대한 원인을 설명하기 어렵다. 그러나 증권시장에서 주가가 움직이는 양상을 살펴보면 수요와 공급의 변동은 시장의 움직임을 나타내는 도표에 의해 추적될 수 있고 주가모형은 반복하는 경향이 있다.

기술적 분석은 주식시장에 새로운 정보가 전달되면 주가는 추세를 형성하면서 조정되며, 이 추세는 새로운 정보가 완전히 파급되어 새로운 균형상태가 형성될 때까지 계속된다는 가정에서 나온다. 따라서 기술적 분석은 과거의 주가와 거래량의 변화양상을 분석하면 개별주식의 주가변화를 알 수 있다.

3 기술적 분석의 장점

첫째, 주가에는 계량화하기 어려운 심리적인 요인까지도 영향을 미치기 때문에 기본적 분석만으로는 주가를 평가하는데 한계가 있는데, 기술적 분석은 이러한 기본적 분석의 한계점을 보완할 수 있다.

둘째, 기본적 분석으로는 매매시점을 포착하기가 어려우나 기술적 분석은 어떤 정보가 있을 때, 처음부터 주가의 장기적인 변화추세까지는 모르더라도 그것이 변화할 것이라는 것과 변화의 방향은 알 수 있다.

4 기술적 분석의 단점

첫째, 기술적 분석의 전제조건은 과거의 주가변화 및 거래량의 추세나 패턴이 반복하는 경향을 가지고 있다는 것이지만, 이것이 미래에도 반복해서 나타난다는 것은 지극히 비현실적인 가정이라고 할 수 있다.

둘째, 동일한 과거의 주가양상을 놓고 어느 시점이 주가변화의 시발점인가 하는 해석이 각각 다를 수 있다. 그리고 투자가치를 무시하고 시장의 변동에만 집착하여 시장이 변화하는 원인을 분석할 수가 없다.

5 기술적 분석의 기법

기술적인 분석방법에 속하는 주가분석 또는 주가예측기법은 매우 많다. 대부분의 기법은 과거의 주가변화 및 거래량의 자료를 도표에 기록하고 도표로부터 가격변화 및 거래량변화의 추세나 반복적 패턴을 찾아낸 후 이를 이용하여 미래의 주가변화를 예측하거나 매매시점을 결정하는 과정으로 이루어진다.

(1) 다우이론의 6국면

다우이론은 기술적 분석에서 가장 널리 알려져 있는 분석기법으로 주식시장이 제멋대로 움직이지 않고 규칙적인 파동을 그리면서 움직인다는 이론을 말하며 미국 월스트리트 저널(Wall Street Journal)을 창간한 찰스 다우가 고안한 이론이다. 다우이론은 증권시장의 추세를 단기추세, 중기추세, 장기추세로 구분한다.

단기추세는 매일매일의 주가변화를 말하며 단기적으로 진폭이 불규칙하기 때문에 분석의 가치가 없다. 중기추세는 수개월간 지속되는 주가의 추세를 의미하며 장기추세를 예측하고 장기추세의 전환시기를 포착하는데 활용되는 주된 추세이다. 장기추세는 2~3년간의 장기간에 걸친 증권시장의 흐름을 말한다.

증권시장의 순환과정을 규명한 다우이론은 강세시장과 약세시장을 구분하는데 유용하다. 다우는 증권시장을 6개 국면으로 구분하고, 이를 강세시장 3국면과 약세시장 3국면으로 나눈다. 강세시장은 매입국면, 마크업국면, 과열국면의 3개 국면으로, 약세시장은 분산국면, 공포국면, 침체국면의 3개 국면으로 진행된다.

1) 강세시장 제1국면 : 매집국면

강세시장 초기국면인 매집국면은 경제변수, 기업환경, 시장여건을 회복하지 못해 장래에 대한 전망을 어둡게 느낀 투자자들이 투매하고 언론에서도 어두운 기사만 가득하다. 그러나 전문투자자들은 일반투자자들의 실망매물을 매집하는 국면으로 이 시기에 주식을 매수하여 중장기로 보유하는 사람은 큰 수익을 얻게 된다.

2) 강세시장 제2국면 : 마크업국면

강세시장의 제2국면인 마크업국면에서는 경제여건이 좋아지고 기업의 수익이 증가하여 투자자들의 시장에 대한 관심이 고조되어 주가가 상승한다. 마크업국면에 접어들면 호재에는 민감하게 반응을 하지만 악재에는 별로 반응을 보이지 않는다. 기술적 분석에 의해 주식투자를 하는 사람은 높은 투자수익을 올릴 수 있다.

3) 강세시장 제3국면 : 과열국면

강세시장의 제3국면인 과열국면에서는 경제와 기업의 수익에 관한 각종 통계수치가 호조를 보이고 신주발행도 급증하여 매스컴에 증권시장에 관한 내용이 톱뉴스로 등장할 만큼 과열 기미를 보인다. 일반투자자와 주식투자 경험이 없는 사람들이 계속 망설이다가 비로소 확신을 갖고 적극 매입에 나서기 때문에 시장이 과열된다.

4) 약세시장 제1국면 : 분산국면

약세시장의 제1국면인 분산국면은 전문투자자들이 시장의 과열을 감지하고 이익을 실현한 후 시장을 빠져나가는 국면을 말한다. 분산국면에 접어들면 주가는 호재에는 별로 반응을 보이지 않게 되고 악재에는 민감하게 반응하며 해외뉴스가 주가하락의 계기가 되는 경우가 많이 발생한다.

5) 약세시장 제2국면 : 공포국면

약세시장 제2국면인 공포국면은 경제와 기업의 수익에 관한 실적발표가 나쁘게 나오면서 매도세력은 조급해지고 매수세력은 위축되어 주가가 수직으로 급락한다. 이때 거래량도 급격히 감소하는데, 이러한 상태를 공황국면이라고 한다. 이후에는 상당히 긴 회복국면이나 보합상태가 나타나 약세시장 제3국면이 시작된다.

6) 약세시장 제3국면 : 침체국면

약세시장 제3국면인 침체국면은 공포국면에서 주식을 미처 처분하지 못한 투자자들의 실망매물이 시장에 출회되어 투매양상이 나타나고, 주가는 지루하게 하락하지만 시간이 경과할수록 낙폭은 줄어든다. 기업의 수익성이 악화되고 주가가 계속 떨어진다는 정보가 주식시장에 퍼져 있기 때문에 이를 침체국면이라고 한다.

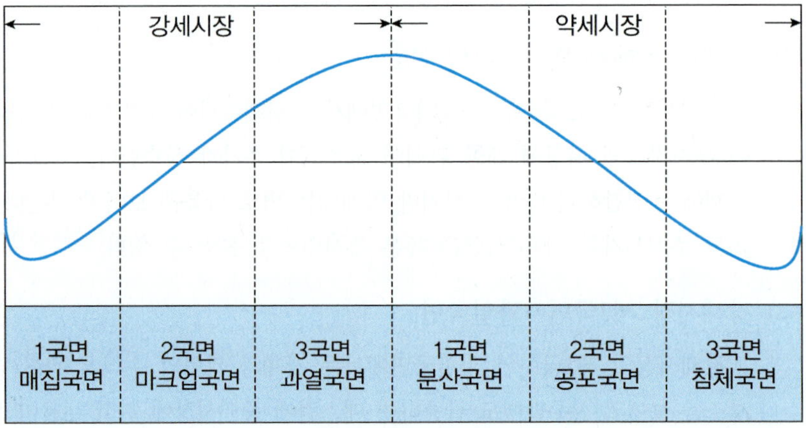

【 그림 10-1 다우의 순환 6국면 】

(2) 엘리어트 파동이론

1) 엘리어트 파동이론의 개념

엘리어트 파동이론은 주가가 그리는 파동은 일정한 패턴이 있고, 패턴에는 고유한 비율과 시간이 포함되어 있다는 가정하에 출발한다. 즉, 주가흐름은 상승 5파와 하락 3파로 끊임없이 순환한다는 것으로 주가의 장기 대세 파동을 파악하는 것이 목적이며, 피보나치 수열을 이용하여 각 파동의 상승폭과 하락폭을 예측한다.

2) 엘리어트 파동이론의 법칙

충격 파동은 5개 파동으로, 조정 파동은 3개 파동으로 세분되며 다시 8개 파동은 21개의 작은 파동으로 구성된다. 상승 5파에서 1, 3, 5를 충격파동이라 하고, 2, 4는 상승에 따른 조정파동이다. 하락 3파에서 A, C를 충격파동이라 하고, B는 하락에 따른 조정파동이라 하며 다음과 같은 다섯 가지 기본법칙을 제시할 수 있다.

㉠ 법칙 1 : 2번 파동이 1번 파동의 출발점 이하로 진행되어서는 안 된다.

ⓛ 법칙 2 : 3번 충격파동이 가장 강력한 파동이다.

ⓒ 법칙 3 : 4번 조정파동은 결코 1번 파동과 겹칠 수 없다.

ⓔ 법칙 4 : 어느 한 파동이 연장되면 나머지 파동은 결코 연장되지 않는다.

ⓜ 법칙 5 : 2, 4번 조정파동의 형태는 반복되지 않으며 연장되지도 않는다.

① 1번 충격파동(상승파)

1번 충격파동은 추세가 전환되는 시점으로 기존의 하락추세가 무너지고 새로운 상승추세가 시작되는 파동을 말한다. 일반적으로 1번 파동은 5개의 파동 중 가장 짧으며 바닥수준에서의 반등 정도로 간주되어 알기가 힘들다. 1번 파동은 충격파동이므로 반드시 5개의 파동으로 구성되어야 한다.

② 2번 조정파동(하락파)

2번 조정파동은 상승 1파에 대한 조정파동으로 1번 파동의 방향과는 반대방향으로 형성된다. 보통 2번 파동은 1번 파동을 38.2% 또는 61.8% 비율만큼 되돌리는 경향이 높고 1번 파동을 100% 이상 되돌리는 경우는 없다. 2번 파동은 조정파동이므로 반드시 3개의 파동으로 구성되어야 한다.

③ 3번 충격파동(상승파)

3번 충격파동은 추세가 힘을 받아 강력하게 움직이는 파동으로 그 안에 5개의 작은 파동을 가지고 있다. 5개의 파동 중에서 가장 폭이 크고 긴 파동으로 주가상승폭이 제일 큰 파동이다. 따라서 2번 파동 말기와 3번 파동 초기에 투자한 사람은 단기에 가장 많은 수익을 낼 수 있다.

④ 4번 조정피동(하락피)

4번 조정파동은 3번 파동의 되돌림 현상으로 그 안에 3개의 작은 파동을 가지고 있다. 4번 파동의 저점은 1번 파동의 고점 이하로 하락해서는 안 된다. 그렇게 될 경우 5파의 틀이 지속될 수 없다고 본다.

⑤ 5번 충격파동(상승파)

5번 충격파동은 이제까지 진행되던 상승추세가 막바지에 이르러 가격의 움직임도 3번 파동과 비교하여 활발하지 못하고 거래량도 3번 파동에 비해 적게 형성된다. 1번 파동과 똑같은 길이로 형성되거나 1번에서 3번까지 길이의 61.8%만큼 형성되는 경향이 많다. 주식을 매도하여 현금화했다가 재투자시점을 찾는 것이 유리하다.

⑥ A 충격파동(하락파)

A 충격파동은 상승추세에서 하락추세로 전환되는 파동으로 그 안에 5개의 작은 파동이 있다. 하락으로 전환되는 파동인지를 확인하는 방법은 상승 5파동 안에 있는 작은 파

동이 21개가 되는지 세어보면 된다(상승 파동 3개×각 파동 속에 있는 소파동 5개+하락 파동 2개×각 파동 속에 있는 소파동 3개=21개 소파동).

⑦ B 조정파동(조정파)

B파동은 새로이 시작되는 하락추세에 반발하는 매입세력이 시장에 나타나면서 형성되며 거래는 그리 활발하지 못한 편이다. 즉, A파동의 되돌림 현상으로 A파동 길이의 38.2% 또는 61.8%만큼 반등하며 이제까지 상승국면에서 가지고 있던 매입포지션을 정리할 마지막 기회에 해당한다.

⑧ C 충격파동(하락파)

C파동은 세 번째 파동이라는 점에서 어떤 의미로는 3번 파동의 성격과 유사하여 거래가 활발하고 도중에 갭이 나타나는 등 가격의 변동폭도 크다. 또한 실망감과 두려움에서 투매의 영향으로 가격의 하락폭도 빨라진다. 보통 패턴분석에서 삼봉천정형의 오른쪽 어깨 모양으로 나타나는 경우가 있다.

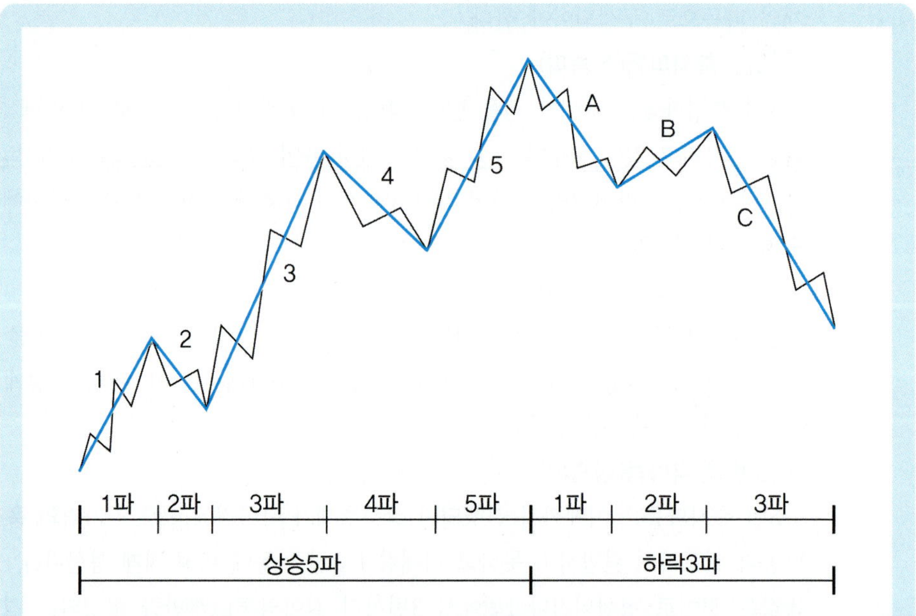

【 그림 10-2 엘리어트 파동이론 】

3) 엘리어트 파동이론의 한계

엘리어트 파동이론은 상승파동에서 1, 3, 5번을 충격파동으로, 2, 3번을 조정파동으로, 하락파동에서 A, C를 충격파동으로, B를 조정파동으로 본다. 충격파동은 파동의 폭이 크고 길며 가파른 반면에 조정파동은 기울기가 완만하고 짧다. 즉, 상승추세에는 매수 관점에서 대응하고, 하락추세에는 매도 관점에서 대응한다.

그러나 파동이 완성되면 누구나 알 수 있으나 파동이 진행중이면 어느 파동에 해당하는지 판단하기가 어렵고 단기추세에서 매매시점을 잡기가 어려운 단점도 있다. 따라서 파동의 개수보다는 지금이 어느 파동에 있는지를 판단하는 것이 중요하고, 상승폭과 하락폭을 계산할 때에도 파동의 원리를 이해하고 참고하면 된다.

제 2 절 추세분석

1 추세분석의 정의

추세분석(trend analysis)은 주가의 움직임 속에서 추세선이나 추세대를 찾아보고 추세선이 언제 붕괴되는가를 관찰하여 주식의 매매시점을 포착하는 기법을 말하며 지지선과 저항선의 결정, 추세선의 신뢰도, 추세선의 수정, 추세선의 전환 등을 관찰해서 투자판단에 이용하는 기법에 해당한다.

추세는 시장이 어디로 움직이고 있는가 하는 단순한 시장방향이다. 추세란 개념은 기술적 접근에서 필수적이며, 시장은 실제로 어떤 추세를 이룬다는 전제를 수용해야 한다. 따라서 시장의 가격움직임을 차트로 나타내는 목적은 추세의 방향으로 거래하기 위해 추세발전의 초기단계에서 이를 파악하는데 있다.

추세는 기술적 분석에 중요한 개념이다. 지지와 저항, 가격패턴, 이동평균, 추세선 등 차트분석가들이 사용하는 모든 도구들은 추세에 의존하여 미래를 예측하고 시장의 추세를 측정하는데 도움을 준다. "언제나 추세에 편승하여 거래하라" "추세에 역행하지 말라"와 같은 말은 흔히 듣는 친숙한 표현들이다.

'가격움직임은 추세를 이룬다'는 전제로부터 '움직이는 추세는 추세를 역행하기보다 현재의 추세를 계속 유지하려는 경향이 있다'는 결론이 추론된다. 이러한 추론은 물론 뉴턴의 제1운동법칙에서 빌린 것이다. 이 추론을 다른 방법으로 표현하면 '어떤 추세는 전환하기까지 같은 방향으로 계속 움직이려 한다.'

일반적으로 시장은 어떤 방향이든 일직선으로 움직이지 않는다. 시장은 특성상 일련의 지그재그로 움직인다. 이러한 지그재그 모양은 비교적 선명한 봉우리와 골짜기를 가진 일련의 연속적인 파동을 닮는다. 시장이 추세를 이루는 것은 이러한 봉우리들과 골짜기들의 방향이다.

이러한 봉우리들과 골짜기들은 위로, 아래로, 옆으로 움직이면서 시장의 어떤 추세를 알려준다. 상승추세는 높아지는 일련의 연속적인 봉우리들과 골짜기들로 정의되고, 하락추세는 낮아지는 일련의 연속적인 봉우리들과 골짜기들로 정의된다. 수평적인 봉우리들과 골짜기들은 수평방향 가격추세를 나타낸다.

2 지지선과 저항선

지지선은 이전의 저점과 저점을 수평으로 이은 선으로 일정기간에 주가하락의 움직임을 멈추게 하는 수준이나 하락 저지가 예상되는 수준을 말한다. 일반적으로 추가 하락추세에서 지지선을 하향 돌파하는 경우에는 손실을 보더라도 매도해야 하는 시점으로 해석하는 경우가 많다.

저항선은 고점과 고점을 수평으로 이은 선으로 주가상승을 이끌던 매수세가 매도세에 밀려 추가 상승에 실패하고 하락하게 되는 수준이나 상승세의 둔화가 예상되는 수준을 말한다. 주가가 상승추세에 있을 때 저항선을 상향 돌파하는 경우에는 추가 상승의 의미를 부여할 수 있다.

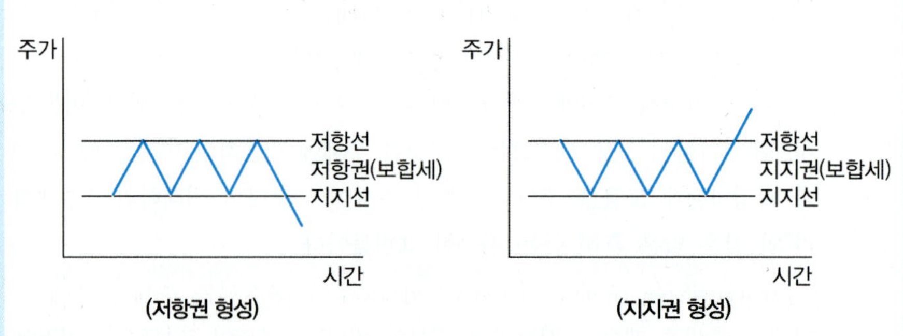

[그림 10-3 지지선과 저항선]

3 추세선의 개요

(1) 추세선의 유형

추세선은 고점이나 저점 중 의미있는 두 고점 또는 저점을 연결한 선을 말한다. 추세선의 종류에는 상승추세선, 하락추세선, 평행추세선이 있다. 상승추세선은 저점의 위치가 계속해서 상승하는 경우를, 하락추세선은 고점의 위치가 점차 하락하는 경우를, 평행추세선은 추세가 명백하지 않고 횡보하는 경우를 말한다.

일반적으로 추세선은 중요한 지지선 또는 저항선 역할을 한다. 따라서 정확한 추세선을 위해서는 장중에 형성되는 고가나 저가를 모두 포함해야 하지만, 추세선을 일시적으로 이탈했다가 종가 무렵에 다시 추세선으로 복귀하는 경우에는 추세선을 이탈했던 고가나 저가에 의미를 크게 부여할 필요가 없다.

추세선의 신뢰도는 저점이나 고점이 여러 번 나타나고 추세선의 길이가 길고 기울기가 완만할수록 크다고 할 수 있다. 추세선의 길이가 길다는 것은 그 추세가 명확하여 주가의 움직임이 일관성을 가지고 있다는 것이며, 기울기가 완만하다는 것은 추세의 변화가 금방 나타나지 않는 것을 의미한다.

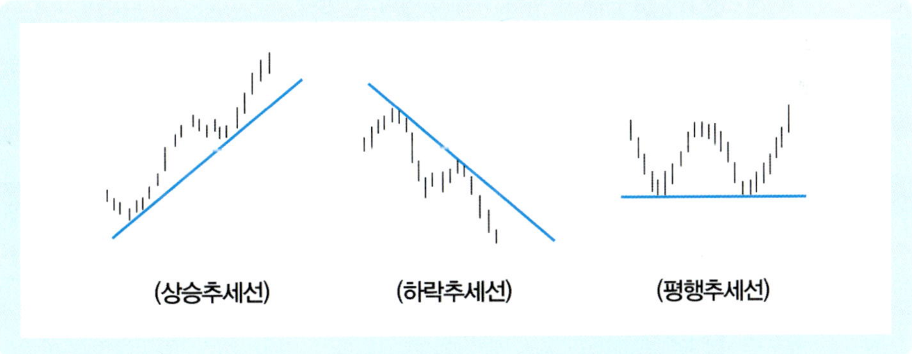

【 그림 10-4 추세선의 유형 】

(2) 추세선의 수정

추세선의 수정은 이미 설정된 추세선과는 다른 방향으로 주가의 흐름이 진행되어 또 다른 추세를 형성하는 것을 말한다. [그림 10-6]에서 a점과 b점을 연결한 최초의 추세선을 설정한 후에 다른 c점이 기존의 추세선을 이탈하여 형성되면 제2의 추세선을 설정할 수 있다.

그 후 주가가 수정된 추세선을 하향돌파하여 d점을 만들 경우 기존의 추세선을 진정한 추세선으로 확정할 수 있다. 그러나 주가가 수정된 추세선을 하향 돌파하지 않고 c점보다 높은 위치에 새로운 저점인 d점을 만들 경우 수정된 추세선을 진정한 추세선으로 확정한다.

(3) 추세선의 변형

일반적으로 추세선은 직선에 가까운 모습을 갖추고 있다. 그러나 주가상승이나 주가하락의 움직임이 급격할 경우에는 직선의 추세선과 방향을 같이하여 곡선으로 나타나 추세의 기울기가 점차 급격해지는 형태를 추세곡선이라고 한다.

주가가 고점들을 연결한 저항선을 상향돌파한 후 다시 되돌림 현상에 의해 저항선에 근접할 수 있는데, 이때 저항선의 역할을 하던 추세선은 지지선으로 바뀌는데 이러한 추세선을 중심추세선이라고 한다. 즉, 저항선에서 지지선으로 또는 지지선에서 저항선으로 역할이 변경된 추세선을 중심추세선이라고 한다.

주가가 상승추세에서 하락추세로 전환된 후 하락하던 주가가 상승을 시도하다 다시 하락하는 경우 최고점으로부터 상승을 시도한 고점을 이은 선이 저항선의 역할을 하는데, 이러한 과정이 반복되어 저항선의 기울기가 완만해지면서 저항선이 시간을 두고 여러 개 생기는 경우를 부채형 추세선이라고 한다.

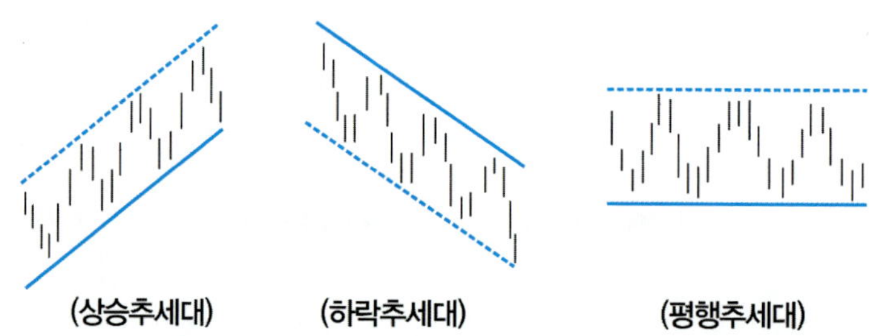

【 그림 10-5 추세대의 유형 】

(4) 추세선의 전환

일단 형성된 추세는 한 방향으로 진행하나 수요와 공급에 의해 방향을 전환하여 새로운 추세를 형성한다. 이러한 추세전환의 가능성은 몸체가 긴 음선 또는 긴 양선이 발생하며 추세선을 돌파하고 3%나 5% 등 일정비율 이상 추세선을 벗어나는 경우에 발생한다. 일반적으로 추세의 전환시점에는 거래량이 증가한다.

(5) 추세대의 형태

추세대는 지지선과 저항선이 평행상태를 유지하여 그 안에서 주가등락이 반복적으로 나타나는 형태를 말한다. 즉, 지지선의 지지를 받으며 주가가 상승하나 저항선의 저항으로 다시 하락하는 과정을 반복하는데 상승추세에는 지지선을 중심으로, 하락추세에는 저항선을 중심으로 추세대를 그리게 된다.

추세대에 따른 주가의 특징적인 움직임은 [그림 10-6]과 같이 나타낼 수 있다. 지지선과 저항선 사이에서 등락을 거듭하던 주가가 저항선에 도달하지 못한 a점에서 하락할 경우에는 주가가 지지선을 하향 돌파할 가능성이 높아진다. 이는 상승기조가 약해져 저항선까지 주가가 상승하지 못했기 때문이다.

우측은 주가가 지지선을 하향돌파함에 따라 상승추세가 끝나며 하락국면에 접어드는 그림이다. 이때 기존의 지지선은 의미를 상실하고 지지선 하향 돌파 직전의 고점인 c점과 그 이전의 고점인 a를 연결한 선이 새로운 저항선으로 작용하여 b점에서 시작되는 새로운 저항선 a-c와 평행을 이룬다.

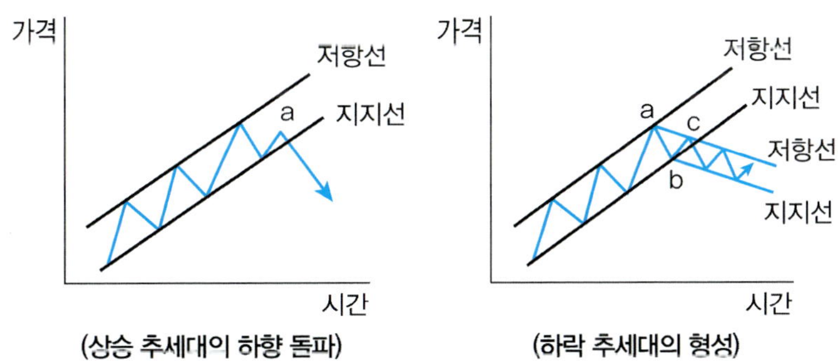

[그림 10-6 추세대에 따른 주가의 움직임]

4 이동평균선의 개요

(1) 이동평균선의 개념

이동평균선은 일정기간의 주가평균치의 진행방향을 확인하고 현재 주가의 진행방향과 어떤 관계가 있는지를 분석함으로써 미래의 주가동향을 미리 예측하고자 하는 지표를 말한다. 이동평균선은 단기・중기・장기 이동평균선으로 분류되며, 각각의 특성에 따라 주가의 지지선이나 저항선의 역할을 수행한다.

이동평균선을 이용하는 경우에 단기지표는 5일, 20일 평균선을, 중기지표는 60일 평균선을, 장기지표는 120일 또는 200일 이동평균선을 주로 사용한다. 장점에는 계산이 편리하고 모양에 따라 매매신호를 객관적으로 도출할 수 있으나 과거의 주가를 평균하여 미래의 주가방향을 분석한다는 단점이 있다.

(2) 이동평균선의 특징

이동평균선은 주가의 분석기간을 이동하면서 평균한 값이다. 즉, 추세의 대표값이라는 측면에서 이동평균선을 이용하여 주가분석을 할 경우에는 다음과 같은 주요한 특징을 알고 판단할 필요가 있다.

첫째, 일반적으로 주가가 이동평균선을 돌파하는 시점이 의미있는 매매시점이다. 또한 이동평균을 하는 분석기간이 길수록 이동평균선은 완만해지며, 짧을수록 가팔라지는 경향이 있고, 주가가 이동평균선과 괴리가 지나치게 클 경우에는 이동평균선으로 회귀하는 성향이 있다.

둘째, 주가가 장기 이동평균선을 돌파하는 경우에는 주추세가 반전될 가능성이 크다. 그리고 강세국면에서 주가가 이동평균선 위에서 움직일 경우 상승세가 지속될 가능성이 높고, 약세국면에서 주가가 이동평균선 아래에서 움직일 경우 하락세가 지속될 가능성이 높아진다.

셋째, 상승하고 있는 이동평균선을 주가가 하향돌파할 경우에는 추세가 조만간 하락으로 반전할 가능성이 높다. 그리고 하락하고 있는 이동평균선을 주가가 상향돌파할 경우에는 추세가 상승으로 반전할 가능성이 높아진다.

(3) 이동평균선의 이용

이동평균선을 이용한 주가의 예측방법에는 이격도 분석, 방향성 분석, 배열도 분석, 지지선 분석, 저항선 분석, 크로스 분석 그리고 밀집도 분석 등이 있다.

1) 이격도 분석

이격도(disparity)는 현재의 주가와 이동평균선 사이가 얼마나 떨어져 있는가의 괴리율을 나타내는 지표로 현재 주가의 과열이나 침체의 정도를 파악하는 중요한 척도가 된다. 만일 20일 이격도가 105라고 가정하면 현재의 주가가 20일 이동평균선보다 5% 위에 위치하고 있음을 나타낸다.

주가가 이동평균선 위로 멀어져 이격도가 높아지는 것은 주식의 매도시점이고 반대로 아래로 떨어져 이격도가 낮아지는 것은 주식의 매입시기가 된다. 그러나 이격도가 어느 정도 되어야 주가가 반전하는가를 나타내는 이론적 근거는 없지만 경험적으로 나온 결과를 보았을 때 다음과 같이 분석된다.

① 상승국면일 경우
- 20일 이동평균인 경우 106% 이상이면 매도 시점, 98% 수준이면 매수 시점
- 60일 이동평균인 경우 110% 이상이면 매도 시점, 98% 수준이면 매수 시점

② 하강국면일 경우
- 20일 이동평균인 경우 102% 이상이면 매도 시점, 92% 수준이면 매수 시점
- 60일 이동평균인 경우 104% 이상이면 매도 시점, 88% 수준이면 매수 시점

2) 방향성 분석

이동평균선의 방향을 확인하는 방법으로 단기・중기・장기 이동평균선의 방향이 차례로 전환되어 쉽게 추세의 전환을 판단할 수 있다. 하락추세에서 상승추세로 전환하면 단기선, 중기선, 장기선의 상승과정을 거치고, 상승추세에서 하락추세로 전환하면 단기선, 중기선, 장기선의 순서로 하락과정을 거친다.

3) 배열도 분석

정배열은 주가가 하락세에서 상승세로 전환하여 상승추세의 모양을 갖추면 위로부터 현재주가, 단기이평선, 중기이평선, 장기이평선의 순서를 이룬다. 그리고 역배열은 주가가 상승세에서 하락세로 전환하여 하락추세의 모양을 갖추면 맨위에 장기이평선, 중기이평선, 단기이평선, 현재주가의 순서를 이룬다.

4) 지지선 분석

이동평균가격은 일정기간 매도세와 매수세의 평균가격이므로 주가가 평균가격을 하회하면 주식을 매수한 투자자는 평균적으로 손실을 본다. 따라서 주가가 상승중일 때는 단기・중기・장기 이동평균선을 지지선으로 상승하며, 반대로 하락 반전될 때는 이동평균선을 차례로 하향 이탈하게 된다. 이를 지지선 분석이라고 한다.

5) 저항선 분석

지지와 반대로 주가보다 높은 수준의 이동평균가격은 저항의 역할을 하게 된다. 만일 이동평균가격보다 주가가 낮은 상태에서 주가가 단기적으로 상승하여 이동평균가격에 근접할 경우에 그 동안 평균적으로 손실을 보고 있던 투자자들의 잠재적 매도세가 집중되는데, 이를 저항이라고 한다.

주가가 하락중일 때는 단기·중기·장기 이동평균선이 차례로 저항선이 되어 주가가 하락하고, 반대로 상승 반전될 때는 이동평균선을 차례로 상향 돌파하면서 주가가 상승한다. 이를 저항선 분석이라고 한다. 저항선 분석에도 이동평균선의 특성을 잘 파악해서 일시적인 속임수를 예방해야 한다.

6) 크로스 분석

이동평균선 분석에서 널리 알려진 분석방법이다. 단기 이동평균선이 장기 이동평균선을 아래에서 위로 상향돌파하는 경우를 골든크로스(golden cross)라고 하여 매입신호로 본다. 단기 이동평균선이 장기 이동평균선을 위에서 아래로 하향돌파하는 경우를 데드크로스(dead cross)라고 하여 매도신호로 본다.

크로스 분석(cross analysis)은 이동평균선이 서로 교차할 때를 매매시기로 하는 분석방법이다. 일반적으로 골든크로스는 매입신호로 간주하고 데드크로스는 매도신호로 알려져 있다. 크로스 분석에서는 보통 20일 이동평균선과 60일 이동평균선을 사용하여 매입시점과 매도시점을 판단한다.

7) 밀집도 분석

이동평균선들의 밀집 또는 수렴은 주가가 변화하면 반드시 발생한다. 이평선이 밀집되는 것은 투자기간이 다른 투자자들의 평균매입가격이 유사한 수준으로 수렴되고 있음을 나타낸다. 즉, 이평선들이 밀집되면 투자자들의 이해관계가 거의 동일하여 작은 모멘텀에서도 주가는 크게 변화하는 경향을 보인다.

따라서 주가와 이동평균선의 수렴은 향후 변동성이 크게 확장될 가능성을 시사하는 것으로 단기적으로 큰 폭의 주가변화가 나타날 수 있다. 결국 이동평균선의 밀집 또는 수렴은 주가변화의 중요한 시그널이 될 수 있으며, 투자자들은 변동성이 확장될 때 형성되는 주가의 방향성대로 매매하는 것이 좋다.

5 그랜빌의 투자전략

(1) 매입신호

첫째, 이동평균선이 하락한 후 보합이나 상승국면으로 진입한 상황에서 주가가 이러한 이동평균선을 상향 돌파하면 매입한다. 또한 이동평균선이 상승하고 있을 때 주가가 일시적으로 이동평균선의 아래로 하락하면 매입한다. 이는 이동평균선의 상승은 장기적인 추세상승을 의미하여 주가하락은 일시적일 수 있기 때문이다.

둘째, 주가가 이동평균선 위에서 빠르게 하락하다가 이동평균선 부근에서 지지를 받고 재차 상승을 하면 중요한 매입신호이다. 또한 주가가 하락하는 이동평균선을 하향 돌파한 후에 급락하는 경우에는 이동평균선까지 반등할 가능성이 높기 때문에 단기 시세차익을 위한 매입신호에 해당한다.

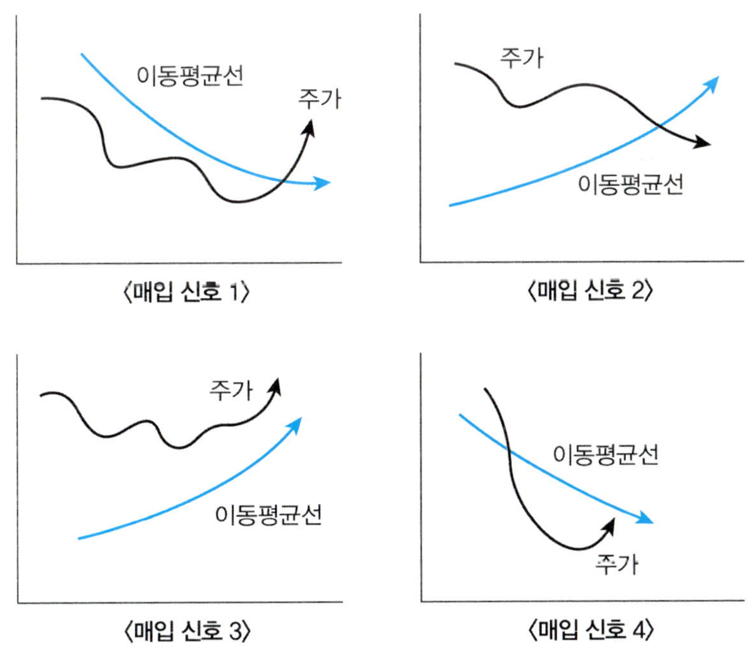

【 그림 10-7 매입신호 】

(2) 매도신호

첫째, 이동평균선이 상승한 후 보합이나 하락국면으로 진입한 상황에서 주가가 이러한 이동평균선을 하향 돌파하면 매도한다. 또한 이동평균선이 하락하고 있을 때 주가가 일시적으로 이동평균선의 위로 상승하면 매도한다. 이는 이동평균선의 하락은 장기적인 추세하락을 의미하여 주가상승은 일시적일 수 있기 때문이다.

둘째, 주가가 이동평균선 아래에서 상승세를 보이다가 이동평균선을 상향돌파하지를 못하고 하락하는 경우에는 중요한 매도신호이다. 또한 주가가 상승하고 있는 이동평균선을 상향돌파한 후에 다시 급등하는 경우에는 이동평균선까지 자율반락할 가능성이 높기 때문에 매도신호에 해당한다.

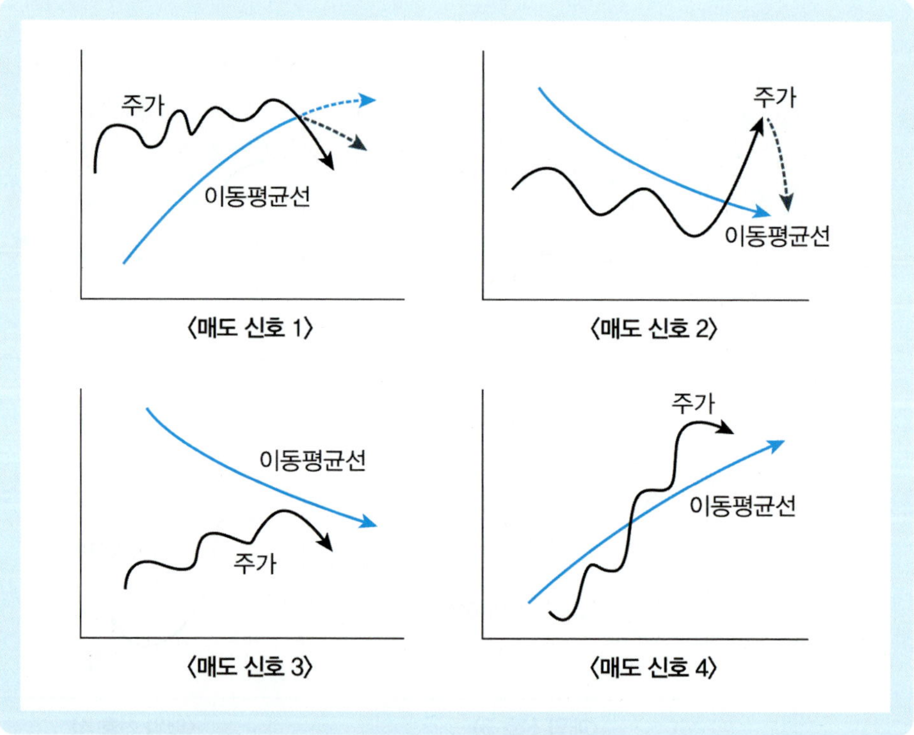

【 그림 10-8 매도신호 】

6 추세분석의 한계

기술적 분석의 기본이라 할 수 있는 추세분석만 정확히 할 수 있어도 실전에서 수익을 올릴 수 있다. 그러나 실전매매에 들어가면 추세의 전환여부를 확인하기가 애매한 경우가 있다. 또한 추세매매이기 때문에 중장기 투자에는 활용도가 높지만 단기매매에는 그 유용성이 떨어지는 단점이 존재한다.

이러한 추세분석의 한계는 보조지표인 MACD지표, 스토캐스틱, 일목균형표 그리고 볼린저밴드를 이용하면 보완할 수 있다. MACD는 추세의 지속과 이탈을 알려주며 스토캐스틱은 단기매매시점을 알려주고 일목균형표와 볼리저밴드는 추세와 단기매매시점을 확인해 볼 수 있는 보조지표에 해당한다.

제 3 절 패턴분석

1 패턴분석의 정의

패턴분석(pattern analysis)은 추세신이 변화할 경우에 나타나는 여러 가지의 주가 변동패턴을 정형화해 놓고 이를 분석하여 확률적으로 미래의 주가를 예측하는 기법을 말하며 과거의 주가흐름을 통해 검증된 패턴을 현재의 주가흐름에 대입하여 주가의 등락을 예측하는 기법에 해당한다.

패턴분석은 반전형 패턴과 지속형 패턴으로 구분한다. 반전형패턴은 이전의 주가 움직임과 다른 추세로 전환되는 패턴을, 지속형패턴은 이전의 주가 움직임과 같은 방향으로 움직이는 패턴을 말한다. 그러나 이러한 구분이 모호할 수 있어 전형적인 지속형패턴이 반전형패턴으로 사용되는 경우가 있다.

주가상승이 예상되는 패턴에는 삼중바닥형(역 Head&Shoulder형), 이중바닥형(쌍바닥형), 원형바닥형, V자바닥형, 상승삼각형, 강세박스권 등이 있다. 주가하락이 예상되는 패턴에는 삼중천정형(Head&Shoulder형), 이중천정형(쌍봉형), 원형천정형, V자천정형, 하락삼각형, 약세박스권 등이 있다.

2 반전형 패턴분석

(1) 삼봉형

1) 삼봉천장형

삼봉천장형(head & shoulder)은 반전형 중에서 가장 널리 알려져 있고 머리와 양쪽 어깨로 구성된 하락 전환패턴이다. 상승과 하락이 세 번 반복해서 일어나며, 가운데 봉우리를 머리(head), 왼쪽을 왼쪽 어깨, 오른쪽을 오른쪽 어깨라고 한다. 가운데의 머리가 다른 좌우의 어깨보다 높은 것이 일반적이다.

왼쪽 어깨는 제1국면으로 주가는 강력하고 가파른 상승추세가 형성되어 고점 A를 형성하면서 대량거래를 수반한다. 머리 부분은 앞에서 형성된 고점 A에서 주가가 반락하여 E수준까지 하락한 후 다시 새로운 상승을 시작함으로써 형성된다. 머리 부분의 형성 과정에서 수반되는 거래량은 왼쪽 어깨보다 작다.

오른쪽 어깨가 형성될 때의 거래량은 A와 B를 형성할 때보다 적은 거래량을 수반한다. 이때의 주가상승은 B의 가격수준까지 연결되지 못하고 그 이하에서 멈추게 되는데, 대부분 왼쪽 어깨 정상부근에서 고점이 형성된다. 되돌림현상은 주가가 C에서 하락하여 기준선을 하향돌파한 후 기준선까지 상승하는 현상을 말한다.

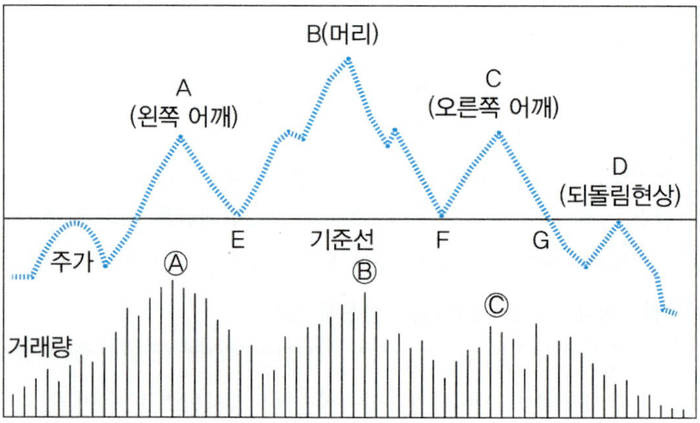

【 그림 10-9 삼봉천장형 】

2) 삼봉바닥형

삼봉바닥형은 삼봉천장형을 거꾸로 뒤집어 놓은 반대의 모양이다. 즉, 주가의 추세선이 하향추세에서 상향추세로 반전하는 과정에서 형성되며, 거래량의 변화양상을 제외하고는 모형의 확인방법은 물론 모형을 돌파하는 경우에 예상되는 변화폭까지 삼봉천장형과 유사하다.

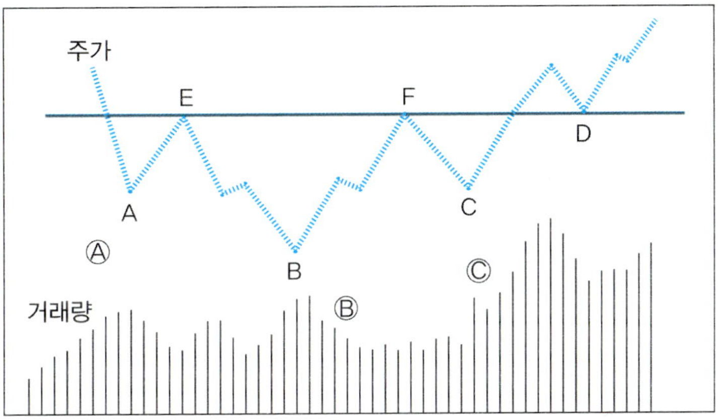

[그림 10-10 삼봉바닥형]

(2) 원형 모형

1) 원형 천장형

원형 천장형은 주가가 상향추세를 따라 상당한 기간 동안 상승하고 나서 추세선의 기울기가 완만해진 후 하락추세로 반전하는 형태를 나타낸다. 이때 거래량의 증감추세는 대체로 주가 움직임의 반대방향으로 움직인다.

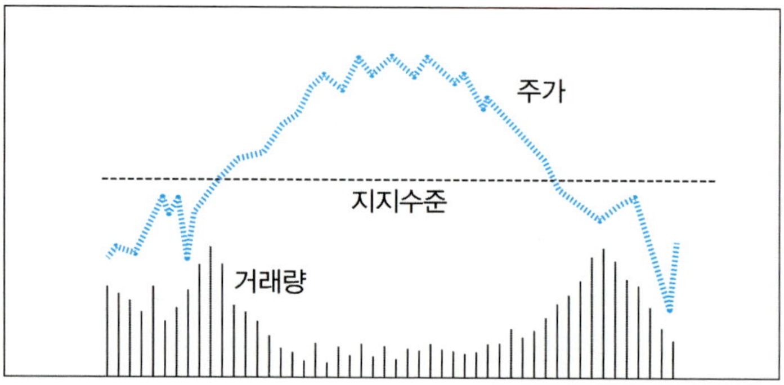

【 그림 10-11 원형 천장형 】

2) 원형 바닥형

원형 바닥형은 원형 천장형을 뒤집어 놓은 형태이다. 주가가 대폭적으로 하락한 후에 이러한 모형이 형성되면 이는 대세상승의 반전을 나타내므로 상당폭의 주가상승이 기대된다고 볼 수 있다.

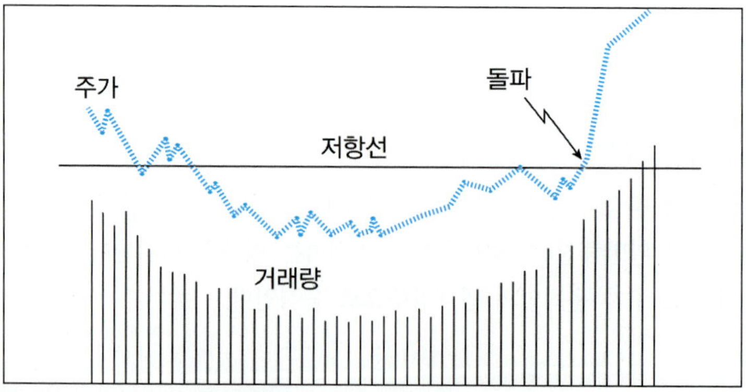

【 그림 10-12 원형 바닥형 】

(3) 이중 모형

1) 이중 천장형

이중 천장형은 거래량이 감소하면서 상승추세가 하락추세로 전환될 때 형성되고 그래프에서 자주 볼 수 있는 패턴으로 M자형으로 부르기도 한다. 상승추세가 하락추세로 전환될 때 발생하는 이중 천장형을 확인하려면 양 봉우리를 형성하는데 걸린 시간이 장기일수록 또는 주가 움직임의 진폭이 클수록 신뢰도가 높다.

2) 이중 바닥형

이중 바닥형은 거래량이 증가하면서 하락추세가 상승추세로 전환될 때 형성되며 W자형으로 부르기도 한다. 이중 바닥형의 특징은 두 번째 바닥이 첫 번째 바닥에 비해 더 완만하고 높게 형성되며 때로는 플랫폼이 형성되기도 한다. 이중 천장형은 하락추세가 상승추세로 전환될 경우에 주로 발생한다.

(4) V자 모형

V자형은 영문 알파벳의 V자처럼 상승 또는 하락의 급격한 모멘텀의 변화에 의해 매수세에서 매도세로, 매도세에서 매수세로 갑자기 돌변하는 패턴으로 단기간에 형성되는데 상승추세선과 하락추세선의 기울기의 절대값이 동일하다. 우리나라와 같이 외부환경에 의존하는 경우에 자주 발생하는 패턴이다.

V자형의 완성은 어느 정도 시간이 지나야 확인할 수 있다. 천장 V자 모형은 주가가 정점에 이르기까지 급상승하는 과열양상을 보이며 정점 이후에 급등락하고 정점을 전후로 평균거래량은 감소한다. 반면에 바닥 V자 모형은 주가가 매우 급격히 하락하는 것이 일반적인 현상으로 저점을 중심으로 평균거래량은 증가한다.

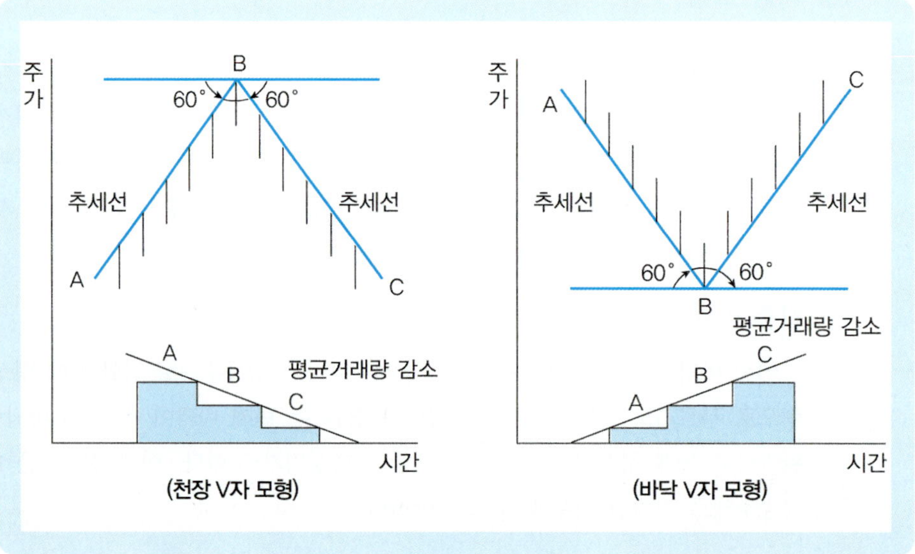

【 그림 10-13 V자 모형 】

3 지속형 패턴분석

(1) 삼각형

삼각형은 반복적인 등락을 하는 동안 점점 그 등락폭이 줄어들어 전체적인 주가의 움직임이 삼각형의 모양을 이루고 있다. 삼각형에서 고점들을 이은 추세선은 강력한 저항선으로, 저점들을 이은 추세선이 강력한 지지선으로 작용하여 점점 그 폭이 줄어들기 때문에 두 추세선은 수렴하게 된다.

대칭삼각형은 삼각형의 가장 일반적인 형태로 가격변화에 있어 먼저 발생한 가격변화보다는 나중에 발생한 가격변화의 변동폭이 감소하면서 우측 꼭지점을 향해 움직임에 따라 삼각형의 모양을 이룬다. 약세장에서 나타나면 큰 폭 하락을 나타내고 강세장에서 나타나면 큰 폭 상승을 가져온다.

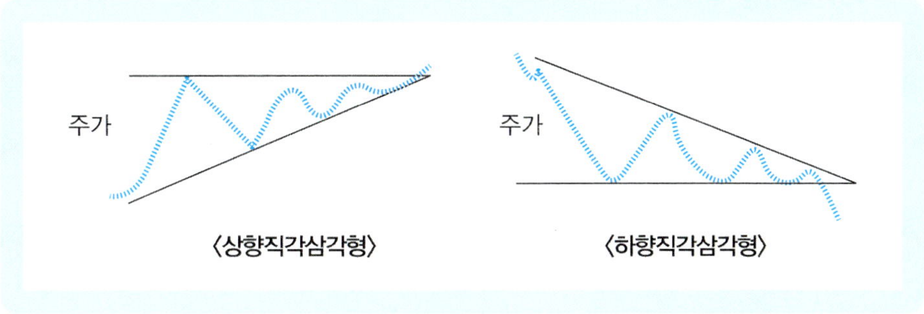

【 그림 10-14 삼각형 】

(2) 깃대형

깃대형은 직사각형으로 형성되는 과정에서 밀집된 영역으로 모형의 폭이나 크기가 작고 좁은 특징을 보이고 깃대와 유사한 형태로 나타난다. 깃대형은 주가가 수직에 가까울 정도의 기울기 추세를 따라 매우 빠르고 급상승을 보인 후에 형성되는 경향이 있으며 약 450의 방향으로 경사진 평행사변형이 보편적이다.

상승깃대형은 주가가 수직에 가깝게 대폭적으로 상승한 직후에 나타나고, 하락깃대형은 주가가 크게 하락한 뒤에 일시적으로 나타난다. 깃대형의 주가패턴을 확인하기 위해서는 주가가 수직적인 변동을 보인 직후이고 모형의 형성기간에 거래량이 점차 감소했으며 모형의 형성기간이 단기인가를 살펴보아야 한다.

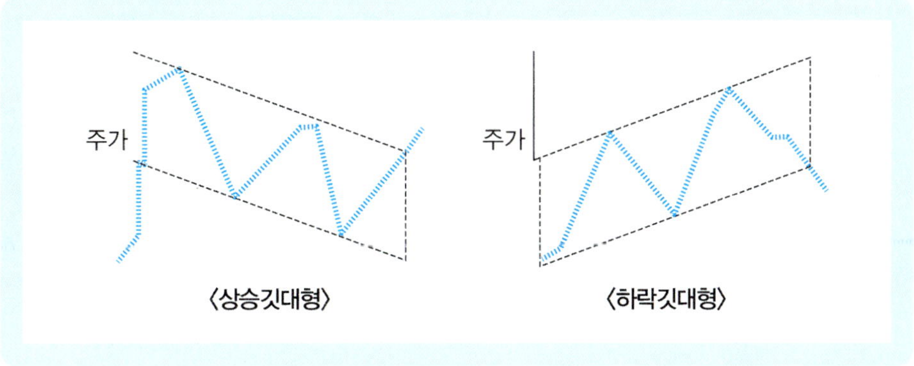

【 그림 10-15 깃대형 】

(3) 쐐기형

쐐기형은 주로 추세선의 천장권에서 형성되며 저점과 고점의 경계선이 모두 상향기울기로 나타나지만 고점경계선의 기울기가 저점경계선의 기울기보다 완만한 것이 특징인 상승쐐기형, 추세선의 바닥권에서 나타나며 저점경계선의 기울기가 고점경계선의 기울기보다 완만히 나타나는 하락쐐기형으로 구분된다.

쐐기형의 방향이 기존의 추세와 반대로 나타나는 이유는 이익실현과 저가매수로 인한 거래가 주도되기 때문이다. 거래량은 쐐기형의 진행과정에 감소하는 경향이 있고, 패턴이 완성되고 추세선을 돌파할 시점에 증가하는 경향이 있다. 상승쐐기형은 주가의 하락반전을, 하락쐐기형은 주가의 상승반전을 암시한다.

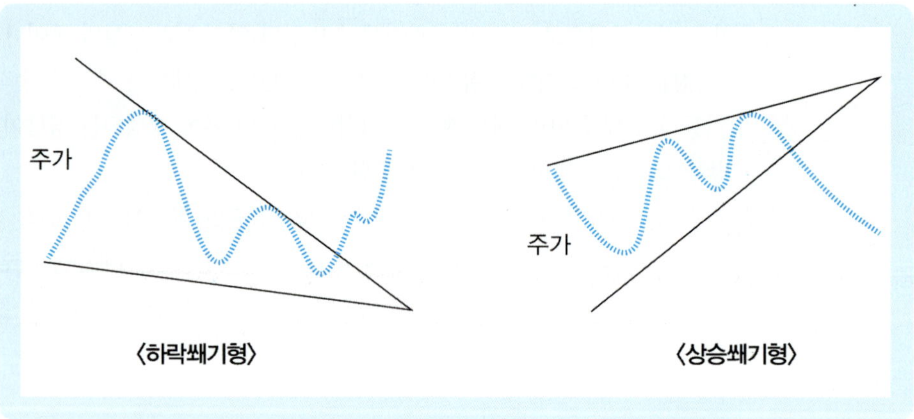

[그림 10-16 쐐기형]

(4) 직사각형

직사각형은 매도세력과 매수세력이 서로 균형을 이루고 있으나 거래가 활발하지 못한 경우에 두 개의 평행한 추세선 사이에서 주가가 움직이는 모습을 나타낸다. 1개월에서 3개월 정도의 형성기간이 걸리고 저항선을 만드는 두 개의 산과 지지선을 형성하는 두 개의 골이 존재하고 네 번 이상의 주가등락이 있어야 한다.

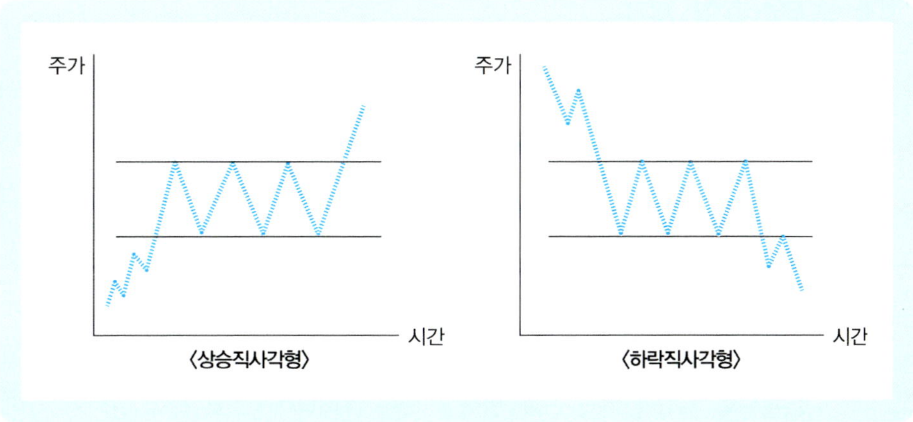

[그림 10-17 직사각형]

4 패턴분석의 한계

패턴분석은 투자자들이 매매시점의 판단근거로 사용하는 투자분석방법이나, 과거 패턴이 미래에도 똑같이 되풀이되지 않는 경우가 많다는 단점이 존재한다. 따라서 패턴분석은 거래량분석이 수반되어야 유용한 지표가 될 수 있고 주가를 예측할 때는 패턴분석은 물론 보조지표인 MACD와 스토캐스틱을 함께 보아야 한다.

제 4 절 지표분석

지표분석은 과거의 주가나 거래량을 계량화해서 새로운 지표를 산출하여 추세의 판별이나 주가예측에 활용하는 분석기법을 말하며 시장의 상황을 분석하여 시장의 움직임을 예측하는 방법이다. 지표분석에는 추세추종형 지표, 추세반전형 지표, 거래량 지표, 범위성 지표, 기타 지표 등으로 구분할 수 있다.

1 추세추종형 지표

추세추종형 지표는 주가가 한번 형성되면 일정기간 한 방향으로 진행된다는 특성을 고려하여 만든 지표로 주가흐름을 잘 따르는 특징을 가지고 있다. 따라서 추세전환에 있어 다소 느리게 반응하는 반면에 매매시그널이 자주 발생하지 않아 추세에 대한 중기적인 흐름파악에 용이하다.

(1) MACD(Moving Average Convergence & Divergence)

MACD는 이동평균선이 수렴하고 발산하는 원리에 착안하여 장기지수와 단기지수 이동평균의 차이가 가장 크게 벌어질 때를 매매타이밍으로 하여 단기지수 이동평균에서 장기지수 이동평균을 차감한 값을 말한다. MACD의 지수 이동평균을 시그널(signal)이라 하며 두 곡선의 교차점을 이용하여 매매시점을 포착한다.

MACD는 장기와 단기의 두 이동평균선이 서로 멀어지면 언젠가는 다시 가까워져 어느 시점에서 서로 교차한다는 성질을 이용하여 두 개의 이동평균선이 멀어지는 가장 큰 시점을 찾는데 있다. MACD가 시그널을 아래에서 위로 상향돌파할 때는 매수시점, 반대인 경우에는 매도시점으로 인식하고 매매하는 방법이다.

(2) MAO(Moving Average Oscillator)

MAO는 단기 이동평균값에서 장기 이동평균값을 차감한 차이를 그래프상에 나타내어 현재주가의 움직임이 어떻게 진행되고 있는가를 판단하는 분석기법을 말한다. 따라서 MAO의 값이 정(+)이면 현재 주가가 상승추세에 있으며, MAO의 값이 부(−)이면 하락추세에 있음을 나타낸다.

MAO가 0선을 교차하는 시점이 장단기 이동평균선이 서로 교차하는 시점이므로 두 이동평균선의 교차에 의해 매매시점의 포착이 가능하다. MAO의 값이 (+)에서 0선을 하향 돌파하여 (−)로 전환될 때를 매도시점으로, (−)에서 0선을 상향 돌파하여 (+)로 전환될 때를 매입시점으로 인식한다.

MAO가 일정기간 지속적인 상승 또는 하락을 한 후 움직임을 멈추었다면 현재 주가추세가 조만간 전환될 가능성이 높다는 신호로 받아들여야 한다. 따라서 MAO가 0선에 접근하다 실패했거나 돌파했으나 바로 재진입하면 기존의 움직임을 그대로 유지하려는 세력에 압도되었다고 해석한다.

(3) 소나차트

소나(Sonar Momentum)는 주가의 기울기로 현재의 주가수준 및 향후의 주가흐름을 파악하는 기법을 말하며 주가가 상승해도 상승기울기가 둔화되면 향후 추세가 하락 반전할 가능성이 높고, 주가가 하락해도 하락기울기가 둔화되면 향후 추세가 상승 반전할 가능성이 높다는 점에 착안한 지표이다.

소나모멘텀은 한계변화율을 나타내기 때문에 한계변화율이 0이 되는 시점이 추세가 전환되는 시점에 해당한다. 따라서 소나모멘텀이 0선을 상향돌파하는 경우에 상승추세로 전환되는 매입시점을 나타내고, 소나모멘텀이 0선을 하향돌파하는 경우에 하락추세로 전환되는 매도시점을 나타낸다.

그러나 주가가 등락을 거듭하는 횡보국면에서 소나모멘텀의 0선 돌파를 이용한 전략의 유용성은 다소 떨어지지만, 상승국면이나 하락국면이 뚜렷한 추세시장에서 소나모멘텀의 신뢰도는 높아진다. 즉, 소마모멘텀이 시그널곡선을 상향돌파하는 경우에 매입하고, 하향돌파하는 경우에 매도한다.

2 추세반전형 지표

추세반전형 지표는 주가변화를 민감하게 파악하여 추세반전을 빨리 알기 위해 일정한 범위에서 지표가 움직이는 경우가 많아 오실레이터라고도 한다. 이러한 민감한 속성에 따라 언제든 추세변화를 빨리 포착하지만 추세시장에서는 잦은 매매시그널이 발생하여 충분한 추세를 누리지 못할 수 있다.

(1) 스토캐스틱

스토캐스틱(Stochastic)은 주가가 움직이는 특성을 가장 잘 반영하는 지표의 하나로 일정기간 동안 주가변동폭 중 금일 종가의 위치를 백분율로 나타낸다. 따라서 상승장에서는 금일 종가가 주가변동폭의 최고가 부근에 형성되고, 약세장에서는 금일 종가가 주가변동폭의 최저가 부근에서 형성된다.

$$\%k = \frac{\text{금일 종가} - \text{최근 } n\text{일 최저가}}{\text{최근 } n\text{일 최고가} - \text{최근 } n\text{일 최저가}} \tag{10.1}$$

여기서 최근 n일은 %K를 구하고자 하는 기간을 나타낸다. 즉 %K의 기본개념은 [그림 10-18]과 같이 일정기간의 주가변동폭 중 현재주가가 자리잡고 있는 위치를 말한다. 스토캐스틱은 %K와 %D의 두 개의 지표로 나타낸다. 중요한 선은 %K이며 %K의 이동평균선을 %D라고 부른다.

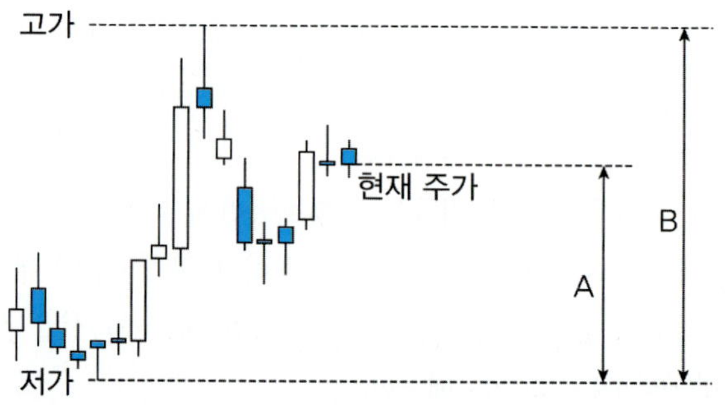

【 그림 10-18 스토캐스틱의 원리 】

스토캐스틱이 침체권인 30% 이하로 내려갔다가 다시 재상승하는 경우에는 매입신호이다. 스토캐스틱이 과열권인 70% 이상으로 올라갔다 다시 재하락하는 경우에는 매도신호로 인식한다. %K선이 %D를 상향돌파하여 상승하면 매입하고, %K선이 %D를 하향돌파하여 하락하면 매도한다.

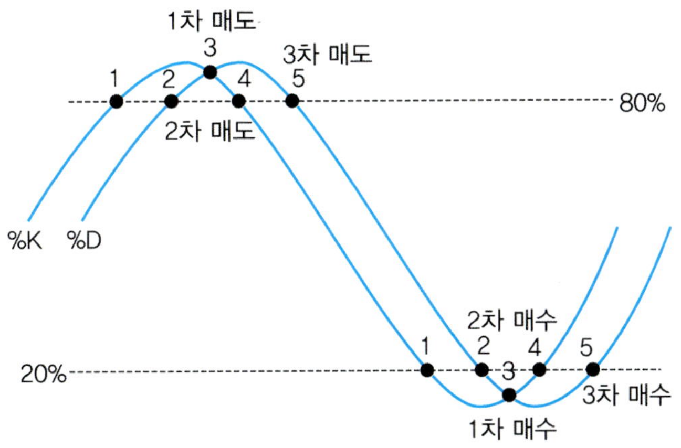

【 그림 10-19 스토캐스틱을 이용한 매매타이밍 】

(2) RSI(Relative Strength Index)

상대강도지수(RSI)는 두 지수의 상대적인 역학관계를 설명하기보다는 특정 종목의 내재된 주가움직임의 강도를 말한다. 여기에는 개별종목과 개별업종과의 주가변화율을 대비한 것과 개별업종과 종합주가지수의 주가변화율로 대비한 종목별 상대강도지수와 업종별 상대강도지수가 있다.

상대강도지수는 RSI = [100/(1+U/D)]로 계산하며 U는 일정기간 주가상승 변동치 평균, D는 일정기간 주가하락 변동치를 나타낸다. RSI는 주가변동에 따라 0~100까지의 값을 갖는데 RSI가 70~80% 수준이면 경계신호로 과열을 의미하여 매도가, 20~30% 수준이면 경계신호로 침체를 의미하여 매수가 적절하다.

(3) ROC(Rate of Change)

주가는 주기적인 파동을 하며 상승과 하락의 과정을 반복한다. ROC는 금일 주가와 n일 전 주가 사이의 차이를 나타내는 지표를 말한다. 이러한 차이는 수치나 퍼센트로 나나낼 수 있지만 일반적으로 비율로 표시한다. ROC는 일정기간 변화했던 주가의 양을 측정하여 오실레이터의 형태로 파상운동을 표시한다.

주가가 상승(하락)하면 ROC가 상승(하락)한다. 또한 주가가 큰 폭으로 변화하면 ROC

도 큰 폭으로 변화한다. 즉, ROC가 0선을 중심으로 위에 있으면 상승추세로, 0선을 중심으로 아래에 있으면 하락추세로 인식한다. 또한 ROC가 0선에 근접하면 주가변동폭은 작아지고 0선에서 멀어지면 주가변동폭은 커진다.

3 거래량 지표

기술적 분석은 주가와 함께 거래량을 중요시한다. 거래량의 존재가 투자자들의 서로 다른 이견표출의 결과로 보기 때문이다. 일반적으로 거래량이 증가하면 주식시장에 투자자들의 관심도가 집중되는 결과라는 점에서 거래량은 주식시장의 변화를 보여주는 의미있는 지표에 해당한다.

(1) OBV(On Balance Volume)

① OBV의 의의

OBV는 거래량은 주가에 선행한다는 전제하에 주가가 전일에 비해 상승한 날의 거래량 누계에서 하락한 날의 거래량 누계를 차감하여 이를 매일 누적적으로 집계하여 도표로 나타낸 것을 말하며 주가가 정체되어 있을 때 거래량의 동향에 의해 향후 주가의 방향을 예측하는데 활용된다.

② OBV의 작성방법

주식시장이 매집단계에 있는지 아니면 분산단계에 있는지를 나타내는 OBV의 작성방법은 다음과 같다. 주가가 전일에 비해 상승한 날의 거래량은 전일의 OBV에 가산하고 주가가 전일에 비해 하락한 날의 거래량은 전일의 OBV에 차감한다. 그러나 변동이 없는 날의 거래량은 무시한다.

【 표 10-1 OBV의 산출 】

일자	종합지수	전일대비	거래량	상승일 누계	하락일 누계	OBV
12.5	1,916.18	하락	3,189	–	3,189	−3,189
12.6	1,916.04	하락	3,226	–	6,415	−6,415
12.7	1,919.90	상승	2,836	2,836	6,415	−3,579
12.8	1,920.42	상승	2,837	5,673	6,415	−742
12.9	1,922.90	상승	5,106	10,779	6,415	4,634

③ OBV의 분석방법

강세장에서는 OBV의 고점이 이전의 고점보다 높게 형성되고 약세장에서는 OBV의 저점이 이전의 저점보다 낮게 형성된다. 이때 전자의 경우를 U마크(up)로 표시하고 후자의 경우를 D마크(down)로 표시한다. OBV의 상승은 매입세력의 집중을 나타내고, OBV의 하락은 매입세력의 분산을 나타낸다.

OBV의 상향추세선이 진행되는 가운데 저항선을 상향돌파하면 강세장을 예고하고 하향추세선을 하향돌파하면 약세장을 예고한다. 또한 OBV가 상승함에도 불구하고 주가가 하락하면 조만간 주가상승이 예상되는 반면에 OBV가 하락함에도 불구하고 주가가 상승하면 조만간 주가하락이 예상된다.

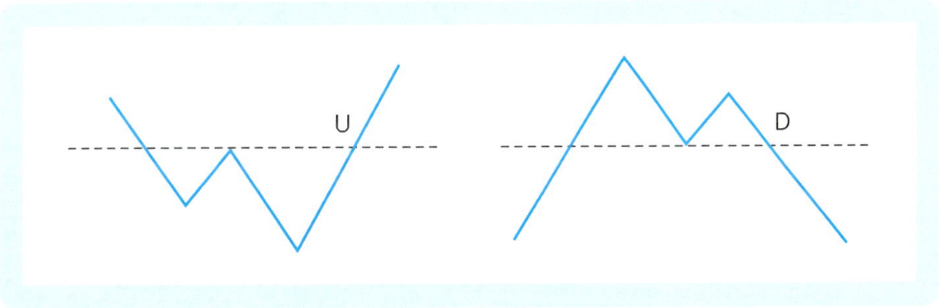

[그림 10-20 U마크와 D마크]

(2) VR(Volume Ratio)

VR은 일정기간 주가상승일의 거래량과 주가하락일의 거래량의 비율을 백분비로 나타낸 것을 말한다. OBV가 누적차수로 시세를 판단할 때 과거의 수치와 비교할 수 없다는 한계를 보완하기 위해 거래량의 누적차가 아닌 비율로 분석한 것이다. VR이 200%라면 주가상승시 거래량이 주가하락시 거래량의 2배임을 나타낸다.

일반적으로 주가가 하락하는 경우보다 주가가 상승하는 경우에 거래량이 많아 VR은 100%보다 조금 높은 150%를 보통수준으로 산정한다. 그리고 VR이 450%를 초과하면 단기적으로 주가의 경계신호가 되고 VR이 70% 이하이면 단기 매입시점으로 간주한다. VR은 바닥권을 판단하는데 신뢰도가 높은 지표로 알려져 있다.

(3) 역시계곡선

역시계곡선은 주가와 거래량의 상관관계가 높다는 원리를 이용하여 거래량은 X축에, 주가는 Y축에 나타내어 주가와 거래량의 n일 이동평균에 의한 매일 매일의 교차점을 선으로 연결한 지표를 말한다. 이를 차트상에서 보면 시계의 반대방향으로 회전하는 경우가 많다고 해서 역시계곡선이라고 한다.

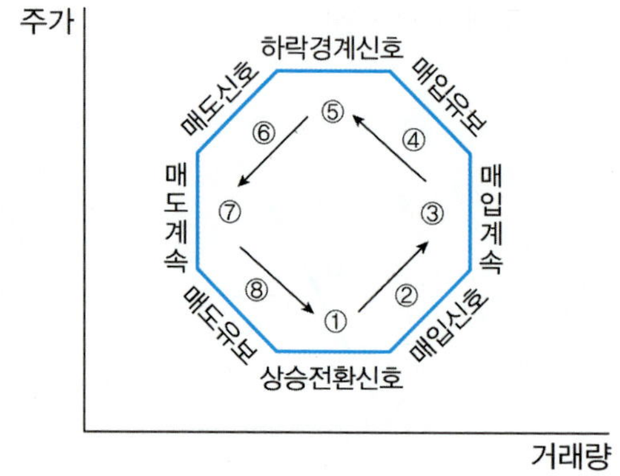

【 그림 10-21 역시계곡선 】

① 주가는 바닥인데 거래량이 증가하면 하락에서 상승으로 전환이 예상된다.
② 거래량이 더욱 증가하고 주가도 상승하기 시작하면 매입신호이다.
③ 거래량은 더 이상 증가하지 않지만 주가가 계속 상승하면 매입을 지속한다.
④ 거래량은 감소하는데 주가만 계속 상승하고 있으면 매입을 보류한다.
⑤ 거래량이 더 감소하고 주가도 더 상승하지 못하면 하락으로 전환이 예상된다.
⑥ 거래량이 더욱 감소하고 주가도 하락하기 시작하면 매도신호이다.
⑦ 거래량이 더 감소하지 않지만 주가가 계속 하락하면 매도를 지속한다.
⑧ 주가는 계속 하락하고 있는데 거래량이 증가하면 매도를 보류한다.

핵심요약

제1절 기본개념

1. 기술적 분석의 정의 : 도표를 이용하여 과거의 주가와 거래량의 추세 및 패턴을 분석해서 증권의 수급을 예측하고 매매종목과 매매시점을 선택하는 방법
2. 기술적 분석의 가정
   ① 주식의 시장가격은 그 주식에 대한 수요와 공급에 의해서만 결정
   ② 정보가 반영된 주가는 오랜 기간 특정한 추세를 형성하면서 변화
   ③ 주가는 지속되는 추세에 따라서 상당기간 움직이는 경향이 있음
3. 기술적 분석의 기법
   (1) 다우이론의 6국면 : 순환과정에서 강세시장은 매입국면, 마크업국면, 과열국면으로 진행되고 약세시장은 분산국면, 공포국면, 침체국면으로 진행됨
   (2) 엘리어트 파동이론 : 주가흐름은 상승 5파와 하락 3파로 순환하며 주가의 장기대세파동을 파악하고 피보나치수열을 이용하여 상승폭과 하락폭을 예측함

제2절 추세분석

1. 추세분석의 정의 : 주가의 움직임에서 추세선이나 추세대를 찾아보고 추세선이 언제 붕괴되는가를 관찰하여 주식의 매매시점을 포착하는 기법
2. 지지선과 저항선
   ① 지지선 : 이전의 저점과 저점을 수평으로 이은 주가하락 저지가 예상되는 수준
   ② 저항선 : 이전의 고점과 고점을 수평으로 이은 상승세의 둔화가 예상되는 수준
3. 추세선의 개요 : 고점이나 저점 중 의미 있는 두 고점 또는 저점을 연결한 선
4. 이동평균선 개요
   ① 이동평균선의 개념 : 일정기간 주가평균치의 진행방향을 확인하고 현재주가의 진행방향과의 관계를 분석하여 미래의 주가동향을 미리 예측하고자 하는 지표
   ② 이동평균선의 이용
      ㉠ 이격도분석 : 현재의 주가와 이동평균선이 떨어져 있는 괴리율을 나타내는 지표
      ㉡ 방향성분석 : 단기 · 중기 · 장기이동평균선의 방향을 확인하는 방법
      ㉢ 배열도분석 : 정배열(주가의 상승추세 모양), 역배열(주가의 하락추세 모양)
      ㉣ 지지선분석 : 강세장에서 단기 · 중기 · 장기이동평균선이 지지선 되어 상승함
      ㉤ 저항선분석 : 약세장에서 단기 · 중기 · 장기이동평균선이 저항선 되어 하락함
      ㉥ 크로스분석 : 골든크로스(매입신호), 데드크로스(매도신호)
      ㉦ 밀집도분석 : 이동평균선이 밀집되면 투자자들의 이해관계가 대부분 동일하여 작은 모멘텀에서도 주가는 크게 변화하는 경향이 있음

5. 그랜빌의 투자전략 : 매입신호 4가지 형태와 매도신호 4가지 형태가 있음
6. 추세분석의 한계 : 추세의 전환여부가 애매한 단기매매에는 유용성이 떨어짐

제3절 패턴분석

1. 패턴분석의 정의 : 추세선이 변화할 때 나타나는 여러 가지 주가 변동패턴을 정형화해 놓고 이를 분석하여 확률적으로 미래의 주가를 예측하는 기법
2. 반전형 패턴분석 : 삼봉천장 · 바닥형, 원형천장 · 바닥형, 이중천장 · 바닥형, V자형
3. 지속형 패턴분석 : 삼각형, 깃대형, 쐐기형, 직사각형,
4. 패턴분석의 한계 : 과거 패턴이 미래에도 똑같이 되풀이되지 않는 경우가 많음

제4절 지표분석

1. 추세추종형 지표
   ① MACD : 장기와 단기지수 이동평균 차이가 가장 크게 벌어질 때가 매매타이밍
   ② MAO : 현재 주가의 움직임이 어떻게 진행되고 있는가를 판단하는 분석기법
   ③ 소나차트 : 주가의 기울기로 현재 주가수준 및 향후 주가흐름을 파악하는 기법
2. 추세반전형 지표
   ① 스토캐스틱 : 일정기간 주가변동폭 중 금일 종가의 위치를 %로 나타내는 지표
   ② RSI : 두 지수의 상대적인 역학관계보다 특정종목의 주가움직임의 강도를 설명
   ③ ROC : 금일 주가와 n일 전 주가 사이의 차이를 나타내는 지표이며, 비율로 표시
3. 거래량 지표
   ① OBV : 주가가 전일대비 상승한 날 거래량누계에서 하락한 날 거래량누계 차감
   ② VR : 일정기간 주가상승일의 거래량과 주가하락일의 거래량 비율을 비율로 표시
   ③ 역시계곡선 : 주가와 거래량의 상관관계를 이용해 거래량은 X축, 주가는 Y축에 나타내어 주가와 거래량의 n일 이동평균에 의한 교차점을 선으로 연결한 지표

연습문제

01 **다음 중 주식시장을 접근하는 세 가지 방법론으로 옳지 않은 것은?**

① 기본적 분석 ② 기술적 분석
③ 포트폴리오이론 ④ 경기순환이론

해설 적절한 매매종목과 매매시점을 결정하기 위해 증권의 투자가치를 분석하는 증권분석의 방법은 기본적 분석, 기술적 분석 그리고 포트폴리오 분석으로 구분된다.

02 **다음 중 기술적 분석의 종류에 해당하지 않는 것은?**

① 패턴분석 ② 추세분석 ③ 지표분석
④ 캔들차트분석 ⑤ 필터링분석

해설 기술적 분석의 방법에는 추세분석, 패턴분석, 지표분석, 캔들차트분석 그리고 추세분석과 패턴분석에 공통적으로 적용되는 목표치계산이 있다.

03 **다음 중 기술적 분석에 대한 설명으로 옳지 않은 것은?**

① 기술적 분석은 주식시장에서 가치가 아니라 가격으로 거래되는 것이라고 믿기 때문에 모든 정보는 가격에 포함되어 있다고 판단한다.
② 기술적 분석은 주식의 매매시점을 파악할 수 있도록 과거 시세흐름과 패턴을 파악해서 정형화하고 이를 분석하여 향후의 주가예측을 하는데 있다.
③ 기술적 분석의 종류에는 추세분석, 패턴분석, 지표분석, 시장구조이론 등이 있다.
④ 기술적 분석은 수요와 공급을 변화시키는 원인을 분석한다.
⑤ 기술적 분석의 전제조건은 과거의 주가추세나 패턴이 반복하는 경향을 가지고 있다는 것이다.

해설 기술적 분석의 가정은 주가는 수요와 공급에 의해서만 결정되고 추세의 변화는 수요와 공급의 변동에 의해 일어나며 도표에 나타나는 모형은 반복하는 경향이 있다.

04 **다음 중 다우이론에서 제시한 강세국면과 약세국면에 대한 설명으로 옳지 않은 것은?**

① 강세시장의 제1국면(매집국면)을 축적단계라고 한다.
② 전반적인 경제여건과 기업의 경영성과가 호전되어 주가가 상승하고 거래량이 증가하는 국면은 강세시장의 제2국면인 마크업 국면이다.
③ 약세시장의 제3국면(침체국면)은 일반투자자들의 투매가 나타나서 주가가 계속 하락하지만 시간이 경과할수록 주가의 낙폭이 작아진다.
④ 기술적 분석을 이용한 투자자들이 가장 높은 수익을 내는 시기는 강세시장 제3국면이다.
⑤ 약세시장의 제2국면(공황국면)은 경제 전반에 관한 각종 통계자료가 악화되어 주식을 매도하려는 투자자들의 마음이 조급해지면서 매수세력이 크게 위축된다.

해 설

기술적 분석을 이용한 투자자들이 가장 높은 수익을 올릴 수 있는 시기는 강세시장 제2국면으로 기술적 추세 추종단계라고 한다.

05 **다음 중 다우이론에 대한 설명으로 옳지 않은 것은?**

① 장기추세는 축적단계, 기술적 추세추종단계, 분배단계 등 3단계를 거친다.
② 어떤 종류의 평균적인 주가변동은 다른 종류의 주가변동과 무관하다.
③ 평균적인 주가개념은 전체의 주가흐름을 정확히 반영한다.
④ 약세시장 제3국면(침체국면)은 투매가 나타나면서 주가는 계속 하락하지만 시간이 흐를수록 주가의 낙폭은 작아진다.
⑤ 다우이론은 장기추세의 진행과정을 강세장은 매집, 상승, 과열국면으로 구분하고 약세장은 분산, 공포, 침체국면으로 구분한다.

해 설

어떤 종류의 평균적인 주가변동은 다른 종류의 주가변동을 유발한다.

06 **다음 중 그랜빌(J.E.Granville)의 강세국면과 약세국면의 투자심리와 투자방법에 대한 설명으로 가장 옳은 내용은?**

① 일반투자자들은 강세 2국면에서 공포심을 갖는다.
② 전문투자자들은 강세 3국면에서 확신을 갖는다.
③ 전문투자자들이 점차 매수를 시작하는 시기는 약세 제3국면이다.
④ 일반투자자들은 약세 제1, 2국면에서 확신을 갖지만 약세 제3국면부터는 공포심을 갖는다.
⑤ 일반투자자들은 강세 제1, 2국면에서 공포심을 갖고 강세 제3국면에서 확신을 갖는다.

해 설

전문투자자들은 강세 2국면에서 확신을 갖기 때문에 주식을 매도한다.

07 **다음 중 다우이론을 보다 구체화시켜 일반투자자와 전문투자자로 구분하여 투자심리와 투자행위를 제시한 분석가는?**

① 다우　　② 그랜빌　　③ 엘리어트
④ 사께다　　⑤ 마코위츠

해 설

그랜빌은 강시장과 약세장에서 일반투자자와 전문투자자는 서로 반대의 생각을 하게 된다고 주장하였다.

08 다음 중 저항선과 지지선의 의미로 가장 옳지 않은 것은?

① 저항선과 지지선은 주가의 최소목표치와 최대목표치를 설정하는데 유용하다.
② 최근에 형성된 저항선과 지지선일수록 신뢰도가 높다고 할 수 있다.
③ 장기적으로 형성된 지지선과 저항선의 의미가 단기적으로 형성된 지지선과 저항선의 의미보다 더 작다고 할 수 있다.
④ 정액가격대에서 심리적인 지지선이나 저항선으로 작용할 수 있다.
⑤ 주가가 상승 추세에 있을 때 저항선을 상향 돌파하면 추가 상승의 의미를 부여할 수 있다.

해설 장기적으로 형성된 지지선과 저항선의 의미가 단기적으로 형성된 지지선과 저항선의 의미보다 더 크다고 할 수 있다.

09 다음 중 이동평균선을 이용한 분석방법이 아닌 것은?

① 방향성 분석　② 목표치 분석　③ 크로스 분석
④ 밀집도 분석　⑤ 이격도 분석

해설 주가 이동평균선을 이용한 주가 예측방법에는 이격도 분석, 방향성 분석, 매열도 분석, 지지선 분석, 저항선 분석, 크로스 분석, 밀집도 분석 등이 있다.

10 다음 중 이동평균선에 대한 설명으로 옳지 않은 것은?

① 정배열상태가 상당기간 지속된 후 단기이동평균선이 더 이상 오르지 못하고 약해지면 천장권이 예상되는 시점이다.
② 이동평균선들이 수렴할 때에는 향후 변동성이 크게 확장될 것을 시사한다.
③ 이동평균선의 단점은 과거를 평균하여 미래를 분석함으로써 발생하는 후행성 문제이다.
④ 역배열은 주가, 단기이동평균선, 중기이동평균선, 장기이동평균선이 위에서 아래로 배열된 상태를 말한다.
⑤ 강세국면에서 주가가 이동평균 위에서 움직일 경우 상승세가 지속될 가능성이 높다.

해설 정배열은 주가, 단기이동평균선, 중기이동평균선, 장기이동평균선이 위에서 아래로 배열된 상태를 말하며 역배열은 반대의 경우이다.

11 주가가 어느 날 급등하거나 급락하면서 이전의 추세가 더욱 가속화되고 있음을 알려주는 갭으로서 다우이론의 추세추종국면이나 엘리어트파동이론의 3번 파동에서 주로 나타나는 갭은?

① 보통 갭　② 돌파 갭　③ 소멸 갭
④ 급진 갭　⑤ 섬꼴 반전

해설 급진 갭은 주가가 거의 일직선으로 급등하거나 급락하는 도중에 주로 발생하며, 주가 움직임이 급속히 가열되거나 냉각되면서 이전의 추세가 더욱 강화되고 있음을 확인시켜 주는 갭으로 볼 수 있다.

12 다음 중 엘리어트 파동분석에서 충격파동이 아닌 것은?

① 1번 파동 ② 2번 파동 ③ 3번 파동
④ B 파동 ⑤ 5번 파동

해설 엘리어트 파동이론은 상승 5파와 하락 3파로 구성된다. 상승 5파에서 1번, 3번, 5번은 상승 파동으로 충격파동이며 2번, 4번 파동은 하락 파동으로 조정파동이다.

13 다음 중 엘리어트 파동분석에서 가장 강력하고 긴 파동이 나타날 가능성이 높은 파동으로 돌파갭이나 급진 갭이 주로 나타나는 파동은?

① 1번 파동 ② 2번 파동 ③ 3번 파동
④ 4번 파동 ⑤ 5번 파동

해설 3번 파동은 5개의 파동 중에서 가장 강력하고 가격변동도 활발하게 일어나는 파동으로 5개의 파동 중 가장 길게 나타난다.

14 다음 중 엘리어트 파동이론에 대한 설명으로 옳지 않은 것은?

① 2번 파동의 저점은 1번 파동의 저점보다 반드시 높아야 한다.
② 3번 파동이 제일 짧은 파동이 될 수 없다.
③ 4번 파동의 저점은 1번 파동의 고점과 겹칠 수가 없다.
④ 주가는 상승 5파와 하락 3파의 8개 파동으로 구성된다.
⑤ 3번 파동이 연장될 경우 5번 파동은 1번 파동과 다르다.

해설 3번 파동이 연장될 경우 5번 파동은 1번 파동과 같거나 1번의 61.8%를 형성한다.

15 다음 중 엘리어트 파동이론에 대한 설명으로 옳은 것은?

① 엘리어트 파동이론의 기본파동은 5개 파동이다.
② 하락파동 중 b파동은 상승하므로 조정파동이아니라 충격파동이다.
③ 엘리어트 파동이론에는 어떠한 경우도 예외가 있을 수 없는 절대불가침의 법칙이 있다.
④ 파동변화의 법칙은 3번 파동이 연장될 경우 5번 파동은 1번 파동과 서로 다르게 변화한다는 법칙이다.
⑤ 엘리어트 파동이론의 가장 큰 장점은 너무나 융통성이 많다는 점이다.

해 설 엘리어트 파동이론에는 절대적으로 예외란 있을 수 없다는 법칙이 세 가지가 있다.

16 다음 중 트리덴트 시스템(trident system)의 기본원리에 대한 설명으로 가장 옳지 않은 것은?

① 주된 추세에는 반드시 되돌림 움직임이 있다.
② 추세의 움직임과 반대 방향의 포지션을 만든다.
③ 천정과 바닥을 치려고 노력하기 보다 전체 추세 움직임의 1/2만 취한다.
④ 주가의 움직임이 예상과 다르면 적절한 수준에서 반대거래를 한다.
⑤ 모든 시장가격의 움직임은 바로 직전의 움직임과 거의 유사하게 나타난다.

해 설 추세의 움직임과 같은 방향의 포지션을 만든다.

17 다음 중 추세전환을 나타내는 반전형 패턴에 해당하지 않는 것은?

① 다이아몬드형 ② 이중 천장형 ③ 이중 바닥형
④ 원형 천장형 ⑤ 원형 바닥형

해 설 다이아몬드형은 확대형과 대칭 삼각형이 합쳐진 모양으로 지속형 패턴에 속한다.

18 다음 중 추세지속을 나타내는 지속형 패턴에 해당하지 않은 것은?

① 삼각형 ② 깃빌형 ③ 쐐기형
④ 사각형 ⑤ 확대형

해 설 확대형은 좁은 등락 폭으로 움직이던 주가가 점점 그 등락폭이 확대되는 형태를 말하며 반전형 패턴에 속한다.

19 주가가 장기간 상승세를 유지하다가 하락세로 반전되면서 갭이 발생한 경우에 이전 상승 추세상의 갭을 갭으로 메우는 형태를 말하며, 그 갭들에 의해 마치 작은 섬이 생긴 것 같다고 붙인 전형적인 반전 패턴은?

① 쐐기형 ② 사각형 ③ 쐐기형
④ 깃발형 ⑤ 섬꼴 반전

해 설 섬꼴 반전에 대한 설명으로 이제까지의 상승추세가 끝나고 새로운 하락추세가 시작된다는 반전신호로 인식하는데 중요성이 있다.

20 **다음 중 이중바닥형의 특징에 대한 설명으로 가장 옳지 않은 것은?**

① 두 번째 저점보다 첫 번째 저점이 낮게 형성된다.
② 첫 번째 저점에 비해 두 번째 저점이 보다 완만하게 형성된다.
③ 거래량 측면에서 첫 번째 저점에 비해 두 번째 저점에서 거래량이 월등히 많다.
④ 일반적으로 두 번째 저점에서 이동평균선의 골든크로스가 발생한다.
⑤ 이중천장형을 그대로 뒤집어 엎어놓은 형태이다.

해 설 이중바닥형은 주가 그래프가 바닥을 두 번 형성하되 두 번째 바닥 주가가 첫 번째 바닥주가보다 높으면서 거래량이 증가하는 것이 특징이다.

21 **다음 중 깃발형과 페넌트형의 특징에 대한 설명으로 옳지 않은 것은?**

① 패턴이 성립하려면 그 이전의 주가 움직임이 거의 수직에 가까워야 한다.
② 일반적으로 장기간에 걸쳐 천전히 형성되는 경향이 있다.
③ 깃발형과 페넌트형은 예외없이 반전형 패턴으로 작용할 수 없다.
④ 패턴의 형성과정에서 주가는 기존의 깃대형성 움직임과 반대방향으로 움직인다.
⑤ 깃발형과 페넌트형에는 각각 상승형과 하락형의 두 가지가 있다.

해 설 일반적으로 깃발형과 페넌트형은 1~3 주일 사이의 단기간에 형성되어야 한다.

22 **확대형과 대칭 삼각형이 합해진 모양의 패턴으로 초기에는 거래량이 크게 증가한 후 주가가 수렴하면서 거래량도 감소하는 패턴은?**

① 다이아몬드형 패턴 ② 직사각형 패턴 ③ 쐐기형 패턴
④ 깃발형 패턴 ⑤ V자형 패턴

해 설 다이아몬드형은 확대형과 대칭 삼각형이 서로 합쳐진 모양으로 주가의 큰 변동이 있고 난 이후에 많이 나타난다.

23 **다음 중 하나의 캔들로 구성된 캔들 차트패턴이 아닌 것은?**

① 교수형 ② 유성형 ③ 잉태형
④ 십자형 ⑤ 우산형

해 설 하나의 캔들로 구성된 차트패턴에는 우산형, 샅바형, 십자형, 유성형, 역전된 해머형이 있다.

24 다음 중 두개의 캔들로 구성된 캔들 차트패턴이 아닌 것은?

① 장악형 ② 관통형 ③ 잉태형
④ 반격형 ⑤ 유성형

해설 두 개의 캔들로 구성된 차트패턴에는 장악형, 먹구름형, 관통형, 잉태형, 반격형, 격리형, 집게형이 있다.

25 다음 중 십자형의 종류가 아닌 것은?

① 비석형 ② 선형 ③ 장족형
④ 잠자리형 ⑤ 일자형

해설 십자형은 주가가 장중에 등락을 거듭하다가 종가가 시가와 같아지는 경우를 말하며 추세전환에 대한 신호로 본다. 여기에는 장족형, 비석형, 잠자리형, 일자형이 있다.

26 다음 중 캔들 차트에 대한 설명으로 옳은 것은?

① 닻 차트는 캔들 차트가 발전되어 만들어진 차트이다.
② 망치형과 교수형은 모두 우산형에 속한다.
③ 십자형은 천장권보다 바닥권에서 신뢰도가 높다.
④ 격리형은 전일 종가와 당일 종가가 같은 패턴이다.
⑤ 석별형은 천장권에서 나타나는 하락 전환신호이다.

해설 우산형은 추세의 천장권이나 바닥권에서 아래로 달린 꼬리가 몸체의 두 배 이상 되는 모양의 캔들을 말하며 추세전환의 신호로 본다.

27 두 개의 캔들로 구성되며 첫째 날에 몸체가 긴 양선이 발생한 후 둘째 날 시가는 전일 고가보다 높게 형성되나 종가는 전일 시가의 부근에서 형성되는 경우로 천장권에서 발생하는 하락신호는?

① 먹구름형 ② 잠자리형 ③ 십자형
④ 교수형 ⑤ 유성형

해설 먹구름형은 첫째 날에 몸체가 긴 양선이 나타나고 둘째 날 시가는 전일 고가보다 높게 형성되나 종가는 전일 시가 부근에서 형성되는 경우로 천장권에서는 하락 전환신호로 본다.

28 다음 중 각 기술적 지표들의 단점을 지적한 것으로 옳지 않은 것은?

① 삼선전환도에서 상승의 최종단계에서 상승이 크게 형성될 때 삼선전환이 쉽게 형성되지 않는다.
② 등락주선(ADL)은 보합종목을 고려하지 않아 장기적으로 하락하는 형태를 나타낸다.
③ P&F 차트는 시계열을 무시하여 패턴분석을 활용할 수 없다.
④ OBV는 거래량의 누적차수여서 우상향하는 경향이 있다.
⑤ 볼린저밴드는 시간에 따른 시간에 따른 가격변화의 정도 즉 변동성을 반영한 지표이다.

해설 P&F 차트는 시계열을 무시하지만 그 자체로서 주가의 장기추세 파악이 가능하다.

정답

01.④ 02.⑤ 03.④ 04.④ 05.② 06.① 07.② 08.③ 09.② 10.④
11.④ 12.② 13.③ 14.⑤ 15.③ 16.② 17.① 18.⑤ 19.⑤ 20.④
21.② 22.① 23.③ 24.⑤ 25.② 26.② 27.① 28.③

04

증권평가

11 주식의 가치평가

주식가치의 평가모형에는 주식을 보유할 경우에 얻게 될 미래의 배당금을 적절한 할인율(주주의 요구수익률)로 할인하여 주식가치를 평가하는 배당평가모형과 성장기회가 없을 경우에 주식가치를 계산하고 여기에 성장기회로부터 얻은 순현재가치(NPVGO)를 더해서 주식가치를 평가하는 성장기회평가모형이 있다.

제 1 절 배당평가모형

1 배당평가모형의 개념

주식가치는 주식을 보유할 경우에 얻게 될 미래 현금흐름을 적절한 할인율로 할인한 현재가치이다. 주식을 보유할 경우에 얻게 될 미래 현금흐름에는 주식을 보유하는 기간에 받는 배당금과 주식을 매도할 경우에 받는 처분가격이 있다. 따라서 주식을 n년 동안 보유할 경우에 얻게 될 현금흐름은 다음과 같다.

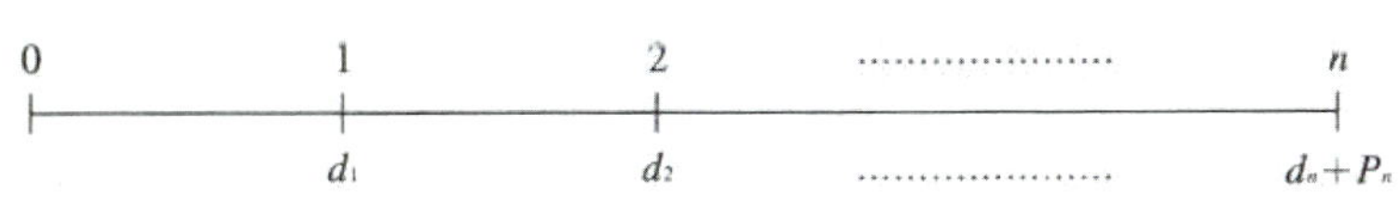

$$P_0 = \frac{d_1}{(1+k_e)^1} + \frac{d_2}{(1+k_e)^2} + \cdots + \frac{d_n}{(1+k_e)^n} + \frac{p_n}{(1+k_e)^n} \qquad (11.1)$$

$$= \sum_{t=1}^{n} \frac{d_t}{(1+k_e)^t} + \frac{p_n}{(1+k_e)^n}$$

식(11.1)에서 n년도 말의 주식가격 P_n은 다음과 같이 n+1년도 말 이후에 받게 될 배당금을 n년도 말 시점의 가치로 평가한 값에 해당한다.

$$P_n = \frac{d_{n+1}}{(1+k_e)^1} + \frac{d_{n+2}}{(1+k_e)^2} + \cdots + \frac{d_\infty}{(1+k_e)^n} \tag{11.2}$$

식(11.2)를 식(11.1)에 대입하여 정리하면 주식가치는 미래에 예상되는 배당금을 적절한 할인율인 자기자본비용으로 할인한 현재가치가 된다.

$$P_0 = \frac{d_1}{(1+k_e)^1} + \frac{d_2}{(1+k_e)^2} + \cdots + \frac{d_\infty}{(1+k_e)^\infty} = \sum_{t=1}^{\infty} \frac{d_t}{(1+k_e)^t} \tag{11.3}$$

2 배당평가모형의 종류

배당평가모형은 미래에 예상되는 배당금의 현재가치로 주식가치를 평가하여 미래에 예상되는 배당금에 의해 주식가치가 결정된다. 그러나 미래의 시점별 배당금을 정확히 예측한다는 것은 현실적으로 어렵기 때문에 다음과 같이 미래의 배당금이 일정한 형태로 발생한다고 가정하여 주식가치를 평가한다.

(1) 제로성장모형

제로성장모형(zero growth model)은 미래의 배당금이 매년 일정하여 성장이 없다고 가정하는 모형을 말한다. 매년 d만큼의 배당금을 영구히 지급하는 주식가치는 영구연금의 현재가치 평가식을 이용하여 다음과 같이 구할 수 있다.

$$P_0 = \frac{d}{(1+k_e)^1} + \frac{d}{(1+k_e)^2} + \cdots + \frac{d}{(1+k_e)^\infty} = \frac{d}{k_e} \tag{11.4}$$

(2) 일정성장모형

일정성장모형(constant growth model)은 미래의 배당금이 매년 일정한 비율로 영구히 성장한다고 가정하는 모형으로 고든(M. Gordon)이 제시하였다. 1년도 말에 d_1의 배당금을 지급하고 배당금이 매년 $g\%$ 비율로 성장하는 주식가치는 일정성장 영구연금의 현재가치 평가식을 이용하여 다음과 같이 구할 수 있다.

$$P_0 = \frac{d_1}{(1+k_e)^1} + \frac{d_1(1+g)}{(1+k_e)^2} + \cdots + \frac{d_1(1+g)^{\infty-1}}{(1+k_e)^{\infty}} = \frac{d_1}{k_e - g} \qquad (11.5)$$

배당성장률(g)은 사내유보율(b)과 유보이익에 대한 재투자수익률(r)이 일정할 경우 사내유보율에 재투자수익률 또는 자기자본이익률(ROE)을 곱한 값이다.

$$g = b \times r \qquad (11.6)$$

한편 현재의 배당금이 d_0일 경우 $d_1 = d_0(1+g)$이며, 1년 후에 예상되는 주당순이익이 EPS_1일 경우 $d_1 = EPS_1(1-b)$이므로 다음과 같이 나타낼 수도 있다.

$$P_0 = \frac{d_1}{k_e - g} = \frac{d_0(1+g)}{k_e - g} = \frac{EPS_1(1-b)}{k_e - g} \qquad (11.7)$$

(3) 불규칙성장모형

일정성장모형은 배당의 성장률이 일정하다는 가정에 기초한다. 그러나 대부분의 기업은 초기에 빠른 속도로 성장하다 경쟁이 심화되면 성장률이 둔화된다. 따라서 배당의 성장률이 불규칙한 경우에는 기간별 성장률을 고려하여 미래의 시점별 배당금을 파악한 후 현재가치 평가논리를 활용해서 주식가치를 계산해야 한다.

예제 11-1 배당평가모형

건양기업의 미래에 예상되는 배당과 관련된 자료가 아래와 같을 때 건양기업의 주식가치를 계산하시오. 단, 주주들의 요구수익률은 10%이며 각 물음은 독립적이다.

1. 연간 주당배당금이 1,200원으로 일정할 것으로 예상되는 경우
2. 당기말 주당배당금이 1,200원이고 배당성장률이 매년 4% 성장하는 경우
3. 전기말 주당배당금이 1,200원이고 배당성장률이 매년 4% 성장하는 경우
4. 당기말 주당순이익과 주당배당금이 각각 3,000원과 1,500원으로 예상되고 이러한 배당성향은 앞으로 지속되며 유보이익의 재투자수익률이 12%로 일정할 경우

해설

1. $P_0 = \frac{d}{k_e} = \frac{1,200}{0.1} = 12,000$원
2. $P_0 = \frac{d_1}{k_e - g} = \frac{1,200}{0.1 - 0.04} = 20,000$원

3. $P_0 = \frac{d_1}{k_e - g} = \frac{d_0(1+g)}{k_e - g} = \frac{1,200 \times 1.04}{0.1 - 0.04} = 20,800$원

4. $P_0 = \frac{d_1}{k_e - g} = \frac{1,500}{0.1 - 0.06} = 37,500$원

제 2 절 성장기회평가모형

1 성장기회평가모형의 개념

당기순이익의 일부를 사내유보하여 재투자하는 기업은 미래의 이익과 배당이 성장하게 되는데 배당평가모형은 미래의 성장기회를 성장률(g)에 반영하여 주식가치를 평가하였다. 그러나 성장기회평가모형은 성장기회가 없는 경우의 주식가치를 구한 후에 성장기회의 순현재가치를 가산하여 주식가치를 평가한다.

$$P_0 = \text{제로성장모형의 주식가치} + \text{성장기회의 순현가(NPVGO)} \tag{11.8}$$

2 주식가치의 평가

(1) 제로성장모형의 주식가치

기말에 주당순이익이 EPS_1으로 예상되는 기업이 성장기회가 없다면 미래의 주당순이익은 일정할 것이다. 그리고 이익을 사내유보하지 않고 매년 EPS_1만큼의 배당을 영구적으로 지급할 것이므로 주당배당금이 주당순이익과 동일하여 성장기회가 없다고 가정할 경우의 주식가치는 다음과 같이 구할 수 있다.

$$\begin{aligned} P_0(\text{제로성장}) &= \frac{EPS_1}{(1+k_e)^1} + \frac{EPS_1}{(1+k_e)^2} + \cdots + \frac{EPS_1}{(1+k_e)^\infty} \\ &= \frac{EPS_1}{k_e} = \frac{d_1}{k_e} \end{aligned} \tag{11.9}$$

(2) 성장기회의 순현가(NPVGO)

성장기회의 순현재가치(NPVGO : net present value of growth opportunity)는 유보이익을 재투자하여 미래에 얻을 수 있는 순현재가치(NPV)의 총현재가치를 말한다. 따라서 기업의 재투자기회가 영속적으로 존재한다면 NPVGO는 다음과 같다.

$$\begin{aligned} NPVGO &= \frac{NPV_1}{(1+k_e)^1} + \frac{NPV_2}{(1+k_e)^2} + \cdots + \frac{NPV_\infty}{(1+k_e)^\infty} \\ &= \sum_{t=1}^{\infty} \frac{NPV_t}{(1+k_e)^t} \end{aligned} \tag{11.10}$$

사내유보율(b)과 재투자수익률(r)이 매년 일정할 경우에는 이익의 성장률이 일정하고 재투자로 인한 NPV 역시 이익의 성장률과 동일한 비율로 성장한다. 따라서 이익이 매년 일정한 비율로 영구히 성장하는 경우에 NPVGO는 다음과 같다.

$$\begin{aligned} NPVGO &= \frac{NPV_1}{(1+k_e)^1} + \frac{NPV_1(1+g)}{(1+k_e)^2} + \cdots + \frac{NPV_1(1+g)^{\infty-1}}{(1+k_e)^\infty} \\ &= \frac{NPV_1}{k_e - g} \end{aligned} \tag{11.11}$$

3 성장기회평가모형과 일정성장모형

이익의 성장률이 일정할 경우의 성장기회평가모형에 의한 주식가격은 다음과 같이 일정성장모형에 의한 주식가치와 일치한다.

$$P_0 = \frac{EPS_1}{k_e} + NPVGO = \frac{d_1}{k_e - g} \tag{11.12}$$

따라서 이익의 성장률이 일정할 경우의 성장기회의 순현가(NPVGO)는 일정성장모형에 의한 주식가치에서 제로성장모형의 주식가치를 차감한 값과 동일하다.

$$NPVGO = \frac{d_1}{k_e - g} - \frac{EPS_1}{k_e} \tag{11.13}$$

예제 11-2 성장기회평가모형

세종기업의 당기말 주당순이익은 2,000원으로 예상되며 1,200원을 배당으로 지급할 예정이다. 이러한 배당성향은 앞으로도 일정하게 지속되며 유보이익은 15%의 수익률이 기대되는 투자안에 지속적으로 재투자될 것이라고 한다. 세종기업 주주들의 요구수익률이 10%라고 가정하여 물음에 답하시오.

1. 성장기회가 없다고 가정할 경우의 세종기업 주식가치를 구하시오.
2. 일정성장모형을 이용하여 세종기업의 주식가치를 계산하고, 성장기회의 순현재가치(NPVGO)를 구하시오.
   (1) 일정성장모형에 의한 주식가치
   (2) 성장기회의 순현재가치(NPVGO)

해설

1. 제로성장모형을 이용하는 경우

$$P_0 = \frac{EPS_1}{k_e} = \frac{2,000}{0.1} = 20,000\text{원}$$

2. 일정성장모형을 이용하는 경우
   (1) 일정성장모형에 의한 주식가치

$$P_0 = \frac{d_1}{k_e - g} = \frac{1,200}{0.1 - 0.06} = 30,000\text{원}$$

   (2) 성장기회의 순현재가치(NPVGO)

$$NPVGO = \frac{d_1}{k_e - g} - \frac{EPS_1}{k_e} = 30,000 - 20,000 = 10,000\text{원}$$

제 3 절 주가배수모형

배당평가모형과 성장기회평가모형을 적용하려면 미래의 배당금이나 재투자기회에 대한 장기적 예측치가 필요하다는 어려움이 있다. 주가배수모형은 현재의 주가를 주요 재무제표변수로 나눈 값인 주가배수를 이용하여 주식가치를 평가하는데 여기에는 주가수익비율(PER), 주가순자산비율(PBR), 주가매출액비율(PSR) 등이 있다.

1 주가수익비율

(1) PER의 의의

주가수익비율(PER : price earning ratio)은 현재의 주식가격을 차기에 예상되는 기대주당순이익으로 나눈 값으로 주식가격이 주당순이익의 몇 배인가를 나타낸다. 그러나 기대주당순이익(EPS_1)은 예측이 어렵기 때문에 실무에서는 현재의 주당순이익(EPS_0)을 이용하여 PER를 구하는 경우가 일반적이다.

$$PER = \frac{\text{현재의 주가}}{\text{주당순이익}} = \frac{P_0}{EPS_1} \tag{11.14}$$

PER는 주식시장에서 투자자들이 기업의 1단위당 순이익에 대해 얼마의 대가를 지불하고 있는가를 나타낸다. 투자자들이 순이익 1단위당 지불하고자 하는 가격은 기업이 벌어들일 순이익의 성장성이나 위험 등에 따라 달라진다. 따라서 PER는 기업이 벌어들일 이익의 질을 평가한 지표라고 할 수 있다.

(2) PER의 결정요인

① 일정성장모형과 PER

식(11.14)의 주식가격(P_0)에 일정성장모형에 의한 주식가치를 내입하여 정리하면 다음과 같다.

$$PER = \frac{P_0}{EPS_1} = \frac{\frac{d_1}{k_e - g}}{EPS_1} = \frac{\frac{EPS_1(1-b)}{k_e - g}}{EPS_1} = \frac{1-b}{k_e - g} \tag{11.15}$$

식(11.15)에서 안정적으로 성장하는 기업의 PER는 성장성(g), 위험(k_e), 배당성향$(1-b)$에 의해 결정되며 성장성(g)이 높을수록 PER가 높아지고 위험(k_e)이 클수록 PER가 낮아진다는 것을 알 수 있다.

② 성장기회평가모형과 PER

식(11.14)의 주식가격(P_0)에 성장기회평가모형에 의한 주식가치를 대입하여 정리하면 다음과 같다.

$$PER = \frac{P_0}{EPS_1} = \frac{\frac{EPS_1}{k_e} + NPVGO}{EPS_1} = \frac{1}{k_e} + \frac{NPVGO}{EPS_1} \quad (11.16)$$

식(11.16)에서 성장기회가 있는 기업의 PER는 성장성(NPVGO)과 위험(k_e)에 의해 결정되며 성장성(NPVGO)이 높을수록 PER가 높아지고 위험(k_e)이 클수록 PER가 낮아진다는 것을 알 수 있다. 성장기회가 없는 경우에 NPVGO는 0이므로 성장기회가 없는 기업의 PER는 주주의 요구수익률 또는 자기자본비용의 역수가 된다.

(3) PER를 이용한 주식가치의 평가

PER를 이용하여 주식가치를 평가하기 위해서는 우선 해당 기업의 적정한 PER가 얼마인지를 추정해야 한다. 적정한 PER에는 해당 기업의 과거 평균 PER, 해당 기업이 속해 있는 산업의 평균 PER 등을 이용할 수 있다. 적정한 PER수준이 결정되면 주식가치는 식(11.17)를 이용하여 다음과 같이 구할 수 있다.

$$P_0 = \text{적정한 PER} \times \text{기대주당순이익}(\text{EPS}_1) \quad (11.17)$$

예제 ››› 11-3 PER를 이용한 주식가치의 평가

강북기업의 당기말 주당순이익은 2,000원으로 예상된다. 강북기업에 투자한 주주들의 요구수익률은 14%라고 가정하여 다음 물음에 답하시오.

1. 강북기업이 속해 있는 산업의 평균 PER가 8인 경우에 강북기업의 주식가격은 얼마가 되어야 하는가?
2. 강북기업의 배당성향이 0.6이고 이익과 배당의 성장률을 8%로 가정하는 경우 강북기업의 적정한 PER와 주식가치를 계산하시오.

해설

1. P_0 =적정한 PER×EPS_1 = 8×2,000 = 16,000원
2. $PER = \frac{1-b}{k_e - g} = \frac{0.6}{0.14-0.08} = 10$

   P_0 =적정한 PER×EPS_1 = 10×2,000 = 20,000원

2 주가순자산비율

(1) PBR의 의의

주가순자산비율(PBR : price book value ratio)은 현재의 주식가격을 기대주당순자산으로 나눈 값으로 주가가 주당순자산의 몇 배인가를 나타낸다. 만약 회계적 가치가 경제적 실상을 제대로 반영하면 PBR은 1이지만 역사적 원가기준의 회계처리방법이 시장가치를 제대로 반영하지 못하여 PBR이 1보다 크게 나타날 수 있다.

$$PBR = \frac{\text{현재의 주가}}{\text{주당순자산}} = \frac{P_0}{BV_0} \tag{11.18}$$

(2) PBR를 이용한 주식가치의 평가

PBR를 이용하여 주식가치를 평가하기 위해서는 우선 해당 기업의 적정한 PBR이 얼마인지를 추정해야 한다. 적정한 PBR에는 해당 기업의 과거 평균 PBR, 해당 기업이 속해 있는 산업의 평균 PBR 등을 이용할 수 있다. 적정한 PBR수준이 결정되면 주식가치는 식(11.19)를 이용하여 다음과 같이 구할 수 있다.

$$P_0 = \text{적정한 PBR} \times \text{주당순자산} \tag{11.19}$$

(3) PBR의 의미

PER가 수익가치와 대비한 상대적 주가수준을 나타내고 주가와 수익의 유량(flow)관계를 나타내는 반면에 PBR은 자산가치와 대비한 상대적 주가수준을 나타내고 주가와 순자산의 저량(stock)관계를 나타내는 지표이다. PBR이 높은 기업은 투자자들이 해당 기업의 성장전망에 대해서 긍정적으로 평가한 결과로 해석할 수 있다.

3 주가매출액비율

(1) PSR의 의의

주가매출액비율(PSR : price sales ratio)은 현재의 주식가격을 기대주당매출액으로 나눈 값으로 주가가 주당매출액의 몇 배인가를 나타낸다. PSR이 낮으면 과소평가되어 있다고 보고, 높으면 과대평가되어 있다고 판단한다. 수익성 평가가 어려운 신생기업이나 성장성이 높은 IT기업을 평가할 때 활용한다.

$$PSR = \frac{\text{현재의 주가}}{\text{주당매출액}} = \frac{P_0}{S_1} \tag{11.20}$$

(2) PSR를 이용한 주식가치의 평가

PSR를 이용하여 주식가치를 평가하기 위해서는 우선 해당 기업의 적정한 PSR이 얼마인지를 추정해야 한다. 적정한 PSR에는 해당 기업의 과거 평균 PSR, 해당 기업이 속해 있는 산업의 평균 PSR 등을 이용할 수 있다. 적정한 PSR수준이 결정되면 주식가치는 식(11.21)을 이용하여 다음과 같이 구할 수 있다.

$$P_0 = \text{적정한 PSR} \times \text{주당매출액} \tag{11.21}$$

(3) PSR의 특성

사업초기단계에 있는 기업은 PER과 PBR이 음수가 되거나 매우 큰 값을 가져 의미가 없는 경우도 있는데 PSR은 이러한 기업에도 적용할 수 있다. 순이익과 순자산은 회계처리방법에 의해 달라질 수 있으나 매출액은 조작이 어렵다. PSR은 PER에 비해 변동성이 심하지 않기 때문에 가치평가에서 신뢰성이 높다.

제 4 절 경제적 부가가치모형

1 경제적 부가가치의 개요

(1) 경제적 부가가치의 의의

경제적 부가가치(EVA : economic value added)는 전통적 경영성과의 지표인 회계적 이익이 갖는 한계점을 보완하기 위해서 도입된 개념으로 영업이익에서 법인세비용과 총자본조달비용을 차감하여 산출한다. 경제적 부가가치는 다음과 같은 두 가지 측면에서 회계적 이익과 차이가 있다.

첫째, 회계적 이익은 타인자본에 대한 이자비용만 고려하고 자기자본에 대한 자본비용을 인식하지 않아 진정한 경영성과라고 보기 어렵다. 주주입장에서는 자기자본에 대한 자본비용을 차감한 성과가 커야 경영성과가 좋다고 할 수 있다. 경제적 부가가치는 자기자본에 대한 자본비용까지 고려하여 성과를 측정한다.

둘째, 회계적 이익은 기업에서 발생한 모든 거래를 가지고 평가한 성과이기 때문에 기업의 고유한 영업활동과 관련없는 성과도 포함되어 있다. 그러나 경제적 부가가치는 고유한 영업활동을 통해서 창출한 순자산가치의 증가분을 나타내어 기업의 수익성을 좀 더 정확하게 파악할 수 있는 경영성과의 지표에 해당한다.

(2) 경제적 부가가치의 계산

EVA는 1980년대 미국의 컨설팅회사 Stern Stewart사가 가치중심경영을 유도하기 위해 개발한 경영성과지표로서 이익의 양적 측면과 질적 측면을 동시에 고려한다. EVA는 세후영업이익에서 총자본비용을 차감하거나 투자자본수익률(ROIC)에서 가중평균자본비용(WACC)을 차감한 값에 투자자본을 곱해 구할 수 있다.

여기서 ROIC는 세후영업이익을 투자자본으로 나눈 값으로 기업이 투자자본을 가지고 고유의 영업활동을 통해 창출한 이익정도를 나타낸다. 따라서 ROIC가 WACC를 상회하면 기업이 투자자본을 가지고 영업활동을 통해 창출한 이익이 자본조달비용을 지불하고도 기업의 부가이익이 창출되었다는 것을 의미한다.

$$
\begin{aligned}
\text{EVA} &= \text{영업이익}-\text{법인세}-\text{총자본비용} \\
&= \text{세후영업이익}-\text{총자본비용} \\
&= \text{투자자본}\times(\text{ROIC}-\text{WACC})
\end{aligned} \tag{11.22}
$$

식(11.22)에서 기업이 경제적 부가가치를 창출하기 위해서는 ROIC>WACC를 갖는 사업에는 투자를 증가시키고, ROIC<WACC를 갖는 사업에는 투자자본을 철수시켜 투자자본을 효율적으로 재배치해야 함을 알 수 있다.

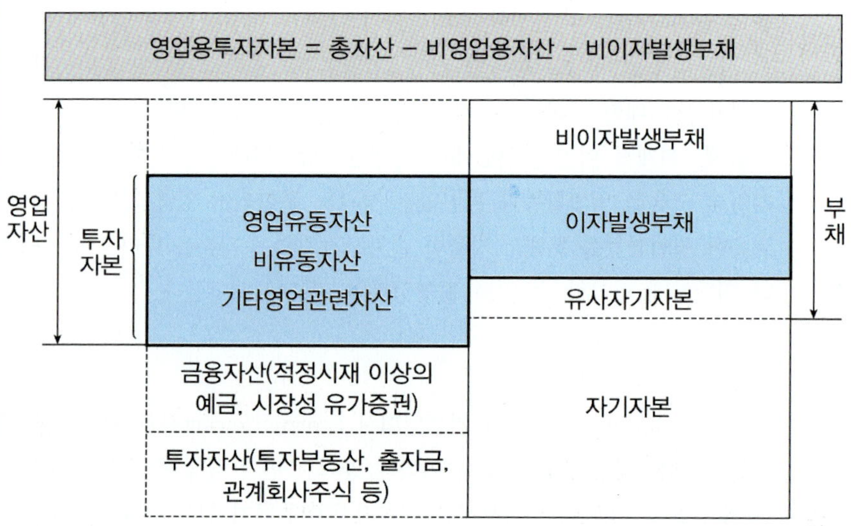

【 그림 11-1 재무상태표에 근거한 투자자본의 산출 】

2 시장부가가치의 개념

(1) 시장부가가치의 의의

시장부가가치(MVA : market value added)는 총자본 또는 총자산의 시장가치에서 주주와 채권자가 제공한 총자본의 장부가치를 차감한 값을 말한다. 즉 MVA는 주주와 채권자들이 제공한 투자원금을 이용하여 창출한 기업가치의 순증가분을 의미하며 투자안평가의 NPV와 동일한 개념이다.

$$\text{MVA} = \text{총자본의 시장가치} - \text{총자본의 장부가치} \tag{11.23}$$

MVA가 (+)이면 자본제공자의 자본으로 기업가치를 창출했음을 나타내고, MVA가 (−)이면 자본제공자의 자본보다 기업가치가 감소했음을 나타낸다. 한편, 부채의 시장가치가 장부가치와 동일하다면 MVA는 자기자본의 시장가치에서 자기자본의 장부가치를 차감하여 구할 수도 있다.

$$MVA = 자기자본의\ 시장가치 - 자기자본의\ 장부가치 \tag{11.24}$$

(2) EVA와 MVA의 관계

MVA는 EVA를 이용하여 평가할 수도 있다. EVA는 특정연도의 투자자본에 대한 자본비용을 초과하는 영업이익 또는 현금흐름이므로 미래에 예상되는 EVA를 가중평균자본비용(WACC)으로 할인한 현재가치가 MVA가 된다.

$$MVA = 기업의\ 시장가치 - 제공된\ 자본 = EVA의\ 현재가치 \tag{11.25}$$

(3) 주식가격의 평가

식(11.25)으로부터 자기자본의 시장가치에 대해 정리하면 다음과 같다.

$$자기자본의\ 시장가치 = 자기자본의\ 장부가치 + MVA \tag{11.26}$$

식(11.26)에서 양변을 발행주식수로 나누면 주식가격은 주당순자산에 주당EVA를 더하여 다음과 같이 구할 수 있다.

$$P_0 = 주당순자산 + 주당EVA \tag{11.27}$$

핵심요약

제1절 배당평가모형

1. 개념 : 주식의 가치는 미래에 예상되는 주당배당금의 현재가치

$$P_0 = \frac{d_1}{(1+k_e)^1} + \frac{d_2}{(1+k_e)^2} + \cdots + \frac{d_\infty}{(1+k_e)^\infty} = \sum_{t=1}^{\infty} \frac{d_t}{(1+k_e)^t}$$

2. 종류

① 제로성장모형 : 미래의 주당배당금이 매년 동일하여 성장이 없다고 가정

$$P_0 = \frac{d}{(1+k_e)^1} + \frac{d}{(1+k_e)^2} + \cdots + \frac{d}{(1+k_e)^\infty} = \frac{d}{k_e}$$

② 일정성장모형 : 미래의 주당배당금이 매년 일정비율 영구히 성장한다고 가정

$$P_0 = \frac{d_1}{(1+k_e)^1} + \frac{d_1(1+g)}{(1+k_e)^2} + \cdots + \frac{d_1(1+g)^{\infty-1}}{(1+k_e)^\infty} = \frac{d_1}{k_e - g}$$

③ 불규칙모형 : 현재가치의 평가논리를 적절히 활용하여 주식가치를 평가

제2절 성장기회평가모형

1. 개념 : 성장기회가 없는 경우의 주가에 성장기회의 순현재가치를 가산

P_0 =제로성장모형의 주식가치 + 성장기회의 순현재가치(NPVGO)

2. 구분

① 제로성장모형의 주식가치

② 성장기회의 순현재가치 : 미래에 유보이익을 재투자해서 얻을 수 있는 NPV의 총현재가치

제3절 주가배수모형

1. **주가수익비율** : PER = 현재의 주가(P_0)/주당순이익(EPS_1)

주식가치의 평가 : P_0 = 적정한 PER×주당순이익(EPS_1)

2. **주가순자산비율** : PBR = 현재의 주가(P_0)/주당순자산(BPS_1)

주식가치의 평가 : P_0 = 적정한 PBR×주당순자산(BPS_1)

3. **주가매출액비율** : PSR = 현재의 주가(P_0)/주당매출액(SPS_1)

주식가치의 평가 : P_0 = 적정한 PSR×주당매출액(SPS_1)

제4절 경제적 부가가치모형

1. **경제적 부가가치** : EVA = 세후영업이익−총자본비용 = 투자자본×(ROIC−WACC)
2. **시장부가가치** : MVA = 총자본의 시장가치−총자본의 장부가치
3. **주식가치의 평가** : P_0 = 주당 장부가치+주당 MVA

연습문제

01 **다음 중 경제적 부가가치(EVA)에 대한 설명으로 가장 옳지 않은 것은?**

① EVA는 회계적 이익에 반영되지 않은 자기자본비용을 명시적으로 고려한다.
② EVA가 정(+)인 기업은 자본비용 이상을 벌어들인 기업으로 평가된다.
③ EVA는 주주중심의 사고에서 평가한 기업의 가치이다.
④ 다각화된 기업은 사업단위별로 EVA를 평가하여 핵심사업과 한계사업을 분류할 수 있다.
⑤ 주식에 대한 배당지급이 없는 경우 자기자본비용이 없기 때문에 EVA는 회계상의 당기순이익과 일치한다.

해설 자기자본비용은 배당의 지급여부와 무관한 자기자본에 대한 기회비용인 주주의 요구수익률이므로 배당의 지급이 없더라도 자기자본비용은 존재한다. 따라서 배당의 지급이 없는 경우에도 EVA와 회계상의 당기순이익은 일치하지 않는다.

02 **다음 중 EVA와 MVA에 대한 설명으로 옳지 않은 것은?**

① EVA는 특정연도의 단기지표이므로 미래에 예상되는 EVA를 가중평균자본비용으로 할인한 현재가치는 MVA와 일치한다.
② MVA를 극대화시키면 주주 부를 극대화시킨다고 볼 수 있다.
③ 단기적인 EVA를 너무 강조하면 미래의 성장기회를 희생시킬 수도 있다.
④ EVA와 MVA는 가치중심경영을 유도하기 위한 성과측정의 수단으로 모두 주주의 입장에서 유용한 개념이다.
⑤ EVA는 당기순이익에서 자본비용을 차감한 값과 동일하다.

해설 EVA는 영입활동을 통한 세후영업이익에서 총자본비용을 차감한 값과 동일하다.

03 **다음 중 EVA와 MVA에 대한 설명으로 옳지 않은 것은?**

① EVA는 이익의 양적인 측면과 질적인 측면을 동시에 고려하는 개념이다.
② EVA는 모든 자본비용을 차감한 후에도 영업활동을 통해 이익을 얻을 수 있는지를 나타내는 개념이다.
③ 부채의 시장가치와 장부가액이 동일한 경우에 MVA를 극대화시키면 주주 부가 극대화된다.
④ EVA와 MVA는 주주의 입장에서 유용한 성과지표라고 할 수 있다.
⑤ EVA와 MVA는 성장기회의 NPV와 동일한 개념이다.

해설 EVA는 특정연도의 자본비용을 초과하는 영업이익으로 미래에 예상되는 EVA를 가중평균자본비용으로 할인한 현재가치가 성장기회의 NPV와 동일한 개념이 된다.

연습문제

04 한국기업은 1년 후부터 매년 20,000원씩의 주당순이익을 예상하며 주당순이익 전부를 배당으로 지급하고 있다. 한국기업은 매년 순이익의 40%를 투자할 것으로 고려하고 있으며 자기자본순이익률이 13%가 될 것으로 예상한다. 한국기업이 주당순이익의 전부를 배당으로 지급하는 대신에 40%를 투자하는 경우에 주가가 얼마나 변하겠는가? (한국기업 주식의 적정 수익률은 13%이다. ΔP는 가격변화이다.)

① $\Delta P \leq -2,000$원 ② $-2,000$원$< \Delta P < 0$원 ③ $\Delta P = 0$원
④ $0 < \Delta P < 2,000$원 ⑤ $\Delta P \geq 2,000$원

해설 자기자본순이익률(재투자수익률)과 주식의 적정 수익률(주주의 요구수익률 또는 자기자본비용)이 일치하여 성장기회의 순현재가치(NPVGO)는 0이다. 따라서 배당성향의 변동은 주가에 영향을 미치지 않기 때문에 주가의 변화는 없다.

(1) 제로성장모형에 의한 주가

$$P_0 = \frac{EPS_1}{k_e} = \frac{20,000}{0.13} = 153,846\text{원}$$

(2) 일정성장모형에 의한 주가

$$P_0 = \frac{d_1}{k_e - g} = \frac{20,000 \times 0.06}{0.13 - 0.4 \times 0.13} = 153,846\text{원}$$

05 (주)고구려의 자기자본비용은 14%이며 방금 배당을 지급하였다. 이 주식의 배당은 앞으로 계속 8%의 성장률을 보일 것으로 예측되고 있으며 (주)고구려의 현재 주가는 50,000원이다. 다음 중 옳은 것은?

① 배당수익률은 8%이다.
② 배당수익률은 7%이다.
③ 방금 지급된 주당배당금은 3,000원이다.
④ 1년 후에 예상되는 주가는 54,000원이다.
⑤ 1년 후에 예상되는 주가는 57,000원이다.

해설 고든의 일정성장모형에 의하면 주식가치는 다음과 같이 구할 수 있다.

$$P_0 = \frac{d_1}{k_e - g} \rightarrow k_e = \frac{d_1}{P_0} + g \rightarrow \frac{d_1}{P_0} = k_e - g = 0.14 - 0.08 = 0.06$$

$$P_1 = P_0(1+g) = 50,000 \times 1.08 = 54,000\text{원}$$

$$d_0 = \frac{d_1}{1+g} = \frac{50,000 \times 0.06}{1.08} = 2,778\text{원}$$

06 다음 중 일정성장배당모형에 관한 설명으로 옳은 것은?

① 일정성장배당모형이 적용되기 위해서는 주주의 요구수익률이 배당의 성장률보다 같거나 낮아야 한다.
② 다른 모든 조건이 동일한 경우 기본적으로 배당상승에 대한 기대와 주식가치의 변동은 관계가 없다.
③ 일정성장배당모형에 의해 주식가치를 평가하는 경우 할인율로 무위험이자율을 이용한다.
④ 다른 모든 조건이 동일한 경우 배당성장률의 상승은 주식가치를 상승시킨다.
⑤ 일정성장배당모형에서 주식의 위험은 기대배당에 반영되어 있다.

해설

① $P_0 = \dfrac{d_1}{k_e - g}$ (단, $k_e > g$)

따라서 일정성장모형이 적용되려면 주주의 요구수익률이 배당의 성장률보다 커야 한다.

②, ④ 다른 모든 조건이 동일하면 배당성장에 대한 기대가 증가하면 주가가 상승하고, 다른 조건이 없으면 배당의 증가는 유보율(b)과 성장률(g)의 감소로 주가는 하락한다.

③ 일정성장모형의 할인율은 주주의 요구수익률로 주식발행자의 자기자본비용에 해당한다.

⑤ 위험자산 주식의 위험은 분자의 배당이 아닌 분모의 할인율(ke)에 반영되어 있다.

07 (주)한국의 발행주식수는 100,000주이고 배당성향은 30%이며 자기자본이익률은 10%이다. (주)한국의 주식 베타 값은 1.2이고 올해 초 주당배당금으로 2,000원을 지불하였다. 무위험이자율은 5%이고 시장포트폴리오의 기대수익률은 15%라고 가정할 경우에 (주)한국의 2년 말 시점의 주가는 약 얼마가 되겠는가?

① 20,000원 ② 21,400원 ③ 22,898원
④ 24,500원 ⑤ 26,616원

해설

$g = b \times ROE = 0.7 \times 0.1 = 0.07$

$d_3 = d_0(1+g)^3 = 2{,}000 \times (1.07)^3 = 2{,}450$원

$k_e = R_f + [E(R_m) - R_f] \times \beta_i = 0.05 + (0.15 - 0.05)1.2 = 0.17$

$\therefore\ P_2 = \dfrac{d_3}{k_e - g} = \dfrac{2{,}450}{0.17 - 0.07} = 24{,}500$원

08 서강기업의 매출액은 200억원이고 매출순이익률은 5%이며 주가수익비율(PER)은 10배이다. 사내유보율이 60%이고 발행주식수가 100만주일 경우에 서강기업의 배당수익률은 얼마인가?

① 4% ② 5% ③ 6%
④ 7% ⑤ 8%

해 설

[방법 1]
배당성향 = DPS/EPS, PER = P/EPS
배당수익률 = 배당성향/PER = DPS/P = (1−0.6)/10 = 4%
[방법 2]
당기순이익(NI) = 매출액×매출액순이익률 = 200억×0.05 = 10억원
주당순이익(EPS) = 당기순이익/발행주식수 = 10억원/100만주 = 1,000원
P = EPS×PER = 1,000원×10 = 10,000원
주당배당액(DPS) = EPS×배당성향 = 1,000원×(1−0.6) = 400원
배당수익률 = 주당배당액(DPS)/주가(P) = 400/10,000 = 4%

09 사내유보율 40%, 재투자수익률(자기자본이익률) 20%, 자기자본비용 18%, 전기 주당순이익(EPS) 2,000원일 경우에 주가는 얼마인가?

① 12,000원 ② 12,960원 ③ 13,550원
④ 14,933원 ⑤ 16,800원

해 설

$g = b \times ROE = 0.4 \times 0.2 = 0.08$
$d_1 = d_0(1+g) = EPS_0(1+g)(1-b) = 2,000 \times (1.08) \times (1-0.4) = 1,296$원

$$\therefore\ P_0 = \frac{d_1}{k_e - g} = \frac{1,296}{0.18-0.08} = 12,960\text{원}$$

10 동강기업의 현재의 주가는 18,000원이고 올해의 주당배당금 1,100원이며 성장률은 10%이다. 무위험이자율이 10%이고 시장의 기대수익률이 15%이며 자본시장이 균형상태일 경우에 동강기업의 베타계수는 얼마인가?

① 0.86 ② 0.95 ③ 1.34
④ 1.38 ⑤ 2.15

해 설

$$k_e = \frac{d_1}{P_0} + g = \frac{1,100(1.1)}{18,000} + 0.1 = 0.1672(16.72\%)$$
$$k_e = R_f + [E(R_m) - R_f)] \times \beta_i \rightarrow 0.1672 = 0.10 + (0.15 - 0.10) \times \beta_i \rightarrow \beta_i = 1.34$$

11 서강기업의 영업용 투하자본은 2,500백만원이고, 세전 영업이익은 600백만원이며 법인세는 50백만원이다. 배당성향이 60%, 가중평균자본비용은 10%, 납입자본금이 1,000백만원, 발행주식총수는 20만주, 자기자본비용은 20%일 경우에 서강기업의 경제적 부가가치(EVA)는?

① 50백만원 ② 250백만원 ③ 300백만원
④ 330백만원 ⑤ 350백만원

해 설

EVA = NOPAT−(IC×WACC) = (600−50)−(2,500×0.1) = 300백만원

12

강남기업의 영업용 투자자본은 2,000만원이고, 이 중에서 1,000만원은 시장이자율이 10%인 타인자본이고 나머지는 자기자본비용이 20%인 자기자본이다. 당기말 영업이익은 1,000만원으로 예상되고 법인세율이 50%라고 가정하면 강남기업의 경제적 부가가치(EVA)는?

① 250만원 ② 300만원 ③ 350만원
④ 400만원 ⑤ 450만원

해 설

$$k_0 = k_d(1-t_c)\frac{B}{S+B} + k_e\frac{S}{S+B} = 0.1(1-0.5)\frac{1,000}{2,000} + 0.2\frac{1,000}{2,000} = 12.5\%$$

EVA = 세후영업이익–투자자본비용 = 1,000(1–0.5)–2,000×0.125 = 250만원

13

현재(t=0) 주당배당금 2,000원을 지급한 A기업의 배당 후 현재 주가는 30,000원이며 향후 매년말 배당금은 매년 5%의 성장률로 증가할 것으로 예상된다. 또한 매년말 700원을 영구적으로 지급하는 채권은 현재 10,000원에 거래되고 있다. A기업 주식 4주와 채권 4주로 구성된 포트폴리오의 기대수익률은?

① 8.75% ② 9.25% ③ 10.75%
④ 11.25% ⑤ 12.75%

해 설

포트폴리오의 구성비율 = 주식 4주 : 채권 4주 = 120,000원 : 40,000원 = 3 : 1

주식의 기대수익률 = $\frac{d_1}{P_0} + g = \frac{2,000 \times 1.05}{30,000} + 0.05 = 0.12$

채권의 기대수익률 = 700/10,000 = 0.07

포트폴리오의 기대수익률 = 0.12(0.75)+0.07(0.25) = 0.1075(10.75%)

14

갑을기업의 전년도 자기자본이익률은 6%로 업계 평균 10%에 비해 상대적으로 저조하다. 내부검토결과에 의하면 매출액순이익률은 1%, 총자산회전율은 2.0으로 업계 평균과 비슷한 것으로 나타나 이 부분에서의 개선보다는 자본구조의 변경을 통해 자기자본순이익률을 업계 평균 수준으로 끌어 올리려고 한다. 이 목표를 달성하기 위한 갑을기업의 적정 부채비율은 얼마인가?

① 200% ② 300% ③ 400%
④ 500% ⑤ 600%

해 설

$$ROE = \frac{\text{순이익}}{\text{자기자본}} = \frac{\text{순이익}}{\text{매출액}} \times \frac{\text{매출액}}{\text{총자본}} \times \frac{\text{총자본}}{\text{자기자본}}$$

재투자수익률 = 매출액순이익률×총자산회전율×$\left(1+\frac{B}{S}\right)$

$0.1 = 0.01 \times 2 \times \left(1+\frac{B}{S}\right) \rightarrow \frac{B}{S} = 4(=400\%)$

연습문제

15 **망고기업의 주식은 현재 한국거래소(KRX)시장에서 10,000원에 거래되고 있다. 망고기업의 주식으로부터 예상되는 1년후 배당금은 400원, 2년후 배당금은 520원이다. 그리고 배당후 주가는 1년후에 10,800원, 2년후에 11,900원으로 예상된다. 다음의 설명 중에서 옳지 않은 것은?**

① 이 주식을 현재 매입해서 1년간 투자할 경우의 수익률은 12%이고, 1년후에 매입해서 1년간 투자할 경우의 수익률은 15%이다.
② 망고기업 주주들의 요구수익률이 13%라고 할 때 이 주식에 2년간 투자할 경우의 NPV는 81원이다.
③ 이 주식을 매입해서 2년간 투자할 경우의 산술평균수익률은 13.5%이다.
④ 이 주식을 매입해서 2년간 투자할 경우의 기하평균수익률은 13.5%이다.
⑤ 이 주식을 매입해서 2년간 투자할 경우의 내부수익률은 1년후 배당금 400원을 나머지 1년간 15%의 재투자수익률로 재투자한다고 가정할 경우 연평균수익률이다.

해설

① 망고기업의 주식에 투자하면 1년간 수익률은 12%[=(10,800−10,000+400)/10,000]가 되고, 그 후 1년간의 수익률은 15%[=(11,900−10,800+520)/10,800]가 된다.

② $NPV = \frac{400}{(1.13)^1} + \frac{520+11,900}{(1.13)^2} = 81$

③ 12%와 15%의 산술평균은 13.5%[=(12%+15%)/2]가 된다.

④ 기하평균은 13.5%에 근사하다. $(1+R)^2 = (1.12)(1.15)$

⑤ 내부수익률은 연평균수익률의 개념으로 12%와 15% 사이에 존재하며 1년후에 배당금 400원을 15%의 수익률로 투자하는 것이 아니고 내부수익률로 재투자해야 한다.

16 **지난해 주당순이익(EPS)는 4,000원이었고 이익의 50%를 배당한 서강기업의 주식 1주를 20,000원에 매입하였다. 서강기업은 향후 영구적으로 5%씩 성장할 것으로 예상된다. 무위험이자율이 4%, 시장위험프리미엄이 10%라면 서강기업 주식의 위험프리미엄은 얼마인가?**

① 10.1% ② 10.4% ③ 10.9%
④ 11.3% ⑤ 11.5%

해설

$P_0 = \frac{d_1}{k_e} - g \rightarrow 20,000 = \frac{4,000(0.5)(1+0.05)}{k_e - 0.05} \quad \therefore k_e = 15.5\%$

따라서 서강기업의 주식 위험프리미엄은 다음과 같이 구할 수 있다.

$k_e = R_f + RP$에서 0.155 = 0.04+RP $\therefore RP$=0.115(11.5%)

17 **연세기업의 보통주는 현재 한국거래소 주식시장에서 20,000원에 거래되고 있으며. 차기의 주당이익은 2,000원이고 배당지급액은 800원이 될 것으로 예상한다. 연세기업의 보통주 자본비용이 10%라고 가정하는 경우에 유보이익에 대한 재투자수익률은 얼마인가?**

① 8% ② 9% ③ 10%
④ 12% ⑤ 15%

해설

$$P_0 = \frac{d_1}{k_e - g} \rightarrow 20{,}000 = \frac{800}{0.1-g} \quad \therefore g = 0.06(6\%)$$

한편 배당성향이 40%(=800/2,000)이므로 사내유보율은 60%이다.
g = 사내유보율(b)×재투자수익률(r), 0.06 = 0.6×재투자수익률 ∴ 재투자수익률 = 10%

18 고려기업의 사내유보비율은 40%로 매년 일정하며 금년도 말에 예상되는 주당이익은 5,000원이다. 고려기업의 주식에 대한 주주의 요구수익률이 16%이고 재투자수익률이 25%로서 매년 일정하게 실현된다고 가정하는 경우에 고려기업의 성장기회의 순현재가치(NPVGO)는 얼마인가?

① 10,000원 ② 12,500원 ③ 15,000원
④ 18,750원 ⑤ 20,000원

해설

(1) 미래의 주당배당금이 매년 일정비율로 성장할 경우 항상성장모형의 주가

$$P_0 = \frac{d_1}{k_e - g} = \frac{5{,}000(0.6)}{0.16 - 0.4 \times 0.25} = 50{,}000\text{원}$$

(2) 미래의 주당배당금이 매년 동일해 성장이 없을 경우 제로성장모형의 주가

$$P_0 = \frac{EPS_1}{k_e} = \frac{5{,}000}{0.16} = 31{,}250\text{원}$$

(3) 성장기회의 순현재가치 = (1) − (2) = 50,000원−31,250원 = 18,750원

19 매년 일정하게 성장하고 있는 건국기업의 현재주가는 20,000원이고 베타계수는 1.5이다. 건국기업의 당기말 주당배당금은 1,700원으로 예상되며, 무위험이자율은 8%이고 시장위험프리미엄은 7%라고 가정할 경우에 자본이득률은?

① 8% ② 9% ③ 10%
④ 11% ⑤ 12%

해설

(1) 증권시장선(SML)을 이용하여 자기자본비용(k_e)을 계산한다.

$$k_e = R_f + [E(R_m) - R_f)] \times \beta_i = 0.08 + 0.07 \times 1.5 = 18.5\%$$

(2) 고든의 항상성장모형을 이용하여 성장률을 계산한다.

$$P_0 = \frac{d_1}{k_e - g} \rightarrow 20{,}000 = \frac{1{,}700}{0.185 - g} \quad \therefore g = 0.1$$

$$k_e = \frac{d_1}{p_0} + \frac{p_1 - p_0}{p_0} = \frac{d_1}{p_0} + g$$

20 현재 10,000원에 거래되는 보통주 10만주를 보유한 중앙기업의 과거 재투자수익률은 20%이며 유보비율은 50%로서 미래에도 계속해서 유지될 것으로 예상된다. 중앙기업의 지난해 당기순이익이 20,000만원일 경우 중앙기업의 주식에 대한 주주들의 요구수익률은 얼마인가?

① 0.13 ② 0.15 ③ 0.17
④ 0.19 ⑤ 0.21

해설 P_0 =10,000원이고 g=0.2×0.5 = 10%이며 d_0 =20,000만원×0.5÷10만주 = 1,000원

$$P_0 = \frac{d_1}{k_e - g} \rightarrow 10,000 = \frac{1,000(1+0.1)}{k_e - 0.1} \therefore k_e = 0.21$$

정답

01.⑤ 02.⑤ 03.⑤ 04.③ 05.④ 06.④ 07.④ 08.① 09.② 10.③
11.③ 12.① 13.③ 14.③ 15.⑤ 16.⑤ 17.③ 18.④ 19.③ 20.⑤

12 채권의 가치평가

채권은 미래의 현금흐름(원리금)이 정해져 있는 확정소득부 증권이기 때문에 채권의 가치를 결정하는 가장 중요한 요소는 시장이자율 또는 채권수익률이다. 채권의 가치는 채권투자로부터 얻게 될 액면이자와 원금을 적절한 할인율인 시장이자율 또는 채권수익률로 할인한 현재가치로 시장이자율에 따라 달라진다.

제 1 절 채권의 가치

1 채권의 의의

채권(bond)은 발행자(채무자)가 투자자로부터 비교적 거액의 자금을 일시에 조달하고 반대급부로 약정에 따라서 만기일까지 확정이자를 지급하고 만기일에는 원금(액면가액)을 상환하기로 약속한 일종의 채무증서를 말한다. 따라서 채권에는 이자와 원금의 상환시기, 액면가액, 표면이자율이 기재되어 있다.

2 채권의 발행조건

채권은 발행조건에 따라서 채권의 가치가 달라지기 때문에 무엇보다 발행조건을 결정하는 것이 중요하다. 채권을 발행할 경우에 발행자와 인수자는 발행시점의 시장이자율 수준을 감안하여 결정해야 한다. 따라서 채권의 중요한 발행조건에는 발행가격, 발행이율, 상환까지의 기간이 있다.

① 액면가액

액면가액(face value)은 채권의 만기일에 지급하기로 채권의 권면 위에 표시되어 있는 원금을 말하며 지급이자를 계산하거나 채권의 조건을 결정하는 기본이 된다. 따라서 액면가액의 합계가 그 종목의 발행금액이 되며, 역으로 말하면 각 종목의 발행금액을 적은 단위로 분할한 것이 1매의 채권이 된다.

② 발행가격

발행가격은 채권을 발행할 당시에 실제로 매출되는 가격으로 발행시점의 시장이자율과의 관계에 의해 결정된다. 채권의 발행이자율이 시장이자율보다 높으면 액면가액보다 높은 가격으로 할증발행되고, 반대로 낮으면 액면가액보다 낮은 가격으로 할인발행된다. 발행이자율이 시장이자율과 같으면 액면발행된다.

③ 발행이율

발행이율은 채권의 발행자가 만기동안 지급하기로 약속한 이자율로 액면가액에 대해 1년에 지급하는 이자의 비율을 말한다. 채권 1매마다 권면에는 1회의 이자지급을 위한 이표(coupon)가 부착되어 있어, 이 이표와 교환하여 이자를 받게 되므로 발행이율을 표면이자율(coupon rate) 또는 액면이자율이라고도 한다.

④ 원금상환

만기일은 채권의 발행자가 이자와 원금을 마지막으로 지급하기로 한 날을 말한다. 일반적으로 채권의 상환가액은 액면가액이며 채권발행일로부터 원금상환일까지의 기간을 원금상환기간이라고 하고, 이미 발행되어 유통시장에서 거래되고 있는 채권매입일로부터 원금상환일까지의 기간을 잔존기간이라고 한다.

3 채권의 가치평가

채권의 가치는 채권투자자가 채권을 보유한 경우에 얻게 될 미래의 현금흐름(이자와 원금)을 적절한 할인율(시장이자율 또는 채권수익률)로 할인한 현재가치를 말한다. 채권은 발행조건이 매우 다양하여 간단하게 분류하기는 쉽지 않지만 표면이자율과 만기의 유무에 따라 이표채, 무이표채, 영구채로 구분된다.

(1) 이표채(coupon bond)

이표채는 가장 일반적인 형태로 만기와 표면이자율이 정해져 있어 만기일까지 매 기간말에 확정된 약정이자(=액면가액×표면이자율)를 지급하고 만기일에는 원금(액면가액)을 상환해 주는 채권을 말한다. 따라서 매기에 적용될 시장이자율이 일정하다고 가정할 경우에 이표채의 가치는 다음과 같이 평가할 수 있다.

$$P_0 = \frac{I}{(1+r)^1} + \frac{I}{(1+r)^2} + \cdots + \frac{I+F}{(1+r)^n}$$

$$= \sum_{t=1}^{n} \frac{I}{(1+r)^t} + \frac{F}{(1+r)^n} \quad (12.1)$$

이표채는 식(12.1)에서처럼 확정된 약정이자를 지급하므로 확정이자채권이라고 하며 표면이자율과 시장이자율의 관계에 따라 다음과 같이 할인채, 액면채, 할증채로 구분된다.

【 표 12-1 이표채의 종류 】

종류	표면이자율과 시장이자율의 관계	액면가액과 시장가격의 관계
할증발행	표면이자율 〉 시장이자율	액면가액 〈 시장가격
액면발행	표면이자율 = 시장이자율	액면가액 = 시장가격
할인발행	표면이자율 〈 시장이자율	액면가액 〉 시장가격

예제>>> 12-1 이표채의 평가

강동기업은 액면가액이 10,000원이고 표면이자율이 10%로 이자후급이며 3년 만기 채권을 발행하고자 한다. 시장이자율이 8%, 10%, 12%일 경우에 채권의 발행가격을 계산하시오.

해설

1. 시장이자율이 8%인 경우

$$P_0 = \frac{1,000}{(1+0.08)^1} + \frac{1,000}{(1+0.08)^2} + \frac{11,000}{(1+0.08)^3} \rightarrow \therefore P = 10,515$$

2. 시장이자율이 10%인 경우

$$P_0 = \frac{1,000}{(1+0.10)^1} + \frac{1,000}{(1+0.10)^2} + \frac{11,000}{(1+0.10)^3} \rightarrow \therefore P = 10,000$$

3. 시장이자율이 12%인 경우

$$P_0 = \frac{1,000}{(1+0.12)^1} + \frac{1,000}{(1+0.12)^2} + \frac{11,000}{(1+0.12)^3} \rightarrow \therefore P = 9,520$$

(2) 무이표채(zero coupon bond)

무이표채는 표면이자율이 0%인 채권으로 채권의 만기일까지 이자지급은 없고 만기일에 원금(액면가액)만 상환하는 채권을 말하며 항상 할인발행되기 때문에 순수할인채(pure discount bond)라고도 한다. 따라서 만기가 n이고 액면가액이 F인 무이표채의 가치는 다음과 같이 평가할 수 있다.

$$P_0 = \frac{F}{(1+r)^n} \tag{12.2}$$

(3) 영구채(perpetual bond)

영구채(consol)는 만기가 무한대인 채권으로 원금상환은 없고 매기 말에 약정이자만 영구적으로 지급하는 채권을 말한다. 따라서 매기 말에 I만큼의 약정이자가 영원히 계속해서 발생하는 영구채의 가치는 다음과 같이 평가할 수 있다.

$$P_0 = \frac{I}{(1+r)^1} + \frac{I}{(1+r)^2} + \cdots + \frac{I}{(1+r)^\infty} = \frac{I}{r} \tag{12.3}$$

제 2 절 채권가격의 특성

일반적으로 채권가격은 시장이자율, 만기, 표면이자율에 의해 결정된다. 이러한 요인을 기초로 Malkiel(1962)은 채권수익률과 채권가격간에는 다음과 같은 관계가 성립한다는 채권가격정리(bond price theorem)를 제시하였다. 채권가격은 시장이자율과 반비례 관계에 있어 원점에 대해 볼록한 곡선으로 나타난다.

1 채권가격과 시장이자율

채권가격은 시장이자율과 반비례 관계에 있어서 시장이자율이 하락하면 채권가격은 상승하고 시장이자율이 상승하면 채권가격은 하락한다. 따라서 시장이자율이 하락할 것으로 예상되면 채권투자(매입)를 늘리고 이자율이 상승할 것으로 예상되면 공매의 방법을 사용하는 것이 유리하다.

이자율의 변동폭이 동일할 경우에 이자율의 하락으로 인한 채권가격의 상승폭은 이자율의 상승으로 인한 채권가격의 하락폭보다 크게 나타난다. 따라서 이자율이 하락하면 채권가격이 상승하여 채권투자성과가 크게 나타나므로 더욱 많은 채권을 매입하는 것이 유리하다고 할 수 있다.

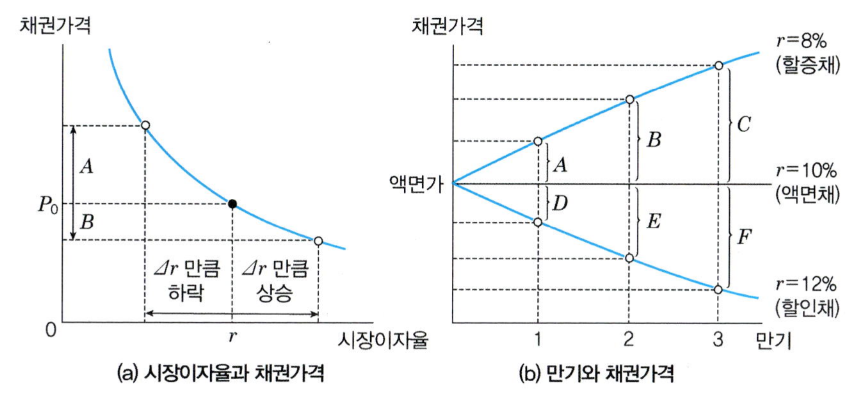

【 그림 12-1 채권가격과 이자율의 관계 】

2 채권가격과 만기

다른 조건이 동일하면 채권의 만기가 길수록 일정한 이자율변동에 따른 채권가격의 변동폭이 크게 나타난다. 따라서 이자율이 하락할 것으로 예상되면 장기채에 대한 투자를 증가시켜 시세차익을 극대화시키고, 이자율이 상승할 것으로 예상되면 보유하고 있는 채권을 다른 채권으로 교체하는 매매전략이 유리하다.

이자율의 변동에 따른 채권가격의 변동폭은 만기가 길수록 증가하나 만기 한 단위 증가에 따른 채권가격의 변동폭은 감소한다. 따라서 시세차익을 높이려면 만기가 긴 장기채를 많이 보유하지 않는 것이 유리하다고 할 수 있다. 또한 잔존만기가 감소할수록 만기 한 단위 감소에 따른 채권가격의 상승폭은 커진다.

3 채권가격과 표면이자율

다른 조건이 동일하면 일정한 이자율변동에 대해서 표면이자율이 낮을수록 채권가격의 변동폭이 크게 나타난다. 따라서 채권에 투자하여 높은 매매차익을 얻기 위해서는 표면이자율이 낮은 채권이 유리하다. 요컨대 일정한 이자율변동에 대해 표면이자율이 0%인 순수할인채의 가격변동폭이 가장 크게 나타난다.

제 3 절 채권수익률의 개념

1 만기수익률

채권수익률을 측정하는 가장 일반적인 방법은 만기수익률이다. 만기수익률(YTM : yield to maturity)은 채권의 시장가격(현금유출의 PV)과 채권을 만기까지 보유할 경우 얻게 될 원리금의 현재가치(현금유입의 PV)를 일치시키는 할인율을 말한다. 즉, 식(12.4)를 만족시키는 r이 만기수익률이다.

$$P_0 = \sum_{t=1}^{n} \frac{I}{(1+r)^t} + \frac{F}{(1+r)^n} \qquad (12.4)$$

만기수익률은 투자자가 채권을 현재의 시장가격으로 매입해서 만기까지 보유하고 약속된 원리금을 약정대로 지급받으며 매기 지급받는 이자를 만기까지 만기수익률로 재투자한다고 가정할 경우에 얻을 수 있는 연평균투자수익률을 말하며 채권투자에 따른 내부수익률(IRR)과 동일한 개념이다.

2 현물이자율과 선도이자율

(1) 현물이자율

현물이자율(spot rate)은 현재시점부터 미래의 일정기간 동안의 연평균이자율을 말한다. 채권시장에서 형성되어 있는 채권가격이 균형가격이라고 가정하면 현재시점부터 n년 동안의 연평균이자율(n년 만기 현물이자율)은 만기가 n년인 순수할인채의 만기수익률로 측정할 수 있다.

(2) 선도이자율

선도이자율(forward rate)은 현재시점의 현물이자율에 내재되어 있는 미래의 특정시점부터 일정기간 동안의 이자율을 말한다. 따라서 만기가 서로 다른 현물이자율간의 균형관계를 이용하면 현재시점의 현물이자율에 내재된 미래의 특정시점부터 1년 동안의 선도이자율을 산출할 수 있다.

(3) 현물이자율과 선도이자율의 관계

n년 만기 현물이자율을 ${}_0r_n$이라 하고, n−1년 후부터 n년 후까지 1년 동안의 선도이자율을 ${}_{n-1}f_n$이라고 할 경우에 채권시장이 균형상태에 있다면 현물이자율과 선도이자율간에는 다음의 관계가 성립한다.

$$(1+{}_0r_n)^n=(1+{}_0r_1)(1+{}_1f_2)(1+{}_2f_3)\cdots(1+{}_{n-1}f_n) \tag{12.5}$$

식(12.5)에 의하면 현물이자율에 내재된 기간별 선도이자율은 만기가 서로 다른 현물이자율간의 관계에서 다음과 같이 구할 수 있다.

$$\begin{aligned}(1+{}_0r_n)^n&=(1+{}_0r_1)(1+{}_1f_2)\cdots(1+{}_{n-2}f_{n-1})(1+{}_{n-1}f_n)\\&=(1+{}_0r_{n-1})^{n-1}(1+{}_{n-1}f_n)\end{aligned}$$

$$\therefore\ {}_{n-1}f_n=\frac{(1+{}_0r_n)^n}{(1+{}_0r_{n-1})^{n-1}}-1 \tag{12.6}$$

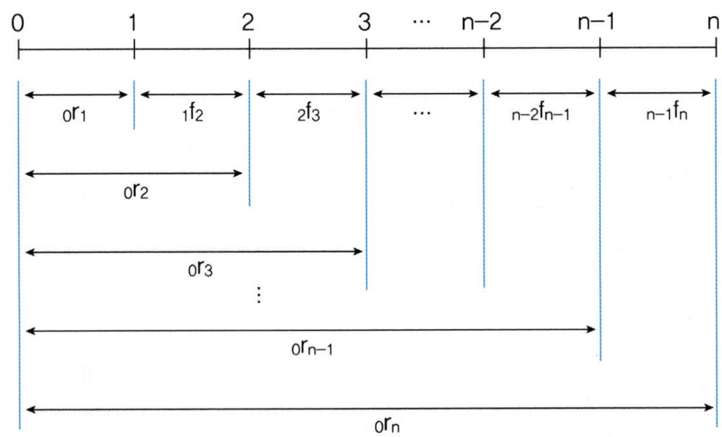

【 그림 12-2 현물이자율과 선도이자율 】

예제 12-2 선도이자율의 계산

액면가액이 10,000원인 1년 만기 순수할인채의 가격이 9,090.91원이고, 2년 만기 순수할인채의 가격이 7,971.94원이라고 가정하여 1년 후부터 1년간의 선도이자율을 계산하시오.

해설

$$9{,}090.91 = \frac{10{,}000}{(1+{}_0r_1)^1} \rightarrow {}_0r_1 = \frac{10{,}000}{9{,}090.91} - 1 = 0.10$$

$$7{,}971.94 = \frac{10{,}000}{(1+{}_0r_2)^2} \rightarrow {}_0r_2 = \sqrt{\frac{10{,}000}{7{,}971.94}} - 1 = 0.12$$

$$\therefore\ {}_1f_2 = \frac{(1+{}_0r_2)^2}{(1+{}_0r_1)^1} - 1 = \frac{(1.12)^2}{(1.10)^1} - 1 = 0.1404$$

3 수익률의 종류

(1) 약속수익률

약속수익률(promised yield)은 채권의 시장가격과 약속된 원리금의 현재가치를 일치시켜 주는 할인율을 말한다. 채권의 발행자가 채무불이행위험 없이 약정대로 원리금을 지급할 경우에 얻게 될 수익률을 나타낸다.

(2) 실현수익률

실현수익률(realized yield)은 채권의 시장가격과 실제로 지급받게 될 원리금의 현재가치를 일치시켜 주는 할인율을 말한다. 실현수익률은 미래의 각 상황에 따라서 달라질 수 있기 때문에 일정한 확률분포를 갖게 된다.

(3) 기대수익률

기대수익률(expected yield)은 실현수익률의 확률분포에 근거하여 계산된 기대수익률을 말한다. 즉, 채무불이행위험(default risk)을 고려할 경우에 실현될 것으로 예상되는 수익률을 말한다.

4 채권수익률의 스프레드

수익률 스프레드(yield spread)는 위험이 있는 채권의 약속수익률과 위험이 없는 채권의 수익률(무위험이자율)간의 차이로 약속수익률과 기대수익률간의 차이에 해당하는 채무불이행위험에 대한 프리미엄과 기대수익률과 무위험이자율간의 차이에 해당하는 채무불이행위험을 제외한 기타위험에 대한 프리미엄으로 구분한다.

$$\begin{aligned}\text{채권수익률의 스프레드} &= \text{약속수익률} - \text{무위험이자율} \\ &= \underbrace{\text{약속수익률} - \text{기대수익률}}_{\text{채무불이행 위험프리미엄}} + \underbrace{\text{기대수익률} - \text{무위험이자율}}_{\text{기타의 위험프리미엄}} \qquad (12.7)\end{aligned}$$

예제 >>> 12-3 채권수익률의 스프레드

강서기업은 액면가액 10,000원, 표면이자율 연 10% 이자후급, 만기 2년의 채권을 발행하였는데 현재 시장가격이 9,662원이라고 가정하여 물음에 답하시오.

1. 강서기업이 약정대로 원리금을 지급할 경우의 약속수익률을 계산하시오.
2. 지급불능위험이 다음과 같이 예상될 경우에 실현수익률의 기대치를 계산하시오.

상황	확률
1년 이내 파산	0.01
2년 이내 파산	0.02
2년 이후 원리금의 90% 지급	0.07
약속이행	0.90

3. 강서기업의 지급불능위험으로 인한 수익률스프레드를 계산하시오.

해설

1. 강서기업이 약정대로 원리금을 지급할 경우에 약속수익률은 12%가 되어 실현수익률과 일치하게 된다.

$$9,662=\frac{1,000}{(1+r)^1}+\frac{11,000}{(1+r)^2} \rightarrow \therefore\ r=0.12(12\%)$$

2. 강서기업의 만기 이전에 지급불능위험을 고려할 경우 상황별 실현수익률은 다음과 같이 계산한다.

① 1년 이내 파산하는 경우 실현수익률

$$9,662=\frac{0}{(1+r)^1}+\frac{0}{(1+r)^2} \rightarrow \therefore\ r=-100\%$$

② 2년 이내 파산하는 경우 실현수익률

$$9,662=\frac{1,000}{(1+r)^1}+\frac{0}{(1+r)^2} \rightarrow \therefore\ r=-90\%$$

③ 원금의 90%만 상환시 실현수익률

$$9,662=\frac{1,000}{(1+r)^1}+\frac{10,000}{(1+r)^2} \rightarrow \therefore\ r=7\%$$

따라서 실현될 수익률의 기대치는 다음과 같이 8.49%가 된다.

E(r) = (−100%)(0.01)+(−90%)(0.02)+(7%)(0.07)+(12%)(0.9) = 8.49%

3. 강서기업의 지급불능위험으로 인한 수익률 스프레드는 약속수익률 12%에서 실현수익률의 기대치 8.49%를 차감한 3.51%라고 할 수 있다.

제 4 절 채권수익률의 기간구조

채권수익률의 기간구조는 일정시점에서 다른 조건은 모두 동일하고 만기만 서로 다른 순수할인채의 만기와 만기수익률(현물이자율)이 어떤 관계를 가지며 특정한 관계를 갖는 이유가 무엇인가를 설명하는 이론으로 만기구조라고도 한다. 수익률곡선(yield curve)은 채권수익률의 기간구조를 그림으로 나타낸 것을 말한다.

1 불편기대이론

(1) 의의

불편기대이론은 선도이자율이 미래의 기간별 기대현물이자율과 일치하도록 현재시점에서 현물이자율이 결정된다는 가설로서 순수기대이론이라고도 한다. 즉, 선도이자율이 미래의 기간별 기대현물이자율과 일치하므로 다음의 관계가 성립하고 n년 만기 현물이자율은 n년 동안의 기간별 기대현물이자율에 대한 기하평균이 된다.

$$(1+{}_0r_n)^n = (1+{}_or_1)\{1+E({}_1r_2)\}\{1+E({}_2r_3)\}\cdots\{1+E({}_{n-1}r_n)\} \tag{12.7}$$

불편기대이론이 성립하는 경우에는 장기채와 단기채간에 완전한 대체관계가 성립하기 때문에 투자기간만 동일하면 투자자들이 만기가 서로 다른 채권에 투자하더라도 투자성과가 동일하게 된다. 따라서 불편기대이론이 성립하면 n년간 채권에 투자할 경우의 연평균수익률은 n년 만기 현물이자율이 된다는 의미이다.

(2) 수익률곡선

수익률곡선은 미래의 기간별 이자율에 대한 투자자들의 예상에 따라 형태가 달라진다. 투자자들이 미래의 이자율이 상승할 것으로 예상하면 우상향의 수익률곡선을 갖게 되고, 이자율이 하락할 것으로 예상하면 우하향의 수익률곡선을 갖게 되며, 이자율이 일정할 것으로 예상하면 수평의 수익률곡선으로 나타난다.

(3) 가정 및 문제점

투자자들은 미래의 단기이자율을 현재시점에서 정확히 예측할 수 있고, 장기채와 단기채는 완전한 대체관계에 있다. 투자자들은 위험중립형이며 만기가 길수록 미래의 불확실성의 증대로 채무불이행위험은 증가하고 유동성이 감소하여 채권가격변동위험이 커지는데 이에 대한 보상을 요구하지 않는다고 가정한다.

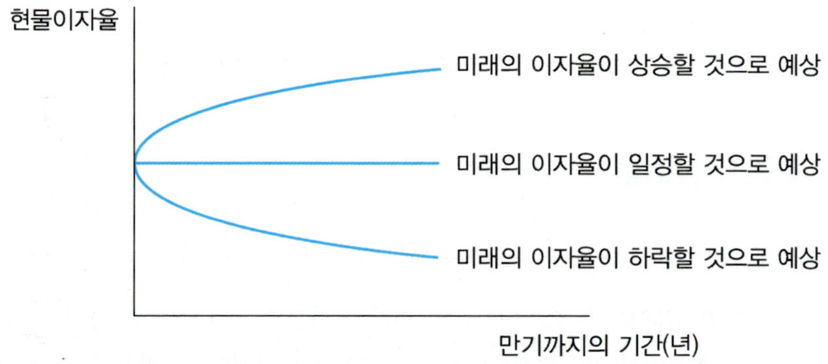

【 그림 12-3 불편기대이론의 수익률곡선 】

2 유동성선호이론

(1) 의의

유동성선호이론은 선도이자율이 미래의 기간별 기대현물이자율과 유동성프리미엄의 합이 되도록 현재시점에서 기간별 현물이자율이 결정된다는 가설을 말한다. 즉, 선도이자율이 기대현물이자율과 유동성프리미엄의 합이므로 n년 만기 현물이자율은 n년 동안의 기대현물이자율과 유동성프리미엄의 합에 대한 기하평균이 된다.

$$(1+{}_0r_n)^n = (1+{}_0r_1)\{1+E({}_1r_2+{}_1L_2\}\cdots\{1+E({}_{n-1}r_n)+{}_{n-1}L_n\} \quad (12.8)$$

유동성선호이론은 장기채일수록 유동성 상실에 대한 프리미엄을 요구하여 선도이자율이 기대현물이자율보다 높게 형성되도록 현재시점에서 현물이자율이 결정된다고 본다. 따라서 투자기간이 동일하더라도 투자채권의 만기에 따라 투자성과가 달라지기 때문에 장기채와 단기채간에 대체관계가 성립하지 않는다.

(2) 수익률곡선

유동성선호이론에 의하면 선도이자율이 미래의 기대현물이자율과 유동성프리미엄에 의해 결정된다. 따라서 유동성프리미엄이론의 수익률곡선은 불편기대이론에 의한 경우보다 유동성프리미엄을 반영한 만큼 높게 나타난다.

(3) 가정 및 문제점

투자자들은 미래의 단기이자율을 현재시점에서 정확히 예측할 수 있다. 그리고 투자자들은 위험회피형이며 만기가 긴 장기채일수록 미래의 불확실성에 따른 채무불이행위험의 증가와 유동성의 상실에 대한 보상을 요구한다.

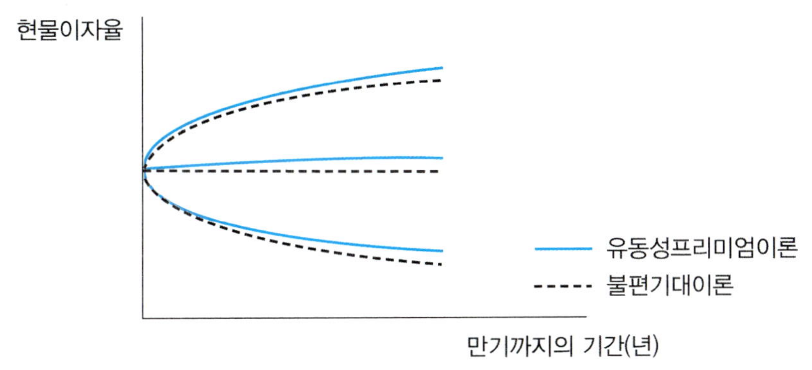

【 그림 12-4 유동성선호이론의 수익률곡선 】

3 시장분할이론

(1) 의의

시장분할이론은 투자자들이 선호하는 채권의 만기에 대한 선호구조에 따라 채권시장이 단기채, 중기채, 장기채시장으로 분할되고 채권수익률은 분할된 시장에서의 수요와 공급에 의해 독립적으로 결정된다는 가설을 말한다. 시장분할이론의 이론적 근거는 투자자들의 위험헤징형태에서 찾아볼 수 있다.

(2) 수익률곡선

채권시장이 단기채, 중기채, 장기채시장으로 분할되어 독립적으로 형성되므로 수익률 곡선은 연속적인 형태를 보이지 않고 불연속적인 형태를 나타낸다.

(3) 가정 및 문제점

투자자들은 완전한 위험회피형이며 채권시장은 투자자들이 선호하는 단기채, 중기채, 장기채시장으로 분할되어 있고 채권시장간에 차익거래가 불가능하여 만기가 다른 채권 간에는 대체관계가 성립하지 않는다. 또한 채권시장의 효율성을 무시하고 있으므로 현실적으로 거의 설득력을 잃고 있다.

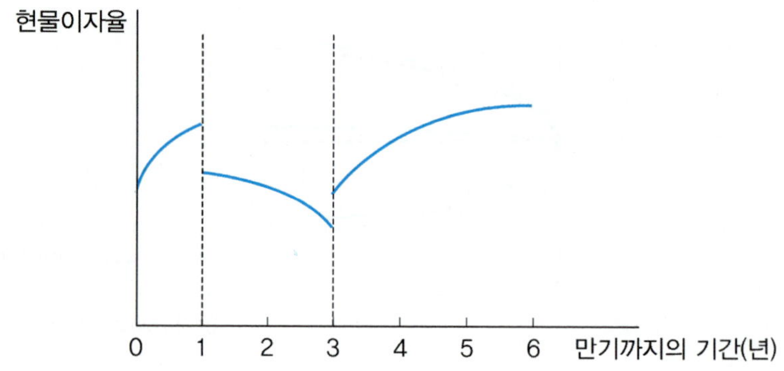

[그림 12-5 시장분할이론의 수익률곡선]

4 선호영역이론

선호영역이론은 투자자들이 선호하는 만기영역이 존재하며 다른 만기의 시장에서 충분한 대가가 주어지면 자신의 선호영역이 아닌 만기의 채권에도 투자할 수 있다는 이론을 말한다. 예컨대 은행은 주로 단기채에 투자하지만 장기채에 투자하여 확실한 수익을 얻을 수 있다면 장기채에도 투자할 수 있다는 이론이다.

제 5 절 채권수익률의 위험구조

채권은 지급이자와 원금상환이 계약에 의해 정해진 확정소득증권이지만 발행자의 경영위험과 재무위험으로 원리금을 지급할 수 없는 경우도 있고 수의상환가능성과 같이 불확실성을 내포할 수 있다. 채권수익률의 위험구조는 채권의 발행주체나 발행조건이 달라짐에 따라 나타나는 채권수익률의 체계적 차이를 말한다.

1 체계적 위험

(1) 이자율변동위험(interest rate risk)

이자율변동위험은 채권에 투자하는 기간 동안 시장이자율이 변동하여 투자종료시점의 투자수익이 채권매입시점에 예상했던 것과 일치하지 않을 가능성을 말한다. 채권투자에 따른 수익은 투자기간에 수령하는 액면이자에 대한 재투자수익과 투자종료시점에 채권을 처분하여 받을 수 있는 채권가격의 합으로 구성된다.

이자율변동위험은 재투자수익위험과 가격위험으로 구분된다. 재투자수익위험은 이자율이 변동하면 투자기간에 수령하는 이자를 재투자해서 얻게 될 수익이 예상했던 것과 달라질 수 있는 가능성을 말하고, 가격위험은 투자종료시점에 채권을 처분해서 받게 될 가격이 기대했던 것과 달라질 수 있는 가능성을 말한다.

이자율의 변동은 재투자수익위험과 가격위험에 상반된 영향을 미친다. 이자율이 상승하면 이자의 재투자로부터 얻는 재투자수익은 증가하지만 채권을 처분해서 받는 가격은 예상보다 하락한다. 이자율이 하락하면 이자의 재투자로부터 얻는 재투자수익은 감소하지만 채권을 처분해서 받는 가격은 예상보다 상승한다.

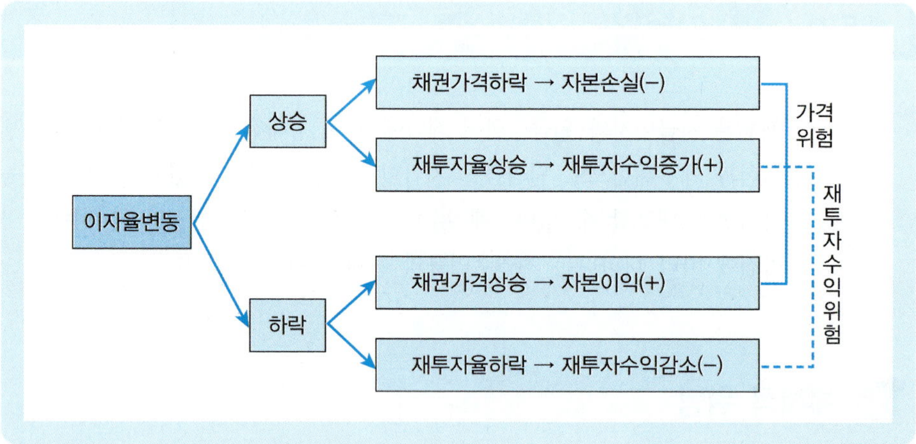

【 그림 12-6 채권투자시 가격위험과 재투자수익위험 】

(2) 인플레이션위험(inflation risk)

인플레이션위험은 물가상승으로 인해 채권의 실질수익률이 하락하는 위험을 말한다. 채권수익률은 실질이자율과 기대인플레이션율의 합으로 결정된다. 미래에 예상되는 인플레이션율이 높을수록 실질수익률이 하락할 가능성이 증가하기 때문에 채권의 명목수익률은 상승하게 되고 채권가격은 하락하게 된다.

2 비체계적 위험

(1) 채무불이행위험(default risk)

채무불이행위험은 채권의 발행자가 원리금을 약속대로 지급하지 못할 가능성으로 지급불능위험이라고도 한다. 채무불이행위험이 높을수록 약속수익률이 실현되지 않을 가능성이 높기 때문에 투자자들은 불확실성에 따른 위험프리미엄을 요구하게 되어 채권의 명목수익률은 상승하게 되고 채권가격은 하락하게 된다.

채무불이행위험은 신용평가기관의 채권평정으로 측정된다. 채권평정은 채권등급을 평가하는 전문기관이 채권발행자의 신용도와 채무불이행의 가능성을 평가하여 그 정도에 따라 채권의 등급을 결정하는 것으로 질적 평정(quality rating)이라고도 한다. 따라서 신용등급이 낮은 채권일수록 채무불이행위험이 크다.

(2) 수의상환위험(callable risk)

수의상환위험은 채권의 발행자가 만기전에 약정된 가격으로 채권을 매입할 수 있는 수의상환권을 가질 때 발생한다. 수의상환권이 있는 채권은 수의상환권이 없는 채권보다 약속수익률을 달성하지 못할 가능성이 커서 투자자들은 불확실성에 따른 위험프리미엄을 요구하여 채권의 명목수익률은 상승하고 채권가격은 하락한다.

(3) 유동성위험(liquidity risk)

유동성위험은 시장성이 부족하여 채권을 적절한 가격으로 단시일에 매각할 수 없는 위험으로 환금성위험이라고도 한다. 채권을 시장에서 적정한 가격으로 매각할 수 없으면 투자자들은 유동성 부족에 대한 위험프리미엄을 요구하게 되어 채권의 명목수익률은 상승하게 되고 채권가격은 하락하게 된다.

3 채권의 등급평정

채권수익률의 위험구조에서 가장 중요한 것은 채권의 발행자가 원리금을 약정대로 지급하지 못할 수 있는 채무불이행위험이다. 그런데 채무불이행위험은 투자자 스스로 판단할 수도 있지만, 대부분은 전문적인 채권평가기관에서 여러 자료들을 분석하여 일반에게 공개하는 채권평정에 의존하는 것이 일반적이다.

채권평정(bond rating)은 신용평가기관이 채권발행자의 신용도와 채무불이행의 가능성을 평가하여 그 정도에 따라 채권의 등급을 결정하는 것을 말하며 질적 평정이라고도 한다. 우리나라는 한국신용평가회사와 한국신용정보 등이 채권평정을 하고 있으나 미국의 경우는 채권평정이 실무적으로 보편화되어 있다.

미국의 무디스와 S&P의 채권평정이 널리 사용된다. 채권의 신용위험의 정도에 따라 무디스사는 Aaa에서 C까지 9개의 등급, S&P사는 AAA에서 E까지 11개의 등급을 부여한다. 이들은 투자자보호조항, 담보물, 이자보상비율, 자본화비율, 유동비율 그리고 기타 재무자료 등을 분석하여 일반투자자에게 공개하고 있다.

채권의 질적평정은 채권을 평가할 때 할인율에 영향을 미치며 채권가격은 할인율에 의해 결정되기 때문에 채권평정은 채권의 가격결정에 직접적인 영향을 미친다. 채권평정이 높은 고급채권일수록 채권수익률이 낮고 스프레드도 낮은 반면에 채권평정이 낮은 저급채권일수록 높은 채권수익률과 높은 스프레드를 갖는다.

그러나 채권평정과 할인율과의 관계는 항상 일정한 것은 아니며 정부의 재정금융정책, 자금의 수요공급 그리고 경기변동 등에 따라 변할 수 있다. 흔히 경기회복기에는 스프레드가 적고 경기후퇴기에는 스프레드가 커진다. 그 이유는 경기변동에 따라 투자자들의 위험에 대한 태도가 달라지기 때문이다.

따라서 낙관적인 분위기가 지배적인 경기회복기에는 일정한 위험에 대해서 보다 적은 위험프리미엄을 요구하고, 경기후퇴기에는 보다 큰 위험프리미엄을 요구하는 것이 일반적이기 때문이다. 채무불이행위험과 잔존기간과의 관계는 등급이 낮은 채권과 등급이 높은 채권의 경우로 나누어 볼 수 있다.

채권의 잔존기간에 동일한 위험률을 가진 채권이 있다고 가정하면 그 위험률은 만기에 가까워질수록 감소한다. 실제로 항상 동일한 위험률 또는 재무상황을 유지하고 있는 발행자는 없겠으나, 등급이 높은 채권의 발행자라면 투자자는 잔존기간이 짧아짐에 따라 위험은 감소한다고 생각해도 좋을 것이다.

우리나라 신용평가기관들은 S&P사와 유사한 신용등급을 사용하고 있고 회사채 신용등급은 원리금의 상환능력에 따라 AAA~D까지 10개의 등급으로 분류된다. AAA~BBB까지는 투자적격등급, BB~D까지는 투기적 등급에 해당한다. 그리고 AA부터 B등급까지는 +와 −를 추가하여 등급을 세분화하고 있다.

【 표 12-2 회사채 신용등급의 기호와 의미 】

등급	의미
AAA	원리금의 지급능력이 최상급임
AA	원리금의 지급능력은 매우 우수하나 AAA의 채권보다는 다소 열위임
A	원리금의 지급능력은 우수하나 상위등급에 비해 경제여건 및 환경악화에 따라 장래 원리금의 지급능력이 저하될 가능성을 내포하고 있음
BBB	원리금의 지급능력은 양호하나 장래 안전에 대해서는 단언할 수 없는 투기적인 요소를 내포하고 있음
BB	원리금의 지급능력이 당장은 문제가 없으나 장래 안전에 대해서는 단언할 수 없는 투기적인 요소를 내포하고 있음
B	원리금의 지급능력이 결핍되어 투기적이며 불황시에 이자지급이 확실하지 않음
CCC	원리금의 지급능력에 관해 현재에도 불안요소가 있으며 채무불이행위험이 커서 매우 투기적임
CC	상위등급에 비해 불안요소가 더욱 큼
C	채무불이행의 위험성이 높고 원리금의 상환능력이 없음
D	원리금의 상환불능 상태임

자료 : 한국신용평가(주)

핵심요약

제1절 채권가치와 특성

1. **채권가치의 평가** : 채권투자로부터 얻게 될 이자(I)와 원금(F)의 현재가치

① 이표채 : $P_0 = \sum_{t=1}^{n} \frac{I}{(1+r)^t} + \frac{F}{(1+r)^n}$

② 무이표채 : $P_0 = \frac{F}{(1+r)^n}$

③ 영구채 $P_0 = \frac{I}{r}$

2. 채권가격의 특성(말킬의 정리)

① 이자율이 하락하면 채권가격은 상승하고 이자율이 상승하면 채권가격은 하락함

② 이자율의 변동폭이 동일하다면 이자율 하락에 따른 채권가격의 상승폭이 이자율상승에 따른 채권가격의 하락폭보다 크게 나타남

③ 만기가 길어질수록 일정한 이자율 변동에 대한 채권가격의 변동폭이 커짐

④ 만기가 길어질수록 만기의 한 단위 증가에 따른 채권가격의 변동폭은 감소함

⑤ 표면이자율이 낮을수록 이자율 변동에 따른 채권가격의 변동률은 커짐

제2절 채권수익률의 개념

1. **만기수익률** : 채권을 만기일까지 보유할 경우에 얻게 될 연평균수익률
2. **현물이자율** : 현재시점부터 일정기간 동안의 연평균이자율 → 순수할인채의 만기수익률로 측정함
3. **선도이자율** : 현물이자율에 내재된 미래 특정시점부터 일정기간 동안의 이자율
4. **현물이자율과 선도이자율의 균형관계** : $(1+{}_0r_n)^n = (1+{}_or_{n-1})^{n-1}(1+{}_{n-1}f_n)$

제3절 채권수익률의 기간구조

1. **불편기대가설** : 선도이자율이 미래의 기간별 기대현물이자율과 일치하도록 현재시점에서 채권수익률이 결정된다는 가설
2. **유동성선호가설** : 선도이자율이 미래의 기간별 기대현물이자율과 유동성프리미엄의 합이 되도록 채권수익률이 결정된다는 가설
3. **시장분할가설** : 투자자들이 선호하는 만기에 따라 채권시장은 몇 개의 하위시장으로 분할되고 채권수익률은 각 시장의 수급에 의해 결정된다는 가설
4. **선호영역가설** : 투자자들이 선호하는 만기가 존재하나 충분한 대가가 주어지면 자신이 선호하지 않는 만기의 채권에도 투자할 수 있다는 가설

제4절 채권수익률의 위험구조

1. 체계적 위험
   ① 이자율변동위험 : 시장이자율의 변동으로 채권투자자의 부가 채권의 매입시점에 예상했던 부와 일치하지 않을 가능성
   ② 인플레이션위험 : 예상되지 않은 인플레이션에 따른 채권의 실질수익률의 하락
2. 비체계적 위험
   ① 채무불이행위험 : 채무자가 이자나 원금을 약속한 대로 지급하지 못할 가능성
   (채무불이행위험↑ → 채권수익률↑)
   ② 수의상환위험 : 채무자가 만기 이전에 정해진 가격으로 채권을 상환할 가능성
   (수의상환권이 있는 채권의 수익률 > 일반채권의 수익률)
   ③ 유동성 위험 : 채권을 적정가격에 매각할 수 없는 위험

연습문제

01 **다음 중 채권에 대한 설명으로 옳지 않은 것은?**

① 만기수익률을 계산하려면 반드시 채권의 현재가격을 알아야 한다.
② 채권의 시장가격은 만기일에 근접할수록 액면가액에 접근한다.
③ 무이표채는 이표채와 달리 재투자수익위험은 없고 가격위험만 있다.
④ 시장이자율이 일정하면 할증채는 만기일에 근접할수록 채권가격은 상승한다.
⑤ 시장이자율이 불변이면 액면채의 가격은 시간의 흐름에 관계없이 일정하다.

해설 시장이자율이 현재수준으로 유지되면 할증채는 만기일에 접근할수록 채권가격은 하락한다.

02 **다음 중 채권가격과 시장이자율간의 관계에 대한 설명으로 옳지 않은 것은?**

① 채권가격과 시장이자율은 반비례한다.
② 이자율 하락에 따른 채권가격 상승폭은 이자율 상승에 따른 채권가격 하락폭보다 크다.
③ 장기채일수록 이자율 변동에 따른 채권가격 변동폭이 크다.
④ 이자율 변동에 따른 채권가격 변동폭은 만기가 길수록 증가하나, 만기 1단위 증가에 따른 채권가격의 변동폭은 체감한다.
⑤ 표면이자율이 낮을수록 이자율 변동에 따른 채권가격 변동폭이 작다.

해설 표면이자율이 낮을수록 시장이자율 변동에 따른 채권가격 변동폭은 크게 나타난다.

03 **시장이자율이 하락할 것으로 예상한 투자자가 앞으로 1년 동안 수익률을 극대화하기 위해 취할 수 있는 채권투자전략 중 가장 유리한 것은?**

① 상대적으로 액면이자율이 낮은 만기 1년 이상의 장기채를 매도한다.
② 상대적으로 액면이자율이 높은 만기 1년 미만의 단기채를 매입한다.
③ 상대적으로 액면이자율이 낮은 만기 1년 미만의 단기채를 매입한다.
④ 상대적으로 액면이자율이 높은 만기 1년 이상의 장기채를 매입한다.
⑤ 상대적으로 액면이자율이 낮은 만기 1년 이상의 장기채를 매입한다.

해설 시장이자율이 하락하면 채권가격은 상승하므로 시장이자율의 변화에 대한 채권가격의 변화가 큰 채권을 매입하는 것이 유리하다. 따라서 만기가 길고 표면이자율이 낮은 채권을 매입해야 자본이득을 극대화할 수 있다.

04 **현재 시장에서 관찰되는 현물이자율이 만기가 길어짐에 따라 감소한다고 하자. 만기가 t년인 현물이자율을 s(t), t년 만기 이표채의 만기수익률을 y(t), t–1년에서 t년 사이의 선도이자율을 f(t)라고 할 때 이들의 관계를 옳게 표시한 것은?**

① $s(t) \leq y(t) \leq f(t)$　② $y(t) \leq s(t) \leq f(t)$　③ $s(t) \leq f(t) \leq y(t)$
④ $y(t) \leq f(t) \leq s(t)$　⑤ $f(t) \leq s(t) \leq y(t)$

해설

만기가 길어짐에 따라 현물이자율은 감소한다. ${}_0R_1 > {}_0R_2 > {}_0R_3 \cdots$

(1) 현물이자율은 단일기간 이자율의 기하평균 → s(t)〉f(t)

(2) 이표채의 만기수익률은 각 시점별 현물이자율의 가중평균 → y(t)〉s(t)

05 만기까지 3개월 남아있는 액면가액 10,000원인 순수할인채의 현재가격이 9,500원이라면 이 채권의 연간 유효이자율은 대략 얼마인가?

① 15.37% ② 18.34% ③ 21.05%
④ 22.76% ⑤ 25.34%

해설

3개월 동안의 시장이자율을 r이라고 하면 $r=(10,000-9,500)/9,500=5.26\%$

따라서 채권의 연간 유효이자율 r_e은 다음과 같다. $1+r_e=(1+0.0526)^4$

$\therefore r_e = 22.76\%$

06 액면가액 10,000원, 표면이자율 연 16%(이자는 매 분기말 지급), 3년 만기로 발행한 회사채가 있다. 만기일까지 잔존기간이 5개월 남은 현시점에서 이 회사채의 만기수익률이 연 12%일 때 채권의 이론가격은? (가장 근사치를 고를 것)

① 9,890원 ② 10,000원 ③ 10,110원
④ 10,290원 ⑤ 10,390원

해설

$$P_0=\frac{400}{(1.12)^{2/12}}+\frac{10,400}{(1.12)^{5/12}}=10,292$$

또는

$$P_0=\frac{400}{1+0.12\times 2/12}+\frac{10,400}{1+0.12\times 5/12}=10,290$$

07 액면가액 10,000원, 표면이자율 10%, 만기 2년인 이표채의 만기수익률이 12%이고, 액면가액 10,000원, 만기 1년인 무이표채의 만기수익률이 5%이다. 2년 만기 현물이자율은 얼마인가?

① 11.75% ② 12.00% ③ 12.38%
④ 12.71% ⑤ 13.19%

해설

$$\frac{1,000}{(1.12)^1}+\frac{11,000}{(1.12)^2}=9,662\text{원}$$

$$\frac{1,000}{(1.05)^1}+\frac{11,000}{(1+{}_0R_2)^2}=9,662\text{원}\rightarrow {}_0R_2=12.38\%$$

08 **연간 표면이자율이 8%인 이표채의 현재 시장이자율은 10%이며 만기까지 3개월 남아 있다. 앞으로도 현재의 시장금리가 계속해서 유지될 것으로 예상된다면 1년 후에 채권가격은 어떻게 변화할 것으로 예상되는가?**

① 현재보다 높아진다.
② 현재보다 낮아진다.
③ 현재와 동일하다.
④ 액면가액과 일치한다.
⑤ 알 수 없다.

해 설 표면이자율이 시장이자율보다 낮아 할인채이므로 만기에 접근할수록 액면가액에 수렴한다. 따라서 1년 후의 채권가격은 현재보다 높아질 것이다.

09 **시장금리가 3% 하락하여 채권가격이 500원 상승했다면, 시장금리가 3% 상승하는 경우에 채권가격은 어떻게 변화할 것으로 것인가?**

① 500원보다 높은 비율로 하락한다.
② 500원보다 낮은 비율로 하락한다.
③ 500원만큼 하락한다.
④ 500원보다 높은 비율로 상승한다.
⑤ 500원보다 낮은 비율로 상승한다.

해 설 이자율하락에 따른 채권가격의 상승폭은 동일한 크기의 이자율상승에 따른 채권가격의 하락폭보다 크다.

10 **다음 중 만기수익률에 대한 설명으로 가장 옳지 않은 것은?**

① 채권을 만기까지 보유하고 중도에 지급된 이자를 만기수익률로 재투자한다고 가정하여 만기수익률을 계산한다.
② 투자자가 채권을 현재가격에 매입하여 만기까지 보유하는 경우에 얻게 되는 내부수익률이다.
③ 순수할인채의 만기수익률은 현물이자율이 되는 반면에 이표채의 만기수익률은 현물이자율과 다를 수 있다.
④ 만기수익률 10%인 이표채를 만기까지 보유하면 연 10%의 수익률을 달성한다.
⑤ 만기수익률 8%인 무이표채를 만기까지 보유하면 연 8%의 수익률을 달성한다.

해 설 이표채는 중도에 지급되는 이자를 만기수익률로 재투자할 수 없으면 사후적인 채권의 수익률은 만기수익률이 되지 않는다.

연습문제

11 **다음 중 채권수익률의 기간구조에 대한 설명으로 옳지 않은 것은?**

① 기간구조는 다른 조건은 동일하고 만기만 서로 다른 채권들의 현물이자율과 만기의 관계를 나타낸다.
② 선도이자율은 현재시점의 현물이자율에 의해 암시된 미래의 기간당 이자율이다.
③ 불편기대이론에 의하면 어떠한 만기의 채권을 매입하더라도 보유기간 동안의 연 평균수익률은 동일하다.
④ 유동성선호이론은 선도이자율이 미래의 기대현물이자율과 일치하도록 현재시점에서 현물이자율이 결정된다는 이론이다.
⑤ 유동성선호이론에 의하면 투자자들이 미래의 이자율이 일정할 것으로 예상하더라도 우상향의 수익률곡선을 갖는다.

해설 불편기대가설은 선도이자율이 미래의 기대현물이자율과 일치하도록 현재시점에서 현물이자율이 결정된다는 이론이다. 유동성선호이론은 선도이자율이 미래의 기대현물이자율과 유동성프리미엄의 합과 일치하도록 현재시점에서 현물이자율이 결정된다는 이론이다.

12 **다음 중 채권수익률의 기간구조에 대한 설명으로 옳지 않은 것은?**

① 불편기대이론에서 선도이자율은 미래의 단기이자율에 대한 투자자들의 기대만을 반영한다.
② 만기에만 현금흐름이 발생하는 채권의 만기수익률은 현물이자율과 일치한다.
③ 유동성선호이론에서 수익률곡선이 수평인 것은 미래의 단기이자율이 동일수준에서 계속 유지될 것이라는 것을 의미한다.
④ 장기채의 수익률은 불편기대이론에서는 단기채 수익률의 기하평균으로, 유동성선호이론에서는 단기채 수익률과 유동성프리미엄의 기하평균으로 나타난다.
⑤ 유동성선호이론에서 선도이자율은 미래의 단기이자율에 대한 투자자들의 기대와 유동성프리미엄으로 구성된다.

해설 유동성선호이론에서 수익률곡선이 수평이라는 것은 미래의 단기이자율이 하락할 것이라는 것을 의미한다.

13 **불편기대이론과 유동성선호이론을 비교한 설명한 것으로 틀린 것은?**

① 불편기대이론에서는 선도이자율이 기대현물이자율과 일치한다고 보는 반면에 유동성선호이론에서는 기대현물이자율보다 크다고 본다.
② 유동성선호이론에서의 수익률곡선은 불편기대이론에서보다 높다.
③ 불편기대이론에서는 위험중립형 투자자를 가정하는 반면에 유동성선호이론에서는 위험회피형 투자자를 가정한다.
④ 불편기대이론에서는 단기채와 장기채간에 완전한 대체관계를 가정하는 반면에 유동성선호이론에서는 장기채에 대해 프리미엄을 요구한다.
⑤ 유동성선호이론에 의하면 다른 조건이 일정할 경우 투자자들은 장기채권을 선호한다.

해 설 유동성선호이론에서는 단기채의 유동성이 높기 때문에 다른 조건이 일정하면 투자자들은 단기채를 선호한다.

14 다음 중 채권의 만기가 길수록 이자율이 커지는 현상을 설명하는 이론은?

① 인플레이션 프리미엄이론
② 불편기대가설
③ 시장분할가설
④ 유동성선호가설
⑤ 효율적 시장가설

해 설 투자자들은 유동성을 선호하여 장기채보다는 단기채를 선호한다. 따라서 유동성선호가설에서는 장기채의 경우 유동성 부족에 따른 위험프리미엄을 추가로 요구하기 때문에 가격변동위험이 더 커진다고 설명한다.

15 다음 중 채권에 관한 설명으로 가장 적절하지 않은 것은?

① 수익률곡선이 우상향일 때 무이표채권의 만기수익률은 동일 조건인 이표채권의 만기수익률보다 작다.
② 수익률곡선이 우상향일 때 선도이자율은 현물이자율보다 크게 나타난다.
③ 표면이자율이 낮은 채권의 가격변화율은 표면이자율이 높은 동일한 조건의 채권보다 이자율변화에 더 민감하게 반응한다.
④ 무이표채권의 듀레이션은 채권의 잔존만기와 동일하다.
⑤ 수의상환채권의 가격은 동일한 조건인 일반채권의 가격보다 낮다.

해 설 ①, ② 우상향 수익률곡선 : $_1f_2 > _1R_2$, 우하향 수익률곡선 : $_1f_2 > _1R_2$
③ 동일한 조건의 채권에서 표면이자율이 낮은 채권의 듀레이션이 길기 때문에 이자율변화에 더 민감하게 반응한다.
④ 순수할인채의 듀레이션 – 채권의 만기, 이표채의 듀레이션 < 채권의 만기
⑤ 수의상환채권은 투자자 입장에서 수의상환위험을 부담하므로 더 높은 만기수익률을 요구함에 따라 수의상환채권의 가격은 일반채권의 가격보다 낮게 형성된다.
수의상환채권(callable bond) < 일반사채(straight bond)의 가격
상환조건채권(puttable bond) > 일반사채(straight bond)의 가격

16 다음 중 채권에 대한 설명으로 가장 적절하지 않은 것은?

① 순수기대이론에 따르면 시장에서 향후 이자율이 상승할 것이라고 기대될 경우에만 우상향하는 수익률곡선이 나타난다.
② 유동성선호이론은 수익률곡선이 항상 우상향 모양을 띠게 된다고 주장한다.
③ 국채의 수익률곡선이 평평할 때 회사채의 수익률곡선은 우상향할 수 있다.
④ 기대이론에 따르면 선도지자율이 미래의 각 기간별 기대현물이자율과 일치한다.
⑤ 3년 만기 회사채 만기수익률이 5년 만기 국채 만기수익률보다 더 낮을 수 있다.

해 설

①, ④ 순수기대이론에 따르면 선도이자율은 미래 기대현물이자율과 일치하므로 향후 시장이자율의 상승이 예상되는 경우에만 우상향하는 수익률곡선이 나타난다.
② 유동성선호이론에 따르면 선도이자율은 미래 기대현물이자율과 유동성프리미엄에 의해 결정되며 수익률곡선은 우상향, 우하향, 평평한 곡선이 모두 가능하다.
③, ⑤ 회사채는 채무불이행위험이 있지만 국채는 채무불이행위험이 없기 때문에 동일한 조건하에서는 회사채의 수익률이 국채의 수익률보다 더 높다.

17 다음 중 채권에 관한 설명으로 옳은 것은?

① 이자율 기간구조상에서 만기가 긴 채권의 만기수익률은 만기가 짧은 채권의 만기수익률보다 항상 높다.
② 다른 조건이 동일하다면 유동성위험이 큰 채권의 만기수익률은 유동성위험이 낮은 채권의 만기수익률보다 낮다.
③ 만기가 긴 채권의 듀레이션이 만기가 짧은 채권의 듀레이션보다 클 수도 있고 작을 수도 있다.
④ 다른 조건이 동일하다면 수의상환조건이 있는 채권의 만기수익률은 수의상환조건이 없는 채권의 만기수익률보다 낮다.
⑤ 일반적으로 채권의 가격위험은 채권의 만기와 관련이 없다.

해 설

① 순수기대이론에서 미래의 시장이자율이 상승할 것으로 예상되면 수익률곡선이 우상향으로 나타난다. 그러나 수익률곡선이 항상 우상향하는 것은 아니다.
② 유동성위험이 큰 채권은 위험프리미엄(RP)이 증가하여 만기수익률이 더 높게 된다.
③ 듀레이션은 만기, 시장이자율, 표면이자율의 크기에 따라서 달라진다. 다른 조건이 동일하면 만기가 길수록 듀레이션이 길지만 현금흐름의 형태가 다르다면 만기가 짧아도 듀레이션이 길 수 있다. 예컨대 5년 만기 할인채가 6년 만기 이표채보다 듀레이션이 길 수 있다.
④ 수의상환채권에서 투자자는 수의상환위험이 있으므로 더 높은 수익률을 요구하게 된다.
수의상환사채의 가격〈일반사채의 가격, 수의상환사채의 수익률〉일반사채의 수익률
⑤ 다른 조건이 동일하면 만기가 길수록 듀레이션이 길어지기 때문에 시장이자율의 변동에 따른 채권가격변동위험은 커진다.

18 어느 채권에 대한 자료가 다음과 같으며 약속수익률이 16%이고 무위험이자율이 8%이면 채무불이행위험에 대한 프리미엄과 수익률 스프레드는 얼마인가?

실현수익률	−100%	−89%	16%
확률	1%	5%	94%

	채무불이행 프리미엄	수익률 스프레드
①	1.59%	6.41%
②	1.59%	9.59%
③	6.41%	8.00%
④	6.41%	9.59%
⑤	9.59%	1.59%

해설 기대수익률 = (−100%)×0.01+(−89%)×0.05+16%×0.94 = 9.59%
채무불이행위험에 대한 프리미엄 = 16%−9.59% = 6.41%
수익률 스프레드 = 16%−8% = 8%

19 **다음 중 채권투자시 분산투자로 제거할 수 없는 위험은?**

① 이자율변동위험 ② 채무불이행위험 ③ 수의상환위험
④ 유동성위험 ⑤ 신용등급 하락위험

해설 채무불이행위험, 수의상환위험, 유동성위험, 신용등급 하락위험은 전체 채권시장과 무관한 개별기업의 비체계적 위험이므로 분산투자를 통해 제거할 수 있다. 그러나 이자율변동위험과 인플레이션위험은 전체 채권시장에 영향을 미치는 체계적 위험이므로 분산투자를 통해 제거할 수 없다.

20 **다음 중 채권수익률의 위험구조에 대한 설명으로 옳지 않은 것은?**

① 채무불이행 위험이 높을수록 채권자들이 요구하는 수익률은 높아진다.
② 기대인플레이션이 높을수록 채권가격은 낮아진다.
③ 수의상환채권의 수익률은 수의상환권이 없는 일반채권의 수익률보다 낮다.
④ 유동성위험이 높을수록 채권가격은 낮아진다.
⑤ 채무불이행위험은 채권발행자가 약정대로 원리금을 상환하지 못할 가능성이다.

해설 수의상환권이 있는 채권은 없는 채권에 비해 약속된 수익률이 실현되지 않을 가능성이 높아 투자자들은 불확실성에 따른 위험프리미엄을 요구하여 명목수익률은 상승하고 채권가격은 하락한다.

정답

01.④ 02.⑤ 03.⑤ 04.⑤ 05.④ 06.④ 07.③ 08.① 09.② 10.④
11.④ 12.③ 13.⑤ 14.④ 15.① 16.② 17.③ 18.③ 19.① 20.③

13 채권포트폴리오관리

시장이자율의 변화에 따른 채권가격의 변화정도는 듀레이션과 볼록성을 이용하여 측정할 수 있다. 채권투자전략에는 채권투자에 따른 위험을 최소화하기 위한 소극적 투자전략과 채권에 투자하여 초과이익을 얻고자 하는 적극적 투자전략이 있다. 채권포트폴리오관리에서는 이자율 변동위험을 제거하는 면역전략이 중요하다.

제 1 절 채권의 듀레이션

시장이자율의 변화에 따른 채권가격의 변화를 정확히 측정하려면 듀레이션과 볼록성이 동시에 고려되어야 한다. 그러나 이자율의 변동이 작을 경우에는 듀레이션에 의해 측정되는 접선상의 채권가격과 실제 채권가격이 거의 동일하게 나타나서 듀레이션이 채권가격의 변동을 측정하는 유용한 수단이 될 수 있다.

1 듀레이션의 의의

듀레이션(D : duration)은 McCaulay가 이자율의 변화에 따른 채권가격의 민감도를 측정하고자 고안했으며 채권투자에서 발생하는 현금흐름을 회수하는데 걸리는 평균기간을 말한다. 각 기간별 현금흐름의 현재가치가 전체 현금흐름의 현재가치에서 차지하는 비율을 가중치로 하여 현금흐름이 발생하는 기간을 곱해 산출한다.

$$D = \sum_{t=1}^{n} t \times \frac{\frac{C_t}{(1+r)^t}}{\sum_{t=1}^{n} \frac{C_t}{(1+r)^t}} = \sum_{t=1}^{n} t \times \frac{\frac{C_t}{(1+r)^t}}{P_0} \tag{13.1}$$

예제 13-1 듀레이션의 계산

강남기업은 액면가액이 10,000원이고 표면이자율이 연 12% 이자후급이며 만기 3년의 채권을 발행하였다. 시장이자율을 10%로 가정하여 강남기업이 발행한 채권의 시장가격과 듀레이션을 계산하시오.

해설

1. 채권의 시장가격

$$P_0 = \frac{1,200}{(1+0.10)^1} + \frac{1,200}{(1+0.10)^2} + \frac{11,200}{(1+0.10)^3} = 10,497$$

2. 채권의 듀레이션

기간	C	PVIF(10%)	C의 현재가치	가중치	가중치×기간
1	1,200	0.9091	1,090.92	0.1039	0.1039
2	1,200	0.8265	991.80	0.0945	0.1890
3	11,200	0.7513	8,414.56	0.8016	2.4049
합계			P=10,497.28		D=2.6977

한편 듀레이션의 계산과정을 식으로 표시하면 다음과 같다.

$$D = [1 \times \frac{1,200}{(1.1)^1} + 2 \times \frac{1,200}{(1.1)^2} + 3 \times \frac{11,200}{(1.1)^3}] \frac{1}{10,497.28} = 2.6977\text{년}$$

일반적으로 채권의 기간을 나타내는 보편적인 척도로 만기를 사용한다. 그러나 만기는 최종현금흐름이 발생하는 시점까지의 기간을 나타낼 뿐 만기 이전에 발생하는 현금흐름에 대해서는 아무런 정보도 제공하지 못한다. 반면에 듀레이션은 만기 이전에 발생하는 현금흐름도 모두 고려하는 평균상환기간을 말한다.

듀레이션은 현금흐름의 형태에 따라 다른 특성을 갖는다. 채권의 종류별로 살펴보면 이표채의 듀레이션은 만기보다 짧다. 이표채에 투자하면 전체현금의 일부가 이자를 통해 만기 이전에 회수되기 때문이다. 무이표채의 듀레이션은 만기와 일치한다. 무이표채에 투자하면 현금흐름이 만기에만 발생하기 때문이다.

그러나 만기가 무한대인 영구채의 듀레이션은 시장이자율이 변동하지 않는다면 시간의 경과에 관계없이 일정한 값을 갖는다. 영구채의 만기는 무한대이지만 듀레이션은 유한하며, 그 크기는 시장이자율에 의해 결정되기 때문이다. 따라서 영구채의 듀레이션은 다음과 같은 공식을 이용하여 구할 수 있다.

$$D = \frac{1+r}{r} \tag{13.2}$$

그리고 채권포트폴리오에 포함되는 개별채권들의 만기수익률이 모두 동일하다고 가정하면 채권포트폴리오의 듀레이션은 개별채권들의 듀레이션(D_i)을 개별채권에 대한 투자비율(W_i)로 가중평균하여 구할 수 있다.

$$D_p = \sum_{i=1}^{n} D_i \times W_i \tag{13.3}$$

2 듀레이션의 특징

듀레이션은 채권의 만기, 표면이자율, 시장이자율, 이자지급회수의 네 가지 요인에 의해 영향을 받는다. 다른 조건이 동일한 경우에 채권의 만기가 길수록, 표면이자율과 만기수익률이 낮을수록, 이자지급회수가 감소할수록 듀레이션은 길어진다. 그러나 만기와 듀레이션의 관계는 채권의 발행형태에 따라 달라진다.

(1) 듀레이션과 만기

다른 조건이 동일한 경우에 채권의 만기가 길수록 듀레이션은 길어진다. 이것은 만기가 길수록 원리금의 회수기간이 길어지기 때문이다. 그러나 만기와 듀레이션의 관계는 다소 복잡하여 채권의 발행형태에 따라 달라진다. 채권의 발행형태에 따른 만기와 듀레이션의 관계는 [그림 13-1]에 제시되어 있다.

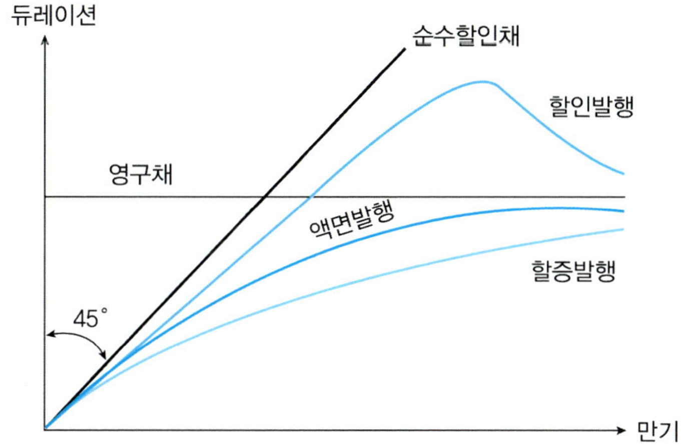

【 그림 13-1 만기와 듀레이션의 관계 】

순수할인채는 만기일에만 현금흐름이 발생하기 때문에 듀레이션은 항상 만기와 동일하여 45° 대각선상에 표시된다. 한편 영구채는 만기의 변동에 관계없이 듀레이션이 (1+r)/r로 일정하다. 그리고 이표채는 만기가 길수록 듀레이션이 증가하지만 그 증가율은 체감하는 양상을 보이고 있어 약간 차이가 있다.

(2) 듀레이션과 표면이자율

다른 조건이 동일한 경우에 표면이자율이 높을수록 듀레이션은 짧아진다. 표면이자율이 높을수록 각 기간별 현금흐름이 동일액씩 증가하지만 그 현재가치는 현재에 가까운 시점의 현금흐름일수록 크게 나타나기 때문이다. 따라서 가까운 시점의 가중치는 커지고 먼 시점의 가중치는 작아지므로 듀레이션은 짧아진다.

(3) 듀레이션과 만기수익률

다른 조건이 동일한 경우에 만기수익률이 높을수록 듀레이션은 짧아진다. 만기수익률이 높을수록 미래현금흐름의 현재가치가 감소하는데, 현재로부터 먼 시점의 현금흐름일수록 더 큰 폭으로 감소하기 때문이다. 따라서 가까운 시점의 가중치는 커지고 먼 시점의 가중치는 작아지므로 듀레이션은 짧아진다.

3 듀레이션과 채권가격변화

듀레이션은 채권현금흐름의 현재가치로부터 채권투자금액을 회수하는데 걸리는 평균회수기간의 의미뿐만 아니라 시장이자율의 변화에 대한 채권가격의 변화정도인 민감도의 의미도 가지고 있다. 따라서 듀레이션을 이용하면 시장이자율이 변화할 경우에 채권가격이 어떻게 변화할 것인지를 쉽게 파악할 수 있다.

(1) 듀레이션과 채권가격의 이자율탄력성

시장이자율이 변화하면 채권가격이 변화하게 되는데, 일정한 이자율 변화에 대해 채권가격이 어느 정도 변화할 것인가는 채권가격의 이자율탄력성을 이용하여 측정할 수 있다. 시장이자율의 변화에 따른 채권가격의 변화정도를 측정하는 채권가격의 이자율탄력성(ε)은 다음과 같이 듀레이션을 이용하여 구할 수 있다.

$$\varepsilon = \frac{dP_0/P_0}{dr/r} = -\left(\frac{r}{1+r}\right)D \tag{13.4}$$

식(13.4)에서 채권가격의 이자율탄력성은 음수(−)로 나타나는데, 이는 채권가격의 변화가 시장이자율의 변화와 반비례관계에 있음을 의미한다. 또한 듀레이션이 길수록 채권가격의 이자율탄력성이 크게 나타나는데, 이는 듀레이션이 긴 채권이 일정한 시장이자율의 변화에 따른 채권가격의 변화율이 큰 채권임을 의미한다.

(2) 듀레이션과 채권가격변화위험

다른 조건이 동일하다면 만기가 길수록, 표면이자율과 만기수익률이 낮을수록 채권가격의 변동위험이 크게 나타난다. 따라서 이자율하락이 예상되면 만기가 길고 표면이자율이 낮은 채권을 매입하여 자본이득을 극대화하고, 이자율상승이 예상되면 만기가 짧고 표면이자율이 높은 채권을 매입하면 자본손실을 극소화할 수 있다.

(3) 듀레이션을 이용한 채권가격변화

채권가격의 이자율탄력성으로부터 이자율이 r에서 dr만큼 변화할 때 듀레이션에 의해 예측되는 채권가격변화율은 다음과 같다.

$$\frac{dP_0}{P_0} = -\frac{dr}{1+r} \times D \tag{13.5}$$

식(13.5)의 양변에 P_0을 곱하여 정리하면 채권가격변화액은 다음과 같다.

$$dP_0 = -\frac{D}{1+r} \times dr \times P_0 \tag{13.6}$$

이자율이 r에서 dr만큼 변화하여 r'가 되었을 때 채권가격은 다음과 같다.

$$P_0(r') = P_0 - \frac{D}{1+r} \times dr \times P_0 \tag{13.7}$$

이와 같이 예측된 채권가격은 채권가격선의 접선에 의해 예측된 값으로 이자율의 변화가 작을 경우에만 의미가 있고 듀레이션을 이용한 채권가격은 실제의 채권가격과 차이가 발생한다. 따라서 듀레이션은 물론 볼록성까지 추가로 고려하면 시장이자율의 변화에 따른 채권가격의 변화액을 정확히 추정할 수 있게 된다.

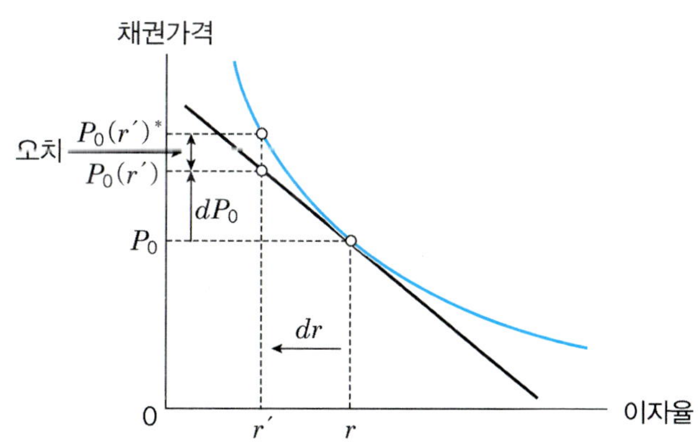

【 그림 13-2 듀레이션과 채권가격변화 】

예제 13-2 듀레이션을 이용한 채권가격의 변화

강북기업은 액면가액이 10,000원이고 표면이자율 연 10% 이자후급이며 만기 3년의 채권을 발행하고자 한다. 시장이자율을 8%로 가정하여 다음 물음에 답하시오.

1. 강북기업이 발행하는 채권의 현재 시장가격을 계산하시오.
2. 강북기업이 발행하는 채권의 듀레이션을 계산하시오.
3. 시장이자율이 8%에서 10%로 상승할 경우 채권의 가격은 얼마나 변화하는가?
4. 3에서 강북기업 채권의 새로운 가격을 계산하시오.
5. 시장이자율이 10%일 때 실제 채권가격을 계산하고 4의 결과와 비교하시오.

해설

1. 강북기업이 발행하는 채권의 시장가격은 다음과 같이 구할 수 있다.

$$P_0 = \frac{1,000}{(1+0.08)^1} + \frac{1,000}{(1+0.08)^2} + \frac{11,000}{(1+0.08)^3} = 10,515.42\text{원}$$

2. 강북기업이 발행하는 채권의 듀레이션은 다음과 같이 구할 수 있다.

$$D = \left[1 \times \frac{1,000}{(1.08)^1} + 2 \times \frac{1,000}{(1.08)^2} + 3 \times \frac{11,000}{(1.08)^3}\right] \frac{1}{10,515.42} = 2.74\text{년}$$

3. $dP_0 = -\frac{D}{1+r} \times dr \times P_0 = -\frac{2.74}{1.08} \times (2.74) \times (10,515.42) = -533.56\text{원}$

4. 3으로부터 강북기업 채권의 새로운 가격은 다음과 같이 구할 수 있다.

$P_0 = 10,515.42 - 533.56 = 9,981.86\text{원}$

5. 시장이자율이 10%일 때 실제 채권가격은 다음과 같이 구할 수 있다.

$$P_0 = \frac{1,000}{(1+0.1)^1} + \frac{1,000}{(1+0.10)^2} + \frac{11,000}{(1+0.10)^3} = 10,000$$

4의 결과와 비교하면 듀레이션으로 측정된 채권가격이 실제 채권가격보다 적다. 이는 채권가격과 채권수익률의 관계가 선형이 아닌 원점에 볼록한 형태를 가지고 있기 때문이다.

4 듀레이션의 한계점

이자율의 변화가 작을 경우에는 듀레이션에 의해 측정되는 접선상의 채권가격과 실제 채권가격이 거의 동일하여 듀레이션이 채권가격의 변화를 측정하는 유용한 수단이 될 수 있다. 그러나 이자율의 변화가 클 경우에는 듀레이션에 의해 예측된 채권가격과 실제 채권가격간의 오차가 발생하여 볼록성을 추가로 고려해야 한다.

또한 맥콜리의 듀레이션은 모든 기간의 현금흐름에 동일한 이자율을 적용하고, 모든 기간의 이자율이 동일한 폭만큼 변화하므로 모든 기간의 현물이자율이 동일한 수평의 수익률곡선을 가정하고 있다. 따라서 시장이자율이 기간마다 다르거나 시장이자율의 변화가 기간마다 다르다면 맥콜리의 듀레이션을 이용할 수 없다.

제 2 절 채권의 볼록성

1 볼록성의 개념

듀레이션을 이용하여 측정한 채권가격의 변화가 실제 채권가격의 변화와 다른 것은 이자율과 채권가격의 관계는 원점에 볼록한 형태의 곡선인데, 듀레이션을 이용하여 측정한 채권가격의 변화는 이자율과 채권가격이 선형관계를 갖는다고 가정하기 때문이다. [그림 13-3]에서 채권가격선이 볼록할수록 차이가 크게 나타난다.

볼록성(convexity)은 시장이자율과 채권가격간의 관계를 나타내는 채권가격선의 볼록한 정도를 말한다. 수학적으로는 이자율의 변화에 따른 채권가격선의 기울기의 변화율을 나타내며 채권가격을 이자율로 2차 미분한 값에 해당한다. 따라서 볼록성을 고려하면 듀레이션에 의해 예측된 채권가격의 오차문제를 해결할 수 있다.

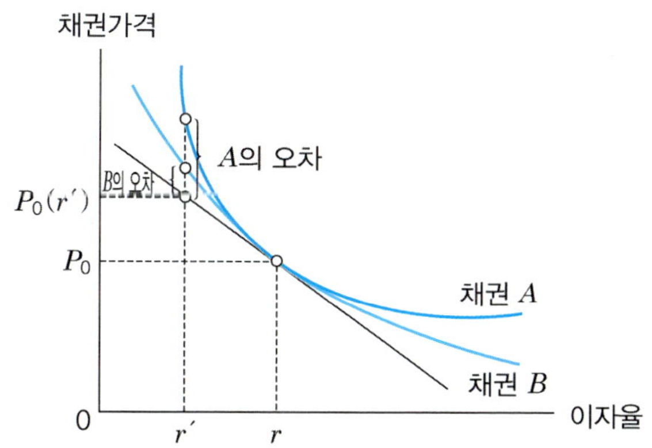

【 그림 13-3 볼록성과 듀레이션의 오차 】

2 볼록성과 채권가격변동

테일러 확장식에 의하면 시장이자율이 r에서 dr만큼 변화하여 r'가 되었을 경우 채권가격 $P_0(r')$는 시장이자율 변동 전의 채권가격(P_0)와 다음의 관계를 갖는다.

$$P_0(r') = P'_0 + \frac{1}{1}P'_0 dr + \frac{1}{2}P''_0 (dr)^2 + 3\text{차항 이상의 합} \tag{13.8}$$

P_0' : 채권가격의 이자율에 대한 1차 미분항

P_0'' : 채권가격의 이자율에 대한 2차 미분항

식(13.8)에서 3차항 이상의 합은 거의 0에 가까운 값이므로 0으로 놓고 우변의 P_0를 좌변으로 이항시키면, 좌변은 $P_0(r') - P_0$가 되어 채권가격의 변화액을 의미한다. 따라서 이자율 변화에 따른 채권가격 변화액(dP_0)은 다음과 같이 측정할 수 있다.

$$dP_0 = P_0' dr + \frac{1}{2}P_0''(dr)^2 \tag{13.9}$$

식(13.9)의 양변을 채권의 현재가격 P_0로 나누면 다음과 같다.

$$\frac{dP_0}{P_0} = \underbrace{P_0' \frac{1}{P_0} dr}_{①} + \underbrace{\frac{1}{2}P_0'' \frac{1}{P_0}(dr)^2}_{②} \tag{13.10}$$

식(13.10)의 우변에서 ①은 듀레이션을 이용하여 측정한 채권가격 변화율을 나타내고, ②는 볼록성에 의한 채권가격 변화율을 나타낸다. 따라서 채권의 볼록성은 채권가격의 시장이자율에 대한 2차 미분항을 이용하여 다음과 같이 구할 수 있다.

$$C = \frac{1}{2}P_0'' \frac{1}{P_0} = \frac{1}{2}\sum_{t=1}^{n} \frac{t(t+1)C_t}{(1+r)^{t+2}} \frac{1}{P_0} \tag{13.11}$$

시장이자율이 r에서 dr만큼 변화할 경우의 볼록성에 의한 채권가격변화율과 채권가격변화액은 다음과 같다.

$$\frac{dP_0}{P_0} = C(dr)^2$$

$$dP_0 = C(dr)^2 P_0 \tag{13.12}$$

따라서 듀레이션과 볼록성을 모두 이용하면 시장이자율 변화후의 채권가격은 다음과 같이 구할 수 있다. 이렇게 계산한 채권가격은 실제 채권가격과 거의 일치하게 된다.

$$P_0(r') = P_0 - \underbrace{\frac{D}{1+r} dr\, P_0}_{\text{듀레이션에 의한 가격변동}} + \underbrace{C(dr)^2 P_0}_{\text{볼록성에 의한 가격변동}} \tag{13.13}$$

제 3 절 채권투자전략

1 소극적 채권투자전략

소극적 채권투자전략은 채권시장이 효율적임을 전제로 채권투자에 따른 이자율변동위험을 최소화시키고자 하는 방어적 전략을 말한다. 채권시장이 효율적이면 시장평균보다 더 높은 성과를 얻기가 어렵기 때문에 위험을 최소화하는 전략이 효과적이다. 소극적 채권투자전략은 면역전략과 만기전략으로 구분된다.

(1) 채권면역전략

일반적으로 채권은 확정이자부증권으로 투자자가 채권에 투자하면 정기적인 확정이자의 지급과 만기시 원금의 상환을 보장받게 되어 주식투자에 비해 상대적으로 안정성을 갖는 투자대상이다. 그러나 채권도 주식과 마찬가지로 채권고유의 위험을 내포하고 있으며 이자율변화에 따른 위험이 가장 중요시되고 있다.

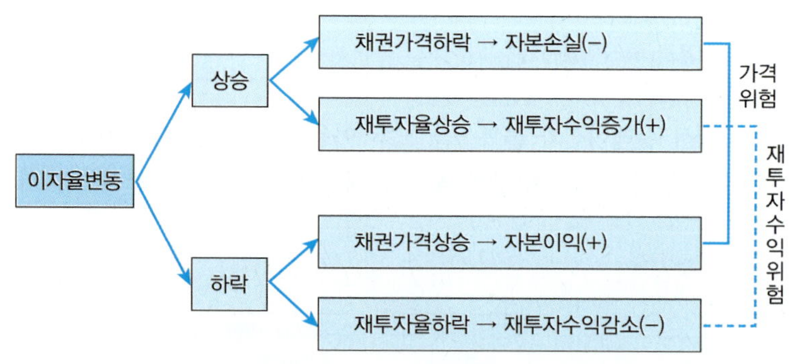

【 그림 13-4 채권투자시 가격위험과 재투자수익위험 】

채권투자와 관련된 시장이자율의 변화위험은 가격변동위험과 재투자수익변동위험으로 구분되는데, 시장이자율이 변화하면 이들은 서로 반대방향으로 움직인다. 즉 시장이자율이 상승하면 채권가격은 하락하나 재투자수익은 증가하고, 시장이자율이 하락하면 채권가격은 상승하나 재투자수익은 감소한다.

따라서 두 효과를 적절히 상쇄시키면 체계적 위험인 이자율변화위험을 제거할 수 있어 이자율이 급변하는 투자환경 속에서도 투자자산을 방어할 수 있다는 매혹적인 결론에 이르게 된다. 이처럼 이자율변화의 상쇄효과에 착안하여 이자율변동이라는 시장위험을 회피하려는 채권투자전략이 면역전략이다.

요컨대 면역전략(immunization strategy)은 채권포트폴리오의 듀레이션과 채권투자기간을 일치시키면 채권투자종료시(목표시점) 채권포트폴리오의 실현수익률이 투자기간 동안의 시장이자율의 변화에 관계없이 약속수익률을 상회하게 될 것을 보장하는 전략을 말하며 듀레이션의 개념을 기초로 하고 있다.

즉, 투자기간을 듀레이션과 일치시키면 이자율변화위험을 회피할 수 있는 면역상태가 가능하게 되어 미래현금흐름의 편차를 적게 하면서 약속수익률을 달성할 수 있다. 예컨대 어느 채권투자자가 2.7년 후에 자금이 필요한데 이자율변화위험을 제거하고 싶으면 듀레이션이 2.7년인 채권에 투자하면 된다.

따라서 채권면역전략은 시장이자율이 변화하면 채권가격위험과 재투자수익위험이 서로 반대방향으로 움직인다는 상쇄효과에 착안하여 이자율변화위험을 제거하려는 채권투자전략으로 이용이 확산되고 있다. 그러나 면역전략의 일반적인 적용에 다음과 같은 현실적인 문제점들이 없는 것은 아니다.

먼저 채권에 대한 투자규모가 상당액 이상이어야 하므로 소액투자자는 이용하기 어렵고 여러 채권에 대한 듀레이션을 계산하려면 컴퓨터시스템의 이용이 전제되어야 하며 완벽하게 이자율변동위험을 제거시키려면 이자율이 변화할 때마다 모든 채권의 듀레이션이 조금씩 변하므로 채권포트폴리오를 재면역시켜야 한다.

또한 투자자들이 실제로 원하는 목표투자기간과 동일한 듀레이션을 갖는 채권을 찾는다는 것은 쉬운 일이 아니다. 그러나 듀레이션은 가법성을 갖기 때문에 여러 가지 채권을 결합시켜 원하는 듀레이션의 채권포트폴리오를 구성할 수 있다. 채권면역전략은 목표시기면역전략과 순자산가치면역전략으로 구분된다.

1) 목표시기면역전략

목표시기면역전략은 투자자의 목표투자기간과 동일한 듀레이션을 갖는 채권에 투자하면 이자율변화에 따른 채권가격의 변화와 액면이자의 재투자수익의 변화가 서로 상쇄되어 이자율변화위험을 완전히 제거시키는 면역전략을 말하며 미래현금흐름의 편차를 적게 하면서 약속수익률을 얻을 수 있게 된다.

그러나 투자자가 원하는 목표투자기간과 동일한 듀레이션을 갖는 채권을 찾는다는 것은 쉬운 일이 아니며, 시간이 경과하고 시장이자율이 변화할 때마다 채권의 듀레이션이 조금씩 변하므로 채권포트폴리오를 재면역시켜야 하고, 채권포트폴리오를 재구성함에 따라 거래비용이 증가한다는 문제점이 있다.

예제 13-3 목표시기면역전략

국제기업은 액면가액 10,000원이고 표면이자율 연 12% 이자후급이며 시장이자율 은 8%, 만기 3년의 채권을 발행하였다. 시장이자율이 10%로 상승할 경우 채권의 시장가격은 10,497원이고 듀레이션은 2,6977년이다. 다음 물음에 답하시오.

1. 시장이자율이 8%로 불변인 경우 2.7년 후 투자자의 부를 계산하시오.
2. 시장이자율이 10%로 상승한 경우 2.7년 후 투자자의 부를 계산하시오.

해설

1. 시장이자율이 8%로 유지될 경우 2.7년 후에 투자자의 부는 13,578원이 된다.
   ① 이자소득의 재투자수입은 이자수입이 있을 때마다 남은 기간 재투자수익률 8%에 재투자한다.
   $1,200(1.08)^{1.7}+1,200(1.08)^{0.7}=1,368+1,264=2,634$원
   ② 2.7년 시점에서 채권의 매각대금은 시장이자율 8%로 할인하여 구한다.
   $11,200/(1.08)^{3-2.7}=10,944$원

∴ 2.7년 후의 부 = ①+② = 2,634+10,944 = 13,578원

2. 시장이자율이 10%로 상승할 경우 2.7년 후에 투자자의 부는 13,578원이 된다.

① 이자소득의 재투자수입은 이자수입이 있을 때마다 남은 기간 재투자수익률 10%에 재투자한다.

$1,200(1.10)^{1.7}+1,200(1.10)^{0.7}=1,411+1,283=2,694$원

② 2.7년 시점에서 채권의 매각대금은 시장이자율 10%로 할인하여 구한다.

$11,200/(1.10)^{3-2.7}=10,884$원

∴ 2.7년 후의 부 = ①+② = 2,694+10,884 = 13,578원

시장이자율이 8%에서 10%로 상승하면 자본손실이 60원 발생하지만, 이자수입의 재투자수익은 60원 증가하는 소득효과가 발생하여 서로 상쇄됨으로써 시장이자율이 8%로 유지되었을 경우 부와 동일하게 되어 이자율변동위험을 제거시키는 채권면역이 가능하게 된다.

2) 순자산가치면역전략

순자산가치면역전략은 시장이자율이 변화하면 자산가치의 변동과 부채가치의 변동이 서로 달라져서 순자산가치가 변동하는 경우에 자산과 부채의 듀레이션을 적절하게 조정하여 이자율변화에 따른 자산가치변화액과 부채가치변화액을 상쇄시킴으로써 순자산가치의 변화위험을 제거하기 위한 투자전략을 말한다.

자산의 시장가치를 A, 부채의 시장가치를 L, 자산의 듀레이션을 D_A, 부채의 듀레이션을 D_L이라고 하면 시장이자율의 변화에 따른 자산가치의 변화액(d_A)과 부채가치의 변화액(dL)은 식(13.6)으로부터 다음과 같이 나타낼 수 있다.

$$dA=-\frac{D_A}{1+r}\times dr\times A \tag{13.14}$$

$$dL=-\frac{D_L}{1+r}\times dr\times L \tag{13.15}$$

식(13.14)와 식(13.15)에서 $dA=dL$이 되면 시장이자율의 변동에 따른 순자산가치의 변화위험을 제거할 수 있게 된다. 따라서 자산과 부채의 시장이자율과 시장이자율의 변동이 동일하다면 다음의 관계가 성립하도록 자산과 부채를 구성할 경우 $dA=dL$이 되어 순자산가치의 변화위험을 제거할 수 있다.

$$d_A\,A=D_L\,L \tag{13.16}$$

그리고 자산의 시장가치와 부채의 시장가치가 동일한 경우에는 $D_A=D_L$이 되도록

자산과 부채를 구성하면 $dA = dL$이 되어 순자산가치변화위험을 제거할 수 있다.

$$D_A = D_L \tag{13.17}$$

(2) 만기구성전략

1) 래더형 전략

래더형 전략은 채권의 투자자금을 단기채부터 장기채까지 보유량을 동일하게 유지하여 이자율변동으로 인한 위험을 평준화시키고 수익성도 어느 정도 확보하려는 만기구성전략을 말한다. 예를 들면 만기 1년물부터 10년물까지 투자자금의 10%씩을 균등하게 분배하는 방법을 말한다.

래더형 전략은 채권포트폴리오를 구성하여 1년 후에 최단기채가 상환되면 상환금액을 10년물에 재투자하여 그 시점에서 채권포트폴리오는 다시 1년물부터 10년물까지 균등하게 배분되어 관리가 용이하고 평균수익률이 상대적으로 높으며 이자율예측이 필요하지 않다는 장점이 있다.

그러나 래더형 전략은 시장이자율 예측에 관계없이 상환금액을 즉시 기계적으로 재투자하기 때문에 평균적으로 수익률은 높지만 이자율변화위험을 유리하게 이용하여 수익을 극대화하려는 적극적인 채권투자전략에 비해서 아무래도 수익성이 낮을 수밖에 없다는 단점이 존재한다.

2) 바벨형 전략

바벨형 전략은 채권의 잔존기간의 장단에 따라 최단기채에서 최장기채까지 골고루 편입하는 래더형 전략과는 달리 단기채와 장기채만으로 포트폴리오를 구성하고 중기채는 포트폴리오에 편입하지 않아 이자율변화로 인한 위험을 평준화하면서 유동성과 수익성을 동시에 확보하려는 전략을 말한다.

바벨형 전략의 기본개념은 중기채는 장기채에 비해 표면금리 및 가치상승에 의한 이익이 적고, 단기채만큼 가치하락에 대해 강하지 않다. [표 13-1]에서 보는 바와 같이 장기채는 시장이자률이 하락할 때의 가격상승폭이 크고 시장이자율이 상승할 때의 가격하락률도 크며 환금성은 단기채만큼 풍부하지 못하다.

【 표 13-1 장기채와 단기채의 비교 】

구분	단기채	장기채
유동성	크다	작다
수익성	낮다	높다
가격변동성	작다	크다

바벨형 전략은 단기채의 유동성과 장기채의 수익성이 맞물려 이자율변화위험을 상쇄시키고 장래의 금리전망이 확실하면 단기채 또는 장기채 주력형으로 전환하여 수익성을 높일 수 있다. 그러나 매년 장기채를 매입해야 하므로 관리가 어렵고 장기채의 교환에 따른 수수료가 증가한다는 단점이 있다.

2 적극적 채권투자전략

적극적 채권투자전략은 시장이자율의 변화위험을 유리하게 이용하여 채권투자를 통해 얻을 수 있는 이자수입, 이자를 재투자해서 얻는 수익, 시세차익을 추구하는 전략을 말한다. 적극적 투자전략에는 이자율예측에 의한 만기구성전략, 채권스왑전략, 수익률 곡선타기전략, 스프레드 운용, 조건부 면역전략 등이 있다.

(1) 이자율예측에 의한 만기구성전략

채권포트폴리오의 만기구성을 가능한 한 유리하게 하려면 무엇보다도 정확한 이자율 전망이 선행되어야 하며, 그 전망에 기초하여 채권포트폴리오의 만기구성을 그때그때 적절히 변경시키지 않으면 안 된다. 또한 이자율은 경기변동에 따라 움직이는 경향이 있으므로 경기변동도 감안할 필요가 있다.

이자율 하락이 예상되는 경우에는 장기채일수록 가격상승폭이 커지므로 시세차익을 적극적으로 얻고자 한다면 채권포트폴리오 전체의 만기구성을 가능한 한 길게 하는 것이 유리하다. 또한 표면이자율이 낮은 채권의 포트폴리오가 이자율 하락에 따른 가격상승이익을 보다 많이 올릴 수 있다.

이자율 상승이 예상되는 경우에는 장기채를 많이 보유하면 가격하락폭이 단기채에 비해 커지게 되어 큰 손실을 입는다. 따라서 이자율 상승에 따른 손실을 최소화하려면 가격하락폭이 작은 단기채 중심의 포트폴리오가 효과적이다. 또한 표면이자율이 높은 채권의 포트폴리오가 손실을 최소화할 수 있다.

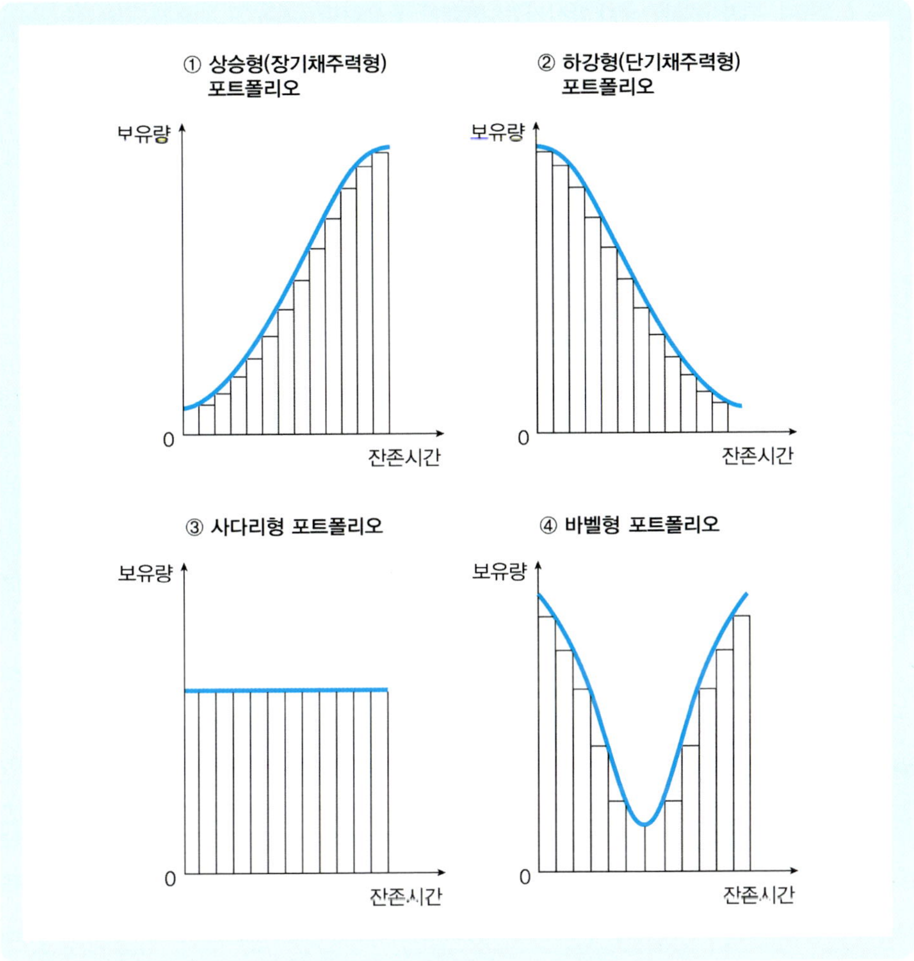

【 그림 13-5 채권포트폴리오 만기구성 패턴 】

이자율 수준이 보합을 형성하여 향후의 이자율 전망이 불투명하면 상승형 또는 하강형의 패턴을 취하는 것보다는 이자율 상승과 하락에 대처할 수 있도록 채권포트폴리오를 구성하는 것이 바람직하다. 즉, 이자율이 상승국면으로 진입하면 단기채, 하락국면으로 진입하면 장기채로 변경하는 것이 필요하다.

그리고 시장이자율은 경기순환변동에 따라 움직이는 경향이 있으므로 이자율 예측을 할 때 경기순환변동을 감안해야 한다. 따라서 호황이나 이자율 상승이 예상되면 채권의 만기구성을 단기화하고, 불황이나 이자율 하락이 예상되면 채권의 만기구성을 장기화하여 투자수익을 극대화시키는 전략이 필요하다.

(2) 채권스왑전략

스왑전략은 본래 단기적인 매매차익을 얻기 위한 목적에서 채권의 수익률, 만기, 향후의 이자율변화, 세금관계 등 채권가격에 영향을 미칠 수 있는 요인들을 종합적으로 고려하여 현재 보유하고 있는 채권을 수익성이 더 좋을 것으로 예상되는 새로운 채권으로 교체하는 투자전략을 말한다.

1) 대체스왑

대체스왑(substitution swap)은 현재 보유한 채권과 유사한 조건의 새로운 채권이 발행될 때 일시적인 공급초과로 현재의 채권보다 조금 낮은 가격에 발행되는 것을 이용하여 보유한 채권을 매도하고 새로운 채권을 매입하여 두 채권가격간의 차이만큼 이익을 얻는 전략을 말하며 일종의 금리차익거래라고 할 수 있다.

예를 들어 만기 30년, 표면이자율 7%, 채권등급 AAA의 어느 회사채가 액면가액 10,000원에 판매되고 있다. 만약 이 회사채와 동일한 채권이 새로 발행되면서 일시적인 공급과다로 9,800원에 판매된다면 채권관리자는 앞의 채권을 매도하고 뒤의 채권을 매입함으로써 수익률을 높이거나 자본차익을 남길 수 있다.

2) 이자율예상스왑

금리예상스왑(interest rate anticipation swap)은 전체적인 금리수준의 변동성을 미리 예측하여 이러한 변화가 실제로 일어났을 때 유리하도록 단기채를 장기채 또는 장기채를 단기채로 교체하여 투자성과를 높이는 전략을 말한다. 채권포트폴리오의 만기구성을 유리하게 하려면 정확한 금리전망이 선행되어야 한다.

따라서 금리하락이 예상되면 만기가 짧고 표면이자율이 높은 채권을 매도하고 만기가 길고 표면이자율이 낮은 채권을 매입하여 자본이득을 극대화한다. 그리고 금리상승이 예상되면 만기가 길고 표면이자율이 낮은 채권을 매도하고 만기가 짧고 표면이자율이 높은 채권을 매입함으로써 자본손실을 극소화한다.

3) 스프레드운용스왑

스프레드운용스왑(intermarket spread swap)은 서로 다른 두 종목간의 수익률격차가 어떠한 이유로 인해 일시적으로 확대 또는 축소되었다가 시간이 경과하면 원래의 상태로 되돌아가는 채권의 특성을 이용하여 수익률격차가 확대 또는 축소된 시점을 파악하여 교체매매로 수익률을 높이려는 방법을 말한다.

예컨대, 채권 A와 B의 수익률 추이가 [그림 13-6]과 같다고 하자. 채권 B를 보유하고 있는 투자자는 두 채권의 수익률격차가 확대되는 시점(a)에 B채권에서 A채권으로 교체하고, 격차가 축소되는 시점(b)에는 A채권에서 B채권으로 교체한다. 다시 격차가 확대되는 시점(c)에는 B채권에서 A채권으로 교체한다.

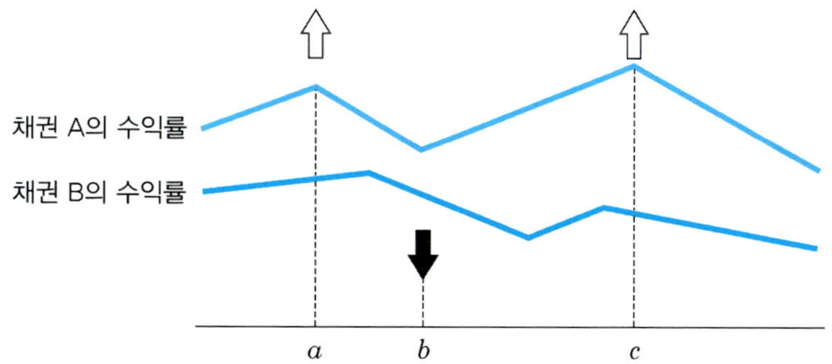

【 그림 13-6 스프레드 운용 】

스프레드운용전략은 수익률을 높이기 위해 비싼 채권을 매도하고 싼 채권을 매입하는 교체시점의 포착이 중요하다. 따라서 두 채권간의 수익률 차이가 확대되면 수익률이 낮은 종목에서 높은 종목으로 교체하고, 두 채권의 수익률 차이가 축소되면 수익률이 높은 종목에서 낮은 종목으로 교체하여 수익률을 극대화한다.

4) 질적 스왑

이종채권과의 교체는 보유하고 있는 채권을 다른 종류의 채권으로 교체하는 것이다. 그런데 경기변동이 채권가격에 미치는 영향이 채권의 질적 차이에 따라 다르게 나타나는 점을 이용하여 다음과 같이 거래함으로써 자본이득을 극대화하고자 하는 전략을 질적 스왑(quality swap)이라고 한다.

따라서 경기가 호황에서 불황으로 전환할 경우에는 질이 낮은 위험이 큰 채권을 매도하고 질이 높은 위험이 작은 채권을 매입한다. 그리고 경기가 불황에서 호황으로 전환할 경우에는 질이 높은 위험이 작은 채권을 매도하고 질이 낮은 위험이 큰 채권을 매입함으로써 투자성과를 높인다.

5) 이자율획득스왑

이자율획득스왑(yield pick up swap)은 동종채권과의 교체는 두 채권의 수익률이 동일해야 하는데 일시적으로 차이가 있을 경우에 유리한 채권으로 교체하여 만기수익률이 낮은 채권은 매도하고 만기수익률이 높은 채권은 매입함으로써 투자수익률을 극대화하는 전략을 말한다.

(3) 수익률곡선타기전략(riding the yield curve)

수익률곡선은 시장환경에 따라서 여러 가지 형태로 그 형태가 변한다. 모양이 바뀔 뿐만 아니라 금리수준의 등락에 따라 상하로 위치까지도 바뀌게 된다. 따라서 수익률곡선을 이용하면 시세의 추이를 정확하게 파악할 수 있다. 일반적으로 채권수익률곡선은 이자율수준의 변화에 따라 다음과 같이 변한다.

금리최저기에는 완만하게 우상승하며, 금리상승기에는 점차로 상승하고, 금리상승기 말에는 상승과 함께 평행을 이루며, 금리최상기에는 금리수준이 최고로 되고 좌측이 급상승한다. 그리고 금리가 하락할 때는 금리의 상승과 반대의 과정이 진행된다. 따라서 예상되는 수익률곡선의 변동에 따라 투자방법이 다르다.

채권수익률의 곡선은 시장이자율의 예측은 물론이고 만기별 채권수익률의 차이를 발견하는 데도 이용될 수 있기 때문에 채권투자수익을 높이는 적극적 채권투자전략에 활용되고 있다. 그리고 시장이자율의 수준이 일정하더라도 잔존기간이 짧아지면 채권수익률은 떨어지고 채권가격은 상승한다.

예컨대 잔존기간이 10년인 채권을 수익률 7.7%로 매입하고(A점) 2년이 경과하여 잔존기간이 8년이 되면 수익률은 7.69%까지 하락하여 0.08% 수익률 하락에 따른 시세차익과 경과이자를 투자수익으로 얻는다. 이때의 시세차익은 금리수준의 변동에 의한 것이 아니고 잔존기간이 짧아짐에 따라 얻게 된 것이다.

잔존기간이 단축됨에 따라 수익률이 하락하여 가격이 상승하는 효과를 롤링효과(rolling effect)라고 한다. 즉, 잔존기간이 단축되면 수익률 하락을 기대할 수 있어 채권을 매입하여 만기까지 보유하지 않고 중도에 매도하고 다시 채권을 매입하여 투자수익률을 높이려는 적극적 채권투자전략을 수익률곡선타기전략이라고 한다.

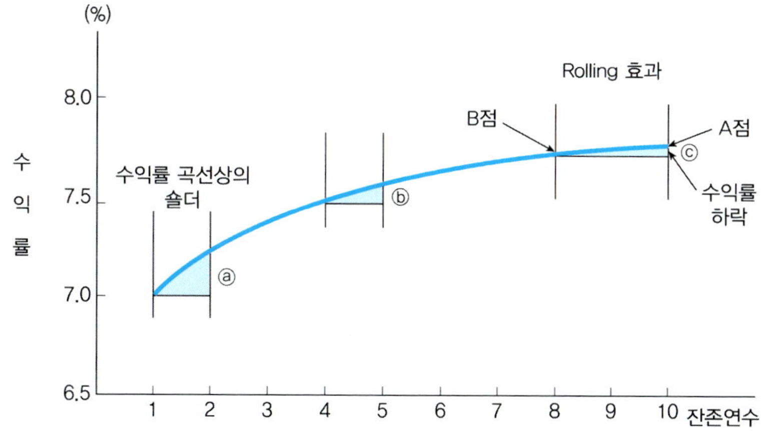

잔존 연	1	2	3	4	5	6	7	8	9	10
수익률	6.98	7.22	7.36	7.46	7.53	7.60	7.65	7.69	7.73	7.77

【 그림 13-7 수익률곡선상의 롤링효과와 숄더 】

채권수익률의 곡선은 금리보합기에도 상승형이 되지만 각 잔존연수마다 그 수익률 격차가 일정한 것은 아니다. [그림 13-7]에서 10년 만기채가 9년 만기채로 잔존기간이 단축되는데 따른 수익률 하락폭보다 5년 만기채가 4년 만기채로 단축되는데 따른 수익률 하락폭이 크게 나타난다는 것을 알 수 있다.

만기 2년 만기채가 1년 만기채로 잔존기간이 짧아지면 수익률 하락폭은 극단적으로 커지며, 단기채에서 볼 수 있는 극단적인 수익률 하락폭을 숄더라고 한다. 채권투자기간이 1년이면 만기 1년짜리 채권에 투자하는 것보다 2년 만기채에 투자했다 1년 후에 매도하는 것이 투자수익률을 높일 수 있다.

그러면 항상 숄더(shoulder)를 이용하는 것이 수익률하락폭(가격상승폭)이 크므로 롤링효과(rolling effect)를 이용하는 것보다 투자수익률을 높일 수 있는가? 반드시 그렇다고 할 수 없다. 왜냐하면 2년 만기채와 10년 만기채의 경우 시장이자율 변화에 따른 채권가격의 변동성이 크게 다르기 때문이다.

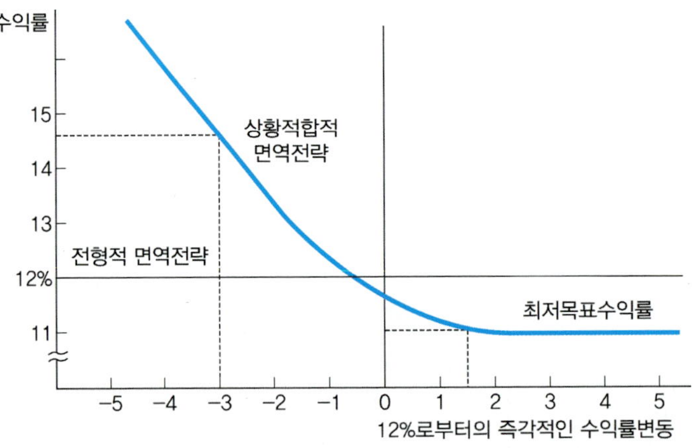

【 그림 13-8 조건부 면역전략 】

(4) 조건부 면역전략

조건부 면역전략(contingent immunization strategy)은 보수적 전략과 적극적 전략을 결합한 투자전략으로 이자율변동의 상황이 유리하지 않으면 면역전략을 사용하고 초과수익을 얻을 수 있는 유리한 상황으로 전개되면 적극적으로 채권포트폴리오를 관리해 나가는 전략을 말한다.

전형적 면역전략에서는 목표투자수익률과 목표투자기간이 고정되어 있는 반면에 조건부 면역전략에서는 최초의 목표투자수익률에서 약간 낮은 투자수익률을 허용하고 투자자금을 회수하는 목표투자기간에도 일정기간의 범위 내에서 약간의 융통성을 부여하게 된다.

조건부 면역전략은 당초의 목표투자수익률보다 약간 낮은 수익률을 최저치로 설정한 후 시장수익률이 하락하여 운용수익률이 최저목표수익률을 상회하면 적극적으로 운용하고 시장수익률이 상승하여 운용수익률이 최저목표수익률을 하회하면 전형적 면역전략을 구사하여 최저목표수익률을 확보하는 탄력적인 운용전략이다.

핵심요약

제1절 채권의 듀레이션

1. 듀레이션의 개요
   ① 듀레이션의 의의 : 채권투자에 따른 현금흐름을 회수하는데 걸리는 평균기간
   ② 듀레이션의 특성 : 만기↑→ D↑, 표면이자율↑→ D↓, 만기수익률↑ → D↓
2. 듀레이션과 채권가격변동
   ① 채권가격의 이자율탄력성 : $\varepsilon = \dfrac{dP_0/P_0}{dr/r} = -(\dfrac{r}{1+r})D$
   ② 듀레이션에 의한 채권가격변동 : $dP_0 = -\dfrac{D}{1+r} \times dr \times P_0$

제2절 채권의 볼록성

1. 볼록성의 의의 : 이자율변화에 따른 채권가격선의 기울기의 변화율을 나타내며 채권가격을 이자율로 2차 미분한 값에 해당함
2. 볼록성에 의한 채권가격변동 : $dP_0 = C \times (dr)^2 \times P_0$

제3절 채권투자전략

1. 소극적 투자전략
   (1) 면역전략
   시장이자율의 변동에 따른 채권가격의 변동위험을 제거하기 위한 채권투자전략
      ① 목표시기면역전략 : 채권투자기간 = 채권의 듀레이션
      ② 순자산가치면역전략 : $D_A \times A = D_L \times L$
   (2) 만기전략
      ① 래더형 만기전략 : 단기채, 중기채, 장기채의 보유량을 동일하게 유지
      ② 바벨형 만기전략 : 단기채와 장기채에 자금을 배분하고 중기채는 편입하지 않음
2. 적극적 투자전략
   (1) 채권스왑전략
      ① 대체스왑 : 보유채권을 일시적 요인에 의해 과소평가된 채권으로 교체
      ② 이자율예상스왑 : 금리의 변동가능성을 미리 예측하여 유리한 채권으로 교체
      ③ 스프레드스왑 : 메메시점을 잘 포착하여 가격상승이 보다 큰 종목으로 교체
      ④ 질적스왑 : 보유채권을 수익률격차의 변동을 이용하여 이종채권으로 교체
   (2) 수익률곡선타기전략
   수익률곡선이 우상향하고 투자기간에 수익률곡선의 형태가 변하지 않는 경우에 유용한 전략임

연습문제

01 **다음 중 투자자들의 요구수익률이 어떤 요인에 의해 달라졌을 경우에 어느 채권가격의 변화가 가장 크다고 생각하는가?**

① 쿠폰이자율이 높은 경우
② 쿠폰이자율이 낮은 경우
③ 만기수익률이 높은 경우
④ 액면가액이 높은 경우
⑤ 만기가 짧은 경우

해설 채권의 만기가 길수록, 표면이자율이 낮을수록, 만기수익률이 낮을수록 듀레이션이 길다. 따라서 시장이자율의 변동에 따른 채권가격의 변동이 커지려면 듀레이션이 긴 채권에 투자해야 하므로 만기가 길고 표면이자율이 낮은 채권에 투자해야 한다.

02 **채권 A의 표면이자율은 연 8%, 채권 B의 표면이자율은 연 15%, 채권 C는 순수할인채이다. 이들 채권은 모두 액면가액이 10만원, 잔존만기 3년, 이자지급시기가 같고 현재시점에서 만기수익률도 12%로 동일할 경우에 다음의 설명 중 옳지 않은 것은?**

① 채권 A의 듀레이션은 3년보다 작다.
② 채권 C의 듀레이션은 3년이다.
③ 현재시점에서 채권 B의 가격이 가장 높다.
④ 시장이자율이 상승하면 채권 B의 가격하락률이 가장 높다.
⑤ 3년간 연 12%의 수익률을 실현하려면 채권 C를 매입해야 한다.

해설
① 이표채(A, B)의 듀레이션은 만기(3년)보다 짧다.
② 순수할인채(C)의 듀레이션은 만기와 동일하다.
③ 다른 조건이 동일하면 표면이자율이 높을수록 채권의 가격은 높다.
④ 표면이자율이 낮을수록 듀레이션이 커지는데 $D_B < D_A < D_C$ =3년이므로 채권 C의 가격변동률이 가장 크다.
⑤ 순수할인채를 만기까지 보유하면 재투자위험과 가격위험이 없기 때문에 채무불이행위험이 없는 한 만기수익률 12%를 달성하려면 채권C를 매입해야 한다.

03 **다음 중 채권에 관한 설명으로 가장 적절하지 않은 것은?**

① 수익률곡선이 우상향일 때 무이표채권의 만기수익률은 동일 조건인 이표채권의 만기수익률보다 작다.
② 수익률곡선이 우상향일 때 선도이자율은 현물이자율보다 크게 나타난다.
③ 표면이자율이 낮은 채권의 가격변화율은 표면이자율이 높은 동일한 조건의 채권보다 이자율변화에 더 민감하게 반응한다.
④ 무이표채권의 듀레이션은 채권의 잔존만기와 동일하다.
⑤ 수의상환채권의 가격은 동일한 조건인 일반채권의 가격보다 낮다.

해 설 ①② 우상향 수익률곡선 : ${}_1f_2 > {}_1R_2$ 우하향 수익률곡선 : ${}_1f_2 < {}_1R_2$

③ 동일한 조건의 채권에서 표면이자율이 낮은 채권의 듀레이션이 길기 때문에 이자율변화에 더 민감하게 반응한다.

④ 할인채의 듀레이션 = 만기, 이표채의 듀레이션〈만기

⑤ 수의상환채권은 투자자 입장에서 수의상환위험을 부담하여 더 높은 만기수익률을 요구함에 따라 수의상환채권의 가격은 일반채권의 가격보다 낮게 형성된다.

수의상환채권(callable bond) < 일반사채(straight bond)의 가격

상환조건채권(puttable bond) > 일반사채(straight bond)의 가격

04 이표이자를 1년마다 한 번씩 지급하는 채권의 만기수익률은 연 10%이며 듀레이션을 구한 결과 4.5년으로 나타났다. 이 채권의 만기수익률이 0.1% 상승할 경우 채권가격의 변화율은 근사치로 얼마이겠는가? (단, 채권가격의 비례적인 변화율과 만기수익률 변화간의 관계식을 이용해야 한다.)

① −0.4286% ② −0.4091% ③ −0.2953%
④ −0.2143% ⑤ −0.2045%

해 설 $\frac{dP_0}{P_0} = -\frac{D}{1+r} \times dr = -\frac{4.5}{1.1} \times (0.1\%) = -0.4091$

05 현재 시장이자율이 6%이고 듀레이션이 3년인 채권에 1,000만원을 투자하였다. 만일 시장이자율의 변화에 의해 566원의 채권가격상승이 있었다면 시장이자율은 얼마로 변화한 것인가?

① 3% ② 4% ③ 6%
④ 8% ⑤ 9%

해 설 $D = \frac{D}{1+r} = \frac{3}{1.06} = 2.83$, $P_0 = -dr \times D$에서 $\frac{566}{10,000} = -dr \times 2.83$에서 $dr = -0.02$

06 다음 중 옵션의 특성이 없는 일반사채와 관련된 설명에서 가장 옳은 것은?

① 만기에 가까워질수록 할증채와 할인채 모두 할증폭과 할인폭이 작아지며, 가격변화율도 작아진다.
② 만기에 가까워질수록 액면채는 이자수익률이 커지며 자본이득률이 작아진다.
③ 시장분할가설은 만기에 따라 분할된 하위시장 자체 내에서 기대이자율과 유동성프리미엄에 의해 이자율이 결정된다는 가설을 말한다.
④ 순수할인채나 이표채는 영구채에 비해 이자율변동위험에 더 크게 노출된다.
⑤ 순수할인채의 재투자수익위험은 없으며 현재수익률이 0이다.

해설
① 만기가 감소하면 듀레이션은 감소하나 이자율이 하락하면 듀레이션은 증가할 수도 있다. 따라서 만기에 가까워질수록 할증폭과 할인폭은 작아지지만 가벽변화율은 커진다.
② 액면채는 이자수익률과 자본이득률이 만기와 무관하며 일정하다.
③ 시장분할가설은 만기에 따라 분할된 하위시장 자체내의 수요와 공급에 의해 이자율이 결정된다는 가설을 말한다. 유동성프리미엄가설은 선도이자율은 미래 기대현물이자율과 유동성프리미엄에 의해 결정된다는 가설을 말한다.
④ 영구채의 $D=\frac{1+r}{r}$이므로 할인채/이표채의 D보다 클 수도 작을 수도 있다.
⑤ 현재수익률(current yield)은 C/B이므로 C=0인 할인채의 현재수익률은 0이다. 할인채는 C=0이므로 시장이자율의 변동에 따른 재투자위험은 없으며 가격변동위험만 존재한다.

07 다음 중 듀레이션에 대한 설명으로 옳지 않은 것은?

① 채권을 소유함으로써 실현될 총수입의 현재가치에 대한 각 시점에 살현될 수입의 현재가치 비율을 그 수입 실현시기까지의 기간에 따라 가중평균한 값을 말한다.
② 각 시점의 미래현금흐름에 기간을 가중평균한 값을 현재가치화한 금액의 합계와 채권의 발행가액과의 비율을 말한다.
③ 시장이자율의 변동에 대한 채권가격의 탄력성을 나타낸다.
④ 채권의 표면이자율이 낮을수록 듀레이션은 커진다.
⑤ 장기채권의 듀레이션은 단기채권의 듀레이션보다 작다.

해설
만기가 길수록, 표면이자율이 낮을수록, 만기수익률이 낮을수록, 이자지급회수가 적을수록 듀레이션이 길다. 따라서 듀레이션과 만기와는 비례관계에 있다.

08 다음 중 듀레이션에 대한 특징으로 잘못된 것은?

① 순수할인채의 듀레이션은 만기와 같으며, 이표채의 듀레이션은 만기보다 크다.
② 다른 조건이 동일하다면 표면이자율이 낮을수록 듀레이션은 커진다.
③ 다른 조건이 동일하다면 만기가 길어질수록 듀레이션은 커진다.
④ 다른 조건이 동일하다면 만기수익률이 높을수록 듀레이션은 작아진다.
⑤ 듀레이션은 가법성을 갖는다.

해설
순수할인채의 듀레이션은 만기와 동일하여 정비례한다. 영구채의 듀레이션은 D=(1+r)/r이므로 만기와 무관하고, 이표채의 듀레이션은 만기에 비례하나 만기보다 작다.

09 다음 중 시장이자율이 1% 상승할 때 채권의 가격하락폭이 가장 적은 것은?

① 볼록성이 없는 만기가 5년인 할인채
② 볼록성이 없는 만기가 5년인 이표채
③ 볼록성이 있는 만기가 5년인 할인채
④ 볼록성이 있는 만기가 7년인 할인채
⑤ 볼록성이 있는 만기가 5년인 이표채

해 설 채권가격의 변동 = 듀레이션 변동분 + 볼록성(단, 볼록성>0)
시장이자율이 상승하면 (−듀레이션변동분+볼록성)만큼 채권가격이 하락하므로 듀레이션이 작고 볼록성이 있는 채권을 매입해야 가격하락을 최소화할 수 있다.

10 다음 중 여러 채권의 볼록성에 대한 설명으로 옳지 않은 것은?

① 일반사채의 경우 볼록성이 심할수록 이자율 상승시 채권가격이 적게 하락하고 이자율 하락시 채권가격이 많이 상승한다.
② 일반사채의 볼록성은 이자율이 상승하거나 하락하거나 양(+)의 값을 가진다.
③ 이자율이 상승하면 일반사채에 비해 상환청구권부 사채의 볼록성이 약하다.
④ 이자율이 하락하면 수의상환사채의 볼록성은 음(−)의 값을 가진다.
⑤ 이자율이 상승하면 수의상환사채의 볼록성은 일반사채와 같다.

해 설 ② 옵션적 특성이 없는 일반사채의 경우에 볼록성은 항상 양(+)의 값을 갖는다.
③ 상환청구권부사채는 이자율 상승시 상환청구권의 행사가능성이 높기 때문에 일반사채보다 채권가격이 적게 하락한다.
④, ⑤ 수의상환사채는 시장이자율 상승시 수의상환권의 행사가능성이 낮아 일반사채와 동일한 볼록성을 갖지만, 시장이자율 하락시 수의상환권의 행사가능성이 높기 때문에 부(−)의 볼록성을 갖게 된다.

채권의 종류	이자율 상승시	이자율 하락시
일반사채	양의 볼록성	양의 볼록성
상환청구권부사채	더 큰 양의 볼록성	양의 볼록성
수의상환사채	양의 볼록성	음의 볼록성 가능

11 다음 중 채권투자에 관한 설명으로 가장 옳은 것은?

① 채권수익률 하락이 예상되면 장기채와 표면이자율이 높은 채권에 대한 투자를 증가시킨다.
② 채권수익률 기간구조이론 중 불편기대가설이 성립하는 경우 정부 발행 5년 만기 할인채에 투자하는 장기투자전략과 정부 발행 1년 만기 할인채에 5년 동안 반복 투자하는 롤오버전략의 사후적인 투자성과는 같다.
③ 만기가 동일한 채권에서 채권수익률 상승으로 인한 가격하락폭보다 같은 크기의 수익률 하락으로 인한 가격상승폭이 더 크다.
④ 이표채의 듀레이션은 만기에 정비례하고 만기가 동일한 경우에는 표면이자율이 높은 채권의 듀레이션이 짧다.
⑤ 수익률곡선타기전략(riding yield curve)은 수익률곡선이 상향이동하는 경우에만 효과적인 전략이다.

해설 ① 시장이자율이 하락하면 채권가격은 상승하므로 만기가 길고 표면이자율이 낮은 채권에 투자를 해야 한다.
② 불편기대가설이 성립하면 장기채에 대한 투자와 단기채에 연속 재투자한 사전적인 투자성과는 동일하지만 미래의 예상이자율과 실제이자율이 불일치하면 사후적인 투자성과는 다르게 나타날 수 있다.
③ 일반사채는 정(+)의 볼록성을 가지고 있다. 따라서 시장이자율이 상승하면 채권가격의 하락은 듀레이션을 반영한 변동분보다는 덜 하락하고, 시장이자율이 하락하면 채권가격의 상승은 듀레이션을 반영한 변동분보다는 더 상승한다.
④ 순수할인채의 듀레이션은 만기와 동일하여 정비례하며, 영구채의 듀레이션은 D=(1+r)/r이므로 만기와 무관하고, 이표채의 듀레이션은 만기에 비례하나 정비례하지는 않는다.
⑤ 수익률곡선타기전략은 채권을 만기까지 보유하지 않고 도중에 만기가 동일한 다른 채권과 교체하는 전략으로 수익률곡선이 우상향의 기울기를 가지고 그 형태가 변하지 않을 때 효과적이다.

12 **다음 중 채권투자전략에 대한 설명으로 옳은 것은?**

① 조건부 면역전략은 항상 수익률이 낮은 채권은 매도하고 수익률이 높은 채권은 매입한다.
② 채권면역전략은 초과수익을 창출하는 적극적 채권투자전략이다.
③ 바벨형 만기전략은 모든 만기의 채권에 분산투자하는 전략이다.
④ 면역전략은 목표보유기간과 동일한 듀레이션을 가진 포트폴리오를 구성한다.
⑤ 적극적 전략은 이자율 상승시 듀레이션이 긴 채권에 투자한다.

해설 ① 조건부 면역전략은 유리한 상황에서는 적극적 투자전략을 취하고, 불리한 상황에서는 소극적 투자전략을 취한다.
② 채권면역전략은 이자율변동위험을 제거하기 위한 소극적 채권투자전략이다.
③ 바벨형 만기전략은 단기채와 장기채에 분산투자하며, 래더형 만기전략은 모든 만기의 채권에 분산투자한다.
④ 면역전략은 목표보유기간과 동일한 듀레이션을 가진 포트폴리오를 구성하여 가격위험과 재투자수익위험을 상쇄시킨다.
⑤ 적극적 전략은 이자율 상승시 듀레이션이 짧은 채권에 투자한다.

13 **자산의 시장가치가 1,000억원이고 듀레이션은 4년이며, 부채의 시장가치가 700억원이고 듀레이션이 5년인 가상은행이 있다고 하자. 가상은행은 어떤 금리위험에 노출되어 있으며 이를 줄이기 위해 어떤 조치를 취할 수 있는가? (단, 아래 각 항의 조치는 나머지 변수들에는 영향을 미치지 않는다고 가정한다.)**

① 금리상승위험을 줄이기 위해 부채의 시장가치를 줄인다.
② 금리하락위험을 줄이기 위해 부채의 듀레이션을 늘린다.
③ 금리상승위험을 줄이기 위해 자산의 시장가치를 줄인다.
④ 금리하락위험을 줄이기 위해 자산의 듀레이션을 늘린다.
⑤ 금리하락위험을 줄이기 위해 자산과 부채의 듀레이션을 일치시킨다.

해 설 자산의 시장가치(A) = 1,000억원, 자산의 듀레이션(D_A) = 4년
부채의 시장가치(L)= 700억원, 부채의 듀레이션(D_L) = 5년
현재 $D_A \times A$(=4년×1,000억원)>$D_L \times L$(=5년×700억원)이므로 시장이자율이 하락하면 자본이득이 발생하고 시장이자율이 상승하면 자본손실이 발생한다. 따라서 자산의 듀레이션을 감소시키거나 부채의 듀레이션을 증가시켜야 금리상승위험을 제거할 수 있다.

14 강남은행은 총자산이 100조원이고 자기자본비율이 8%이며 자산과 부채의 듀레이션은 각각 6년과 4년이다. 강남은행의 경영자는 향후 이자율이 8%에서 9%로 상승한다고 예측하여 대응전략을 강구하고 있다. 이러한 예측이 사실이라면 채권의 볼록성을 무시할 경우에 주주의 입장에서 얼마만큼의 손익이 발생하는가?

① 2.148조원 손실 ② 2.008조원 이익 ③ 1.525조원 손실
④ 1.525조원 이익 ⑤ 1.945조원 이익

해 설 1. 자기자본비율 = 자기자본/총자산 = 8%
총자산 100조원 = 부채 92조원+자기자본 8조원
2. 이자율 8%에서 9%로 1% 상승하는 경우

$$dA = \frac{D_A}{1+r} \times A \times dr = \frac{6}{1.08} \times 100\text{조} \times (-0.01) = -5.555\text{조}$$

$$dL = \frac{D_L}{1+r} \times L \times dr = \frac{4}{1.08} \times 92\text{조} \times (-0.01) = -3.4707\text{조}$$

$$dK = dA - dL = -5.555 + 3.4707 = -2.148\text{조}$$

15 투자자 홍길동은 액면가액 100,000원, 표면이자율 연 20%(이자는 매년 말 1회 지급), 만기 2년인 채권의 매입을 검토하고 있다. 1년간의 현물이자율과 그 후 1년간의 선도이자율은 모두 15%로 알려져 있다. 채권가격과 이자율간의 볼록성 관계는 무시하기로 한다. 이 채권투자에 따른 이자율 위험을 제거하기 위해 투자기간을 얼마로 해야 하는가? (소수점 셋째자리에서 반올림할 것)

① 1.57년 ② 1.66년 ③ 1.75년
④ 1.84년 ⑤ 1.93년

해 설 1. 목표시기면역전략은 목표투자기간과 채권의 듀레이션을 일치시켜 시장이자율의 변화에 따른 재투자위험과 가격변동위험을 상쇄시키는 투자전략을 말한다.
2. 채권의 가격과 듀레이션 계산

$$P_0 = \frac{20,000}{(1.15)^1} + \frac{120,000}{(1.15)^2} = 108,128\text{원}$$

$$D = \frac{1 \times \frac{20,000}{(1.15)^1} + 2 \times \frac{120,000}{(1.15)^2}}{108,128} = 1.838\text{년}$$

연습문제

16 채권시장에는 다음과 같은 채권이 거래되고 있다. 4년 후에 자금이 필요한 투자자가 이자율 변동에 따른 가격변동과 재투자수익의 변동크기를 동일하게 하여 일정한 수익을 보장받기 위해서는 B채권에 얼마만큼 투자해야 하는가?

채권	액면가액	표시이자율	만기	듀레이션
A	10,000	5%	5년	4.5년
B	10,000	0	3년	?

① 33%
② 40%
③ 50%
④ 67%
⑤ 70%

해 설
B채권은 순수할인채이므로 만기 = 듀레이션 =3년이다.
$D_P = (W_AD_A) + (W_BD_B) = (1-X) \times 4.5년 + X \times 3년 = 4년$이므로 $X = 1/3$이다.
따라서 A채권에 2/3, B채권에 1/3을 투자한다.

17 다음 중 앞으로 시장이자율이 하락할 경우에 채권가격의 상승률이 가장 클 것으로 예상되는 채권은?

① 표면이자율이 10%이고 만기가 5년인 이표채
② 표면이자율이 5%이고 만기가 5년인 이표채
③ 표면이자율이 10%이고 만기가 10년인 이표채
④ 만기가 5년인 순수할인채
⑤ 만기가 10년인 순수할인채

해 설
만기가 동일하면 표면이자율이 낮은 채권의 듀레이션이 길다. 따라서 만기가 5년인 채권들 중에서는 ④순수할인채가, 만기가 10년인 채권들 중에서는 ⑤순수할인채가 듀레이션이 길다. 또한 순수할인채 중에서는 만기가 긴 ⑤채권의 듀레이션이 길다.

18 다음 중 시장이자율이 상승한다고 가정할 경우에 은행의 가치를 제고하기 위한 자산 및 부채관리전략이 아닌 것은?

① 장기대출을 단기대출로 전환한다.
② 자산의 듀레이션을 감소시킨다.
③ 부채의 듀레이션을 증가시킨다.
④ 변동금리를 고정금리로 전환한다.
⑤ 만기일시상환대출보다는 분할상환조건의 대출을 도모한다.

해 설 시장이자율이 상승할 경우에는 자본의 듀레이션을 감소시켜야 한다. 따라서 자산의 듀레이션은 감소시키고, 부채의 듀레이션은 증가시킨다. 그리고 고정금리대출을 변동금리대출로 전환시켜야 한다.

19 다음은 독도은행의 재무상태표이며 현재 자산과 부채에 적용되는 할인율은 10%이다. 시장이자율이 1% 상승할 것으로 예상하여 순자산면역전략을 취한다면 자산의 목표듀레이션은 얼마인가?

항목	금액	듀레이션
자산	600억원	?
부채	450억원	5년
자본	150억원	

① 3년 ② 3.25년 ③ 3.5년
④ 3.75년 ⑤ 4년

해 설 순자산면역전략은 금리상승에 대한 자산의 변동과 부채의 변동을 동일하게 하는 전략이다.

$$dA = \frac{D_A}{1+r} \times A \times dr = \frac{D_A}{1.1} \times 600\text{억} \times (-0.01)$$

$$dL = \frac{D_L}{1+r} \times L \times dr = \frac{5}{1.1} \times 450\text{억} \times (-0.01) = -22.5\text{억원}$$

$dA = dL$ 에서 $D_A = 3.75$년

20 **다음 중 채권포트폴리오관리에 대한 설명으로 가장 적절하지 않은 것은?**

① 다른 조건은 동일하고 만기만 다른 채권 A(1년), B(3년), C(5년)가 있다. 시장이자율이 상승할 때 채권 A와 채권 B의 가격하락폭의 차이는 채권 B와 채권 C의 가격하락폭의 차이보다 작다.

② 다른 조건이 일정할 경우 시장이자율이 하락하면 채권의 듀레이션은 길어진다.

③ 시장이자율이 하락할 때 채권가격이 상승하는 정도는 시장이자율이 같은 크기만큼 상승할 때 채권가격이 하락하는 정도보다 더 크다.

④ 채권포트폴리오의 이자율위험을 면역화하기 위해서는 시간이 경과함에 따라 채권포트폴리오를 지속적으로 재조정해야 한다.

⑤ 채권포트폴리오의 이자율위험을 면역화하기 위해서는 시장이자율이 변동할 때마다 채권포트폴리오를 지속적으로 재조정해야 한다.

해설

① 장기채일수록 이자율변동에 따른 채권가격의 변화폭이 크지만 그 변화폭은 체감적으로 증가한다. 따라서 채권 A와 채권 B의 가격하락폭의 차이는 채권 B와 채권 C의 가격하락폭의 차이보다 크다.

④, ⑤ 시간이 경과하거나 시장이자율이 변화하면 듀레이션이 변화하므로 채권포트폴리오의 이자율위험을 면역화하려면 채권포트폴리오를 지속적으로 재조정해야 한다.

정답

01.② 02.④ 03.① 04.② 05.② 06.⑤ 07.⑤ 08.① 09.⑤ 10.③
11.③ 12.④ 13.③ 14.① 15.④ 16.① 17.⑤ 18.④ 19.④ 20.①

05

파생상품

14 선물거래

선물계약은 미래시점에서 거래될 가격을 현재시점에서 확정시키는 계약을 말하며 기초자산의 가격변동위험을 회피하는 수단으로 많이 이용된다. 차익거래의 기회가 없는 시장균형상태에서 선물가격은 기초자산의 현물가격과 일정한 관계를 갖는다. 선물가격과 현물가격간의 균형관계를 설명하기 위해 보유비용모형이 이용된다.

제 1 절 선물거래의 개요

1 선물거래의 개념

(1) 선물계약과 선물거래

선물계약(futures contract)은 거래당사자인 선물매도자와 선물매입자가 미래의 일정시점에 선물거래의 대상이 되는 특정자산을 현재시점에서 약정한 가격으로 인수 또는 인도하기로 체결한 계약을 말한다. 선물거래는 이러한 선물계약을 현재시점에서 매입하거나 매도하는 거래를 말한다.

① 기초자산

기초자산(underlying asset)은 선물계약의 만기일에 매입하거나 매도할 선물거래의 대상이 되는 특정자산을 말한다. 선물거래는 농산물, 축산물, 귀금속, 에너지 등과 같은 실물상품을 기초자산으로 하는 상품선물과 주식, 주가지수, 금리, 통화 등과 같은 금융상품을 기초자산으로 하는 금융선물로 구분된다.

【 표 14-1 한국거래소 상품안내 】

구　분	상장선물
주식상품	개별주식선물, KOSPI 200지수선물, 스타지수선물
금리상품	3년 국채선물, 5년 국채선물, 10년 국채선물
통화상품	미달러선물, 유로선물, 엔선물
일반상품	돈육선물, 금선물, 미니금선물

② 만기일

만기일(maturity)은 기초자산을 매입하거나 매도하는 미래의 특정시점을 말하며 결제일 또는 인도일이라고도 한다. 선물거래에서는 기초자산뿐만 아니라 만기일이 표준화되어 있다. 예를 들어 KOSPI 200지수선물과 스타지수선물의 경우 만기일은 3월, 6월, 9월, 12월 두 번째 목요일로 지정되어 있다.

【 표 14-2 선물거래의 만기일 】

구　분	최종거래일
주식상품	최종결제월의 두 번째 목요일
금리상품	최종결제월의 세 번째 화요일
통화상품	최종결제월의 세 번째 월요일
일반상품	최종결제월의 세 번째 수요일

③ 선물가격

선물가격(futures price)은 만기일에 기초자산을 매입하거나 매도할 때 적용되는 가격을 말한다. 선물가격은 만기일에 기초자산을 인수하거나 인도할 때 그 대가로 지불하거나 수령하는 가격으로 선물계약자체의 가치를 의미하는 것은 아니다. 따라서 선물가격은 옵션의 행사가격과 유사한 개념이라고 할 수 있다.

(2) 선물거래와 현물거래

① 선물거래 : 계약시점 ≠ 결제시점

선물거래(futures transaction)는 미래의 일정시점에 특정상품을 현재시점에서 약정한 가격으로 인수 또는 인도하기로 거래당사자가 약정한 계약을 말한다. 따라서 현물거래와 달리 매매계약의 체결은 현재시점에서 이루어지고 거래대금의 결제와 기초자산의 인수도는 미래시점에 이루어지는 거래를 말한다.

② 현물거래 : 계약시점 = 결제시점

현물거래(spot transaction)는 현재시점에서 기초자산의 가격을 지불하고 기초자산을 인수하거나 기초자산의 가격을 지급받고 기초자산을 인도하는 거래를 말한다. 즉 현물거래는 매매계약의 체결과 거래대금의 결제 및 기초자산의 인수도가 현재시점에서 이루어지는 주식거래와 채권거래는 현물거래에 속한다.

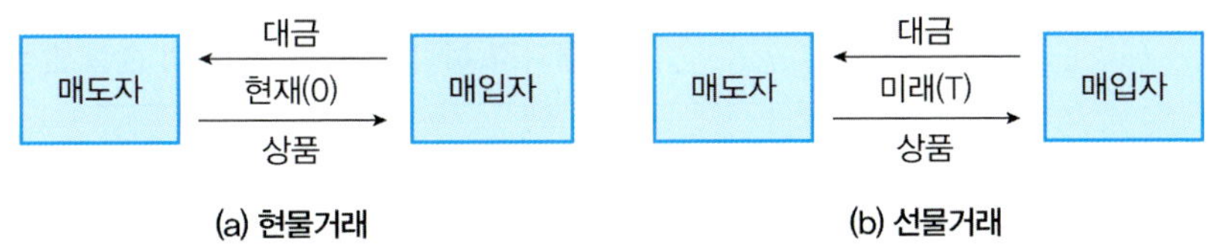

【 그림 14-1 현물거래와 선물거래 】

【 표 14-3 현물거래와 선물거래 】

구 분	계약시점	실물인도	대금결제
현물거래	현재	현재	현재
외상거래	현재	현재	미래
선물거래	현재	현재	미래

(3) 선물거래와 선도거래

선도거래(forward transaction)는 미래의 일정시점에 특정상품을 현재시점에서 약정한 가격으로 인수도하기로 거래당사자가 일대일로 체결한 계약을 말한다. 그러나 선도거래는 기초자산의 가격이 자신에게 불리하게 변동하면 거래당사자가 계약을 이행하지 않을 계약불이행위험이 존재한다.[1]

선물거래는 미래의 일정시점에 특정상품을 현재시점에서 약정한 가격으로 인수 또는 인도하기로 계약한다는 점에서 선도거래와 본질적으로 동일하나. 그러나 선물거래의 조건은 표준화되어 있으며 선물거래소, 청산소, 증거금, 일일정산제도 등이 있다는 점에서 선도거래와 차이점이 있다.

1) 농산물을 재배하는 농부가 수확기의 가격하락위험을 헤지하기 위해 중간상인과 매매계약을 체결하는 시점에서 약정한 가격으로 농산물을 판매하는 밭떼기나 입도선매가 선도거래의 좋은 예라고 할 수 있다.

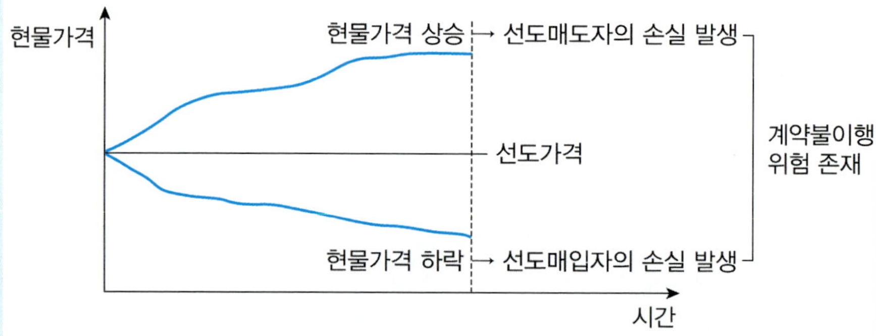

【 그림 14-2 선도거래와 계약불이행위험 】

첫째, 선물거래는 거래상품, 거래단위, 만기일 등의 거래조건이 표준화되어 있고 선물거래소라는 조직화된 공식적인 시장에서 이루어진다. 반면에 선도거래는 거래당사자의 필요에 따라 계약이 직접 체결되기 때문에 거래조건이 표준화되어 있지 않고 특정한 장소가 없이 장외시장에서 주로 딜러를 통해 이루어진다.

둘째, 선물거래는 거래당사자가 선물계약의 청산에 대해 책임을 지며 계약이행을 보증하는 청산소를 통해 일일정산되어 신용위험이 없으나 증거금을 청산소에 예치해야 한다. 반면에 선도거래는 신용위험을 거래당사자가 직접 부담해야 하고 만기일에만 결제가 이루어지므로 청산소에 증거금을 예치할 필요가 없다.

셋째, 선물거래는 대부분 만기일 이전에 반대매매를 통해 청산되고 청산소가 거래상대로서 계약이행을 보증하므로 거래상대방의 신용상태를 조사할 필요가 없다. 반면에 선도거래는 만기일에 실물인수도와 대금결제가 이루어지고 보증기관이 없어 딜러와 신용라인을 설정하여 상대방의 신용상태를 조사할 필요가 있다.

【 표 14-4 선물거래와 선도거래의 비교 】

구 분	선물거래	선도거래
거래장소	선물거래소	장외시장
거래조건	표준화되어 있음	거래당사자의 합의
거래방법	공개호가방식, 전산매매방식	거래당사자의 계약
가격형성	거래일 매일 형성	계약시 1회 형성
시장성격	완전경쟁시장	불완전경쟁시장
거래참가	불특정 다수	한정된 실수요자
거래보증	청산소가 보증	상대방의 신용
증 거 금	증거금 예치 및 유지	딜러와 신용라인 설치
거래청산	대부분 만기 전에 반대매매	대부분 만기일에 실물인수도
거래상대	거래소를 통한 간접거래	거래상대방과의 직접거래
거래시간	거래소 개장시간 이내	제한이 없음
거래규제	공식적인 규제	자율적인 규제
가격제한	가격제한 있음	가격제한 없음

(4) 선물거래와 옵션거래

선물거래와 옵션거래는 미래의 일정시점에 대금수수와 특정상품을 인수도할 것을 계약하는 거래라는 측면에서 유사하지만 다음과 같은 차이점이 있다. 선물거래는 매입자와 매도자에게 권리와 의무가 동시에 주어지는 반면에 옵션거래는 매입자와 매도자에게 권리와 의무가 분리되어 있다.

【 표 14-5 선물거래와 옵션거래의 비교 】

구 분	선물거래	옵션거래
권리와 의무	양자 모두 권리와 의무 있음	매입자 : 권리, 매도자 : 의무
증거금 납부	양자 모두 납부함	매도자만 납부함
매 매 형 태	방향성 매매	방향성+변동성 매매
손 익 구 조	대칭적	비대칭
손익분기점	매매가격	행사가격±프리미엄
위험의 범위	손익에 한계가 없음	매입자는 손익을 한정

2 선물거래의 종류

선물거래는 거래대상이 되는 기초자산의 종류에 따라 크게 상품선물(commodity futures)과 금융선물(financial futures)로 구분한다.

(1) 상품선물

상품선물은 선물거래의 거래대상이 되는 기초자산이 농산물, 축산물, 귀금속, 비철금속, 에너지 등의 실물상품을 말한다. 미국에서는 1848년 4월에 시카고상품거래소(CBOT)가 개설된 이후 1865년 10월부터 밀, 귀리, 대두, 옥수수, 대두박 등을 대상으로 하는 농산물에 대한 선물거래가 거래되었다.

1877년에 런던금속거래소(LME)가 개설된 이후 은, 동, 납, 아연 등을 대상으로 하는 금속선물이 거래되었다. 상품선물은 1970년대 이전까지는 세계 선물거래의 주류를 이루었으나 1970년대 이후 금융선물이 도입된 이후에 금융선물의 비중은 계속 확대되고 상품선물의 비중은 점차 축소되었다.

우리나라는 국내 최초의 농축산물 관련 상품선물로 돼지가격의 변동위험을 회피하기 위한 돈육선물이 2008년 7월 21일 상장되었다. 또한 금을 기초자산으로 금가격의 변동위험을 회피하기 위한 선물거래가 가능하도록 만든 상품으로 1999년 4월에 금선물과 2010년 9월에 미니금선물이 도입되었다.

(2) 금융선물

금융선물은 선물거래의 거래대상이 되는 기초자산이 통화, 금리, 채권, 주식, 주가지수 등의 금융상품을 말한다. 1972년 5월 시카고상업거래소(CME)의 국제통화시장(IMM)에 의해 통화선물이 도입되었고, 1975년 이후에 금리선물이 도입되었으며, 1982년 이후에는 주가지수선물이 도입되었다.

우리나라는 1996년 5월과 1997년 7월 유가증권시장에 상장된 주식들 가운데 200개 종목으로 구성된 KOSPI 200을 기초자산으로 하는 KOSPI 200선물과 옵션을 도입하였다. 2005년 11월에는 코스닥시장에 상장된 주식 중에서 우량 30종목으로 스타지수를 기초자산으로 하는 스타지수선물이 개설되었다.

그리고 개별주식을 기초자산으로 하는 개별주식선물과 개별주식옵션이 2001년 4월에 상장되었다. 또한 금리변동을 관리하기 위해 정부가 발행한 채권을 기초자산으로 하는 3년 국채선물이 1999년 9월에, 5년 국채선물이 2003년 8월에 그리고 10년 국채선물이 2008년 2월에 도입되었다.

통화선물은 수출입 및 국제자본거래로 수취 또는 지급하는 외국통화를 대상으로 하는 선물거래를 말한다. 환율변동위험을 관리하는 장내 파생금융상품으로 미국달러선물이 1999년 4월에 국내 통화선물로서는 최초로 상장되었다. 2006년 5월에는 엔선물과 유로선물이 추가로 상장되었다.

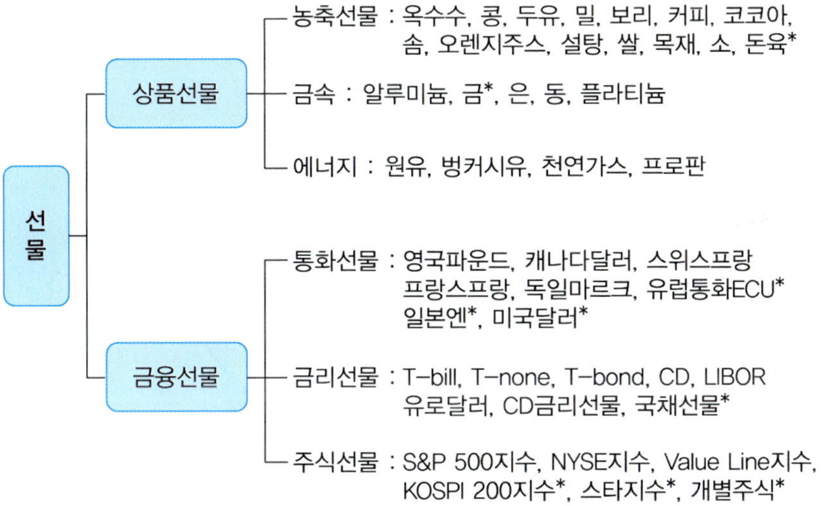

* 우리나라 한국거래소(KRX)에 도입되어 있는 선물거래임.

[그림 14-3 선물거래의 종류]

3 선물거래의 손익

(1) 선물거래의 구분

선물거래는 만기일에 약정된 가격으로 기초자산을 매입할 것을 계약한 선물매입(long position)과 만기일에 약정된 가격으로 기초자산을 매도할 것을 계약한 선물매도(short position)로 구분된다.

① 선물매입

선물매입은 선물의 만기일에 선물가격을 지불하고 기초자산을 매입하기로 약속한 것을 말하며 만기일에 특정 상품을 인수할 의무를 갖는다. 선물을 매입하여 보유하고 있으면 매입포지션을 취하고 있다고 하고, 만기 이전에 동일한 조건의 선물을 매도하여(轉賣) 상품을 인수할 의무가 없어지면 매입포지션을 청산했다고 한다.

② 선물매도

선물매도는 선물의 만기일에 선물가격을 지불받고 기초자산을 매도하기로 약속한 것을 말하며 만기일에 특정 상품을 인도할 의무를 갖는다. 선물을 매도하여 보유하고 있으면 매도포지션을 취하고 있다고 하고, 만기 이전에 동일한 조건의 선물을 매입하여(還買) 상품을 인도할 의무가 없어지면 매도포지션을 청산했다고 한다.

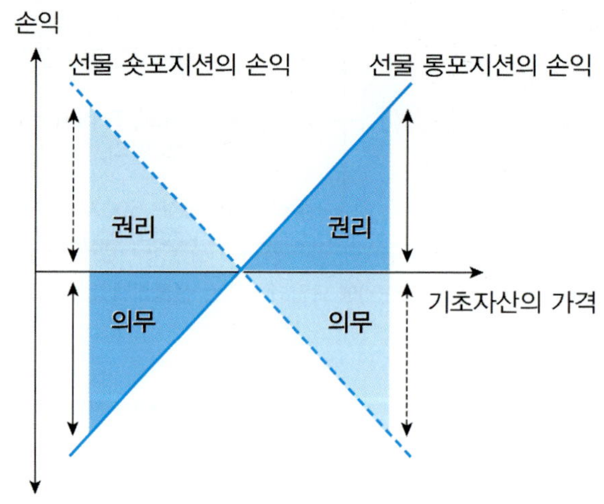

【 그림 14-4 선물거래의 손익 】

(2) 선물거래의 청산

선물거래의 청산에는 계약이행과 현금결제가 있으며 대부분 반대매매를 통해 포지션이 청산된다. 계약이행은 만기일에 현물의 인수도와 대금결제로 포지션을 청산하는 방식을 말하고, 현금결제는 선물매입자(매도자)는 동일한 조건의 선물을 매도(매입)하여 선물가격의 차액만큼을 현금결제로 포지션을 청산하는 방식을 말한다.

【 표 14-6 선물거래의 결제방법 】

구 분	대상품목
현금결제	• 주식상품(주식선물, KOSPI 200지수선물, 스타지수선물) • 금리상품(3년 국채선물, 5년 국채선물, 10년 국채선물) • 일반상품(돈육선물, 미니금선물)
수도결제	• 통화상품(미달러선물, 유로선물, 엔선물) • 일반상품(금선물)

(3) 선물거래의 손익

선물거래자는 만기일의 현물가격에 관계없이 선물가격으로 기초자산을 인수도해야 하는 의무가 있다. 따라서 선물거래의 손익은 청산일의 현물가격(S_T)이 체결일의 선물가격($F_{0,T}$)보다 상승하느냐 아니면 하락하느냐에 따라 달라지며, 이익과 손실의 크기는 동일하기 때문에 선물거래의 손익은 항상 0이 된다.

① **선물매입자의 손익**($= S_T - F_{0,T}$)

선물매입자는 선물가격에 기초자산을 매입해야 하므로 청산일의 현물가격이 체결일의 선물가격보다 상승하면 이익을 얻고 하락하면 손실을 본다.

② **선물매도자의 손익**($= F_{0,T} - S_T$)

선물매도자는 선물가격에 기초자산을 매도해야 하므로 청산일의 현물가격이 체결일의 선물가격보다 하락하면 이익을 얻고 상승하면 손실을 본다.

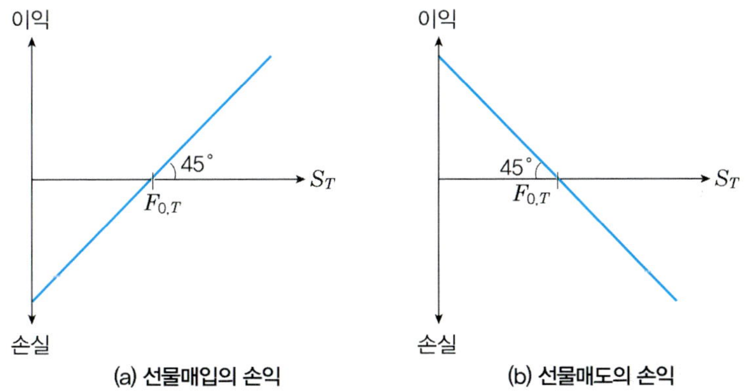

【 그림 14-5 선물거래의 손익 】

예제 ››› 14-1 선물거래의 손익

투자자 홍길동은 주가상승을 예상하여 2013년 6월 3일 현재 한국거래소시장에서 주가지수 선물 5계약을 257.50에 매입하였다. 6월 13일 만기일에 주가지수선물가격이 다음과 같은 경우에 손익을 계산하시오.

1. 만기일에 주가지수선물가격이 260인 경우
2. 만기일에 주가지수선물가격이 250인 경우

해설

1. 선물만기일에 주가지수선물가격이 상승하면 투자자 홍길동은 이익을 보게 된다.
   (260−257.5)×500,000원×5계약 = 6,250,000원
2. 선물만기일에 주가지수선물가격이 하락하면 투자자 홍길동은 손실을 보게 된다.
   (250−257.5)×500,000원×5계약 = −18,750,000원

4 선물거래의 목적

선물거래는 투자자들이 선물계약을 이용하는 목적에 따라 헤지거래, 투기거래, 차익거래 그리고 스프레드거래로 구분할 수 있다. 헤지거래와 차익거래는 투자자들이 현물시장과 선물시장을 동시에 이용하는 반면에 투기거래와 스프레드거래는 선물시장만을 이용한다는 점에서 차이가 있다.

(1) 헤지거래

헤지거래(hedging)는 현물시장에서 현재 기초자산을 보유하여 미래에 매도할 예정이거나 현재 기초자산을 공매하여 미래에 매입할 예정인 기초자산의 불확실한 가격변화에 대해 선물시장에서 현물시장과 반대되는 포지션을 취함으로써 기초자산의 가격변동위험을 회피하거나 축소시키기 위한 거래를 말한다.

현물시장과 반대되는 포지션을 선물시장에서 취하게 되면 현물포지션의 손실(이익)은 선물포지션의 이익(손실)으로 상쇄되므로 기초자산의 가격변동위험을 회피하거나 축소시킬 수 있다. 이와 같이 기초자산의 가격변동위험을 회피하기 위해서 선물거래를 이용하는 투자자를 헤지거래자(hedger)라고 한다.

현물시장		선물시장
매입포지션 매도포지션	현재기초자산보유, 미래자산매도예정 ⇨ 가격하락시 손실발생 ⇨ 현재기초자산공매, 미래자산매입예정 ⇨ 가격상승시 손실발생 ⇨	매도포지션 매입포지션

① 매입헤지

매입헤지(long hedge)는 현물시장에서 매도포지션을 취하고 있는 투자자가 기초자산의 가격상승위험을 헤지하기 위해 선물시장에서 해당현물에 대한 매입포지션을 취함으로써 현물자산의 가격상승위험을 회피하는 거래를 말한다.

【 표 14-7 매입헤지 】

구 분	현재시점	미래시점
현물시장 선물시장	매도 매입	매입 매도

② 매도헤지

매도헤지(short hedge)는 현물시장에서 매입포지션을 취하고 있는 투자자가 기초자산의 가격하락위험을 헤지하기 위해 선물시장에서 해당현물에 대한 매도포지션을 취함으로써 현물자산의 가격하락위험을 회피하는 거래를 말한다.

【 표 14-8 매도헤지 】

구 분	현재시점	미래시점
현물시장 선물시장	매입 매도	매도 매입

(2) 투기거래

투기거래(speculation)는 현물시장의 포지션에 관계없이 선물시장에서 특정상품에 대한 선물가격을 예측하고 이를 바탕으로 선물계약을 매입 또는 매도하여 시세변동에 따른 이익을 목적으로 하는 거래를 말한다. 따라서 가격상승이 예상되면 선물계약을 매입하고 가격하락이 예상되면 선물계약을 매도한다.

투기거래는 선물시장에서 가격변동위험을 감수하고 투기적인 이익을 도모하기 위해 실행하는 거래를 말한다. 그런데 선물거래는 현물거래에 비해서 손익이 확대되는 레버리지효과를 갖기 때문에 투기거래자의 예측이 정확하면 많은 이익을 얻을 수 있는 반면에 예측이 빗나가면 많은 손실을 보게 된다.

(3) 차익거래

모든 자산이 시장에서 균형가격에 거래되고 있는 시장균형상태에서는 일물일가의 법칙(law of one price)이 성립하여 차익거래가 발생하지 않는다. 그러나 특정 자산이 시장에서 균형가격과 다른 가격으로 거래되고 있는 시장불균형상태에서는 일물일가의 법칙이 성립하지 않아 차익거래가 발생한다.

차익거래(arbitrage)는 동일한 상품이 현물시장과 선물시장에서 상이한 가격으로 거래될 때 과소평가된 시장에서는 매입하고 과대평가된 시장에서는 매도함으로써 추가적인 자금이나 위험부담 없이 이익(free lunch)을 얻는 거래를 말하며, 시장이 일시적인 불균형상태에 있을 경우에 발생한다.

차익거래의 과정에서 과소평가된 시장에서는 수요가 증가하여 가격이 상승하고, 과대평가된 시장에서는 공급이 증가하여 가격이 하락한다. 즉 일물일가의 법칙이 성립할 때까지 차익거래가 지속되며 차익거래를 통해 시장이 균형상태에 도달하게되면 차익거래의 기회는 사라지게 된다.

(4) 스프레드거래

스프레드거래(spread)는 조건이 서로 다른 선물계약간의 가격차이를 이용하여 과소평가된 선물은 매입하고 과대평가된 선물은 매도함으로써 이익을 추구하는 거래를 말한다. 스프레드거래는 서로 다른 선물의 종류에 따라 만기간 스프레드, 상품간 스프레드, 시장간 스프레드로 구분된다.

① 만기간 스프레드

만기간 스프레드(inter-delivery spread)는 동일한 기초자산을 대상으로 만기일이 서로 다른 선물을 동시에 매입하고 매도하는 거래를 말하며, 캘린더 스프레드(calendar spread) 또는 시간스프레드(time spread)라고도 한다. 만기간 스프레드는 강세스프레드와 약세스프레드로 구분된다.

㉠ 강세스프레드

강세스프레드(bull spread)는 시장이 강세장(bull market)인 경우 근월물의 가격상승폭이 원월물의 가격상승폭보다 클 것으로 예상하고, 약세장(bear market)인 경우 근월물의 가격하락폭이 원월물의 가격하락폭보다 적을 것으로 예상할 때 근월물을 매입하고 원월물을 매도하는 전략을 말한다.

㉡ 약세스프레드

약세스프레드(bear spread)는 시장이 강세장(bull market)인 경우 원월물의 가격상승폭이 근월물의 가격상승폭보다 클 것으로 예상하고, 약세장(bear market)인 경우 원월물의 가격하락폭이 근월물의 가격하락폭보다 적을 것으로 예상할 때 원월물을 매입하고 근월물을 매도하는 전략을 말한다.

② 상품간 스프레드

상품간 스프레드(inter-commodity spread)는 동일한 시장에서 선물의 만기일은 같지만 기초자산이 서로 다른 선물을 동시에 매입하고 매도하는 거래를 말한다. 예컨대 동일한 거래소에서 거래되고 있는 6월물 금선물은 매입하고, 6월물 은선물은 매도한 경우가 상품간 스프레드에 해당한다.

③ 시장간 스프레드

시장간 스프레드(inter-market spread)는 동일한 기초자산이 서로 다른 시장(거래소)에서 거래되는 경우에 한쪽 시장에서는 선물을 매입하고 다른 시장에서는 선물을 매도하는 거래를 말한다. 예컨대 달러선물을 미국에서는 매입하고 한국에서는 매도하는 경우가 시장간 스프레드에 해당한다.

5 선물거래의 기능

선물시장은 투자자들이 선물거래를 이용하여 기초자산의 가격변동위험을 회피할 수 있는 위험이전기능을 수행한다. 또한 미래의 현물가격에 대한 가격예시기능을 수행하고 한정된 자원의 효율적 배분을 가능하게 하며 투기자의 부동자금을 헷져의 산업자금으로 자본형성기능을 촉진하여 경제의 활성화에 기여한다.

(1) 가격예시의 기능

선물시장에서 결정되는 선물가격은 현물시장의 수요와 공급에 관한 수많은 시장참가자들의 예측을 반영하여 결정되기 때문에 미래의 현물가격에 대한 예시기능을 수행한다. 따라서 만기가 서로 다른 선물가격들은 미래의 특정시점에서 형성될 기대현물가격을 예측하는 기능이 있다.

(2) 위험이전의 기능

헤지거래자는 기초자산의 가격변동위험을 투기거래자에게 이전할 수 있고, 투기거래자는 헤지거래자로부터 이전되는 가격변동위험을 부담하는 대신에 투기적인 이익을 도모한다. 따라서 선물시장은 헤지거래자가 회피하는 위험이 투기거래자에게 전가되는 위험이전기능을 수행하여 현물시장의 유동성을 증대시킨다.

(3) 자원배분의 기능

선물가격은 현물시장의 수급에 관한 각종 정보를 집약하여 특정상품의 생산, 저장, 소비의 시간적 배분을 통해 자원배분의 효율성을 증대시킨다. 미래에 재고부족이 예상되는 상품은 선물가격이 높게 형성될 것이므로 생산을 촉진시키고, 현재 재고가 부족한 상품은 가격하락이 예상되는 미래시점으로 소비를 연기하도록 한다.

(4) 자본형성의 기능

선물시장은 투기거래자의 부동자금을 헤지거래자의 산업자금으로 이전시키는 자본형성의 기능을 간접적으로 수행한다. 특히 금융기관은 금융선물을 이용하여 주가, 환율, 금리변동위험을 효과적으로 관리할 수 있으며, 기업은 자본비용을 절감할 수 있기 때문에 투자가 촉진되어 국가전체의 부를 증진시킬 수 있다.

(5) 시장유동성의 증가

선물거래는 거래당사자들이 상대방의 계약불이행위험에 노출되어 있고 장외시장에서 거래가 이루어져 유동성이 부족한 선도거래의 문제점을 발전시킨 것이다. 선물거래는 거래상품, 거래단위, 만기일 등의 거래조건이 표준화되어 있고 조직화된 거래소에서 거래가 이루어지므로 유동성이 증가한다.

(6) 신금융상품의 개발

1980년대 중반 이후 금융공학이 발전하면서 파생상품을 이용한 새로운 금융상품과 금융기법이 개발되고 있다. 선물시장은 다양한 금융상품의 개발을 통해서 투자기회를 확대시켜 왔으며 향후에는 금융공학의 발전으로 기초자산의 가격변동위험을 효과적으로 관리할 것으로 예상된다.

제 2 절 선물시장의 구성

1 선물시장의 조직

선물거래가 안정적으로 이루어지고 선물시장에 정보가 효율적으로 전달되기 위해서는 여러 가지의 조직과 규제가 필요하다. 일반적으로 선물시장은 국가마다 약간의 차이는 있으나 선물거래소, 청산소, 선물중개회사, 선물거래자로 구성되어 있다. [그림 14-6]에는 선물시장의 구조가 제시되어 있다.

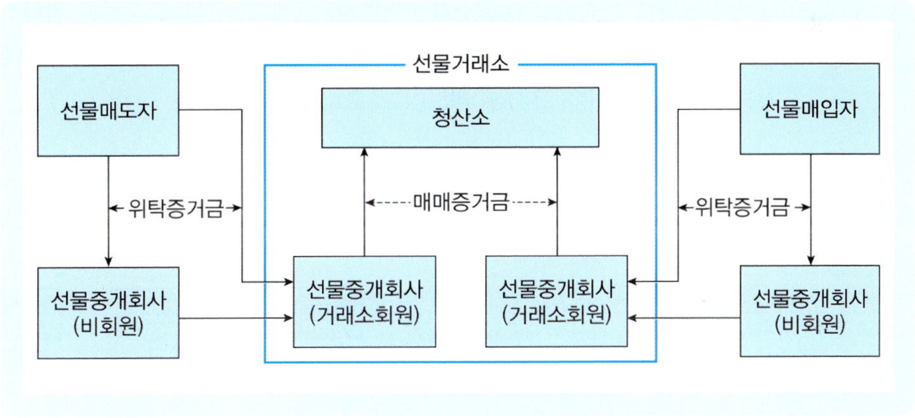

[그림 14-6 선물시장의 구조]

(1) 선물거래소

선물거래소(futures exchange)는 회원들에게 거래장소를 제공하고 표준화된 선물상품을 상장시키며 선물거래에 관련된 규칙을 제정하여 규제한다. 선물중개회사는 선물거래소에 회원으로 등록한 후 선물거래와 관련된 중개업무를 수행하며 선물거래자나 비회원인 선물중개회사는 회원을 통해서만 선물거래에 참가할 수 있다.

우리나라는 한국거래소(KRX)가 1996년 5월 3일 KOSPI 200선물을 도입하여 선물시대가 도래하였다. 1999년 4월 23일에 미국달러선물과 금선물, 1999년 9월 29일에 국채선물, 2005년에 스타지수선물, 2006년 5월 26일에 엔선물과 유로선물, 2008년 돈육선물, 2010년 미니금선물을 도입하여 거래가 이루어지고 있다.

(2) 청산소

청산소(clearing house)는 선물거래소에 이루어지는 선물계약의 청산에 대해 책임을 지고 일일정산과 증거금제도를 통해 계약이행을 보증하는 역할을 수행한다. 청산소가 없는 선도거래는 매입자와 매도자가 거래의 직접적인 당사자이기 때문에 계약의 이행여부가 거래당사자들의 신용에 의해 좌우된다.

그러나 선물거래의 경우에는 거래당사자간에 선물계약이 체결되면 청산소가 개입하여 거래상대방이 된다. 따라서 선물매입자에게는 대금을 수령하고 기초자산을 인도해야 하는 선물매도자의 의무를 부담하고, 선물매도자에게는 대금을 지불하고 기초자산을 매입해야 하는 선물매입자의 의무를 부담한다.

예컨대 갑은 매입포지션을 취하고, 을은 매도포지션을 취했다고 가정하자. 갑과 을 사이에 선물거래가 성립하면 청산소가 개입하여 갑에게는 매도포지션을 취하고, 을에게는 매입포지션을 취하여 두 거래자 사이에 계약관계를 분리시킨다. 그러나 청산소는 매입포지션과 매도포지션을 동시에 취하여 순포지션은 0이 된다.

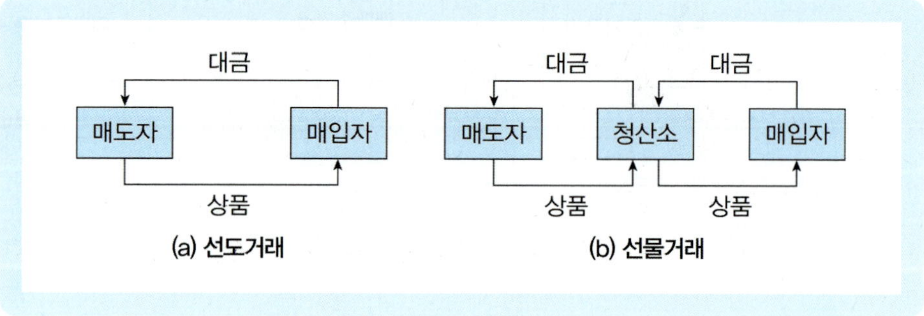

【 그림 14-7 청산소의 역할 】

(3) 선물중개회사

선물중개회사(futures commission merchant)는 고객으로부터 주문을 위탁받아 선물거래를 대행하는 업무를 담당하고 고객의 미청산계약에 대한 기록을 유지하여 고객의 예탁금과 증거금을 관리하며 계좌개설부터 매매종결까지 선물중개 및 관리업무를 수행하면서 그 대가로 일정한 수수료를 받는 회사를 말한다.

선물중개회사는 거래소 회원과 거래소 회원이 아닌 경우로 구분되는데, 거래소 회원인 선물중개회사만 고객의 주문을 직접 처리할 수 있다. 따라서 비회원인 선물중개회사는 거래소 회원인 선물중개회사를 통해서 주문을 처리해야 한다. 이러한 회원제도의 운영은 결제제도에도 동일하게 작용되어 운용되고 있다.

(4) 선물거래자

선물시장의 참가자는 거래동기에 따라 헤지거래자, 투기거래자, 차익거래자, 스프레드거래자의 네 가지 유형으로 구분할 수 있다. 헤지거래자와 차익거래자는 현물시장과 선물시장을 동시에 이용하는 반면에, 투기거래자와 스프레드거래자는 선물시장만을 이용한다는 점에서 차이가 있다.

1) 헤지거래자

헤지거래자(hedger)는 현재 기초자산을 매입하여 보유하고 있거나 미래에 매도할 예정인 현물자산 또는 현재 기초자산을 공매하거나 미래에 매입할 예정인 현물자산의 불확실한 가격변화에 대해 선물시장에서 반대포지션을 취함으로써 현물시장에서의 가격변동위험을 회피하기 위해 선물거래를 이용하는 투자자를 말한다.

선물시장의 참가자 중에서 비중이 가장 높은 헤지거래자가 선물거래를 이용하는 목적은 현물자산의 가격변동으로 인한 손실을 극소화하는데 있다. 헤지거래자는 헤지과정에서 기회손실을 입을 수 있으나, 이는 현물포지션에서 발생할 수 있는 손실을 회피하기 위해 지불하는 대가로 보아야 할 것이다.

2) 투기거래자

투기거래자(speculator)는 현물시장의 포지션에 관계없이 선물시장의 포지션만을 이용하여 선물가격의 변동에 따른 위험을 감수하면서, 미래의 선물가격변동에 대한 예상에 의해 시세차익을 얻을 목적으로 선물거래를 이용하는 투자자를 말하며 헤지거래자가 전가한 위험을 부담하는 대가로 일정한 수익을 얻을 수 있다.

투기거래자가 선물거래를 이용하는 목적은 선물가격의 상승이 예상되면 선물거래를 매입하고, 선물가격의 하락이 예상되면 매도한 후 반대매매로 포지션을 청산함으로써 투기적인 이익을 도모하는데 있다. 따라서 투기거래자의 예상이 적중하면 많은 이익을 얻을 수 있고 예상이 빗나가면 많은 손실을 보게 된다.

투기거래자들은 보호되지 않은 포지션(uncovered position)을 보유하여 선물가격의 변동에 따른 위험을 감수하더라도 높은 투기적 이익을 얻고자 한다. 투기거래자는 선물시장에서 헤지거래자가 전가한 위험을 떠안을 뿐만 아니라 극단적인 가격변동을 예방하고 선물시장의 안정을 도모하는 중요한 기능을 수행한다.

투기거래자는 선물시장에서 선물포지션을 보유하는 기간에 따라서 초단기거래자(scalper), 일일거래자(day trader), 포지션거래자(position trader)로 구분한다.

① **초단기거래자**(scalper)

초단기거래자는 선물시장에서 초단기예측을 기초로 일반가격에 선물거래를 매입(매도)하여 작은 이익을 남기고 즉시 매도(매입)하는 투자자를 말한다. 초단기거래자는 대개 1~2 호가단위의 차이를 따라 대량거래를 수반하기 때문에 선물시장에 유동성을 증대시키는 역할을 수행한다.

② **일일거래자**(day trader)

일일거래자는 선물시장에서 자신이 거래한 선물포지션을 하루 이상은 보유하지 않는 투자자를 말하며, 선물포지션을 취한 당일의 선물거래가 종료될 때까지 선물포지션을 청산한다. 선물가격의 급변으로 투자원금을 모두 잃을 수도 있기 때문에 대부분의 선물거래자들은 매일 포지션을 청산한다.

③ **포지션거래자**(position trader)

포지션거래자는 비교적 몇 주간에서 몇 개월 동안 지속될 선물가격의 변동에 관심을 갖고 거래하는 투자자를 말하며, 비회원거래자가 여기에 해당한다. 포지션거래자는 아웃라이트 포지션(outright position)을 보유하는 투기거래자와 스프레드 포지션(spread position)을 보유하는 투기거래자로 구분할 수 있다.

아웃라이트 포지션거래자는 선물가격이 상승할 것으로 예상되면 선물계약을 매입하고 선물가격이 하락할 것으로 예상되면 선물계약을 매도함으로써 이익을 추구하는 투기거래자를 말한다. 그러나 아웃라이트 포지션거래에 수반되는 위험이 너무 크다고 판단되는 투기거래자들은 스프레드포지션을 보유한다.

3) 차익거래자

차익거래자(arbitrageur)는 동일한 상품이 현물시장과 선물시장에서 상이한 가격으로 거래될 경우에 선물가격과 현물가격 또는 서로 다른 선물계약간의 일시적인 불균형을 이용하여 추가적인 자금이나 위험을 부담하지 않으면서 이익을 얻을 목적으로 선물거래를 이용하는 투자자를 말한다.

선물거래는 파생상품으로 선물계약의 가격은 기초자산의 현재가격인 현물가격과 밀접한 관계가 있다. 이론적으로 선물가격은 현물가격과 보유비용의 합으로 결정된다. 선물가격과 현물가격간의 차이가 보유비용보다 크거나 작다면 균형관계가 이탈되어 차익거래의 기회가 발생한다.

요컨대 선물가격이 현물가격보다 과대평가되어 있는 경우에 과대평가된 선물을 매도하고 자금을 차입하여 과소평가된 현물을 매입하는 현물매입차익거래를 통해서 차익을 얻게 된다. 이러한 차익거래의 과정에서 선물가격은 하락하고 현물가격은 상승하여 균형상태에 도달하게 된다.

그리고 선물가격이 현물가격보다 과소평가되어 있는 경우에 과대평가된 현물을 공매하여 자금을 대출하고 과소평가된 선물을 매입하는 현물매도차익거래를 통해서 차익을 얻게 된다. 이러한 차익거래의 과정에서 현물가격은 하락하고 선물가격은 상승하여 균형상태에 도달하게 된다.

선물거래의 만기일에 인도일수렴현상(convergence)에 의해 선물가격과 현물가격이 일치하는 것은 차익거래의 결과물이라고 할 수 있다. 만약 선물거래의 만기일에 선물가격과 현물가격이 일치하지 않는다면 즉시 차익거래의 기회가 발생하고 선물가격과 현물가격은 일치하게 된다.

4) 스프레드거래자

스프레드거래자(spreader)는 만기일 또는 기초자산이 서로 다른 선물계약의 가격 차이에 해당하는 스프레드의 변동을 이용하여 과소평가된 선물은 매입하고 과대평가된 선물은 매도하여 이익을 얻는 투자자를 말한다. 스프레드 거래에 따른 손익은 두 선물가격의 절대적 변화에 의해서가 아니라 상대적 변화에 의해 결정된다.

【 표 14-9 선물시장의 구성요소 】

<table>
<tr><th colspan="3">구분</th><th>주요 기능</th></tr>
<tr><td colspan="3">선물거래소</td><td>거래장소 제공, 선물상품의 표준화, 거래관련 규칙 제정</td></tr>
<tr><td colspan="3">청산소</td><td>증거금 징수, 청산업무, 일일정산, 결제업무</td></tr>
<tr><td rowspan="3">중개인</td><td rowspan="2">거래소 회원</td><td>결제회원</td><td>선물거래자의 주문처리, 청산업무, 결제업무</td></tr>
<tr><td>비결제회원</td><td>선물거래자의 주문처리</td></tr>
<tr><td colspan="2">거래소 비회원</td><td>선물거래자의 주문을 거래소회원에게 위탁</td></tr>
<tr><td colspan="3">선물거래자</td><td>헤지거래, 투기거래, 차익거래, 스프레드거래</td></tr>
</table>

2 선물시장의 운용

(1) 계약의 표준화

선물계약은 거래대상인 기초자산의 수량과 품질, 거래단위, 결제일, 호가단위, 최소가격변동폭, 가격표시방법, 최종거래일, 최종결제일, 결제방법 등이 표준화되어 있어서 선물가격을 쉽게 비교할 수 있으며 표준화된 선물계약에 거래가 집중되기 때문에 유동성이 증가하게 된다.

【 표 14-10 국내에서 거래되는 선물계약의 명세 】

구분	KOSPI 200 지수선물	스타지수 선물	개별주식 선물	3년 국채 선물	미국달러 선물
거래대상	KOSPI 200지수	스타지수	25개 주식	만기 3년, 표면금리 5% 국채	미국달러
계약단위	KOSPI 200 지수×50만원	스타지수 ×1만원	주식선물가격 × 10(승수)	액면가액 1억원	US $10,000
결제월 종목수	분기월 4개	분기월 4개	분기월 4개	분기월 2개	분기월 4개+ 연속월 4개
가격표시	지수	지수	주식선물가격	액면 100원당 원화(백분율)	US $1당 원화
최소가격변동폭	25,000원 (50만원×0.05)	5,000원 (1만원×0.5)		10,000원 (1억원×0.01)	1,000원 (1만불×0.1원)
최종거래일	최종결제월의 두번째 목요일	최종결제월의 두번째 목요일	최종결제월의 두번째 목요일	최종결제월의 세번째 화요일	최종결제월의 세번째 월요일
최종결제일	최종거래일의 다음 거래일	최종거래일의 다음 거래일	최종거래일의 다음 거래일	최종거래일의 다음 거래일	최종거래일의 3일째 거래일
최종결제방법	현금결제	현금결제	현금결제	현금결제	인수도결제

(2) 일일정산제도

선도거래와 달리 선물거래는 선물시장에서 매일 거래가 이루어지고 선물가격이 변하게 된다. 이와 같이 선물가격이 변화하면 청산소는 선물거래자의 미청산계약(open interest)을 매일 전일 종가와 당일 종가의 차이로 정산하여 손익을 선물거래자의 증거금에 가감하는 제도를 일일정산제도라고 한다.

일일정산이 없다면 선물가격의 불리한 변동이 지속되어 손실이 누적되면 거래당사자의 일방이 계약을 이행하지 않을 위험에 직면한다. 따라서 청산소는 선물계약의 이행을 보증하기 위해 선물거래자의 증거금이 손실을 보전할 수 있는 수준으로 유지되고 있는가를 확인하고자 일일정산제도를 운영한다.

(3) 증거금제도

1) 증거금의 의의

증거금(margin)은 일일정산을 원활하게 하고 선물가격이 불리하게 변동하더라도 선물거래의 결제를 성실히 이행하겠다는 선물계약의 이행을 보증하기 위한 보증금의 성격으로 선물거래자가 선물중개회사에 예치해야 하는 현금 또는 현금등가물을 말하며 미결제약정에 대한 손익을 정산하는 수단으로 사용된다.

실제로 선물가격이 하락하는 경우에는 선물매입자의 계약위반가능성으로부터 선물매도자를 보호하고, 반대로 선물가격이 상승하는 경우에는 선물매도자의 계약위반가능성으로부터 선물매입자를 보호함으로써 거래상대방의 계약불이행위험을 제거하고 선물거래의 유동성을 확보할 수 있게 된다.

2) 증거금의 종류

증거금은 2단계로 구분한다. 선물거래자는 중개회사를 통해 결제회사에 증거금을 예치하고, 결제회사는 청산소에 증거금을 예치한다. 우리나라는 선물거래자가 선물중개회사에 예치하는 증거금을 위탁증거금이라고 하고, 선물중개회사가 청산소에 예치하는 증거금을 매매증거금이라고 한다.

① 위탁증거금

위탁증거금(customer margin)은 선물거래자가 선물중개회사(FCM)에 계좌를 개설한 후에 예치하는 증거금을 말한다. 위탁증거금은 개시증거금, 유지증거금, 추가증거금, 초과증거금으로 구분된다.

㉠ 개시증거금

개시증거금(initial margin)은 선물거래자가 선물계약을 매입하거나 매도할 경우 자신의 위탁계좌에 예치해야 하는 증거금을 말한다. 선물거래소는 기초자산의 가격수준, 가격변동성, 선물거래의 이용목적 등을 감안하여 개시증거금을 결정하는데, 대체로 계약금액의 5~15% 수준에서 결정된다.

㉡ 유지증거금

선물가격의 변동에 따라 일일정산과정에서 발생하는 모든 입출금은 선물거래자의 위탁계좌를 통해 이루어진다. 선물거래에서는 선물가격의 변동에 따라 발생하는 손익이 매일 일일정산되어 고객의 증거금에 반영되는데, 선물가격이 크게 변동하여 손실액이 증거금잔액을 초과하면 증거금은 그 기능을 상실하게 된다.

유지증거금(maintenance margin)은 선물계약의 이행을 보증하기 위해 미청산계약(open interset)의 위탁계좌에서 반드시 유지해야 하는 최소한의 증거금을 말한다. 일반적으로 유지증거금은 개시증거금의 75~90% 수준에서 결정된다. 예컨대 KOSPI 200선물의 유지증거금은 개시증거금의 2/3인 10%이다.

㉢ 추가증거금

추가증거금(additional margin)은 선물가격의 불리한 변동으로 손실이 발생하여 증거금이 유지증거금 이하로 떨어지면, 선물중개회사가 익일 오전까지 증거금을 개시증거금 수준까지 예치하도록 요구할 경우에 선물거래자가 추가로 예치해야 하는 증거금을 말하며, 변동증거금(variation margin)이라고도 한다.

㉣ 초과증거금

초과증거금(excess margin)은 선물가격의 유리한 변동으로 이익이 발생하여 증거금잔고가 개시증거금 수준을 초과하면 선물거래자는 초과분을 언제든지 인출할 수 있는데, 이 인출가능한 금액을 말한다.

② 매매증거금

매매증거금(member's margin)은 선물거래소의 회원인 선물중개회사가 고객이나 비회원인 선물중개회사로부터 받은 위탁증거금의 일부를 선물거래의 결제이행을 위해 청산소에 납부해야 하는 증거금을 말한다.

예제 14-2 일일정산과 증거금제도

투자자 홍길동은 3월 11일 현재 상품선물시장에서 6월물 옥수수선물 10계약을 부셀당 5,000원에 매입하였다. 옥수수선물 1계약은 5,000부셀이며 개시증거금은 계약금의 10%이고, 유지증거금은 개시증거금의 80%라고 가정하자. 3월 11일 옥수수선물의 가격은 매입시점의 가격보다 상승하여 5,200원으로 마감되었다.

3월 12일에는 옥수수선물의 가격이 큰 폭으로 하락하여 4,950원이 되었고, 3월 13일에도 하락하여 4,800원이 되었다. 홍길동은 옥수수선물의 가격이 더 떨어질 것으로 예상하고 3월 14일 손해를 감수하고 부셀당 4,700원에 10계약을 매도하여 포지션을 청산했다고 가정하여 일일정산과 증거금계정의 변화를 설명하시오.

해설

옥수수선물 10계약에 대한 계약금액을 계산하고 개시증거금과 유지증거금을 산출한다.

계 약 금액 : 5,000원×5,000부셀×10계약 = 250,000,000원
개시증거금 : 250,000,000원×0.10 = 25,000,000원
유지증거금 : 25,000,000원×0.80 = 20,000,000원

3월 11일에 선물가격이 매입가격보다 200원 상승하여 선물매입자인 홍길동은 10,000,00원의 이익을 얻게 되어 증거금잔고는 35,000,000원이 된다. 홍길동은 증거금계정에 있는 35,000,000원 중 개시증거금 25,000,000원을 제외한 10,000,000원을 인출할 수도 있다.

(5,200원−5,000원)×5000부셀×10계약 = 10,000,000원

3월 12일에 선물가격은 전일보다 250원 하락하여 선물매입자인 홍길동은 12,500,00원의 손실을 보게 되어 증거금잔고는 전일의 35,000,000원에서 당일 손실 12,500,000원을 차감한 22,500,000원이 된다. 이때 증거금잔고가 유지증거금을 초과하고 있어 추가로 증거금을 적립할 필요는 없다.

(4,950원−5,200원)×5000부셀×10계약 = −12,500,000원

3월 13일에 선물가격은 전일보다 150원 하락하여 홍길동은 7,500,000원의 손실을 보게 되어 증거금잔고는 전일의 22,500,000원에서 당일 손실 7,500,000원을 차감한 15,000,000원이 된다. 이때 증거금잔고가 유지증거금 아래로 하락하여 개시증거금과 증거금잔고의 차액인 10,000,000원을 추가로 입금해야 한다.

(4,800원−4,950원)×5000부셀×10계약 = −7,500,000원

3월 14일에 홍길동은 옥수수선물계약을 부셀당 4,700원에 매도하여 자신이 매입한 포지션을 청산하였다. 이 거래로 홍길동은 전일에 비해 5,000,000원의 손실을 보았다. 따라서 홍길동은 전일의 증거금수준 25,000,000원에서 당일 손실 5,000,000원을 차감한 잔액 20,000,000원을 인출하면 거래는 종결된다.

(4,700원−4,800원)×5000부셀×10계약 = −5,000,000원

개시증거금은 옥수수선물 계약시 납부할 금액이며, 증거금잔고가 유지증거금 이하로 내려가면 홍길동은 증거금잔고와 개시증거금의 차액만큼을 익일 정오까지 추가로 납부해야 매입포지션을 유지할 수 있다. 일별 선물가격의 변동에 따른 일일정산의 과정은 [표 14-11]과 같이 나타낼 수 있고, 증거금계정의 변화는 [그림 14-8]로 제시할 수 있다.

[표 14-11 일일정산의 과정]

날자	선물가격	선물손익	납부금액	증거금잔고
3월 11일	5,200원	10,000,000원	−	35,000,000원
3월 12일	4,950원	−12,500,000원	−	22,500,000원
3월 13일	4,800원	−7,500,000원	10,000,000원	25,000,000원
3월 14일	4,700원	−5,000,000원	−	20,000,000원

【 그림 14-8 증거금계정의 변화 】

(4) 가격안정화제도

선물시장의 안정과 발전을 위해서는 투자자 보호가 절실히 필요하다. 선물시장에는 가격제한폭제도, 선물가격이나 KOSPI가 크게 변동하는 경우에 시장의 안정을 유지하기 위한 매매거래중단제도, 선물시장에 의해 현물가격의 급변동이 증폭되지 않도록 하는 프로그램매매 체결지연제도 등의 투자자 보호장치가 있다.

서킷브레이커(circuit breakers)는 종합주가지수 또는 지수선물가격이 급등락하면 투자자가 합리적인 판단을 할 수 있도록 일정기간 매매거래를 중단시키는 제도를 말한다. 현물주식시장에서는 코스피지수가 전일 대비 10% 이상 변동하여 1분간 지속되면 유가증권시장 및 주식관련 선물・옵션의 매매거래를 20분간 중단시킨다.

또한 KOSPI 200 선물가격이 1분 이상 전일 대비 5% 이상 변동하고 이론가격과 3% 이상 괴리되면 KOSPI 200 지수선물・옵션시장 매매거래를 5분간 중단시킨다. 서킷브레이커는 1일 1회에 한하되, 선물시장 서킷브레이커 발동 후 주식시장 서킷브레이커 발동시에는 다시 중단하고, 오후 2시 20분 이후에는 중단하지 않는다.

사이드카(side car)는 선물가격 급변으로 주가가 급변하는 것을 최소화하기 위해 현물시장 프로그램 매매호가의 효력을 일시 정지하는 것을 말한다. KOSPI 200 지수(스타지수) 선물가격이 전일 대비 5%(6%) 이상 변동하여 1분 이상 지속되면 현물주식시장에서 프로그램 매매호가의 효력을 5분간 정지시킨다.

제 3 절 선물가격의 결정

선물계약은 파생상품이므로 선물계약의 가격은 기초자산의 현재가격(현물가격)과 밀접한 관계를 갖는다. 선물가격과 현물가격간의 관계를 살펴봄으로써 선물가격을 결정할 수 있는데, 이러한 선물가격의 결정모형을 보유비용모형(cost of carry model) 또는 현물-선물 등가이론(spot futures parity theorm)이라고도 한다.

1 선물가격과 현물가격의 관계

선물거래는 거래대상이 되는 기초자산이 현물시장에서 거래되고 있으므로 선물가격은 현물가격과 연관되어 움직인다. 일반적으로 현물가격이 상승하면 선물가격도 상승하고, 현물가격이 하락하면 선물가격도 하락한다. 이러한 현물가격과 선물가격간의 균형관계는 차익거래에 의해 형성되고 유지된다.

보유비용모형은 선물계약을 매입하는 것과 현물자산을 매입하여 만기일까지 보유하는 것은 동일한 효과를 갖기 때문에 차익거래의 기회가 없는 시장균형상태에서 이론선물가격($F_{0,T}$)은 현물가격(S_0)에 만기일까지 보유비용(CC)은 가산하고 보유수익(CR)은 차감한 값과 동일해야 한다는 모형을 말한다.

현재시점에서 선물계약을 매입하면 만기일에 $F_{0,T}$의 가격을 지불하고 기초자산을 매입하여 만기일에 $F_{0,T}$의 비용을 부담하는 반면에, 현재시점에서 현물자산을 매입하여 만기일까지 보유하면 현물가격과 현물보유에 따른 보유비용을 부담하여 선물가격과 현물가격간에 다음과 같은 등가관계가 성립해야 한다.

$$F_{0,T} = S_0 + CC - CR \tag{14.1}$$

$F_{0,T}$: 만기일이 T인 선물계약의 현재가격
S_0 : 현재시점의 현물가격
CC : 현물보유에 따른 보유비용
CR : 현물보유에 따른 보유수익

만일 식(14.1)의 관계가 성립하지 않으면 투자자는 선물시장과 현물시장간의 차익거래로 추가적인 투자금액과 위험부담 없이 이익을 얻을 수 있는 차익거래가 발생한다. 한편 현물자산을 매입하여 선물만기일까지 보유하는 동안에 발생하는 보유비용은 다음과 같은 세 가지 유형으로 구분할 수 있다.

① 현물매입의 기회비용

현재시점에서 현물자산을 매입하면 S_0만큼의 현금유출이 발생한다. 따라서 현물자산의 매입금액을 선물의 만기일까지 재투자한다고 가정하면 재투자수익($S_0 \times r$)의 수익을 포기하게 되어 기회비용이 발생한다.

② 현물자산의 보유비용

현물자산을 매입하여 선물의 만기일까지 보유하면 여러 가지 비용을 부담하므로 정(+)의 보유비용을 갖는다. 수송비, 보관비, 보험료가 상품선물의 보유비용이고, 이자비용이 금융선물의 보유비용이다.

③ 현물자산의 보유수익

금융선물의 경우 현물인 주식과 채권을 매입하여 선물의 만기일까지 보유하면 배당수익과 이자수익을 얻을 수 있으므로 부(−)의 보유비용을 갖는다.

따라서 현재시점에서 현물자산을 매입하여 선물의 만기일까지 현물보유에 따른 세 가지 유형의 비용을 고려하면 식(14.1)은 다음과 같이 나타낼 수 있다.

$$F_{0,T} = S_0 + \text{기회비용} + \text{보유비용} - \text{보유수익} \tag{14.2}$$

(1) 완전자본시장에서의 선물가격

완전자본시장의 가정하에서 보유비용모형을 산출하기 위한 가정은 다음과 같다. 보유비용모형을 이용하여 선물가격을 도출할 때 선물계약을 중도에 청산하지 않고 선물만기일까지 보유하며 일일정산이 없는 것으로 가정한다.

첫째, 선물시장과 현물시장은 거래비용과 세금이 없는 완전자본시장이다.
둘째, 기초자산의 공매에 제한이 없고 공매대금은 전액 사용할 수 있다.
셋째, 자금차입과 대출에 제한이 없고 예금금리와 대출금리는 동일하다.

1) 기회비용만 고려하는 경우

선물의 만기일까지 보유비용과 보유수익이 없는 경우에 선물가격은 다음과 같이 결정된다.

$$F_{0,T} = S_0 + 기회비용 = S_0\left(1 + r \times \frac{T}{360}\right) \tag{14.3}$$

2) 보유비용을 고려하는 경우

선물의 만기일까지 보유비용은 있고 보유수익은 없는 경우에 선물가격은 다음과 같이 결정된다.

$$\begin{aligned} F_{0,T} &= S_0 + 기회비용 + 보유비용 \\ &= S_0\left(1 + r \times \frac{T}{365}\right) + C\left(1 + r \times \frac{T-t}{365}\right) \end{aligned} \tag{14.4}$$

3) 보유수익을 고려하는 경우

선물의 만기일까지 보유비용은 없고 보유수익은 있는 경우에 선물가격은 다음과 같이 결정된다.

$$\begin{aligned} F_{0,T} &= S_0 + 기회비용 - 보유수익 \\ &= S_0\left(1 + r \times \frac{T}{365}\right) - D\left(1 + r \times \frac{T-t}{365}\right) \end{aligned} \tag{14.5}$$

(2) 불완전자본시장에서의 선물가격

지금까지는 세금과 거래비용이 존재하지 않는 완전자본시장을 가정하여 선물가격과 현물가격간의 균형관계를 설명하였다. 그러나 현실적으로 다양한 형태의 시장불완전요인이 존재하므로 앞에서 유도한 보유비용모형도 수정되어야 한다.

1) 시장불완전요인

현물시장과 선물시장에는 호가스프레드, 거래비용, 예대마진, 차입과 공매의 제한과 같은 여러 가지 시장불완전요인이 존재하여 차익거래의 실행을 제약하고 있다.

① 호가스프레드

현물시장과 선물시장에서 딜러가 고객에게 제시하는 매입가격을 매입호가(bid price), 매도가격을 매도호가(ask price)라고 하며, 매입가격과 매도가격의 차이를 호가스프레드(bid-ask spread)라고 한다. 따라서 고객의 입장에서는 딜러의 매입호가가 매도가격이 되고, 매도호가가 매입가격이 된다.

② 거래수수료

거래수수료(transaction fees)는 현물자산이나 선물계약을 매입하거나 매도할 때 선물중개회사에 지급하는 수수료를 말한다.

㉠ 현물포지션의 청산을 위한 거래수수료가 없는 상품선물

선물계약의 최종결제가 실물인수도에 의해 청산되는 경우에는 선물만기일에 현물과 선물이 서로 상쇄되어 청산될 수 있기 때문에 현물포지션의 청산을 위한 거래수수료가 발생하지 않는다.

㉡ 현물포지션의 청산을 위한 거래수수료가 있는 지수선물

선물계약의 최종결제가 현금결제에 의해 청산되는 경우에는 선물의 청산에 현물을 이용할 수 없기 때문에 선물만기일에 현물포지션의 청산을 위한 거래수수료가 발생할 수 있다.

③ 예대마진의 차이

일반적으로 대출이자율은 예금이자율보다 높다. 따라서 고객이 자금을 차입할 경우에 자산의 여유자금을 예금할 때보다 더 높은 금리를 지불해야 한다.

④ 차입과 공매의 제한

차익거래자가 현물매입차익거래를 수행하려면 현물매입자금을 차입해야 하는데 차입한도가 제한되는 경우가 있다. 또한 현물매도차익거래를 수행하기 위해 공매할 경우에 공매대금을 완전히 사용할 수 없는 경우가 존재할 수도 있다.

2) 선물가격의 범위

시장불완전요인을 고려할 경우에 차익거래가 발생하지 않기 위한 선물가격은 일정한 범위 내에서 결정된다. 현물보유에 따른 보유비용과 보유수익이 발생하지 않는다는 가정하에서 호가스프레드, 거래수수료, 예금이자율과 대출이자율의 차이를 고려할 경우에 선물가격의 결정범위는 다음과 같다.

① 선물가격의 상한 : 선물매입호가≤현물매입비용

선물가격이 이론가격보다 높은 경우에 과대평가된 선물은 매도하고 자금을 차입하여

과소평가된 현물을 매입하는 현물매입차익거래는 현재 S_a의 자금유출과 F_b의 현금유입을 고정시키는 합성대출과 같다. 이때 현물은 현재시점에서 S_a(매도호가)에 매입하고 선물만기일에 F_b(매입가격)으로 매도한다.

$$\frac{(F_b - TF) - S_a}{S_a} \leq r_B \rightarrow F_b \leq S_a(1 + r_B) + TF \tag{14.6}$$

② 선물가격의 하한 : 선물매입호가≥현물매입비용

선물가격이 이론가격보다 낮은 경우에 과대평가된 현물은 공매하여 자금을 대출하고 과소평가된 선물을 매입하는 현물매도차익거래는 현재 S_b의 자금유출과 F_a의 현금유출을 고정시키는 합성차입과 같다. 이때 현물은 현재시점에서 S_b(매입호가)에 공매하고 선물만기일에 F_a(매도가격)으로 매입한다.

$$\frac{(F_a - TF) - S_b}{S_b} \geq r_B \rightarrow F_a \leq S_b(1 + r_L) - TF \tag{14.7}$$

③ 선물가격의 범위

시장불완전요인을 고려할 경우에 차익거래가 발생하지 않기 위한 무차익거래영역(no arbitrage bound)을 제시하면 선물가격의 결정범위는 식(14.8)과 같다. 여기서 좌변은 현물공매에 의한 현금유입액으로 무차익거래영역의 하한이 되고, 우변은 현물보유에 따른 현금유출액으로 무차익거래영역의 상한이 된다.

$$S_b(1 + r_L) - TF \leq F \leq S_a(1 + r_B) + TF \tag{14.8}$$

한편 현물공매자금에 사용제한이 있는 경우에는 선물매도호가를 결정할 때 이를 반영해야 한다. 공매자금 중에서 일정비율(f)만 사용가능할 경우 대출가능한 금액은 $S_b \cdot f$가 되고, 나머지 공매자금 $S_b \cdot (1 - f)$은 증거금으로 보유하고 있어야 한다. 따라서 선물가격의 하한은 다음과 같이 수정되어야 한다.

$$S_b(1 + f \cdot r_L) - TF \leq F \leq S_a(1 + r_B) + TF \tag{14.9}$$

예제 14-3 불완전자본시장에서 선물가격

2014년 3월 15일 현재 주가지수선물시장에서는 만기가 3개월 남아 있는 KOSPI 200지수가 256포인트에 거래되고 있다. KOSPI 200지수에 포함된 주식들의 평균배당수익률은 연 2%이고, KOSPI 200지수선물의 1포인트당 가격은 500,000원이다. 1년은 360일로 가정하여 다음 물음에 답하시오.

1. 예금이자율과 대출이자율이 연 4%로 동일하고 기타의 거래비용은 없다고 할 때 KOSPI 200지수선물의 균형가격을 구하시오.
2. 예금이자율은 연 3%, 대출이자율은 연 5%이며 기타의 거래비용은 없다고 할 때 KOSPI 200지수선물의 균형가격을 구하시오.
3. 예금이자율은 연 3%, 대출이자율은 연 5%이며 호가스프레드가 0.01 존재한다. KOSPI 200현물의 경우에는 매입과 매도 및 청산할 때 1계약당 0.05의 거래비용이 발생하고, KOSPI 200선물의 경우에는 1계약당 0.03의 거래비용이 발생한다. 차익거래가 발생하지 않기 위한 KOSPI 200선물의 균형가격을 구하시오.

해설

1. 만기일이 2014년 6월 13일인 KOSPI 200선물의 균형가격은 다음과 같이 구할 수 있다.

$$F_{0,T} = S_0\left[1+(r-d)\times\frac{T}{360}\right] = 256\left[1+(0.04-0.02)\times\frac{60}{360}\right] = 256.85$$

2. 차익거래가 발생하지 않기 위한 선물가격의 상한과 하한은 다음과 같이 구할 수 있다.

① 선물가격의 상한 : $F_{0,T} \le S_0\left[1+(r_B-d)\times\frac{T}{360}\right]$

$$= 256\left[1+(0.05-0.02)\times\frac{60}{360}\right] = 257.28$$

② 선물가격의 하한 : $F_{0,T} \ge S_0\left[1+(r_L-d)\times\frac{T}{360}\right]$

$$= 256\left[1+(0.03-0.02)\times\frac{60}{360}\right] = 256.43$$

$\therefore$ 256.43 ≤ F≤ 257.28

3. 차익거래가 발생하지 않기 위한 선물가격의 상한과 하한은 다음과 같이 구할 수 있다.

① 선물가격의 상한 : $F_{0,T} \le S_0\left[1+(r_B-d)\times\frac{T}{360}\right]+\text{거래수수료}+\text{호가스프레드}$

$$= 256\left[1+(0.05-0.02)\times\frac{60}{360}\right]+0.05+0.03+0.01 = 257.37$$

② 선물가격의 하한 : $F_{0,T} \ge S_0\left[1+(r_L-d)\times\frac{T}{360}\right]-\text{거래수수료}-\text{호가스프레드}$

$$= 256\left[1+(0.03-0.02)\times\frac{60}{360}\right]-0.05-0.03-0.01 = 256.34$$

$\therefore$ 256.34 ≤ F≤ 257.37

2 선물가격과 선물가격의 관계

보유비용모형에 의하면 선물가격과 현물가격의 차이는 현물가격에 대한 선물만기일까지 보유비용은 가산하고 보유수익은 차감한 값이다. 이러한 관계는 동일한 기초자산에 대한 만기가 상이한 선물계약의 가격간에도 성립한다. 시장균형상태에서 원월물가격과 근월물가격간에는 다음과 같은 관계가 성립한다.

$$F_{0,T2} = F_{0,T1}(1 + r_{T1,T2}) + C_{T1,T2} - D_{T1,T2} \tag{14.10}$$

근월물의 만기(T_1)와 원월물의 만기(T_2) 사이에 보유비용과 보유수익이 없다고 가정하는 경우에 식(14.10)은 다음과 같이 바꾸어 쓸 수 있다.

$$F_{0,T2} = F_{0,T1}(1 + r_{T1,T2}) = F_{0,T1}\left(1 + r \times \frac{T_2 - T_1}{360}\right) \tag{14.11}$$

따라서 만기가 서로 다른 선물계약의 가격간에 식(14.11)의 균형관계가 성립하지 않으면 차익거래의 기회가 발생하게 된다.

3 베이시스의 개념

(1) 베이시스의 정의

베이시스(basis)는 특정 장소에서 거래되는 특정 상품의 현물가격과 선물가격간의 차이 또는 선물가격과 현물가격간의 차이를 말하며 현물가격이 선물가격과 어떤 관계를 가지고 움직이는가를 나타내는 척도로 사용된다. 여기서는 실무와 일관성을 유지하기 위해 후자의 방법을 사용한다.

$$\text{베이시스(B)} = \text{선물가격(F)} - \text{현물가격(S)} \tag{14.12}$$

상품선물은 선물가격이 현물가격보다 높게 형성되어 베이시스가 정(+)의 값을 갖는데, 이러한 현상을 콘탱고(contango)라고 한다. 금융선물은 보유비용보다 보유수익이 더 크면 선물가격이 현물가격보다 낮게 형성되어 베이시스가 부(−)의 값을 갖는데, 이러한 현상을 백워데이션(backwardation)이라고 한다.

【 표 14-12 정상시장과 역조시장 】

구 분	정상시장	역조시장
명 칭	콘탱고(contango)	백워데이션(backwardation)
가 격	선물가격〉현물가격	선물가격〈현물가격
보유비용	정(+)	부(-)
베이시스	정(+)	부(-)

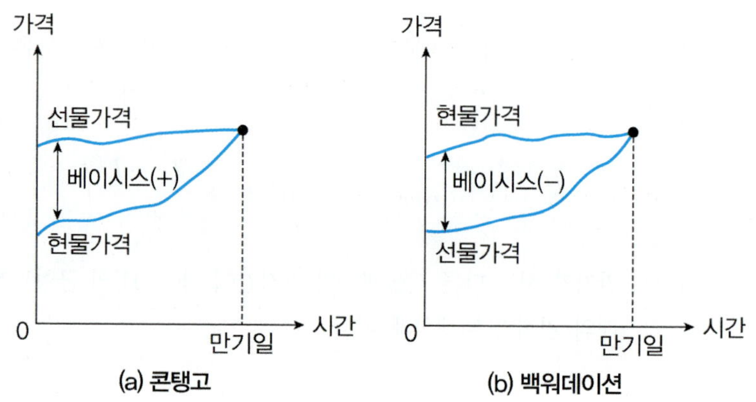

【 그림 14-9 베이시스와 인도일 수렴현상 】

동일한 상품이 선물시장과 현물시장에서 거래되면 선물가격과 현물가격간에는 밀접한 관계가 있을 것이다. 베이시스는 만기까지 기간이 길수록 확대되고 만기일에 근접하면 축소되어 만기일에는 0이 되는데, 선물가격이 만기일에 가까워짐에 따라 현물가격에 수렴하는 현상을 인도일 수렴현상(convergence)이라고 한다.

(2) 베이시스의 위험

선물의 만기일 이전에는 선물가격과 현물가격이 계속해서 변동하게 되고 선물가격과 현물가격의 변동이 정확히 일치하지 않기 때문에 베이시스는 0이 되지 않으며 계속해서 변화하게 된다. 그러나 선물의 만기일이 다가올수록 선물가격은 현물가격에 수렴하게 되어 만기일에는 현물가격과 일치하게 된다.

따라서 베이시스는 만기일에 접근할수록 감소하여 만기일에는 0이 된다. 베이시스위험은 베이시스의 변동에 따라 선물거래자의 손익이 달라지는 위험을 말한다. 베이시스의 변동폭은 선물가격과 현물가격의 변동폭에 비해 적게 변화하여 헤지거래는 가격변동위험을 베이시스위험으로 대체하는 것이다.

개시베이시스는 선물을 거래할 경우 선물가격과 현물가격의 차이를 말하고, 커버베이시스는 선물을 청산할 때 선물가격과 현물가격의 차이를 말한다. 선물거래의 계약시점부터 청산시점까지 선물가격의 변동과 현물가격의 변동이 동일하면 개시베이시스와 커버베이시스가 일치하여 완전헤지가 달성된다.

(3) 베이시스를 이용한 투기거래

베이시스가 확대되면 콘탱고에서 현물은 매도하고 선물은 매입하며, 백워데이션에서 현물은 매입하고 선물을 매도하면 베이시스 변동만큼의 이익을 얻을 수 있다. 베이시스가 축소되면 콘탱고에서 현물은 매입하고 선물은 매도하며, 백워데이션에서 현물은 매도하고 선물을 매입하면 베이시스 변동만큼의 이익을 얻을 수 있다.

【 표 14-13 베이시스의 변화에 따른 손익 】

구분	베이시스	매입헤지	매도헤지
콘탱고 (선물가격〉현물가격)	축소	순손실	순이익
	확대	순이익	순손실
백워데이션 (선물가격〈현물가격)	축소	순이익	순손실
	확대	순손실	순이익

4 스프레드의 개념

(1) 스프레드의 정의

스프레드(spread)는 조건이 서로 다른 선물계약간의 가격차이를 말한다. 그리고 스프레드거래는 스프레드의 변동을 예상하여 과내평가된 선물은 매도하고 과소평가된 선물은 매입하는 전략을 말한다. 스프레드거래에 따른 손익은 매도포지션과 매입포지션의 상대적인 크기에 따라 결정된다.

$$스프레드(S) = 원월물가격(F_2) - 근월물가격(F_1) \tag{14.13}$$

(2) 스프레드의 종류

① **만기간 스프레드**(inter-delivery spread)

만기간 스프레드는 동일한 거래소에서 거래되는 기초자산은 동일하지만 만기가 서로 다른 선물계약간의 가격차이를 말하며 캘린더 스프레드(calendar spread)라고도 한다. 예컨대 한국거래소(KRX)에서 거래되는 KOSPI 200선물 6월물은 매입하고, 9월물은 매도한 경우가 만기간 스프레드 포지션에 해당한다.

만기간 스프레드에서 만기가 가까운 선물은 근월물(nearby futures)이라 하고, 만기가 먼 선물은 원월물(distant futures)이라고 한다. 보유비용모형을 이용할 경우에 원월물가격은 근월물가격에 보유비용은 가산하고 보유수익은 차감하여 결정된다. 만기간 스프레드는 강세스프레드와 약세스프레드로 구분된다.

㉠ 강세스프레드

강세스프레드(bull spread)는 근월물가격이 원월물가격에 비해 더 상승할 것으로 예상하여 근월물을 매입하고 원월물을 매도하는 전략을 말한다. 강세장에서는 초과수요가 존재하여 근월물가격이 원월물가격보다 더 크게 상승하므로 강세장이 예상되면 강세스프레드를 구성한다.

㉡ 약세스프레드

약세스프레드(bear spread)는 근월물가격이 원월물가격에 비해 더 하락할 것으로 예상하여 근월물을 매도하고 원월물을 매입하는 전략을 말한다. 약세장에서는 초과공급이 존재하여 근월물가격이 원월물가격보다 더 크게 하락하므로 약세장이 예상되면 약세스프레드를 구성한다.

② **상품간 스프레드**(inter-commodity spread)

상품간 스프레드는 동일한 거래소에서 거래되는 만기는 동일하지만 기초자산이 서로 다른 선물계약간의 가격차이를 말한다. 예컨대 뉴욕상업거래소(NYMEX)에서 거래되는 6월물 금선물은 매입하고, 6월물 은선물은 매도하여 스프레드 포지션을 취한 경우가 상품간 스프레드 포지션에 해당한다.

③ **시장간 스프레드**(inter-market spread)

시장간 스프레드는 상품간 스프레드의 변형으로 만기와 기초자산은 동일하지만 서로 다른 선물시장에서 거래되는 선물계약간의 가격차이를 말한다. 예컨대 6월물 미국 달러선물을 미국 시장에서는 매입하고 한국거래소(KRX) 시장에서는 매도하여 스프레드 포지션을 취한 경우가 시장간 스프레드 포지션에 해당한다.

(3) 스프레드를 이용한 투기거래

스프레드를 이용한 투기거래도 베이시스를 이용한 투기거래처럼 선물가격 자체가 아니라 두 선물가격의 상대적 가격차이를 이용하여 투기거래를 하는 것을 말한다. 스프레드의 축소(확대)가 예상되는 경우에 근월물을 매입(매도)하고 원월물을 매도(매입)하면 스프레드 변동만큼의 이익을 얻을 수 있다.

【 표 14-14 스프레드의 변화에 따른 손익 】

구분	매입스프레드거래	매도스프레드거래
스프레드 확대	이익	손실
스프레드 축소	손실	이익

5 선물가격과 기대현물가격의 관계

보유비용모형은 현재의 선물가격과 현재의 현물가격간의 관계를 나타낸다. 여기서는 현재의 선물가격이 미래의 기대현물가격과 어떠한 관계를 갖는지에 대해 살펴보고자 한다. 현재의 선물가격과 미래의 기대현물가격의 관계를 설명하는 이론은 크게 순수기대가설과 위험프리미엄가설로 구분된다.

(1) $F_{0,T} = E(S_T)$: 순수기대가설

선물계약은 만기일에 현물을 인수도할 것을 계약한 것이므로 현재의 선물가격은 현재시점에서 형성되는 만기일의 기대현물가격과 일치해야 한다고 주장한다. 미래의 불확실성으로 만기일의 실제현물가격이 기대현물가격과 달라질 가능성이 있는데 위험중립형 투자자들은 현물가격변동에 대한 보상을 요구하지 않는다.

(2) 위험프리미엄가설

현재의 선물가격과 만기일의 기대현물가격간의 차이가 존재하는 이유는 헤지거래자가 가격변동위험을 헤지하는 대가로 투기거래자에게 지급하는 위험프리미엄 때문이라고 주장한다.

1) $F_{0,T} < E(S_T)$: **백워데이션가설**

현재의 선물가격은 만기일의 기대현물가격보다 낮게 형성되었다가 만기일에 근접할수록 선물가격이 상승하여 만기일에는 인도일 수렴현상에 의해서 선물가격이 기대현물가격과 일치한다는 가설을 말한다. 현물시장에서 매입포지션에 있는 헤지거래자가 가격하락위험을 헤지하려면 선물시장에서 매도포지션을 취해야 한다.

이때 투기거래자들이 매입포지션을 취하도록 유인하기 위해 선물가격은 만기일의 기대현물가격보다 낮아야 한다는 것이다. 따라서 기대현물가격과 선물가격간의 차이는 현물시장에서 매입포지션에 있는 헤지거래자가 가격하락위험을 헤지하는 대가로 투기거래자에게 지급하는 위험프리미엄이라고 할 수 있다.

2) $F_{0,T} > E(S_T)$: **콘탱고가설**

현재의 선물가격이 만기일의 기대현물가격보다 높게 형성되었다가 만기일에 근접할수록 선물가격이 하락하여 만기일에는 인도일 수렴현상에 의해서 선물가격이 기대현물가격과 일치한다는 가설을 말한다. 현물시장에서 매도포지션에 있는 헤지거래자가 가격상승위험을 헤지하려면 선물시장에서 매입포지션을 취해야 한다.

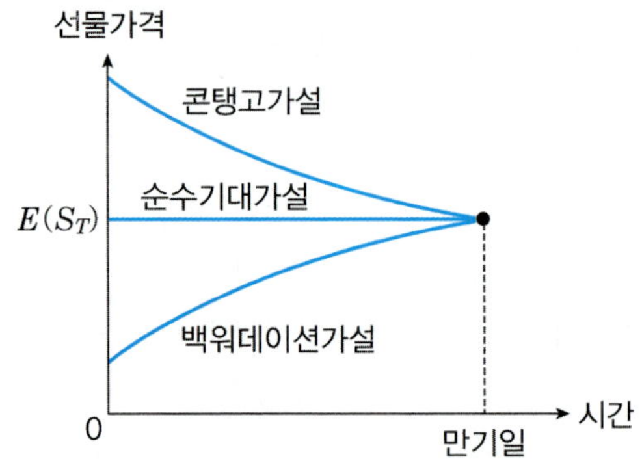

【 그림 14-10 선물가격과 기대현물가격의 관계 】

이때 투기거래자들이 매도포지션을 취하도록 유인하기 위해 선물가격은 만기일의 기대현물가격보다 높아야 한다는 것이다. 따라서 선물가격과 기대현물가격간의 차이는 현물시장에서 매도포지션에 있는 헤지거래자가 가격상승위험을 헤지하는 대가로 투기거래자에게 지급하는 위험프리미엄이라고 할 수 있다.

(3) 선물가격과 위험프리미엄

선물가격과 기대현물가격간의 관계는 자본자산가격결정모형(CAPM)을 이용하여 설명할 수도 있다. 개별자산 i의 미래 T시점에서의 기대현물가격을 $E(S_T)$, 자산의 위험을 적절히 반영한 요구수익률을 $E(R_i)$라고 하면 현재의 현물가격(S_0)은 다음과 같이 구할 수 있다.

$$S_0 = \frac{E(S_T)}{[1+E(R_i)]^T} \tag{14.14}$$

식(14.14)에서 $E(R_i)$는 CAPM을 이용하여 다음과 같이 구할 수 있다.

$$E(R_i) = R_f + [E(R_m) - R_f]\beta_i \tag{14.15}$$

선물의 만기일까지 보유비용과 보유수익이 없다고 가정하면 현재의 현물가격은 다음과 같이 나타낼 수 있다.

$$S_0 = \frac{F_{0,T}}{(1+R_f)^T} \tag{14.16}$$

식(14.14)과 식(14.16)에서 선물가격은 만기일의 기대현물가격과 다음의 관계를 갖는다.

$$F_{0,T} = E(S_T)\left[\frac{1+R_f}{1+E(R_i)}\right]^T \tag{14.17}$$

식(14.17)에서 선물가격과 기대현물가격간의 관계는 기초자산의 체계적 위험(β_i)에 따라서 다음과 같이 달라진다.

첫째, $\beta_i = 0$이면 $R_f = E(R_i)$이므로 $F_{0,T} = E(S_T)$가 되어 순수기대가설이 성립한다. 따라서 선물매입자는 위험프리미엄을 요구하지 않고, 선물매도자도 위험프리미엄을 요구하지 않는다.

둘째, $\beta_i > 0$이면 $R_f < E(R_i)$이므로 $F_{0,T} < E(S_T)$가 되어 백워데이션가설이 성

립한다. 따라서 매도헤지거래자는 가격하락위험을 헤지하는 대신에 $E(S_T)-F_{0,T}$의 위험프리미엄을 부담하고, 매입투기거래자는 가격하락위험을 감수하는 대가로 만기일까지 선물가격이 상승할 경우에 $E(S_T)-F_{0,T}$의 위험프리미엄을 받는다.

셋째, $\beta_i<0$이면 $R_f>E(R_i)$이므로 $F_{0,T}>E(S_T)$가 되어 콘탱고가설이 성립한다. 따라서 매도헤지거래자는 가격하락위험을 헤지하는 대신에 $F_{0,T}-E(S_T)$의 위험프리미엄을 부담하고, 매입투기거래자는 가격하락위험을 감수하는 대가로 만기일까지 선물가격이 상승할 경우에 $F_{0,T}-E(S_T)$의 위험프리미엄을 받는다.

제 4 절 선물거래의 유형

1 헤지거래의 개요

(1) 헤지거래의 정의

헤지(hedge)는 원래 울타리를 쳐서 자신을 보호한다는 의미를 가지고 있으나, 최근에는 현물시장에서 예측하지 못한 기초자산의 가격변동위험을 회피하기 위한 투자전략을 말한다. 따라서 선물거래를 이용하여 기초자산의 가격변동위험을 회피하려고 할 경우에 현물시장의 포지션과 반대의 포지션을 취하면 된다.

현물시장		선물시장
매입포지션	현재자산보유, 미래자산매도예정 ⇨ 가격하락시 손실발생 ⇨	매도포지션
매도포지션	현재자산공매, 미래자산매입예정 ⇨ 가격상승시 손실발생 ⇨	매입포지션

(2) 헤지거래의 효과

동일한 상품에 대한 선물거래의 가격은 현물자산의 가격과 동일한 방향으로 움직인다는 점을 이용하여 선물시장에서 현물시장과 반대되는 포지션을 취하면 현물보유에 따른 손실(이익)이 선물거래의 이익(손실)과 상쇄되어 불확실한 미래의 가격변동위험을 제거하거나 축소시킬 수 있게 된다.

헤지거래의 성공여부는 선물가격과 현물가격이 얼마나 밀접하게 변동하느냐에 따라 결정된다. 선물가격과 현물가격이 밀접하게 변동하면 베이시스가 0에 근접하여 헤지효과가 크게 발생한다. 그러나 선물가격과 현물가격이 밀접하게 변동하지 않으면 베이시스위험이 발생하여 헤지효과가 감소한다.

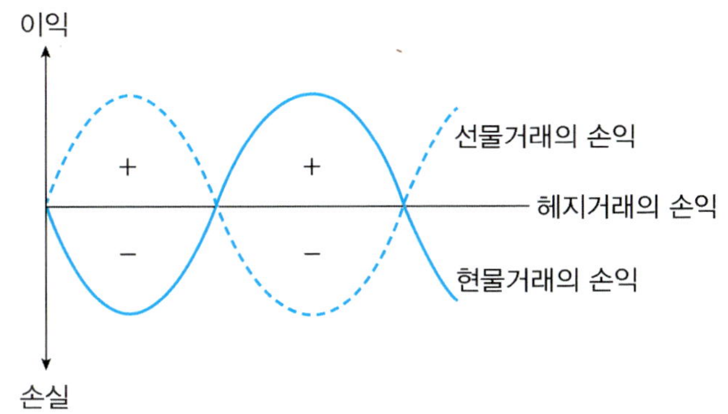

【 그림 14-11 헤지거래의 효과 】

(3) 헤지거래의 종류

신물거래를 이용하여 현물시장에서 기초자산의 가격변동위험을 회피하기 위한 헤지거래는 헤지포지션의 방향에 따라 매입헤지와 매도헤지, 헤지효과의 정도에 따라 완전헤지와 불완전헤지, 헤지대상이 되는 현물자산과 헤지수단으로 이용하는 선물계약의 기초자산의 일치여부에 따라 직접헤지와 교차헤지로 분류된다.

1) 매입헤지와 매도헤지

① 매입헤지

매입헤지(long hedge)는 현물시장에서 매도포지션(short position)을 취하고 있는 투자자가 현물자산의 가격이 상승할 것으로 예상될 경우에 선물시장에서 매입포지션(long position)을 취함으로써 현물자산의 가격상승에 따른 위험을 회피하거나 축소시키는 헤지거래를 말한다.

투자자의 예상대로 현물가격이 상승하면 현물시장에서 손실이 발생하나 선물시장에서 이익이 발생하여 현물시장의 손실을 선물시장의 이익으로 상쇄시킬 수 있다. 그러나 현물가격이 하락하면 현물시장에서 이익이 발생하나 선물시장에서 손실이 발생하여 현물시장의 이익으로 선물시장의 손실을 상쇄시킬 수 있다.

② 매도헤지

매도헤지(short hedge)는 현물시장에서 매입포지션(long position)을 취하고 있는 투자자가 현물자산의 가격이 하락할 것으로 예상될 경우에 선물시장에서 매도포지션(short position)을 취함으로써 현물자산의 가격하락에 따른 위험을 회피하거나 축소시키는 헤지거래를 말한다.

투자자의 예상대로 현물가격이 하락하면 현물시장에서 손실이 발생하나 선물시장에서 이익이 발생하여 현물시장의 손실을 선물시장의 이익으로 상쇄시킬 수 있다. 그러나 현물가격이 상승하면 현물시장에서 이익이 발생하나 선물시장에서 손실이 발생하여 현물시장의 이익으로 선물시장의 손실을 상쇄시킬 수 있다.

【 표 14-15 매입헤지와 매도헤지 】

가격변동	매입헤지		매도헤지	
	현물시장 매도	선물시장 매입	현물시장 매입	선물시장 매도
상승	손실	이익	이익	손실
하락	이익	손실	손실	이익

2) 완전헤지와 불완전헤지

① 완전헤지

완전헤지(perfect hedge)는 선물거래를 이용하여 현물자산의 가격변동위험을 완전히 제거하는 헤지거래로 완전헤지가 달성되려면 헤지대상이 되는 현물자산과 헤지수단으로 이용하는 선물계약의 기초자산이 동일해야 하고, 계약일부터 청산일까지 현물가격과 선물가격의 변동폭이 일정하여 베이시스가 변동하지 않아야 한다.

② 불완전헤지

불완전헤지(imperfect hedge)는 선물거래를 이용하여 현물자산의 가격변동위험을 완전히 제거하지 못하고 일부만 제거하는 헤지거래를 말하며 부분헤지(partial hedge)라고도 한다. 현실적으로 선물가격과 현물가격의 변동이 정확히 일치할 수 없기 때문에 완전헤지를 달성할 수 없고 불완전헤지가 이루어진다.

3) 직접헤지와 교차헤지

① 직접헤지

직접헤지(direct hedge)는 헤지의 대상이 되는 현물자산과 헤지의 수단으로 이용하는 선물계약의 기초자산이 동일한 경우의 헤지를 말한다. 예컨대, 통화선물을 이용한 헤지거래는 헤지대상의 현물자산(달러)과 헤지수단으로 이용하는 선물계약의 기초자산(달러)이 동일한 직접헤지에 해당한다.

② 교차헤지

교차헤지(cross hedge)는 헤지의 대상이 되는 현물자산과 헤지의 수단으로 이용하는 선물계약의 기초자산이 상이한 경우의 헤지를 말한다.[2)] 예컨대, KOSPI 200선물을 이용한 헤지거래는 헤지대상의 현물자산(주식)과 헤지수단으로 이용하는 선물계약의 기초자산(주가지수)이 상이한 교차헤지에 해당한다.

헤지의 대상이 되는 현물자산과 헤지의 수단으로 이용하는 선물계약의 기초자산이 서로 다른 경우에 헤지효과를 높이기 위해서는 헤지할 자산의 가격과 가장 밀접하게 가격이 변동하는 자산을 기초자산으로 하는 선물거래를 이용해야 한다.

4) 스택헤지와 스트립헤지

① 스트립헤지

스트립헤지(strip hedge)는 단기금리선물을 이용하여 장기금리 상승위험을 헤지할 경우에 발생하는 베이시스위험을 극소화시키기 위해 헤지기간 동안 근월, 중월, 원월의 단기금리선물을 균등하게 매도하는 헤지전략을 말한다. 즉, 차입초기에 근월, 중월, 원월선물을 헤지에 필요한 수량만큼 균등하게 연속적으로 매도한 후 차입기간이 경과함에 따라 근월물부터 차례로 환매시켜 나간다.

② 스택헤지

스택헤지(stack hedge)는 단기금리선물을 이용하여 장기금리 상승위험을 헤지할 경우에 발생하는 베이시스위험을 극소화시키기 위해 헤지기간 동안 근월의 단기금리선물을 집중적으로 매도하는 헤지전략을 말한다. 즉, 차입초기에 헤지에 필요한 수량만큼 근월물을 집중적으로 매도한 후 차입기간이 경과함에 따라 근월물을 계속 교체해 나가는 일

2) 교차헤지는 주로 다음과 같은 경우에 이용되고 있다.
① 헤지의 대상이 되는 현물자산에 대한 선물시장이 존재하지 않는 경우
② 헤지의 대상이 되는 현물자산에 대한 선물시장의 유동성이 크지 못한 경우
③ 상이한 자산에 대한 선물계약을 이용하는 것이 동일한 자산에 대한 선물계약을 이용하는 경우보다 더 좋다고 판단되는 경우

종의 롤링헤지(rolling hedge)에 속한다.

헤지기간이 장기간일 경우에 잔존만기일이 6개월 이상인 원월물은 유동성이 부족하고 호가스프레드도 커서 스트립헤지로는 헤지효과가 반감되기 쉬우므로 근월의 단기금리선물을 연속적으로 교체시켜 나가는 스택헤지가 효과적이다. 그러나 스택헤지는 스트립헤지보다 거래계약수가 많아 거래비용이 증가하는 단점이 있다.

(4) 베이시스위험

개시베이시스(initial basis)는 선물계약을 거래할 때 선물가격과 현물가격의 차이를, 커버베이시스(cover basis)는 선물계약을 청산할 때 선물가격과 현물가격의 차이를 말한다. 계약일부터 청산일까지 선물가격과 현물가격의 변동이 동일하면 개시베이시스와 커버베이시스가 일치하여 순손익이 0이 되는 완전헤지가 달성된다.[3)]

그러나 선물시장과 현물시장의 상이한 수급관계로 헤지기간에 선물가격과 현물가격의 변동이 일치하지 않은 경우가 많아 순손익이 0이 아닌 불완전헤지가 일반적이다. 선물거래를 이용하여 헤지거래를 하는 경우 헤지기간 동안 베이시스의 변동에 따라 선물거래자의 손익이 달라지는 위험을 베이시스위험이라고 한다.

베이시스위험은 상관계수가 클수록 헤지효과가 크게 발생한다. 베이시스의 변동은 선물가격이나 현물가격의 변동에 비해 상대적으로 안정적이므로 베이시스의 위험은 현물가격의 변동위험보다 작다. 따라서 헤지거래는 현물가격의 변동위험을 위험의 크기가 작은 베이시스위험으로 대체하는 것으로 볼 수 있다.

【 표 14-16 헤지거래에 따른 위험(정상시장) 】

베이시스	매입헤지	매도헤지
확대	이익	손실
축소	손실	이익

3) 헤지거래에 따라 순손익이 0이 되는 완전헤지의 조건은 다음과 같다.
① 헤지기간에 선물가격과 현물가격의 변동이 일치해야 한다.
② 헤지기간에 선물가격과 현물가격간에 완전 정(+)의 상관관계가 있고 분산이 동일해야 한다.
③ 헤지기간에 개시베이시스와 커버베이시스가 일치하여 베이시스가 변동하지 않아야 한다.

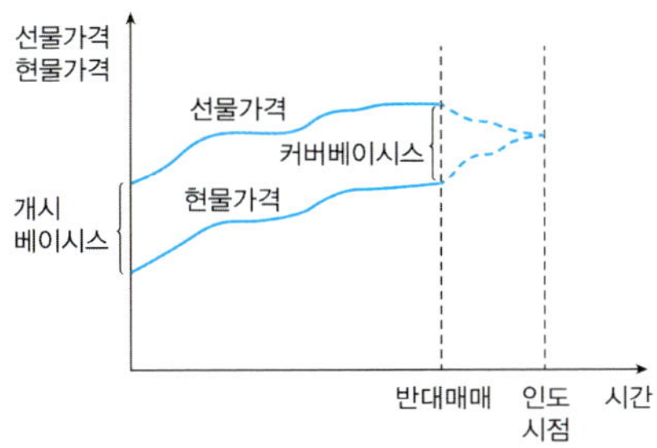

(a) 개시베이시스와 커버베이시스(콘탱고)

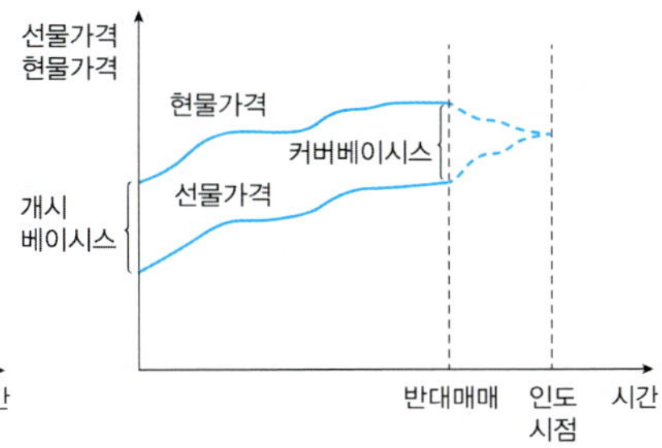

(b) 개시베이시스와 커버베이시스(백워데이션)

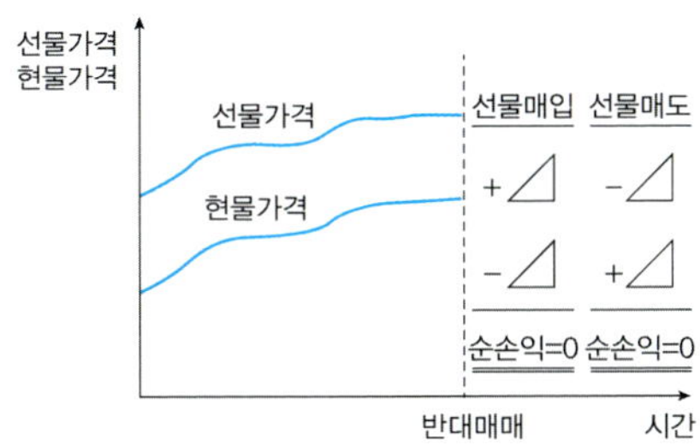

(c) 개시베이시스 = 커버베이시스(콘탱고)

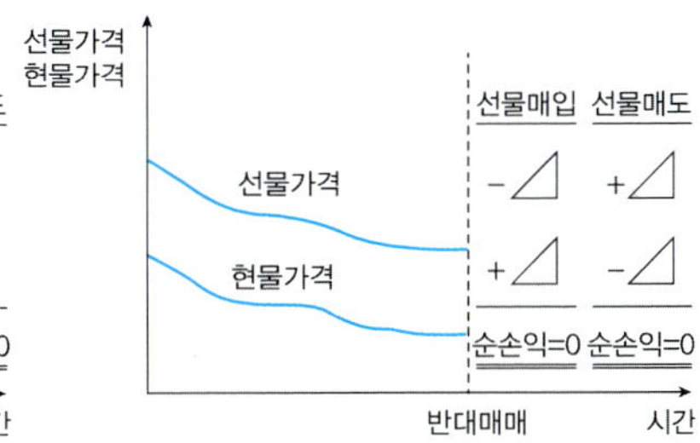

(d) 개시베이시스 = 커버베이시스(콘탱고)

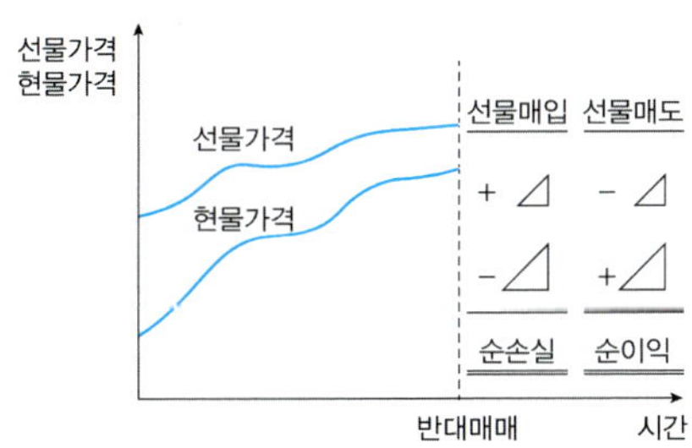

(e) 개시베이시스 〉 커버베이시스(콘탱고)

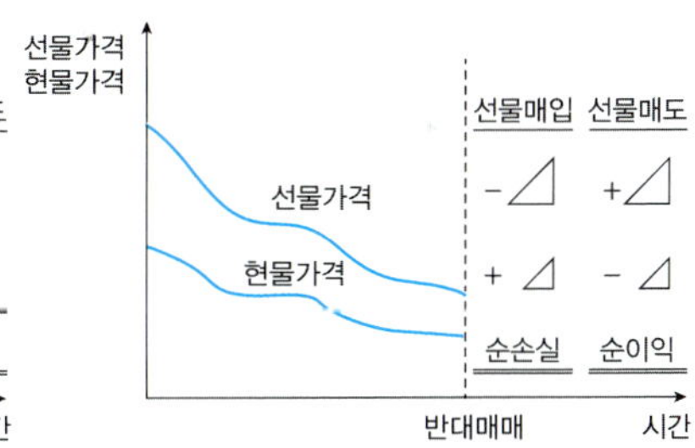

(f) 개시베이시스 〉 커버베이시스(콘탱고)

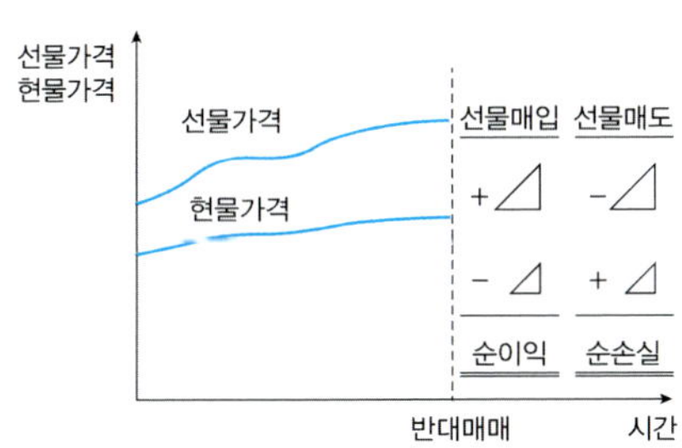

(g) 개시베이시스 〈 커버베이시스(콘탱고)

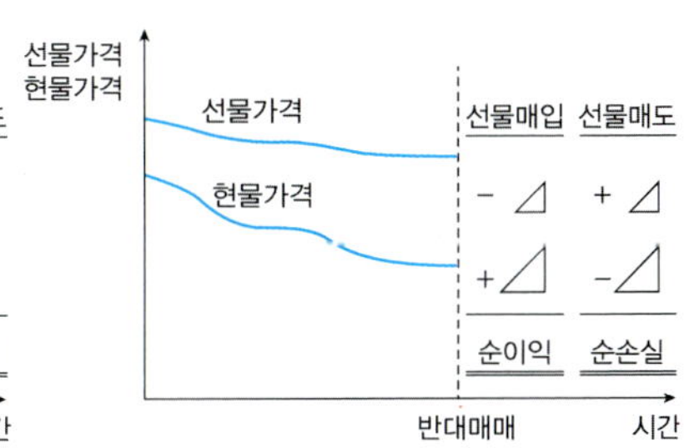

(h) 개시베이시스 〈 커버베이시스(콘탱고)

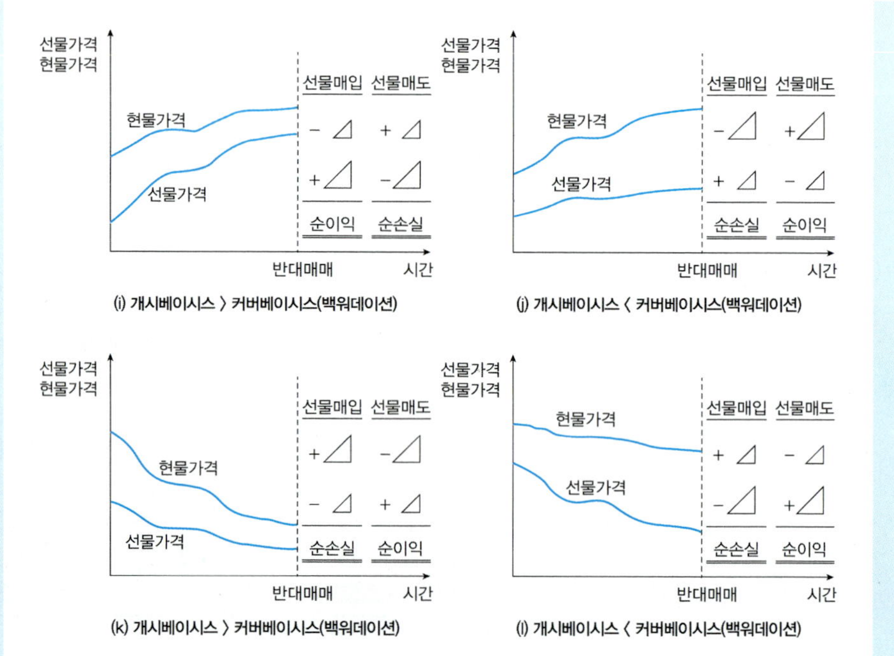

[그림 14-12 베이시스위험]

(5) 헤지비율

1) 헤지비율의 개념

선물거래를 이용하여 현물자산의 가격변동위험을 회피할 경우 헤지할 현물포지션의 크기에 대해 어느 정도의 선물포지션을 취할 것인가를 결정해야 한다. 헤지비율(hedge ratio)은 현물자산의 포지션을 헤지하기 위해 거래해야 하는 선물계약수, 즉 현물거래의 손실(이익)과 선물거래의 이익(손실)이 상쇄될 수 있는 비율을 말한다.

전통적으로 현물자산과 동일한 금액만큼을 선물시장에서 반대포지션을 취하는데, 이를 단순헤지라고 한다. 만약 헤지기간에 선물가격과 현물가격의 변동이 일치하면 단순헤지로 완전헤지를 달성할 수 있다. 그러나 선물가격과 현물가격의 변동이 일치하지 않고 교차헤지를 하는 경우가 많아 단순헤지로 완전헤지를 달성할 수 없다.

이러한 경우에는 현물자산과 선물계약으로 포트폴리오를 구성한 후 포트폴리오의 위험을 최소화할 수 있는 헤지비율을 이용하는데, 이를 최소분산헤지비율(minimum variance hedge ratio)[4] 또는 최적헤지비율이라고 한다. 최소분산헤지비율은 가격변동액과

가격변동률의 두 가지 척도로 측정할 수 있다.

2) 헤지비율의 산출

일반적으로 자산의 가격변동이 상대적으로 안정적인 상품선물의 경우에는 가격변동액 척도를 이용한다. 반면에 자산의 가격변동이 상대적으로 불안정한 금융선물의 경우에는 가격변동률척도를 이용하여 헤지거래를 실행한다.

① 가격변동액척도 : 상품선물

현물자산의 가격변동위험을 헤지하기 위해 현물자산 1단위와 선물계약 h개를 결합하여 헤지포트폴리오를 구성할 경우에 헤지포트폴리오의 가치변동액(ΔV)은 다음과 같다.

$$\Delta V = \Delta S + h \times \Delta F \quad (14.18)$$

ΔS : 현물자산 1단위의 가격변동액

ΔF : 선물계약 1단위의 가격변동액

식(14.18)에서 헤지포트폴리오의 가치변동위험은 다음과 같이 구할 수 있다.

$$\begin{aligned} \mathrm{Var}(\Delta V) &= \mathrm{Var}(\Delta S + h \times \Delta F) \\ &= \mathrm{Var}(\Delta S) + h^2 \mathrm{Var}(\Delta F) + 2h\mathrm{Cov}(\Delta S,\ \Delta F) \end{aligned} \quad (14.19)$$

식(14.19)를 헤지비율 h에 대해 1차 미분하여 0으로 놓고 h에 대해서 정리하면 헤지포트폴리오의 가치변동위험을 최소화할 수 있는 최소분산헤지비율을 구할 수 있다.

$$\frac{d\,Var(\Delta V)}{dh} = 2h\,Var(\Delta F) + 2\,Cov(\Delta S, \Delta F) = 0$$

$$\therefore h = -\frac{Cov(\Delta S, \Delta F)}{Var(\Delta F)} = -\frac{\rho_{SF}\sigma_S\sigma_F}{\sigma_{F^2}} = -\rho_{SF}\frac{\sigma_S}{\sigma_F} \quad (14.20)$$

식(14.20)에서 최소분산헤지비율의 부호는 부(−)의 값을 갖는다. 이는 현물포지션과 반대의 포지션을 선물시장에서 취해야 한다는 의미로 현물자산 1단위당 필요한 선물계약수를 나타낸다. 따라서 현물자산전체(S_0)의 가치변동위험을 최소화하는 선불계약수(N_F)는 선물 1계약당 거래단위(F_0)를 고려하여 다음과 같이 구할 수 있다.

4) 최소분산헤지비율은 포트폴리오이론의 최소분산포트폴리오와 동일하며 최적헤지비율이라고도 한다. 최적헤지비율은 포트폴리오이론의 최적포트폴리오와 동일하며 투자자의 효용을 극대화할 수 있는 헤지비율을 말한다. 선물거래에서 최소분산헤지비율은 최적헤지비율과 동일한 의미로 사용된다.

$$N_F = \frac{\text{헤지대상 현물자산의 규모}}{\text{선물 1계약의 거래단위}} \times h = \frac{S_0}{F_0} \times h \tag{14.21}$$

최소분산헤지비율은 현물가격변동액을 선물가격변동액에 대해 회귀분석했을 때 얻게 되는 회귀계수(β)와 동일하다.

$$\Delta S_t = \alpha + \beta \Delta F_t + \varepsilon_t \text{에서 } \beta = \frac{Cov(\Delta S, \Delta F)}{Var(\Delta F)}$$

$$\therefore h = -\beta \tag{14.22}$$

② 가격변동률척도 : 금융선물

현물자산의 가격변동위험을 헤지하기 위해 현재가격이 S_0인 현물자산 1단위와 현재가격이 F_0인 선물계약 h개를 결합하여 헤지포트폴리오를 구성할 경우 헤지포트폴리오의 가격변동률 또는 수익률(R_P)은 다음과 같다.

$$R_P = \frac{\Delta V}{S_0} = \frac{\Delta S + h \times \Delta F}{S_0} = \frac{\Delta S}{S_0} + h \times \frac{F_0}{S_0} \times \frac{\Delta F}{F_0}$$

$$= R_S + h \times \frac{F_0}{S_0} \times R_F \tag{14.23}$$

ΔS : 현물자산의 가격변동액
R_S : 현물자산의 가격변동률
ΔF : 선물계약의 가격변동액
R_F : 선물계약의 가격변동률

식(14.23)에서 헤지포트폴리오의 수익률변동위험은 다음과 같이 구할 수 있다.

$$Var(R_P) = Var\left(R_S + h \times \frac{F_0}{S_0} \times R_F\right) \tag{14.24}$$

$$= Var(R_S) + h^2 \left(\frac{F_0}{S_0}\right)^2 Var(R_F) + 2h \frac{F_0}{S_0} Cov(R_S, R_F)$$

식(14.24)을 헤지비율 h에 대해 1차 미분하여 0으로 놓고 정리하면, 헤지포트폴리오의 수익률변동위험을 최소화할 수 있는 최소분산헤지비율을 구할 수 있다.

$$\frac{dVar(R_P)}{dh} = 2h(\frac{F_0}{S_0})^2 Var(R_F) + 2\frac{F_0}{S_0}Cov(R_S, R_F) = 0$$

$$\therefore h = -\frac{S_0}{F_0}\frac{Cov(R_S, R_F)}{Var(R_F)} = -\frac{S_0}{F_0}\beta_{SF} \quad (14.25)$$

식(14.25)에서 S_0는 현물자산의 현재가치, F_0는 선물 1계약의 가치를 나타내므로 h자체가 헤지거래에 필요한 선물계약수(N_F)를 나타낸다. 최소분산헤지비율은 현물가격변동률을 선물가격변동률에 대해 회귀분석했을 때 얻게 되는 회귀계수(β_{SF})와 동일하다.

$$R_{St} = \alpha + \beta_{SF}R_{Ft} + \varepsilon_t \text{에서 } \beta_{SF} = \frac{Cov(R_S, R_F)}{Var(R_F)} \quad (14.26)$$

$Cov(R_S,\ R_F)$: 현물수익률과 선물수익률간의 공분산

$Var(R_F)$: 선물수익률의 분산

β_{SF} : 선물수익률에 대한 현물수익률의 회귀계수

2 투기거래의 개요

(1) 투기거래의 정의

투기거래(speculation)는 현물시장에서는 어떠한 포지션도 취하지 않고 선물거래만을 이용하여 선물가격의 변동에 따른 시세차익을 얻기 위해 가격위험을 감수하면서 이익을 추구하는 거래형태를 말한다. 따라서 미래의 상황이 투기거래자의 예상이 맞으면 엄청난 이익을 얻는 반면에 예상이 틀리면 엄청난 손실이 발생한다.

(2) 투기거래의 유형

① 선물가격의 상승이 예상되는 경우

현재시점에서 선물계약을 매입했다가 일정시점이 경과한 후 동일한 선물계약을 매도하여 포지션을 청산한다. 선물매입자는 선물가격이 상승할 경우에 이익을 얻는 반면에 선물가격이 하락할 경우에 손실을 본다.

② 선물가격의 하락이 예상되는 경우

현재시점에서 선물계약을 매도했다가 일정시점이 경과한 후 동일한 선물계약을 매입하여 포지션을 청산한다. 선물매도자는 선물가격이 하락할 경우에 이익을 얻는 반면에 선물가격이 상승할 경우에 손실을 본다.

(3) 투기거래의 동기

선물거래를 이용한 투기거래는 현물거래(주식)의 신용거래와 유사하다.[5)] 신용거래는 주가상승이 예상되면 자금을 차입하여 주식을 매입한후 상승된 주식가격으로 매도하고, 주가하락이 예상되면 주식을 차입하여 공매한 후 하락한 주식가격으로 주식을 매입하여 상환함으로써 이익을 얻는 거래를 말한다.

투자자들이 현물을 이용한 신용거래보다 선물을 이용한 투기거래를 선호하는 것은 선물거래가 신용거래에 비해 거래비용이 저렴하기 때문이다. 그리고 선물거래는 거래대금 없이 낮은 수준의 증거금만 납부하면 되므로 투기거래자의 예상이 맞으면 레버리지효과로 인해 큰 이익을 실현할 수 있기 때문이다.

(4) 베이시스를 이용한 투기거래

투기거래는 향후 선물가격의 변화를 예상하여 선물포지션만을 보유하는 것으로 투자자의 예상이 맞으면 상당한 수익을 얻을 수 있으나 예상이 틀리면 엄청난 손실을 볼 수 있어 위험이 매우 높다. 그러나 선물가격에서 현물가격을 차감한 베이시스를 하나의 가격으로 보고 베이시스의 변동에 대해 투기거래를 할 수도 있다.

① 베이시스의 증가가 예상되는 경우

베이시스가 증가할 것으로 예상되면 콘탱고상태에서는 현물을 매도하고 선물을 매입하며, 백워데이션상태에서는 현물을 매입하고 선물을 매도한다. 그러면 베이시스의 변동만큼의 이익을 얻을 수 있게 된다.

② 베이시스의 감소가 예상되는 경우

베이시스가 감소할 것으로 예상되면 콘탱고상태에서는 현물을 매입하고 선물을 매도하며, 백워데이션상태에서는 현물을 매도하고 선물을 매입한다. 그러면 베이시스의 변동만큼의 이익을 얻을 수 있게 된다.

---

5) 주식투자는 신용여부에 따라서 현금거래와 신용거래로 구분할 수 있다.
① 현금거래 : 주식거래를 할 때 신용공여를 받지 않고 투자자의 현금범위 내에서 투자하는 방법을 말한다.
② 신용거래 : 주식거래를 할 때 금전이나 주식을 증권회사에서 융자 또는 대주의 방법으로 신용공여를 받아 투자하는 방법을 말한다.

【 표 14-17 베이시스의 변화에 따른 손익 】

구분	베이시스	매입헤지	매도헤지
콘탱고 (선물가격〉현물가격)	감소	순손실	순이익
	증가	순이익	순손실
백워데이션 (선물가격〈현물가격)	감소	순이익	순손실
	증가	순손실	순이익

(5) 스프레드를 이용한 투기거래

스프레드(spread)는 조건이 서로 다른 선물계약간의 가격차이를 말한다. 조건이 서로 다른 선물을 동시에 매입하고 매도함으로써 두 선물의 가격차이를 이용하여 이익을 실현하는 스프레드거래는 다음과 같은 세 가지 종류로 구분된다.

① **만기간 스프레드**(inter-delivery spread)

만기간 스프레드는 기초자산은 동일하나 만기가 서로 다른 선물계약간의 가격차이를 말한다. 통상 동일한 선물거래소에서 거래되는 동일한 선물 중에서 만기만 상이한 선물간의 가격차이를 말한다. 예컨대 주가지수선물 6월물을 매입하고 주가지수선물 9월물을 매도하여 스프레드포지션을 취한 경우이다.

스프레드를 이용한 투기거래도 베이시스를 이용한 투기거래와 동일한 논리로 두 선물가격간의 상대적인 가격차이를 이용하여 투기거래를 한다. 만기간 스프레드에서 만기가 가까운 선물은 근월물(nearby futures), 만기가 먼 선물은 원월물(distant futures)이라고 하며 강세스프레드와 약세스프레드로 구분된다.

㉠ 강세스프레드(bull spread)

강세스프레드는 근월물가격이 원월물가격보다 더 상승할 것으로 예상하여 근월물을 매입하고 원월물을 매도하는 스프레드를 말한다. 강세장에서는 초과수요가 나타나기 때문에 근월물가격이 원월물가격보다 더 크게 상승하는 경향이 있다. 따라서 강세장이 예상되면 강세스프레드를 구성하게 된다.

㉡ 약세스프레드(bear spread)

약세스프레드는 근월물가격이 원월물가격보다 더 하락할 것으로 예상하여 근월물을 매도하고 원월물을 매입하는 스프레드를 말한다. 약세장에서는 초과공급이 나타나기 때문에 근월물가격이 원월물가격보다 더 크게 하락하는 경향이 있다. 따라서 약세장이 예상되면 약세스프레드를 구성하게 된다.

② **상품간 스프레드**(inter-commodity spread)

상품간 스프레드는 만기는 동일하나 기초자산이 서로 다른 선물계약간의 가격차이를 말한다. 통상 동일한 선물거래소에서 거래되는 만기가 동일한 두 이종선물간의 가격차이를 말한다. 예컨대 6월물 금선물을 매입하고 6월물 은선물을 매도하여 스프레드포지션을 취한 경우이다.

상품간 스프레드의 특수한 형태로 하나의 원료와 그 원료로 생산하는 제품간의 스프레드가 있다. 예컨대 크러쉬 스프레드(crush spread)는 대두선물을 매입하고 대두유선물과 대두박선물을 매도한 것을 말하고, 크랙 스프레드(crack spread)는 원유선물을 매입하고 난방유선물과 휘발유선물을 매도한 것을 말한다.

③ **시장간 스프레드**(inter-market spread)

시장간 스프레드는 상품간 스프레드의 변형으로 기초자산과 만기는 동일하나 서로 다른 선물시장에서 거래되는 두 선물계약간의 가격차이를 말한다. 예컨대 6월물 미국달러선물을 국내 한국거래소(KRX)에서는 매입하고 미국시장에서는 매도하여 스프레드포지션을 취한 경우이다.

3 차익거래의 개요

(1) 차익거래의 정의

시장이 균형상태에 있으면 일물일가의 법칙(law of one price)이 성립하여 차익거래가 발생하지 않는다. 그러나 동일한 상품이 여러 시장에서 상이한 가격으로 거래되는 불균형상태에 있으면 과소평가된 시장에서 매입하여 과대평가된 시장에 매도함으로써 차익(free lunch)을 얻을 수 있다.

차익거래(arbitrage)는 추가적인 자금이나 위험을 부담하지 않으면서 선물가격과 현물가격간의 가격차이 또는 여러 선물가격간의 차이를 이용하여 이익을 실현하는 거래를 말한다. 과소평가된 시장에서는 수요가 증가하여 가격이 상승하고, 과대평가된 시장에서는 공급이 증가하여 가격이 하락한다.

보유비용모형에 의한 균형선물가격(또는 이론선물가격)은 현물가격에 보유비용은 가산하고 보유수익은 차감하여 구할 수 있다. 이론선물가격이 선물시장에서 거래되는 실제선물가격과 일치하면 균형상태가 되어 차익거래가 발생하지 않지만 일치하지 않으면 불균형상태가 되어 차익거래가 발생하게 된다.

선물시장에서 차익거래는 먼저 이론선물가격과 실제선물가격간의 차이를 확인하고 차익거래의 예상이익이 차익거래의 거래비용을 초과하는지를 분석한 후에 차익거래를 실행하게 된다. 실제로 차익거래를 실행하는 과정에서 많은 제약이 수반될 수 있기 때문에 신중한 고려가 있어야 한다.

【 표 14-18 차익거래의 기회 】

차익거래의 기회	구분
실제선물가격(시장가격) > 균형선물가격(이론가격) 합성대출이자율 > 차입이자율	현물매입차익거래 (선물매도, 현물매입)
실제선물가격(시장가격) < 균형선물가격(이론가격) 합성대출이자율 < 차입이자율	현물매도차익거래 (선물매입, 현물매도)

(2) 선물과 현물의 차익거래

선물시장과 현물시장간의 차익거래로 선물가격과 현물가격은 서로 밀접하게 연결되며 차익거래자는 선물시장과 현물시장을 연결시키는 교량역할을 수행한다. 실제선물가격이 이론선물가격에 비해 과대평가되어 있느냐 아니면 과소평가되어 있느냐에 따라서 현물매입차익거래와 현물매도차익거래로 구분된다.

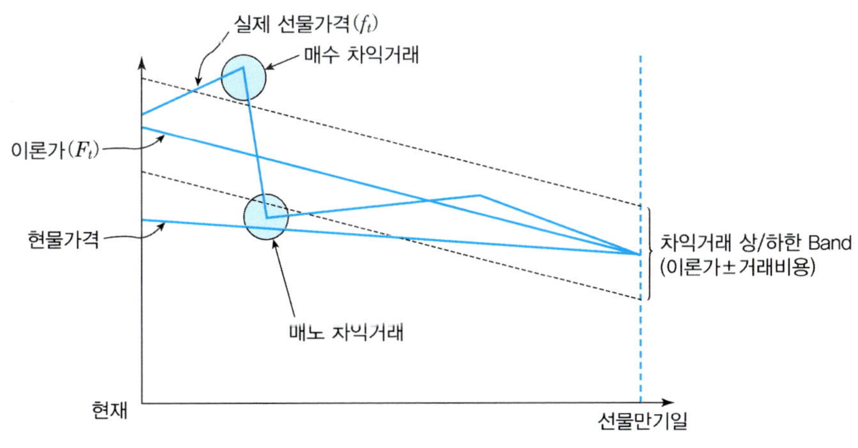

【 그림 14-13 차익거래의 기회 】

1) 기회비용만 고려하는 경우

선물만기일까지 보유비용과 보유수익은 없고 기회비용만 고려하는 경우에 선물가격과 현물가격간의 균형관계는 다음과 같이 나타낼 수 있다.

$$F_{0,\ T} = S_0 + \text{기회비용}$$
$$= S_0\left(1 + r \times \frac{T}{360}\right) \tag{14.27}$$

선물시장에서 거래되는 실제선물가격이 식(14.27)에 의한 균형선물가격과 다르면 차익거래가 발생한다. 실제선물가격이 균형선물가격보다 과대평가 또는 과소평가되었는가에 따라 현물매입차익거래와 현물매도차익거래로 구분된다.

가. $F_{0,\ T} > S_0(1 + r_{0,\ T})$

① **현물매입차익거래**(cash & carry arbitrage)

실제선물가격이 균형선물가격보다 과대평가되면 과대평가된 선물은 매도하고 과소평가된 현물은 자금을 차입하여 매입하여 현물을 인도하여 선물계약을 이행하고 선물매도금액으로 현물매입시 차입한 원리금을 상환하는 차익거래를 말한다. 이때 차익거래자는 위험을 부담하지 않으면서 $F_{0,\ T} - S_0(1 + r_{0,\ T})$만큼의 이익을 얻는다.

② **합성대출이자율 > 차입이자율**

현재 현물을 매입하고 선물을 매도하면 선물만기일에 보유중인 현물을 인도하고 선물매도대금을 수령할 수 있다. 따라서 현재시점에서 S_0의 현금유출과 선물만기일에 F의 현금유입이 있으므로 현재 자금을 빌려주고 만기에 원리금을 회수하는 것과 동일하여 현물매입차익거래를 합성대출이라고도 한다.

이러한 대출에서 얻는 수익률을 합성대출이자율(synthetic lending rate) 또는 내재환매이자율(implied repo rate)이라고도 한다. 따라서 선물매도와 현물매입을 통한 합성대출에서 얻게 될 합성대출이자율이 현물매입대금을 조달할 때 차입이자율보다 높으면 현물매입차익거래의 기회가 존재한다.

나. $F_{0,\ T} < S_0(1 + r_{0,\ T})$

① **현물매도차익거래**(reverse cash & carry arbitrage)

실제선물가격이 균형선물가격보다 과소평가되면 과대평가된 현물을 S_0의 가격에 공매하여 대출하고 과소평가된 선물을 매입한 후 공매대금의 원리금을 회수하며 선물계약을 결제하고 인수된 현물은 공매한 현물을 상환하는 차익거래를 말한다. 이때 차익거래자는 위험을 부담하지 않으면서 $F_{0,T}-S_0(1+r_{0,T})$만큼의 이익을 얻는다.

② 합성대출이자율 < 차입이자율

현재 현물을 공매하고 선물을 매입하면 선물만기일에 선물매입가격으로 기초자산을 인수하여 공매한 현물을 상환할 수 있다. 따라서 현재시점에서 S_0의 현금유입과 선물만기일에 F의 현금유출이 있으므로 현재 자금을 차입하고 만기에 원리금을 상환하는 것과 동일하여 현물매도차익거래를 합성차입이라고도 한다.

이러한 차입에서 부담하는 이자율을 합성차입이자율(synthetic borrowing rate) 또는 내재역환매이자율(implied reverse repo rate)이라고도 한다. 따라서 현물공매와 선물매입을 통한 합성차입이자율이 현물공매로 발생하는 현금유입의 투자기회(대출이자율)보다 낮으면 현물매도차익거래의 기회가 존재한다.

예제 14-4 기회비용만 고려하는 경우의 차익거래

현재 강동기업의 주식가격은 10,000원이며, 주식선물시장에서는 강동기업의 주식을 기초자산으로 하는 만기까지 6개월 남은 선물계약이 거래되고 있다. 강동기업은 향후 6월간 배당을 지급하지 않을 예정이며 이산복리 무위험이자율은 연 10%이고 1년은 360일로 가정하여 다음 물음에 답하시오.

1. 6개월 만기 주식선물의 균형가격을 구하시오.
2. 6개월 만기 주식선물의 가격이 11,000원일 경우 차익거래과정을 설명하시오.
3. 6개월 만기 주식선물의 가격이 10,000원일 경우 차익거래과정을 설명하시오.

해설

1. 만기까지 6개월 남은 주식선물의 균형가격은 다음과 같이 구할 수 있다.

$$F_{0,T}=S_0\left(1+r\times\frac{T}{360}\right)=10,000\left(1+0.1\times\frac{180}{360}\right)=10,500\text{원}$$

2. 선물가격 11,000원이 균형가격 10,500원에 비해 과대평가되어 있다. 따라서 과대평가된 선물을 11,000원에 매도하고 10,000원을 차입하여 과소평가된 현물주식을 매입하는 현물매입차익거래를 실시함으로써 500원의 차익을 얻을 수 있다.

거 래	현재의 현금흐름	만기의 현금흐름
선물매도	0	$11,000-S_T$
자금차입	10,000	$-10,500^*$
현물매입	−10,000	S_T
합 계	0	500

* 차입원리금 상환액 $=-10,000\left(1+0.1\times\frac{180}{360}\right)=-10,500$원

3. 선물가격 10,000원이 균형가격 10,500원에 비해 과소평가되어 있다. 따라서 과대평가된 현물주식을 10,000원에 공매하여 대출하고 과소평가된 선물을 10,000원에 매입하는 현물매도차익거래를 실시함으로써 500원의 차익을 얻을 수 있다.

거 래	현재의 현금흐름	만기의 현금흐름
현물공매 자금대출 선물매입	10,000 −10,000 0	$-S_T$ 10,500* $S_T-10,000$
합 계	0	500

* 대출원리금 회수액 = $10,000\left(1+0.1\times\frac{180}{360}\right)=10,500$원

2) 보유비용을 고려하는 경우

일반상품을 현물로 매입하여 보유하면 수송비, 보관비, 보험료 등의 보유비용이 발생한다. 선물의 만기일까지 보유비용을 고려하는 경우에 상품선물의 균형가격은 다음과 같이 도출할 수 있다.

$$\begin{aligned} F_{0,T} &= S_0 + \text{기회비용} + \text{보유비용} \\ &= S_0\left(1+r\times\frac{T}{360}\right)+C_T \end{aligned} \tag{14.28}$$

선물의 만기일 이전인 t시점에서 C만큼의 보유비용이 발생한다면 식(14.28)로부터 선물가격과 현물가격간의 균형관계는 다음과 같이 바꾸어 쓸 수 있다.

$$F_{0,T} = S_0\left(1+r\times\frac{T}{360}\right)+C\left(1+r\times\frac{T-t}{360}\right) \tag{14.29}$$

선물시장에서 거래되고 있는 실제선물가격이 식(14.29)에 의한 균형가격과 다르면 차익거래기회가 발생한다. 따라서 실제선물가격이 이론선물가격보다 과대평가 또는 과소평가되었는가에 따라 현물매입차익거래와 현물매도차익거래로 구분된다.

① $F_{0,T} > S_0(1+r_{0,T})+C_T$: **현물매입차익거래**

선물시장가격이 이론선물가격보다 과대평가된 경우에 과대평가된 선물은 매도하고 자금을 차입하여 과소평가된 현물을 매입하는 현물매입차익거래가 발생한다. 이때 차익거래자는 현재시점에서 아무런 비용을 부담하지 않으면서 선물의 만기일에

$F_{0,T} - S_0(1+r_{0,T}) - C_T$ 만큼의 차익을 얻게 된다.

【 표 14-19 현물매입차익거래의 현금흐름 】

거 래	현재의 현금흐름	만기의 현금흐름
선물매도 자금차입 현물매입	0 S_o $-S_0$	$F_{0,\ T} - S_T$ $-S_0(1+r_{0,\ T})$ $S_T - C_T$
합 계	0	$F_{0,T} - S_0(1+r_{0,T}) - C_T$

② $F_{0,T} < S_0(1+r_{0,T}) + C_T$: 현물매도차익거래

선물시장가격이 이론선물가격보다 과소평가된 경우에 과대평가된 현물은 공매하여 자금을 대출하고 과소평가된 선물을 매입하는 현물매도차익거래가 발생한다. 이때 차익거래자는 현재시점에서 아무런 비용을 부담하지 않으면서 선물의 만기일에 $S_0(1+r_{0,T}) + C_T - F_{0,T}$ 만큼의 차익을 얻게 된다.

【 표 14-20 현물매도차익거래의 현금흐름 】

거 래	현재의 현금흐름	만기의 현금흐름
현물매도 자금대출 선물매입	S_0 $-S_0$ 0	$-S_T + C_T$ $S_0(1+r_{0,\ T})$ $S_T - F_{0,\ T}$
합 계	0	$S_0(1+r_{0,T}) + C_T - F_{0,T}$

예제 ››› 14-5 보유비용을 고려하는 경우의 차익거래

2014년 9월 10일 현재 상품선물시장에서 옥수수의 현물가격은 부셸당 5,000원이며 보유비용은 3개월 후에 부셸당 50원이 발생한다. 이산복리 무위험이자율은 연 10%이고, 1년은 360일로 가정하여 다음 물음에 답하시오.

1. 3개월 만기 옥수수선물의 균형가격을 구하시오.
2. 3개월 만기 옥수수선물의 균형가격이 5,200원일 때 차익거래과정을 설명하시오.
3. 3개월 만기 옥수수선물의 균형가격이 5,100원일 때 차익거래과정을 설명하시오.

해설

1. 만기가 3개월 남은 옥수수선물의 균형가격은 다음과 같이 구할 수 있다.

$$F_{0,T} = S_0\left(1+r\times\frac{T}{360}\right)+C_T = 5,000\left(1+0.1\times\frac{90}{360}\right)+50 = 5,175\text{원}$$

2. 선물가격 5,200원이 균형가격 5,175원에 비해 과대평가되어 있다. 따라서 과대평가된 선물을 5,200원에 매도하고, 5,000원을 차입하여 과소평가된 현물을 매입하는 현물매입차익거래를 실행함으로써 25원의 차익을 얻을 수 있다.

거 래	현재의 현금흐름	만기의 현금흐름
선물매도	0	$5,200-S_T$
자금차입	5,000	$-5,125$*
현물매입	$-5,000$	S_T-50
합 계	0	25

* 차입원리금 상환액 = $-5,000\left(1+0.1\times\frac{90}{360}\right) = -5,125$원

3. 선물가격 5,100원이 균형가격 5,175원에 비해 과소평가되어 있다. 따라서 과대평가된 현물을 5,000원에 공매하여 대출하고, 과소평가된 선물을 5,100원에 매입하는 현물매도차익거래를 실행함으로써 75원의 차익을 얻을 수 있다.

거 래	현재의 현금흐름	만기의 현금흐름
현물공매	5,000	$-S_T+50$
자금대출	$-5,000$	5,125*
선물매입	0	$S_T-5,100$
합 계	0	75

* 대출원리금 회수액 = $5,000\left(1+0.1\times\frac{90}{360}\right) = 5,125$원

3) 보유수익을 고려하는 경우

주식이나 채권과 같은 금융자산을 현물로 보유하면 선물만기일까지 보유기간 동안에 보유수익이 발생할 수 있다. 현물자산이 주식이면 배당소득, 채권이면 이자소득이 발생한다. 따라서 선물만기일까지 보유수익을 고려하는 경우에 선물가격은 다음과 같이 구할 수 있다.

$$\begin{aligned} F_{0,T} &= S_0 + \text{기회비용} - \text{보유수익} \\ &= S_0\left(1+r\times\frac{T}{360}\right) - R_T \end{aligned} \tag{14.30}$$

선물의 만기일 이전인 t시점에서 R만큼의 보유수익이 발생한다면 식(14.30)으로부터 선물가격과 현물가격간의 균형관계는 다음과 같이 바꾸어 쓸 수 있다.

$$F_{0,T} = S_0\left(1 + r \times \frac{T}{360}\right) - R\left(1 + r \times \frac{T-t}{360}\right) \tag{14.31}$$

선물시장에서 거래되고 있는 실제선물가격이 식(14.31)에 의한 균형가격과 다르면 차익거래기회가 발생한다. 따라서 실제선물가격이 이론선물가격보다 과대평가 또는 과소평가되었는가에 따라 현물매입차익거래와 현물매도차익거래로 구분된다.

① $F_{0,T} > S_0(1 + r_{0,T}) - R_T$: 현물매입차익거래

선물시장가격이 이론선물가격보다 과대평가된 경우 과대평가된 선물을 매도하고 자금을 차입하여 과소평가된 현물을 매입하는 현물매입차익거래가 발생한다. 다만 현물을 매입했기 때문에 선물의 만기일 이전에 보유수익이 발생하면 이를 선물만기일까지 대출했다가 선물만기일에 원리금을 회수하는 과정을 추가하면 된다.

【 표 14-21 현물매입차익거래의 현금흐름 】

거 래	현재의 현금흐름	t시점 현금흐름	만기의 현금흐름
선물매도	0	0	$F_{0,T}-S_T$
자금차입	S_0	0	$-S_0(1+r_{0,T})$
현물매입	$-S_0$	R	S_T
수익대출	0	−R	R_T
합 계	0	0	$F_{0,T} - S_0(1+r_{0,T}) + R_T$

② $F_{0,T} < S_0(1 + r_{0,T}) - R_T$: 현물매도차익거래

선물시장가격이 이론선물가격보다 과소평가된 경우 과대평가된 현물을 공매하여 자금을 대출하고 과소평가된 선물을 매입하는 현물매도차익거래가 발생한다. 다만 현물을 공매했기 때문에 현물자산의 대여자에게 보유수익을 대납하기 위해 보유수익만큼 차입했다가 선물만기일에 차입원리금을 상환하는 과정을 추가하면 된다.

【 표 14-22 현물매도차익거래의 현금흐름 】

거 래	현재의 현금흐름	t시점 현금흐름	만기의 현금흐름
현물공매	S_0	R	$-S_T$
자금대출	$-S_0$	0	$S_0(1+r_{0,T})$
수익차입	0	−R	$-R_T$
선물매입	0	0	$S_T-F_{0,T}$
합 계	0	0	$S_0(1+r_{0,T}) - R_T - F_{0,T}$

예제 ⋙ 14-6 보유수익을 고려하는 경우의 차익거래

현재 강동기업의 주식가격은 10,000원이며, 주식선물시장에서는 강동기업의 주식을 기초자산으로 하는 만기까지 6개월 남은 선물계약이 거래되고 있다. 강동기업은 3개월 후에 주당 200원의 배당을 지급할 예정이며 이산복리 무위험이자율은 연 10%이고 1년은 360일로 가정하여 다음 물음에 답하시오.

1. 3개월 후에 주당 200원의 배당을 지급할 경우 주식선물의 이론가격을 구하시오.
2. 6개월 만기 주식선물의 가격이 10,500원일 경우 차익거래과정을 설명하시오.
3. 6개월 만기 주식선물의 가격이 10,000원일 경우 차익거래과정을 설명하시오.

해설

1. 6개월 만기 주식선물의 이론가격은 다음과 같이 구할 수 있다.

$$F_{0,T} = S_0\left(1+r\times\frac{T}{360}\right) - R\left(1+r\times\frac{T-t}{360}\right)$$
$$= 10{,}000\left(1+0.1\times\frac{180}{360}\right) - 200\left(1+0.1\times\frac{90}{360}\right) = 10{,}295\text{원}$$

2. 선물가격 10,500원이 균형가격 10,295원에 비해 과대평가되어 있다. 따라서 과대평가된 선물을 10,500원에 매도하고, 10,000원을 차입하여 과소평가된 현물을 매입하는 현물매입차익거래를 실행함으로써 205원의 차익을 얻을 수 있다.

거 래	현재의 현금흐름	t시점 현금흐름	만기의 현금흐름
선물매도	0	0	$10{,}500-S_T$
자금차입	10,000	0	−10,500
현물매입	−10,000	200*1	S_T
수익대출	0	−200*1	205*2
합 계	0	0	205

*1 현금배당금 200원을 수령하여 선물만기일까지 200원을 대출

*2 선물만기일에 대출원리금 회수액 205원 $\left[=200\left(1+0.1\times\frac{90}{360}\right)\right]$

3. 선물가격 10,000원이 균형가격 10,295원에 비해 과소평가되어 있다. 따라서 과대평가된 현물을 10,000원에 공매하여 대출하고, 과소평가된 선물을 10,295원에 매입하는 현물매도차익거래를 실행함으로써 295원의 차익을 얻을 수 있다.

거 래	현재의 현금흐름	t시점 현금흐름	만기의 현금흐름
현물공매	10,000	200*1	$-S_T$
자금대출	−10,000	0	10,500
수익차입	0	−200*1	−205*2
선물매입	0	0	$S_T-10{,}000$
합 계	0	0	295

*1 현금 200원을 차입하여 주식대여자에게 배당금 200원을 지급

*2 선물만기일에 차입원리금 상환액 205원 $\left[=200\left(1+0.1\times\frac{90}{360}\right)\right]$

(3) 선물과 선물의 차익거래

보유비용모형에 의하면 선물가격과 현물가격의 차이는 현물가격에 대한 선물만기일까지 보유비용은 가산하고 보유수익은 차감한 값이다. 이러한 관계는 동일한 기초자산에 대한 만기가 서로 다른 선물계약간의 관계에도 성립한다. 시장이 균형상태라면 원월물가격과 근월물간에는 다음과 같은 관계가 성립한다.

$$F_{0,T2} = F_{0,T1}(1 + r_{T1,T2}) + C_{T1,T2} - R_{T1,T2} \tag{14.32}$$

논의를 단순화하기 위해 근월물의 만기(T_1)와 원월물의 만기(T_2) 사이에 보유비용과 보유수익이 없다고 가정하면 식(14.32)는 다음과 같이 바꾸어 쓸 수 있다.

$$F_{0,T2} = F_{0,T1}(1 + r_{T1,T2}) = F_{0,T1}\left(1 + r \times \frac{T_2 - T_1}{360}\right) \tag{14.33}$$

만기가 서로 다른 선물계약의 가격간에 식(14.33)의 균형관계가 성립하지 않으면 다음과 같은 차익거래의 기회가 발생한다.

가. $F_{0,T2} > F_{0,T1}(1 + r_{T1,T2})$

① **근월물매입차익거래**(forward cash & carry arbitrage)

원월물가격이 근월물가격보다 높은 경우에 과대평가된 원월물을 매도하고 과소평가된 근월물을 매입하는 차익거래로 $F_{0,T2} - F_{0,T1}(1+r_{T1,T2})$만큼의 차익을 얻을 수 있다. 이러한 형태의 차익거래를 근월물매입차익거래라고 한다.

② **선도환매이자율 > 차입이자율**

근월물매입차익거래에서 얻을 수 있는 수익률은 미래의 T_1시점부터 T_2시점까지 기간에 적용되며 선도환매이자율(forward repo rate)이라고 한다. 선도환매이자율이 T_1시점과 T_2시점의 차입이자율보다 크다면 근월물매입차익거래의 기회가 발생한다.

나. $F_{0,T2} < F_{0,T1}(1 + r_{T1,T2})$

① **근월물매도차익거래**(forward reverse cash & carry arbitrage)

원월물가격이 근월물가격보다 낮은 경우에 과대평가된 근월물을 매도하고 과소평가된 원월물을 매입하는 차익거래로 $F_{0,T1}(1+r_{T1,T2}) - F_{0,T2}$만큼의 차익을 얻을 수 있다. 이러한 형태의 차익거래를 근월물매도차익거래라고 한다.

② **역선도환매이자율 > 대출이자율**

근월물매도차익거래에서 부담하게 되는 자본비용은 미래의 T_1시점부터 T_2시점까지 기간에 적용되며 역선도환매이자율(reverse forward repo rate)이라고 한다. 역선도환매이자율이 T_1시점과 T_2시점의 대출이자율보다 작으면 근월물매도차익거래의 기회가 발생한다.

예제 14-17 만기가 다른 선물가격간의 차익거래

KOSPI 지수가 강남기업의 주식으로만 구성되어 있고, 이를 KOSPI1지수라고 하자. 주식선물시장에서 만기가 6개월인 주식선물의 가격이 10,000원에 거래되고 있다. 강남기업은 향후 1년간 배당을 지급하지 않을 예정이며 이산복리 무위험이자율은 연 10%, 1년은 360일로 가정하여 다음 물음에 답하시오.

1. 1년 만기 주식선물의 균형가격을 구하시오.
2. 1년 만기 주식선물의 가격이 10,800원일 때 차익거래과정을 설명하시오.
3. 1년 만기 주식선물의 가격이 10,300원일 때 차익거래과정을 설명하시오.

해설

1. 차익거래가 발생하지 않기 위한 주식선물의 균형은 다음과 같이 구할 수 있다.

$$F_{0,T_2} = F_{0,T_1}\left(1 + r \times \frac{T_2 - T_1}{360}\right) = 10,000\left(1 + 0.1 \times \frac{180}{360}\right) = 10,500\text{원}$$

2. 1년 만기 선물가격 10,800원은 균형가격 또는 6개월 만기 선물가격 10,500원에 비해 과대평가되어 있다. 따라서 1년 만기 원월물을 매도하고 6개월 만기 근월물을 매입하는 근월물매입차익거래를 실행함으로써 300원의 차익을 얻을 수 있다.

거 래	현재의 현금흐름	6개월 후 현금흐름	1년 후 현금흐름
원월물매도	0	0	$10,800-S_{T2}$
근월물매입	0	$S_{T1}-10,000$	–
자금차입	–	10,000	−10,500
현물매입	–	$-S_{T1}$	S_{T2}
합 계	0	0	300

① 현재시점에서 원월물에 매도포지션을 취하고, 근월물에 매입포지션을 취한다.
② 6개월 후에 10,000원을 차입하여 6개월 만기 선물가격을 지불하고 강남기업의 주식을 인수한 다음 나머지 6개월 동안 보유한다.
③ 1년 후에 1년 만기 선물가격 10,800원에 강남기업의 주식을 인도하고, 차입원리금 10,500원[=10,000(1+0.1×180/360)]을 상환한다.

3. 1년 만기 선물가격 10,300원은 균형가격 또는 6개월 만기 선물가격 10,500원에 비해 과소평가되어 있다. 따라서 6개월 만기 근월물을 매도하고 1년 만기 원월물을 매입하는 근월물매도차익거래를 실행함으로써 200원의 차익을 얻을 수 있다.

거 래	현재의 현금흐름	6개월 후 현금흐름	1년 후 현금흐름
근월물매도	0	$10,000-S_{T1}$	–
원월물매입	0	–	$S_{T2}-10,300$
현물공매	–	S_{T1}	$-S_{T2}$
자금대출	–	10,000	10,500
합 계	0	0	300

① 현재시점에서 근월물에 매도포지션을 취하고, 원월물에 매입포지션을 취한다.
② 6개월 후에 강남기업의 주식을 공매하여 6개월 만기 선물가격을 지급받고 인도한 다음 10,000원을 나머지 6개월 동안 대출한다.
③ 1년 후에 대출원리금 10,500원[=10,000(1+0.1×180/360)]을 회수하여 1년 만기 선물가격 10,300원을 지불하고 강남기업 주식을 인수하여 공매주식을 상환한다.

핵심요약

제1절 선물거래의 개요

1. 선물거래의 정의 : 기초자산을 약정한 선물가격으로 매매하기로 체결한 계약
2. 선물거래의 종류 : 기초자산의 종류에 따라 상품선물과 금융선물로 구분
   ① 상품선물 : 기초자산이 실물상품(농산물, 축산물, 귀금속, 비철금속, 에너지 등)
   ② 금융선물 : 기초자산이 금융상품(개별주식, 주가지수, 금리, 통화 등)
3. 선물거래의 손익
   ① 선물매입자 : 청산일의 현물가격이 체결일 선물가격보다 상승하면 이익이 발생
   ② 선물매도자 : 청산일의 현물가격이 체결일 선물가격보다 하락하면 이익이 발생
4. 선물거래의 목적 : 헤지거래, 투기거래, 차익거래, 스프레드거래
5. 선물거래의 기능 : 가격예시, 위험이전, 자원배분, 자본형성, 유동성 증가

제2절 선물시장의 구성

1. 선물시장의 조직 : 선물거래소, 청산소, 선물중개회사, 선물거래자
2. 선물시장의 운용 : 계약의 표준화, 일일정산제도, 증거금제도, 가격안정화제도

제3절 선물가격의 결정

1. 선물가격과 현물가격의 관계 : 보유비용모형
   (1) 완전자본시장에서의 선물가격 : $F_{0,T} = S_0 + CC - CR$
   (2) 불완전자본시장에서 선물가격
      ① 선물가격의 상한 : 현물매입차익거래가 발생할 수 없는 선물가격의 범위
      ② 선물가격의 하한 : 현물매도차익거래가 발생할 수 없는 선물가격의 범위
2. 선물가격과 선물가격의 관계 : $F_{0,T2} - F_{0,T1}(1+r_{T1,T2}) + C_{T1,T2} - D_{T1,T2}$
3. 베이시스의 정의 : 베이시스(B) = 선물가격(F) − 현물가격(S)
4. 스프레드의 정의 : 스프레드(S) = 원월물가격(F_2) − 근월물가격(F_1)
5. 선물가격과 기대현물가격의 관계

① $F_{0,T} = E(S_T)$: 순수기대가설
② $F_{0,T} < E(S_T)$: 백워데이션가설
③ $F_{0,T} > E(S_T)$: 콘탱고가설

제4절 선물거래의 유형

1. 헤지거래의 개요
   (1) 헤지거래의 정의 : 불확실한 기초자산의 가격변동위험을 회피하기 위한 거래
   (2) 헤지거래의 종류 : 매입헤지(long hedge), 매도헤지(short hedge)

(3) 베이시스의 위험

계약일의 선물가격과 현물가격의 차이 ≠ 청산일의 선물가격과 현물가격의 차이

(4) 헤지비율의 정의 : 현물자산의 포지션을 헤지하려고 매매해야 하는 선물계약수

2. 투기거래의 개요

(1) 투기거래의 정의 : 현물시장의 포지션은 없이 선물거래를 이용하여 시세차익을 얻기 위해 가격 위험을 부담하면서 이익을 추구하는 거래형태

(2) 투기거래의 종류

① 선물가격의 상승이 예상 : 선물을 매입한 후 선물을 매도해 매입포지션을 청산

② 선물가격의 하락이 예상 : 선물을 매도한 후 선물을 매입해 매도포지션을 청산

(3) 베이시스를 이용한 투기거래

① 베이시스의 증가가 예상 : 콘탱고상태에서는 현물을 매도하고 선물을 매입하며, 백워데이션 상태에서는 현물을 매입하고 선물을 매도함

② 베이시스의 감소가 예상 : 콘탱고상태에서는 현물을 매입하고 선물을 매도하며, 백워데이션 상태에서는 현물을 매도하고 선물을 매입함

(4) 스프레드를 이용한 투기거래 : 만기간 스프레드, 상품간 스프레드, 시장간 스프레드

3. 차익거래의 개요

(1) 차익거래의 정의 : 추가적인 자금과 위험을 부담하지 않으면서 이론선물가격과 실제선물가격간의 가격차를 이용하여 이익을 얻는 거래

(2) 차익거래의 종류

① $F>S+CC-CR$: 현물매입차익거래(cash & carry arbitrage)

이론선물가격이 실제선물가격보다 과대평가된 경우 과대평가된 선물은 매도하고 과소평가된 현물은 자금을 차입하여 매입하는 거래

② $F<S+CC-CR$: 현물매도차익거래(reverse cash & carry arbitrage)

이론선물가격이 실제선물가격보다 과소평가된 경우 과대평가된 현물은 매도하여 자금을 대출하고 과소평가된 선물은 매입하는 거래

연습문제

01 **다음 중 선물거래와 선도거래에 대한 설명으로 옳지 않은 것은?**

① 선물거래에서는 거래상대방의 신용을 고려할 필요가 없지만, 선도거래에서는 상대방의 신용을 고려해야 한다.
② 선물거래에서는 가격제한폭이 적용되지만, 선도거래에서는 가격제한폭이 없다.
③ 선물거래의 참여자는 헤지거래자, 투기거래자, 차익거래자 등으로 다양한 반면 선도거래의 참여자는 실수요자 중심으로 이루어진다.
④ 선물거래는 선도거래에 비해 시장의 유동성이 높고 가격조작의 가능성이 적다.
⑤ 선도거래는 선물거래와 달리 거래당사자가 계약을 반드시 이행해야 할 의무가 없다.

해설 선도거래와 선물거래 모두 거래당사자가 계약을 반드시 이행해야 할 의무가 있다. 다만 선도거래는 직접거래이기 때문에 계약불이행의 위험이 많이 존재한다.

02 **다음 중 선물거래에 대한 설명으로 옳지 않은 것은?**

① 선물거래는 계약이행을 보증하기 위해 일일정산제도와 증거금제도가 있다.
② 선물가격은 인도일에 다수의 매입자와 매도자가 시장경쟁을 통해 결정된다.
③ 선물거래는 옵션과 달리 만기일에 불리한 경우라도 반드시 계약을 이행해야 할 의무를 부담한다.
④ 선물거래는 옵션과 마찬가지로 반대매매를 통해 포지션을 청산할 수 있다.
⑤ 옵션매입자는 옵션가격을 지불하지만, 선물매입자는 증거금만 납부할 뿐 별도의 대가 수수는 없다.

해설 선물가격은 계약이 체결될 때 다수의 매입자와 매도자가 시장경쟁을 통한 공개호가방식으로 결정된다.

03 **다음 중 선물거래에 대한 설명으로 옳은 것은?**

① 선물거래의 대부분은 만기일에 실제 실물의 인수도로 포지션이 청산된다.
② 선물거래는 현물거래에 비해 매매방법이 간단하다.
③ 선물매도자는 기초자산가격이 선물가격보다 높으면 이익을 얻고, 선물매입자는 반대의 경우가 되면 이익을 얻는다.
④ 선물거래는 제로섬(zero-sum)게임에 해당한다.
⑤ 선물거래는 거래상대방에 대한 신용이 거래의 이행에 중요한 역할을 한다.

해설
① 선물거래는 대부분의 경우 반대매매를 통해 포지션이 청산된다.
② 선물거래는 공식적인 시장에서 이루어지므로 현물거래에 비해 매매방법이 복잡하다.
③ 선물매도자는 기초자산가격이 선물가격보다 낮으면 이익을 얻고, 선물매입자는 반대가 된다.
⑤ 직접거래의 형태인 선도거래에서 거래상대방의 신용은 중요하다.

04 다음 중 선물거래에 대한 설명으로 옳지 않은 것은?

① 정상시장에서 선물가격은 현물가격보다 높게 형성된다.
② 특정자산의 선물계약에서 원월물의 선물가격이 근월물의 선물가격보다 높다.
③ 상품선물은 콘탱고(contango)가 일반적이다.
④ 상품선물에서 일시적으로 공급이 수요를 초과하면 백워데이션이 발생한다.
⑤ 선물만기일에는 항상 베이시스가 0이 되며, 선물가격과 현물가격은 일치한다.

해 설 수요가 공급을 초과할 경우에 백워데이션이 발생할 수 있다.

05 한국거래소에서 거래되는 선물계약에 대한 설명으로 옳지 않은 것은?

① 선물거래는 만기일에 결제위험이 없다.
② 선물거래는 일일정산을 통해 증거금이 관리된다.
③ 경쟁매매방식을 통해 선물거래가 이루어진다.
④ 상품이 표준화되어 있어 선도거래에 비해 헤지거래에 적합하다.

해 설 장내 선물거래는 상품이 표준화되어 있는 반면에 장외 선도거래는 고객의 수요에 따라 상품의 조건을 맞출 수 있어 기초자산의 가격변동위험을 회피하려는 헤지거래를 위해서는 장외 선도거래가 더 적합하다.

06 다음 중 장외파생상품에 해당하지 않은 것은?

① 차액결제 선물환(NDF) ② 선도금리계약(FRA)
③ 선물환 ④ 통화선물

해 설
① NDF는 선물환계약의 일종으로, 만기에 계약원금의 교환없이 계약 선물환율과 현물환율(지정환율)간의 차이만을 계약시점에 약속한 지정통화로 결제하는 파생금융상품을 말한다.
② FRA는 미래의 일정시점으로부터 일정기일까지의 기산에 적용될 이자율을 계약 시점에서 고정시키는 계약을 말한다.
③ 선물환은 장래의 일정기일 또는 기간내에 일정금액, 일정종류의 외환을 일정 환율로써 수도할 것이 약정된 외환을 말하고, 이러한 약정을 선물환계약이라 한다.

07 다음 중 장외파생상품에 대한 설명으로 옳지 않은 것은?

① 장내파생상품에 비해 유동성이 적다.
② 계약불이행위험이 존재한다.
③ 장내파생상품에 비해 규제가 심하지 않다.
④ 만기일 이전에 반대매매를 통해 포지션을 청산하는 것이 자유롭다.

해 설 장외파생상품의 하나인 선도거래는 거래당사자간의 직접거래로 계약의 불이행과 관련된 신용위험을 거래당사자가 부담해야 하고 대부분 만기일에 결제가 이루어진다.

08 다음 중 선물거래의 최종결제방법이 다른 상품은?

① 주식선물 ② 돈육선물
③ 통화선물 ④ 국채선물

해 설 선물거래의 결제방법에는 청산시점과 계약시점의 선물가격의 차이만큼을 현금으로 정산하는 현금결제방식과 선물의 만기일에 현물을 인수도하는 실물인수도방식이 있다.

09 다음 중 실물인수도방식으로 최종결제되는 상품이 아닌 것은?

① 미달러옵션 ② 돈육선물
③ 유로선물 ④ 금선물

해 설 한국거래소에 상장되어 있는 상품 가운데 실물인수도방식으로 결제되는 상품은 통화선물, 미달러옵션, 금선물뿐이고 나머지 상품은 현금결제방식으로 포지션이 청산된다.

10 한국거래소는 선물계약의 이행을 보증하고 결제가 이루어지도록 제도적 장치를 마련하고 있다. 이와 관련이 없는 것은?

① 일일정산제도 ② 증거금제도
③ 청산소 ④ 가격제한폭제도

해 설 가격제한폭제도, 상품의 표준화는 결제불이행을 방지하기 위한 제도적 장치와 관련이 없다.

11 다음 중 한국거래소에 상장되어 있는 상품끼리 묶여 있지 않은 것은?

① 3년국채선물, 돈육선물, 미니금선물 ② 코스피200선물, 금선물, 엔화옵션
③ 10년국채선물, 유로선물, 엔화선물 ④ 미달러옵션, 스타지수선물, 금선물

해 설

구분	선물	옵션
주식상품	주식, 코스피200지수, 스타지수	주식, 코스피200지수
금리상품	3년국채, 5년국채, 10년국채	
환율상품	미달러, 유로, 엔	미달러
일반상품	돈육, 금, 미니금	

12 2013년 12월 20일 현재 KOSPI 200선물의 시가는 280.25이다. 투자자 홍길동이 종가인 280.00에 KOSPI 200선물 2계약을 매입하였다면 선물거래대금과 개시증거금은 얼마인가?

	선물거래대금	개시증거금
①	140,000,000원	21,000,000원
②	140,000,000원	14,000,000원
③	280,000,000원	28,000,000원
④	280,000,000원	42,000,000원

해설 거래대금의 계산시 KOSPI 200선물은 1포인트에 50만원, KOSPI 200옵션은 1포인트에 10만원을 곱한다. 따라서 선물거래대금은 280×500,000×2 = 280,000,000원이다. 주가지수선물에서 개시증거금은 선물거래대금의 15%, 유지증거금은 선물거래대금의 10%이다.

13 다음 중 선물거래의 경제적 기능에 대한 설명으로 옳지 않은 것은?

① 헤지거래자는 기초자산의 가격변동위험을 투기거래자에게 전가할 수 있다.
② 표준화된 선물거래는 현물시장의 안정성과 유동성을 제고한다.
③ 투기거래자의 거래과열로 자원배분의 왜곡이 발생한다.
④ 선물가격은 다양한 시장참가자들의 예측을 반영하여 결정되기 때문에 미래의 현물가격에 대한 예시기능을 수행한다.

해설 선물가격은 현물시장의 수급에 관한 각종 정보를 집약하고 있어 특정 상품의 시간적 배분기능을 통해 자원배분의 효율성을 증대시킬 수 있다.

14 다음 중 헤지거래에 대한 설명으로 옳지 않은 것은?

① 헤지거래는 현물가격과 선물가격이 동일하게 움직일 때 효과가 크게 나타난다.
② 고정금리 채권자는 금리상승위험에 노출되어 있어 금리선물을 매도한다.
③ 수입업자는 환율이 상승하는 경우에 손실이 발생하여 통화선물을 매입한다.
④ 금 보유자가 가격하락에 대비하여 금선물을 매도하는 것은 매입헤지이다.

해설 매도헤지는 현물시장에서 매입포지션에 있는 투자자가 현물자산의 가격이 하락할 것으로 예상될 경우 선물시장에서 매도포지션을 취하여 가격하락위험을 회피하는 전략이다.

15 다음 중 선물가격과 현물가격간의 완전헤지가 되기 위한 조건은?

① 선물가격과 현물가격간에 완전한 정(+)의 상관관계가 존재해야 한다.
② 미래에 채권을 구입하고자 할 때 이자율의 하락이 예상되어야 한다.
③ 미래 현물시장에서 금리가 하락할 것을 예상하여 현물시장에서 채권의 매입포지션을 취했을 경우 선물을 매도하는 포지션을 취해야 한다.
④ 선물가격과 현물가격간에 완전한 부(−)의 상관관계가 존재해야 한다.
⑤ 채권가격의 상승시 현물시장에서 채권의 매도포지션을 취했을 경우 선물을 매입하는 포지션을 취해야 한다.

해설 완전헤지가 달성되려면 헤지대상이 되는 현물자산과 헤지수단으로 이용하는 선물계약의 기초자산이 동일하고, 계약일부터 청산일까지 베이시스가 일정하며, 현물가격과 선물가격간의 상관계수가 1인 경우에만 가능하다.

16 다음 중 차익거래에 대한 설명으로 옳지 않은 것은?

① 매도차익거래는 선물만기일에 주가지수를 상승시키는 요인으로 작용한다.
② 공매도에 대한 제약은 차익거래 불가능영역의 하한선에 영향을 미친다.
③ 실제선물가격이 이론선물가격보다 낮으면 매수차익거래의 기회가 발생한다.
④ 현물시장의 거래비용이 증가할수록 차익거래 불가능영역이 확대된다.

해설 실제선물가격이 이론선물가격보다 낮으면 과대평가된 현물을 공매하여 대금을 대출하고 과소평가된 선물을 매입하는 현물매도차익거래가 발생한다.

17 보유비용보형에 의한 선물의 이론가격이 252이고 실제선물가격이 250이라면 어떤 차익거래가 가능한가?

① 매입차익거래, 자금차입+현물매입+선물매도
② 매입차익거래, 현물매도+자금대출+선물매입
③ 매도차익거래, 자금차입+현물매도+선물매입
④ 매도차익거래, 현물매도+자금대출+선물매입

해설 선물의 시장가격이 이론가격보다 낮아 과소평가된 선물은 매입하고 과대평가된 현물은 공매하여 대금을 대출하는 매도차익거래가 가능하다.

연습문제

18 **보유비용보형에 의한 선물의 이론가격이 268이고 실제선물가격이 270이라면 어떤 차익거래가 가능한가?**

① 매입차익거래, 자금차입+현물매입+선물매도
② 매입차익거래, 현물매도+자금대출+선물매입
③ 매도차익거래, 자금차입+현물매도+선물매입
④ 매도차익거래, 현물매도+자금대출+선물매입

해설 선물의 시장가격이 이론가격보다 높아 과소평가된 현물은 자금을 차입하여 매입하고 과대평가된 선물은 매도하는 매입차익거래가 가능하다.

19 **투자자 홍길동이 기초자산의 가격하락을 우려하여 매도헤지를 실행하는 경우에 이익을 보는 경우가 아닌 것은?**

① 선물가격의 상승이 현물가격의 상승보다 큰 경우
② 선물가격은 불변이고 현물가격의 상승이 큰 경우
③ 선물가격의 하락이 현물가격의 하락보다 큰 경우
④ 베이시스가 축소되는 경우

해설 매도헤지는 현물을 매입하고 선물을 매도하는 거래를 말한다. 따라서 현물가격이 선물가격보다 많이 상승하여 베이시스가 축소되어야 이익이 발생한다.

20 **다음 중 선물가격의 결정과 관련된 설명으로 옳지 않은 것은?**

① 정상시장에서는 선물가격이 현물가격보다 높다.
② 역조시장에서는 현물가격이 선물가격보다 높다.
③ 정상시장을 백워데이션이라고 한다.
④ 선물가격은 현물가격에 보유비용은 가산하고 보유수익은 차감하여 계산한다.

해설 선물가격이 현물가격보다 높은 정상시장을 콘탱고(contango), 선물가격이 현물가격보다 낮은 역조시장을 백워데이션(backwardation)이라고 한다.

21 **선물가격이 이론가격보다 크고 원월물가격이 근월물가격보다 높은 현상은?**

① 스프레드(spread)　　② 베이시스(basis)
③ 콘탱고(contango)　　④ 백워데이션(backwardation)

해설
① 스프레드(spread)는 조건이 서로 다른 선물가격간의 차이를 말한다.
② 베이시스(basis)는 특정상품의 선물가격과 현물가격간의 차이를 말한다.
④ 백워데이션(backwardation)은 선물가격이 이론가격보다 작고 원월물가격이 근월물가격보다 낮다.

22 다음 중 보유비용인 정(+)인 경우에 정상시장에서 베이시스를 이용한 전략으로 옳은 것은?

① 베이시스 감소가 예상되면 선물은 매도하고 현물은 매입한다.
② 베이시스 감소가 예상되면 선물은 매입하고 현물은 매도한다.
③ 베이시스 증가가 예상되면 선물은 매도하고 현물은 매입한다.
④ 베이시스 감소가 예상되면 선물은 매도하고 현물은 매도한다.

해설 정상시장에서 베이시스의 변화에 따른 손익

구분	상황	매입헤지	매도헤지
베이시스 확대	선물가격상승폭 > 현물가격상승폭 선물가격하락폭 < 현물가격하락폭	이익	손실
베이시스 축소	선물가격상승폭 < 현물가격상승폭 선물가격하락폭 > 현물가격하락폭	손실	이익

23 정상시장에서 향후 가격상승이 예상되어 매입헤지를 실행하였다. 현물가격 상승폭이 선물가격 상승폭보다 큰 경우에 거래결과는?

① 베이시스가 확대되고 이익이 발생한다.
② 베이시스가 확대되고 손실이 발생한다.
③ 베이시스가 축소되고 이익이 발생한다.
④ 베이시스가 축소되고 손실이 발생한다.

해설 현물가격상승폭이 선물가격상승폭보다 크면 베이시스가 축소되고 손실이 발생한다.

구분	상황	매입헤지	매도헤지
베이시스 확대	선물가격상승폭 > 현물가격상승폭	이익	손실
베이시스 축소	선물가격상승폭 < 현물가격상승폭	손실	이익

24 다음 중 정상시장에서 베이시스거래에 대한 설명으로 옳은 것은?

① 베이시스 축소가 예상되면 매입헤지를 실시한다.
② 베이시스 축소가 예상되면 선물은 매입하고 현물은 매도한다.
③ 베이시스 확대가 예상되면 매입헤지는 이익이 발생하고 매도헤지는 손실이 발생한다.
④ 선물가격 상승폭이 현물가격 상승폭보다 클수록 베이시스는 축소된다.

해설 베이시스가 확대되면 매입헤지는 이익이 발생하고, 매도헤지는 손실이 발생한다.

연습문제

25 **다음 중 스프레드거래에 대한 설명으로 옳지 않은 것은?**

① 스프레드거래의 종목은 상장된 결제월보다 항상 1개가 많다.
② 스프레드거래는 두 선물가격간의 상대적인 가격변동에 의해 손익이 결정된다.
③ 거래이익은 적으나 거래량은 많은 박리다매형의 거래에 해당한다.
④ 스프레드거래는 개별거래보다 위험이 적고 증거금도 낮은 편이다.

해설 스프레드거래의 종목은 상장된 결제월보다 항상 1개가 적다.

26 **정상시장에서 향후 스프레드가 확대될 것으로 예상되는 경우에 바람직한 거래는?**

① 매입차익거래　② 매도차익거래
③ 매입스프레드거래　④ 매도스프레드거래

해설 스프레드거래는 원월물을 기준으로 원월물을 매입하면 스프레드매입, 원월물을 매도하면 스프레드매도라고 한다. 스프레드 확대는 원월물가격 상승폭이 근월물가격 상승폭보다 크므로 원월물을 매입하고 근월물을 매도하는 매입스프레드거래를 실행해야 한다.

27 **분기별 위험이 내포된 이자율이 3%이고, 무위험이자율은 1.5%이다. 기대현물가격이 800원이라면 선물가격은 얼마인가?**

① 776.17원　② 785.18원
③ 788.35원　④ 812.24원

해설

$$F_{0,\ T} = E(S_T)\left[\frac{1+R_f}{1+E(R_i)}\right]^T = 800\left[\frac{1+0.015}{1+0.03}\right] = 788.35\text{원}$$

28 **현재 자본시장에는 무위험자산이 존재하고, 주식가격은 자본자산가격결정모형(CAPM)에 의해 결정되며, 선물가격은 현물-선물패러티에 따라 결정된다. 배당지급이 없는 주식의 선물가격과 기대현물가격과의 관계에 대한 설명으로 옳은 것은?**

① 정(+)의 체계적 위험을 지닌 주식의 경우 선물가격은 기대현물가격보다 높다.
② 정(+)의 체계적 위험을 지닌 주식의 경우 선물가격은 기대현물가격과 동일하다.
③ 정(+)의 체계적 위험을 지닌 주식의 경우 선물가격은 기대현물가격보다 낮다.
④ 부(−)의 체계적 위험을 지닌 주식의 경우 선물가격은 기대현물가격보다 낮다.
⑤ 부(−)의 체계적 위험을 지닌 주식의 경우 선물가격은 기대현물가격과 동일하다.

해설 정(+)의 체계적 위험을 지닌 주식의 경우 선물가격은 기대현물가격보다 낮다.

29 다음 중 선물거래와 관련된 설명으로 옳지 않은 것은?

① 기대가설에서는 미래의 불확실성에 대한 위험프리미엄을 고려하지 않는다.
② 채권을 보유중인 투자자는 금리상승위험을 헤지하기 위해 금리선물을 매도한다.
③ 백워데이션가설에서 선물매도자는 가격위험을 헤지하고자 하며, 선물매입자는 위험을 부담한 대가로 위험프리미엄을 얻고자 한다.
④ 콘탱고가설이 성립하는 경우에 선물매입자가 가격하락위험을 헤지하게 된다.
⑤ $\beta_i > 0$이면 백워데이션가설이 성립한다.

해설 콘탱고가설이 성립하는 경우에 선물매입자는 가격상승위험을 헤지하게 된다.

30 다음 중 선물을 이용한 헤지거래에 대한 설명으로 옳지 않은 것은?

① 헤지거래는 현물가격과 선물가격이 동일하게 움직일 때 효과가 가장 크다.
② 고정금리 채권자는 금리상승위험에 노출되어 있어 금리선물을 매도한다.
③ 수입업자는 환율이 상승하는 경우에 손실이 발생하므로 통화선물을 매입한다.
④ 금 보유자가 가격하락에 대비하여 금 선물을 매도하는 것은 매입헤지이다.

해설 헤지거래의 구분은 선물을 기준으로 한다. 따라서 선물을 매입하면 매입헤지이고, 선물을 매도하면 매도헤지이다.

31 다음 중 선물을 이용한 헤지거래에 대한 설명으로 옳지 않은 것은?

① 수출업자가 환율하락위험에 대비하여 상대국 통화선물을 매도하였다.
② 향후 채권을 매입할 예정인 투자자가 금리선물을 매도하였다.
③ 주식포트폴리오를 보유한 투자자가 주가지수선물을 매도하였다.
④ 보유현물과 동일하지는 않으나 정(+)의 상관계수가 큰 선물을 매도하였다.

해설 향후 채권을 매입할 예정인 투자자는 채권가격상승위험에 노출되어 있어 금리선물을 매입해야 한다.

32 다음 중 위험헷지를 위한 선물거래로 적절하지 않은 것은?

① 농부가 향후 1개월 후에 출하예정인 곡물의 가격하락에 대비하여 그 곡물에 대한 선물을 매도하였다.
② 주식포트폴리오를 보유한 펀드매니저가 주가하락위험에 대비하여 주가지수선물을 매도하였다.
③ 밀가루를 생산하는 제일제당은 1개월 후에 필요한 밀의 가격상승에 밀선물을 매입하였다.
④ 외화표시 수입대금을 1개월 후에 지급할 예정인 국내수입업자가 환율상승위험에 대비하여 해당통화에 대한 선물을 매도하였다.

해설 수입업자는 1개월 후에 수입대금을 지급하기 위해 외화를 매입해야 하므로 해당통화에 대한 선물을 매입해야 한다.

33 다음 중 선물을 이용한 헤지거래에 대한 설명으로 옳지 않은 것은?

① 1개월 후에 자금을 차입하려고 하는 기업이 금리선물을 매입하였다.
② 인덱스펀드를 보유한 투자자가 주가지수선물을 매도하였다.
③ 3개월 후에 상대국통화로 수출대금을 수취하게 되는 수출업자가 상대국통화선물을 매도하였다.
④ 보유한 현물과 동일하지 않으나 정(+)의 상관계수가 큰 선물을 매도하였다.

해설 자금을 차입하려고 한다는 것은 채권을 발행하려고 한다는 의미이므로 헷지를 위해서는 금리선물을 매도해야 한다.

34 한국거래소의 유가증권시장에 상장되어 있는 주식을 보유한 투자자 홍길동이 주가하락위험을 회피하기 위해 스타지수선물을 이용하여 헤지하는 경우에 대한 설명으로 옳은 것은?

① 매도헤지, 교차헤지　② 매입헤지, 교차헤지
③ 매도헤지, 직접헤지　④ 매도헤지, 직접헤지

해설 현물주식을 보유하고 있어 주가하락위험을 회피하려면 선물을 매도하는 매도헤지가 필요하고, 헤지대상이 되는 현물주식과 헤지수단으로 이용하는 선물계약의 기초자산이 달라 교차헤지에 해당한다.

35 100만 파운드를 수취할 예정인 선린기업이 한국거래소에 상장되어 있는 유로선물을 이용하여 환위험을 헤지하는 경우에 헤지방법으로 옳은 것은?

① 매입헤지, 직접헤지　② 매입헤지, 교차헤지
③ 매도헤지, 직접헤지　④ 매도헤지, 교차헤지

해설 선린기업은 환율하락위험을 회피하기 위해 유로화선물을 매도하므로 매도헤지이고, 파운드를 유로선물로 헤지하므로 교차헤지에 해당한다.

36 다음 중 교차헤지를 이용하는 이유로 옳지 않은 것은?

① 어떤 자산의 가격변동위험은 매우 크지만 그 자산에 대한 선물시장이 존재하지 않은 경우
② 헷지를 원하는 자산에 대한 선물시장의 유동성이 크지 않은 경우
③ 두 개의 선물시장에서 동일한 조건의 선물계약이 서로 상이한 가격에 거래되는 경우
④ 특정 자산의 가격과 다른 자산의 가격이 높은 상관관계를 가지고 있는 경우

해 설 ③의 경우에는 차익거래나 스프레드거래를 이용하여 이익을 얻을 수 있다.

37 **다음 중 선물거래를 이용하여 기초자산의 가격변동위험을 헷지할 때 완전헷지가 이루어지기 위한 조건은?**

① 개시베이시스 = 0, 커버베이시스 = 0
② 개시베이시스 > 커버베이시스
③ 개시베이시스 = 커버베이시스
④ 개시베이시스 < 커버베이시스

해 설 완전헷지의 조건은 헷지기간 동안 베이시스의 변동이 없어야 하고, 현물가격의 변동액과 선물가격의 변동액이 일치해야 한다.

38 **다음 중 스트립헤지와 스택헤지에 대한 설명으로 옳지 않은 것은?**

① 스택헤지는 근월물을 이용한 헤지이다.
② 스택헤지는 헤지비용이 많이 소요된다.
③ 스트립헤지는 사후관리가 필요하다.
④ 스트립헤지는 완전헤지가 가능하다.

해 설

구분	정의와 단점
스택헤지	• 근월물만으로 헤지 후 순차적으로 이월(roll-over) • 헤지비용 과다, 사후관리 필요, 불완전헤지
스트립헤지	• 현물과 같은 기간에 거래되는 선물로 헤지 • 실제 헤지 곤란, 원월물거래 없음

스트립헤지는 사후관리가 필요하지 않다.

39 **다음 중 투기거래자에 대한 설명으로 옳지 않은 것은?**

① 스캘퍼(scalper)는 아주 짧은 시간 동안만 포지션을 보유한다.
② 데이 트레이더(day trader)는 당일한 실행한 포지션을 익일로 이월시키지 않고, 장중에 반대매매하여 순포지션을 0으로 마감한다.
③ 포지션 트레이더(position trader)는 일정한 기간 동안 포지션을 커버하지 않고 포지션을 보유하는 투자자로 위험이 가장 낮다.
④ straddler는 수도월이 다른 두 개의 상품가격차를 이용하여 모두 매입하거나 매도하여 이익을 취한다.

해설 스캘퍼나 데이 트레이더들은 빠른 시일내 포지션을 커버하여 마진콜을 당할 위험이 없는 반면에 포지션 트레이더는 몇 주간 또는 몇 개월 동안 지속될 가격변동에 관심을 갖고 포지션을 방치하여 마진콜(margin call)을 당할 위험에 놓일 수 있다.

40 다음의 투기거래자 가운데 위험이 가장 높은 투자자는?

① 스캘퍼(scalper)
② 데이 트레이더(day trader)
③ 포지션 트레이더(position trader)
④ 스프레더(spreader)

해설 포지션 트레이더는 몇 주간 또는 몇 개월 동안 지속될 가격변동에 관심을 갖고 포지션을 방치하여 마진콜(margin call)을 당할 위험에 놓일 수 있어 위험이 가장 높다.

41 투자자 홍길동은 주식포트폴리오의 가격하락위험을 헤지하기 위해 주가지수선물을 이용하였다. 헤지시점의 선물가격은 현물가격보다 높은 상태에 있었고 시장베이시스는 5포인트였다. 청산시점의 시장베이시스는 2포인트로 축소되었다. 베이시스가 축소되는 경우 현물과 선물을 전량 청산했다면 투자자 홍길동의 손익은?

① 손실 1포인트
② 손실 3포인트
③ 이익 1포인트
④ 이익 3포인트

해설 보유하고 있는 주식포트폴리오의 가격하락위험을 헤지하기 위해 매도헤지를 한 경우 시장베이시스가 축소되면 이익이 3포인트(=5포인트−2포인트) 발생한다.

구 분	베이시스	매입헤지	매도헤지
콘탱고 (선물가격>현물가격)	축소	순손실	순이익
	확대	순이익	순손실
백워데이션 (선물가격<현물가격)	축소	순이익	순손실
	확대	순손실	순이익

42 다음 중 스프레드거래에 대한 설명으로 옳지 않은 것은?

① 거래종목은 상장된 결제월보다 항상 1개가 많다.
② 스프레드거래는 개별거래보다 위험이 적고 증거금률 역시 낮다.
③ 스프레드거래는 두 선물가격간의 상대적인 가격변동에 의해 손익이 결정된다.
④ 거래이익은 적으나 거래량은 많은 박리다매형 거래에 해당한다.

해설 스프레드거래의 종목은 상장된 결제월보다 항상 1개가 많다.

43 선물가격이 현물가격보다 높은 정상시장에서 만기간 스프레드가 축소될 것으로 예상되는 경우에 적절한 스프레드전략은?

① 근월물매입 + 원월물매도
② 근월물매입 + 원월물매입
③ 근월물매도 + 원월물매입
④ 근월물매도 + 원월물매도

해설 스프레드전략

스프레드 축소 예상	근월물매입과 원월물매도	매도스프레드
스프레드 확대 예상	근월물매도와 원월물매입	매입스프레드

44 다음 중 주가지수 선물가격에서 현물가격을 차감한 베이시스에 대한 설명으로 옳지 않은 것은?

① 베이시스는 선물만기일에 근접할수록 0에 수렴한다.
② 배당수익률이 증가할수록 베이시스는 확대된다.
③ 무위험이자율이 상승할수록 베이시스는 확대된다.
④ 선물가격과 현물가격의 높은 상관관계에도 불구하고 변동폭이 일정하지 않아 베이시스의 위험이 발생한다.

해설 베이시스는 S(r−d)(T/360)이므로 현물가격(S), 무위험이자율(r), 잔존기간(T)에 비례하고 배당수익률(d)에 반비례한다.

45 보유비용모형에 의한 선물이론가격에 대한 설명으로 옳지 않은 것은?

① 현물가격이 상승하면 선물이론가격은 상승한다.
② 시장이자율이 상승하면 선물이론가격은 상승한다.
③ 배당수익률이 상승하면 선물이론가격은 상승한다.
④ 선물만기일이 길어지면 선물이론가격은 상승한다.

해설 $F = S[1+(r-d)\times T/360]$에서 선물가격은 현물가격(S), 시장이자율(r), 잔존기간(T)에 비례하고, 배당수익률(d)에 반비례한다.

46 연세기업의 현재주가는 10,000원인데, 연세기업은 6개월마다 100원씩의 주당배당금을 지급할 예정이다. 무위험이자율이 10%라고 할 때 연세기업 주식을 기초자산으로 하고 인도일이 1년 후인 선물계약의 균형가격은 얼마인가? (단, 거래비용은 무시하고 1년 후의 배당금은 선물만기일 직전에 지급하는 것으로 가정한다.)

① 10,850원
② 10,795원
③ 11,000원
④ 11,200원

해설

$$F_{0,T} = S_0(1+r_{0,T}) - D_T$$
$$= 10,000(1+0.1) - [100(1+0.1\times\frac{6}{12})] = 10,795원$$

47 실제선물가격과 이론선물가격의 차이가 발생하는 이유로 옳지 않는 것은?

① 이론선물가격을 산정하는 과정에서 오류를 범할 수 있다.
② 발표되는 주가지수가 잘못된 호가로 왜곡될 수 있다.
③ 이론선물가격의 산출시 일정한 배당수익률을 가정하여 차이가 발생할 수 있다.
④ 현물매도차익거래가 용이하여 선물가격이 자주 과대평가된다.

해설

현물매도차익거래는 과대평가된 현물을 공매하고 과소평가된 선물을 매입해야 한다.그러나 공매도 실행에 많은 제약이 있어 선물가격이 자주 과소평가된다.

48 다음 중 차익거래에 대한 설명으로 옳지 않은 것은?

① 매입차익거래는 선물만기시 주가지수를 하락시키는 요인으로 작용한다.
② 실제선물가격이 이론선물가격보다 낮으면 매입차익거래의 기회가 발생한다.
③ 공매도에 대한 제약은 차익거래 불가능영역의 하한선에 영향을 미친다.
④ 현물시장 거래비용이 증가할수록 차익거래 불가능영역이 커진다.

해설

매도차익거래는 실제선물가격이 이론선물가격보다 낮아 현재시점에서는 과대평가된 현물을 공매하여 대출하고 과소평가된 선물을 매입한 후 청산시점에서 공매대금의 원리금을 회수하며 선물계약을 결제하고 인수한 현물은 공매한 현물을 상환하는 차익거래를 말한다.

49 다음 중 국내선물시장에서 차익거래 불가능 가격형성요인이 아닌 것은?

① 거래비용의 존재
② 차입과 공매의 제약
③ 선물의 제한된 유동성
④ 예금이자율과 대출이자율의 차이

해설

차익거래의 실행을 제약하는 요소에는 매입가격과 매도가격의 차이(bid–ask spread), 거래수수료, 예금이자율과 대출이자율의 차이, 차입과 공매의 제한이 있다.

50 현재 잔여만기 6개월인 KOSPI 200 선물가격이 255포인트이다. 현물지수가 250포인트이고 시장이자율이 10%이며 배당률이 2%일 경우 바람직한 거래는?

① 스프레드거래
② 선물매도거래
③ 매입차익거래
④ 매도차익거래

해 설 $F = S[1+(r-d)\times T/360] = 250[1+(0.1-0.02)\times 6/12]=260$
시장가격이 이론가격보다 낮으므로 과대평가된 현물을 매도하고 과소평가된 선물을 매입하는 매도차익거래를 실행하면 위험부담없이 이익을 얻을 수 있다.

정답

01.⑤	02.②	03.④	04.④	05.④	06.④	07.④	08.③	09.②	10.④
11.②	12.④	13.③	14.④	15.①	16.③	17.④	18.①	19.①	20.③
21.③	22.①	23.④	24.③	25.①	26.③	27.③	28.③	29.④	30.④
31.②	32.④	33.①	34.①	35.④	36.③	37.③	38.③	39.③	40.③
41.④	42.①	43.①	44.②	45.③	46.②	47.④	48.③	49.③	50.④

15 금융선물

금융선물은 선물거래의 대상이 되는 기초자산이 주식, 주가지수, 금리, 통화와 같은 금융상품을 기초자산으로 한다. 본 장에서는 한국거래소에 상장된 주식선물, 주가지수선물, 금리선물, 금선물, 미니금선물, 돈육선물의 개념과 특징, 거래유형의 일반적인 내용을 소개하고 실제 상황에 어떻게 활용되는지를 살펴보고자 한다.

제 1 절 개별주식선물

개별주식선물은 한국거래소(KRX)의 유가증권시장에 상장되어 있고 유통주식수가 1,000만주 이상, 소액주주수가 10,000명 이상, 1년간 총거래대금이 5,000억원 이상인 보통주 중에서 시가총액과 재무상태 등을 감안하여 선정한 25개 기업이 발행한 주식을 기초자산으로 하는 상품을 말한다.

【 표 15-1 주식선물의 상품명세 】

구분	주식선물
기초자산	25종목[1]
계약금액	주식선물가격×10(거래승수)
결제월	분기월 4개(3, 6, 9, 12월)
상장결제월	1년 이내의 4개 결제월
가격표시	주식선물가격(원)

1) 기아자동차, 대우증권, 대한항공, 두산인프라코어, 삼성물산, 삼성전자, 신한금융지주, 엘지디스플레이, 우리금융지주, 이마트, 케이티앤지, 포스코, 하나금융지주, 한국전력공사, 현대중공업, 현대자동차, 현대제철, GS건설, KB금융지주, KT, LG전자, NHN, SK이노베이션, SK텔레콤, SK하이닉스,

<table>
<tr><td>호가가격단위</td><td><table><tr><th>선물가격</th><th>호가단위</th><th>선물가격</th><th>호가단위</th></tr><tr><td>10,000원 미만</td><td>5원</td><td>10,000원~50,000원</td><td>25원</td></tr><tr><td>50,000원~100,000원</td><td>50원</td><td>100,000원~5000,000원</td><td>250원</td></tr><tr><td>500,000원 이상</td><td>500원</td><td></td><td></td></tr></table></td></tr>
<tr><td>거래시간</td><td>09 : 00~15 : 15(최종거래일 09 : 00~14 : 50)</td></tr>
<tr><td>최종거래일</td><td>각 결제월의 두 번째 목요일(공휴일인 경우 순차적으로 앞당김)</td></tr>
<tr><td>거래개시일</td><td>최종거래일의 다음 거래일</td></tr>
<tr><td>결제방법</td><td>현금결제</td></tr>
<tr><td>가격제한폭</td><td>기준가격 대비 상하±15%</td></tr>
<tr><td>단일가격경쟁거래</td><td>개장시(08 : 00~09 : 00) 및 최종거래일 이외의 거래종료시(15 : 05~15 : 15)</td></tr>
<tr><td>필요적 거래중단</td><td>현물가격 급변시 주식선물거래 일시중단</td></tr>
</table>

제 2 절 주가지수선물

1 주가지수의 정의

주가지수(stock price index)는 한국거래소(KRX)의 유통시장에서 형성되고 있는 주가변동을 종합적으로 표시한 것으로 기준시점의 주가수준을 100으로 설정하고 비교시점의 주가수준과 비교하여 산출하는데 경제동향 및 주식시장의 전반적인 동향을 파악할 수 있는 중요한 지표로 활용되고 있다.

주가지수는 주식시장에서 주가예측의 기본적인 정보를 제공해 줄뿐만 아니라 주식투자의 평가기준이 될 수 있고 개별주식이나 포트폴리오의 위험을 측정하는 기준이 된다. 또한 거시경제적 측면에서 특정시점의 경제상황을 나타내는 대표적인 지수일 뿐만 아니라 경기예측의 주요지표로 활용한다.

2 주가지수의 산출

주가지수는 구성종목, 구성종목간의 가중방법, 평균산정방법 등에 따라 달라진다. 여기서는 구성종목간의 가중방법에 따라 지수를 구성하는 모든 종목의 가격을 합산한 다음 제수로 나누어 산출하는 주가평균지수, 비교시점의 시가총액을 기준시점의 시가총액으로 나누어 산출하는 시가총액지수로 구분하여 설명한다.

(1) 주가평균지수

주가평균지수는 주가지수를 구성하는 일부종목의 종가합계를 항상제수로 나누어 구하는 수정주가평균을 지수화한 것으로 기준시점의 수정주가평균에 대한 비율로 표시된다. 주가변동 이외에 주식배당, 주식분할, 유상증자, 무상증자, 상장폐지 등이 발생하면 주가의 연속성을 유지하기 위해 항상제수를 수정해야 한다.

$$\text{주가지수} = \frac{\text{비교시점의 수정주가평균}}{\text{기준시점의 수정주가평균}} \times 100 \tag{15.1}$$

예컨대 다우존스 산업평균지수(DJIA), MMI, 일본의 Nikkei 225지수 등은 주가평균방식으로 주가지수를 산출한다. 주가평균지수는 계산방법이 단순하고 이해하기 쉬운 반면에 소형주의 가격변동이 대형주의 가격변동과 동일한 크기로 지수에 영향을 미치므로 시장전체의 가격변동을 제대로 반영하지 못한다는 단점이 있다.

(2) 시가총액지수

시가총액지수는 주가평균지수의 단점을 보완하기 위해 일정시점의 주가지수를 구성하는 전체종목의 시가총액을 100으로 하여 비교시점의 시가총액을 지수화한 것이다. 시가총액방식은 개별기업의 주식가치가 시가총액에서 차지하는 비율에 따라 주식의 비중을 구성하는 시장포트폴리오와 가장 유사하다.

$$\text{주가지수} = \frac{\text{비교시점의 시가총액}}{\text{기준시점의 시가총액}} \times 100 \tag{15.2}$$

예컨대 미국의 S&P 500지수, NYSE 종합지수, 영국의 FTSE 100, 일본의 TOPIX, 한국의 KOSPI 200지수와 스타지수 등은 시가총액방식으로 주가지수를 산출한다. 시가총액지수는 기업가치의 변동이 지수에 미치는 영향이 발행주식수에 따라 달라지지 않는다는 점에서 수익률평균지수와 유사하다.

3 주가지수선물의 개요

한국거래소는 1996년 5월 3일 유가증권시장에 상장된 주식 중에서 200개 종목으로 구성된 KOSPI 200을 기초자산으로 하는 KOSPI 200지수선물을 도입하였다. 또한 2005년 11월 7일에는 코스닥시장에 상장된 주식 중에서 30개 종목의 주가를 기준으로 산출한 스타지수를 기초자산으로 하는 스타지수선물이 개설되었다.

(1) 주가지수선물의 개념

주가지수선물(stock price futures)은 주가지수를 기초자산으로 하며 체계적 위험을 제거하는 수단으로 이용된다. 주가지수선물을 이용한 위험헤지는 헤지대상 현물자산과 헤지수단의 기초자산이 상이한 교차헤지에 해당되어 선물가격변화에 대한 현물가격변화에 대한 민감도를 고려해야 효과적인 헤지를 할 수 있다.

(2) 주가지수선물의 특징

주가지수선물은 주식시장에서 거래되지 않는 특정 주가지수를 거래대상으로 했다는 점에서 혁신적인 금융상품에 해당하며, 다른 금융선물거래와 비교하여 다음과 같은 특징을 갖는다.

첫째, 주가지수는 추상적인 개념으로 실체가 있는 유형의 상품이 아니라 실체가 없는 무형의 지수이기 때문에 포지션을 청산하는 경우에 주가지수를 인수도할 수 없게 된다. 따라서 선물거래자는 계약시점의 주가지수와 청산시점의 주가지수의 차액만큼을 현금으로 결제하고 선물포지션을 청산한다.

둘째, 주가지수선물은 주식가격의 움직임을 나타내는 지수에 불과하기 때문에 그 자체로서는 아무런 가치도 갖지 못한다. 따라서 주가지수옵션과 동일하게 주가지수 1포인트당 일정한 금액을 부여해서 거래한다. 예컨대 KOSPI 200선물의 경우 지수 1포인트당 500,000원의 금액을 부여한다.

셋째, 주가지수선물은 소규모의 증거금으로 대규모의 거래가 가능하여 높은 수익률과 높은 위험을 수반하는 투자수단이며 현물시장에서 분산투자를 통해 제거되지 않는 체계적 위험을 제거하는 수단으로 사용된다. 또한 선물시장과 현물시장간의 차익거래로 주식시장의 유동성 확대에 기여하였다.

(3) KOSPI 200선물의 특징

KOSPI 200지수는 우리나라 주가지수선물과 주가지수옵션의 대상이 되는 지수로 한국거래소에 상장된 주식 중에서 시장대표성, 업종대표성, 유동성이 높은 200개 주식으로 선정한다. KOSPI 200은 1990년 1월 3일을 기준시점으로 하여 시가총액방식으로 산출한다. 즉, 기준시점의 지수를 100으로 하여 다음과 같이 계산한다.

$$KOSPI\ 200 = \frac{\text{비교시점의 시가총액}}{\text{기준시점의 시가총액}} \times 100 \tag{15.3}$$

거래종목은 결제월을 기준으로 3월물, 6월물, 9월물, 12월물 4종목으로 구성되고 최종거래일은 각 결제월의 두 번째 목요일로 하며 거래개시일은 최종거래일의 다음날로 한다. 거래단위의 승수인 지수 1포인트당 500,000원의 가치를 부여하므로 KOSPI 200 선물 1계약의 가격은 KOSPI 200지수에 500,000원을 곱해 계산한다.

호가단위는 0.05포인트로 설정되어 최소가격변동폭(1tick의 가치)은 25,000원(=0.05×500,000)이 된다. 개시증거금은 계약금액의 15%이며 유지증거금은 미결제약정에 한해 계약금액의 10%로 한다. 그리고 주가지수선물의 이론가격을 산정할 경우 기회비용(차입 및 대출이자율)은 91일물 양도성예금증서(CD) 금리로 한다.

4 주가지수선물의 가격결정

주가지수선물의 균형가격을 결정하는 경우에도 보유비용모형을 적용할 수 있다. 주가지수선물의 기초자산인 주가지수는 주식시장에서 거래되는 전체 또는 일부 주식의 가격수준을 나타내는 지표이므로 주가지수의 산출대상이 되는 현물지수에 선물만기일까지 이자비용은 가산하고 배당수익은 차감하여 결정된다.

$$F_{0,T} = S_0\left(1 + r \times \frac{T}{360}\right) - D_T \tag{15.4}$$

식(15.4)에서 주가지수산출에 포함된 모든 주식에 대한 배당금과 배당지급시점을 정확히 예측하여 선물만기일의 가치를 구하는 것은 현실적으로 매우 어렵기 때문에 주가지수의 산출에 포함된 주식들의 평균배당수익률로 측정한다. 따라서 식(15.5)의 균형관계가 성립되지 않으면 차익거래의 기회가 발생한다.

$$F_{0,T} = S_0\left[1 + (r-d) \times \frac{T}{360}\right] \tag{15.5}$$

예제 15-1 주가지수선물의 가격결정

2014년 3월 10일 현재 KOSPI 200지수는 220포인트이다. 주가지수선물시장에서는 3개월 후 만기가 도래하는 6월물 KOSPI 200지수선물이 거래되고 있다. 90일물 양도성예금증서(CD)금리는 연 5%이고 KOSPI 200지수에 포함된 주식들의 평균배당수익률은 연 3%이며 KOSPI 200지수선물의 1포인트당 가격은 500,000원이다. 1년을 360일로 가정하여 다음 물음에 답하시오.

1. 2014년 6월 만기 KOSPI 200지수선물의 균형가격을 구하시오.
2. 다음의 경우에 차익거래과정을 설명하고 주가지수선물 1계약당 차익거래이익을 구하시오.
   (1) KOSPI 200지수선물의 시장가격이 222.1포인트일 경우
   (2) KOSPI 200지수선물의 시장가격이 219.6포인트일 경우

해설

1. 만기일이 2014년 6월 10일인 KOSPI 200지수선물의 균형가격은 다음과 같다.

$$F_{0,T} = S_0\left[1+(r-d)\times\frac{T}{360}\right] = 220\left[1+(0.05-0.03)\times\frac{90}{360}\right] = 221.1$$

2. 차익거래

(1) $F_{0,T} > S_0[1+(r-d)\times\frac{T}{360}]$: 현물매입차익거래

주가지수선물의 시장가격이 균형가격보다 높은 경우에 과대평가된 주가지수선물을 222.1포인트에 매도하고, 자금을 차입하여 과소평가된 현물주식포트폴리오를 220포인트에 매입하는 현물매입차익거래(cash & carry arbitrage)를 통해서 주가지수선물 1계약당 500,000원[=(222.1−221.1)×500,000]의 이익을 얻을 수 있다.

(2) $F_{0,T} < S_0[1+(r-d)\times\frac{T}{360}]$: 현물매도차익거래

주가지수선물의 시장가격이 균형가격보다 낮은 경우에 과대평가된 현물주식포트폴리오를 220포인트에 공매하여 자금을 대출하고, 과소평가된 주가지수선물을 219.6포인트에 매입하는 현물매도차익거래(reverse cash & carry arbitrage)를 통해서 주가지수선물 1계약당 750,000원[=(221.1−219.6)×500,000]의 이익을 얻을 수 있다.

5 주가지수선물의 거래유형

(1) 헤지거래

1) 헤지포지션

현재 주식을 보유하고 있거나 현재 주식을 공매한 투자자는 주가지수선물을 이용하여 주가변동위험을 헤지할 수 있다. 현재 주식을 보유한 투자자는 주가지수선물을 매도하여 주가하락위험을 헤지할 수 있고, 미래에 주식을 매입하고자 하는 투자자는 주가지수선물을 매입하여 주가상승위험을 헤지할 수 있다.

현물시장		선물시장
매입포지션	현재주식보유, 미래주식매도예정 ⇨ 주가하락시 손실발생 ⇨	매도포지션
매도포지션	현재주식공매, 미래주식매입예정 ⇨ 주가상승시 손실발생 ⇨	매입포지션

2) 헤지전략

주가지수선물을 이용한 헤지거래는 헤지대상의 현물자산과 헤지수단의 기초자산이 다른 교차헤지에 해당한다. 따라서 효과적인 헤지를 하기 위해서는 헤지비율에 따라 적절한 수량의 선물계약을 매입하거나 매도해야 주가변동위험을 효과적으로 관리할 수 있는데, 구체적인 방법들을 살펴보면 다음과 같다.

① 단순헤지

단순헤지(naive hedge)는 현물주식의 가격변화율과 선물지수의 가격변화율이 동일하다고 가정하여 헤지대상 현물주식의 가치와 상반되는 동일한 금액의 포지션을 선물시장에서 취한다. 만일 현물주식의 가격변화율과 선물지수의 가격변화율이 동일하다고 가정하면 단순헤지만으로 완전헤지를 달성할 수 있다.

현물주식 또는 주식포트폴리오의 가격을 S_0, 주가지수선물 1계약의 가격을 F_0라고 하면 단순헤지에서 현물시장의 주가변동위험을 제거하기 위해서 필요한 선물계약수(N_F)는 다음과 같이 구할 수 있다.

$$N_F = -\frac{S_0}{F_0} = -\frac{\text{헷지대상 현물주식의 가치}}{\text{주가지수선물 1계약의 가치}} \qquad (15.6)$$

② 베타헤지

일반적으로 현물주식의 가격변화율과 선물지수의 가격변화율이 일치하지 않기 때문에 완전헤지를 달성하기가 어렵다. 따라서 베타헤지(beta hedge)는 헤지대상 현물주식의 현물지수(시장포트폴리오)에 대한 베타계수를 이용하여 선물계약수를 조정해야 헤지성과를 개선할 수 있다.

$$N_F = -\frac{S_0}{F_0} \times \beta_{SI} \tag{15.7}$$

식(15.7)에서 β_{SI}는 현물주가지수(I) 또는 현물주식포트폴리오에 대한 현물주식의 베타계수로 현물주가지수 수익률에 대한 현물주식포트폴리오 수익률의 민감도를 나타내고 자본자산가격결정모형(CAPM)의 베타와 동일한 의미를 갖는다.

③ 최소분산헤지

최소분산헤지(minimum variance hedge)는 현물주식과 주가지수선물로 구성된 헤지포트폴리오의 수익률변동위험을 최소화하고자하는 헤지를 말한다. 따라서 최소분산헤지를 달성하는데 필요한 선물계약수는 다음과 같이 구할 수 있다.

$$N_F = -\frac{S_0}{F_0} \times \beta_{SF} \tag{15.8}$$

식(15.8)에서 β_{SF}는 선물지수에 대한 현물주식의 베타계수로서 현물자산과 헤지수단으로 이용하는 선물지수간의 공분산을 선물의 분산으로 나눈 값이나. 이는 베타헤지의 베타(β_{SI})와는 다른 값이며 다음의 관계가 성립한다.

$$\beta_{SF} = \beta_{SI} \times \beta_{IF} \tag{15.9}$$

여기서 현물가격의 변화율과 선물지수의 변화율이 동일하다고 가정하면 $\beta_{IF} = 1$이 되기 때문에 최소분산헤지는 베타헤지와 동일하게 된다. 일반적으로 실무에서는 $\beta_{IF} = 1$으로 가정하여 베타헤지를 사용하고 있다.

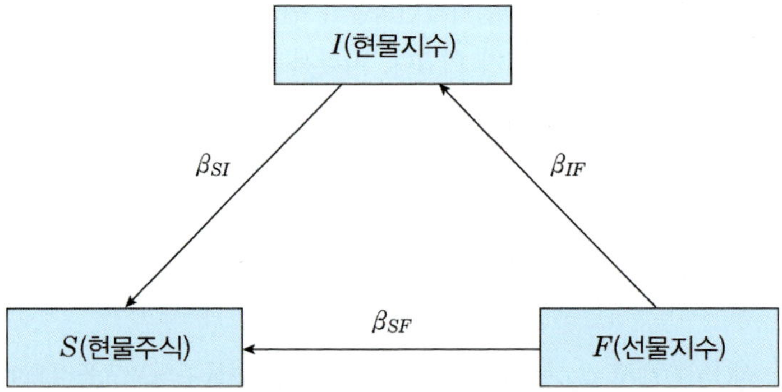

【 그림 15-1 헤지거래의 분석 】

예제 15-2 주가지수선물을 이용한 위험헤지

아래와 같이 두 종목으로 구성된 주식포트폴리오를 운용하고 있는 펀드매니저 홍길동은 90일 만기 KOSPI 200지수선물을 이용하여 보유중인 주식포트폴리오의 가치하락위험을 헤지하려고 한다. 현재 주가지수선물시장에서 90일 만기 KOSPI 200지수선물이 250포인트에 거래되고 있고 1포인트당 가격은 500,000원이다. 시장포트폴리오의 수익률은 0.18%이고 수익률의 분산은 0.1이다. 1개월 후에 선물지수가 238포인트로 하락하고 A주식의 가격이 11,000원, B주식의 가격이 48,000원으로 하락했다고 가정하여 다음 물음에 답하시오.

주식	현재주가	발행주식수	공분산
A	12,500원	40,000주	0.15
B	50,000원	20,000주	0.12

1. 단순헤지를 할 경우 필요한 선물계약수를 구하고 헤지결과를 설명하시오.
2. 베타헤지를 할 경우 필요한 선물계약수를 구하고 헤지결과를 설명하시오.
3. 최소분산헤지를 할 경우 필요한 선물계약수를 구하고 헤지결과를 설명하시오. 단, 선물지수에 대한 현물지수의 베타는 1.0679이며 선물계약은 분할가능하다.

해설

1. ① 단순헤지를 할 경우 매도해야 할 선물계약수는 다음과 같다.

$$N_F = -\frac{S_0}{F_0} = -\frac{12,500\times40,000+50,000\times20,000}{250\times500,000} = -12\text{계약}$$

② 1개월 후의 헤지결과

시점	현물시장	선물시장
현재	보유중인 주식포트폴리오의 가치 12,500×40,000+50,000×20,000 = 1,500,000,000	250포인트에 12계약 매도 250×500,000×12 = 1,500,000,000
1개월 후	보유중인 주식포트폴리오의 가치 11,000×40,000+48,000×20,000 = 1,400,000,000	238포인트에 12계약 매입 238×500,000×12 = 1,428,000,000
손익	−100,000,000	72,000,000

∴ 순손익 = −100,000,000+72,000,000 = −28,000,000

2. 홍길동이 보유하고 있는 주식포트폴리오의 베타계수는 다음과 같다.

$$\beta_P = \sum_{i=1}^{n} W_i \beta_i = \frac{1}{3}(1.5) + \frac{2}{3}(1.2) = 1.3$$

① 베타헤지를 할 경우 매도해야 할 선물계약수는 다음과 같다.

$$N_F = -\frac{S_0}{F_0} \times \beta_{SI} = -\frac{12,500 \times 40,000 + 50,000 \times 20,000}{250 \times 500,000} \times 1.3 \fallingdotseq -16\text{계약}$$

② 1개월 후의 헤지결과

시점	현물시장	선물시장
현재	보유중인 주식포트폴리오의 가치 12,500×40,000+50,000×20,000 = 1,500,000,000	250포인트에 16계약 매도 250×500,000×16 = 2,000,000,000
1개월 후	보유중인 주식포트폴리오의 가치 11,000×40,000+48,000×20,000 = 1,400,000,000	238포인트에 16계약 매입 238×500,000×16 = 1,852,500,000
손익	−100,000,000	96,000,000

∴ 순손익 = −100,000,000+96,000,000 = −4,000,000

3. ① 최소분산헤지를 할 경우 매도해야 할 선물계약수는 다음과 같다.

$$N_F = -\frac{S_0}{F_0} \times \beta_{SF} = -\frac{12,500 \times 40,000 + 50,000 \times 20,000}{250 \times 500,000} \times 1.3 \times 1.0679 = -17\text{계약}$$

② 1개월 후의 헤지결과

시점	현물시장	선물시장
현재	보유중인 주식포트폴리오의 가치 12,500×40,000+50,000×20,000 = 1,500,000,000	250포인트에 17계약 매도 250×500,000×17 = 2,125,000,000
1개월 후	보유중인 주식포트폴리오의 가치 11,000×40,000+48,000×20,000 = 1,400,000,000	238포인트에 17계약 매입 238×500,000×17 = 2,025,000,000
손익	−100,000,000	102,000,000

∴ 순손익 = −100,000,000+102,000,000 = 2,000,000

3) 위험관리

주가지수선물은 현재 보유중인 현물주식(또는 포트폴리오)의 체계적 위험을 관리하는데 유용하게 활용할 수 있다. 식(15.10)은 현재 보유하고 있는 현물주식의 베타(β_{SI})를 현물주식과 주가지수선물로 구성된 헤지포트폴리오의 목표베타(β_P)로 조정하기 위해 매입 또는 매도해야 할 선물계약수(N_F)를 나타낸다.

$$N_F = \frac{S_0}{F_0} \times (\beta_P - \beta_{SI}) \tag{15.10}$$

첫째, 주가가 상승하는 강세장이 예상되면 베타를 높이는 것이 유리하다. 따라서 주가 상승이 예상되어 헤지포트폴리오의 베타를 현물주식의 베타보다 크게 하려고 하는 $\beta_P > \beta_{SI}$인 경우에는 N_F은 정(+)의 값을 갖기 때문에 주가지수선물의 매입계약수를 증가시켜야 한다.

둘째, 주가가 하락하는 약세장이 예상되면 베타를 낮추는 것이 유리하다. 따라서 주가 하락이 예상되어 헤지포트폴리오의 베타를 현물주식의 베타보다 작게 하려고 하는 $\beta_P < \beta_{SI}$인 경우에는 N_F은 부(−)의 값을 갖기 때문에 주가지수선물의 매도계약수를 증가시켜야 한다.

예제 ››› 15-3 주가지수선물을 이용한 체계적 위험의 관리

2014년 6월 10일 현재 아래와 같은 주식포트폴리오를 운용하고 있는 펀드매니저 홍길동은 주가지선물을 이용해 주식포트폴리오의 체계적 위험을 관리하고자 한다. 선물시장에서 12월물 KOSPI 200지수선물은 220포인트에 거래되고 있으며 지수 1포인트당 가격은 500,000원이다. 시장포트폴리오수익률은 0.15이고 시장수익률의 분산은 0.04라고 가정하여 다음 물음에 답하시오.

주식	주당가격	보유주식수	분산	상관계수
A	20,000원	10,000주	0.36	0.4
B	40,000원	10,000주	0.49	0.8
C	10,000원	10,000주	0.25	0.4
D	10,000원	30,000주	0.64	0.7

1. 홍길동이 주식포트폴리오와 주가지수선물을 이용하여 최소분산포트폴리오를 구성하려면 12월물 KOSPI 200지수선물을 어떻게 이용해야 하는가?

2. 홍길동은 향후 주가가 상승할 것으로 예상하고 주식포트폴리오의 베타를 3.0으로 증가시키려고 한다. 12월물 KOSPI 지수선물을 어떻게 이용해야 하는가?
3. 홍길동은 향후 주가가 하락할 것으로 예상하고 주식포트폴리오의 베타를 1.0으로 감소시키려고 한다. 12월물 KOSPI 지수선물을 어떻게 이용해야 하는가?

해설

1. 현재 주식포트폴리오를 보유하고 있어 주가하락시 손실을 방지하려면 선물을 매도해야 하며 최소분산 포트폴리오를 구성하는데 필요한 선물계약수는 다음과 같다.

$$N_F = \frac{S_0}{F_0} \times \beta_{SI} = \frac{1,000,000,000}{220 \times 500,000} \times 2.3^* = 20.9\text{계약}$$

$$^*\beta_P = \sum_{i=1}^{n} W\beta = 0.2(1.2) + 0.4(2.8) + 0.1(1.0) + 0.3(2.8) = 2.3$$

2. 12월물 KOSPI 200지수선물을 6.36계약 매입하면 주식포트폴리오의 베타를 3.0으로 높일 수 있다.

$$N_F = \frac{S_0}{F_0} \times (\beta_P - \beta_{SI}) = \frac{1,000,000,000}{220 \times 500,000} \times (3.0 - 2.3) = 6.36\text{계약}$$

3. 12월물 KOSPI 200지수선물을 11.82계약 매도하면 주식포트폴리오의 베타를 1.0으로 낮출 수 있다.

$$N_F = \frac{S_0}{F_0} \times (\beta_P - \beta_{SI}) = \frac{1,000,000,000}{220 \times 500,000} \times (1.0 - 2.3) = -11.82\text{계약}$$

(2) 투기거래

투기거래(speculation)는 현물시장의 포지션과는 관계없이 선물시장에서 선물가격의 등락을 이용하여 시세차익을 얻을 목적으로 위험을 감수하면서 이익을 추구하는 거래를 말하며 단순투기거래와 스프레드거래로 구분된다.

1) 단순투기거래

단순투기거래는 특정자산에 대한 미래의 선물가격을 예측하여 선물가격이 상승할 것으로 예상되면 매입포지션을 취하고 선물가격이 하락할 것으로 예상되면 매도포지션을 취한다. 따라서 투기거래자의 예상이 정확할 경우에는 큰 이익을 얻을 수 있는 반면 예상이 빗나갈 경우에는 큰 손실을 감수해야 한다.

2) 스프레드거래

스프레드거래는 조건이 서로 다른 주가지수선물계약을 동시에 매입하고 매도하는 거래를 말한다. 단순투기거래는 미래의 선물가격을 예측하여 한쪽 방향에만 포지션을 취하여 예상이 빗나갈 경우 큰 손실을 감수해야 한다. 반면에 스프레드거래는 양쪽에 반대 포지션을 취하기 때문에 한정된 위험을 갖는다.

① 상품내 스프레드

상품내 스프레드는 동일한 상품내에서 상이한 만기월간의 스프레드변화를 예상하여 매입포지션과 매도포지션을 동시에 취하여 이익을 얻는 거래를 말하며 시간스프레드라고도 한다. 일반적으로 주가지수선물은 주식시장의 변화에 대해 원월물이 근월물에 비해 큰 폭으로 변화한다.

따라서 주가의 상승이 예상되면 근월물을 매도하고 원월물을 매입하는 스프레드포지션을 취하고, 주가의 하락이 예상되면 근월물을 매입하고 원월물을 매도하는 스프레드 포지션을 취한다. 우리나라는 최근월물을 중심으로 거래가 집중되어 상품내 스프레드가 사실상 불가능하다.

② 상품간 스프레드

상품간 스프레드는 상관계수가 높은 유사한 상품간의 스프레드변화를 예상하여 매입포지션과 매도포지션을 동시에 취하여 이익을 얻는 거래를 말하며 교차스프레드라고도 한다. 일반적으로 시장이 큰 폭으로 움직이면 기업규모가 작은 소형주가 기업규모가 큰 대형주보다 크게 변화한다.

따라서 주가의 상승이 예상되면 변동폭이 큰 주가지수선물을 매입하고 변동폭이 작은 선물을 매도하며, 주가의 하락이 예상되면 변동폭이 큰 주가지수선물을 매도하고 변동폭이 작은 선물을 매입한다. 이때 양쪽 선물의 만기가 같도록 해야 하고 전체의 순포지션이 0이 되도록 한다.

예제 15-4 만기간 스프레드를 이용한 투기거래

투자자 홍길동은 주가지수선물의 가격변화를 이용하여 투기거래를 하려고 한다. 2014년 3월 11일 현재 주가지수선물시장에서 6월물 가격은 220이고 9월물 가격은 225에 거래되고 있다. 홍길동은 1개월 후 주가지수선물가격이 6월물은 223, 9월물은 230으로 상승할 것으로 예상하고 있다. 스프레드를 이용한 투기거래의 전략을 수립하고 투기거래의 성과를 구하시오.

해설

스프레드가 현재 5(=225−220)에서 7(=230−223)로 확대될 것으로 예상하여 근월물은 매도하고 원월물은 매입하는 스프레드포지션을 취하면 1,000,000원의 이익을 얻을 수 있다.

	근월물(6월물)	원월물(9월물)
현재 청산	220 매도 223 매입	225 매입 230 매도
손익	3손실	5이익

제 3 절 금리선물

1 금리선물의 의의

금리선물(interest rate futures)은 채권이나 CD(양도성정기예금)와 같이 금리의 변동에 따라 가치가 변화하는 금융자산을 기초자산으로 하는 선물거래를 말한다. 금리선물은 기초자산의 만기에 따라서 단기금리선물(T-bill선물), 중기금리선물(T-note선물), 장기금리선물(T-bond선물, 국채선물)로 구분된다.

2 금리선물의 가격표시

(1) T-bill선물

T-bill선물은 미국 재무성이 발행하는 액면가액 $1,000,000이고 잔존만기가 90일인 T-bill(순수할인채)을 기초자산으로 하는 선물거래를 말한다.

1) T-bill가격

T-Bill수익률은 T-bill가격이 액면가액에서 할인된 금액을 액면가액으로 나누어 연단위로 환산한 할인율로 공시되고, 1년을 360일로 가정하여 계산한다.

$$T-bill\text{수익률} = \frac{\text{액면가액} - T-bill\text{가격}}{\text{액면가액}} \times \frac{360}{90} \tag{15.11}$$

식(15.11)을 T-Bill가격에 대해 정리하면 T-Bill가격은 액면가액에서 할인액을 차감하여 구할 수 있다.

$$T-bill\text{가격} = \text{액면가액} - \text{액면가액} \times T-bill\text{수익률} \times \frac{90}{360} \tag{15.12}$$

채권등가수익률(BEY : bond equivalent yield)은 다음과 같이 계산되며 채권에 투자하는 경우에 실제수익률을 의미한다.

$$\text{채권등가수익률} = \frac{\text{액면가액} - T-bill\text{가격}}{T-bill\text{가격}} \times \frac{360}{T} \tag{15.13}$$

예제 15-5 T-bill가격과 채권등가수익률

액면가액 $1,000,000이고 잔존만기가 90일인 T-bill이 89-50으로 공시되었을 경우 T-bii가격과 채권등가수익률을 구하시오.

해설

① T-Bill가격 $= 1{,}000{,}000 - 1{,}000{,}000 \times 0.105 \times \frac{90}{360} = \$973{,}750$

② 채권등가수익률 $= \frac{1{,}000{,}000 - 973{,}750}{973{,}750} \times \frac{360}{90} = 0.1078(10.78\%)$

2) T-bill선물가격

시카고상업거래소(CME) 국제통화시장(IMM)에서 거래되는 T-bill선물가격은 100에서 T-bill선물수익률(연 할인율)을 차감하는 형식으로 공시된다.

$$\text{T-bill선물의 공시가격} = 100 - \text{T-bill선물수익률} \tag{15.14}$$

T-bill선물의 공시가격에 내재된 T-bill선물수익률은 다음과 같다.

$$\text{T-bill선물수익률} = 100 - \text{T-bill선물의 공시가격} \tag{15.15}$$

T-bill선물 1계약의 가격은 다음과 같이 구할 수 있다.

$$\text{T-bill선물가격} = \text{액면가액} - \text{액면가액} \times \text{T-bill선물수익률} \times \frac{90}{360} \tag{15.16}$$

예제 15-6 T-bill선물의 가격

액면가액 $1,000,000이고 만기가 90일인 T-bill을 기초자산으로 하는 선물의 공시가격이 91-50으로 공시되었을 경우 T-bill선물수익률과 T-bill선물 1계약의 가격을 구하시오.

해설

T-bill선물가격이 91-50으로 공시되었다면 선물의 연 할인율은 8.5%(=100-91.5)가 된다.

① T-bill선물수익률 = 100 - T-bill선물의 공시가격 = 100-91.50 = 8.5%

② T-bill선물가격 = $1,000,000 - 1,000,000 \times 0.085 \times \frac{90}{360} = \$978,750$

(2) T-bond선물

T-bond선물은 미국 재무성이 재정적자를 해결하기 위해서 발행하는 액면가액 $100,000, 표면이자율 8%(연 2회 이자지급), 만기 20년인 T-bond를 기초자산으로 하는 선물거래를 말한다.

1) T-bond가격

T-bond의 현물가격은 액면가액에 대한 백분율로 공시되며 소수점 이하의 숫자는 1/32를 말한다. 따라서 T-bond의 현물가격이 95-20으로 공시되었다면, 이는 액면가액의 95와 20/32%라는 의미이다.

$$\text{공시가격} = \$100,000 \times 95\frac{20}{32} \times 0.01 = \$95,625 \quad (15.17)$$

T-bond는 6개월마다 이자를 지급하는 이표채로 이자지급일 사이에 T-bond를 거래하면 최종이자지급일로부터 거래일까지 경과이자는 매도자에게 귀속되어야 하나 거래일 이후의 정기이자지급일에 매입자가 수령한다. 따라서 매입자가 매도자에게 지불하는 송장금액(invoice amount)은 공시가격에 이자를 가산한 값이 된다.

$$\text{현물송장금액} = \text{현물공시가격} + \text{경과이자} \quad (15.18)$$

식(15.18)에서 경과이자는 다음과 같이 구할 수 있다.

$$\text{경과이자} = \text{6개월 간의 이자} \times \frac{\text{최종이자지급일 이후 경과일수}}{\text{6개월간의 일수}} \quad (15.19)$$

2) T-bond선물가격

T-bond의 선물가격은 액면가액에 대한 백분율로 공시되고 소수점 이하의 숫자는 1/32를 말한다. 즉, T-bond의 선물가격이 92-24로 공시되었다면, 이는 액면가액의 92와 24/32%라는 의미이다. T-bond선물의 호가단위는 1 베이시스포인트인데, 이는 액면가액의 1/32%에 해당하며 최소가격변동폭은 $31.25가 된다.

$$T-bond\text{선물가격} = \$100,000 \times 92\frac{24}{32} \times 0.01 = \$92,750 \tag{15.20}$$

공시가격 산정의 기준이 되는 표준물과 선물만기일에 인도채권이 다른 경우에 공시가격에 전환계수를 곱해 송장금액을 조정하므로 선물만기일에 매입자가 매도자에게 지불하는 송장금액은 다음과 같이 구할 수 있다.

$$\text{선물송장금액} = \text{선물공시가격} \times \text{전환계수} + \text{경과이자} \tag{15.21}$$

전환계수(conversion factor)는 만기수익률을 8%로 가정하여 산출한 액면가액 $1당 인도채권의 가격으로 표면이자율이 8%이면 전환계수는 1이 되고 표면이자율이 8%보다 높으면 1보다 크며 표면이자율이 8%보다 낮으면 1보다 작다.

$$\text{전환계수} = \sum_{t=1}^{2T} \frac{C_t/2}{(1+0.08/2)^T} + \frac{1}{(1+0.08/2)^{2T}} \tag{15.22}$$

선물매도자는 인도가능한 T-bond 중에서 인도비용이 가장 낮은 채권을 선택하여 선물계약의 결제에 이용할 수 있는데 이를 최저가 인도채권이라고 한다. 선물매도자는 인도채권을 현물의 송장금액으로 매입해서 인도하고 선물의 송장금액을 수령하기 때문에 인도비용은 현물의 송장금액과 선물의 송장금액의 차이를 말한다.

$$\begin{aligned} \text{인도비용} &= \text{현물송장금액} - \text{선물송장금액} \\ &= (\text{현물공시가격} + \text{경과이자}) - (\text{선물공시가격} \times \text{전환계수} + \text{경과이자}) \\ &= \text{현물공시가격} - \text{선물공시가격} \times \text{전환계수} \end{aligned} \tag{15.23}$$

예제 15-7 T-bond선물의 송장금액과 인도비용

2014년 4월 28일 현재 투자자 홍길동은 공시가격이 93-20인 T-bond선물 매도계약을 보유하고 있는데 전환계수가 0.94인 T-bond를 인도하기로 하였다. 이 채권의 현물공시가격은 93-16이고 표면이자율은 연 10%이며 이자지급일은 6월 30일과 12월 30일, 1년은 360일로 가정하여 다음 물음에 답하시오.

1. T-bond 현물의 공시가격과 송장금액을 구하시오.
2. T-bond 선물의 송장금액을 구하시오.
3. 투자자 홍길동의 인도비용을 구하시오.

해설

1. T-bond의 이자지급일정을 시간선상에 표시하면 다음과 같다.

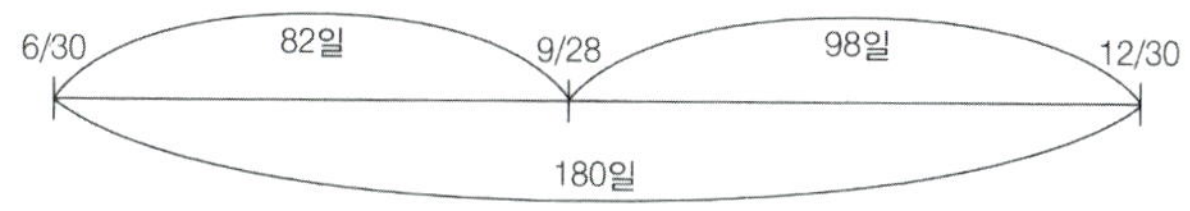

T-bond 현물의 공시가격은 다음과 같다.

공시가격 $= \$100,000 \times 93\frac{16}{32} \times 0.01 = \$93,500$

T-bond 현물의 송장금액은 다음과 같다.

현물송장금액 = 현물공시가격 + 경과이자 = 93,500+2,500* = 96,000

* 경과이자 = 6개월간의 이자$\times\frac{82}{180} = \left(100,000 \times 0.1 \times \frac{1}{2}\right) \times \frac{90}{180} = 2,500$

2. T-bond 선물의 송장금액은 다음과 같다.

선물송장금액=선물공시가격×전환계수 + 경과이자

$$= \left(100,000 \times 93\frac{20}{32} \times 0.01\right) \times 0.94 + 2,500 = 92,388$$

3. 홍길동의 인도비용은 다음과 같다.

인도비용 = 현물송장금액 − 선물송장금액 = 96,000−92,388 = 3,612

(3) 국채선물

국채선물은 정부가 발행한 채권을 거래대상으로 하는 장내파생상품으로 3년 국채선물은 액면가액 1억원, 표면이자율 8%(연 2회 이자지급), 만기 3년이며 5년 국채선물은 만기만 5년이며 나머지는 3년 국채선물과 동일하다. 국채선물의 가격은 액면가액 100원을 기준으로 공시되며 소수점 이하의 숫자는 1/100%를 말한다.

국채선물의 가격이 106-45로 공시되었다면, 이는 액면가액의 106.45%라는 의미이다. 국채선물의 결제는 실물인수도가 아닌 선물가격과 청산시점의 현물가격의 차액으로 거래를 종결시키는 현금결제방식을 채택하여 T-bond선물과 같이 전환계수, 최저가 인도채권, 매도자선택권 등의 복잡한 문제를 고려할 필요가 없다.

$$공시가격 = 1억원 \times 106.45 \times 0.01 = 1.0645억원 \tag{15.24}$$

국채선물은 금리변동으로 발생하는 자산가치의 변동위험을 관리하기 위해 만들어진 금융상품이다. 그런데 국채는 신용도가 매우 높아 위험이 없는 무위험자산으로 분류한다. 한국거래소는 3년 국채선물을 1999년 9월 29일에, 5년 국채선물을 2003년 8월 22일에 각각 상장하여 투자자에게 제공하고 있다.

3 금리선물의 가격결정

(1) 단기금리선물

순수할인채를 기초자산으로 하는 금리선물의 가격결정방법에는 보유비용모형을 이용하는 방법과 선도이자율을 이용해서 기초채권을 할인하는 방법이 있다.

1) 보유비용모형

기초자산이 무이표채인 경우 만기일까지 보유수익이 발생하지 않으므로 보유비용모형에 의한 금리선물의 이론가격은 다음과 같이 구할 수 있다.

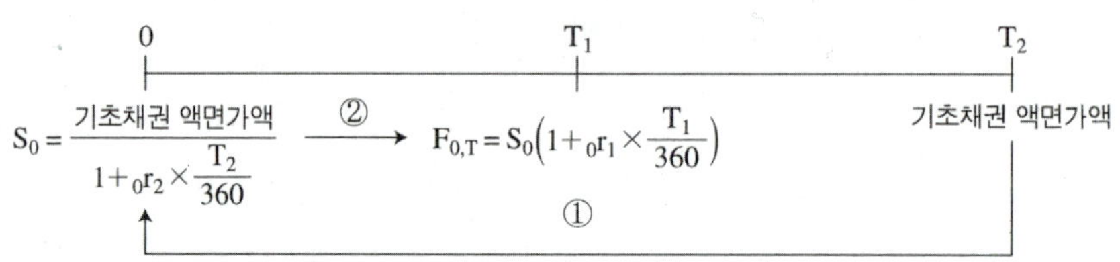

$$F_{0,T} = S_0(1+r_{0,T}) = S_0\left(1+{}_0r_1 \times \frac{T_1}{360}\right) \tag{15.25}$$

따라서 이론선물가격은 T_2시점에 발생할 기초채권 액면가액을 T_2(선물만기+채권만기) 기간 동안의 현물이자율로 할인한 현재가치에 선물만기일까지 현물이자율(${}_0r_1$)을 적용하여 선물만기일가치로 환산한 값이다.

2) 기초채권할인

기초채권의 할인은 T_2시점에 발생할 기초채권 액면가액을 선물만기(T_1)부터 채권만기(T_2)까지 선도이자율로 할인하여 선물만기일인 T_1시점의 가치로 환산해서 선물가격을 계산하는 방법이다.

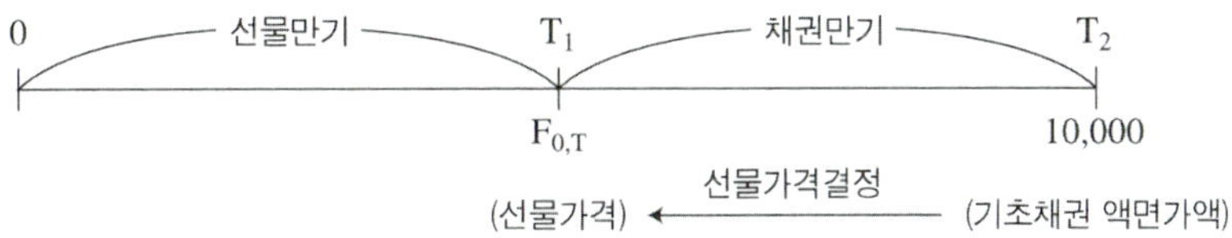

따라서 연단위로 측정한 T_1(선물만기)까지의 현물이자율을 $_0r_1$이라 하고 T_2(T_1+채권만기)까지의 현물이자율을 $_0r_2$라고 하면 T_1부터 T_2까지 선도이자율은 다음의 관계를 이용하여 구할 수 있다.

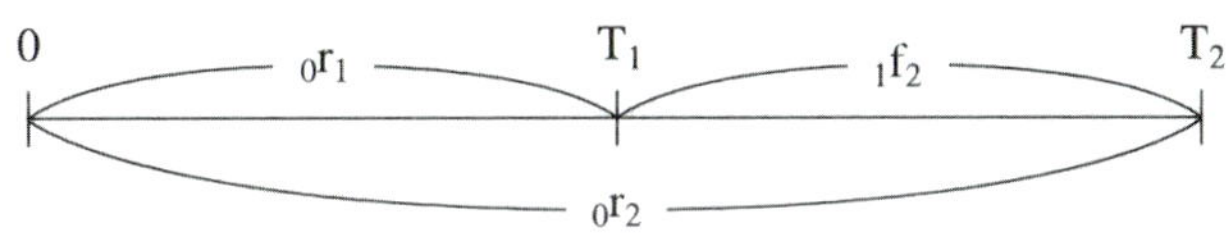

$$\left(1+{}_0r_2\times\frac{T_2}{360}\right)=\left(1+{}_0r_1\times\frac{T_1}{360}\right)\left(1+{}_1f_2\times\frac{T_2-T_1}{360}\right) \tag{15.26}$$

이렇게 산출한 선도이자율로 T_2시점에 발생하는 기초채권 액면가액을 T_1시점의 가치로 환산한 값이 이론선불가격이다.

$$F_{0,T}=\frac{\text{기초채권 액면가액}}{1+{}_1f_2\times\dfrac{T_2-T_1}{360}} \tag{15.27}$$

예제>>> 15-8 T-bill선물의 이론가격

현재시점부터 앞으로 80일 동안의 현물이자율은 연 10%이고 170일 동안의 현물이자율은 연 11%라고 가정하여 다음 물음에 답하시오.

1. 80일부터 170일까지 90일 동안의 연간 선도이자율을 구하시오.
2. 액면가액 $1,000,000이고 만기 90일인 T-bill을 기초자산으로 하고 80일 후에 인도되는 선물계약의 균형가격을 구하시오.

3. 액면가액 $1,000,000이고 만기 90일인 T-bill의 현재가격을 구하고 이를 이용하여 선물계약의 균형가격을 구하시오.

해설

1. 주어진 이자율을 시간선상에 표시하면 다음과 같이 나타낼 수 있다.

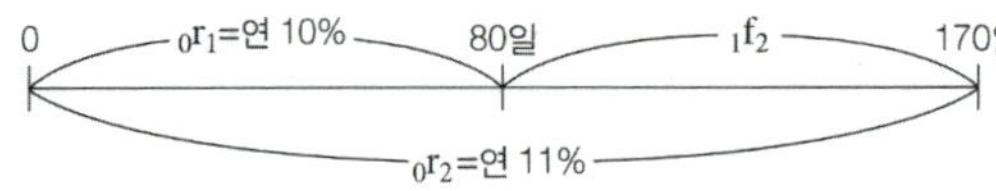

$$\left(1+0.11\times\frac{170}{360}\right)=\left(1+0.10\times\frac{80}{360}\right)\left(1+{}_1f_2\times\frac{90}{360}\right)\rightarrow {}_1f_2=0.1162$$

2. 선물의 균형가격은 기초채권의 액면가액 $1,000,000을 80일부터 170일 사이의 선도이자율로 할인하여 구한다.

$$F_{0,T}=\frac{1,000,000}{1+0.1162\times\frac{90}{360}}=\$971,770$$

3. 액면가액 $1,000,000이고 만기가 170일인 T-bill의 현재가격은 다음과 같다.

$$S_0=\frac{\text{액면가액}}{1+{}_0r_2\times\frac{T_2}{360}}=\frac{1,000,000}{1+0.11\times\frac{170}{360}}=\$950,646$$

보유비용모형을 이용하여 선물의 현물가격을 구하면 다음과 같다.

$$F_{0,T}=S_0\left(1+{}_0r_1\times\frac{T_1}{360}\right)=950,646\left(1+0.1\times\frac{80}{360}\right)=\$971,770$$

(2) 장기금리선물

기초자산이 이표채인 경우에 현물을 매입해서 보유하면 이자수익이 발생하므로 보유비용모형에 의한 금리선물의 이론가격은 현물채권의 가격에 보유비용은 가산하고 보유수익은 차감하여 구할 수 있다.

$$F_{0,\ T}=S_0+CC-CR=S_0(1+r)-CR \tag{15.28}$$

기초채권의 액면가액이 B, 선물만기까지 표면이자율이 $i_{0,\ T}$, 연간 표면이자율이 i라면 식(15.28)은 다음과 같이 바꾸어 쓸 수 있다.

$$\begin{aligned}F_{0,T}&=S_0(1+r_{0,T})-B\times i_{0,T}\\&=S(1+r\times\frac{T}{360})-B\times i\times\frac{T}{360}\end{aligned} \tag{15.29}$$

예제 15-9 금리선물의 차익거래

현재 현물채권시장에는 액면가액이 100,000원이고 표면이자율이 10%인 채권이 100,000원에 거래되고 있다. 채권선물시장에서는 위의 현물채권을 기초자산으로 하고 만기가 1년인 선물계약이 거래되고 있다. 연간 무위험이자율이 10%, 6개월 후와 1년 후에 5,000원의 이자지급이 있다고 가정하여 다음 물음에 답하시오.

1. 채권선물의 균형가격을 구하시오.
2. 채권선물의 가격이 100,000원일 때 차익거래과정을 설명하시오.
3. 채권선물의 가격이 98,000원일 때 차익거래과정을 설명하시오.

해설

1. 채권선물의 균형가격은 보유비용모형을 이용하여 다음과 같이 구할 수 있다.

$F_{0,T} = S_0(1+r) - CR = 100,000(1+0.1) - 10,250^* = 99,750$원

$^* CR = 5,000\left(1+0.1\times\frac{6}{12}\right)+5,000 = 10,250$원

2. 선물가격이 균형가격에 비해서 과대평가되어 있어 과대평가된 선물을 100,000원에 매도하고 100,000원을 차입하여 과소평가된 현물채권을 매입하는 차익거래를 통해 선물만기일에 250원의 차익거래이익을 얻을 수 있다.

거 래	현재의 현금흐름	6개월 후의 현금흐름	1년 후의 현금흐름
선물매도	–	–	$100,000-S_T$
자금차입	100,000	–	−110,000
현물매입	−100,000	5,000	$S_T+5,000$
이자대출	–	−5,000	5,250*
합 계	0	0	250원

* 대출원리금 $= 5,000\left(1+0.1\times\frac{6}{12}\right) = 5,250$원

3. 선물가격이 균형가격에 비해서 과소평가되어 있어 과대평가된 현물채권을 100,000원에 공매하여 자금을 대출하고 과소평가된 선물을 100,000원에 매입하는 차익거래를 통해 선물만기일에 1,750원의 차익거래이익을 얻을 수 있다.

거 래	현재의 현금흐름	6개월 후의 현금흐름	1년 후의 현금흐름
현물공매	100,000	−5,000	$-S_T-5,000$
자금대출	−100,000	–	110,000
이자지급	–	5,000	−5,250
선물매입	–	–	$S_T-98,000$
합 계	0	0	1,750원

* 차입원리금 $= -5,000\left(1+0.1\times\frac{6}{12}\right) = -5,250$원

4 금리선물의 헤지거래

(1) 헤지포지션

현재 채권을 보유하고 있는 투자자는 금리선물을 매도하여 금리상승위험을 헤지할 수 있고, 미래에 채권을 매입하고자 하는 투자자는 금리선물을 매입하여 금리하락위험을 헤지할 수 있다.

현물시장		선물시장
매입포지션	현재채권보유, 투자자 ⇨ 채권가격 하락시 손실발생 ⇨	매도포지션
매도포지션	미래채권매입, 발행자 ⇨ 채권가격 상승시 손실발생 ⇨	매입포지션

① **매입헤지**

매입헤지(long hedge)는 미래에 채권을 매입하고자 하는 투자자는 이자율이 하락하면 채권가격의 상승으로 손실이 발생하므로 금리선물을 매입했다가 일정기간이 경과한 후 금리선물을 매도하여 청산한다.

② **매도헤지**

매도헤지(short hedge)는 현재 채권을 보유하고 있는 투자자는 이자율이 상승하면 채권가격의 하락으로 손실이 발생하므로 금리선물을 매도했다가 일정기간이 경과한 후 금리선물을 매입하여 청산한다.

(2) 헤지모형

금리선물을 이용한 헤지거래는 이자율변동에 따른 현물포지션의 손익을 선물포지션의 손익으로 상쇄시키는데 있다. 그러나 헤지대상의 채권과 헤지수단으로 이용하는 채권이 불일치한 경우에는 헤지비율의 조정을 통해 베이시스위험을 최소화하는 것이 중요하다.

① **단순헤지모형**

단순헤지모형은 헤지대상 채권가치와 동일한 금액의 포지션을 선물시장에서 반대로 취하는 전략으로 헤지기간 동안 현물가격의 변동과 선물가격의 변동이 일치하면 완전헤지를 달성할 수 있으나 그러한 경우는 드물어 두 가격간의 민감도 또는 헤지비율을 고려해서 선물계약수를 조정해야 효과적인 헤지를 할 수 있다.

$$N_F = \frac{S_0}{F_0} = \frac{\text{헤지대상 현물채권의 가치}}{\text{금리선물 1계약의 가치}} \leftarrow S_0 = N_F \times F_0 \qquad (15.30)$$

② BPV모형

베이시스포인트가치(BPV : basis point value)는 이자율의 1베이시스포인트(0.01%) 변동에 따른 채권가격변동액으로 이자율변동에 대한 가격민감도를 절대금액으로 측정하기 때문에 헤지비율을 결정하는데 효과적이다.

여기서 선물의 BPV는 금리선물 1계약의 가치를 나타내고, 현물의 BPV는 금리선물 1계약의 거래단위에 해당하는 현물채권의 BPV를 나타낸다. 선물 1계약의 BPV는 금리수준에 관계없이 고정되어 있지만, 현물채권의 BPV는 금리수준과 만기에 따라 달라져 필요한 선물계약수가 달라진다.

$$N_F = \frac{S_0}{F_0} \times \frac{\text{현물의 } BPV}{\text{선물의 } BPV} \quad (15.31)$$

③ 듀레이션모형

수익률변동에 대한 채권가격의 변화를 BPV는 절대금액으로 측정하는 반면에 듀레이션은 백분율로 측정한다는 점에서 차이가 있다. 이자율변동에 따른 현물채권의 가치변동액을 ΔS, 금리선물 1계약의 가치변동액을 ΔF라고 하면 완전헤지에 필요한 선물계약수(N_F)는 다음과 같다.

$$N_F = \frac{\Delta S}{\Delta F} \leftarrow \Delta S = N_F \times \Delta F \quad (15.32)$$

이자율변동에 따른 현물채권의 가치변동액(ΔS)은 현물채권의 듀레이션을 이용하여 다음과 같이 구할 수 있다.

$$\Delta S = -\frac{D_S}{1+r_S}\Delta r_S \, S_0 \quad (15.33)$$

이자율변동에 따른 선물 1계약의 가치변동액(ΔF)은 기초채권의 듀레이션을 이용하여 다음과 같이 구할 수 있다.

$$\Delta F = -\frac{D_F}{1+r_F}\Delta r_F \, S_0 \quad (15.34)$$

식(15.33)과 식(15.34)를 식(15.32)에 대입하면 완전헤지에 필요한 선물계약수는 다음과 같이 구할 수 있다.

$$N_F = \frac{S_0}{F_0} \times \frac{\frac{D_S}{1+r_S}}{\frac{D_F}{1+r_F}} \times \frac{\triangle r_S}{\triangle r_F} \tag{15.35}$$

만일 현물채권과 선물기초채권의 이자율이 같고 변화율도 동일할 경우에 필요한 선물계약수는 다음과 같이 구할 수 있다.

$$N_F = \frac{S_0}{F_0} \times \frac{D_S}{D_F} \tag{15.36}$$

④ 회귀분석모형

헤지대상 현물채권과 선물계약의 기초자산이 다른 교차헤지의 경우 수익률스프레드가 변동할 가능성이 높은 경우에 회귀분석모형을 이용한다. 회귀분석은 과거자료를 이용하여 헤지비율을 측정하는데 헤지대상자산의 수익률을 종속변수로 놓고 헤지에 이용할 선물의 수익률을 독립변수로 하여 다음과 같은 회귀식을 추정한다.

$$S_t = \alpha + \beta F_t + \varepsilon_t \tag{15.37}$$

식(15.37)에서 회귀계수(β)의 값이 최적헤지비율이 되고, 회귀식의 결정계수(R^2)가 헤지의 효과를 측정하는 척도가 된다.

예제>>> 15-10 금리선물을 이용한 위험헤지

덕성기업은 액면가액 $10,000,000이고 만기가 180일인 T-bill을 1개월 후 매도할 예정이다. 향후 1개월간 금리상승이 예상되어 만기가 60일 T-bill선물을 이용하여 매도시점의 부를 헤지하고자 한다. 이는 만기가 90일 T-bill을 기초자산으로 하는 선물계약이다. 현재 현물시장의 채권가격은 90-00, 선물가격은 90-50이며 T-bill선물 거래단위는 액면가액 $10,000,000이라고 가정하여 다음 물음에 답하시오.

1. 덕성기업이 금리상승위험을 헤지하려면 어떤 포지션을 취해야 하는가?
2. 단순헤지모형에서 필요한 선물계약수를 구하고 1개월 후에 현물금리와 선물금리가 모두 1% 상승할 때 헤지결과를 설명하시오.
3. BPV모형에서 필요한 선물계약수를 구하고 1개월 후에 현물금리와 선물금리가 모두 1% 상승할 때 헤지결과를 설명하시오.

4. 듀레이션모형에서 필요한 선물계약수를 구하고 1개월 후에 현물금리와 선물금리가 모두 1% 상승할 때 헤지결과를 설명하시오.

해설

1. 금리가 상승하면 채권가격이 하락하여 현물시장에서 손실이 발생할 수 있으므로 낮은 금리수준(높은 채권가격)에서 선물계약을 매도하고 헤지시점에 높은 금리수준(낮은 채권가격)에서 금리선물을 매입하면 이익을 얻을 수 있다.
2. (1) 단순헤지에 필요한 선물계약수

$$N_F = \frac{S_0}{F_0} = \frac{10,000,000}{1,000,000} = 10\text{계약}$$

* T-bill의 현물금리와 선물금리가 모두 액면기준금리(할인율)이므로 액면가액을 사용함

(2) 1개월 후의 헤지결과

시점	현물시장	선물시장
현재	상승 전 금리수준 10%에 매입 $10,000,000 - 10,000,000 \times 0.10 \times \frac{180}{360}$ $= \$9,500,000$	90.50(=9.5%)에 10계약 매도 $(1,000,000 - 1,000,000 \times 0.095 \times \frac{90}{360}) \times 10$ $= \$9,762,500$
1개월 후	상승 후 금리수준 11%에 매도 $10,000,000 - 10,000,000 \times 0.11 \times \frac{180}{360}$ $= \$9,450,000$	89.50(=10.5%)에 10계약 매입 $(1,000,000 - 1,000,000 \times 0.105 \times \frac{90}{360}) \times 10$ $= \$9,737,500$
손익	-$50,000	$25,000

∴ 순손익 = −50,000+25,000 = −25,000

3. (1) BPV헤지에 필요한 선물계약수

$$N_F = \frac{S_0}{F_0} \times \frac{\text{현물의 } BPV}{\text{선물의 } BPV} = \frac{10,000,000}{1,000,000} \times \frac{50}{25} = 20\text{계약}$$

(2) 1개월 후의 헤지결과

시점	현물시장	선물시장
현재	상승 전 금리수준 10%에 매입 $10,000,000 - 10,000,000 \times 0.10 \times \frac{180}{360}$ $= \$9,500,000$	90.50(=9.5%)에 20계약 매도 $(1,000,000 - 1,000,000 \times 0.095 \times \frac{90}{360}) \times 20$ $= \$19,525,500$
1개월 후	상승 후 금리수준 11%에 매도 $10,000,000 - 10,000,000 \times 0.11 \times \frac{180}{360}$ $= \$9,450,000$	89.50(=10.5%)에 20계약 매입 $(1,000,000 - 1,000,000 \times 0.105 \times \frac{90}{360}) \times 20$ $= \$19,475,500$
손익	-$50,000	$50,000

∴ 순손익 = −50,000+50,000 = 0(완전헤지)

4. (1) 듀레이션헤지에 필요한 선물계약수

$$N_F = \frac{S_0}{F_0} \times \frac{D_S}{D_F} = \frac{10,000,000}{1,000,000} \times \frac{180}{90} = 20\text{계약}$$

(2) 1개월 후의 헤지결과

시점	현물시장	선물시장
현재	상승 전 금리수준 10%에 매입 $10,000,000-10,000,000\times0.10\times\frac{180}{360}$ = \$9,500,000	90.50(=9.5%)에 20계약 매도 $(1,000,000-1,000,000\times0.095\times\frac{90}{360})\times20$ = \$19,525,500
1개월 후	상승 후 금리수준 11%에 매도 $10,000,000-10,000,000\times0.11\times\frac{180}{360}$ = \$9,450,000	89.50(=10.5%)에 20계약 매입 $(1,000,000-1,000,000\times0.105\times\frac{90}{360})\times20$ = \$19,475,500
손익	-\$50,000	\$50,000

∴ 순손익 = -50,000+50,000 = 0(완전헤지)

제 4 절 통화선물

1 통화선물의 개요

(1) 기본개념

통화선물(currency futures)은 외국의 통화를 기초자산으로 하는 외환선물거래를 말한다. 통화선물의 탄생배경을 살펴보면 1971년 8월에 브레튼우즈체제의 붕괴로 주요 선진국들은 고정환율제도에서 변동환율제도로 전환함에 따라 환율변동이 확대되면서 손실가능성이 증대되었다.

따라서 환율변동에 대한 위험관리수단이 필요하여 1972년 5월 시카소상품거래소(CME)에 국제통화시장(IMM)을 개설하고 주요 7개국 통화에 대한 선물거래를 시작하였다. 그리고 1970년대 후반에는 금리의 변동성과 환율의 변동성이 증대되면서 헷지거래와 투기수단으로 부각되었다.

우리나라는 1999년 4월에 선물거래소가 개설되어 미국 달러에 대한 달러선물을 시작으로 2006년 5월에 유로선물과 엔선물이 상장되어 환위험관리에 효과적인 상품으로 운영되고 있다. 우리나라 한국거래소에서 거래되고 있는 통화선물의 주요상품을 비교하면 [표 15-2]와 같이 제시할 수 있다.

【 표 15-2 통화선물의 주요상품 】

구 분	엔선물 (2006.5.26 상장)	유로선물 (2006.5.26 상장)	달러선물 (1999.4.23 상장)
거래대상	일본엔화	유로화	미국달러화
거래단위	1,000,000엔	10,000유로	10,000달러
가격표시방법	100엔당 원화	1유로당 원화	1달러당 원화
최소가격변동폭	0.1원		
최소가격변동액	1,000원 (0.1×1,000,000/100)	1,000원 (0.1×10,000)	1,000원 (0.1×10,000)
상장결제월	최근 연속 4개월+3, 6, 9, 12월 4개 결제월(1년 이내 8개)		
최종결제방법	실물 인수도결제		
최종결제일	최종거래일로부터 기산하여 3일째 영업일		
최종거래일	결제월의 세 번째 월요일(공휴일 경우 순차적으로 앞당김)		
거래시간	09 : 00~15 : 15(최종거래일 09 : 00~11 : 30)		
가격제한폭	기준가격 대비 상하±4.5%		

(2) 선물환거래와 비교

선물환거래와 통화선물은 미래의 일정시점에 거래할 외환의 가격(환율)을 현재시점에서 고정시킨다는 점에서 동일한 형태의 거래이지만 제도적 측면에서 외환시장의 특성을 중심으로 비교하면 다음과 같다.

첫째, 선물환거래는 특정한 장소가 없이 거래당사자들의 협상에 의해 거래조건이 결정되고 통신망을 통해 거래가 이루어지는 반면에, 통화선물은 거래소라는 조직화된 시장에서 표준화된 조건에 따라 거래가 이루어진다.

둘째, 선물환시장에서는 대부분 나라의 통화가 거래되고 만기가 거래당사자의 합의에 따라 조정될 수 있는 반면에, 통화선물시장에서는 소수의 한정된 주요 통화만 거래되고 만기는 거래소규칙에 따라 한정되어 있다.

셋째, 선물환거래는 계약이행을 당사자의 신용도에 의존하여 신용도가 높은 금융기관과 기업을 중심으로 거래가 이루어지는 반면에, 통화선물은 증거금과 일일정산제도에 의해 청산소가 계약이행을 보증하므로 누구나 거래에 참여할 수 있다.

넷째, 선물환의 거래단위는 거래당사자간의 합의에 의해 결정될 수 있어 대규모의 무역회사와 기관투자가가 주로 이용하는 반면에, 통화선물의 거래단위는 거래소규칙에 따라 고정되어 있어 소규모의 무역회사와 투기거래자들이 주로 이용한다.

다섯째, 선물환거래는 만기일 이전에 청산이 어려워 대부분 만기일에 실물인수도에 의해 결제되는 반면에, 통화선물은 만기 이전에 대부분 반대매매에 의해 포지션이 청산되고 만기일에 결제하는 비율은 5% 미만이다.

【 표 15-3 선물환거래와 통화선물의 비교 】

구 분	선물환거래	통화선물거래
거래장소	장외시장(OTC)	장내시장(거래소)
거래조건	당사자의 합의	표준화
거래방식	거래당사자간의 직접거래	다수거래자간의 공개입찰방식
거래통화	재한없음	주요 통화
거래참가	대규모 무역회사와 기관투자가	소규모 무역회사와 투기거래자
거래보증	당사자의 신용	청산소가 보증
거래청산	대부분 만기일에 실물인수도	대부분 만기이전 반대매매

2 통화선물의 가격결정

(1) 이자율평가설

금융시장도 상품시장처럼 일물일가의 법칙이 성립하는데, 이는 동일한 위험과 만기를 갖는 금융상품의 수익률은 동일해야 한다는 의미이다. 이러한 조건이 성립하지 않으면 기대수익률이 낮은 상품을 매도하고 기대수익률이 높은 상품을 매입하는 차익거래를 통해 추가적인 자금이나 위험부담 없이 이익을 얻을 수 있다.

따라서 어떤 투자자가 투자금액을 국내통화표시로 투자하는 경우와 외국통화표시로 투자하는 경우에 차익거래가 발생하지 않는 시장균형상태에서 두 투자안은 동일한 실질수익률을 갖게 된다는 이자율평가설을 이용하면 선물환율(F_1)과 현물환율(S_0)간에는 다음과 같은 균형관계가 성립해야 한다.

$$\frac{F_1}{S_0} = \frac{1+R_a}{1+R_b} \rightarrow F_1 = S_0 \times \frac{1+R_a}{1+R_b} \tag{15.38}$$

식(15.38)의 양변에서 1을 차감하면 다음과 같은 근사식을 도출할 수 있다.

$$\frac{F_1 - S_0}{S_0} = R_a - R_b \rightarrow F_1 = S_0\left[1 + (R_a - R_b)\frac{T}{360}\right] \tag{15.39}$$

일반적으로 통화선물의 가격은 화폐단위로 표시되지만 선물환율이 현재의 현물환율로부터 변화하는 정도를 나타내는 선물할인율 또는 할증률로 표시하기도 한다. 식(15.39)에서 좌변은 선물할인율 또는 선물할증률을 나타내고, 우변은 두 나라 통화간의 금리차이를 나타낸다.

(2) 보유비용모형

자국통화의 이자율이 외국통화의 이자율보다 높으면 자국통화로 표시한 외국통화의 선물환율이 현물환율보다 높은 할증상태가, 외국통화의 이자율보다 낮으면 선물환율이 현물환율보다 낮은 할인상태가 된다. 이자율평가설은 선물환율과 현물환율의 차이가 두 통화간의 이자율차이에 의해 결정되는 원리를 말한다.

통화선물의 기초자산은 외화이므로 현물매입에 따른 기회비용인 이자비용(국내이자율)을 제외한 보유비용은 발생하지 않지만, 외화를 현물로 보유하면 외국이자율에 해당하는 보유수익이 발생한다. 따라서 외국이자율을 보유수익으로 가정하여 보유비용모형을 적용하면 통화선물의 균형가격식을 유도할 수 있다.

3 통화선물의 헤지거래

통화선물을 이용한 거래도 다른 선물거래와 마찬가지로 미래의 예상치 못한 환율변동위험을 회피하기 위한 헤지거래, 환차익을 얻기 위한 투기거래 그리고 차익거래로 구분할 수 있다.

(1) 거래원리

현재 외환을 보유하거나 미래에 외환을 수취할 투자자는 해당통화에 대한 통화선물을 매도함으로써 환율하락위험을 헤지할 수 있고, 미래에 외환을 매입하거나 지급할 투자자는 외환선물을 매입함으로써 환율상승위험을 헤지할 수 있다.

현물시장		선물시장
매입포지션 매도포지션	현재외환보유, 수출업자, 대출자 ⇨ 환율하락시 손실발생 ⇨ 미래외환매입, 수입업자, 차입자 ⇨ 환율상승시 손실발생 ⇨	매입포지션 매도포지션

통화선물을 이용한 위험헤지는 헤지대상의 현물자산과 헤지수단으로 이용하는 선물거래가 동일한 직접헤지이므로 주가지수선물이나 금리선물에 비해서 단순하다. 따라서 환율변동에 따른 위험을 회피하려면 헤지대상통화의 금액과 동일한 금액의 반대포지션을 선물시장에서 취하면 된다.

(2) 거래효과

헤지방식은 선물시장에서 거래대상의 기준이 되는 통화를 중심으로 매입포지션 또는 매도포지션 중 어떤 포지션을 취하여 헤지거래를 하느냐에 따라 매입헤지와 매도헤지로 구분된다.

① 매입헤지

매입헤지(long hedge)는 미래의 예상치 못한 환율변동으로 매입해야 할 통화의 가치가 상승하여 환차손이 발생할 가능성에 대비하여 통화선물을 매입하는 거래를 말한다. 따라서 해당통화로 수입대금을 결제해야 하는 수입업자 또는 외화차입금을 상환해야 하는 차입자들이 주로 활용한다.

② 매도헤지

매도헤지(short hedge)는 미래의 예상치 못한 환율변동으로 매도해야 할 통화의 가치가 하락하여 환차손이 발생할 가능성에 대비하여 통화선물을 매도하는 거래를 말한다. 따라서 해당통화로 수출대금을 수령해야 하는 수출업자 또는 외화대출금을 회수해야 하는 대출자들이 주로 활용한다.

【 표 15-4 매입헤지와 매도헤지 】

환율변동	매입헤지		매도헤지	
	현물시장 매도	선물시장 매입	현물시장 매입	선물시장 매도
상승 하락	손실 이익	이익 손실	이익 손실	손실 이익

예제 ⋙ 15-11 통화선물을 이용한 위험헤지

동해기업은 2014년 5월 1일 미국으로 $50,000의 상품을 수출하고 대금은 2014년 7월 31일에 미국달러화로 받기로 하였다. 동해기업은 향후 환율하락으로 인한 수출대금 수령액의 감소에 대비하기 위해 3개월 만기 달러선물계약을 이용하려고 한다. 현재 현물시장에서 달러화에 대한 원화의 환율은 ₩1,100/$이며, 3개월 만기 선물환율은 ₩1,150/$이라고 가정하여 다음 물음에 답하시오.

1. 동해기업이 환율하락위험을 헤지하려면 선물시장에서 어떤 포지션을 취해야 하는가?
2. 3개월 후에 현물환율이 선물환율이 되었을 경우 헤지결과를 설명하시오.

해설

1. 동해기업은 3개월 후에 수출대금을 미국달러화로 수취해야 하므로 현물시장에서 매입포지션에 있다. 따라서 선물시장에서는 $50,000의 달러선물을 매도해야 한다.
2. 3개월 후의 헤지결과를 설명하시오.

시점	현물시장	선물시장
현재	$50,000를 ₩1,100/$에 매입 50,000×1,100 = 55,000,000	$50,000를 ₩1,150/$에 매도 50,000×1,150 = 57,500,000
3개월 후	$50,000를 ₩1,080/$에 매도 50,000×1,080 = 54,000,000	$50,000를 ₩1,120/$에 매입 50,000×1,120 = 56,000,000
손익	−1,000,000	1,500,000

∴ 순손익 = 1,000,000+1,500,000 = 500,000(이익)

4 통화선물의 투기거래

(1) 거래원리

현물시장에서는 어떠한 포지션도 취하지 않고 위험을 부담하면서 환율변동시 이익을 실현하기 위해 특정 통화에 대한 선물거래를 이용하는 거래를 말한다. 투기거래에서는 미래의 선물가격이 투기거래자의 예상대로 변동하면 많은 이익을 얻지만, 투기거래자의 예상과 반대로 움직이면 큰 손실을 보게 된다.

① 환율상승이 예상되는 경우

향후 환율상승이 예상되는 경우 강세로 예상되는 통화에 대한 선물계약을 매입했다가 일정기간이 경과한 후 실제로 환율이 상승했을 때 선물계약을 매도하여 포지션을 청산하면 투기적 이익을 얻을 수 있다.

② 환율하락이 예상되는 경우

향후 환율하락이 예상되는 경우 약세로 예상되는 통화에 대한 선물계약을 매도했다가 일정기간이 경과한 후 실제로 환율이 하락했을 때 선물계약을 매입하여 포지션을 청산하면 투기적 이익을 얻을 수 있다.

예제 ››› 15-12 통화선물을 이용한 투기거래

투자자 홍길동은 $100,000를 가지고 미국 달러화에 대한 통화선물을 이용하여 투기거래를 하려고 하는데, 미국달러의 약세를 예상하고 있다. 2011년 5월 1일 현재 현물시장에서 달러화에 대한 원화의 환율은 ₩1,100/$이며, 3개월 만기 선물환율은 ₩1,150/$이라고 가정하여 다음 물음에 답하시오.

1. 투자자 홍길동의 투기전략을 설명하시오.
2. 2개월 후에 현물환율이 ₩1,150/$, 선물환율이 ₩1,100/$이 되었을 경우 투기거래의 성과를 구하시오.
3. 2개월 후에 현물환율이 ₩1,130/$, 선물환율이 ₩1,190/$이 되었을 경우 투기거래의 성과를 구하시오.

해설

1. 투자자 홍길동은 향후 미국 달러의 약세를 예상하고 있으므로, 현재시점에서 미국 달러에 대한 선물계약을 매도했다가 일정기간이 경과한 후 매입하여 포지션을 청산한다.
2. 홍길동의 예상대로 변화한 경우이므로 5,000,000원의 이익을 얻을 수 있다.
   투기이익 = (1,150−1,100)×100,000 = 5,000,000원
3. 홍길동의 예상과 반대로 변화했으므로 4,000,000원의 손실이 발생하게 된다.
   투기손실 = (1,150−1,190)×100,000 = −4,000,000원

5 통화선물의 차익거래

(1) 거래원리

통화선물에서 차익거래여부를 판단하기 위해서는 이자율평가설을 이용한 통화선물의 균형가격이 통화선물의 시장가격과 양국의 이자율차이를 감안하여 균형상태인가를 파악해야 한다. 따라서 균형선물환율이 선물시장에서 형성된 현재의 선물환율과 다르다면 차익거래가 발생하게 된다.

(2) 거래방법

이자율평가설이 성립하지 않으면 선물환율이 과대평가 또는 과소평가여부에 따라 현

물매입차익거래 또는 현물매도차익거래가 발생한다. 이러한 차익거래가 계속되면 선물환율과 현물환율간의 균형관계가 다시 회복된다.

① $F_1 > S_0 \dfrac{1+N_a}{1+N_b}$: 현물매입차익거래

현재의 선물환율이 과대평가되어 있으면 통화선물을 매도하고 현물통화를 매입하는 현물매입차익거래가 발생한다. 즉 자국통화를 차입하여 외국통화로 교환(외국통화현물환매입)하고 이를 외국통화로 표시된 금융자산에 투자하며 동시에 외국통화를 자국통화로 교환하는 선물환계약(외국통화 선물환매도)을 거래하면 된다.

② $F_1 < S_0 \dfrac{1+N_a}{1+N_b}$: 현물매도차익거래

현재의 선물환율이 과소평가되어 있으면 통화선물을 매입하고 현물통화를 매도하는 현물매도차익거래가 발생한다. 즉 외국통화를 차입하여 자국통화로 교환(외국통화현물환매도)하고 이를 자국통화로 표시된 금융자산에 투자하며 동시에 자국통화를 외국통화로 교환하는 선물환계약(외국통화 선물환매입)을 거래하면 된다.

제 5 절 금선물

1 금선물의 개요

금선물(Gold Futures)은 미래의 일정시점에 인수도할 금을 현재 선물시장을 통해 매매하는 계약을 말하며 1999년 4월에 상장되었다. 금가격의 변동위험에 노출된 기업은 금선물을 이용하여 가격변동위험을 헤지할 수 있고, 투자자는 재테크의 수단으로 금선물을 활용할 수 있다.

금선물은 상장 이후 2000년까지 비교적 활발하게 거래되었으나 2001년부터 거래가 부진하여 2003년 하반기에 일시적으로 거래가 활성화된 것을 제외하고 거래실적이 전무한 상태이다. 그러나 최근 금시세의 변동폭 확대를 계기로 금선물에 대한 관심이 고조되어 호가가 제시되는 등 거래활성화를 위한 여건이 조성되고 있다.

2 금선물거래의 장점

(1) 가격변동위험 헤지

금가격은 미국달러나 엔화와 같은 통화와 마찬가지로 변동성이 매우 크기 때문에 금 가격의 변동위험에 노출된 기업은 금선물을 이용하여 헤지할 수 있고, 투자자는 재테크의 수단으로 금선물을 활용할 수 있다.

(2) 현물시장 가격발견기능 제고

선물시장은 완전경쟁에 가까운 시장구조를 형성하여 금 현물가격에 대한 예측치를 제공하여 금 관련 산업종사자가 향후 경영계획을 수립하는데 큰 도움이 된다. 또한 다수 투자자의 미래예측 가격이 실시간으로 모든 투자자에게 공시되기 때문에 금현물거래의 지표로도 활용될 수 있다.

(3) 새로운 금융투자서비스 제공

금선물은 최근 활성화되고 있는 골드뱅킹과 같은 금관련 투자상품의 하나로서 투자자는 장래의 금가격을 사전에 예측하여 금선물을 거래함으로써 새로운 투자수단으로 활용할 수 있다.

3 금선물 상품개요

(1) 거래대상 및 거래단위

금선물의 거래대상은 순도 99.99%의 금괴(Gold Bar)이며, 거래단위는 중량 1kg이다.

(2) 가격표시방법

국제금시세는 통상 1온스당 달러화로 표시되는 반면 국내 금선물 가격은 1g당 원화로 표시한다.

(3) 최소가격변동폭 및 최소가격변동금액

금선물의 최소가격변동폭은 10원으로 설정하고 있어 계약당 최소가격변동금액은 10,000원(=10원×1,000g)이다.

(4) 상장결제월

금선물은 2월, 4월, 6월, 8월, 10월, 12월 및 그 밖의 월 중에서 1개로 1년 이내의 7개 결제월이 상장된다.

(5) 거래시간

금선물의 거래시간은 오전 9시부터 오후 3시 15분까지이며, 최종거래일이 도래한 종목은 오전 9시부터 11시 30분까지 거래된다. 단일가격경쟁거래를 위한 주문접수시간은 오전 8시 30분부터 9시까지 이루어진다.

(6) 최종결제방법 및 최종결제가격

최종결제는 금괴를 직접 수수하는 실물인수도의 방식에 의한다. 최종결제가격은 해당 선물종목의 최종거래일에 한국거래소가 정하는 정산가격이다.

(7) 최종거래일 및 최종결제일

최종거래일은 결제월의 세 번째 수요일이고, 최종결제일은 최종거래일로부터 기산하여 3일째 거래일이다.

【 표 15-5 금선물 상품명세 】

구 분	내 용
거 래 대 상	순도 99.99%의 금괴(Gold Bar)
거 래 단 위	1kg(=1,000g)
결 제 월	당월 포함 연속 2개월 및 2월, 4월, 6월, 8월, 10월, 12월
상 장 결 제 월	1년 이내 7개 결제월
가 격 표 시	1g당 원화
최소가격변동폭	10원
최소가격변동금액	10,000원(=1,000g×10원)
주문가격제한범위	기준가격±2,000원
거 래 시 간	09 : 00~15 : 15(최종거래일 09 : 00~11 : 30)
최 종 거 래 일	최종결제일의 직전 2거래일
최 종 결 제 일	결제월의 마지막 거래일
결 제 방 법	인수도결제
가 격 제 한 폭	기준가격 대비 상하 ± 9%
단일가격경쟁거래	개장시(08 : 00~09 : 00) 및 거래종료시(15 : 05~15 : 15)

4 금선물의 거래절차

(1) 계좌개설

금선물을 거래하고자 하는 투자자는 우선 선물회사를 방문하여 금선물을 거래할 계좌를 개설해야 한다. 만일 이미 국채선물이나 통화선물 등의 거래를 위한 계좌를 가지고 있는 경우에는 기존의 계좌를 이용하여 금선물을 거래할 수 있다.

(2) 증거금 납부

투자자가 금선물을 거래하려면 위탁증거금을 납부해야 한다. 즉 주문증거금을 예탁한 후에 거래할 수 있고 금선물거래에 따른 투자손실이 발생하여 예탁금잔액이 유지증거금 수준을 하회하면 추가증거금을 납부하여 개시증거금 이상으로 예탁금을 예치해야 한다. 현재 금선물의 거래증거금률은 6%, 위탁증거금률은 9%이다.

(3) 주문

투자자가 금선물을 거래하고자 할 경우에 계좌를 개설한 선물회사를 직접 방문하거나 전화, 온라인(HTS) 등을 이용하여 주문을 제출할 수 있다.

(4) 거래체결

투자자의 주문은 가격 및 시간우선의 원칙에 의거하여 거래가 체결되고 당해 체결내역은 선물회사로 통보되며, 투자자는 전화 또는 온라인(HTS) 등의 방법을 통해 체결내역을 확인할 수 있다.

(5) 일일정산

당일 오후 3시 15분에 금선물거래가 종료되면 선물회사는 당일 정산가격에 의거하여 일일정산을 실시한다. 일일정산과정에서 발생하는 손익은 결제시한(다음 거래일 12시) 이후 투자자의 예탁금에서 가감되는 방식으로 결제가 이루어진다.

(6) 최종결제

투자자는 거래가 만료된 종목에 미결제약정을 보유하고 있으면 해당종목의 결제가격을 기준으로 산출한 인수도금액과 순도 99.99%의 금을 수수하는 방법으로 최종결제를 한다. 인수도결제는 계좌별로 해당종목의 매도(매수)미결제약정을 초과하는 매수(매도)미결제약정에 대해서 이루어지며 결제시한은 최종결제일 12시이다.

5 금선물을 이용한 위험관리

사례>>> 15-1 제련업체 : 매도헤지

비철금속 제련업체인 고려아연은 원광석을 들여올 당시보다 제품판매시점의 금가격의 하락위험에 대비하여 제련시점부터 판매시점까지의 기간에 금선물에서 매도포지션을 유지하다 제품을 판매한 후 금선물을 매입하여 제련과정에서의 부가가치만을 안정적으로 추구하는 전략을 유지하고자 한다.

고려아연은 매도헤지에서 금가격이 급등하면 금선물거래를 통한 손실이 발생하여 전체적으로 추가적인 수익을 포기하는 경우가 발생하더라도 이러한 가능성을 감수하고자 한다. 왜냐하면 금선물에 대한 매도헤지를 하지 않는 상황에서 금가격이 폭락하는 경우 엄청난 손실이 발생할 수 있기 때문이다.

사례>>> 15-2 생산업체 : 매입헤지

최근에 홍콩의 보석품평회에서 호평을 받은 건양상사는 해외로부터 주문이 폭주하고 있다. 그런데 건양상사는 주문시점과 납품시점간의 기간차이로 인한 원가변동위험을 안고 있다. 주문은 현재 금시세(20,200,000원/kg, VAT별도)를 기준으로 받았으나 실제로 수출은 3개월에 걸쳐 이루어지기 때문이다.

앞으로 금가격의 상승이 예상되는 가운데 주문량 소화에 필요한 금(10kg)을 미리 구매하는 것은 일시적 자금부담(약 2.2억)을 발생시키고, 필요한 양만 나누어 구매하는 것은 금가격의 추가상승시 계산된 마진이 줄어들 수도 있고 오히려 역마진을 볼 수도 있어 B사는 금선물거래를 이용하기로 하였다.

건양상사는 한국거래소 5월 만기 금선물 10계약을 20,210,000원에 매입하였다. 이후 5월까지의 선적분에 해당하는 금현물 4kg(21,350,000원/kg)을 구매함과 동시에 금선물시장에서 4계약을 동일한 가격에 매도하고 나머지 6계약의 선물포지션은 6월 만기 선물포지션으로 만기연장을 하였다.

6월 들어 금가격이 하락하였고, 건양상사는 6월 선적분 6kg의 현물을 구매한 후 선물시장에서 금선물 매수포지션 6계약을 20,100,000원에 매도하였다. 따라서 건양상사는 자금부담을 최소화하면서 금가격의 상승으로 손해를 볼 수 있었던 4백만원의 대부분을 금선물거래를 통해 만회하였다.

[표 15-6 건양상사의 현선거래 손익계산]

(단위 : 천원)

현물거래	선물거래
(20,200−21,350)×4kg = −4,600 (20,200−21,100)×6kg = 600	(21,350−20,210)×4계약 = 4,560 (20,100−20,210)×6계약 −660
−4,000,000원	+3,900,000원

제 6 절 미니금선물

1 미니금선물의 개요

금선물은 금을 기초자산으로 하여 선물거래가 가능하도록 만든 상품으로 1999년 4월에 상장된 금선물과 2010년 9월에 상장된 미니금선물이 있다. 금의 가격변동위험에 노출된 기업은 미니금선물을 활용하여 금가격과 관련한 위험을 헤지할 수 있고, 투자자들은 재테크를 위한 투자수단으로 미니금선물을 활용할 수 있다.

미니금선물은 금선물에 비해 거래단위를 10배로 낮추었고 현금결제방식으로 현재의 거래시점에 예측한 금가격과 만기일에 실제로 형성된 금가격간의 차액을 주고 받는 상품이다. 지난 5년간 금가격은 전반적으로 상승추세이며 등락폭이 커져 금가격변동위험을 헤지하기 위해 금선물을 활용할 필요성이 증가하고 있다.

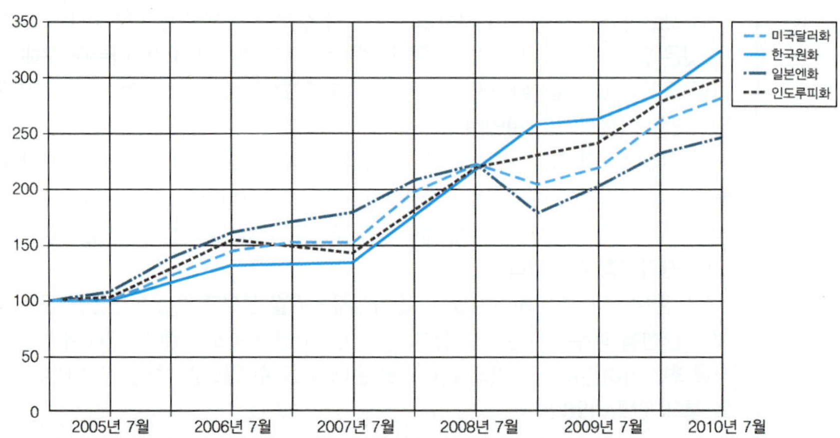

자료 : 세계금협회(World Gold Council)
※ '05년 1월 시세를 100으로 함

【 그림 15-2 통화별 금가격 추이 】

2 미니금선물의 기능

(1) 금가격 변동위험의 헤지

금가격은 미국달러나 일본엔화와 마찬가지로 가격변동성이 매우 크기 때문에 금가격 변동위험에 노출될 경우에 미니금선물을 활용하게 되면 가격변동위험을 회피할 수 있다. 특히 실물인수도의 번거로움을 없애면서 정밀한 헤지거래를 원하면 미니금선물을 활용하여 효과적인 헤지를 할 수 있다.

(2) 새로운 금투자 기회 제공

미니금선물은 기존의 금선물에 비해 거래단위를 1/10로 줄이고 최종결제시 차액만 결제할 수 있는 현금결제방식을 채택함으로써 실물인수도의 부담이 없으며 부가가치세, 관세 등을 납부할 필요가 없다. 따라서 기존의 골드뱅킹이나 금관련 펀드투자자들에게 적합한 상품이라 할 수 있다.

3 관련상품과 비교

금투자상품에는 금현물, 금선물, 골드뱅킹, 금ETF, 금펀드 등이 있다. 골드뱅킹, 금ETF, 금펀드는 적은 금액으로 쉽게 투자할 수 있으나 매매수수료가 비싸 금선물에 비해 투자비용이 높다. 골드뱅킹과 금펀드는 금가격 상승시에만 수익이 발생하지만 금선물은 포지션에 따라 금가격 상승시와 하락시에 수익을 낼 수 있다.

【 표 15-7 국내 금투자상품 비교 】

특징	미니금선물	금현물	골드뱅킹	금ETF	금펀드
레버리지	약 11배	없음			
손익획득	상승과 하락시 모두 가능	금가격 상승시 가능			
거래단위	100g	면세금 1kg 수입금 50g	1만원 단위	1주	1만원 (최소납입금)
세금 (소득세제외)	없음	부가가치세 10%	금현물인출시 부가가치세부과	없음	없음
기본예탁금	50만원	없음			
수수료	0.01%	약 1% 수준	예금시 1% 해지시 1%	주식거래수수료 0.1% 수준	1.5% 수준

4 미니금선물의 투자전략

(1) 헤지거래의 개요

헤지거래는 금의 구매자나 판매자가 가격변동위험을 회피하기 위해 미래가격을 고정시키고자 하는 것을 말한다. 헤지거래의 형태는 매입헤지(long hedging)와 매도헤지(short hedging)로 구분한다. 매도헤지는 현물을 미래시점에 판매하고자 하는 시장참여자가 현물의 가격하락위험을 방지할 목적으로 선물계약을 매도한다.

선물에서 매도포지션을 취하면 현물포지션의 가치하락(가치상승)은 선물매도포지션의 이익(손실)에 의해 상쇄된다. 매입헤지는 현물을 매수하고자 하는 시장참여자가 미래 구매시점의 가격상승으로 발생할 수 있는 위험을 회피하기 위해 선물계약을 매입한다. 매입헤지는 원자재 등의 구매비용 상승에 대비하여 이루어진다.

【 표 15-8 헤지거래의 종류 】

구분	위험노출	순매매가격 계산
매입헤지	상품가격 상승위험	순매입가격 = 매입가격+거래비용−선물거래이익
매도헤지	상품가격 하락위험	순매도가격 = 매도가격−거래비용+선물거래이익

① 매도헤지

비철금속 제련업체는 원광석을 들여온 후 비철금속의 제련과정에서 부산물로 생산되는 금의 가격변동위험에 대비하기 위해 금선물을 활용할 수 있다. 또한 금을 원료로 전자부품 등을 생산하는 업체도 원료수입시점부터 제품생산시점까지의 금가격 변동위험을 헤지하기 위해 금선물이 필요하다.

비철금속 제련업체는 광석 등의 원료를 들여올 때보다 제품을 판매할 시점의 금가격이 하락하는 경우를 대비하여 원료를 수입할 때 금선물을 매도했다가 제품을 판매하는 시점에 금선물을 환매함으로써 금가격의 변동위험을 제거하고 제품의 생산과정에서 수익을 안정적으로 얻을 수 있다.

예컨대 부품생산을 위해 g당 45,000원에 금 5kg을 구입한 후 판매시점까지 금가격의 변동위험을 제거하려고 미니금선물 50계약(g당 45,050원)을 매도하여 금가격이 42,000원으로 하락하면 금현물 구입에서 1,500만원 손실이 발생하나 미니금선물 매도포지션에서 1,501만원 이익이 발생해 금현물의 손실을 상쇄시킨다.

【 표 15-9 매도헤지의 사례 】 (단위 : 천원)

구 분		원료구입시점	생산납품시점	
			금가격 상승시	금가격 하락시
현물	가격	45,000	48,000	42,000
	포지션(5kg매입)	225,000,000	240,000,000	210,000,000
	손익	–	15,000,000	−15,000,000
선물	가격[1]	45,050	48,053	42,047
	포지션(50계약 매도)	225,249,041	240,264,144	210,233,938
	손익	–	−15,015,103	15,015,103
총손익		–	−15,103	15,013

1) 금선물이론가격을 적용, 잔존만기 15일, 금리 2.45%, 금보관비용 g당 4.5원으로 가정

② 매입헤지

귀금속 생산업체가 2개월 후에 납품할 제품을 생산하기 위해 현재시점에 금괴를 구입하게 되면 당장 대량의 자금이 필요하고 해당 기간 동안 자금이 동결되는 단점이 있다. 그렇다고 생산시점에 금괴를 구입하게 되면 주문시점보다 금값이 올라서 수익률이 떨어지거나 손실이 발생할 위험도 존재한다.

이러한 경우에 현재시점(주문시점)에 금선물을 매입한 후에 2개월 뒤(생산시점)에 금선물을 매도하고 금괴를 구입하면 금가격 변동위험을 제거하고 2개월 동안 자금을 활용할 수 있는 장점이 있다. 아래의 표는 귀금속 생산업체 갑이 2개월 후 금의 예상판매량인 2kg금괴를 구매하는 과정을 설명하고 있다.

주문시점의 금가격을 g당 45,000원으로 가정하여 금현물 구입을 2개월 뒤로 미루고 미니금선물 20계약[2]을 매입하면 선물포지션금액은 약 9,009만원[3]이 되어 실제로 필요한 자금은 증거금 811만원(수수료 제외)이다. 금현물을 구입하면 9천만원이 필요하지만 선물을 이용하면 811만원만 있으면 되어 차액 8,189만원(9천만원−811만원)을 2개월 동안 MMF나 기타 단기상품에 투자하면 수익을 얻을 수 있다.

생산시점에 금가격이 상승하면 미니금선물의 포지션은 이익, 금가격이 하락하면 손실이 발생하여 금현물 구입비용의 상승 또는 하락을 상쇄하게 된다. 예컨대, 생산시점에 금가격이 상승하여 g당 4만 8천원이 되면 현물구입비용이 9천6백만원이 되어 6백만원

---

2) 2kg(금현물구매량)÷100g(미니금선물 거래단위)=20계약
45,050원(g당 금선물이론가격)×100g×20계약

3) 9,009만원×9%(미니금선물 증거금률)

의 추가비용이 발생한다.

그러나 매입당시 9,009만원이었던 선물포지션금액이 금가격의 상승으로 9,611만원이 되면서 601만원 이익이 발생한다. 결과적으로 금현물 2kg 구입에 8,999만원이 소요되었고 이를 g당 가격으로 환산하면 44,997만원으로 주문시점의 금현물가격 45,000원과 거의 동일하게 된다.

【 표 15-10 매수헤지의 사례 】

(단위 : 천원)

구 분	주문시점	생산시점	
		금가격 상승시	금가격 하락시
금가격(g)	45,000	48,000	42,000
현물구입비용[1](①)	구매연기	2kg 매입	
	0	9,600만	8,400만
금선물가격(g)	45,050	48,053	42,047
미니금선물 포지션금액[3]	20계약 매입	20계약 매도	
	9,009만	9,611만	8,409만
선물포지션손익[3](②)		601만	-601만
실질구입비용[3](①-②)		8,999만	9,001만
g당 매입가격(총포지션금액÷2,000[2])		44,997	45,003

1) 금선물 이론가격을 적용, 잔존만기 15일, 금리 2.45%, 금보관비용 g당 4.5원으로 가정
2) 2kg÷g
3) 천만원 단위에서 반올림

(2) 차익거래

차익거래는 두 종목이나 상품간의 가격괴리에서 이익을 추구하는 거래를 말하며, 과대평가된 종목을 매도하고 과소평가된 종목을 매입한 후 두 종목을 반대매매하여 차익을 실현한다. 금선물을 이용한 차익거래에는 금선물과 금현물의 현선차익거래, 금선물과 금ETF간의 차익거래, 국내 금선물과 해외 금선물간의 차익거래가 있다.

① 현선차익거래

현선차익거래는 선물시장에서 선물의 실제가격과 현물가격에 보유비용을 가산하여 산출한 이론가격의 차이가 일시적인 불일치가 발생하여 보유비용보다 큰 경우에 상품가격이 높은 것은 매도하고 상품가격이 낮은 것은 매입함으로써 무위험수익을 얻기 위해서 실행하는 거래를 말한다.

차익거래에는 여러 가지가 있지만 주식/선물 차익거래가 프로그램 매수차익/매도차익을 유발하게 된다. 시장베이시스가 이론베이시스를 넘어서면 현물을 매입하고 선물을 매입하는 매입차익거래가 발생하고, 시장베이시스가 이론베이시스에 미달하면 현물을 매도하고 선물을 매입하는 매도차익거래가 발생한다.

실제선물가격이 이론적인 선물가격보다 높고 그 차이가 보유비용보다 크다면 선물을 매도하고 현물을 매입하는 매입차익거래를 수행하고, 실제 선물가격이 이론적인 선물가격보다 낮고 그 차이가 보유비용보다 크다면 선물을 매입하고 현물을 매도하는 매도차익거래를 실행하면 무위험수익을 얻을 수 있다.

차익거래는 실제선물가격이 선물이론가격보다 높고 그 차이가 보유비용보다 큰 경우 매입차익거래를 실행하나 실무에서는 선물가격과 현물가격을 비교하는 경우도 있다. 매입차익거래가 가능한 조건은 금현물과 선물거래에서 발생한 순수익에서 매입차익거래 시행에 드는 총비용을 차감한 것이 0보다 커야 한다.

매입차익거래를 실행하는데 소요되는 비용에는 금현물 및 선물매입을 위한 자금조달비용, 매매수수료가 있다. 이러한 매입차익거래가 가능한 조건을 바탕으로 매입차익거래가 가능한 선물가격의 범위는 다음과 같이 제시할 수 있다.

【 표 15-11 차익거래 가능범위 】

매입차익거래 가능범위 : 금현물수익(손실) + 선물손실(수익) − 기회비용[1] − 매매수수료(금현물+금선물) > 0 현재선물가격 > 현재금가격 × [1 + 금현물매매수수료율(왕복) + 선물매매수수료율(왕복) + (1 + 증거금율) × 대여금리 × 잔존만기 ÷ 365
매도차익거래 가능범위 : 금현물수익(손실) + 선물손실(수익) + 기회이익[2] − 매매수수료(금현물+금선물) > 0 현재선물가격 < 현재금가격 × [1 − 금현물매매수수료율(왕복) − 선물매매수수료율(왕복) − (대여금리 + 금대여수수료율) × 잔존만기 ÷ 365

1. 금현물 및 선물의 거래에 필요한 자금을 차입하는 비용
2. 대여한 금을 매도하여 얻은 자금의 재투자수익

매도차익거래를 실행하려면 은행 등으로부터 금대여를 한 후 금현물을 매도해야 하나 현실적으로 시행하기 어려운 점이 많다. 이론적으로 매도차익거래가 가능한 조건은 금현선물 거래에서 발생한 순수익과 금현물을 매도한 자금의 투자수익의 합이 금현선물 매매수수료보다 커야 한다.

위에서 제시한 차익거래 가능범위는 금현물이 면세금인 경우를 가정하여 설정한 것이다. 금현물 구입시 10% 부가가치세와 3%의 관세를 부담하는 경우에는 금현물 관련세금이 차익거래의 비용이 되고, 금선물가격과 현물가격의 괴리가 그만큼 커져야 차익거래가 가능하다.

그러나 선물가격과 현물가격의 괴리가 13% 이상 되는 경우에는 잘 발생하지 않기 때문에 면세금이 아닌 경우에는 현선차익거래를 실행하기가 쉽지 않다. 따라서 투자자들이 실제로 현선차익거래를 할 경우에는 위의 식에서 제시된 선물가격을 보다 보수적으로 적용하는 것이 바람직하다.

요컨대 매입(매도)차익거래를 하는 경우에는 위의 식을 통해 산출된 선물가격보다 어느 정도 높은(낮은) 금액일 때 차익거래를 실행한다. 예컨대 위의 식을 통해 매입차익거래가 가능한 g당 금선물가격이 46,000원이 나왔다면 46,100원 정도일 때 매입차익거래를 실행하는 것이 안전하다.

왜냐하면 매입차익거래의 비용은 현재 금가격에 금현물매매수수료율 및 금선물매매수수료율을 곱하도록 되어 있으나, 현재 및 미래 금가격에 금현물매매수수료율을 각각 곱해주고 현재 및 미래 금가격에 금선물매매수수료율을 각각 곱해야 한다. 즉, 위의 식은 약간의 오차가 존재하여 오차를 감안하여 차익거래를 실행해야 한다.

예컨대 현재의 g당 금현물가격을 45,000원, 잔존만기 15일, CD91일 금리 2.45%, 금보관비용 g당 4.5원으로 가정하면 금선물이론가격은 45,050원이 된다. 여기서 투자자가 자금을 차입할 때 금리 4.5%를 부담하고, 금현물매매수수료 1%, 금선물매매수수료 0.01%, 선물잔존만기 15일로 가정하면 매입차익거래를 통해 무위험이익을 얻을 수 있는 금선물가격은 g당 45,980원이다. 즉, 투자자는 오차를 감안하여 금선물가격이 g당 46,100원 이상이면 매입차익거래를 실행할 수 있다.

아래의 예제는 현물가격이 g당 45,000원이고 미니금선물가격이 g당 46,100원이 되어 선물만기일을 15일 남겨둔 시점에서 금현물 2kg을 매입하고 미니금선물 20계약을 매도하여 매입차익거래를 실행하였다. 이후 선물만기일에 금현물을 되팔고 미니금선물을 청산하면 금가격의 등락에 상관없이 무위험수익을 얻을 수 있다.

【 표 15-12 금현선물 매입차익거래 사례 】

(단위 : 천원)

구분		현재	만기일	
			상승시	하락시
금현물매입 (2kg)	금가격1)	45,000	48,000	42,000
	포지션	90,000,000	96,000,000	84,000,000
	손 익	–	6,000,000	–6,000,000
	차입금이자2)	–	–129,452	–129,452
	매매수수료3)	–900,000	–960,000	–840,000
소계			4,010,548	–7,869,452
미니금선물매도	선물가격1)	46,100	48,000	42,000
	포지션	92,200,000	96,000,000	84,000,000
	손 익	–	–3,800,000	8,200,000
	차입금이자2)	–	–11,935	–11,935
	매매수수료3)	–9,220	–9,600	–8,400
소계			–3,830,755	8,170,445
차익거래수익			179,792	300,992

1) 일반적으로 선물만기일에 현선가격이 수렴하지만 LBMA PM Fixing가격을 최종결제 가격으로 하는 미니금선물은 국내 금시세와 일부 차이가 발생할 수 있음
2) 금현물 매입 및 미니금선물 증거금에 소요되는 비용을 연리 4.5%로 15일간 차입함
3) 금현물매매수수료는 1%, 금선물매매수수료는 0.01%로 가정함

② 금선물과 금ETF간 차익거래

금선물과 금ETF간 수익률 차이의 증감을 이용하여 금선물과 금ETF 중 상대적으로 가격이 많이 상승하거나 적게 하락할 것으로 예상되는 종목은 매입하고 다른 종목은 매도한다. 실제로 금ETF의 공매도가 어려워 투자자들이 쉽게 구사할 수 있는 전략은 금ETF를 매입하고 금선물을 매도하는 전략이다.

금선물과 금ETF간 차이거래를 분석하기 위해 2009년 11월부터 Hishares Gold ETF 가격과 금선물이론가의 상대가격지수를 구했는데, 상대가격지수는 금ETF가격을 금선물이론가로 나누어 산출한다. 즉 상대가격지수가 높아지면 금ETF가격이 금선물이론가에 비해 더 상승하거나 덜 하락한 것을 의미한다.

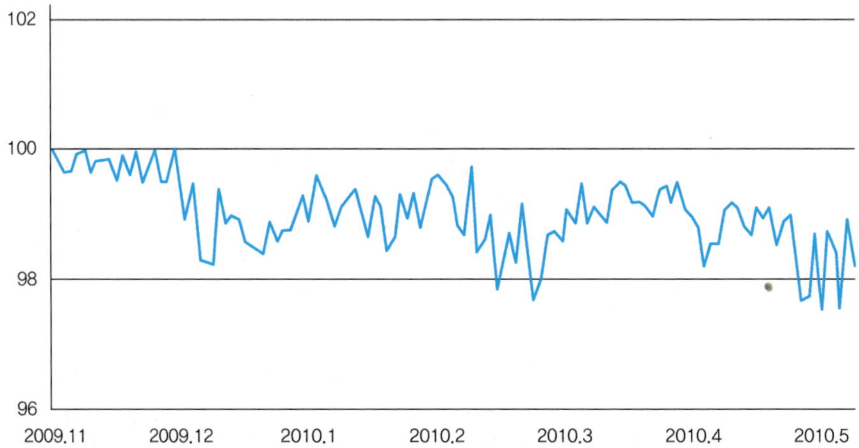

* 국내 금선물거래가 미약하여 금선물 종가를 활용한 분석에 어려움이 있어 금선물이론가로 대체하였다.

* 2009.11.5의 (Hishares Gold ETF가격÷금선물이론가격)이 100

자료 : 한국거래소(KRX)

【 그림 15-3 금ETF가격과 금선물이론가의 상대가격지수 】

다음 사례는 금ETF가격이 금선물가격보다 높아질 것으로 예상한 투자자가 2010년 3월 3일 주당 6,430원에 금ETF 651주를 매입하고 미니금선물 1계약을 매도하는 차익거래를 실행하였다. 2010년 3월 10일 투자자가 예상한 대로 금ETF가격보다 금선물가격이 더 하락하여 금ETF매입포지션에서 발생한 손실보다 미니금선물 매도포지션에서 발생한 이익이 커서 전체적으로 이익이 발생하였다.

【 표 15-13 금ETF와 금선물간 차익거래 】

구 분		2010.3.3	2010.3.10
상대가격지수		97.7	99.1
금ETF매입	ETF가격(주)	6,430	6,390
	포지션(651주)	4,185,930	4,159,890
	손익	0	−26,040
미니금선물매도	선물이론가(g)	41,860	41,020
	포지션(1계약)	4,186,000	4,102,000
	손익	0	84,000
투자수익(기간수익률)			57,960 (7일간 약 1.3%)

* 매매수수료는 제외함
* 투자수익 57,960원÷(금ETF 매입금액 418만원+미니금선물 증거금액 38만원)

③ 국내 금선물과 해외 금선물간 차익거래

국내 금선물과 해외 금선물간 차익거래는 국내 금선물과 해외 금선물간의 수익률 차이의 증감을 이용한 거래전략을 말한다. 위에서 설명한 금ETF와 금선물간 차익거래와 기본적인 메커니즘은 유사한 전략으로 볼 수 있다.

국내 금선물과 해외 금선물간 차익거래도 상대적인 가격변화의 차이에 베팅하는 전략으로 두 선물 중 가격이 더 상승 또는 덜 하락할 것으로 예상되는 종목을 매입하고 다른 종목을 매도한다. 분석을 위해 CME선물가격과 국내 금선물이론가의 상대가격지수를 산출하였다. 상대가격지수의 상승을 예상한 투자자는 CME금선물을 매입하고 국내 금선물을 매도하여 실제 지수가 상승하면 이익을 얻을 수 있다.

다음 그래프에서 보는 바와 같이 상대가격지수는 원달러 환율과 반비례의 관계에 있음을 알 수 있다. 즉, 환율이 상승하여 원화가치가 하락하면 상대가격지수가 하락하여 CME금선물의 가격이 국내 금선물가격에 비해 상대적으로 낮아진다.

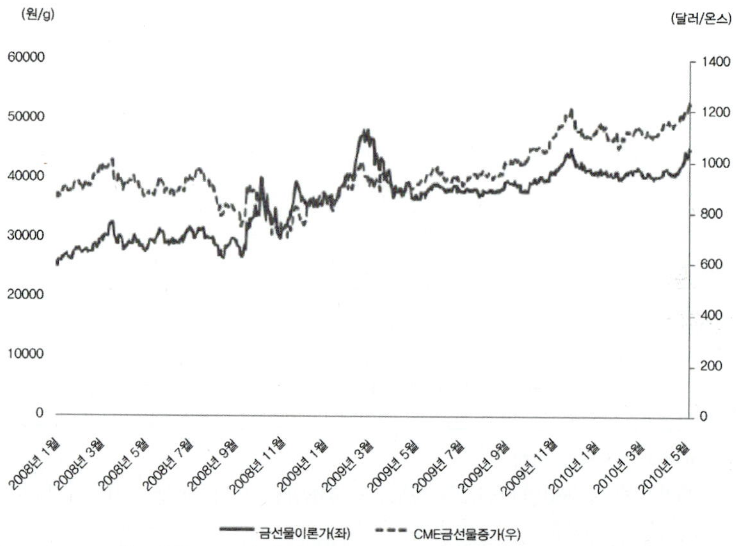

자료 : Bloomberg, 한국거래소

[그림 15-4 금선물이론가 및 CME 금선물가격 추이]

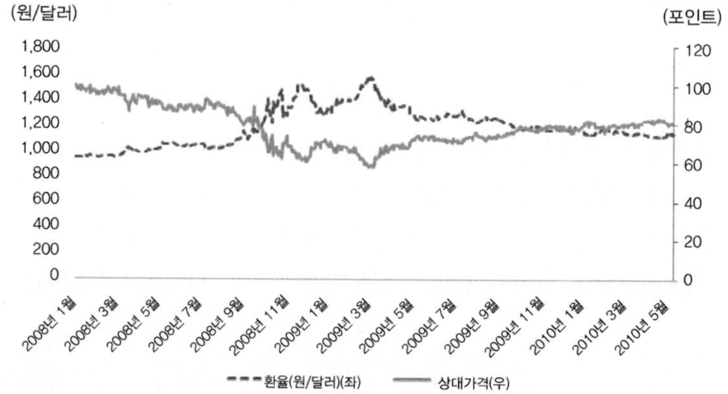

* 2008.1.3의 (CME금선물가격÷국내금선물이론가격)이 100

자료 : 블룸버그, 서울외국환중개

[그림 15-5 상대가격지수(CME금선물/금선물)와 환율(원/달러)]

아래의 예제는 향후 환율하락시 CME금선물가격이 국내금선물가격보다 높아질 것으로 예상한 투자자가 CME금선물을 매입하고 국내 미니금선물을 매도한 전략이다. 2009년 12월 17일 환율은 1,177.9원인데 투자자는 CME금선물 1계약을 온스당 1,106.8달러에 매입하고 미니금선물 30계약을 g당 42,750원에 매도하였다.

* CME금선물 매입포지션 금액 = 국내 미니금선물 매도포지션의 금액
∴ CME금선물가격(1,106.8) × 환율(1,177.9) × 승수(100) × 1계약
= 국내 금선물이론가격(42,750) × 승수(100) × 30계약

2010년 1월 21일 CME금선물가격이 국내 금선물가격보다 높아져 투자자는 CME 금선물을 온스당 1,103.2달러에 매도하고 미니금선물을 g당 40,780원에 환매하였다. 동기간 CME금선물가격과 국내 금선물가격이 하락했으나 국내 금선물가격의 하락폭이 더 커서 CME금선물가격이 국내 금선물보다 상대적으로 높아졌다.

투자자는 CME금선물가격의 하락으로 CME금선물 매입포지션에서 손실이 발생했다. 그러나 미니금선물의 가격이 더 하락하여 미니금선물 매도포지션에서 더 큰 이익이 발생하여 전체적으로 순이익을 기록했다.

【 표 15-14 국내외 금선물간 차익거래 】

구분		2009.12.17	2010.1.21
환율(원/$)		1,177.9	1,137.1
상대가격지수		76	80
CME금선물매입	선물가격($/oz)	1,106.8	1,103.2
	포지션(1계약)	130,369,972원	125,444,872원
	손익	0	-4,925,100원
미니금선물매도	선물이론가(원/g)	42,750	40,780
	포지션(30계약)	128,250,000원	122,340,000원
	손익	0	5,910,000원
투자수익(기간수익률)			984,900원 (1개월 약 6.3%)

* 매매수수료는 제외함
* 투자수익 98만원÷(CME금선물 매입 약 400만원+미니금선물 매도 약 1,150만원)

(3) 스프레드거래

스프레드거래는 동일하거나 유사한 기초자산을 대상으로 하는 선물가격이 동일한 방향으로 움직인다는 점에 착안하여 과대평가된 선물은 매도하고 과소평가된 선물은 매입했다가 이것이 해소되었을 때 스프레드 포지션을 청산하여 이익을 실현하는 투기적인 거래형태를 말하며 기본개념은 차익거래와 유사하다.

스프레드거래는 개별선물가격의 상승 또는 하락보다 두 개 선물의 가격차이에 대한 투자전략으로 기초자산이 같고 결제월이 다른 종목을 대상으로 하는 만기간 스프레드와 유사한 상품을 대상으로 하는 상품간 스프레드로 구분한다. 앞에서 설명한 국내외 금선물간 차익거래는 상품간 스프레드에 해당한다.

만기간 스프레드에는 스프레드 매입(근월물 매도+원월물 매입)전략과 스프레드 매도(근월물 매입+원월물 매도)전략이 있다. 스프레드 매입은 원월물과 근월물간의 가격차이에 해당하는 스프레드의 확대가 예상되는 경우에 활용하고, 스프레드 매도는 스프레드의 축소가 예상되는 경우에 활용하게 된다.

미니금선물 최근월물(2010년 8월물) 가격이 45,000원/g, 차근월물(2010년 9월물) 가격이 47,000원/g이고 투자자는 차근월물과 최근월물의 가격차이가 축소될 것으로 예상되어 스프레드 매입전략을 실행하였다. 이때 최근월물 및 차근월물 가격의 등락에 상관없이 양 월물의 가격차이 변화에 따라 수익이 결정된다.

아래의 예처럼 양 월물 모두 가격이 상승하면서 가격차이가 1,500원으로 준 경우(스프레드 500원 감소) 25만원 수익이 나며 양 월물 모두 가격이 하락하면서 가격차이가 1,000원으로 준 경우(스프레드 1,000원 감소) 50만원 수익이 발생한다.

【 표 15-15 스프레드 거래전략 】

(단위 : 원)

구분		현재시점	미래시점	
			가격상승시	가격하락시
스프레드		2,000	1,500	1,000
최근월물 매입	가격(g)	45,000	46,000	43,000
	포지션(5계약)	22,500,000	23,000,000	21,500,000
	손익	–	500,000	−1,000,000
차근월물 매도	가격(g)	47,000	47,500	44,000
	포지션(5계약)	23,500,000	23,750,000	22,000,000
	손익	–	−250,000	1,500,000
수익			250,000	500,000

* 미니금선물 기준, 포지션 = g당 가격×100(거래단위)×계약수

【 표 15-16 미니금선물의 상품명세 】

구 분	거래제도	비고
기 초 자 산	순도 99.99%의 금괴	금선물과 동일
계 약 크 기	100g	
호가가격단위	10원/g	금선물과 동일
결 제 월	표준금과 동일	
최장거래기간	2, 4, 6, 8, 10, 12결제월 : 1년, 그 밖은 2개월	
최 종 거 래 일	각 결제월의 세 번째 수요일	
거 래 시 간	09 : 00~15 : 15(최종거래일 : 좌동)	
호가접수시간	08 : 00~15 : 15(최종거래일 : 좌동)	
가격표시방법	원/g	금선물과 동일
가 격 제 한 폭	기준가격±(기준가격×9%)	
결 제 시 한	최종거래일(T)+2일 16 : 00	돈육선물과 동일
최종결제가격	최종거래일 The London Gold Market Fixing Std가 장 마감후 최초로 고시한 London Gold Fixing가격을 1g당 가격으로 환산한 수치에 최종거래일 미국달러 기초자산기준가격을 곱하여 산출한 수치	소숫점 셋째 자리에서 반올림
최종결제방법	현금결제	

제 7 절 돈육선물

1 돈육선물의 개요

돈육선물은 돼지가격의 변동위험을 회피하기 위해 1계약당 1,000kg에 해당하는 돈육대표가격을 현재시점(계약시점)에서 약정한 가격으로 사전에 약속된 미래의 특정시점(최종거래일)에 매입 또는 매도하기로 약정하는 선물거래를 말한다. 즉 실제로 돼지를 사고 파는 것이 아니라 돈육의 가격을 거래대상으로 하는 선물거래이다.

한국거래소에 상장된 돈육선물의 결제방법은 현금결제방식으로 종료된다. 따라서 최종결제일(최종거래일+2일)에 실제로 돈육도체를 주고받는 대신에 최종결제가격(최종거래일 다음날 오전 10시에 발표되는 돈육대표가격)을 이용하여 차금을 주고받음으로써 돈육선물 계약이 종료된다.

한국거래소는 선물거래의 계약당사자는 아니지만 결제시에 결제이행을 보증하기 위해 매도회원에 대해서는 매입자, 매입회원에 대해서는 매도자가 되어 법적으로 결제이행당사자가 된다. 따라서 투자자는 거래상대방의 신용도를 파악할 필요가 없이 안심하고 거래에 참여할 수 있다.

2 돈육선물의 명세

(1) 기초자산

돈육선물의 기초자산은 돈육대표가격이며 거래단위는 1계약당 돈육도체 1,000kg이다. 양돈농가의 1회 평균출하두수를 고려하여 출하규모에 상응하는 헤지거래를 쉽게 하도록 1계약당 1,000kg(13~14마리에 해당)으로 정하였다. 예컨대 돈육대표가격이 1kg당 4,000원이면 거래금액은 4백만원(=4,000원×1,000kg)이 된다.

(2) 가격표시방법

돈육선물의 가격은 kg당 가격(예, kg당 4,000원)으로 표시된다.

(3) 호가가격단위

돈육선물에 대해서 매입주문과 매도주문을 진행할 수 있는 호가가격단위는 5원이다. 돈육선물의 거래단위가 1계약 1,000kg이기 때문에 최소가격변동금액은 5천원(=1,000kg ×5원)이 된다. 따라서 가격 1단위가 움직이면 돈육선물 1계약당 5천원의 손익이 발생하게 된다.

(4) 상장결제월

돈육선물의 상장결제월은 최근 연속 6개월이다. 예컨대 7월에 8, 9, 10, 11, 12월, 1월물이 상장되어 거래되고 8월물 거래가 종료되면 내년 2월물이 신규로 상장된다. 결제월을 6개로 설정하여 최장거래기간을 6개월로 하는 이유는 비육돈의 평균생육기간이 6개월임을 감안하여 헤지수요를 충당할 수 있도록 하기 위함이다.

(5) 최종거래일

최종거래일(T)은 각 결제월의 세 번째 수요일이며 최종결제일은 최종거래일부터 기산하여 세 번째 거래일(T+2일)이다. 돈육가격은 월요일에는 돈육에 대한 수요증가로 가격이 높게 형성되고, 주 후반에는 수요가 감소하여 가격이 낮게 형성되어 돈육가격이 주평균가격에 근접하는 수요일을 최종거래일로 정하였다.

(6) 최종결제방법

돈육선물의 최종결제는 현금결제방식으로 포지션을 청산한다. 따라서 최종결제일에 실제로 돈육도체를 주고받는 대신에 최종결제가격인 돈육대표가격과의 차이를 정산하여 수수함으로써 선물거래를 종결한다. 최종결제가격은 최종거래일 다음 날 축산물등급판정장소가 공표하는 돈육대표가격을 말한다.

(7) 거래시간

돈육선물의 거래시간은 오전 10시 15분부터 오후 3시 15분까지이며, 주문접수는 9시 15분부터 가능하다. 거래개시시간이 다른 선물상품과 다른 이유는 돈육대표가격이 오전 10시에 공표되기 때문에 공표 후 15분 동안 투자자들에게 정보가 전달되는 시간과 투자판단 시간을 제공하기 위해서이다.

【 표 15-17 돈육선물의 명세 】

기 초 자 산	돈육대표가격(산출기관 : 축산품질평가원)
계 약 크 기	1,000kg
결 제 월	최근 연속 6개월(분기월 중 2개와 그 밖의 월 중 4개)
최장거래기간	6개월
가 격 표 시	원/kg
호가가격단위	5원
최소가격변동금액	5,000원(1,000kg×5원)
거 래 시 간	10 : 15~15 : 15(최종거래일 : 좌동)
최 종 거 래 일	각 결제월의 세 번째 수요일
최 종 결 제 일	결제월의 최종거래일부터 기산하여 3일째 거래일
증 거 금 률	위탁증거금률 21%, 유지증거금률 14%
결 제 방 법	현금결제
가 격 제 한 폭	기준가격대비 상하 ± 21%
단일가격경쟁거래	개장시(09 : 15~10 : 15) 및 거래종료시(15 : 05~15 : 15)

3 돈육선물의 효과

(1) 체계적인 위험관리수단

돈육선물은 돈육가격변동위험에 노출된 양돈업자 등 현물시장 참여자에게 실시간으로 이용할 수 있는 가격위험 관리수단이 된다. 특히 별다른 위험관리의 수단이 없어 가격변동에 따른 손실을 감내할 수밖에 없었던 양돈농가, 육가공업체 등에게 매우 유용한 가격위험 관리수단이 될 것이다.

양돈농가는 돈육가격변동에 대한 효율적인 위험관리를 통해 안정적인 소득기반을 확보하여 돈육가격하락에 대한 우려없이 양돈업에 전념할 수 있다. 돈육가공업자는 돈육선물을 이용하여 구매비용을 안정화시키고 선물시장의 가격발견기능을 이용하여 재료구매시기 및 생산량 조절 등 안정적인 경영활동이 가능해질 것이다.

(2) 현물시장의 가격발견기능

선물시장은 완전경쟁에 가까운 시장구조를 형성하여 미래 돈육현물가격에 대한 예측치를 제공하여 생산, 가공, 판매, 소비의 시장활동 전반에 걸쳐 양돈업계 종사자가 향후 경영계획을 수립하는데 유용하고, 돈육선물의 상장으로 다수 투자자의 미래예측가격이 실시간으로 공시되어 돈육현물가격의 지표로 활용할 수 있다.

4 돈육선물의 거래절차

(1) 계좌개설

돈육선물을 거래하고자 하는 투자자는 주식 등의 현물계좌와는 별도로 고객이 선택한 거래소와 회원사인 선물회사를 방문하여 선물·옵션거래위험고지서를 교부받아 내용을 숙지한 뒤 계좌를 개설한다. 이미 선물회사에 옵션매수전용계좌나 국채 등 전용계좌를 가지고 있는 경우에도 별도로 일반계좌를 개설해야 한다.

(2) 예탁금 납부

돈육선물을 거래하고자 하는 투자자는 계좌를 개설하고 주문을 내는 경우 기본예탁금을 납부해야 한다. 한국거래소는 2013년 3월 27일 돈육선물시장 활성화를 위해 기본예탁금을 500만원에서 50만원으로 인하하였다. 기본예탁금은 전액 대용증권으로 납부할 수 있으며 위탁증거금으로 사용할 수 있다.

(3) 증거금 납부

돈육선물도 결제이행을 보증하기 위해 증거금을 납부해야 하는데 매일 장이 마감되면 일일정산을 통해 손익을 가감하되 증거금이 유지증거금을 하회하면 추가증거금을 납입해야 한다. 한국거래소는 2013년 3월 27일 돈육선물시장 활성화를 위해 거래증거금을 14%에서 12%로, 위탁증거금을 21%에서 18%로 인하하였다.

(4) 주문유형

투자자는 회원사를 직접 방문하거나 전화나 온라인(HTS)으로 종목, 수량, 가격, 매수 또는 매도 등의 내용을 지정하여 지정가주문을 낸다. 돈육선물은 돈육내표가격이 1일 경과 후 공표되어 다른 상품과 달리 돈육선물가격은 전일과 당일의 현물가격을 일시에 반영할 수 있어 가격변동성이 높아 시장가주문을 허용하지 않는다.

(5) 거래체결

회원사에 접수된 투자자의 주문은 즉시 한국거래소 거래체결시스템에 전달되어 가격우선, 시간우선 등의 거래체결원칙에 따라 거래가 체결된다. 매입(매도)은 높은(낮은) 가격이 먼저 체결된다. 체결이 완료된 결과는 즉시 해당 회원사에 통보되므로 투자자는 주문 이후 회원사를 통해 체결내역을 실시간으로 확인할 수 있다.

(6) 일일정산

매일 시장이 종료되면 회원사는 당일 종가(정산가격)를 기초로 일일정산을 한다. 즉 체결된 선물거래의 체결가격 및 보유중인 미결제약정의 가격을 매일 당일의 정산가격으로 재평가하고 그에 따른 손익은 투자자의 예탁금에 반영되며 예탁금이 유지증거금 수준 이하로 내려가면 그 다음날까지 추가증거금을 납부해야 한다.

(7) 최종결제

최종거래일의 거래시간 종료 전까지 반대거래를 통해 포지션을 청산하지 않고 남아있는 미결제약정(open interest)에 대해서는 최종결제가격(보통 최종거래일 다음날 발표되는 돈육대표가격)으로 손익을 평가하는데 투자자가 그 차이를 현금으로 수수하게 되면 돈육선물거래는 종료된다.

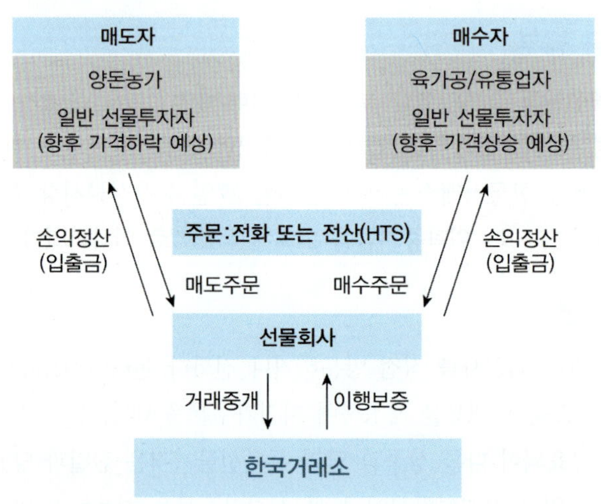

[그림 15-6 돈육선물거래 업무흐름도]

5 돈육선물의 활용사례

(1) 양돈농가

미래시점에 돈육을 매도해야 할 경우 돈육가격이 현재보다 하락하여 발생할 수 있는 손실을 최소화하기 위해 선물시장에서 돈육선물 매도계약을 체결하는 투자전략을 구사할 수 있다. 돈육선물 매도거래는 선물계약 체결시점에 원했던 가격으로 미래의 판매수익을 고정시키는 효과가 있다.

예컨대 7월초 현재 돈육가격은 5,000원을 상회하고 있으나 돼지를 생산하는 양돈농가는 예상출하시점인 10월에 돈육가격하락을 우려하고 있다. 가격하락위험을 회피하고자 하는 양돈농가는 적정이윤 확보가 가능하다고 판단되는 가격인 kg당 5,200원에 선물매도 10계약을 체결하였다.

① 돈육가격이 하락한 경우

	현물시장	선물시장
7월	현물시장가격 5,200원	돈육선물 10월물 5,200원에 매도
10월	현물시장가격 4,000원	돈육선물 10월물 4,000원에 청산
결과	돼지판매수입 4천만원 + 4,000원×10계약×1,000kg	선물거래이익 1천2백만원 (5,200원−4,000원)×10계약×1,000kg
효과	출하시점 10월의 돼지판매수입은 4천만원이고 선물거래이익 1천2백만원이 발생하여 총판매수입은 5천2백만원 → 선물매도헤지를 통해 판매수입을 7월에 기대한 대로 5천2백만원에 고정시키는 효과	

② 돈육가격이 상승한 경우

	현물시장	선물시장
7월	현물시장가격 5,200원	돈육선물 10월물 5,200원에 매도
10월	현물시장가격 5,500원	돈육선물 10월물 5,500원에 청산
결과	돼지판매수입 5천5백만원 + 5,500원×10계약×1,000kg	선물거래손실 3백만원 (5,200원−5,500원)×10계약×1,000kg
효과	출하시점 10월의 돼지판매수입은 5천5백만원이나 선물거래손실 3백만원이 발생하여 총판매수입은 5천2백만원 → 10월 현물가격 상승시에 선물매도헤지에서 손실이 발생하나 현물수입 확보로 경영상 애로 없음	

(2) 유통업체

미래시점에 돈육을 매입하는 경우 돈육가격이 현재보다 상승함으로써 발생할 수 있는 손실을 최소화하기 위해 선물시장에서 돈육선물 매입계약을 체결하는 투자전략을 구사할 수 있다. 돈육선물 매입거래는 선물계약 체결시점에 원했던 가격으로 미래의 구매비용을 고정시키는 효과가 있다.

예컨대 7월초 현재 돈육가격은 5,000원을 상회하고 있는데 육가공업체는 10월로 예정된 햄납품계약을 위한 돼지구매비용을 고정시키고자 한다. 가격상승위험을 회피하고자 하는 육가공업체는 돈육가격이 상승할 것으로 예상하여 현재 가격인 kg당 5,200원에 선물매입 10계약을 체결하였다.

① 돈육가격이 상승한 경우

	현물시장	선물시장
7월	현물시장가격 5,200원	돈육선물 10월물 5,200원에 매입
10월	현물시장가격 5,500원	돈육선물 10월물 5,500원에 청산
결과	돼지구매비용 5천5백만원 + 5,500원×10계약×1,000kg	선물거래이익 3백만원 (5,500원−5,200원)×10계약×1,000kg
효과	10월의 구매비용은 5천5백만원이지만 선물거래에서 3백만원의 이익이 발생하여 총구매비용은 5천2백만원 → 돈육선물 매입헤지를 통해 구매비용을 7월에 기대한 대로 5천2백만원에 고정시키는 효과	

② 돈육가격이 하락한 경우

	현물시장	선물시장
7월	현물시장가격 5,200원	돈육선물 10월물 5,200원에 매입
10월	현물시장가격 4,800원	돈육선물 10월물 4,800원에 청산
결과	돼지구매비용 4천8백만원 + 4,800원×10계약×1,000kg	선물거래손실 4백만원 (4,800원−5,200원)×10계약×1,000kg
효과	10월의 구매비용은 4천8백만원이지만 선물거래에서 4백만원의 손실이 발생하여 총구매비용은 5천2백만원 → 돈육가격이 하락한 경우에는 선물매입헤지를 통해 발생한 손실을 현물시장에서 만회	

핵심요약

제1절 주식선물

한국거래소(KRX)에 상장된 주식 중 시가총액과 재무상태 등을 감안하여 선정한 25개 기업이 발행한 보통주를 기초자산으로 하는 선물상품

제2절 주가지수선물

1. 주가지수의 개념 : 한국거래소 유통시장에서 형성되는 주가변동을 종합적 표시
2. 주가지수의 산출 : 주가평균방식, 시가총액방식
3. 주가지수선물의 개념 : 주가지수를 기초자산으로 체계적 위험의 제거수단 이용
4. 주가지수선물의 가격결정 : $F_{0,T} = S_0\left[1+(r-d)\times\frac{T}{360}\right]$
5. 주가지수선물의 헤지거래 : 단순헤지, 베타헤지, 최소분산헤지
6. 주가지수선물의 투기거래 : 단순투기거래, 스프레드거래

제3절 금리선물

1. 금리선물의 의의 : 금리변동에 따라 가치가 변화하는 금융자산이 기초자산
2. 금리선물의 가격표시
   (1) T-bill선물 : 액면가액 \$1,000,000, 잔존만기 90일인 T-bill을 기초자산
      ① T-bill선물의 공시가격 = 100 - T-bill선물수익률
      ② T-bill선물수익률 = 100 - T-bill선물의 공시가격
      ③ T-bill선물가격 = 액면가액 − 액면가액 × T-bill선물수익률 × $\frac{90}{360}$
      ④ 최소가격변동폭 = \$1,000,000×0.01×0.01×90/360 = \$2
   (2) T-bond선물 : 액면가액 \$100,000, 표면이자율 8%, 만기 20년 T-bond
      ① T-bond선물 공시가격 = 액면가액에 대한 백분율 (단, 0.01은 1/32)
      ② 선물송장금액 = 선물공시가격×전환계수 + 경과이자
      ③ 최소가격변동폭 = \$100,000×0.01×1/32 = \$31.25
3. 금리선물의 가격결정
   (1) 단기금리선물
      ① 보유비용모형 : $F_{0,T} = S_0(1+r_{0,T}) = S_0\left(1+{}_0r_1\times\frac{T_1}{360}\right)$
      ② 기초채권할인 : $F_{0,T} = \dfrac{\text{기초채권 액면가액}}{1+{}_1f_2\times\frac{T_2-T_1}{360}}$
   (2) 장기금리선물 : $F_{0,T} = S_0 + CC - CR = S_0(1+r) - CR$
4. 금리선물의 헤지거래 : 단순헤지모형, BPV모형, 듀레이션모형, 회귀분석모형

제4절 통화선물

1. **통화선물의 개요** : 외국의 통화를 기초자산으로 하는 외환선물거래
2. **통화선물의 가격결정**
   ① 이자율평가설 : $\frac{F_1}{S_0} = \frac{1+R_a}{1+R_b} \rightarrow F_1 = S_0 \times \frac{1+R_a}{1+R_b}$
   ② 보유비용모형
3. **통화선물의 차익거래**
   ① 환율상승이 예상되는 경우 : 강세로 예상되는 통화에 대한 선물계약을 매입
   ② 환율하락이 예상되는 경우 : 약세로 예상되는 통화에 대한 선물계약을 매도
4. **통화선물의 차익거래**
   ① $F_1 > S_0 \frac{1+N_a}{1+N_b}$: 현물매입차익거래
   ② $F_1 < S_0 \frac{1+N_a}{1+N_b}$: 현물매도차익거래

제5절 금선물

1. **금선물의 개요** : 미래의 일정시점에 인수도할 금을 현재 선물시장을 통해 매매하는 계약으로 금가격의 변동위험에 노출된 기업은 금선물을 이용하여 가격변동 위험을 헤지할 수 있고, 투자자는 재테크의 수단으로 금선물을 활용할 수 있음
2. **금선물의 장점** : 가격변동위험 헤지, 현물시장 가격발견기능 제고, 새로운 금융투자 서비스 제공
3. **금선물의 명세**
   ① 거래대상은 순도 99.99%의 금괴(Gold Bar)이며, 거래단위는 중량 1kg
   ② 국제금시세는 1온스당 달러화로 표시, 국내 금선물 가격은 1g당 원화로 표시
   ③ 최소가격변동폭은 10원, 계약당 최소가격변동금액은 10,000원(10원×1,000g)
   ④ 당월 포함 연속 2개월 및 2월, 4월, 6월, 8월, 10월, 12월로 1년 이내 7개 상장
   ⑤ 거래시간은 오전 9시부터 오후 3시까지, 최종거래일이 도래한 종목은 11시 30분까지 거래되며 주문접수시간은 오전 8시 30분부터 9시까지
   ⑥ 최종결제는 금괴를 직접 수수하는 실물인수도의 방법이며 최종결제가격은 해당 선물종목의 최종거래일에 한국거래소가 정하는 정산가격
   ⑦ 최종결제일은 해당 결제월의 마지막 거래일이며, 최종거래일은 실물인수도기간을 감안하여 최종결제일의 직전 2거래일

제6절 미니금선물

1. **미니금선물의 개요** : 금선물에 비해 거래단위를 10배로 낮추었고 현금결제방식으로 계약시점의 금가격과 청산시점의 금가격간의 차액을 주고 받는 상품
2. **미니금선물의 기능** : 금가격 변동위험의 헤지, 새로운 금투자 기회 제공
3. **미니금선물의 투자전략**
   (1) 헤지거래
   ① 매도헤지는 현물을 미래시점에 판매하고자 하는 시장참여자가 현물의 가격하락위험을 방지하기 위한 목적으로 선물계약을 매도함
   ② 매입헤지는 현물을 매수하고자 하는 시장참여자가 미래시점의 가격상승으로 발생할 수 있는 위험을 회피하려고 선물계약을 매입함
   (2) 차익거래
   ① 현선차익거래 : 실제선물가격과 이론선물가격의 차이가 보유비용보다 큰 경우 고평가 상품은 매도하고 저평가 상품은 매입하여 무위험수익을 얻기 위한 거래
   ② 금선물과 금ETF간 차익거래 : 금선물과 금ETF 중 상대적으로 가격이 많이 상승할 것 또는 적게 하락할 것으로 예상되는 종목은 매입하고 다른 종목은 매도함
   ③ 국내 금선물과 해외 금선물간 차익거래 : 국내 금선물과 해외 금선물간의 수익률 차이의 증감을 이용한 거래전략
   (3) 스프레드거래
   동일한 대상물 중 결제월이 다른 종목이나 기초자산은 다르지만 가격움직임이 유사한 선물계약간의 가격차이가 확대 또는 축소될 것을 예상하고 유사한 선물 계약을 동시에 매매하여 이익을 실현하는 투자전략

제7절 돈육선물

1. **돈육선물의 정의** : 돼지가격의 변동위험을 회피하려고 1계약당 1,000kg에 해당하는 돈육가격을 계약시점에 약정한 가격으로 만기일에 매입하거나 매도하는데 실제로 돼지를 사고파는 것이 아니라 돈육가격을 거래대상으로 하는 선물거래
2. **돈육선물의 명세**
   ① 기초자산은 돈육대표가격이며 거래단위는 1계약당 돈육도체 1,000kg
   ② 돈육선물의 가격은 kg당 가격(예, kg당 4,000원)으로 표시함
   ③ 돈육선물에 대해 주문을 낼 수 있는 가격단위는 5원으로 돈육선물의 거래단위가 1계약 1,000kg이므로 최소가격변동금액은 5천원(=1,000kg×5원)
   ④ 돈육선물의 상장결제월은 최근 연속 6개월로 설정

⑤ 최종거래일(T)은 각 결제월의 세 번째 수요일이며 최종결제일은 최종거래일부터 기산하여 세 번째 거래일(T+2일)

⑥ 최종결제는 현금결제방식으로 최종결제가격인 돈육대표가격과의 차이를 정산

⑦ 거래시간은 오전 10시 15분~오후 3시 15분, 주문접수는 9시 15분부터 가능

3. **돈육선물의 효과** : 체계적인 위험관리수단 제공, 현물시장의 가격발견기능 제고

연습문제

01 **다음 중 개별주식선물에 대한 설명으로 가장 옳지 않은 것은?**

① 모든 상장주식에 대한 선물거래가 가능하다.
② 개별주식에 대한 리스크관리에 도움이 된다.
③ 공매제한의 적용을 받는 개별주식에 비해 매매가 자유롭다.
④ 개별주식에 대한 선물거래로 현금결제방식이다.

해설 개별주식선물에 대한 기초자산은 25개 종목으로 제한되어 있다.

02 **우리나라 KOSPI 200에 사용되는 주가지수 산정방식으로 옳은 것은?**

① 시가총액방식+파쉐식
② 시가총액방식+피셔식
③ 시가총액방식+라스파이레식
④ 가격가중방식+라스파이레식

해설 시가총액을 산출하는 방법
① 파쉐식 : 시가총액을 계산할 때 비교시점의 가중치를 이용
② 피셔식 : 파쉐식과 라스파이레식으로 산출한 지수값을 기하평균
③ 라스파이레식 : 시가총액을 계산할 때 기준시점의 가중치를 이용

03 **다음 중 주가지수선물의 경제적 기능에 대한 설명으로 옳지 않은 것은?**

① 선물가격은 미래 현물가격을 예시하는 기능을 수행한다.
② 주식포트폴리오의 체계적 위험관리가 용이하다.
③ 주식시장의 비효율화를 가능하게 한다.
④ 적은 증거금으로 손익확대효과를 갖는다.

해설 시장이 일시적인 불균형상태에 있으면 차익거래가 가능하여 시장효율성에 기여한다.

04 **다음 중 주가지수선물에 대한 설명으로 옳지 않은 것은?**

① 주가지수선물은 유가증권으로 의제되어 한국거래소에서 거래된다.
② 표준화된 계약으로 일일정산된다.
③ 주가지수선물을 매입하는 경우 만기일에 현물을 인도받는다.
④ 매입자에게 발생하는 손익은 매도자의 손익과 정확히 일치한다.

해설 주가지수선물은 만기일이 되어도 실물의 인수도가 일어나지 않고 청산거래나 현금결제로 거래를 종결시킨다.

연습문제

05 **다음 중 주가지수선물에 대한 설명으로 옳지 않은 것은?**

① 투기거래는 현물보유에 관계없이 미래 가격방향을 예측하여 시세차익을 얻으려 하는 거래를 말한다.
② 주가지수선물을 이용한 헤지거래는 비체계적 위험을 제거한다.
③ 스프레드거래는 선물상품간 가격차이를 이용하여 한정된 위험만 감수하여 시세차익을 얻으려는 거래를 말한다.
④ 차익거래는 현물과 선물간 가격불균형을 이용하여 무위험수익을 얻는다.

해설 주가지수선물을 이용하면 주식포트폴리오의 비체계적 위험은 물론 체계적 위험도 감소시킬 수 있다.

06 **다음 중 주가지수선물의 이론가격에 대한 설명으로 옳지 않은 것은?**

① 보유비용모형에 의한 주가지수선물의 이론가격은 주식가격에 보유비용을 합산한 값으로 결정된다.
② 보유비용모형의 조건에 위반되면 차익거래의 기회가 발생한다.
③ 현물보유전략은 주식가격이 선물가격에 비해 높을 때 유용하다.
④ 무위험이자율이 배당수익률보다 크면 보유비용이 발생하여 선물가격이 현물가격보다 크게 된다.

해설 현물보유전략(cash & carry arbitrage)은 선물가격이 현물가격보다 높을 때 과대평가된 선물을 매도하고 자금을 차입하여 과소평가된 현물을 매입하는 전략을 말한다. 역현물보유전략(reverse cash & carry arbitrage)은 현물가격이 선물가격보다 높을 때 과대평가된 현물을 공매하여 자금을 대출하고 과소평가된 선물을 매입하는 전략을 말한다.

07 **2013년 6월 14일 현재 KOSPI 200 주가지수는 212.00포인트이다. 91일물 CD유통수익률은 6%, 연 배당수익률이 2%일 때 만기가 3개월 남아있는 KOSPI 200선물 9월물의 보유비용모형을 이용하여 계산한 이론가격은?**

① 210.52포인트 ② 212.70포인트
③ 213.05포인트 ④ 214.12포인트

해설 만기일이 2013년 9월 12일인 KOSPI 200지수선물의 균형가격은 다음과 같다.

$$F_{0,T} = S_0\left[1+(r-d)\times\frac{T}{360}\right] = 220\left[1+(0.06-0.02)\times\frac{60}{360}\right] = 214.12$$

08 KOSPI 200지수가 200포인트이고 이자율은 7%이며 배당률은 1%인 경우에 잔존기간 6개월의 이론선물가격은 얼마인가?

① 203포인트 ② 206포인트
③ 209포인트 ④ 212포인트

해설

$$F_{0,T} = S_0\left[1+(r-d)\times\frac{T}{360}\right] = 200\left[1+(0.07-0.01)\times\frac{60}{360}\right] = 206\text{포인트}$$

09 KOSPI 200지수가 200포인트이고 이자율은 6%이며 선물배당액 지수 1포인트인 경우에 잔존기간 6개월의 이론선물가격은 얼마인가?

① 201포인트 ② 203포인트
③ 205포인트 ④ 212포인트

해설

$$F_{0,T} = S_0\left[1+r\times\frac{T}{360}\right] - D = 200\left[1+0.06\times\frac{60}{360}\right] - 1 = 205\text{포인트}$$

10 현재 건양기업의 주식을 기초자산으로 하는 만기 1년, 행사가격 11,000원인 콜옵션의 가격은 2,000원, 풋옵션의 가격은 1,500원이다. 무위험이자율은 10%일 때 건양기업의 주식을 기초자산으로 하는 만기 1년인 선물계약의 균형가격은?

① 10,500원 ② 10,909원
③ 11,818원 ④ 11,550원

해설

$$S_0 = 2{,}000 - 1{,}500 + \frac{11{,}000}{1.1} = 10{,}500\text{원}$$

$$F_0 = 10{,}500 \times 1.1 = 11{,}550\text{원}$$

11 다음 중 주가지수선물의 이론가격 결정변수와 선물이론가격에 대한 설명으로 옳은 것은?

㉠ 주가가 상승할수록 선물이론가격은 하락한다.
㉡ 금리가 상승할수록 선물이론가격은 상승한다.
㉢ 잔존기간이 길수록 선물이론가격은 상승한다.
㉣ 배당수익률이 높을수록 선물이론가격은 상승한다.

① ㉠, ㉡, ㉢, ㉣ ② ㉠, ㉡, ㉢
③ ㉡, ㉢, ㉣ ④ ㉡, ㉢,

해설 주가지수선물 결정변수에 따른 선물이론가격의 방향

선물이론가격 결정변수	선물이론가격의 방향
주가의 상승	선물이론가격의 상승
금리의 상승	선물이론가격의 상승
배당수익률의 상승	선물이론가격의 하락
잔존기간의 증가	선물이론가격의 상승

12 현재 주식 3억원을 보유하고 있는 투자자가 주가지수선물을 이용하여 가격변동위험을 회피하고자 한다. 현재 KOSPI 200 선물가격이 200포인트이고 선물거래의 증거금률이 15%인 경우에 필요한 헤지계약수는 얼마인가?

① 10계약 매입　　② 10계약 매도
③ 20계약 매입　　④ 20계약 매도

해설

$$N_F = -\frac{S_0}{F_0} = -\frac{3\text{억원}}{200\text{포인트} \times 50\text{만원}} = -20\text{계약}$$

13 펀드매니저 홍길동은 1,000억원의 주식포트폴리오에 대해 1년간 관리하는 임무를 맡았다. 현재 이 주식포트폴리오의 베타는 1.5이다. 홍길동은 향후 약세장을 예상하고 주가지수선물을 이용하여 주식포트폴리오의 베타를 1.0으로 줄이려고 한다. 1년 만기를 갖는 주가지수선물의 현재 지수가 80포인트(1포인트당 50만원)라고 할 때 어떻게 해야 하는가?

① 1,250계약 매입　　② 1,250계약 매도
③ 2,500계약 매입　　④ 2,500계약 매도

해설

$$N_F = -\frac{S_0}{F_0} \times (\beta_P - \beta_{SF}) = -\frac{1{,}000\text{억원}}{80\text{포인트} \times 50\text{만원}} \times (1.0 - 1.5) = -1{,}250\text{계약}$$

14 100억원의 주식을 보유한 펀드매니저 홍길동은 KOSPI 200선물을 이용하여 완전 매도헤지전략을 실행하고자 한다. 보유한 주식포트폴리오의 베타가 0.8이고 KOSPI 200선물의 가격이 200포인트일 경우에 매도해야 할 선물계약수는?

① 60계약　　② 70계약
③ 80계약　　④ 90계약

해설 베타헤지는 현물주식포트폴리오에 대한 베타계수를 이용하여 선물계약수를 구한다.

$$N_F = -\frac{S_0}{F_0} \times \beta_{SI} = -\frac{10\text{억원}}{200(500{,}000)} \times 0.8 = -80\text{계약}$$

15 무위험이자율이 5%이며, 시장이자율이 15%인 경제사회에서 보유중인 갑주식(300주, 주당시가 800원)의 베타는 1.5이다. 지수 1포인트당 가격이 500원, 선물지수는 104인 경우에 주가하락위험을 회피하기 위해 매도해야 할 선물계약수는?

① 3계약 ② 5.471계약
③ 5계약 ④ 6.923계약

해 설 최소분산헤지에서 매도해야 할 선물계약수는 다음과 같이 구할 수 있다.

$$N_F = -\frac{S_0}{F_0} \times \beta_{SF} = -\frac{300\text{주} \times 800\text{원}}{104\text{포인트} \times 500\text{원}} \times 1.5 = -6.923\text{계약}$$

16 KOSPI 200현물 주가지수가 180포인트, 무위험이자율 연 7%, 배당수익률 연 2%, 잔존만기가 90일인 KOSPI 200선물가격이 181.5포인트일 경우에 어떤 전략을 구사해야 이익을 얻을 수 있는가?

① 선물매입, 현물매입 ② 선물매입, 현물매도
③ 선물매도, 현물매도 ④ 선물매도, 현물매입

해 설

$$F_{0,T} = S_0\left[1 + (r-d) \times \frac{T}{360}\right] = 180\left[1 + (0.07 - 0.02) \times \frac{90}{360}\right] = 182.2p$$

이론선물가격 182.2P가 실제선물가격 181.5P보다 크다. 따라서 과대평가된 현물을 공매하여 대출하고 과소평가된 선물을 매입하는 현물매도차익거래가 발생한다.

17 현재 KOSPI 200지수는 210포인트이며 차입이자율은 7%이고 대출이자율은 4%이다. 배당수익률은 2%이고 잔존만기는 3개월이다. 거래비용은 무시하고 KOSPI 200선물을 이용하여 차익거래를 실행하고자 할 경우에 차익거래 불가능영역(하한선~상한선)을 구하면?

① 211.05≤선물가격≤212.62
② 212.75≤선물가격≤213.38
③ 214.83≤선물가격≤215.65
④ 215.90≤선물가격≤216.60

해 설 하한선 = 210[1+(0.04−0.02)×3/12] = 211.05포인트
상한선 = 210[1+(0.07−0.02)×3/12] = 212.62포인트

18 **주가지수선물시장과 관련한 프로그램매매호가 정지제도(side car)에 대한 설명으로 옳지 않은 것은?**

① 주식시장의 매매거래 종료시간 40분 이전에는 적용되지 않는다.
② side car가 발동되어 프로그램 매매호가에 대해 그 효력이 정지되면 지수차익거래에 의한 프로그램 매매호가도 적용대상이다.
③ 발동 5분 후 자동으로 해제된다.
④ 직전일의 거래량이 가장 많은 선물종목의 약정가격이 전일 종가 대비 5% 이상 상승 또는 하락하여 1분 이상 지속되는 경우 매수프로그램 매매호가는 10분간 지연하여 체결된다.

해설 직전일의 거래량이 가장 많은 선물종목의 약정가격이 전일 종가 대비 5% 이상 상승 또는 하락하여 1분 이상 지속되면 매수프로그램 매매호가는 5분간 지연하여 체결된다.

19 **180일 후에 만기가 되어 100을 수령하는 T-Bill의 현재가격이 94라고 가정하면 할인율은 얼마인가?**

① 8%　　② 10%
③ 12%　　④ 14%

해설 (100−94/100)×360/180 = 12%

20 **건양기업은 3개월 후에 U$1,000,000,000을 변동금리의 조건으로 3개월간 차입할 예정이다. 현재시점에서 2개월 후의 차입금리를 확정시킬 수 있는 방법은?**

① 유로달러선물 1,000계약 매입
② 유로달러선물 1,000계약 매도
③ 유로달러선물 100계약 매입
④ 유로시장에서 U$1,000,000,000을 2개월간 차입

해설 유로달러선물을 매입하면 금리하락시 채권가격이 상승하여 이익이 발생하고, 유로달러선물을 매도하면 금리상승시 채권가격이 하락하여 이익이 발생한다. 다라서 유로달러선물은 계약단위가 $1,000,000이므로 1,000계약 매도하면 된다.

21 **IMM 지수방식에 의해 금리선물의 가격을 호가하는 경우에 대한 설명으로 옳지 않은 것은?**

① 기초자산의 금리를 지수화하여 거래하기 위해 계산하는 방식이다.
② 일반적으로 단기금리선물의 가격계산에 사용된다.
③ 채권의 가격변동과 IMM 지수방식에 의한 선물가격은 같은 방향으로 움직인다.
④ 금리가 상승하면 IMM 지수의 금리는 올라간다.

해설 금리가 상승하면 IMM 지수(100−금리)는 작아진다.

22 **T-Bond선물 결제에 따른 실물인도시 선물매도자는 최저가 인도채권(CTD)을 인도한다. 최저가 인도채권이 존재하는 이유로 옳지 않은 것은?**

① 전환계수의 산정방법이 완전하기 때문에
② 전환계수의 산정시 분기별 날짜 계산에 따른 오차 때문에
③ 시장수익률이 6% 아닐 경우 듀레이션 효과 때문에
④ 잔존만기가 많이 남은 채권일수록 인도일을 늦출 수 있어 유리하기 때문에

해설 전환계수의 산정방법이 완전하지 못하기 때문에 최저가 인도채권이 발생한다.

23 **다음 중 T-Bond선물의 전환계수에 대한 설명으로 옳지 않은 것은?**

① 전환계수는 특정 결제월 주기 동안 일정하다.
② 표면이자율이 6%보다 작은 경우 만기가 길수록 전환계수가 작아진다.
③ 표면이자율이 6%보다 작은 경우 전환계수는 1보다 작다.
④ 잔존만기가 동일한 경우 표면이자율이 커질수록 전환계수는 작아진다.

해설 잔존만기가 동일한 경우에 표면이자율이 커질수록 전환계수도 커진다.

24 **액면가액 $1,000,000인 T-Bond를 보유한 투자자가 T-Bond선물을 이용하여 헤지하려고 한다. T-Bond선물의 1계약은 $100,000이고 최서가 인도채권의 전환계수가 1.5인 경우에 적절한 거래는?**

① T-Bond선물 15계약 매입 ② T-Bond선물 15계약 매도
③ T-Bond선물 10계약 매입 ④ T-Bond선물 15계약 매도

해설 채권보유자는 가격하락위험에 노출되어 있으므로 선물매도계약을 체결해야 한다.
헤지계약수 = (현물액면가액/선물1계약금액)×전환계수
= ($1,000,000/$100,000)×1.5 = 15계약 매도

25 **채권포트폴리오의 듀레이션은 5년이고, 국채선물듀레이션은 5.3년이며, 3년 국채선물의 가격은 현재 102이다. 국채를 200억원 보유한 채권운용자가 3년 국채선물을 이용하여 헤지하려는 경우에 매도해야 하는 선물계약수는?**

① 100계약 ② 155계약
③ 185계약 ④ 210계약

해설

채권보유자는 가격하락위험에 노출되어 있어 금리선물에 매도포지션을 취해야 한다.

$$N_F = \frac{S_0}{F_0} \times \frac{D_S}{D_F} = \frac{200\text{억}}{102 \times 1{,}000{,}000} \times \frac{5}{5.3} \fallingdotseq 185\text{계약}$$

26 (주)한국기업은 2013년 3월 18일부터 U$100,000,000를 6개월 동안 3Month LIBOR로 차입하려고 한다. 1계약의 거래단위가 U$1,000,000인 유로달러선물 12월물 만기는 2013년 9월 20일이다. 이러한 차입에 대한 금리위험 헤지방법은?

① 12월물 유로선물 100계약 매입
② 12월물 유로선물 100계약 매도
③ 12월물 유로선물 400계약 매입
④ 12월물 유로선물 400계약 매입

해설

변동금리 차입자는 금리상승위험(가격하락위험)에 노출되어 금리선물을 매도하고, 변동금리 운용자는 금리하락위험(가격상승위험)에 노출되어 금리선물을 매입한다.

27 현재 듀레이션이 2.5이고 채권가격 100억원의 포트폴리오를 보유하고 있는 투자자가 향후 경기침체에 따른 금리하락을 예상하여 듀레이션을 증가시키려고 한다. 이때 3년 국채선물의 듀레이션이 2.8로 추정되고 가격이 102.10일 때 필요한 선물계약수는?

① 7계약 매입
② 7계약 매도
③ 12계약 매입
④ 12계약 매도

해설

금리가 하락하면 채권가격이 상승하므로 채권포트폴리오의 듀레이션을 증가시켜야 한다. 따라서 장기채를 매입하고 단기채를 매도해야 하며, 금리선물을 매입하면 듀레이션을 증가시킬 수 있다. 듀레이션조정을 위한 선물계약수는 다음과 같이 구할 수 있다.

$$N_F = \frac{S_0}{F_0} \times \frac{(D_P - D_S)}{D_F} = \frac{100\text{억원}}{1\text{억원} \times 102.10} \times \frac{(2.7 - 2.5)}{2.8} = 7\text{계약 매입}$$

28 향후 채권의 수익률곡선은 가파를 것으로 예상되어 3년 국채선물과 5년 국채선물을 이용하여 상품간 스프레드전략을 구사하고자 한다. 3년 국채선물(듀레이션 2.7) 50계약 매입에 대해 5년 국채선물(듀레이션 4.5) 매도계약수를 구하면?

① 30계약
② 33계약
③ 40계약
④ 44계약

해설

향후 수익률곡선의 기울기가 가파를 것으로 예상되면 3년 국채선물을 매입하고 5년 국채선물을 매도한다. 수익률곡선 투자를 위해 매매해야 하는 선물계약수는 3년 국채선물과 5년 국채선물의 가격민감도를 반영한 듀레이션을 이용하여 산출한다.

$$5\text{년 국채계약수} = \frac{3\text{년 국채선물듀레이션}}{5\text{년 국채선물듀레이션}} \times 3\text{년 국채계약수} = \frac{2.7}{4.5} \times 50 = 30\text{계약 매도}$$

29 투자자 홍길동은 3년 국채선물을 110.50에 10계약 매도하고, 5년 국채선물을 112.50에 5계약 매입하였다. 금리가 상승하여 3년 국채선물은 109.50, 5년 국채선물은 110.20에 모두 청산했을 경우에 발생하는 손익은?

① 1,500,000원 이익　　② 1,500,000원 손실
③ 2,500,000원 이익　　④ 1,500,000원 손실

해설
㉠ 3년 국채선물 매도 : (110.50−109.50)×1,000,000×10계약 = 10,000,000원 이익
㉡ 5년 국채선물 매입 : (110.20−112.50)×1,000,000×5계약 = 11,500,000원 손실
㉢ 총거래손익 = 10,000,000−11,500,000 = −1,500,000원

30 U$110 T-Bond가 차입이자율이 5%이고 이표채 수익률이 8%일 때 6개월 후 이론선물가격은?

① $105.7　　② $108.3
③ $112.5　　④ $113.6

해설
T-Bond 이론선물가격은 다음과 같이 구할 수 있다.

$$F = S\left[1+(r-d)\times\frac{T}{360}\right] = 110\left[1+(0.05-0.08)\times\frac{6}{12}\right] = 108.35$$

31 다음 중 선물환과 통화선물에 대한 설명으로 옳지 않은 것은?

① 선물환과 통화선물은 미래에 거래할 외환의 가격인 환율을 고정시킨다는 측면에서 동일한 형태의 계약이다.
② 선물환은 선도계약으로 장외시장에서 거래되는 반면에 통화선물은 선물계약으로 장내시장에서 거래된다.
③ 통화선물은 거래상대방을 보호하기 위해 증거금과 일일정산제도가 존재한다.
④ 통화선물은 거래상대방이 약속을 이행할 것인가에 대한 계약불이행 위험이 존재한다.

해설
통화선물은 청산소가 거래상대방의 역할을 수행하여 선물계약의 이행을 보증하기 때문에 계약불이행위험이 존재하지 않는다.

32 (주)한국은 중국에서 원자재를 수입하고 수입대금 U$1,750,000을 3개월 후에 지급할 예정이다. 오늘 원/달러환율이 ₩1,230/U$이며 3개월 달러 선물환 고시가격이 ₩1,255/U$이라고 한다. 다음 중 환위험을 회피하기 위한 적절한 전략으로 옳은 것은?

① 환율의 상승이 예상되면 달러선물을 매입하는 전략을 사용해야 한다.
② 환율의 상승이 예상되면 풋옵션을 매입하는 전략을 사용해야 한다.
③ 환율의 하락이 예상되면 콜옵션을 매도하는 전략을 사용해야 한다.
④ 단기금융시장에서 외화대출을 받아 미리 원화로 환전하여 예금하는 전략을 사용해야 한다.

해설 수입업자는 현물시장에서 매도포지션과 동일한 상태에 있어 환율상승시 손실이 발생하므로 헤지거래를 하려면 환율상승시 이익을 얻을 수 있는 선물매입, 콜옵션매입, 풋옵션매도, 원화를 차입하여 달러로 바꾼 후 달러에 투자하는 단기금융시장을 이용해야 한다.

33 **(주)한국은 6개월 후 수취하는 달러화 수출대금에 대한 환위험을 헤지하려고 180일 달러 선물환계약을 체결하였다. 현재 180일 달러 선물환율은 1,050원이다. 만일 180일 후 현물환율이 1,200원이면 (주)한국의 손익은 어떻게 되겠는가?**

① 달러 선물환을 매도했을 것이므로 헷지포지션에서 손실이 발생했다.
② 달러 선물환을 매입했을 것이므로 헷지포지션에서 이익이 발생했다.
③ 달러 선물환을 매도했을 것이므로 헷지포지션에서 이익이 발생했다.
④ 달러 선물환을 매입했을 것이므로 헷지포지션에서 손실이 발생했다.

해설 향후 수령할 수출대금의 달러가치의 하락위험을 헤지하려면 달러 선물환을 매도해야 한다. 선물환을 매도했는데 향후 환율이 상승하면 선물환 매도포지션에서 손실이 발생한다.

34 **다음 중 달러화선물에 대한 설명으로 적절한 것은?**

① 다른 요인의 변화가 없다면 원화 금리가 상승할수록 달러 선물가격은 하락한다.
② 다른 요인의 변화가 없다면 달러 금리가 상승할수록 달러 선물가격은 상승한다.
③ 원/달러 환율의 하락을 예상한 투기전략은 달러 선물매입이다.
④ 달러화 매입포지션의 헤지전략은 달러 선물매도이다.

해설 다른 요인의 변화가 없다면 원(달러) 금리가 상승할수록 달러 선물가격은 상승(하락)한다. 원/달러 환율의 하락을 예상한 투기전략은 달러 선물매도이다. 달러 매입포지션의 헤지전략은 달러 선물매도이다.

35 **(주)한국은 캐나다달러(CD$)로 이루어질 수입자금 결제에 대해 선물거래소에서 거래되는 미국달러(US$)선물을 활용하여 환위험을 헤지하고자 한다. CD$와 US$에 대한 통계량이 다음과 같이 주어졌을 경우에 제3국 통화로 헤지함에 따라 발생하는 베이시스위험을 최소화시키는 최소분산헤지비율은 얼마가 되어야 하는가?**

① 0.567　　② 0.694
③ 1.041　　④ 1.275

해설 베이시스위험을 최소화시키는 최소분산헤지비율은 (상관계수×현물환율의 표준편차/선물환율의 표준편차) = (0.85×0.1/0.15) = 0.567이다.

36 다음 중 환위험을 헤지하기 위해 달러화 선물을 매도해야 하는 경우는?

가. 보유하고 있는 미국 주식을 3개월 후에 매도하여 국내 주식에 투자할 계획이다.
나. 3개월 후에 달러화 차입금을 상환해야 한다.
다. 3개월 후에 원자재를 수입할 계획으로 있다.
라. 3개월 후에 달러화 표시채권을 발행하여 원화로 자금을 확보할 계획이다.

① 가, 나　　② 다, 라
③ 가, 라　　④ 나, 다

해설 현물시장에서 매입포지션인 경우 환율하락시 손실이 발생하기 때문에 선물시장에서는 환율하락위험을 회피하기 위해 달러선물을 매도해야 한다.

37 (주)가나는 6개월 후에 수입대금 $100만를 지불해야 한다. 원/달러 환율이 상승하는 경우 달러당 지급하는 원화금액을 일정한 수준으로 제한할 수 있으며 환율이 하락할 경우에는 달러당 지급하는 원화금액이 낮아질 수 있는 헤지전략은?

① 달러화 선물 매입　　② 달러화 선물 매도
③ 달러화 콜옵션 매입　　④ 달러화 풋옵션 매입

해설 현물시장에서 매도포지션인 경우 환율상승시 손실이 발생하기 때문에 선물시장에서는 환율상승위험을 회피하기 위해 달러선물을 매입해야 한다. 그런데 환율하락시 원화금액이 낮아지는 것도 필요하므로 콜옵션을 매입해야 한다.

38 현재 외환시장에서 현물 1달러가 1,300원에 거래되고 있다. 3월물 원화금리는 연 6%, 3개월 달러금리는 연 4%일 때 시장선물환율이 1,302원으로 거래되고 있을 경우 차익거래를 위한 거래가 아닌 것은?

① 달러 선물환 1,302원에 매입한다.
② 달러 현물을 1,300원에 매도한다.
③ 달러를 4%로 운용한다.
④ 달러매도대금을 원화 6%로 운용(예치)한다.

해설 금리평가설에 의하면 $1,300(1+0.06\times3/12)=\$1(1+0.04\times3/12)F$를 만족하는 선물환율(F)을 구하면 1,306.44원이다. 시장선물환율<이론선물환율이면 선물이 저평가되어 있다. 따라서 달러선물환을 매입하고 달러현물매도(달러차입 매도후 원화예치)하는 차익거래가 가능하다.

연습문제

39 **다음 중 상품선물에 대한 설명으로 옳지 않은 것은?**

① 정상시장에서는 보유비용이 보유수익보다 크다.
② 역조시장(inverted market)은 근월물가격이 원월물가격보다 큰 경우를 말한다.
③ 편의수익이 클수록 상품선물의 이론가격은 상승한다.
④ 베이시스가 증가할 것으로 예상되면 선물매도와 현물매입을 수행한다.

해설 편의수익이 클수록 상품선물의 이론가격은 상승한다.

40 **다음 중 상품선물 보유비용모형에 대한 설명으로 가장 옳지 않은 것은?**

① 보유비용은 창고비용, 이자비용, 보유한 현물의 물리적 손실에 대한 보험료 등이 속한다.
② 편의수익은 상품재고량에 대한 감소함수로 재고량이 감소함에 따라 체감한다.
③ 편의수익은 일반상품의 경우 현물재고를 보유함으로 얻어진다.
④ 보유비용은 현물가격과 선물가격 내에서 근월물가격과 원월물가격으로 설명된다.

해설 편의수익은 재고량이 감소함에 따라 증가한다.

41 **다음 중 한국거래소에 상장된 상품선물에 대한 설명으로 옳지 않은 것은?**

① 소액 금 투자자의 이용성을 증대시키기 위해 개설된 미니금선물의 거래단위는 100g이다.
② 돈육선물의 거래단위는 1,000kg이다.
③ 금선물의 최종결제방법은 실물인수도방식으로 이루어진다.
④ 돈육선물의 최종거래일은 결제월의 세번째 화요일이다.

해설 상품선물의 최종거래일은 모두 결제월의 세번째 수요일이다.

기초자산	금(Gold)	돈육(Lean Hog)
거래단위	1,000g(미니금 : 100g)	1,000kg
결제월	짝수월 6개+연속월 2개	분기월 2개+연속월 4개
가격표시	원/g	원/kg
최종거래일	결제월의 세 번째 수요일	결제월의 세 번째 수요일
결제방법	실물인수도(미니금 : 현금결제)	현금결제

42 **다음 중 한국거래소에 상장된 돈육선물에 대한 내용으로 옳지 않은 것은?**

① 만기일 이전에 반대매매가 불가능하다.
② 계약단위가 1,000kg으로 정해져 있다.
③ 거래방식이 표준화되어 있다.
④ 최소호가단위가 정해져 있다.

해 설 돈육선물은 만기일 이전에 반대매매를 통해 포지션을 청산할 수 있다.

43 금 현물가격이 50,000원/g이고 이자율이 6%이며 연간 보유비용이 1,200원/g이다. 편의수익을 2%로 가정하는 경우에 6개월 이론선물가격은 얼마인가?

① 49,800원/g ② 50,400원/g
③ 50,800원/g ④ 51,200원/g

해 설 이론선물가격 = 현물가격[1+(이자율−편의수익)×기간]−보관비용×기간
= 50,000[1+(0.06−0.02)×6/12]−1,200×6/12 = 50,400원

44 현재 금가격은 46,000원/g이고, 선물가격은 46,500원/g이다. 금은방업자가 향후 금 가격상승 위험을 회피하기 위해 금선물을 매입하였다. 구매시점인 1개월 후 금 가격이 47,000원/g, 선물가격이 48,000원/g으로 상승한 경우에 순매입가격은?

① 45,500원/g ② 46,500원/g
③ 47,500원/g ④ 48,500원/g

해 설 순매입가격 = 매입가격−헤지거래 이익 = 47,000−1,500 = 45,500원

45 다음 중 상품선물의 헤지거래에 대한 설명으로 옳지 않은 것은?

① 위험최소화 헤지비율(h)은 회구방정식의 β를 말한다. ($\Delta S=\alpha+\beta\Delta F$)
② 금 100kg 보유자는 헤지비율이 0.5인 경우 금선물 50계약을 매입한다.
③ 양돈업자는 돈육선물을 매도하여 가격하한선을 확정한다.
④ 현물과 선물의 상관계수가 1인 경우에는 베이시스위험이 없다.

해 설 금 보유자는 금가격의 하락위험을 회피하기 위해 금선물을 매도한다.

46 금가격의 상승을 예상한 투기거래자가 금선물 10계약을 50,000원/g에 매입하였다. 1개월 후 48,000원/g에 반대거래를 했을 경우에 거래손익은 얼마인가?

① 20,000원 이익 ② 20,000원 손실
③ 20백만원 이익 ④ 20백만원 손실

해 설 거래손익 = (48,000−50,000)×1,000g×10계약 = 20백만원 손실

연습문제

47 돈육가격의 폭락을 예상한 투기거래자가 돈육선물 100계약을 4,000원/kg에 매도하였다. 1개월 후 3,900원/g에 반대거래를 했을 경우에 거래손익은 얼마인가?

① 50,000원 이익　② 50,000원 손실
③ 1백만원 이익　④ 1백만원 손실

해설 거래손익 = (4,000−3,900)×1,000g×10계약 = 1백만원 이익

48 현재 금가격이 46,000원/g이고, 금선물의 이론가격이 46,300원/g이다. 금선물의 가격이 46,500원/g일 때 베이시스는 얼마인가?

① +300　② −300　③ +500　④ −500

해설 상품선물 베이시스 = 현물가격−선물가격 = 46,000−46,500 = −500

49 다음 중 금선물 헤지거래로 적절하지 않은 것은?

① 판매예정인 금 도매업자가 금선물을 매도하고 가격을 확정시키는 경우
② 판매예정인 금 도매업자가 풋옵션을 매입하고 가격의 하한을 확정시키는 경우
③ 구매예정인 금 세공업자가 금선물을 매입하고 가격을 확정시키는 경우
④ 구매예정인 금 세공업자가 콜옵션을 매도하고 가격의 상한을 확정시키는 경우

해설 구매예정인 금 세공업자가 콜옵션을 매입하고 가격의 상한을 확정시키는 경우

50 투자자 홍길동은 6개월 후 금을 매입해야 한다. 금가격의 변동위험을 헤지하기 위해 금선물거래를 이용할 예정이다. 현재 금의 현물가격은 10,000원/g, CD금리는 연 20%(6개월에 10%), 연간 보험료가 700원/g이라고 한다. 보험료는 초기에 지급하며, 보관료는 만기에 지급한다고 할 때 금선물의 1g당 이론가격은 얼마인가?

① 11,350원　② 11,375원　③ 11,600원　④ 11,625원

해설 선물가격 = 현물가격+보유비용 = 10,000+[10,000+(500×0.5)]×10%+500×0.5+700×0.5 = 11,625원/g

정답

01.①	02.①	03.③	04.③	05.②	06.③	07.④	08.②	09.③	10.④
11.④	12.④	13.②	14.③	15.④	16.②	17.①	18.④	19.③	20.②
21.④	22.①	23.④	24.②	25.③	26.②	27.①	28.①	29.②	30.②
31.④	32.①	33.①	34.④	35.①	36.③	37.③	38.③	39.③	40.②
41.④	42.①	43.②	44.①	45.②	46.④	47.③	48.④	49.④	50.④

16 옵션거래

옵션은 현물이나 선물과 달리 다양한 결합이 가능하여 독특한 투자전략을 구사할 수 있고 선도거래나 선물거래와 차이가 있다. 옵션은 소유자에게 어떤 행동을 할 수 있는 권리를 부여하나, 소유자가 그 권리를 반드시 행사할 필요는 없다. 반면에 선도거래나 선물거래에서 거래당사자들은 어떤 행동을 해야 할 의무를 갖는다.

제 1 절 옵션거래의 개요

1 옵션거래의 개념

옵션(option)은 미래의 특정시점 또는 그 이전에 미리 정해진 가격으로 옵션거래의 대상인 특정자산을 매입하거나 매도할 수 있는 권리가 부여된 증권을 말한다. 여기서 미래의 특정시점은 옵션의 만기일을 말하고 미리 정해진 가격을 행사가격이라고 하며, 특정자산은 기초자산을 의미한다.

① 기초자산

권리를 행사하여 매입하거나 매도할 수 있는 옵션거래의 대상이 되는 특정자산을 기초자산(underlying asset)이라고 한다. 옵션의 기초자산이 일반상품이면 상품옵션이라고 하고, 기초자산이 금융상품이면 금융옵션이라고 한다.

② 만기일

옵션은 권리를 행사할 수 있는 만기가 정해져 있다. 옵션에 부여되어 있는 권리를 행사할 수 있는 마지막 날을 만기일(maturity)이라고 하고, 만기일까지의 기간을 만기라고 한다. 따라서 옵션매입자가 만기일까지 권리를 행사하지 않으면 옵션매도자의 의무는 자동으로 소멸된다.

③ 행사가격

옵션은 권리를 행사하여 기초자산을 매입 또는 매도할 수 있는 가격이 현재시점에서 정해져 있는데, 이를 행사가격(exercise price)이라고 한다. 그리고 행사가격은 기초자산의 시장가격을 기준으로 설정한다.

④ 옵션가격

옵션은 옵션매도자가 옵션매입자에게 선택할 수 있는 권리를 부여한다. 따라서 옵션매입자가 선택권을 갖는 대가로 옵션매도자에게 지불하는 금액을 옵션가격 또는 옵션프리미엄(option premium)이라고 한다.

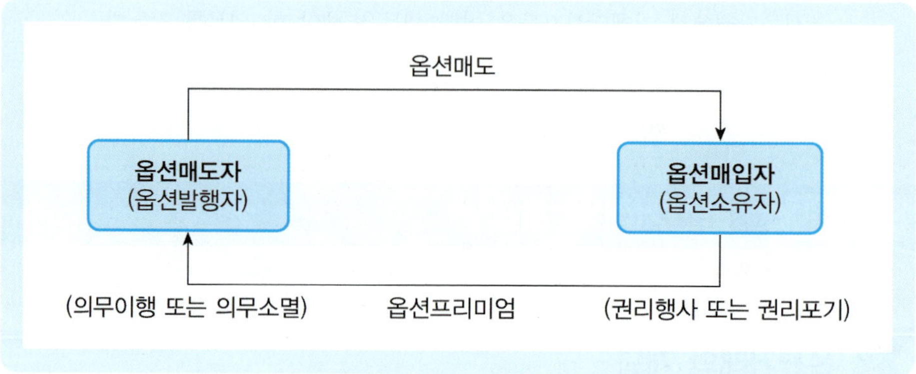

【 그림 16-1 옵션거래의 구조 】

2 옵션거래의 특징

(1) 옵션거래자

① 옵션매도자(option seller)

옵션을 매도한 사람으로 옵션매입자로부터 옵션프리미엄을 지급받는 대신 매입자가 권리를 행사하면 의무를 이행해야 하며 옵션발행자(option writer)라고도 한다. 즉 콜옵션매입자가 권리를 행사하면 기초자산을 행사가격에 매도해야 하고 풋옵션매입자가 권리를 행사하면 기초자산을 행사가격에 매입해야 한다.

② 옵션매입자(option buyer)

옵션을 매입한 사람으로 옵션매도자에게 옵션프리미엄을 지불하는 대신에 행사가격으로 기초자산을 매입하거나 매도할 수 있는 권리를 소유하여 옵션소유자(option holder)라고도 한다. 즉, 기초자산의 가격과 행사가격을 비교하여 유리한 경우에는 권리를 행사하고, 불리한 경우에는 권리의 행사를 포기할 수 있다.

(2) 옵션거래의 청산

옵션거래는 옵션매입자가 권리를 행사하고 옵션매도자가 의무를 이행하는 경우, 옵션매입자가 권리행사를 포기하는 경우, 만기일 이전에 반대매매에 의해 옵션거래를 청산하는 경우 권리와 의무관계가 소멸된다.[1)]

(3) 조건부청구권

옵션의 행사가격과 만기일은 사전에 정해져 있다. 따라서 옵션은 기초자산의 가격에 의해 옵션의 가치가 결정되고 옵션매입자의 권리의 행사여부가 결정되는 조건부청구권(contingent claim)에 해당된다.

(4) 비대칭 손익구조

현물거래와 선물거래는 가격이 상승하거나 하락할 경우에 동일한 크기로 손익이 발생하여 대칭적인 손익구조를 갖는 반면에 옵션거래는 서로 다른 크기로 손익이 발생하여 비대칭적인 손익구조를 갖는다.

(5) 제로섬게임

옵션거래는 선물거래와 마찬가지로 거래당사자 중 어느 한 쪽이 이익을 얻게 되면 다른 한 쪽은 그 만큼의 손실을 보게 된다. 따라서 옵션은 거래당사자의 손익을 합하면 항상 0이 되는 영합게임(zero sum game)이라고 할 수 있다.

(6) 가치소모성자산

옵션가격은 내재가치와 시간가치로 구성된다. 시간가치는 만기일까지 잔존기간이 길수록 크지만 만기일에 근접할수록 감소하다가 만기일에는 시간가치가 소멸하기 때문에 소모성자산(decaying asset)이라고 할 수 있다.

---

1) 선도, 선물, 스왑은 거래당사자 모두에게 권리와 의무를 부여하지만 옵션은 매입자에게 권리만 부여하고 의무는 부여하지 않는다는 점에서 차이가 있다.

(7) 기초자산 발행기업과 무관

옵션거래는 기초자산을 발행하는 기업과 관계없이 투자자 상호간에 이루어지는 거래이다. 따라서 기초자산을 발행한 기업의 기업가치나 기초자산의 가격에 직접적으로 영향을 미치지 않는다.

3 옵션거래의 종류

옵션거래의 종류는 권리의 내용에 따라 콜옵션과 풋옵션, 권리의 행사시기에 따라 유럽형옵션과 미국형옵션, 기초자산의 종류에 따라 상품옵션과 금융옵션, 기초자산의 내용에 따라 현물옵션과 선물옵션, 그리고 거래되는 장소에 따라 장내옵션과 장외옵션으로 구분할 수 있다.

(1) 권리의 내용

콜옵션(call option)은 옵션의 거래대상인 기초자산을 행사가격으로 매입할 수 있는 권리가 부여된 옵션을 말한다. 풋옵션(put option)은 옵션의 거래대상인 기초자산을 행사가격으로 매도할 수 있는 권리가 부여된 옵션을 말한다.

(2) 권리의 행사시기

유럽형옵션(European option)은 옵션의 만기일에만 권리를 행사할 수 있는 옵션을 말한다. 반면에 미국형옵션(American option)은 만기일은 물론이고 만기일 이전에 언제든지 권리를 행사할 수 있는 옵션을 말하며, 권리의 행사기회가 유럽형옵션보다 많아 다른 조건이 동일하면 유럽형옵션의 가격보다 높게 형성된다.

(3) 기초자산의 종류

옵션거래의 대상이 되는 기초자산이 농축산물, 금속, 에너지와 같은 일반상품이면 상품옵션(commodity option)이라고 하고, 기초자산이 주식, 주가지수, 통화, 금리와 같은 금융상품이면 금융옵션(financial option)이라고 한다.

① 주식옵션

주식옵션(stock option)은 상장기업의 개별주식을 기초자산으로 하는 옵션을 말한다. 우리나라 한국거래소(KRX)에서는 2005년 9월 26일 실물인수도방식의 주식옵션을 현금결제방식으로 전환하고 기초주식을 33개로 확대하여 투자자들이 주가변동위험을 효과적으로 관리할 수 있도록 하였다.

② 주가지수옵션

주가지수옵션(stock index option)은 주식시장의 전반적인 동향을 나타내는 주가지수를 구성하는 주식포트폴리오를 기초자산으로 하는 옵션을 말한다. 주가지수옵션은 권리가 행사되면 행사일의 최종지수와 행사가격의 차이를 현금으로 결제하며 1997년 7월부터 KOSPI 200지수옵션이 거래되고 있다.

③ 통화옵션

통화옵션(currency option)은 외국통화를 기초자산으로 하는 옵션으로 환위험을 관리하는 유용한 수단이다. 우리나라 한국거래소(KRX)에 상장되어 거래되고 있는 미국달러옵션은 기초자산이 미국달러이고 권리의 행사는 만기일에만 가능한 유럽형옵션이며 결제는 실물인수도방식으로 이루어진다.

④ 선물옵션

선물옵션(futures option)은 선물계약을 기초자산으로 하는 옵션을 말한다. 선물콜옵션의 매입자는 미래의 일정시점에 행사가격으로 특정선물계약을 매입할 수 있는 권리를 갖는다. 반면에 선물풋옵션의 매입자는 미래의 일정시점에 행사가격으로 특정선물계약을 매도할 수 있는 권리를 갖게 된다.

【 표 16-1 국내에서 거래되는 옵션의 비교 】

구 분	개별주식옵션	KOSPI 200옵션	미국달러옵션
기 초 자 산	보통주 33개 종목	KOSPI 200지수	미국달러화
권 리 행 사	유럽형옵션	유럽형옵션	유럽형옵션
옵 션 종 류	콜옵션과 풋옵션	콜옵션과 풋옵션	콜옵션과 풋옵션
거 래 단 위	옵션가격×10	10만원	US$10,000
상장결제월	4개 결제월	4개 결제월	4개 결제월
결 제 방 법	현금결제	현금결제	인수도결제
최종거래일	두 번째 목요일	두 번째 목요일	세 번째 월요일

4 옵션거래의 기능

옵션을 이용하면 손실의 위험이 제한되는 반면에 이익을 얻을 수 있는 레버리지효과는 크게 나타난다. 따라서 주식이나 채권과는 다른 투자수단을 제공하기 때문에 위험헤지와 투기수단으로 이용될 수 있다. 또한 위험을 한정시킬 수 있어 선물과 더불어 주식투자의 수단으로 활용되고 있다.

(1) 위험헤지의 기능

옵션은 기초자산의 가격변동위험을 회피하거나 축소시킬 수 있는 위험헤지의 수단으로 활용될 수 있다. 따라서 미래에 기초자산가격이 유리한 방향으로 변화하면 권리를 행사하여 이익을 얻게 되고, 불리한 방향으로 변화하면 권리의 행사를 포기하여 손실을 옵션가격으로 제한할 수 있다.

주가상승을 예상하여 주식을 매입한 투자자는 주가가 하락하면 손실을 보기 때문에 콜옵션을 매도하거나 풋옵션을 매입하면 손실을 축소할 수 있다. 주가하락을 예상하여 주식을 공매한 투자자는 예상과 달리 주가가 상승하면 손실을 보기 때문에 콜옵션을 매입하거나 풋옵션을 매도하면 손실을 축소할 수 있다.

(2) 레버리지의 기능

옵션은 기초자산에 비해 상대적으로 적은 투자비용으로 높은 투자수익률을 올릴 수 있는 레버리지의 수단으로 활용될 수 있다. 따라서 옵션을 이용하면 상대적으로 저렴한 옵션가격을 지불하고 주식투자의 효과를 달성할 수 있기 때문에 현물투자에 비해 손익변동률이 확대되는 레버리지효과가 발생한다.

콜옵션매입자는 주가가 상승하면 기초자산인 주식에 투자할 때보다 높은 투자수익을 올릴 수 있고 주가가 하락하면 콜옵션가격만큼의 손실을 부담한다. 또한 풋옵션매입자는 주가가 하락하면 기초자산인 주식에 투자할 때보다 높은 투자수익을 올릴 수 있고 주가가 상승하면 풋옵션가격만큼의 손실을 부담한다.

(3) 합성증권의 창출

옵션을 현물, 선물, 다른 옵션과 결합하여 투자하면 다양한 손익구조를 복제하거나 새로운 손익구조를 창출할 수 있다. 그리고 파생상품을 이용하여 기존의 금융상품을 요소별로 분해한 다음 분해된 요소들을 재결합하여 혁신적인 금융상품을 개발하는 분야를 금융공학(financial engineering)이라고 한다.

(4) 위험한정의 기능

옵션매입자는 기초자산의 가격이 불리하게 변동할 경우에는 권리의 행사를 포기할 수 있기 때문에 손실을 옵션가격으로 한정시킬 수 있다.

제 2 절 옵션의 만기가치

옵션은 조건부청구권이기 때문에 기초자산의 시장가격에 따라 옵션의 행사여부와 만기시점에서의 옵션가치가 결정된다. 기초자산이 주식이고 만기일에만 권리를 행사할 수 있는 유럽형옵션을 가정하며 만기일의 주가를 S_T, 행사가격을 E라고 하면 옵션의 만기가치는 기초자산의 시장가격에 따라 다음과 같이 달라진다.

1 콜옵션의 만기가치

(1) 콜옵션매입자

콜옵션은 만기일에 행사가격을 지불하고 기초주식을 살 수 있는 권리이기 때문에 콜옵션매입자는 만기일의 주가가 행사가격보다 높은 경우에는 콜옵션을 행사하여 S_T-E만큼의 이익을 실현할 수 있다. 그러나 만기일의 주가가 행사가격보다 낮은 경우에는 콜옵션을 행사하지 않을 것이므로 콜옵션의 가치는 0이 된다.

$$C_T = Max[S_T-E,\ 0] \tag{16.1}$$

(2) 콜옵션매도자

콜옵션매도자는 만기일의 주가가 행사가격보다 높은 경우 콜옵션매입자가 권리를 행사하면 기초주식을 시장가격보다 낮은 행사가격에 매도해야 하므로 $E-S_T$만큼의 손실을 보게 된다. 그러나 만기일의 주가가 행사가격보다 낮은 경우에는 콜옵션매입자가 권리를 행사하지 않을 것이므로 콜옵션의 가치는 0이 된다.

$$C_T = Min[E-S_T,\ 0] \tag{16.2}$$

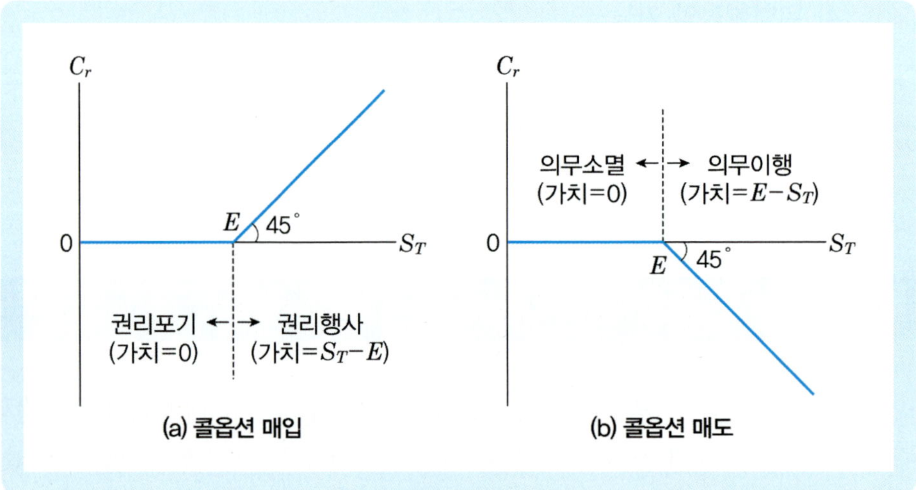

【 그림 16-2 콜옵션의 만기가치 】

2 풋옵션의 만기가치

(1) 풋옵션매입자

풋옵션은 만기일에 행사가격을 지불하고 기초주식을 팔 수 있는 권리이기 때문에 풋옵션매입자는 만기일의 주가가 행사가격보다 낮은 경우에는 풋옵션을 행사하여 $E-S_T$ 만큼의 이익을 실현할 수 있다. 그러나 만기일의 주가가 행사가격보다 높은 경우에는 풋옵션을 행사하지 않을 것이므로 풋옵션의 가치는 0이 된다.

$$P_T = \text{Max}[E-S_T,\ 0] \tag{16.3}$$

(2) 풋옵션매도자

풋옵션매도자는 만기일의 주가가 행사가격보다 낮은 경우 풋옵션매입자가 권리를 행사하면 기초주식을 시장가격보다 높은 행사가격에 매입해야 하므로 S_T-E만큼의 손실을 보게 된다. 그러나 만기일의 주가가 행사가격보다 높은 경우에는 풋옵션매입자가 권리를 행사하지 않을 것이므로 풋옵션의 가치는 0이 된다.

$$P_T = \text{Min}[S_T-E,\ 0] \tag{16.4}$$

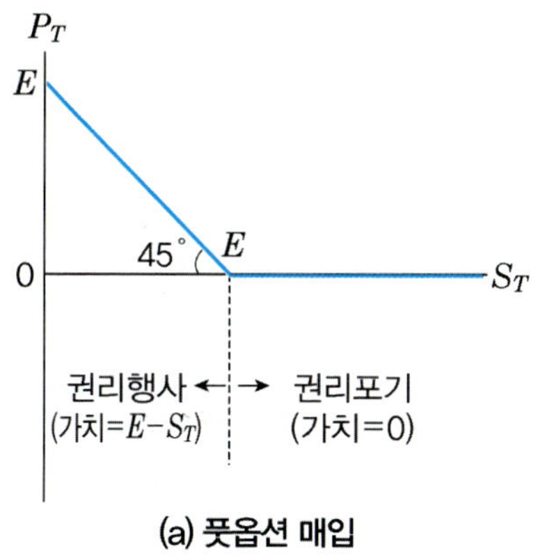

【 그림 16-3 풋옵션의 만기가치 】

예제 16-1 만기일의 옵션가치

건양기업 기업을 기초자산으로 하고 행사가격이 1,000원인 유럽형 콜옵션과 유럽형 풋옵션이 있다. 옵션만기일의 건양기업 주가가 각각 900원, 950원, 1,000원, 1,050원, 1,100원일 경우에 콜옵션매입자와 풋옵션매입자가 얻게 될 가치를 구하고, 이를 이용하여 옵션만기일의 주가와 옵션가치의 관계를 도시하라.

해설

만기일 주가(ST)	900원	950원	1,000원	1,050원	1,100원
콜옵션 매입[1]	0	0	0	50원	100원
풋옵션 매입[2]	100원	50원	0	0	0

1) S_T>1,000원이면 S_T−1,000원, S_T≤1,000원이면 0
2) S_T<1,000원이면 1,000원−S_T, S_T≥1,000원이면 0

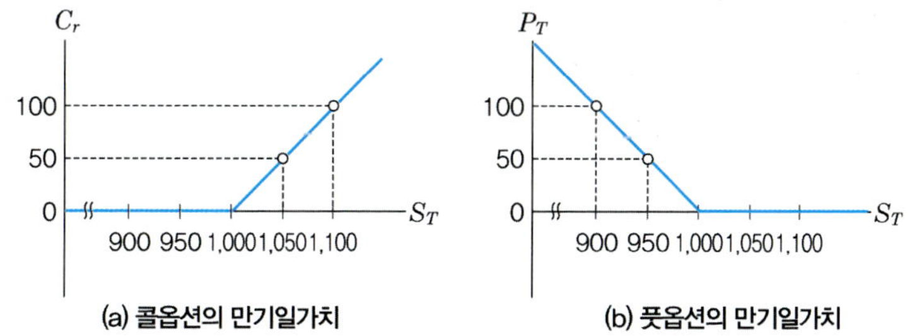

3 주식의 만기가치

주식거래는 매입가격과 공매가격을 기준으로 주식가격이 상승하거나 하락하는 만큼 이익과 손실이 발생하여 주가변화에 따른 손익의 변화는 정비례한다. 주식매입시 만기가치는 만기일의 주가와 동일한 반면에 주식공매시 만기가치는 만기일의 주가에 주식을 매입하여 상환해야 하므로 −만기일의 주가로 나타난다.

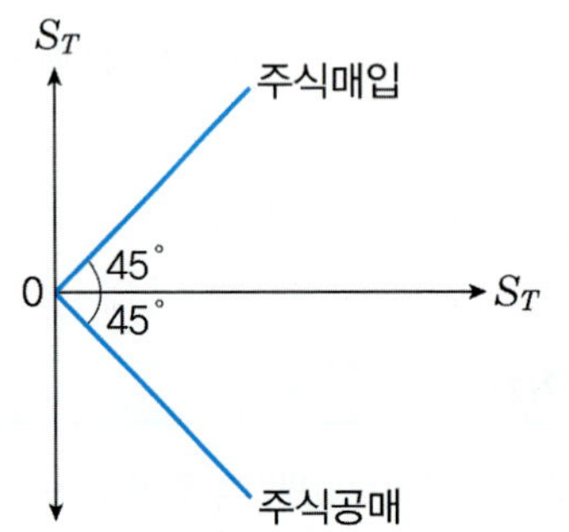

[그림 16-4 주식의 만기가치]

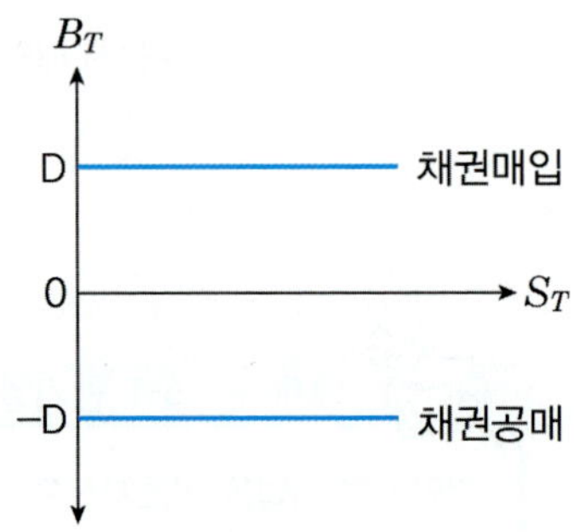

[그림 16-5 채권의 만기가치]

4 채권의 만기가치

채권거래는 발행주체의 채무불이행위험이 없는 한 미래의 주가변화에 관계없이 만기까지 약정이자를 수령하고 만기에는 원금을 회수할 수 있다. 채권을 매입하면 만기일에 액면가액을 회수하고, 채권을 발행하면 액면가액을 상환해야 하므로 채권의 만기가치는 주가변화에 관계없이 수평선으로 나타난다.

제 3 절 옵션의 투자전략

옵션은 다양한 결합이 가능하여 독특한 전략을 구사할 수 있다. 즉, 기초자산인 주식이나 다른 옵션, 선물과 결합하여 투자하면 다양한 형태의 투자성과를 가져다주는 포트폴리오를 구성할 수 있다. 옵션을 이용한 투자전략은 크게 순수포지션, 헤지포지션, 스프레드, 컴비네이션, 합성포지션으로 구분된다.

1 순수포지션

순수포지션(naked position)은 하나의 주식이나 옵션만을 매입하거나 매도하는 전략을 말하며 기본포지션(uncovered position)이라고도 한다. 만기가치는 주식거래나 옵션의 행사에 따른 수익의 개념이며, 여기에 현재시점에서 주고받는 대가를 고려하면 만기손익이 된다.

(1) 주식의 매입과 공매

주식의 매입과 공매에 따른 손익선은 대칭적인 손익구조를 갖기 때문에 손익의 크기는 주가가 상승하거나 하락하거나 동일한 크기로 변동한다.

① 주식의 매입

주식을 매입한 투자자는 만기일의 주가(S_T)가 현재의 주가(S)보다 상승하면 주가가 상승한 것만큼 이익을 얻고, 만기일의 주가가 현재의 주가보다 하락하면 주가가 하락한 것만큼 손실을 보게 된다. 따라서 주식을 매입한 매입자의 손익선은 주가와 정비례하는 45°선으로 나타난다.

② 주식의 공매

주식을 공매한 투자자는 만기일의 주가(S_T)가 현재의 주가(S)보다 하락하면 주가가 하락한 만큼 이익을 얻고, 만기일의 주가가 현재의 주가보다 상승하면 주가가 상승한 것만큼 손실을 보게 된다. 따라서 주식을 공매한 매도자의 손익선은 주가와 반비례하는 45°선으로 나타난다.

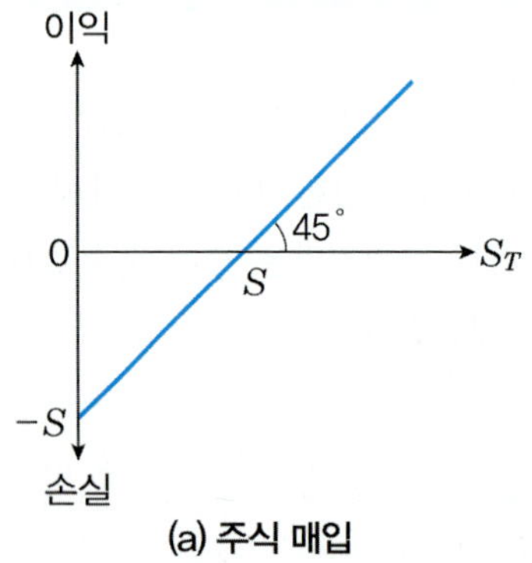

【 그림 16-6 주식거래의 손익 】

(2) 콜옵션의 매입과 매도

콜옵션매입은 옵션의 기초자산인 주식가격이 상승할 것으로 예상될 때, 콜옵션매도는 주식가격이 하락할 것으로 예상될 때 사용할 수 있는 투자전략이다. 따라서 콜옵션의 매입과 매도에 따른 손익은 만기시점에서의 콜옵션의 가치에 콜옵션프리미엄을 가산하거나 차감하여 구할 수 있다.

콜옵션매입자는 만기일의 주식가격이 행사가격과 콜옵션가격을 합한 가격 이상으로 상승해야 이익을 얻는다. 콜옵션매도자는 만기일의 주식가격이 행사가격 이하로 하락하면 콜옵션가격만큼 이익을 얻고 주가가 행사가격과 콜옵션가격을 합한 가격 이상으로 상승하면 무제한의 손실을 본다.

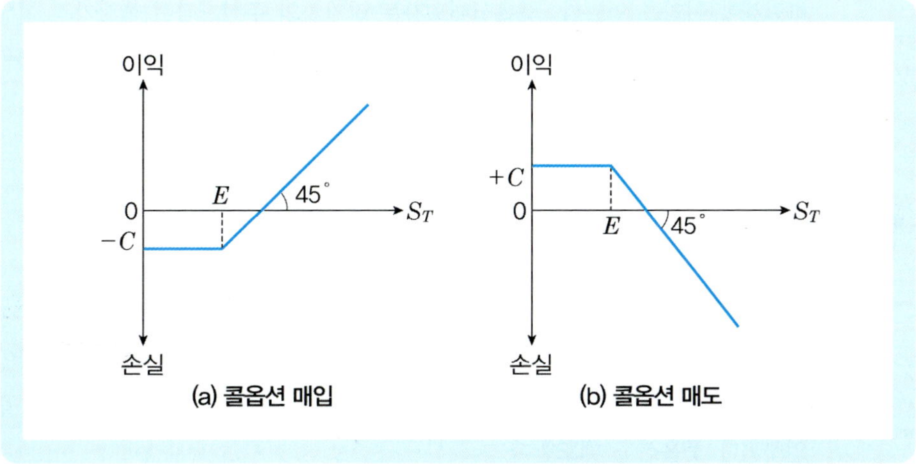

【 그림 16-7 콜옵션의 만기손익 】

(3) 풋옵션의 매입과 매도

풋옵션매입은 기초자산인 주식가격이 하락할 것으로 예상될 때, 풋옵션매도는 주식가격이 상승할 것으로 예상될 때 사용할 수 있는 투자전략이다. 따라서 풋옵션의 매입과 매도에 따른 손익은 만기시점에서의 풋옵션의 가치에 풋옵션프리미엄을 차감하거나 가산하여 구할 수 있다.

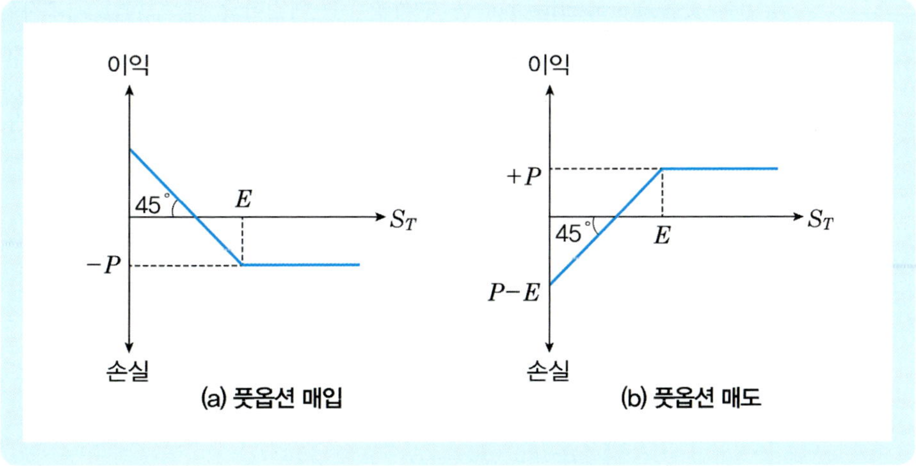

【 그림 16-8 풋옵션의 만기손익 】

풋옵션매입자는 만기일의 주식가격이 행사가격에서 풋옵션가격을 차감한 가격 이하로 하락해야 이익을 얻는다. 풋옵션매도자는 만기일의 주식가격이 행사가격 이상으로 상승하면 풋옵션가격만큼 이익을 얻고 주가가 행사가격에서 풋옵션가격을 차감한 가격 이하로 하락하면 무제한의 손실을 본다.

2 헤지포지션

헤지포지션(hedge position)은 주식과 옵션을 결합하여 주식의 손실을 옵션으로 보전하거나 옵션의 손실을 주식으로 보전하는 전략을 말한다. 따라서 주식을 매입하는 경우에는 콜옵션을 매도하거나 풋옵션을 매입하고, 주식을 공매하는 경우에는 콜옵션을 매입하거나 풋옵션을 매도한다.

(1) 커버된 콜 : 주식매입+콜옵션매도

커버된 콜옵션(covered call)은 주식을 1주 매입하고 그 주식을 기초자산으로 하며 현재주가를 행사가격으로 하는 콜옵션을 1개 매도하는 전략을 말한다. 주가가 상승할 경우에는 콜옵션매도의 손실을 주식매입의 이익으로 상쇄시켜 이익은 일정하지만 주가가 하락할 경우에는 손실을 축소할 수 있다.

(2) 방어적 풋 : 주식매입+풋옵션매입

방어적 풋옵션(protective put)은 주식을 1주 매입하고 그 주식을 기초자산으로 하며 현재주가를 행사가격으로 하는 풋옵션을 1개 매입하는 전략을 말한다. 주가가 상승할 경우에 이익은 시세에 편승하면서 주가가 하락할 경우에 손실은 일정한 하한선 이하로 내려가지 않게 하도록 제한할 수 있다.

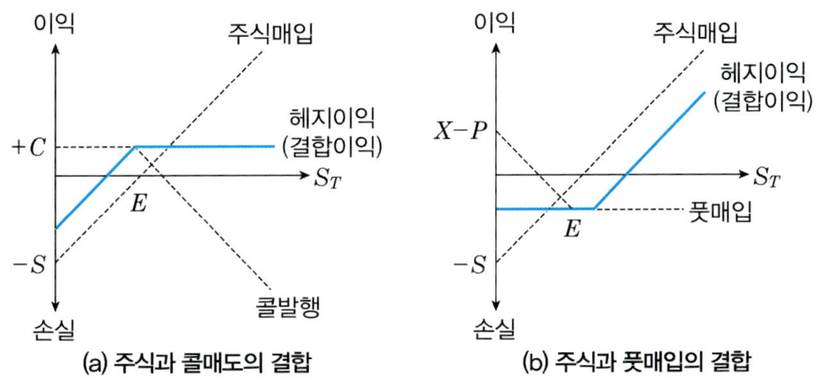

[그림 16-9 헤지포지션]

3 스프레드

스프레드(spread)는 기초자산이 동일한 종류의 옵션 중에서 행사가격과 만기일이 상이한 옵션을 하나는 매입하고 다른 하나는 매도하는 전략을 말한다. 즉, 스프레드는 두 개 이상의 콜옵션 또는 풋옵션을 결합시키는 전략으로 시장가격이 예상대로 변화할 경우에 이익을 얻지만 예상이 빗나가더라도 손실은 한정된다.

(1) 수직스프레드

수직스프레드(vertical spread)는 다른 조건은 같고 행사가격만 서로 다른 옵션을 하나는 매입하고 다른 하나는 매도하는 전략으로 가격스프레드(price spread)라고도 한다. 수직스프레드는 행사가격이 낮은 옵션과 높은 옵션 중에서 어떤 것을 매입 또는 매도하느냐에 따라 강세스프레드와 약세스프레드로 구분된다.

1) 강세스프레드

강세스프레드(bull spread)는 기초주식의 가격이 강세(bull market)를 보일 것으로 예상될 경우에 행사가격이 낮은 옵션은 매입하고 행사가격이 높은 옵션은 매도하는 전략을 말하며, 주가가 상승할 경우에 얻을 수 있는 이익과 주가가 하락할 경우에 발생하는 손실을 일정한 수준으로 한정시킨다.

① 강세콜스프레드

강세콜스프레드는 기초주식과 만기일이 동일한 두 가지 콜옵션 중에서 행사가격이 낮은 콜옵션은 매입하고, 행사가격이 높은 콜옵션은 매도하는 전략을 말한다. 따라서 만기일에 기초주식의 가격이 두 행사가격보다 하락하면 최대손실이 발생하고 두 행사가격보다 상승하면 최대이익이 발생한다.[2)]

② 강세풋스프레드

강세풋스프레드는 기초주식과 만기일이 동일한 두 가지 풋옵션 중에서 행사가격이 낮은 풋옵션은 매입하고, 행사가격이 높은 풋옵션은 매도하는 전략을 말한다. 따라서 만기일에 기초주식의 가격이 두 행사가격보다 상승하면 최대손실이 발생하고 두 행사가격보다 하락하면 최대이익이 발생한다.

2) 약세스프레드

약세스프레드(bear spread)는 기초주식의 가격이 약세(bear market)를 보일 것으로 예상될 경우 행사가격이 낮은 옵션은 매도하고 행사가격이 높은 옵션은 매입하는 전략을 말하며, 주가가 하락할 경우에 얻을 수 있는 이익과 주가가 상승할 경우에 발생하는 손실을 일정한 수준으로 한정시킨다.

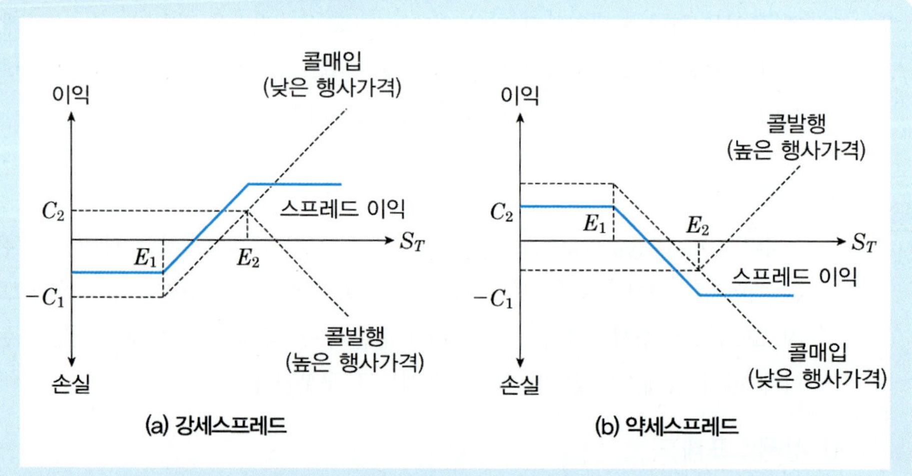

【 그림 16-10 수직스프레드 】

2) 강세콜스프레드는 행사가격이 낮은 콜옵션은 매입하고 행사가격이 높은 콜옵션은 매도하므로 행사가격이 높은 콜옵션의 프리미엄은 매입비용이 되고 행사가격이 낮은 콜옵션의 프리미엄은 매도수입이 된다.

① 약세콜스프레드

기초주식과 만기일이 동일한 두 가지 콜옵션 중에서 행사가격이 낮은 콜옵션은 매도하고 행사가격이 높은 콜옵션은 매입하는 전략을 말한다.

② 약세풋스프레드

기초주식과 만기일이 동일한 두 가지 풋옵션 중에서 행사가격이 낮은 풋옵션은 매도하고 행사가격이 높은 풋옵션은 매입하는 전략을 말한다.

(2) 수평스프레드

수평스프레드(horizontal spread)는 다른 조건은 같고 만기일만 서로 다른 옵션을 하나는 매입하고 다른 하나는 매도하는 전략으로 시간스프레드(time spread)라고도 한다. 즉, 옵션의 시간가치의 차이에 착안하여 기초자산인 주식가격이 행사가격 부근에서 크게 변동하지 않을 때 효과적인 전략이다.

1) 콜옵션의 경우

만기일까지 기간이 짧은 콜옵션은 매도하고 만기일까지 기간이 긴 콜옵션은 매입하여 수평스프레드를 만들면 기초주가가 단기콜옵션의 행사가격에 가까울수록 이익을 실현하고 기초주가가 매우 낮거나 높은 경우에 손실이 발생한다.

2) 풋옵션의 경우

만기일까지 기간이 짧은 풋옵션은 매도하고 만기일까지 기간이 긴 풋옵션은 매입하여 수평스프레드를 만들면 기초주가가 단기풋옵션의 행사가격에 가까울수록 이익을 실현하고 기초주가가 매우 낮거나 높은 경우에 손실이 발생한다.

(3) 나비형 스프레드

나비형 스프레드(butterfly spread)는 미래 기초주식의 가격이 세 개의 행사가격 중에서 중간의 행사가격과 일치할 것으로 예상될 경우 취하는 스프레드를 말하며 나비형 콜스프레드와 나비형 풋스프레드로 구분된다.

① 나비형 콜스프레드

나비형 콜스프레드는 기초주식과 만기일은 동일하지만 행사가격이 가장 낮은 콜옵션과 가장 높은 콜옵션은 한 개씩 매입하고 행사가격이 중간인 콜옵션은 두 개 매도하는 전략을 말한다. 기초자산인 주식가격이 비교적 좁은 범위내에서 변동할 경우에 이익을 얻을 수 있다.

② 나비형 풋스프레드

나비형 풋스프레드는 기초주식과 만기일은 동일하지만 행사가격이 가장 낮은 풋옵션과 가장 높은 풋옵션은 한 개씩 매입하고 행사가격이 중간인 풋옵션은 두 개 매도하는 전략을 말한다. 기초자산인 주식가격이 비교적 좁은 범위내에서 변동할 경우에 이익을 얻을 수 있다.

(4) 샌드위치형스프레드(sandwitch spread)

나비형스프레드와 반대로 행사가격이 가장 낮은 옵션과 가장 높은 옵션은 한 개씩 매도하고 행사가격이 중간인 옵션은 두 개 매입하는 전략으로 주가가 가장 낮은 행사가격과 가장 높은 행사가격의 범위를 벗어나서 크게 변동할 경우에 유리하며 역나비형스프레드(reverse butterfly spread)라고도 한다.

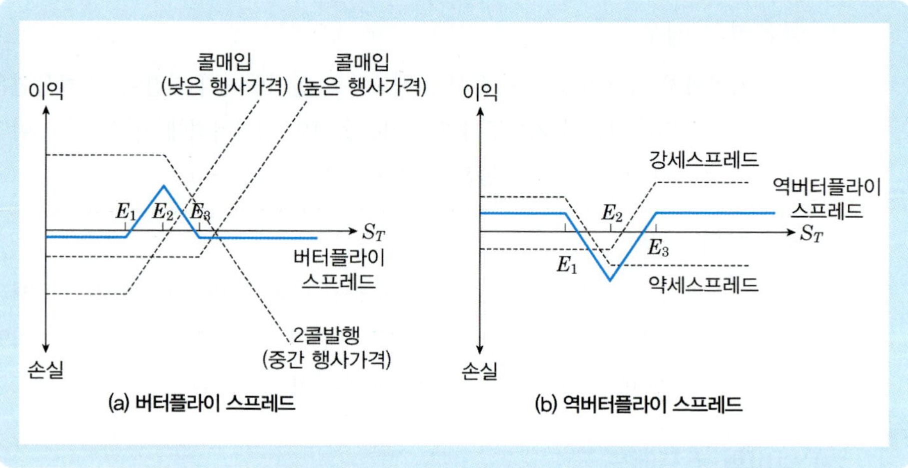

[그림 16-11 나비형스프레드]

4 콤비네이션

콤비네이션(combination)은 기초자산이 동일한 콜옵션과 풋옵션을 동시에 매입하거나 매도하는 전략을 말한다. 스프레드가 동일한 종류의 옵션을 결합하는 반면에 콤비네이션은 상이한 종류의 옵션을 결합하는데 결합하는 방법에 따라 스트래들, 스트립, 스트랩, 스트랭글로 구분된다.

(1) 스트래들

스트래들(straddle)은 기초자산, 행사가격, 만기일이 동일한 콜옵션과 풋옵션을 동일한 비율로 동시에 매입하거나 매도하는 전략이다. 이는 주가의 변동이 매우 클 것으로 예상되지만 방향을 알 수 없을 때 유용하며 두 옵션을 동시에 매입하면 스트래들 매입, 동시에 매도하면 스트래들 매도라고 한다.

기초자산의 가격이 행사가격과 옵션프리미엄을 합한 가격보다 크게 변동할 것으로 예상이 되면 스트래들을 매입하고, 적게 변동할 것으로 예상이 되면 스트래들을 매도한다. 스트래들매입자(매도자)는 기초자산의 가격변동성이 높은(낮은) 경우에 이익을 얻기 때문에 변동성매입자(매도자)라고 한다.

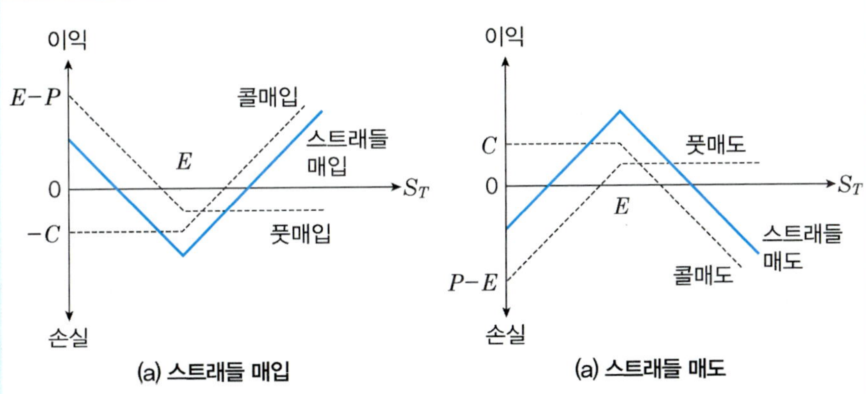

【 그림 16-12 스트래들 】

(2) 스트립과 스트랩

스트립과 스트랩은 기초주식, 행사가격, 만기일이 동일한 콜옵션과 풋옵션을 동시에 결합하면서 결합비율만 서로 다르게 하는 전략을 말하며 주가의 변동성이 높은 경우에 유용하다. 스트립(strip)은 콜옵션 한 개와 풋옵션 두 개를 결합하고, 스트랩(strap)은 콜옵션 두 개와 풋옵션 한 개를 결합한다.

(3) 스트랭글

스트랭글(strangle)은 기초주식과 만기일이 동일하지만 행사가격이 다른 콜옵션과 풋옵션을 한 개씩 또는 동일한 비율로 매입하거나 매도하는 전략을 말하며 콜옵션매입과 풋옵션매입의 결합은 스트랭글매입, 콜옵션매도와 풋옵션매도의 결합은 스트랭글매도라고 한다.

기초주가가 두 옵션의 행사가격과 프리미엄을 합한 가격보다 크게 변할 것으로 예상되면 스트랭글을 매입하고 적게 변화할 것으로 예상되면 스트랭글을 매도한다. 스트랭글매입자는 기초주가가 두 행사가격의 범위를 크게 벗어날 때 이익을 얻고 스트랭글매도자는 기초주가가 두 행사가격의 범위내에서 움직일 때 이익을 얻는다.

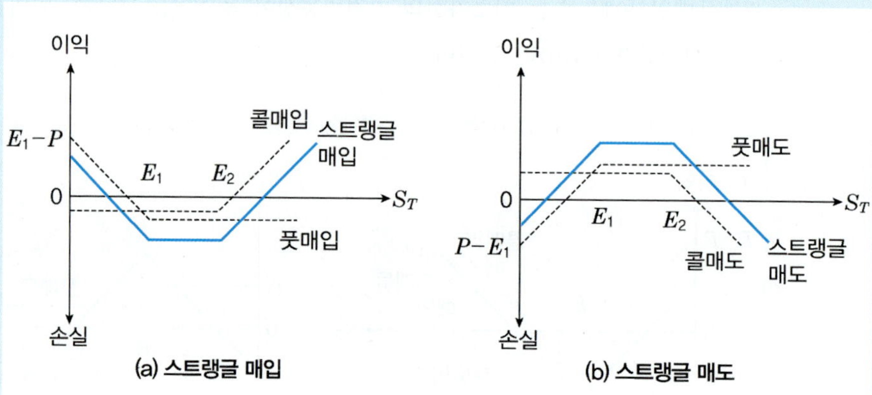

【 그림 16-13 스트랭글 】

5 옵션투자전략의 활용

옵션은 투자자에게 다양한 투자기회를 제공할 뿐만 아니라 옵션과 현물, 옵션과 선물, 옵션과 다른 옵션과의 결합 등을 통해 투자자들이 원하는 다양한 형태의 이익을 실현할 수 있는 투자전략을 구사할 수 있다. 옵션을 이용한 투자전략은 기초자산인 주가의 변동방향과 주가의 변동정도에 따라 다음과 같이 달라진다.

(1) 기초주식가격의 변동방향

① 주식가격에 대한 강세전략

기초주식의 가격이 상승할 경우에 이익을 얻을 수 있는 전략에는 콜옵션매입, 풋옵션매도, 강세스프레드 등이 있다.

② 주식가격에 대한 약세전략

기초주식의 가격이 하락할 경우에 이익을 얻을 수 있는 전략에는 콜옵션매도, 풋옵션매입, 약세스프레드 등이 있다.

(2) 기초주식가격의 변동정도

① 주가변동성에 대한 강세전략

기초주식의 가격변동성이 현재 수준에서 크게 변동할 경우에 이익을 얻을 수 있는 전략에는 샌드위치형스프레드, 스트래들매입, 스트랭글매입 등이 있다.

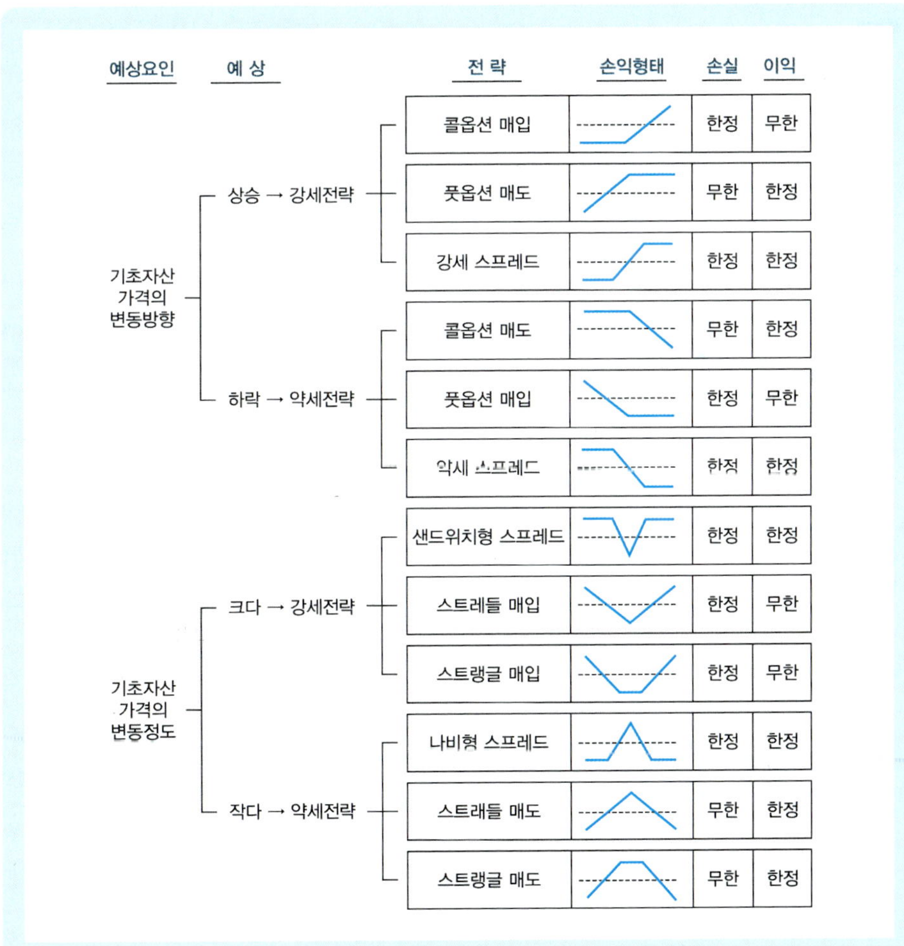

【 그림 16-14 옵션투자전략 】

② 주가변동성에 대한 약세전략

기초주식의 가격변동성이 현재 수준에서 작게 변동할 경우에 이익을 얻을 수 있는 전략에는 버터플라이스프레드, 스트래들매도, 스트랭글매도 등이 있다.

제 4 절 옵션가격결정의 개요

1 옵션가격의 결정요인

옵션은 정해진 조건에 따라 기초자산을 매입하거나 매도할 수 있는 권리이기 때문에 옵션의 가격은 기초자산의 특성과 옵션의 조건에 따라 달라진다. 구체적으로는 기초자산의 현재가격(S), 행사가격(E), 옵션의 만기(T), 기초자산의 분산(σ^2), 무위험이자율(R_f), 기초자산의 배당(D) 등이 옵션가격에 영향을 미친다.

$$C \text{ 또는 } P = f(S,\ E,\ T,\ \sigma^2,\ R_f,\ D) \tag{16.5}$$

(1) 콜옵션가격

옵션가격에 영향을 미치는 다른 요인이 일정하다는 가정하에서 옵션가격의 결정요인이 $S-E$의 값을 커지게 하는 방향으로 영향을 미치면 콜옵션가격은 상승한다. 즉 기초자산의 현재가격, 만기까지 잔존기간, 기초자산의 가격분산, 무위험이자율과는 정(+)의 관계에 있고 행사가격과 기초자산의 배당과는 부(−)의 관계에 있다.

(2) 풋옵션가격

옵션가격에 영향을 미치는 다른 요인이 일정하다는 가정하에서 옵션가격의 결정요인이 $E-S$의 값을 커지게 하는 방향으로 영향을 미치면 풋옵션가격은 상승한다. 즉, 행사가격, 만기까지 잔존기간, 기초자산의 가격분산, 기초자산의 배당과는 정(+)의 관계에 있고 기초자산의 현재가격, 무위험이자율과는 부(−)의 관계에 있다.

[표 16-2 옵션가격의 결정요인]

결정요인	콜옵션가격	풋옵션가격
기초자산의 현재가격↑	상승	하락
행사가격↑	하락	상승
만기까지 잔존기간↑	상승	상승
기초자산의 가격분산↑	상승	상승
무위험이자율↑	상승	하락
기초자산의 현금배당↑	하락	상승

2 옵션가격의 결정범위

옵션매입자는 권리를 보유하는 대신 옵션매도자에게 지불하는 권리에 대한 대가인 콜옵션가격과 풋옵션가격은 시장균형상태에서 상한과 하한의 일정한 범위에서 결정된다. 이러한 옵션가격의 범위는 차익거래에 의해 유도되며 콜옵션가격과 풋옵션가격간에도 차익거래의 원리에 따라 일정한 관계식이 성립한다.

(1) 콜옵션가격

옵션의 만기일까지 기초자산에 대해 배당이 지급되지 않는다고 가정하면, 콜옵션가격은 다음과 같은 특성을 갖는다.

① 콜옵션가격은 기초자산의 가격보다 클 수 없다. → $C \leq S$

콜옵션은 기초자산을 행사가격에 매입할 수 있는 권리이므로 콜옵션가격이 기초자산의 가격보다 클 수는 없다. 콜옵션가격이 기초자산의 가격보다 크면 콜옵션을 매도하고 기초자산을 매입하는 차익거래로 이익을 얻을 수 있다.

② 콜옵션가격은 0보다 크거나 같다. → $C \geq 0$

옵션은 유리한 경우에만 권리를 행사하고 불리한 경우에는 행사하지 않아도 되는 권리만 있을 뿐 의무는 없다. 따라서 행사가격을 지불하고 주식을 매입할 수 있는 권리행사에 대한 콜옵션가격은 어떠한 경우에도 0 이상의 가치를 갖는다.

③ 콜옵션가격은 기초자산의 가격에서 행사가격의 현재가치를 차감한 값보다 크거나 같다. → $C \geq S - PV(E)$

이상의 세 가지 조건에서 첫째는 콜옵션가격의 상한이고 둘째와 셋째는 콜옵션가격의 하한에 해당하기 때문에 콜옵션가격의 결정범위는 다음과 같다. 콜옵션가격은 기초자산인 주가의 증가함수이므로 우상향하는 곡선으로 나타난다.

$$\text{Max}[S-PV(E), 0 \leq C \leq S] \tag{16.6}$$

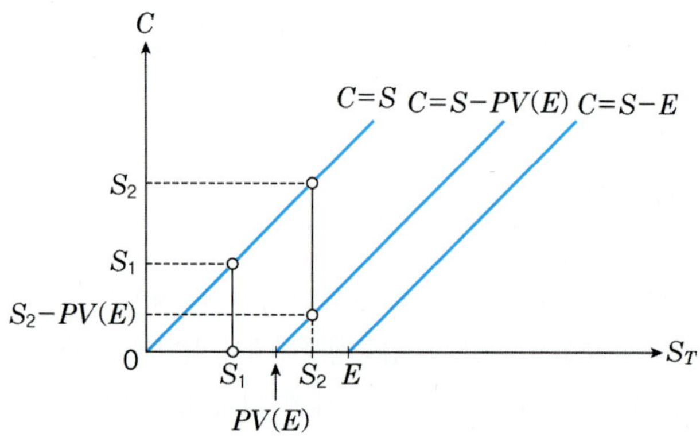

【 그림 16-15 콜옵션가격의 결정범위 】

예제>>> 16-2 콜옵션가격의 결정범위

강동기업의 현재 주가는 45,000원이고 이산복리 무위험이자율은 연 5%이다. 옵션시장에서 강동기업 주식을 기초자산으로 하고 행사가격이 42,000원이며 만기가 1년인 유럽형 콜옵션이 거래되고 있다고 가정하여 다음 물음에 답하시오.

1. 유럽형 콜옵션의 가격결정범위를 구하시오.
2. 유럽형 콜옵션가격이 3,000원일 경우 차익거래과정을 설명하시오.
3. 유럽형 콜옵션가격이 47,000원일 경우 차익거래과정을 설명하시오.

해설

1. 유럽형 콜옵션의 가격결정범위는 다음과 같이 제시할 수 있다.
   ① C ≤ S = 45,000원
   ② C ≥ Max[S−PV(E)] = $\text{Max}\left[45{,}000-\frac{42{,}000}{1.05}, 0\right] = 5{,}000$원
   ∴ 5,000원 ≤ C ≤ 45,000원
2. 유럽형 콜옵션가격 3,000원은 하한가격 5,000원보다 작으므로 콜옵션은 과소평가되고 S−PV(E)은 과대평가되어 있다. 따라서 과대평가된 S−PV(E)를 매도하고 과소평가된 콜옵션을 매입하면 현재시점에 2,000원의 이익을 얻을 수 있다.

거래	현재의 현금흐름	만기의 현금흐름	
		S_T>42,000	S_T<42,000
주식공매 무위험할인채매입 콜옵션매입	45,000 −40,000 −3,000	$-S_T$ 42,000 $S_T-42,000$	$-S_T$ 42,000 0
합계	2,000	0	$42,000-S_T>0$

3. 유럽형 콜옵션가격 47,000원은 기초주식의 현재가격 45,000원보다 클 수 없으므로 콜옵션은 과대평가되고 S−PV(E)은 과소평가되어 있다. 따라서 과대평가된 콜옵션을 매도하고 과소평가된 S−PV(E)를 매입하면 현재시점에서 2,000원의 이익을 얻을 수 있다.

거래	현재의 현금흐름	만기의 현금흐름	
		S_T>42,000	S_T<42,000
콜옵션매도 주식매입	47,000 −45,000	$-(S_T-42,000)$ S_T	0 S_T
합계	2,000	42,000	$S_T>0$

(2) 풋옵션가격

옵션의 만기일까지 기초자산에 대해 배당이 지급되지 않는다고 가정하면, 풋옵션가격은 다음과 같은 특성을 갖는다.

① **풋옵션가격은 행사가격의 현재가치보다 클 수 없다. → $P \leq PV(E)$**

풋옵션의 매입시 최대이익은 행사가격이므로 풋옵션가격은 행사가격을 무위험이자율로 할인한 현재가치보다 클 수 있다. 풋옵션가격이 행사가격의 현재가치보다 크면 풋옵션을 매도하고 무위험채권을 매입하는 차익거래로 이익이 발생한다.

② **풋옵션가격은 부(−)가 될 수 없다. → $P \geq 0$**

옵션은 유리한 경우에만 권리를 행사하고 불리한 경우에는 행사하지 않아도 되는 권리만 있을 뿐 의무는 없다. 따라서 행사가격을 지불하고 주식을 매도할 수 있는 권리행사에 대한 풋옵션가격은 어떠한 경우에도 0 이상의 가치를 갖는다.

③ **풋옵션가격은 행사가격의 현재가치에서 기초주식의 현재가격을 차감한 값보다 크다. → $P \geq PV(E)-S$**

이상의 세 가지 조건에서 첫째는 풋옵션가격의 상한이고 둘째와 셋째는 풋옵션가격의 하한에 해당하기 때문에 풋옵션가격의 결정범위는 다음과 같다. 풋옵션가격은 기초자산인 주가의 감소함수이므로 우상향하는 곡선으로 나타난다.

$$\text{Max}[\text{PV(E)}-\text{S},\ 0] \le \text{P} \le \text{PV(E)} \tag{16.7}$$

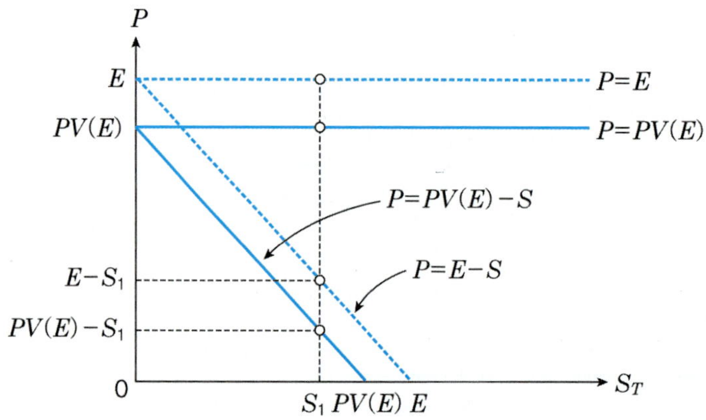

【 그림 16-16 풋옵션가격의 결정범위 】

예제 >>> 16-3 풋옵션가격의 결정범위

강서기업의 현재 주가는 37,000원이고 이산복리 무위험이자율은 연 5%이다. 옵션시장에서 강서기업 주식을 기초자산으로 하고 행사가격이 42,000원이며 만기가 1년인 유럽형 풋옵션이 거래되고 있다고 가정하여 다음 물음에 답하시오.

1. 유럽형 풋옵션의 가격결정범위를 구하시오.
2. 유럽형 풋옵션가격이 2,000원일 경우 차익거래과정을 설명하시오.
3. 유럽형 콜옵션가격이 42,000원일 경우 차익거래과정을 설명하시오.

해설

1. 유럽형 풋옵션의 가격결정범위는 다음과 같이 제시할 수 있다.

   ① $\text{P} \le \text{PV(E)} = \frac{42,000}{1.05} = 40,000$원

   ② $\text{P} \ge \text{Max}[\text{PV(E)}-\text{S},\ 0] = Max[\frac{42,000}{1.05}, 0] = 3,000$원

   ∴ 3,000원 ≤ C ≤ 40,000원

2. 유럽형 풋옵션가격 2,000원은 하한가격 3,000원보다 작으므로 풋옵션은 과소평가되고 PV(E)−S는 과대평가되어 있다. 따라서 과대평가된 PV(E)−S를 매도하고 과소평가된 풋옵션을 매입하면 현재시점에서 1,000원의 이익을 얻을 수 있다.

거래	현재의 현금흐름	만기의 현금흐름	
		S_T>42,000	S_T<42,000
무위험할인채공매 주식매입 풋옵션매입	40,000 −37,000 −2,000	−42,000 S_T 0	−42,000 S_T 42,000−S_T
합계	1,000	S_T−42,000	0

3. 유럽형 풋옵션가격 42,000원은 행사가격의 현재가치 40,000원보다 클 수 없으므로 풋옵션은 과대평가되고 PV(E)−S는 과소평가되어 있다. 따라서 과대평가된 풋옵션을 매도하고 과소평가된 무위험할인채를 매입하면 현재시점에서 2,000원의 이익을 얻을 수 있다.

거래	현재의 현금흐름	만기의 현금흐름	
		S_T>42,000	S_T<42,000
풋옵션매도 무위험할인채매입	42,000 −40,000	0 42,000	−(42,000−S_T) 42,000
합계	2,000	42,000	S_T>0

3 옵션가격의 구성요소

옵션은 미리 정해져 있는 조건에 따라 기초자산을 사거나 팔 수 있는 권리이므로 옵션가격은 옵션매입자가 계약이행의 선택권을 갖는 대가로 옵션매도자에게 지불하는 가격을 말하며 옵션프리미엄(option premium)이라고도 한다. 만기이전의 옵션가격은 내재가치와 외재가치로 구성된다.

(1) 내재가치(intrinsic value)

옵션의 내재가치는 옵션매입자가 지금 당장 옵션을 행사했을 경우에 발생하는 가치를 말한다. 내재가치는 기초자산의 가격과 행사가격을 비교하여 결정되며 행사가치(exercise value) 또는 경제적 가치(economic value)라고도 한다. 따라서 내재가치는 옵션이 가지고 있는 현재의 행사가치를 나타낸다.

콜옵션의 경우에는 현재주가가 행사가격보다 높은 내가격상태에 있으면 옵션을 행사하여 S−E만큼의 내재가치를 얻을 수 있다. 그러나 등가격상태나 외가격상태에 있으면 옵션을 행사하지 않을 것이므로 내재가치는 0이 된다. 따라서 콜옵션의 내재가치는 기초자산의 가격과 행사가격의 차이와 0 중에서 큰 값으로 측정한다.

$$\text{콜옵션의 내재가치} = \text{Max}[S-E,\ 0] \tag{16.8}$$

풋옵션의 경우에는 현재주가가 행사가격보다 낮은 내가격상태에 있으면 옵션을 행사하여 E-S만큼의 내재가치를 얻을 수 있다. 그러나 등가격상태나 외가격상태에 있으면 옵션을 행사하지 않을 것이므로 내재가치는 0이 된다. 따라서 풋옵션의 내재가치는 행사가격과 기초자산의 가격의 차이와 0 중에서 큰 값으로 측정한다.

$$\text{풋옵션의 내재가치} = \text{Max}[E-S,\ 0] \tag{16.9}$$

옵션은 기초자산의 현재가격과 행사가격을 비교하여 어느 위치에 있느냐에 따라 내가격옵션(ITM), 등가격옵션(ATM), 외가격옵션(OTM)으로 구분된다.

① **내가격(ITM : in the money)**

옵션을 행사하면 이익을 얻는 상태를 말한다. 콜옵션은 기초자산의 가격이 행사가격보다 높을 때, 풋옵션은 기초자산의 가격이 행사가격보다 낮을 때 내가격 상태가 된다.

② **등가격(ATM : at the money)**

옵션을 행사해도 손익이 발생하지 않는 상태를 말한다. 콜옵션과 풋옵션 모두 기초자산의 가격이 행사가격과 같을 때 등가격 상태가 된다.

③ **외가격(OTM : out of the money)**

옵션을 행사하면 손실을 입는 상태를 말한다. 콜옵션은 기초자산의 가격이 행사가격보다 낮을 때, 풋옵션은 기초자산의 가격이 행사가격보다 높을 때 외가격 상태가 된다.

【 표 16-3 옵션의 상태 】

구분	콜옵션	풋옵션
내가격(ITM)	기초자산가격(S) > 행사가격(E)	기초자산가격(S) < 행사가격(E)
등가격(ATM)	기초자산가격(S) = 행사가격(E)	기초자산가격(S) = 행사가격(E)
외가격(OTM)	기초자산가격(S) < 행사가격(E)	기초자산가격(S) > 행사가격(E)

(2) 외재가치(extrinsic value)

옵션의 외재가치는 옵션의 만기까지 잔존기간 동안 옵션이 유리한 방향으로 변동하여 옵션가치가 상승할 것이라고 예상하는 옵션매입자의 기대가 반영되어 있는 가치를 말하며 시간가치(time value)라고도 한다. 시간가치는 옵션가격에서 내재가치를 차감하여 다음과 같이 구할 수 있다.

$$\text{시간가치} = \text{옵션가격} - \text{내재가치} \quad (16.10)$$

콜옵션(풋옵션)의 내재가치는 주가가 상승(하락)할수록 증가하고 옵션의 시간가치는 콜옵션과 풋옵션에 관계없이 잔존만기가 길수록 증가한다. 옵션의 시간가치는 콜옵션과 풋옵션에 관계없이 등가격옵션(ATM)에서 가장 크고 내가격옵션(ITM)에서는 감소하는 반면 외가격옵션(OTM)에서는 내재가치는 없고 시간가치만 존재한다.

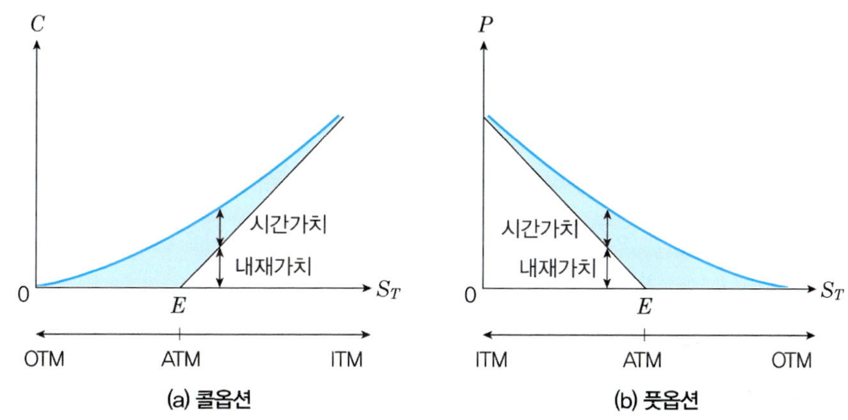

【 그림 16-17 옵션가격의 구성 】

예제 16-4 옵션가격의 구성

현재 옵션시장에는 강남기업 주식을 기초자산으로 하고 행사가격이 42,000원이며 만기가 1년인 유럽형 콜옵션과 풋옵션이 거래되고 있다. 이산복리 무위험이자율이 5%라고 가정하여 다음 물음에 답하시오.

1. 강남기업 주식의 현재가격이 45,000원이고 콜옵션가격이 5,000원일 경우 콜옵션의 내재가치와 시간가치를 구하시오.
2. 강남기업 주식의 현재가격이 37,000원이고 풋옵션가격이 6,000원일 경우 풋옵션의 내재가치와 시간가치를 구하시오.

해설

1. 콜옵션가격을 내재가치와 시간가치로 구분하면 다음과 같다.
   ① 내재가치 = Max[S−E, 0] = Max[45,000−42,000, 0] = 3,000원
   ② 시간가치 = 콜옵션가격−내재가치 = 5,000−3,000 = 2,000원
2. 풋옵션가격을 내재가치와 시간가치로 구분하면 다음과 같다.
   ① 내재가치 = Max[E−S, 0] = Max[42,000−37,000, 0] = 5,000원
   ② 시간가치 = 풋옵션가격−내재가치 = 6,000−5,000 = 1,000원

4 풋-콜 등가

(1) 풋-콜 등가의 정의

시장균형상태에서 기초자산, 행사가격, 만기일이 모두 동일한 콜옵션가격과 풋옵션가격은 일정한 등가관계를 갖는데, 이를 풋-콜 등가(put-call parity)라고 한다. 주식, 풋옵션 그리고 콜옵션을 이용하여 무위험헤지포트폴리오를 구성할 경우에 콜옵션가격과 풋옵션가격간의 등가관계를 말한다.

(2) 풋-콜 등가의 도출

주식 1주를 매입하고 이 주식을 기초자산으로 하는 풋옵션 1개를 매입하며 풋옵션과 행사가격 및 만기일이 동일한 콜옵션 1개를 매도하는 포트폴리오를 구성하면 옵션의 만기일에 포트폴리오가치는 만기일의 주가변동에 관계없이 행사가격 E로 항상 동일하게 유지되어 무위험헤지상태에 있게 된다.

【 표 16-4 무위험헤지포트폴리오의 구성 】

거 래	현재가치	만기가치	
		$S_T>E$	$S_T<E$
주 식 매 입	S	S_T	S_T
풋옵션매입	P	0	$E-S_T$
콜옵션매도	−C	$-(S_T-E)$	0
합계	S+P−C	E	E

무위험헤지포트폴리오를 구성한 투자자는 만기일의 주가변동에 관계없이 아무런 위험도 부담하지 않으므로 이러한 포트폴리오의 수익률은 시장균형상태에서 무위험이자율과 동일해야 한다. 즉, 무위험헤지포트폴리오의 현재가치(PV)는 포트폴리오의 만기가치(FV)를 무위험이자율로 할인한 현재가치와 동일해야 한다.

$$S+P-C=\frac{E}{(1+R_f)^T}=PV(E) \leftarrow PV=\frac{FV_T}{(1+r)^T} \tag{16.11}$$

그리고 무위험헤지포트폴리오의 만기일의 현금흐름(FV)은 현재의 투자금액(PV)을 무위험이자율로 투자한 결과와 동일해야 한다.

$$(S+P-C)(1+R)^T=E \leftarrow PV(1+r)^T=FV_T \tag{16.12}$$

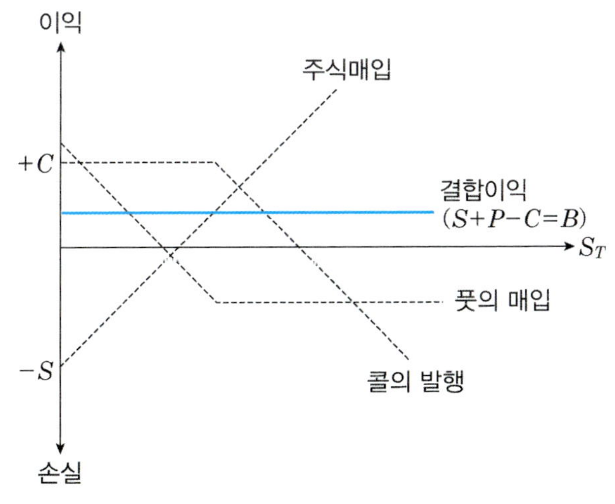

【 그림 18-18 무위험헤지포트폴리오 】

(3) 풋-콜 등가의 의미

시장균형상태에서 콜옵션가격과 풋옵션가격간의 균형관계를 나타내는 풋-콜 등가는 옵션가격을 결정하거나 옵션을 이용한 투자전략을 수립하는데 유용하게 사용되는 중요한 식이다. 풋-콜 등가에 의한 균형관계가 성립하지 않으면 차익거래가 발생하고 차익거래로 인해 풋-콜 등가가 성립하는 균형상태로 돌아간다.

첫째, 콜옵션가격과 풋옵션가격 중에서 어느 하나의 옵션가격을 알면 모든 조건이 동일한 다른 옵션의 가격은 풋-콜 등가를 이용하여 쉽게 구할 수 있다. 예컨대 콜옵션가격을 알고 있다면 콜옵션과 모든 조건이 동일한 풋옵션가격은 다음과 같이 구할 수 있다.

$$S+P-C=PV(E) \rightarrow P=C-S+PV(E) \qquad (16.13)$$

둘째, 무위험헤지포트폴리오의 수익은 액면가액이 E인 순수할인채를 매입한 것과 동일한 효과를 갖는다. 이러한 순수할인채의 현재가격을 B로 표시하면 다음과 같이 나타낼 수 있다.

$$PV(E)=S+P-C \rightarrow B=S+P-C \qquad (16.14)$$

셋째, 주식, 콜옵션, 풋옵션, 순수할인채를 적절히 결합하면 다양한 형태의 합성포지션(synthetic position)을 창출할 수 있다. 따라서 풋-콜 등가를 통해서 등가격옵션(ATM)의 경우 콜옵션가격은 풋옵션가격보다 행사가격에 대한 화폐의 시간가치만큼 높다는 것을 알 수 있다.

【 표 16-5 합성포지션 】

합성포지션	풋-콜 등가(+는 매입, -는 매도)
합 성 주 식	S=C-P+PV(E)
합 성 풋	P=C-S+PV(E)
합 성 콜	C=S+P-PV(E)
합 성 할 인 채	PV(E)=S+P-C
합성커버된 콜	S-C=-P+PV(E)
합성보호적 풋	S+P=C+PV(E)

예제 16-5 풋-콜 등가와 차익거래

건양기업의 현재 주가는 $21,000$원이고 이 주식을 기초자산으로 하고 행사가격이 $22,000$원이며 만기까지 1년 남아있는 콜옵션가격은 $2,000$원이다. 이산복리무위험이자율이 10%라고 가정하여 다음 물음에 답하시오.

1. 시장균형상태에서 위의 콜옵션과 조건이 동일한 풋옵션의 가격을 구하시오.
2. 위의 풋옵션이 시장에서 1,300원에 거래될 경우에 차익거래과정을 설명하시오.
3. 위의 풋옵션이 시장에서 700원에 거래될 경우에 차익거래과정을 설명하시오.

해설

1. 시장균형상태에서 풋옵션가격은 풋–콜 등가를 이용하여 구할 수 있다.

$$P = C - S + \frac{E}{(1+R_f)^T} = 2,000 - 21,000 + \frac{22,000}{1.1} = 1,000\text{원}$$

2. $P > C-S+PV(E)$: 풋옵션의 실제가격 1,300원은 균형가격 1,000원보다 비싸게 거래되고 있다. 따라서 과대평가된 풋옵션은 매도하고 과소평가된 C−S+PV(E)를 매입 즉 콜옵션매입, 주식공매, 무위험채권매입하면 300원의 이익을 얻을 수 있다.

거래	현재의 현금흐름	미래의 현금흐름	
		$S_T>E$	$S_T<E$
풋옵션매도	1,300	0	$-(22,000-S_T)$
콜옵션매입	−2,000	$S_T-22,000$	0
주식공매	21,000	$-S_T$	$-S_T$
무위험할인채매입	−20,000	22,000	22,000
합계	300	0	0

3. $P < C-S+PV(E)$: 풋옵션의 실제가격 700원은 균형가격 1,000원보다 싸게 거래되고 있다. 따라서 과소평가된 풋옵션은 매입하고 과대평가된 C−S+PV(E)를 매도 즉 콜옵션매도, 주식매입, 무위험채권매도하면 300원의 이익을 얻을 수 있다.

거래	현재의 현금흐름	미래의 현금흐름	
		$S_T>E$	$S_T<E$
콜옵션매도	2,000	$-(S_T-22,000)$	0
주식매도	−21,000	S_T	S_T
무위험할인채매도	20,000	−22,000	−22,000
풋옵션매입	−700	0	$22,000-S_T$
합계	300	0	0

제 5 절 옵션가격결정모형

옵션가격결정모형에는 기초자산의 가격변동이 이항분포를 따른다고 가정하는 이항옵션가격결정모형과 기초자산의 가격변동이 위너과정을 따른다고 가정하는 블랙-숄즈옵션가격결정모형이 있다. 본 절에서는 두 가지 모형을 이용해 옵션만기일까지 배당지급이 없는 주식을 기초자산으로 하는 유럽형 옵션에 대해 살펴본다.

1 이항옵션가격결정모형

이항옵션가격결정모형(BOPM)은 주식과 옵션을 적절한 비율로 결합하여 투자하면 주가변동위험을 완전히 제거할 수 있는 무위험헤지포트폴리오를 구성할 수 있으며 무위험헤지포트폴리오의 수익률은 시장균형상태에서 무위험이자율과 동일해야 한다는 논리를 이용하여 옵션의 균형가격을 도출한다.

(1) 가정

이항옵션가격결정모형은 기초자산의 가격이 이산적으로 변하며, 기초자산의 가격이 이항분포를 따른다고 가정한다.

첫째, 기초자산의 가격변동이 매기 일정비율 상승 또는 하락하는 이항분포를 따르며 상승확률(q)과 하락확률($1-q$)은 일정하다.

둘째, 주식시장과 옵션시장은 거래비용과 세금이 없는 완전자본시장이며 차익거래기회가 존재하지 않는 시장균형상태에 있다.

(2) 콜옵션의 가격결정

1) 1기간모형

① 주식가격의 변화

옵션의 기초자산인 주가는 상승하거나 하락하는데 현재 주가를 S, 1기간 동안의 (1+주가상승률)을 u, (1+주가하락률)을 d라고 하면 1기간 후의 주가는 q의 확률로 uS, 1−q의 확률로 dS가 되며 u를 주가상승계수, d를 주가하락계수라고 한다.

② 콜옵션가치의 변화

기초자산이 주식이고 만기가 1기간이며 행사가격이 E인 경우 콜옵션의 가치는 주가가 상승하면 만기일의 주가가 uS가 되어 콜옵션의 가치(C_u)는 Max[uS−E, 0]이 된다. 그러나 주가가 하락하면 만기일의 주가가 dS가 되어 콜옵션의 가치(C_d)는 Max[dS−E, 0]이 된다.

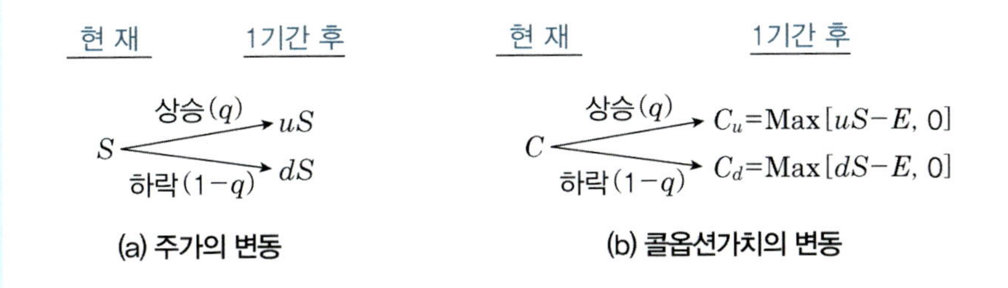

【 그림 16-19 주식가격과 콜옵션가치의 변화 】

③ 무위험헤지포트폴리오

주식과 콜옵션을 적절한 비율로 결합하여 투자하면 만기일의 주가변화에 관계없이 일정한 가치를 갖는 무위험헤지포트폴리오를 구성할 수 있다. 이때 주식 1주를 매입하고 콜옵션을 m개 매도한 포트폴리오의 현재가치는 S−mC가 되며 1기간 후의 가치는 [그림 16−20]과 같이 변화할 것이다.

이 포트폴리오가 무위험헤지포트폴리오가 되기 위해서는 주가의 상승 및 하락에 관계없이 만기일의 포트폴리오가치가 동일해야 한다. 따라서 무위험헤지포트폴리오를 구성하기 위해 매도해야 하는 콜옵션의 수는 다음과 같이 구할 수 있으며, 이를 헤지비율(hedge ratio)이라고 한다[3].

3) 헤지비율은 콜옵션 1개를 매도할 때 매입해야 하는 주식수로 정의하기도 하는데, 이때의 헤지비율은 m의 역수가 된다. 즉 콜옵션을 1개 매도하고 주식을 h주 매입하여 무위험헤지포트폴리오를 구성할 때 현재가치는 $hS-C$, 1기간 후에 주가상승시의 가치는 $uhS-C_u$, 주가하락시의 가치는 $dhS-C_d$가 된다.

$$uhS-C_u=dhS-C_d \rightarrow h=\frac{C_u-C_d}{uS-dS}=\frac{1}{m}$$

$$uS - mC_u = dS - mC_d \rightarrow m = \frac{uS - dS}{C_u - C_d} \tag{16.15}$$

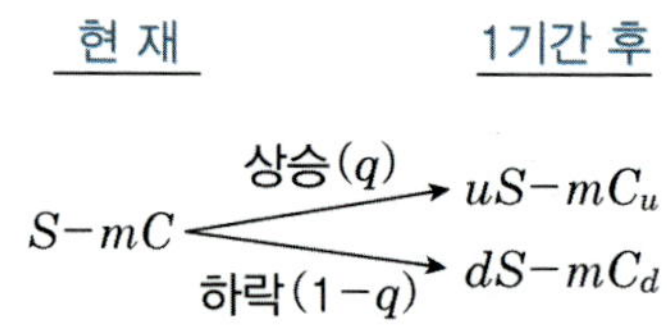

[그림 16-20 무위험헤지포트폴리오의 가치변화]

④ 콜옵션가격의 도출

시장균형상태에서 무위험헤지포트폴리오의 수익률은 무위험이자율과 같아야 하기 때문에 1기간 동안의 무위험이자율을 R_f, $(1+R_f)$를 r이라고 가정하면 다음의 관계가 성립해야 한다.

$$(S - mC)r = uS - mC_u = dS - mC_d \tag{16.16}$$

식(16.16)을 C에 대해 정리하면 콜옵션의 균형가격은 다음과 같이 구할 수 있다.

$$C = \frac{S(r-u) + mC_u}{mr} = \frac{S(r-d) + mC_d}{mr} \tag{16.17}$$

식(16.17)에 m을 대입하여 정리하면 콜옵션의 균형가격은 다음과 같이 구할 수도 있다.

$$C = \frac{\left(\frac{r-d}{u-d}\right)C_u + \left(\frac{u-r}{u-d}\right)C_d}{(1+r)} = \frac{PC_u + (1-P)C_d}{(1+r)} \tag{16.18}$$

⑤ 헤지확률

헤지확률(hedge probability)은 0과 1 사이의 값을 갖게 되어 확률과 유사하며[4] 현물주

---

4) 투자자들은 r>u>d라면 위험자산(주식)에 투자하지 않을 것이고, u>d>r라면 무위험자산(채권)에 투자

식을 보유한 투자자가 위험을 헤지하는 확률을 말한다. 또한 주식 또는 옵션의 기대수익률이 무위험이자율과 동일하게 만들어주는 주가의 상승확률을 의미하며 주가자체의 상승확률(q)과는 다른 값이다.

⑥ 위험중립적 접근방법

위험중립형 투자자들은 위험에 대한 보상을 요구하지 않기 때문에 주식 또는 옵션에 대한 기대수익률은 무위험이자율과 동일해야 한다. 여기서 주식투자자의 기대수익률을 무위험이자율과 동일하도록 하는 상황의 발생확률을 P와 1−P라고 하면 다음의 관계가 성립한다.

$$Pu + (1-P)d = r \;\rightarrow\; P = \frac{r-d}{u-d} \qquad (16.19)$$

식(16.19)에서 주식의 기대수익률이 무위험이자율과 같아지도록 하는 주가의 상승확률은 헤지확률(hedgel probability)과 동일함을 알 수 있다. 그리고 헤지확률은 위험중립형 투자자들이 사용하는 확률이라는 의미에서 위험중립확률(risk neutral probability)이라고도 한다.

따라서 콜옵션의 균형가격은 각 상황에서의 확률을 헤지확률 또는 위험중립확률인 P와 1−P로 해서 구한 만기일(1기간 후)의 콜옵션의 기대가치를 무위험이자율로 할인한 현재가치로 결정된다. 이러한 이유로 식(16.19)를 이용한 옵션가치의 평가논리를 위험중립평가라고 한다.

예제 16-6 콜옵션의 가격결정

강동기업의 현재 주식가격은 40,000원이다. 주가변동은 이항분포를 따르며 1년 동안 주가가 상승하여 52,000원이 될 확률은 0.6이고 주가가 하락하여 28,000원이 될 확률은 0.4이다. 강동기업의 주식을 기초자산으로 하고 행사가격이 40,000원이며 만기가 1년인 유럽형 콜옵션을 가정하여 다음 물음에 답하시오. 단, 이산복리 무위험이자율은 10%이다.

1. 1년 동안의 강동기업 주가와 콜옵션가치의 변화를 도시하시오.
2. 강동기업 주식을 1주 매입할 때 무위험헤지포트폴리오를 구성하기 위해 매도해야 하는 콜옵션의 수량을 구하시오.
3. 강동기업 주식에 대한 콜옵션을 1개 매도할 때 무위험헤지포트폴리오를 구성하기 위해 매입해야

하지 않을 것이다. 따라서 자본시장에 위험자산과 무위험자산이 모두 존재하려면 $u>r>d$의 관계가 성립해야 한다. 이때 $u-d>r-d$이므로 $0<P<1$이 되어 확률의 속성을 갖게 된다.

하는 주식수를 구하시오.
4. 무위험헤지포트폴리오를 이용하여 콜옵션가격을 구하시오.
5. 헤지확률을 이용하여 콜옵션가격을 구하시오.
6. 무위험헤지포트폴리오의 순투자금액을 구하시오.
7. 주식의 상승확률이 0.6에서 0.4로 변하고, 하락확률이 0.4에서 0.6으로 변할 때 콜옵션가격을 구하시오.
8. 풋-콜 등가를 이용하여 콜옵션과 모든 조건이 동일한 풋옵션가격을 구하시오.

해설

1. 강동기업의 주식가격과 콜옵션가치의 변화를 살펴보면 다음과 같다.

현 재 → 1년 후

S=40,000원
- 상승(0.6) → $uS=(1+0.3)\times40{,}000=52{,}000$원
- 하락(0.4) → $dS=(1-0.3)\times40{,}000=28{,}000$원

C
- 상승(0.6) → $C_u=Max[(52{,}00-40{,}000),0]=12{,}000$원
- 하락(0.4) → $C_d=Max[(28{,}000-40{,}000),0]=0$

2. 강동기업 주식을 1주 매입하고 콜옵션을 m개 매입한 헤지포트폴리오의 가치는 다음과 같이 변화한다.

현 재 → 1년 후

S−mC
- → $uS-mC_u=52{,}000-12{,}000m$
- → $dS-mC_d=28{,}000$

따라서 무위험헤지포트폴리오를 구성하기 위한 m은 다음과 같이 구할 수 있다.
52,000−12,000m = 28,000 → m =2

3. 강동기업의 주식을 기초자산으로 하는 콜옵션을 1개 매도하고 주식을 h주 매입한 헤지포트폴리오의 가치는 다음과 같이 변화한다.

현 재 → 1년 후

hS−C
- → $uhS-C_u=52{,}000h-12{,}000$
- → $dhS-C_d=28{,}000h$

무위험헤지포트폴리오는 주가의 상승 및 하락에 관계없이 1년 후의 가치가 일정해야 하므로 무위험헤지포트폴리오를 구성하기 위한 h는 다음과 같이 구할 수 있다.
52,000h−12,000 = 28,000 → h = 0.5

4. 시장균형상태에서는 무위험헤지포트폴리오의 수익률이 무위험이자율과 동일해야 하므로 콜옵션의 가격은 다음과 같이 구할 수 있다.
$(S-mC)(1+R_f)=uS-mC_u$
(40,000−2C)(1.1) = 52,000−2×12,000
∴ C = 7,272.73원

5. 헤지확률(위험중립확률)을 이용하여 콜옵션가격을 구하면 다음과 같다.

$$C = \frac{PC_u + (1-P)C_d}{(1+r)} = \frac{(2/3)12,000 + (1/3)0}{1.1} = 7,272.73$$

$$P = \frac{r-d}{u-d} = \frac{1.1-0.7}{1.3-0.7} = \frac{2}{3}$$

6. 무위험헤지포트폴리오의 순투자금액은 다음과 같이 구할 수 있다.
$(S-mC)$ =40,000 - 2(7,272.73) = 25,454.54원

7. 옵션가격은 헤지확률(hedge probability)에 의해서 결정되며 주가의 상승확률이나 하락확률과는 무관하다. 즉 주가의 상승확률과 하락확률이 달라져도 u, d, R_f만 변하지 않으면 옵션가격은 변하지 않는다.

8. 풋-콜 등가를 이용하여 콜옵션과 조건이 동일한 풋옵션의 가격을 구하면 다음과 같다.

$$P = C - S + \frac{E}{(1+R_f)^T} = 7,272.73 - 40,000 + \frac{40,000}{1.1} = 3,636.37$$

2) 2기간모형

여기서 1기간을 추가하여 2기간으로 확장시키면 1기간 이후에 두 개의 상황과 2기간 이후에 네 개의 상황이 발생한다. [그림 16-21]은 2기간의 주식가격과 콜옵션가치의 변화과정을 나타낸다. 1기간모형을 이용하여 주가가 상승할 경우의 콜옵션의 가치(Cu)와 하락할 경우의 콜옵션의 가치(C_d)는 다음과 같이 구할 수 있다.

$$C_u = \frac{PC_{uu} + (1-P)C_{ud}}{(1+r)}, \quad C_d = \frac{PC_{du} + (1-P)C_{dd}}{(1+r)} \tag{16.20}$$

이러한 C_u와 C_d의 값을 1기간모형인 식(16.4)에 대입하여 정리하면 2기간모형에서 콜옵션의 가격을 다음과 같이 구할 수 있다.

$$C = \frac{P^2 C_{uu} + 2P(1-P)C_{ud} + (1-P)^2 C_{dd}}{(1+r)^2} \tag{16.21}$$

따라서 콜옵션의 균형가격은 각 상황에서의 확률을 헤지확률 또는 위험중립확률인 P와 (1-P)로 해서 구한 2기간 후 만기일의 콜옵션의 기대가치를 무위험이자율로 할인한 현재가치가 된다.

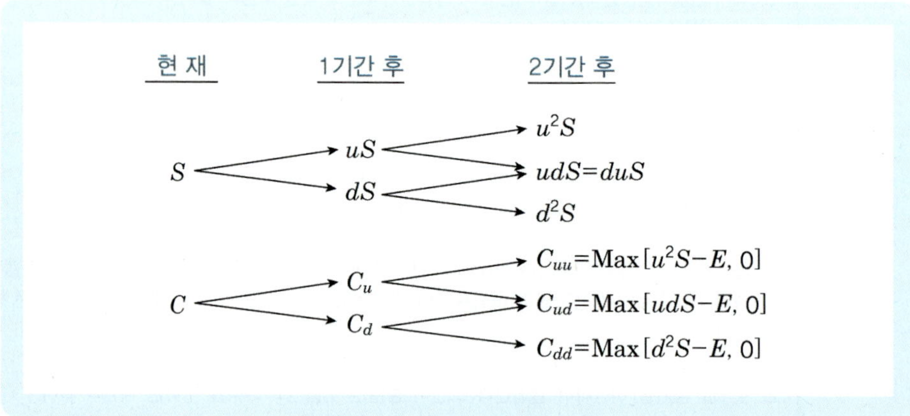

【 그림 16-21 주식가격과 콜옵션가치의 변화 】

3) 일반화모형

이러한 과정을 반복하면 콜옵션가격결정모형을 T기간모형으로 확장할 수 있으며 이항분포모형에 의한 콜옵션가격결정모형을 T기간으로 일반화시키면 다음과 같이 나타낼 수 있다.

$$C = \frac{\sum_{n=0}^{T} {}_T C_n P^n (1-P)^{T-n} Max[u^n d^{T-n} S - E, 0]}{(1+r)^T} \qquad (16.22)$$

식(16.22)에서 ${}_T C_n P^n (1-P)^{T-n}$은 T회의 가격변동 중 주가가 n회 상승하고 $T-n$회 하락할 확률, $\text{Max}[u^n d^{T-n} S - E,\ 0]$은 그때의 콜옵션가치를 말한다. 이와 같은 이항옵션가격결정모형(BOPM)은 그 기간을 무한히 분할해 나가면 블랙-숄즈의 연속적인 모형으로 확장할 수 있게 된다.

(3) 풋옵션의 가격결정

유럽형 풋옵션가격을 결정하는 방법은 콜옵션가격을 구하는 것과 동일한 논리를 적용해서 구할 수 있다. 그리고 콜옵션가격을 산출한 후에 풋-콜 등가를 이용해서 콜옵션과 모든 조건이 동일한 풋옵션가격을 구할 수도 있다.

1) 1기간모형

① 주식가격의 변화

옵션의 기초자산인 주가는 상승하거나 하락하는데 현재 주가를 S, 1기간 동안의 (1+주가상승률)을 u, (1+주가하락률)을 d라고 하면 1기간 후의 주가는 q의 확률로 uS, $1-q$의 확률로 dS가 되며 u를 주가상승계수, d를 주가하락계수라고 한다.

② 풋옵션가치의 변화

주식을 기초자산으로 하고 만기가 1기간이며 행사가격이 E인 풋옵션의 가치는 주가가 상승하는 경우에 옵션만기일의 주가가 uS가 되어 풋옵션의 가치(P_u)는 Max[E−uS, 0]이 된다. 그러나 주가가 하락하는 경우 만기일의 주가가 dS가 되어 풋옵션의 가치(P_d)는 Max[E−dS, 0]이 된다.

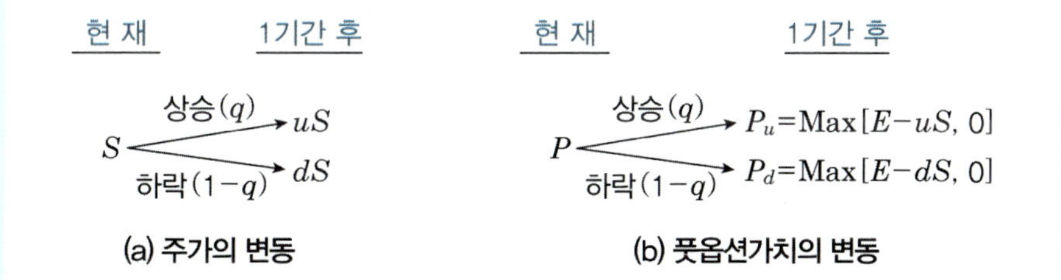

【 그림 16-22 주식가격과 풋옵션가치의 변화 】

③ 무위험헤지포트폴리오

주식과 풋옵션을 적절한 비율로 결합하여 투자하면 만기일의 주가변화에 관계없이 일정한 가치를 갖는 무위험헤지포트폴리로를 구성할 수 있다. 이때 주식 1주를 매입하고 풋옵션을 k개 매도한 포트폴리오의 현재가치는 S+kP가 되며 1기간 후의 가치는 [그림 16-23]과 같이 변화할 것이다.

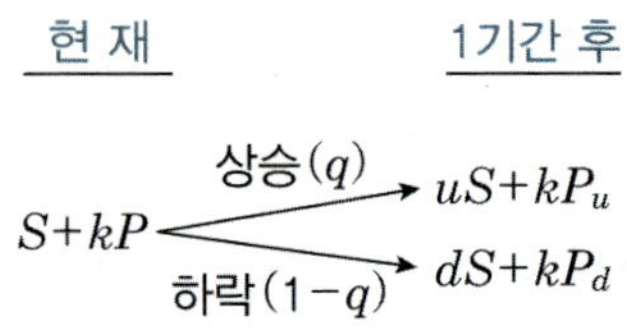

【 그림 16-23 무위험헤지포트폴리오의 가치변화 】

이 포트폴리오가 무위험헤지포트폴리오가 되기 위해서는 주가의 상승 및 하락에 관계없이 만기일의 가치가 동일해야 한다. 따라서 무위험헤지포트폴리오를 구성하기 위해 매입해야 하는 풋옵션의 수는 다음과 같이 구할 수 있고, 이를 헤지비율(hedge ratio)이라고 한다.[5)]

$$uS+kP_u = dS+kP_d \rightarrow k = \frac{dS-uS}{P_u - P_d} \tag{16.23}$$

④ 풋옵션가격의 도출

시장균형상태에서 무위험헤지포트폴리오의 수익률은 무위험이자율과 동일해야 하므로 1기간 동안의 무위험이자율을 R_f, $(1+R_f)$를 r이라고 하면 다음의 관계가 성립해야 한다.

$$(S+kP)r = uS+kP_u = dS+kP_d \tag{16.24}$$

식(16.24)을 P에 대해 정리하면 풋옵션의 균형가격은 다음과 같이 구할 수 있다.

$$P = \frac{S(u-r)+kP_u}{kr} = \frac{S(d-r)+kP_d}{kr} \tag{16.25}$$

5) 헤지비율은 풋옵션 한 개를 매입할 때 매입해야 하는 주식수로 정의하기도 하는데, 이때의 헤지비율은 h의 역수가 된다. 즉 풋옵션을 한 개 매입하고 주식을 h주 매입하여 무위험헤지포트폴리오를 구성할 경우 현재가치는 P+hS, 1기간 후에 주가상승시의 가치는 P_u+huS, 주가하락시의 가치는 P_d+dhS가 된다.

$$P_u+uhS = P_d+dhS \rightarrow h = \frac{P_u - P_d}{dS-uS} = \frac{1}{k}$$

식(16.25)에 k를 대입하여 정리하면 풋옵션의 균형가격은 다음과 같이 구할 수도 있다.

$$P = \frac{\left(\frac{r-d}{u-d}\right)P_u + \left(\frac{u-r}{u-d}\right)P_d}{(1+r)} = \frac{PP_u + (1-P)P_d}{(1+r)} \tag{16.26}$$

2) 2기간모형

여기서 1기간모형을 이용하여 주가가 상승할 경우의 풋옵션의 가치(P_u)와 하락할 경우의 풋옵션의 가치(P_d)는 다음과 같이 구할 수 있다.

$$P_u = \frac{PP_{uu} + (1-P)P_{ud}}{(1+r)},\ P_d = \frac{PP_{du} + (1-P)P_{dd}}{(1+r)} \tag{16.27}$$

이러한 P_u와 P_d의 값을 1기간모형인 식(16.26)에 대입하여 정리하면 2기간모형에서 풋옵션의 가격은 다음과 같이 구할 수 있다.

$$P = \frac{P^2 P_{uu} + 2P(1-P)P_{ud} + (1-P)^2 P_{dd}}{(1+r)^2} \tag{16.28}$$

따라서 풋옵션의 균형가격은 각 상황에서의 확률을 헤지확률 또는 위험중립확률인 P와 (1-P)로 해서 구한 2기간 후 만기일의 풋옵션의 기대가치를 무위험이자율로 할인한 현재가치로 결정된다.

3) 일반화모형

이러한 과정을 반복하게 되면 풋옵션가격결정모형을 T기간의 모형으로 확장할 수 있으며 이항분포모형에 의한 풋옵션가격결정모형을 T기간으로 일반화시키면 다음과 같이 나타낼 수 있다.

$$P = \frac{\sum_{n=0}^{T} {}_TC_n P^n (1-P)^{T-n} Max[0, E - u^n d^{T-n} S]}{(1+r)^T} \tag{16.29}$$

예제 16-7 풋옵션의 가격결정

한국거래소에서 강동기업의 주식은 현재 40,000원에 거래되고 있다. 주가변동은 이항분포를 따르며 1년 동안 주가가 상승하여 52,000원이 될 확률은 0.6, 주가가 하락하여 28,000원이 될 확률은 0.4이다. 강동기업의 주식을 기초자산으로 하고 행사가격이 40,000원, 만기가 1년인 유럽형 콜옵션을 가정하여 다음 물음에 답하시오. 단, 이산복리 무위험이자율은 10%이다.

1. 1년 동안의 강동기업 주가와 풋옵션가치의 변화를 도시하시오.
2. 강동기업 주식을 1주 매입할 때 무위험헤지포트폴리오를 구성하기 위해 매도해야 하는 풋옵션의 수를 구하시오.
3. 강동기업 주식에 대한 풋옵션을 1개 매입할 때 무위험헤지포트폴리오를 구성하기 위해 매입해야 하는 주식수를 구하시오.
4. 헤지포트폴리오를 이용하여 풋옵션가격을 구하시오.
5. 위험중립확률을 이용하여 풋옵션가격을 구하시오.

해설

1. 강동기업 주가와 풋옵션가치의 변화를 살펴보면 다음과 같다.

현 재 → 1년 후

S=40,000원
- 상승(0.6) → $uS=(1+0.3)\times 40{,}000=52{,}000$원
- 하락(0.4) → $dS=(1-0.3)\times 40{,}000=28{,}000$원

P
- 상승(0.6) → $P_u=Max[(40{,}000-52{,}000),\ 0]=0$
- 하락(0.4) → $P_u=Max[(40{,}000-28{,}000),\ 0]=12{,}000$원

2. 강동기업 주식을 1주 매입하고 풋옵션을 k개 매입한 헤지포트폴리오의 가치는 다음과 같이 변화한다.

현 재 → 1년 후

$S+kP$
- → $uS+kP_u=52{,}000$
- → $dS+kP_d=28{,}000+12{,}000k$

따라서 무위험헤지포트폴리오를 구성하기 위한 k는 다음과 같이 구할 수 있다.
52,000 = 28,000 +12,000k → k = 2

3. 강동기업 주식을 기초자산으로 하는 풋옵션을 1개 매입하고 주식을 h주 매입한 헤지포트폴리오의 가치는 다음과 같이 변화한다.

현 재 → 1년 후

$hS+P$
- → $huS+P_u=52{,}000h$
- → $hdS+P_d=28{,}000h+12{,}000$

무위험헤지포트폴리오는 주가의 상승 및 하락에 관계없이 1년 후의 가치가 일정해야 하므로 무위험헤지포트폴리오를 구성하기 위한 h는 다음과 같이 구할 수 있다.
52,000h = 28,000h + 12,000 → h = 0.5

4. 시장균형상태에서는 무위험헤지포트폴리오의 수익률이 무위험이자율과 동일해야 하므로 풋옵션의 가격은 다음과 같이 구할 수 있다.
$(S+kP)(1+R_f) = uS+kP_u = dS+kP_d$
(40,000+2P)(1.1) = 52,000
∴ P = 3,636.36원
5. 헤지확률(위험중립확률)을 이용하여 풋옵션가격을 구하면 다음과 같다.
$$P = \frac{PP_u + (1-P)P_d}{(1+r)} = \frac{(2/3)(0)+(1/3)(12,000)}{1.1} = 3,636.36\text{원}$$

4) 이항옵션가격결정모형의 특징

이항옵션가격결정모형을 살펴보면 옵션의 가치는 기초주식의 현재가격(S), 행사가격(E), 무위험이자율(R_f), 주가상승계수(u), 주가하락계수(d)의 값만 주어지면 구할 수 있으며 다음과 같은 특징을 가지고 있다.

첫째, 옵션가격은 헤지확률(p)에 의해 결정될 뿐 옵션가격을 결정하는 u, d R_f에 대해 모든 투자자들이 동일한 기대를 갖고 있으면 헤지확률에 대해서는 시장의 모든 투자자가 동일하게 평가한다고 가정한다.

둘째, 주식과 옵션을 적절한 비율로 결합한 무위험헤지포트폴리오의 수익률은 시장균형상태에서 무위험이자율과 동일하다는 논리에 의해 결정되기 때문에 옵션가격은 투자자들의 위험에 대한 태도와 무관하다.

셋째, 옵션가격에 영향을 미치는 유일한 확률변수는 기초주식의 가격뿐이다. 즉 시장포트폴리오와 같은 다른 자산은 옵션가격에 아무런 영향을 미치지 못한다.

2 블랙-숄즈옵션가격결정모형

블랙과 숄즈는 기초주식의 가격변동이 로그정규분포를 이루며 랜덤워크(random walk)에 따라 연속적(continuous)으로 변화한다는 위너과정으로 가정하여 옵션의 균형가격을 도출하였다. 블랙-숄즈옵션모형의 도출과정은 상당한 수학적인 지식이 필요하여 모형의 결과식과 계산절차에 대해서만 살펴보기로 한다.

(1) 가정

첫째, 기초주식의 가격변동은 로그정규분포를 이루고 주식에 대한 순간적인 수익률의 평균과 분산이 시간에 따라 일정하다는 위너과정(wiener process)을 따른다.

둘째, 주식시장과 옵션시장은 거래비용과 세금이 없는 완전자본시장이며 차익거래기회가 존재하지 않는 균형상태에 있다.

셋째, 옵션의 기초자산인 주식의 공매에 제한이 없고 배당은 지급되지 않으며 무위험이자율은 확률변수가 아니라 일정하다.

(2) 옵션가격결정식

완전자본시장에서 주식과 옵션을 적절한 비율로 투자하면 어떤 순간의 주가변동위험을 헤지할 수 있는 무위험헤지포트폴리오를 구성할 수 있고 시장균형상태에서 위험이 없는 헤지포트폴리오의 순간적인 수익률은 연속복리 무위험이자율과 같아야 한다는 미분방정식에 의해 옵션의 균형가격을 도출하였다.

블랙과 숄즈가 완전자본시장의 가정과 차익거래의 기회가 존재하지 않는 시장균형상태에서 도출한 유럽형 콜옵션가격결정식은 다음과 같다.

$$C = SN(d_1) - Ee^{-R_f T}N(d_2) \tag{16.30}$$

식(16.30)에서 d_1 또는 d_2는 식(16.31)과 (16.32)를 이용하여 구할 수 있다.

$$d_1 = \frac{\ln(S/E) + (R_f + \sigma^2/2)T}{\sigma\sqrt{T}} \tag{16.31}$$

$$d_2 = \frac{\ln(S/E) + (R_f - \sigma^2/2)T}{\sigma\sqrt{T}} = d_1 - \sigma\sqrt{T} \tag{16.32}$$

그리고 식(16.30)의 콜옵션가격결정식을 풋-콜 등가에 대입하여 정리하면 풋옵션의 가격결정식은 다음과 같다.

$$P = Ee^{-R_f T}[1 - N(d_2)] - S[1 - N(d_1)] \tag{16.33}$$

식(16.30)과 식(16.33)의 옵션가격결정식을 살펴보면 옵션가격을 결정하는 요인이 기초자산의 현재가격(S), 행사가격(E), 기초자산의 가격분산(σ^2), 만기(T), 무위험이자율(R_f)의 5가지라는 것을 알 수 있다.

(3) 옵션가격의 계산

블랙-숄즈옵션가격결정모형(BSOPM)을 이용하여 유럽형 옵션가격을 산출하기 위해서는 다음과 같은 3단계의 절차로 접근한다.

① 식(16.31)과 식(16.32)를 이용하여 d_1과 d_2를 구한다.

② 표준정규분포표를 이용하여 $N(d_1)$과 $N(d_2)$를 구한다.

③ ②에서 산출한 $N(d_1)$, $N(d_2)$와 주어진 자료를 식(16.30)과 식(16.33)에 대입하여 유럽형 콜옵션가격과 풋옵션가격을 산출한다.

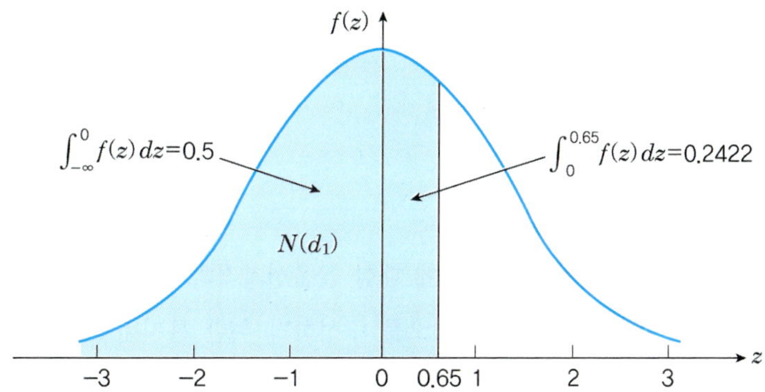

【 그림 16-24 표준정규분포표의 누적확률 】

예제 ≫ 16-8 블랙숄즈옵션모형

강서기업의 현재 주식가격은 30,000원이고 강서기업의 주식에 대해 발행된 콜옵션의 행사가격은 28,000원이며 180일 후에 만기가 된다. 또한 주식수익률의 분산은 0.2이고 연속복리 무위험이자율이 연 10%라고 가정하여 다음 물음에 답하시오.

1. 블랙-숄즈옵션모형을 이용하여 콜옵션가격을 구하시오.
2. 콜옵션과 모든 조건이 동일한 풋옵션가격을 구하시오.

해설

1. 먼저 d_1과 d_2를 구하면 다음과 같다.

$$d_1 = \frac{\ln(S/E) + (R_f + \frac{\sigma^2}{2})T}{\sigma\sqrt{T}} = \frac{\ln(30{,}000/28{,}000) + (0.1 + \frac{0.2}{2})0.5}{\sqrt{0.2}\sqrt{0.5}} = 0.53$$

$d_2 = d_1 - \sigma\sqrt{T} = 0.53 - \sqrt{0.2}\ \sqrt{0.5} = 0.22$

그리고 표준정규분포표를 이용하여 $N(d_1)$과 $N(d_2)$를 구하면 다음과 같다.

$N(d_1) = N(0.53) = 0.5 + 0.2019 = 0.7019$

$N(d_2) = N(0.22) = 0.5 + 0.0871 = 0.5871$

따라서 콜옵션가격은 다음과 같이 구할 수 있다.

$$C = SN(d_1) - Ee^{-RfT}N(d_2)$$
$$= 30,000(0.7019) - 28,000e^{-0.10(0.5)}(0.5871) = 5,420\text{원}$$

2. 풋-콜 등가를 이용하여 풋옵션가격을 구하면 다음과 같다.

$$P = C - S + Ee^{-RfT}$$
$$= 5,420 - 30,000 + 28,000e^{-0.1(0.5)} = 2,054\text{원}$$

식(9.19)를 이용하여 풋옵션가격을 구할 수도 있다.

$$P = Ee^{-RfT}N(-d_2) - SN(-d_1)$$
$$= 28,000e^{-0.10(0.5)}(1 - 0.5871) - 30,000(1 - 0.7019) = 2,054\text{원}$$

(4) 블랙-숄즈옵션모형의 특징

1) N(d₁)의 의미

① 콜옵션

$N(d_1)$은 주식가격의 변화에 대한 콜옵션가격의 변화정도를 말하며 주식과 콜옵션을 결합하여 무위험헤지포트폴리오를 구성하기 위한 헤지비율의 의미를 갖는다.

② 풋옵션

$-[1 - N(d_1)]$은 주식가격의 변화에 대한 풋옵션가격의 변화정도로서 주식과 풋옵션을 결합하여 무위험헤지포트폴리오를 구성하기 위한 헤지비율의 의미를 갖는다.

2) N(d₂)의 의미

$N(d_2)$는 옵션의 만기일에 콜옵션이 행사될 확률 또는 만기일에 주가가 행사가격보다 높게 형성되어 내가격(ITM) 상태가 될 확률을 의미하여 옵션의 행사가능성을 나타내고, $1 - N(d_2)$는 풋옵션이 행사될 확률을 나타낸다.

블랙-숄즈옵션가격결정모형(BSOPM)은 옵션의 만기일에 옵션을 행사함으로써 얻을 수 있는 이익을 옵션의 만기일에 옵션이 행사될 확률을 고려해서 현재가치로 평가하는 모형을 말하며 다음과 같은 의미를 가지고 있다.

$$\text{콜옵션가격} = \text{현재주가} \times \frac{1}{\text{헤지비율}} - \text{행사가격의 현가} \times \text{행사확률} \qquad (16.34)$$

$$\text{풋옵션가격} = \text{행사가격의 현가} \times \text{행사확률} - \text{현재주가} \times \frac{1}{\text{헤지비율}} \qquad (16.35)$$

(5) 옵션가격의 민감도

옵션가격의 결정요인이 변하면 옵션가격이 변하게 된다. 이때 옵션가격결정요인의 변화에 대한 옵션가격의 변화정도를 측정하는 것을 옵션가격의 민감도분석이라고 한다. 옵션가격의 민감도에서 위험을 헤지하는데 기초자산의 가격이 변화할 때 옵션가격이 변화하는 정도를 나타내는 델타가 중요한 역할을 한다.

① 델타

델타(delta : δ)는 기초자산의 가격변화에 대한 옵션가격의 변화정도를 말하며 기초자산의 가격변화에 대한 옵션가격의 변화정도를 나타내는 옵션가격선의 기울기와 동일하며 기초자산의 가격수준에 따라서 달라진다. 기초자산의 가격변화가 작다고 가정하면 델타는 옵션가격을 기초자산가격으로 1차 미분한 값과 동일하다.

옵션가격의 변화는 기초자산의 가격변화보다 작아 콜옵션의 델타는 0에서 1 사이의 정(+)의 값을 갖고 풋옵션의 델타는 −1에서 0 사이의 부(−)의 값을 갖는다. 만기일까지 배당을 지급하지 않는 유럽형 콜옵션과 풋옵션의 델타는 콜옵션가격과 풋옵션가격을 주식의 현재가격(S)에 대해 1차 미분하여 다음과 같이 구할 수 있다.

$$\delta_C = \frac{dC}{dS} = N(d_1), \quad \delta_P = \frac{dP}{dS} = -[1 - N(d_1)] = -(1 - \delta_C) \qquad (16.36)$$

기초자산인 주식가격이 1원 변화하면 콜옵션가격은 $N(d_1)$원 변화하고, 풋옵션가격은 $N(d_2)$원 변화한다. 기초자산의 가격변화에 대한 옵션가격의 변화정도는 옵션가격의 탄력성(민감도)으로 측정할 수 있다. 따라서 콜옵션가격의 탄력성과 풋옵션가격의 탄력성은 다음과 같이 측정할 수 있다.

$$\varepsilon_C = \frac{dC/C}{dS/S} = \frac{dC}{dS}\frac{S}{C} = N(d_1)\frac{S}{C} \qquad (16.37)$$

$$\varepsilon_P = \frac{dP/P}{dS/S} = \frac{dP}{dS}\frac{S}{P} = -[1 - N(d_1)]\frac{S}{P}$$

예제>>> 16-9 옵션가격의 탄력성

[예제 16-3]에서 강서기업의 주식가격이 1% 변화하면 콜옵션가격과 풋옵션가격은 얼마나 변화하겠는가?

해설

$$\varepsilon_C = \frac{dC}{dS}\frac{S}{C} = N(d_1)\frac{S}{C} = (0.7019)\frac{30,000}{5,420} = 3.89\%$$

$$\varepsilon_P = \frac{dP}{dS}\frac{S}{P} = -[1-N(d_1)]\frac{S}{P} = -(1-0.7019)\frac{30,000}{2.054} = -4.35\%$$

따라서 기초자산인 주식가격이 1% 상승하면 콜옵션가격은 3.89% 상승하고 풋옵션가격은 4.35% 하락한다.

② 감마

감마(gamma : γ)는 기초자산의 가격변화에 대한 옵션델타의 변화정도를 나타낸다. 델타가 옵션가격을 기초자산의 가격으로 1차 미분한 값이므로 감마는 옵션가격을 기초자산가격으로 2차 미분한 값으로 측정하고 옵션가격선의 곡률을 나타낸다.

$$\gamma_C = \frac{\Delta\delta_C}{\Delta S},\ \gamma_P = \frac{\Delta\delta_P}{\Delta S} \tag{16.38}$$

기초자산의 가격이 △S만큼 상승하면 콜옵션의 델타는 $\gamma_C \times \Delta S$만큼 상승하고 기초자산의 가격이 △S만큼 하락하면 풋옵션의 델타는 $\gamma_P \times \Delta S$만큼 하락하므로 델타는 항상 정(+)의 값을 갖는다.

③ 베가

베가(vega : Λ)는 기초자산의 가격변동성(표준편차)에 대한 옵션가격의 변화정도를 말한다. 기초자산의 가격변동성이 높을수록 옵션가격은 상승하고 기초자산의 가격변동성이 낮을수록 옵션가격은 하락하므로 베가는 항상 정(+)의 값을 갖는다.

$$\Lambda c = \frac{\Delta C}{\Delta\sigma},\ \Lambda_P = \frac{\Delta P}{\Delta\sigma} \tag{16.39}$$

④ 세타

세타(theta : θ)는 시간의 변화 또는 잔존만기의 감소에 대한 옵션가격의 변화정도를 말한다. 일반적으로 옵션의 만기일에 가까울수록 가치가 급격히 감소하여 옵션가격은 하락하므로 세타는 대부분의 경우 부(−)의 값을 갖는다.

$$\theta_C = \frac{\Delta C}{\Delta T},\ \theta_P = \frac{\Delta P}{\Delta T} \tag{16.40}$$

⑤ 로우

로우(rho : ρ)는 무위험이자율의 변화에 대한 옵션가격의 변화정도를 말한다. 무위험이자율이 상승하면 콜옵션가격은 상승하고 풋옵션가격은 하락하여 무위험이자율의 변화와 콜옵션은 정(+)의 관계에 있고 풋옵션가격은 부(−)의 관계에 있다.

$$\rho_C = \frac{\Delta C}{\Delta R_f},\ \rho_P = \frac{\Delta P}{\Delta R_f} \tag{16.41}$$

제 6 절 미국달러옵션의 개요

우리나라에서는 1999년 4월 23일 미국달러옵션이 한국거래소(KRX)에 상장되어 거래되고 있다. 기초자산은 미국달러이고 현물옵션의 형태이며 권리의 행사유형은 만기일에만 옵션을 행사할 수 있는 유럽형이고 권리행사에 따른 결제는 미국달러선물과 같은 실물인수도방식으로 이루어진다.

1 미국달러옵션의 의의

미국달러옵션은 미래의 특정시점에 기초자산(미국달러)를 옵션매입자와 옵션매도자가 현재시점에서 약정한 환율(행사가격)로 매입하거나 매도할 수 있는 권리가 부여된 계약을 말한다. 이때 미국달러를 매입할 수 있는 권리를 콜옵션이라고 하고, 매도할 수 있는 권리를 풋옵션이라고 한다.

옵션매입자는 옵션매도자에게 옵션가격을 지불하는 대신 행사가격으로 미국달러를 매입하거나 매도할 수 있는 권리를 보유한다. 옵션매입자는 만기시점의 환율과 계약시점의 환율(행사가격)을 비교하여 유리한 경우에는 권리를 행사하고, 불리한 경우에는 권리의 행사를 포기할 수 있다.

옵션매도자는 옵션가격을 지급받는 대신 옵션매입자가 권리를 행사하면 의무를 이행해야 한다. 따라서 콜옵션매입자가 권리를 행사하면 미국달러를 행사가격에 매도하고, 풋옵션매입자가 권리를 행사하면 미국달러를 행사가격에 매입해야 한다. 그러나 옵션매입자가 권리를 행사하지 않으면 의무는 소멸된다.

【 표 16-6 권리행사시 포지션 형태 】

구분	포지션	
콜옵션	매입자	해당 통화 수취 + 상대 통화 지불
	매도자	해당 통화 지불 + 상대 통화 수취
풋옵션	매입자	해당 통화 지불 + 상대 통화 수취
	매도자	해당 통화 수취 + 상대 통화 지불

2 미국달러옵션의 내용

미국달러옵션은 미국달러를 기초자산으로 하는 현물옵션이고 옵션의 만기일에만 권리를 행사할 수 있는 유럽형옵션이다. 따라서 옵션매입자가 만기일의 현물가격과 행사가격을 비교하여 권리를 행사하는 경우 포지션의 결제는 미국달러선물과 같이 실물인수도 방식으로 이루어진다.

미국달러옵션은 미국달러선물에 비해 거래종목수가 많아 유동성을 확보하기 위해 계약단위는 미국달러선물의 1/5인 $10,000이다. 결제월은 당월을 포함한 연속 3개월과 3, 6, 9, 12월 분기별 주기 중 최근월물 1개를 결제월로 선정하여 상장결제월수는 4개가 되며 최장거래기간은 6개월이다.

미국달러옵션의 행사가격수는 신규상장시 등가격옵션을 기준으로 외가격옵션과 내가격옵션 3개씩 총 7개를 상장하며 행사가격의 폭은 10원으로 정해져 있다. 예컨대 신규상장시 현물환율이 1,200원이라면 1,170원, 1,180원, 1,190원, 1,200원, 1,210원, 1,220원, 1,230원의 7가지 행사가격이 상장된다.

행사가격의 추가설정은 당일 현물환율의 종가가 변동할 경우 등가격옵션(ATM)을 기준으로 외가격옵션(OTM)과 내가격옵션(ITM)이 3개 이상 존재하도록 다음날 새로운 행사가격의 옵션이 추가로 상장된다. 최소가격변동폭은 0.10원이고 최소가격변동금액은 1,000원(=US$10,000×0.10원)이다.

일일가격변동폭은 이론적으로 산출한 기초자산 기준가격의 상하 4.5% 이내이다. 최종거래일은 선물거래와 옵션거래가 연계된 거래의 편의성을 고려하여 미국달러선물과 같이 최종결제월 3번째 월요일로 하였고, 최종결제일도 동일한 이유로 미국달러선물과 같이 최종거래일로부터 기산하여 3일째 거래일로 되어 있다.

권리행사의 기준가격은 최종거래일에 미국달러 현물환시장에서 형성된 환율을 기준으로 정해진다. 권리행사는 행사거부요청을 하지 않은 포지션에 대해 거래소가 정한 기준에 따라 내가격옵션은 자동적으로 행사된다. 거래소는 행사된 옵션을 무작위로 배정하고 이를 회원에게 통보하면 회원은 투자자에게 통지한다.

옵션행사와 배정결과에 따라 옵션매입자와 옵션매도자는 미국 달러화 및 원화대금을 수수하게 된다. 이때 콜옵션매입자와 풋옵션매도자는 원화를 지급하고 달러를 수취하며, 콜옵션매도자와 풋옵션매입자는 달러를 지급하고 원화를 수취하는 결제를 한다. [표 16-7]에는 미국달러옵션에 대한 주요내용이 제시되어 있다.

[표 16-7 미국달러옵션의 주요내용]

구 분	주 요 내 용
거 래 대 상	미국달러화(USD)
권 리 행 사	최종거래일에만 행사가능(유럽형옵션)
거 래 단 위	US $10,000
결 제 월 주 기	당월물 포함 연속 3개월+3, 6, 9, 12월 중 최근월물 1개(4종목)
상 장 결 제 월	6개월 이내의 4개 결제월
행사가격의 설정	등가격(ATM) 기준으로 10원 간격으로 상하 각 3개(총 7개)
가 격 표 시	프리미엄(원화로 소수점 둘째자리까지 표시)
호 가 가 격 단 위	0.10원
최소가격변동금액	1,000원(US $10,000×0.10)
가 격 제 한 폭	기준가격 대비 상하 ±4.5%
가 격 제 한 범 위	블랙-숄즈옵션모형으로 산출한 가격을 상한과 하한으로 설정
포 지 션 한 도	한국거래소가 필요하다고 판단되는 경우 설정가능
거 래 시 간	월~금요일(09 : 00~15 : 15), 최종거래일(09 : 00~11 : 30)
최 종 거 래 일	결제월의 세 번째 월요일(공휴일인 경우 순차적으로 앞당김)
최 종 결 제 일	최종거래일로부터 기산하여 3일째 거래일
옵 션 대 금 수 수	최종거래일 다음 거래일

최 종 결 제 방 법	인수도결제
권리행사기준가격	최종거래일 11 : 30 서울외국환중개(주)를 통한 미달러 현물거래에서 형성된 환율
단일가격경쟁거래	개장시(08 : 00~09 : 00) 및 거래종료시(15 : 05~15 : 15)

자료 : 한국거래소 홈페이지(http://www.krx.co.kr)

3 미국달러옵션의 투자전략

통화옵션거래에서 옵션매입자와 옵션매도자의 손익구조는 정반대의 상황에 있다. 미국달러옵션을 이용한 투자전략은 기본적으로 콜옵션의 매입/매도전략과 풋옵션의 매입/매도전략으로 구분된다. 향후 외환시장의 상황에 따른 옵션투자전략은 다음과 같이 제시할 수 있다.

【 표 16-8 미국달러옵션의 투자전략 】

구 분	상 황
미국달러 콜옵션 매입	환율이 상승할 것으로 예상되는 경우
미국달러 콜옵션 매도	환율이 하락하거나 보합으로 예상되는 경우
미국달러 풋옵션 매입	환율이 하락할 것으로 예상되는 경우
미국달러 풋옵션 매도	환율이 상승하거나 보합으로 예상되는 경우

(1) 콜옵션의 손익구조

1) 콜옵션매입자의 손익

미국달러 콜옵션매입자는 옵션만기일에 미국달러가격이 행사가격보다 높은 경우에는 권리를 행사하여 미국달러를 행사가격에 매입할 수 있다. 반면에 미국달러가격이 행사가격보다 낮은 경우에는 권리행사를 포기하게 되고 손실은 콜옵션매도자에게 지급한 콜옵션프리미엄으로 한정된다.

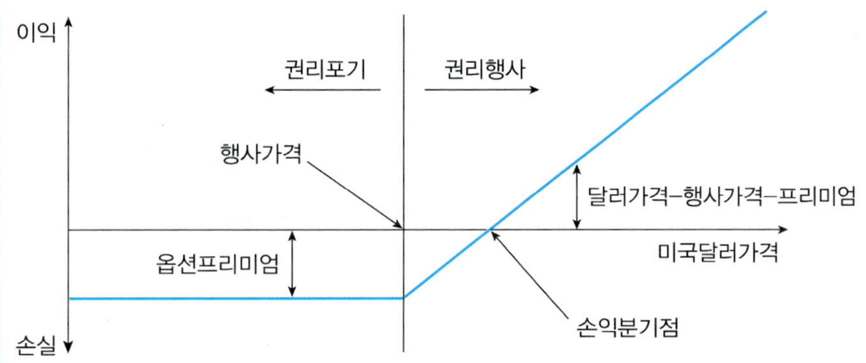

【 그림 16-25 콜옵션매입자의 손익선 】

【 표 16-9 콜옵션매입자의 손익구조 】

구 분	손 익 구 조
이 익	* 권리행사시 미국달러가격-행사가격〉콜옵션가격 → 이익규모 = 미국달러가격-행사가격-콜옵션가격
손 실	* 권리행사를 포기하는 경우 → 손실규모 = 콜옵션가격

2) 콜옵션매도자의 손익

미국달러 콜옵션매도자는 옵션만기일에 미국달러가격이 행사가격보다 높은 경우 콜옵션매입자의 권리행사로 배정을 받게 되어 미국달러를 행사가격에 인도할 의무가 있다. 반면에 미국달러가격이 행사가격보다 낮은 경우에는 콜옵션매입자가 권리의 행사를 포기하게 되어 의무가 소멸한다.

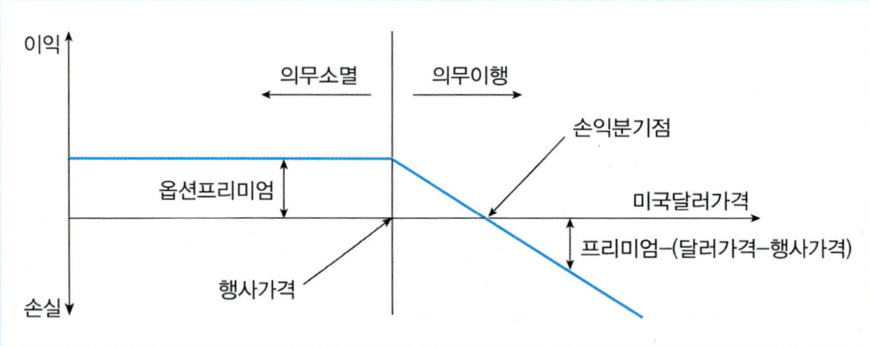

【 그림 16-26 콜옵션매도자의 손익선 】

【 표 16-10 콜옵션매도자의 손익구조 】

구분	손익구조
이익	* 콜옵션매입자가 권리행사를 포기하는 경우 → 이익규모 = 콜옵션가격
손실	* 행사배정시 콜옵션가격〈미국달러가격-행사가격 → 손실규모 = 콜옵션가격-(미국달러가격-행사가격)

(2) 풋옵션의 손익구조

1) 풋옵션매입자의 손익

미국달러 풋옵션매입자는 옵션만기일에 미국달러가격이 행사가격보다 낮은 경우에는 권리를 행사하여 미국달러를 행사가격에 매도할 수 있다. 반면에 미국달러가격이 행사가격보다 높은 경우에는 권리행사를 포기하게 되고 손실은 풋옵션매도자에게 지급한 풋옵션프리미엄으로 한정된다.

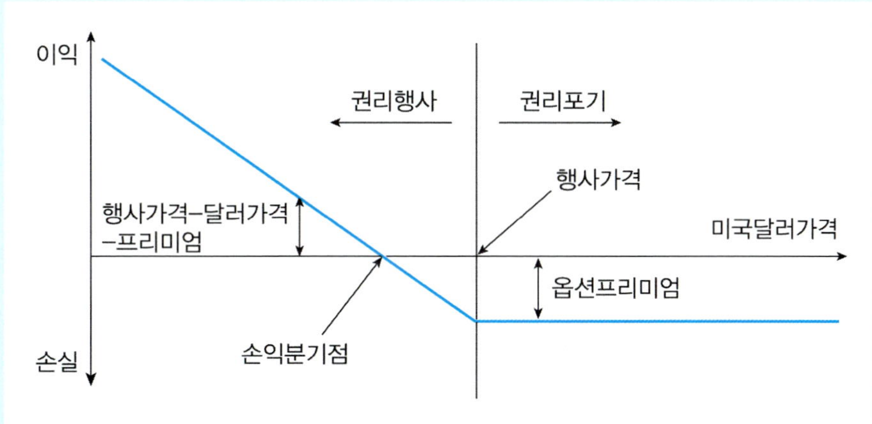

【 그림 16-27 풋옵션매입자의 손익선 】

【 표 16-11 풋옵션매입자의 손익구조 】

구분	손익구조
이익	* 권리행사시 행사가격-미국달러가격〉풋옵션가격 → 이익규모 = 행사가격-미국달러가격-풋옵션가격
손실	* 권리행사를 포기하는 경우 → 손실규모 = 풋옵션가격

2) 풋옵션매도자의 손익

미국달러 풋옵션매도자는 옵션만기일에 미국달러가격이 행사가격보다 낮은 경우 풋옵션매입자의 권리행사로 배정을 받게 되어 미국달러를 행사가격에 인수할 의무가 있다. 반면에 미국달러가격이 행사가격보다 높은 경우에는 풋옵션매입자가 권리의 행사를 포기하게 되어 의무가 소멸한다.

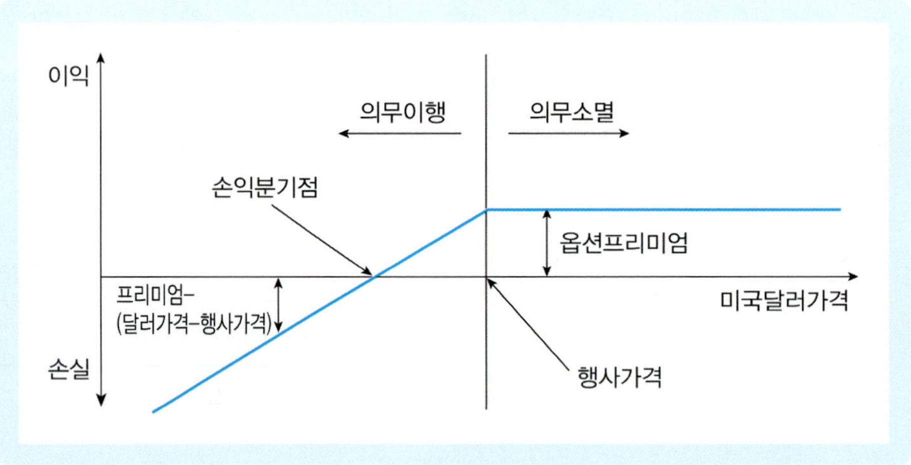

【 그림 16-28 풋옵션매도자의 손익선 】

【 표 16-12 풋옵션매도자 손익구조 】

구분	손익구조
이익	* 풋옵션매입자가 권리행사를 포기하는 경우 → 이익규모 = 풋옵션가격
손실	* 행사배정시 풋옵션가격〈행사가격-미국달러가격 → 손실규모 = 풋옵션가격-(행사가격-미국달러가격)

(3) 스프레드거래

스프레드거래는 기초자산은 동일하지만 행사가격이나 만기일이 서로 다른 옵션을 하나는 매입하고 다른 하나는 매도하는 전략을 말한다. 스프레드거래는 기초자산의 가격이 예상대로 변동할 때 이익을 얻는 반면에 예상이 빗나가더라도 손실은 한정되며 구성방법에 따라 강세스프레드와 약세스프레드로 구분된다.

1) 강세스프레드

강세스프레드(bull spread)는 기초자산의 가격이 강세를 보일 것으로 예상되지만 확신이 없을 경우에 선택하는 보수적인 투자전략으로 행사가격이 낮은 옵션은 매입하고 행사가격이 높은 옵션은 매도한다. 강세스프레드는 기초자산의 가격이 상승할 경우에 이익과 하락할 경우에 손실을 일정수준으로 한정시키는 효과를 가져온다.

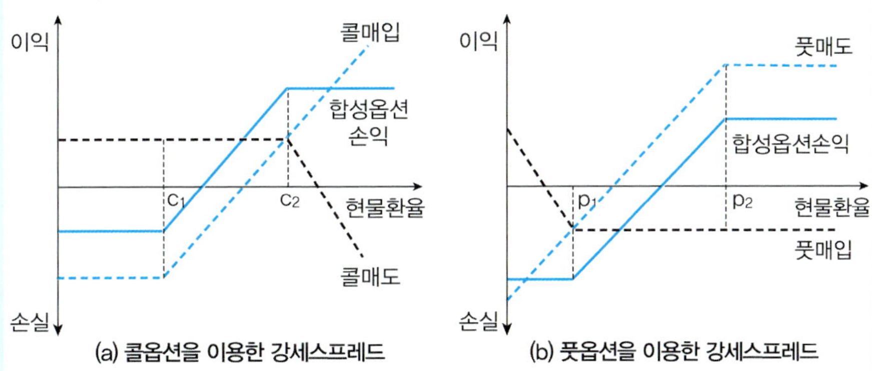

[그림 16-29 강세스프레드의 손익선]

2) 약세스프레드

약세스프레드(bear spread)는 기초자산의 가격이 약세를 보일 것으로 예상되지만 확신이 없을 경우에 선택하는 보수적인 투자전략으로 행사가격이 높은 옵션은 매입하고 행사가격이 낮은 옵션은 매도한다. 약세스프레드는 기초자산의 가격이 하락할 경우에 이익과 상승할 경우에 손실을 일정수준으로 한정시키는 효과를 가져온다.

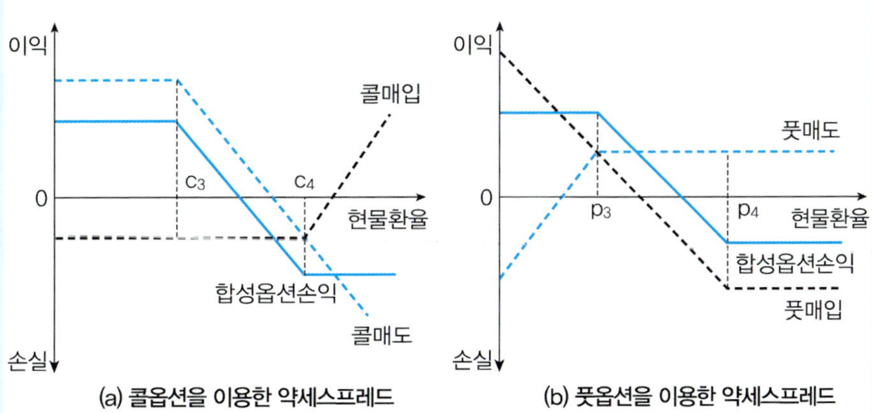

[그림 16-30 약세스프레드의 손익선]

(4) 콤비네이션

콤비네이션(combination)은 기초자산이 동일한 콜옵션과 풋옵션을 결합하여 동시에 매입하거나 매도하는 전략을 말한다. 스프레드가 같은 종류의 옵션을 결합하는 반면에 콤비네이션은 서로 다른 종류의 옵션을 결합한다. 옵션의 결합방법에 따라 스트래들, 스트랭글, 버터플라이 등으로 구분된다.

1) 스트래들

스트래들(straddle)은 기초자산, 행사가격, 만기일이 동일한 콜옵션과 풋옵션을 하나씩 동일한 비율로 동시에 매입하거나 매도하는 전략을 말하며 변동성을 고려할 경우 유용하다. 이때 두 옵션을 동시에 매입하면 스트래들 매입(long straddle), 동시에 매도하면 스트래들 매도(short straddle)라고 한다.

기초자산의 가격이 행사가격과 프리미엄을 합한 것보다 큰 폭으로 변동할 것으로 예상되면 스트래들을 매입하고, 적은 폭으로 변동할 것으로 예상되면 스트래들을 매도한다. 스트래들매입자(매도자)는 기초자산의 가격변동성이 높은(낮은) 경우에 이익을 얻기 때문에 변동성 매입자(매도자)라고 한다.

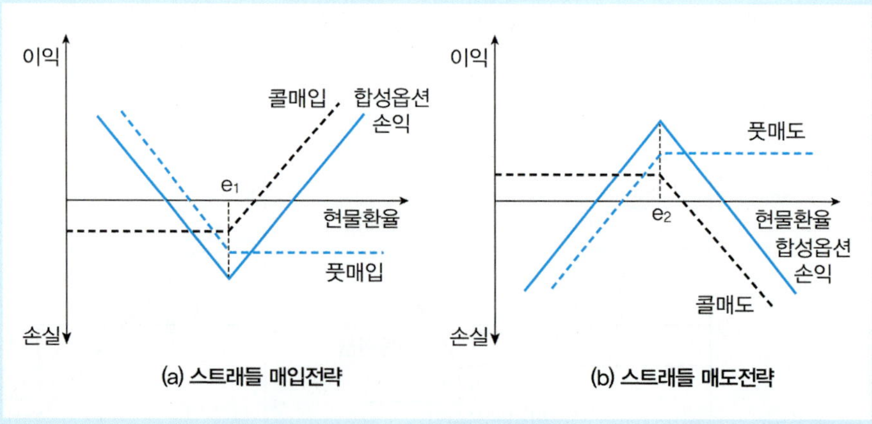

【 그림 16-31 스트래들의 손익선 】

2) 스트랭글

스트랭글(strangle)은 기초자산과 만기일은 동일하지만 행사가격이 다른 콜옵션과 풋옵션을 동일한 비율로 매입하거나 매도하는 전략을 말한다. 여기서 콜옵션매입과 풋옵션매입은 스트랭글매입, 콜옵션매도와 풋옵션매도는 스트랭글매도라고 한다. 스트랭글매입은 기초자산의 가격변동성이 클 때 이익을 얻을 수 있으며 가격변동성이 작더라도 손실을 일정수준으로 제한할 수 있다.

기초자산가격이 두 옵션의 행사가격과 프리미엄을 합한 것보다 큰 폭으로 변동할 것으로 예상되면 스트랭글을 매입하고, 적은 폭으로 변동할 것으로 예상되면 스트랭글을 매도한다. 스트랭글매입자는 기초자산의 가격이 두 행사가격의 범위를 크게 이탈할 때, 스트랭글매도자는 두 행사가격의 범위에서 안정될 때 이익을 얻는다.

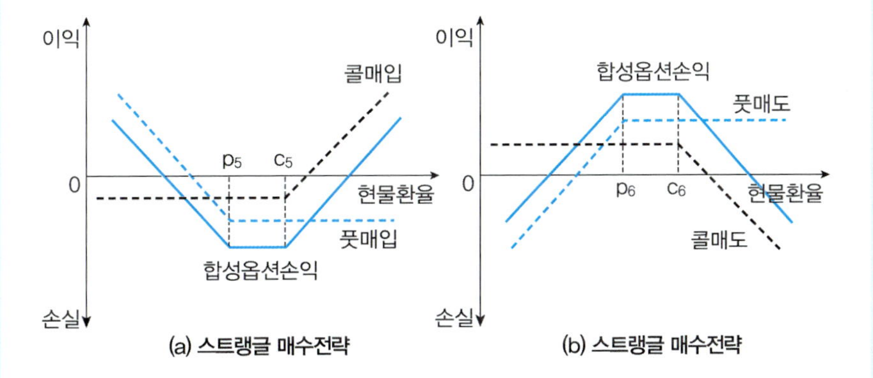

【 그림 16-32 스트랭글의 손익선 】

3) 버터플라이

버터플라이(butterfiy)는 미래에 기초자산가격의 변동성을 예측하여 기초자산의 가격이 세 개의 행사가격 중에서 중간의 행사가격과 일치할 것으로 예상되는 경우에 취하는 투자전략을 말한다. 버터플라이는 콜옵션을 이용하느냐 풋옵션을 이용하느냐에 따라서 버터플라이콜과 버터플라이풋으로 구분된다.

버터플라이매도는 기초자산의 가격변동성이 커질 가능성이 높지만 이익과 손실을 제한시키고자 하는 전략이다. 기초자산과 만기일은 같으나 행사가격이 서로 다른 세 개의 옵션을 이용하는데 행사가격이 중간인 콜옵션은 두 개를 매입하고, 행사가격이 가장 높은 옵션과 가장 낮은 옵션은 한 개씩 매도하는 전략을 말한다.

버터플라이매입은 기초자산의 가격이 안정적일 것으로 예상되지만 이익과 손실을 제한시키고자 하는 전략이다. 기초자산과 만기일은 같으나 행사가격이 서로 다른 세 개의 옵션을 이용하는데 행사가격이 중간인 콜옵션은 두 개를 매도하고, 행사가격이 가장 높은 옵션과 가장 낮은 옵션은 한 개씩 매입하는 전략을 말한다.

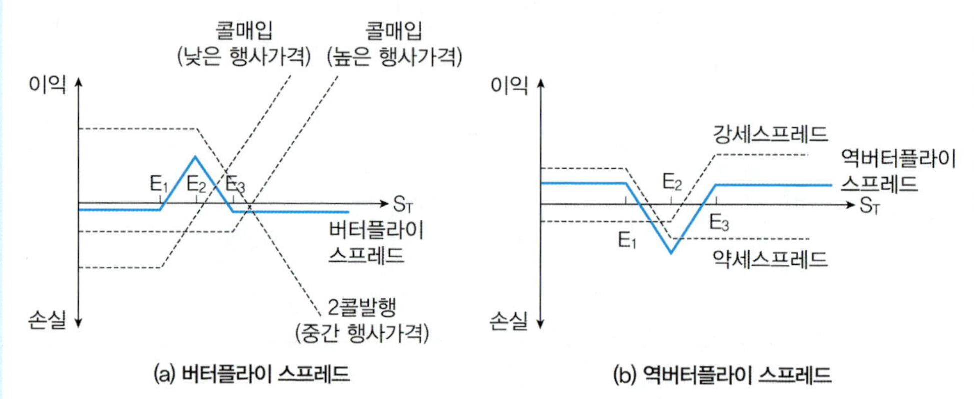

【 그림 16-33 버터플라이의 손익선 】

4 통화옵션의 헤지거래

통화옵션을 이용하여 환위험을 헤지할 경우 헤지비용을 옵션프리미엄에 국한시킬 수 있으며 경우에 따라 환차익을 기대할 수 있는 장점이 있다. 그리고 통화옵션은 기초자산 가격의 변동에 따라 다양한 손익구조를 가지고 있기 때문에 다양한 헤지전략을 신축적으로 구사할 수 있다.

환율의 상승위험에 노출된 경우에 콜옵션을 매입하거나 풋옵션을 매도함으로써 환율 상승으로 인한 손실을 옵션거래의 이익으로 상쇄시킬 수 있다. 반면에 환율의 하락위험에 노출된 경우에 콜옵션을 매도하거나 풋옵션을 매입함으로써 환율하락으로 인한 손실을 옵션거래의 이익으로 상쇄시킬 수 있다.

통화옵션의 매도를 통한 환위험헤지는 매입헤지에 비해 위험이 크기 때문에 전문적인 위험관리체계가 갖추어지지 않으면 사용하기가 어렵다. 왜냐하면 환율이 크게 변동할 경우에 매도포지션의 이익은 제한되어 있는 반면에 환율의 예측이 반대로 움직일 경우에 옵션매도자의 손실은 무제한이기 때문이다.

【 표 16-13 통화옵션의 헤지전략 】

구분	위험노출	헤지전략	헤지결과
수입상, 외화채무자	환율상승위험	콜옵션매입	매입가격 상한선 설정
수출상, 외화채권자	환율하락위험	풋옵션매입	매도가격 하한선 설정

* 순매입가격=매입가격+콜옵션프리미엄−옵션거래이익
* 순매도가격=매도가격−풋옵션프리미엄+옵션거래이익

(1) 콜옵션을 이용한 헤지거래

해외에서 상품과 서비스를 수입하거나 자금을 차입하는 경우 수입대금의 결제나 차입금의 상환에 따른 환위험이 발생한다. 이때 환위험을 헤지하기 위해 선물환, 통화선물, 통화옵션 등을 이용할 수 있다. 여기서는 선물환매입에 의한 헤지결과와 콜옵션매입에 의한 헤지결과를 비교하고자 한다.

① 선물환매입에 의한 헤지

우선 수입업자가 결제시점이 선물환율을 근거로 수입가격을 책정하고 수입계약을 체결했다고 가정하자. 수입업자는 수입대금의 결제에 따른 숏 포지션이 발생하므로 결제시점의 현물환율이 선물환율보다 상승하면 환차손이 발생하게 되고, 반대로 현물환율이 선물환율보다 하락하면 환차익을 얻게 된다.

해외에서 상품과 서비스를 수입하는 수입업자가 선물환을 매입하는 롱 포지션을 취함으로써 환위험을 헤지했다고 가정하자. 수입업자는 선물환을 매입했기 때문에 결제시점의 현물환율이 선물환율보다 상승하면 환차익을 얻게 되고, 반대로 현물환율이 선물환율보다 하락하면 환차손이 발생한다.

선물환매입에 의한 헤지전략은 환위험을 완벽하게 회피할 수 있는 반면에 환율의 유리한 변동으로 얻을 수 있는 환차익을 포기해야 한다. 만일 결제시점의 현물환율이 약정한 선물환율보다 상승하면 당초 숏 포지션에서 발생한 손실이 선물환매입에 의한 롱 포지션의 이익으로 완벽하게 상쇄된다.

반면에 결제시점의 현물환율이 약정한 선물환율보다 하락하면 당초 숏 포지션에서 발생한 이익이 선물환매입에 따른 롱 포지션에서 발생한 손실에 의해서 완벽하게 상쇄된다. 이러한 경우에 수입업자는 선물환을 매입하지 않았더라면 실현할 수 있었던 환차익을 포기하는 결과를 초래한다.

② 콜옵션매입에 의한 헤지

수입업자가 상품을 수입하여 발생한 숏 포지션을 콜옵션매입에 따른 롱 포지션을 취하므로서 환위험을 헤지하는 경우를 살펴보자. 수입업자는 수입대금 결제시점에 현물환율이 행사가격보다 상승하면 권리를 행사하고, 현물환율이 행사가격보다 하락하면 권리행사를 포기할 것이다.

결제시점의 현물환율이 행사가격보다 상승하면 콜옵션매입자는 콜옵션을 행사할 것이다. 이때 당초포지션에서 발생하는 손실이 콜옵션을 행사함으로써 얻는 이익에 의해 상쇄된다. 그러나 선물환매입과 비교하면 콜옵션매도자에게 지급하는 프리미엄에 상당하는 손실이 발생한다.

결제시점의 현물환율이 행사가격보다 하락하면 콜옵션매입자는 콜옵션을 행사하지 않기 때문에 당초포지션에서 발생한 환차익에서 콜옵션매도자에게 지급한 프리미엄을 차감한 만큼의 이익을 얻을 수 있다. 따라서 콜옵션매입은 선물환매입과 달리 환율이 유리하게 변동할 때 환차익을 얻을 수 있다.

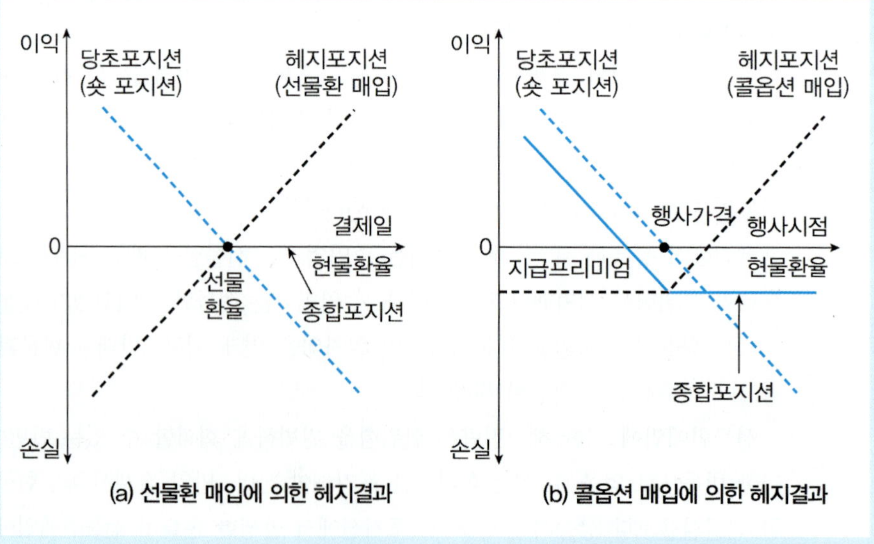

【 그림 16-34 선물환매입과 콜옵션매입의 헤지결과 】

예제≫ 16-10 콜옵션의 매입헤지

해외에서 원자재를 수입하여 판매하는 강동기업은 오늘 국내의 강서기업에 대한 제품 공급 입찰에 들어갔다. 입찰결과는 1개월 후에 발표할 예정이며 입찰결과에 따라 원자재가 필요하여 수입계약을 체결할 경우 2개월 후에 수입대금을 지급하기 위해서 미국 달러화 $100만가 필요하다.

강동기업은 채산성을 맞추기 위해 오늘 환율인 950원 이하로 환율을 고정할 필요가 있다고 판단하고 있다. 그러나 입찰결과가 불확실하여 미국 달러를 매입하기 어려우므로 미국 달러옵션을 이용하여 헤지거래를 하기로 결정하였다. 1월 15일 현물환율은 ₩930/$, 3월 15일 예상환율은 ₩940/$이다.

미국 달러 콜옵션 3월물 행사가격은 ₩940, 만기일은 3월 18일, 프리미엄은 ₩10/$으로 가정하자. 강동기업은 수입대금 결제시점의 환율을 950원 이하로 고정하기 위해 행사가격 ₩940/$인 미국달러 콜옵션 3월물 100계약(계약당 $10,000)을 프리미엄 1천만원(10원×$100만)을 지급하고 매입하였다.

해설

① 환율이 상승한 경우

입찰에 성공한 경우 3월 18일의 환율 970원은 행사가격 940원보다 높아 옵션을 행사하여 $100만를 원자재의 대금으로 결제한다. 이때 강동기업은 $100만 매입에 9.4억원(₩940×$100만), 콜옵션의 매입비용 0.1억원 총 9.5억원을 지출하게 되어 콜옵션을 매입하지 않았을 경우 9.7억원에 비해 0.2억원의 손실을 줄일 수 있다.

입찰에 실패한 경우 2월 18일에 보유하고 있던 콜옵션을 청산한다. 이때 2월 18일의 환율이 ₩950/$이므로 옵션이 내가격상태가 되어 콜옵션의 매입시점인 1월 18일에 비해 프리미엄이 상승한다. 옵션프리미엄을 ₩20/$으로 가정하면 수입은 0.2억원이고 콜옵션 매입비용은 0.1억원이므로 총 0.1억원의 이익이 발생한다.

② 환율이 하락한 경우

입찰에 성공한 경우 3월 18일의 환율 900원이 행사가격 940원보다 낮아 옵션의 행사를 포기하고 현물 외환시장에서 $100만를 원자재의 대금으로 결제한다. 이때 강동기업은 $100만 매입에 9억원(₩900×$100만), 콜옵션의 매입비용 0.1억원 총 9.1억원을 지출하게 되어 ₩910/$의 환율로 미국달러를 매입한 효과를 본다.

입찰에 실패한 경우 2월 18일에 보유하고 있던 콜옵션을 청산한다. 이때 2월 18일의 환율이 ₩910/$이므로 옵션이 외가격상태가 되어 콜옵션의 매입시점인 1월 18일에 비해 프리미엄이 하락한다. 옵션프리미엄을 ₩5/$으로 가정하면 수입은 5백만원이고 콜옵션 매입비용은 0.1억원이므로 총 5백만원의 손실이 발생한다.

따라서 미국달러 콜옵션을 매입하여 환위험을 헤지했을 때 입찰에 성공하면 환율변동에 관계없이 ₩950/$ 이하로 달러를 매입하여 원자재대금을 결제할 수 있다. 반면에 입찰에 실패하여 미국달러가 필요하지 않더라도 콜옵션을 매입할 때 지급한 0.1억원 이상의 손실은 발생하지 않게 된다.

(2) 풋옵션을 이용한 헤지거래

해외에 상품과 서비스를 수출하거나 투자를 하는 경우에 수출대금이나 투자원리금의 회수에 따른 환위험이 발생한다. 이때 환위험을 헤지하기 위해 선물환, 통화선물, 통화옵션 등을 이용할 수 있다. 여기서는 선물환매도에 의한 헤지결과와 풋옵션매입에 의한 헤지결과를 비교하고자 한다.

① 선물환매도에 의한 헤지

수출업자가 결제시점의 선물환율을 근거로 수출가격을 책정하고 수출계약을 체결했다고 가정하자. 수출업자는 수출대금의 수취로 롱 포지션이 발생하므로 결제시점에서 현물환율이 선물환율보다 상승하면 환차익을 얻게 되고, 반대로 현물환율이 선물환율보다 하락하면 환차손이 발생하게 된다.

해외에 상품이나 서비스를 수출하는 수출업자가 선물환을 매도하는 숏 포지션을 취함으로써 환위험을 헤지했다고 가정하자. 수출업자는 선물환을 매도하므로써 결제시점에 현물환율이 선물환율보다 상승하면 환차손이 발생하고, 반대로 현물환율이 선물환율보다 하락하면 환차익을 얻게 된다.

선물환매도에 의한 헤지전략은 환위험을 완벽하게 회피할 수 있는 반면에 환율의 유리한 변동으로 얻을 수 있는 환차익을 포기해야 한다. 만일 결제시점의 현물환율이 약정한 선물환율보다 하락하면 당초 롱 포지션에서 발생한 손실은 선물환매도에 따른 숏 포지션의 이익에 의해 완벽하게 상쇄된다.

반면에 결제시점의 현물환율이 약정한 선물환율보다 상승하면 당초 롱 포지션에서 발생한 이익이 선물환매도에 따른 숏 포지션에서 발생한 손실에 의해서 완벽하게 상쇄된다. 이러한 경우에 수출업자는 선물환을 매도하지 않았더라면 실현할 수 있었던 환차익을 포기하는 결과를 초래한다.

② 풋옵션매입에 의한 헤지

수출업자가 상품을 수출하여 발생한 롱 포지션을 풋옵션 매입에 따른 숏 포지션을 취하므로서 환위험을 헤지하는 경우를 살펴보자. 수출업자는 수출대금 결제시점에 현물환율이 행사가격보다 하락하면 권리를 행사하고, 현물환율이 행사가격보다 상승하면 권리행사를 포기할 것이다.

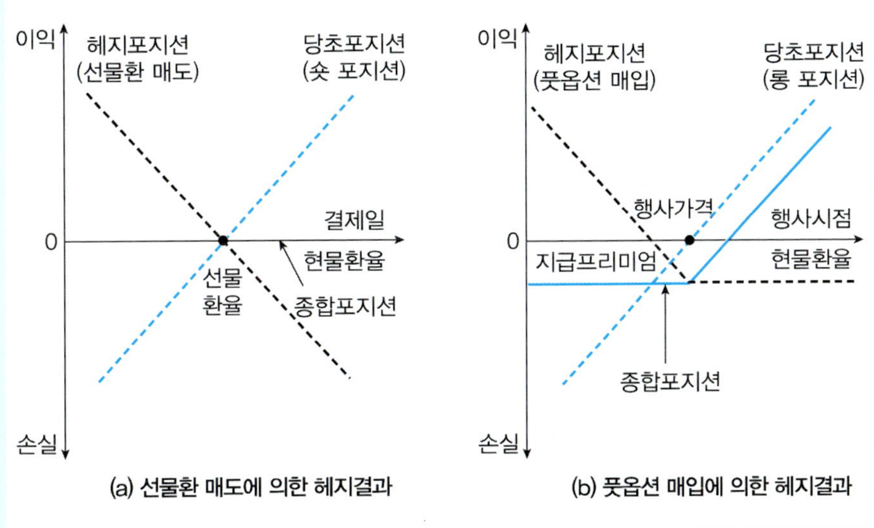

【 그림 16-35 선물환매도와 풋옵션매입의 헤지결과 】

결제시점의 현물환율이 행사가격보다 하락하면 풋옵션매입자는 풋옵션을 행사할 것이다. 이때 당초포지션에서 발생하는 손실이 풋옵션을 행사함으로써 얻는 이익에 의해 상쇄된다. 그러나 선물환매도와 비교하면 풋옵션매도자에게 지급하는 프리미엄에 상당하는 손실이 발생한다.

결제시점의 현물환율이 행사가격보다 상승하면 풋옵션매입자는 풋옵션을 행사하지 않기 때문에 당초포지션에서 발생한 환차익에서 풋옵션매도자에게 지급한 프리미엄을 차감한 만큼의 이익을 얻을 수 있다. 따라서 풋옵션매입은 선물환매도와 달리 환율이 유리하게 변동할 때 환차익을 얻을 수 있다.

예제 16-11 풋옵션의 매입헤지

1월 18일 현재 해외에 자동차를 수출하는 현대기업은 3월 18일 미국의 수입상으로부터 수출대금 $100만를 지급받기로 했는데 ₩930/$ 이상으로 환전해야 채산성을 맞출 수 있어 미국달러 풋옵션을 매입하여 헤지거래를 수행하기로 결정하였다. 1월 18일 현물환율은 ₩930/$, 3월 18일 예상환율은 ₩940/$이다.

미국달러 풋옵션 3월물의 행사가격은 ₩940, 만기일은 3월 18일, 프리미엄은 ₩10/$으로 가정하자. 현대자동차은 수출대금 결제시점의 환율을 930원 이상으로 고정하기 위해 행사가격 ₩940/$인 미국달러 풋옵션 3월물 100계약(계약당 $10,000)을 프리미엄 1천만원(10원×$100만)을 지급하고 매입하였다.

해설

① 환율이 상승한 경우

옵션의 만기일인 3월 18일 현물환율 970원이 행사가격 940원보다 높아 풋옵션의 행사를 포기하고 현물 외환시장에서 $100만를 매도한다. 이때 현대자동차는 9.7억원(₩970×$100만)를 수령하고 풋옵션의 매입비용 0.1억원을 지출하여 총 9.6억원의 원화가 발생하여 ₩960/$의 환율로 미국달러를 매도한 효과와 같다.

② 환율이 하락한 경우

옵션의 만기일인 3월 18일 현물환율 900원이 행사가격 940원보다 낮아 풋옵션을 행사하여 미화 $100만를 매도한다. 이때 현대자동차는 풋옵션의 행사를 통해 얻은 9.4억원 중 풋옵션의 매입비용 0.1억원을 차감한 총 9.3억원의 원화가 발생하여 ₩930/$의 환율로 미국달러를 매도함으로써 채산성을 맞출 수 있게 된다.

제 7 절 주가지수옵션

1 주가지수옵션의 개념

(1) 주가지수옵션의 의의

주가지수옵션은 주식시장에서 거래되는 현물주식들의 주가를 가중평균하여 산출한 이론적인 주가지수를 기초자산으로 하는 옵션을 말한다. 따라서 주가지수옵션은 다른 옵션과 달리 대상지수에 포함된 모든 종목의 가격변동에 대한 위험을 관리할 수 있는 금융상품으로 다음과 같은 특징을 갖는다.

첫째, 주가지수는 실체가 없는 추상적인 개념으로 주가의 움직임을 나타내는 지수에 불과하여 아무런 가치도 갖지 못한다. 따라서 주가지수옵션에서는 주가지수에 일정한 가치를 부여해서 거래한다. 예컨대 KOSPI 200지수옵션은 지수 1포인트당 100,000원의 가격을 부여해서 거래한다.

둘째, 주가지수는 다른 옵션의 기초자산과 달리 실체가 없는 무형자산으로 만기일에 옵션이 행사되더라도 기초자산을 실물로 인수도하기가 불가능하기 때문에 주가지수선물과 동일하게 행사일의 최종지수와 행사가격의 차이에 1포인트당 금액을 현금으로 결제하면서 거래를 종결시킨다.

(2) KOSPI 200지수옵션

KOSPI 200은 우리나라에서 거래되고 있는 주가지수선물과 주가지수옵션의 대상이 되는 지수로 상장주식 중에서 상장주식 중에서 시장대표성, 업종대표성, 유동성을 고려하여 선정한 200 종목으로 구성한 주가지수를 말한다. KOSPI 200은 1990년 1월 3일을 기준시점 100으로 다음과 같이 시가총액방식으로 계산한다.

$$KOSPI\,200 = \frac{\text{비교시점의 시가총액}}{\text{기준시점의 시가총액}} \times 100 \qquad (16.42)$$

식(16.42)에서 KOSPI 200은 현물(주가지수)을 의미하며 주가지수옵션의 거래제도상의 주요 특징을 살펴보면 다음과 같다.

첫째, 만기일에만 권리를 행사할 수 있는 유럽형옵션을 거래대상으로 하며 행사가격은 2.5포인트 간격으로 설정하고 지수 1포인트당 가격은 100,000원으로 한다.

둘째, 거래대상종목은 결제월을 기준으로 당월을 포함한 연속 3개월과 3, 6, 9, 12월 중 1개로 하며 최종거래일은 각 결제월의 두 번째 목요일로 한다.

셋째, 호가단위는 옵션프리미엄이 3포인트 이상인 경우에는 0.05포인트, 옵션프리미엄이 3포인트 미만인 경우에는 0.01포인트로 한다.

2 주가지수옵션의 만기손익

주가지수옵션은 행사가격과 옵션가격이 지수로 표시되며 지수에 1포인트당 가격 10만원을 곱한 값이 금액이라는 점을 제외하고는 주식옵션과 차이가 없다. 따라서 주가지수옵션의 만기손익은 주식옵션과 동일한 방법으로 계산한다.

(1) 콜옵션의 만기손익

콜옵션매입자는 만기일의 주가지수가 행사가격보다 상승하면 권리를 행사하여 매도자로부터 [(만기일의 주가지수－행사가격)×100,000]의 금액을 받게 되며, 만기일의 주가지수가 행사가격보다 하락하면 권리를 행사하지 않을 것이므로 옵션가치는 0이 되며, 콜옵션의 매입비용인 콜옵션가격만큼의 손실을 보게 된다.

(2) 풋옵션의 만기손익

풋옵션매입자는 만기일의 주가지수가 행사가격보다 하락하면 권리를 행사하여 매도자로부터 [(행사가격－만기일의 주가지수)×100,000]의 금액을 받게 되며, 만기일의 주가지수가 행사가격보다 상승하면 권리를 행사하지 않을 것이므로 옵션가치는 0이 되며, 풋옵션의 매입비용인 풋옵션가격만큼의 손실을 보게 된다.

3 주가지수옵션을 이용한 위험헤지

현재 주식을 보유한 투자자와 주식을 공매한 투자자는 다음과 같이 주가지수옵션을 이용하면 주가변동위험을 헤지할 수 있다.

현물시장		옵션시장
현재 주식보유	미래 주식매도 ⇨ 주가하락시 손실발생 ⇨	콜옵션매도, 풋옵션매입
현재 주식공매	미래 주식매입 ⇨ 주가상승시 손실발생 ⇨	콜옵션매입, 풋옵션매도

(1) 주가지수콜옵션을 이용한 헤지거래

주식포트폴리오의 가치가 S이고, 주가지수콜옵션 1개의 가격이 C인 경우에 현재 주식포트폴리오를 보유하고 있는 투자자가 주가하락위험을 헤지하기 위해 주식포트폴리오와 주가지수콜옵션을 N_C개 결합하여 포트폴리오를 구성할 경우에 포트폴리오가치(V_P)는 다음과 같다.

$$V_P = S + N_C \times C \tag{16.43}$$

식(16.43)의 포트폴리오가 무위험헤지포트폴리오가 되기 위해서는 주가지수의 변화에 관계없이 헤지포트폴리오의 가치가 일정해야 한다. 따라서 주가지수의 변화에 따른 주식포트폴리오의 가치변화(ΔV)를 0으로 만들어주는 주가지수콜옵션의 수량(N_C)을 구하면 다음과 같다.

$$N_C = -\frac{S}{I} \times \beta_{SI} \times \frac{1}{\delta_C} \tag{16.44}$$

식(16.44)에서 N_C가 부(−)의 값을 갖는데, 이는 주식을 보유하고 있는 투자자가 주가지수콜옵션을 이용하여 주가하락위험을 헤지하기 위해서는 주가지수콜옵션을 N_C개 만큼 매도해야 한다는 의미이다. 왜냐하면 주가지수풋옵션의 델타는 항상 부(−)의 값을 갖기 때문이다.

(2) 주가지수풋옵션을 이용한 헤지거래

주식포트폴리오의 가치가 S이고, 주가지수풋옵션 1개의 가격이 P인 경우에 현재 주식포트폴리오를 보유하고 있는 투자자가 주가하락위험을 헤지하기 위해 주식포트폴리오와 주가지수풋옵션을 N_P개 결합하여 포트폴리오를 구성할 경우에 포트폴리오가치(V_P)는 다음과 같다.

$$V_P = S + N_P \times P \tag{16.45}$$

식(16.45)의 포트폴리오가 무위험헤지포트폴리오가 되기 위해서는 주가지수의 변화에 관계없이 헤지포트폴리오의 가치가 일정해야 한다. 따라서 주가지수의 변화에 따른 주식포트폴리오의 가치변화(ΔV)를 0으로 만들어주는 주가지수풋옵션의 수량(N_P)을 구하면 다음과 같다.

$$N_P = -\frac{S}{I} \times \beta_{SI} \times \frac{1}{\delta_P} \tag{16.46}$$

식(16.46)에서 N_P가 부(−)의 값을 갖는데, 이는 주식을 보유하고 있는 투자자가 주가지수풋옵션을 이용하여 주가하락위험을 헤지하기 위해서는 주가지수풋옵션을 N_P개 만큼 매입해야 한다는 의미이다. 왜냐하면 주가지수풋옵션의 델타는 항상 부(−)의 값을 갖기 때문이다.

예제 16-12 주가지수옵션을 이용한 위험헤지

펀드매니저 홍길동은 다음과 같이 구성된 포트폴리오를 운용하고 있으며 KOSPI 200지수옵션을 이용하여 주가하락위험을 헤지하고자 한다. 현재 KOSPI 200지수는 100포인트이고 주가지수 1포인트당 가격은 10만원이다. 주가지수콜옵션과 주가지수풋옵션의 가격이 2.5포인트와 2포인트이며 주가지수콜옵션의 델타를 0.6으로 가정하여 다음 물음에 답하시오.

주식	주식가격	보유주식수	표준편차	상관계수
A	10,000원	4,000주	0.40	0.75
B	20,000원	2,000주	0.60	0.20
C	40,000원	1,000주	0.60	0.50

1. 주가하락위험을 헤지하기 위해 홍길동이 매입 또는 매도해야 하는 주가지수 콜옵션의 계약수를 구하시오.
2. 주가하락위험을 헤지하기 위해 홍길동이 매입 또는 매도해야 하는 주가지수 풋옵션의 계약수를 구하시오.
3. KOSPI 200지수가 95포인트로 하락했을 경우의 헤지결과를 설명하시오.

해설

1. 홍길동이 매입 또는 매도해야 하는 주가지수 콜옵션의 계약수는 다음과 같다.

$$N_C = -\frac{S}{I}\times\beta_{SI}\times\frac{1}{\delta_C} = -\frac{120,000,000}{100\times100,000}\times1.2^{*}\times\frac{1}{0.6} = -24$$

* $\beta_{SI} = \sum_{i=1}^{n} W_i\beta i = (1/3)(1.5)+1/3(0.6)+1/3(1.5) = 1.2$

홍길동은 주가지수 콜옵션을 24개 매도해야 주가하락위험을 헤지할 수 있다.

2. 홍길동이 매입 또는 매도해야 하는 주가지수 풋옵션의 계약수는 다음과 같다.

$$N_P = -\frac{S}{I}\times\beta_{SI}\times\frac{1}{\delta_P} = -\frac{120,000,000}{100\times100,000}\times1.2\times\frac{1}{-0.4} = 36$$

* $\delta_P = -(1-\delta_C) = -(1-0.6) = -0.4$

홍길동은 주가지수 풋옵션을 36개 매입해야 주가하락위험을 헤지할 수 있다.

3. (1) 주가지수가 95포인트로 하락할 경우에 주식포트폴리오의 가치변동(ΔS)과 주가지수 콜옵션의 가치변동($N_C\times\Delta C$)은 다음과 같다.

① $\Delta S = S\times\frac{\Delta I}{I}\times\beta_{SI} = 120,000,000\times\frac{-5}{100}\times1.2 = -7,200,000$원

② $N_C\times\Delta C = N_C\times\Delta I\times\delta_C = -24\times(-5\times100,000)\times0.6 = 7,200,000$원

주가지수의 하락으로 보유중인 주식포트폴리오의 가치가 하락하여 720만원의 손실이 발생했으나, 주가지수 콜옵션의 매도로부터 720만원의 이익이 발생하여 주가하락위험을 완전헤지하였다.

(2) 주가지수가 95포인트로 하락할 경우에 주식포트폴리오의 가치변동(ΔS)과 주가지수 풋옵션의 가치변동($N_P\times\Delta P$)은 다음과 같다.

① $\Delta S = S\times\frac{\Delta I}{I}\times\beta_{SI} = 120,000,000\times\frac{-5}{100}\times1.2 = -7,200,000$원

② $N_P\times\Delta P = N_P\times\Delta I\times\delta_P = 36\times(-5\times100,000)\times(-0.4) = 7,200,000$원

주가지수의 하락으로 보유중인 주식포트폴리오의 가치가 하락하여 720만원의 손실이 발생했으나 주가지수 풋옵션 매입에서 720만원의 이익이 발생하여 주가하락위험을 헤지하였다.

제 8 절 포트폴리오보험전략

1 포트폴리오보험전략의 정의

포트폴리오보험전략(portfolio insurance strategy)은 주식시장의 시세변동에 관계없이 투자기간말에 포트폴리오가치를 최저유지수준 이상으로 보장해주는 전략으로 주가가 하락하는 약세장에서 손실은 일정한도로 제한하고 주가가 상승하는 강세장에서 시세상승에 편승하여 콜옵션매입자의 손익과 같은 성과를 달성할 수 있다.

2 포트폴리오보험전략의 구성

포트폴리오보험전략은 주가지수옵션을 이용한 방어적 풋옵션전략과 신탁적 콜옵션전략, 주가지수선물을 이용한 동적 헤징전략, 합성옵션을 창출하는 전략 그리고 위험자산인 주식과 무위험자산인 채권에 대한 투자비율을 주식시장의 상황에 따라 계속해서 조정하는 동적자산배분전략 등으로 구분된다.

(1) 주가지수옵션을 이용하는 경우

1) 방어적 풋옵션전략

방어적 풋옵션전략(protective put option strategy)은 현재 보유하고 있는 주식포트폴리오를 기초자산으로 하고 원하는 최저수준의 가치를 행사가격으로 하며 목표투자기간을 만기로 하는 주가지수풋옵션을 매입하는 전략을 말하며 주식을 보유한 상태에서 풋옵션을 매입하면 포트폴리오보험이 달성된다.

방어적 풋옵선전략을 이용하면 만기일의 포드폴리오가치가 행사가격보다 낮을 경우에는 주가하락에 따른 손실을 풋옵션의 이익으로 상쇄시켜 포트폴리오가치를 행사가격으로 유지하며, 포트폴리오가치가 행사가격보다 높을 경우에는 풋옵션의 행사를 포기하나 주가상승에 따른 이익을 얻을 수 있다.

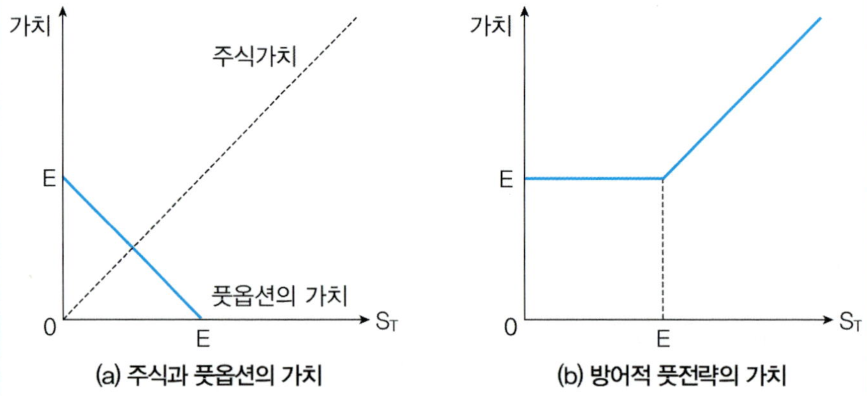

【 그림 16-36 방어적 풋옵션전략 】

예제 16-13 방어적 풋옵션전략

S자산운용회사 펀드매니저 홍길동은 시장가격이 125,000원인 강남기업의 주식을 매입하려고 한다. 현재 자본시장에는 이자율이 연 10%인 무위험할인채와 강남기업의 주식을 기초자산으로 하며 행사가격이 125,000원이고 만기가 1년인 풋옵션이 5,000원에 거래되고 있다. 투자금액 13억원을 1년 동안 운용하려는 홍길동이 포트폴리오보험전략을 실행한다고 가정하여 다음 물음에 답하시오.

1. 매입해야 할 주식과 풋옵션의 수량을 구하시오.
2. 1년 후 강남기업의 주가가 150,000원인 경우와 100,000원인 경우에 투자성과를 비교하시오.

해설

1. 펀드매니저인 홍길동이 포트폴리오보험전략을 실행하려면 동일한 수량의 주식과 풋옵션을 매입해야 하므로 다음과 같이 구사할 수 있다.

$$N = \frac{V}{S+P} = \frac{1,300,000,000}{125,000+5,000} = 10,000\text{개}$$

2. ① 만기일의 주가가 150,000원인 경우
   만기일의 주가가 행사가격보다 높은 경우 풋옵션은 행사되지 않으므로 투자성과는 주식포트폴리오의 기말가치에서 풋옵션가격을 차감하여 구한다.
   10,000주×150,000원 − 10,000개×5,000 = 1,450,000,000원
   ② 만기일의 주가가 100,000원인 경우
   만기일의 주가가 행사가격보다 낮은 경우 풋옵션은 행사될 것이므로 투자성과는 주식포트폴리오의 기말가치에서 풋옵션가격을 차감하여 구한다.
   10,000주×125,000원 − 10,000개×5,000 = 1,200,000,000원

따라서 강남기업의 주식가격이 100,000원보다 낮은 수준으로 하락하더라도 포트폴리오의 가치는 12억원을 유지할 수 있게 된다.

2) 신탁적 콜옵션전략

신탁적 콜옵션전략(fiduciary put option strategy)은 투자금액의 원금이 만기에 보장될 수 있도록 만기원금의 현재가치만큼을 무위험자산인 채권에 투자하고 나머지 금액으로 주가지수콜옵션을 매입하는 전략을 말하며 채권을 보유한 상태에서 콜옵션을 매입하면 포트폴리오보험이 달성된다.

신탁적 콜옵션전략을 이용하면 만기일의 포트폴리오가치가 행사가격보다 낮을 경우에는 콜옵션의 행사를 포기하나 채권의 가치가 행사가격만큼 되므로 포트폴리오가치를 행사가격으로 유지하고, 포트폴리오가치가 행사가격보다 높으면 콜옵션을 행사하여 주가상승에 따른 이익을 얻을 수 있다.

예제 16-14 신탁적 콜옵션전략

연금보험을 관리하는 홍길동은 무위험채권과 콜옵션을 이용하여 포트폴이오의 가치를 10억원 이상으로 유지하고자 한다. 현재 자본시장에는 액면가액이 100만원이고 이자율은 연 5%이며 만기가 1년 남은 무위험할인채와 현재 주식가격이 125,00원인 강남기업의 주식을 기초자산으로 하며 행사가격이 125,000원이고 만기가 1년인 콜옵션이 10,000원에 거래되고 있다. 투자금액 10억원을 1년간 운용하려는 홍길동이 포트폴리오보험전략을 실행할 경우 다음 물음에 답하시오.

1. 매입해야 할 채권과 콜옵션의 수량을 구하시오.
2. 1년후 강남기업의 주가가 150,000원인 경우와 100,000원인 경우의 투자성과를 비교하시오.

해설

1. 목표포트폴리오의 가치를 10억원으로 설정하여 매입해야 할 채권은 1,000단위가 된다. 액면가액 100만원인 채권의 현재가격은 952,381원(=100만원÷1.05)이므로 매입해야 할 콜옵션의 수는 다음과 같이 구할 수 있다.

$$N_c = \frac{V - N_B \times B}{C} = \frac{1,000,000,000 - 952,381 \times 1,000}{10,000} = 4,762\text{개}$$

2. ① 만기일의 주가가 150,000원인 경우
   만기일의 주가가 행사가격보다 높은 경우 콜옵션은 행사될 것이므로 투자성과는 채권포트폴리오의 기말가치에서 콜옵션가격을 차감하여 구한다.
   1,000개×1,000,000원+4,762×(150,000−125,000)−4,762×10,000개
   = 1,071,430,000원

   ② 만기일의 주가가 100,000원인 경우
   만기일의 주가가 행사가격보다 낮은 경우 콜옵션은 행사되지 않을 것이므로 투자성과는 채권포트폴리오의 기말가치에서 콜옵션가격을 차감하여 구한다.
   1,000개×1,000,000원−4,762개×10000 = 952,380,000원

(2) 옵션복제전략

옵션복제전략(option replication strategy)은 주식포트폴리오를 보유한 상태에서 주가지수 풋옵션을 매입하는 대신에 풋옵션가격결정모형에 근거한 헤지비율에 의해 위험자산인 주식과 무위험자산인 채권의 투자비율을 시장상황에 따라 조정함으로써 방어적 풋옵션전략과 동일한 효과를 달성하는 전략을 말한다.

예컨대 주식과 채권으로 포트폴리오를 구성한 후 주가가 하락하면 주식을 매도하여 채권에 투자하고, 주가가 상승하면 채권을 매도하여 주식에 투자하면 무위험수익을 보장받으면서 주가상승에 따른 이익을 얻을 수 있다. 블랙-숄즈옵션모형을 이용하면 방어적 풋옵션전략은 다음과 같이 나타낼 수 있다.

$$S+P = S+E^{-RfT}[1-N(d_2)] - S[1-N(d_1)] \quad (16.47)$$
$$= SN(d_1)+E^{-RfT}[1-N(d_2)]$$

식(16.47)은 기초주식을 $N(d_1)$ 단위 매입하고 무위험할인채를 $[1-N(d_2)]$ 단위 매입하면 방어적 풋옵션전략과 동일한 성과를 얻을 수 있다는 의미이다. 다만, $N(d_1)$과 $N(d_2)$는 기초주식의 가격이 변동함에 따라 변화하므로 주식과 채권의 투자비율을 계속해서 재조정해야 포트폴리오보험을 달성할 수 있다.

(3) 동적 헤징전략

동적 헤징전략(dynamic hedging strategy)은 주식포트폴리오를 보유한 상태에서 주가가 하락하는 약세장에서는 주가지수선물의 매도포지션을 늘려 헤지비율을 증가시키고, 주가가 상승하는 강세장에서는 주가지수선물의 매입포지션을 늘려 헤지비율을 감소시켜서 포트폴리오가치를 보호하는 보험전략을 말한다.

주가가 하락하면 현물포지션의 손실을 선물포지션의 이익으로, 주가가 상승하면 현물포지션의 이익으로 선물포지션의 손실을 보전하는데 주가지수선물을 이용하면 방어적 풋옵션전략을 복제할 수 있다. 배당수익률이 q인 주식포트폴리오를 기초자산으로 하는 선물가격(F)과 현물가격(S)간에는 다음의 관계가 성립한다.

$$F = Se^{(Rf-q)T} \rightarrow S = Fe^{-(Rf-q)T} \quad (16.48)$$

식(16.26)을 식(16.25)에 대입하여 정리하면 다음의 관계가 성립한다.

$$S+P = Fe^{-(Rf-q)T}N(d_1)+Ee^{-RfT}[1-N(d_2)] \tag{16.49}$$

식(16.49)는 주가지수선물을 $N(d_1)$단위 매입하고 무위험할인채를 $[1-N(d_2)]$단위 매입하면 방어적 풋옵션전략과 동일한 성과를 얻을 수 있다는 의미이다. 다만, $N(d_1)$과 $N(d_2)$는 기초주식의 가격이 변동함에 따라 변화하므로 주식과 채권의 투자비율을 계속해서 재조정해야 포트폴리오보험을 달성할 수 있다.

(4) 일정비율 포트폴리오보험전략

CPPI전략은 보험기간 초기에 설정한 최저유지수준은 채권에 투자하고 포트폴리오가치가 최저유지수준을 상회하는 초과분은 주식에 투자하는 운용전략을 말한다. CPPI전략을 실행하려면 최저유지수준과 승수가 필요하며 주식투자금액을 쿠션의 승수배로 유지하면 주가하락시 포트폴리오가치를 최저수준으로 유지하고, 주가 상승시 시세상승에 편승하여 콜옵션매입자의 손익을 복제할 수 있다.

(5) 시간불변 포트폴리오보험전략

CPPI전략은 보험기간 초기에 설정한 최저유지수준이 무위험이자율로 증가하나 TIPI전략은 포트폴리오의 구성시점에서 기존의 유지수준과 새로운 유지수준을 비교하여 큰 금액을 새로운 최저유지수준으로 정한다. TIPI전략은 주가의 변화양상에 따라서 보험의 성과가 크게 좌우되지 않기 때문에 CPPI전략이나 옵션복제전략과 달리 불필요한 거래가 절약되므로 거래비용의 감소효과가 존재한다

핵심요약

제1절 옵션의 개요

1. **옵션의 정의** : 만기일 또는 만기일 이전에 기초자산을 행사가격으로 매입하거나 매도할 수 있는 권리가 부여된 증권이나 계약
2. **옵션의 특징** : 옵션매입자는 권리만 보유하고 옵션매도자는 의무만 부담함
3. **옵션의 종류** : 콜옵션과 풋옵션, 유럽형옵션과 미국형옵션, 상품옵션과 금융옵션
4. **옵션의 기능** : 위험헤지의 기능, 레버리지의 기능, 합성증권의 창출

제2절 옵션의 만기가치

1. **콜옵션의 만기가치** : 매입자 $C_T = Max[S_T - E,\ 0]$, 매도자 $C_T = Min[E - S_T,\ 0]$
2. **풋옵션의 만기가치** : 매입자 $P_T = Max[E - S_T,\ 0]$, 매도자 $P_T = Min[S_T - E,\ 0]$

제3절 옵션의 투자전략

1. **순수포지션** : 하나의 주식이나 옵션만을 매입하거나 매도하는 전략
2. **헤지포지션** : 주식과 옵션을 결합하여 주식(옵션)의 손실을 옵션(주식)으로 보전
3. **스프레드** : 행사가격과 만기일만 상이한 옵션을 하나는 매입하고 다른 하나는 매도하는 전략
4. **콤비네이션** : 기초자산이 동일한 콜옵션과 풋옵션을 매입하거나 매도하는 전략

제4절 옵션가격결정의 개요

1. **옵션가격의 결정요인** : C 또는 $P = f(S,\ E,\ T,\ \sigma^2,\ R_f,\ D)$

결정요인	콜옵션가격	풋옵션가격
기초자산의 현재가격↑	+	−
행사가격↑	−	+
만기까지 잔존기간↑	+	+(?)
기초자산의 가격분산↑	+	+
무위험이자율↑	+	−
기초자산의 현금배당↑	−	+

2. **옵션가격의 결정범위**
   ① 콜옵션가격의 범위 : $Max[S - PV(E),\ 0] \le C \le S$
   ② 풋옵션가격의 범위 : $Max[PV(E) - S,\ 0] \le P \le PV(E)$
3. **옵션가격의 구성** : 옵션가격 = 내재가치+시간가치
4. **풋-콜 등가** : 모든 조건이 동일한 콜옵션가격과 풋옵션가격간의 균형관계식
   $S + P - C = PV(E)$

제5절 옵션가격결정모형

1. 이항옵션가격결정모형

① 헤지포트폴리오를 이용한 평가 : $C = \dfrac{PC_u + (1-P)C_d}{(1+r)}$

② 위험중립확률을 이용한 평가 : 위험중립확률(p)=(r−d)/(u−d)

③ 이항옵션가격결정모형 특징

㉠ 옵션가격은 주가의 상승확률이나 하락확률과 무관하며 헤지확률에 의해 결정

㉡ 옵션가격은 투자자들의 위험에 대한 태도와 무관하게 결정됨

㉢ 옵션가격을 결정하는 유일한 변수는 기초자산에 해당하는 주식가격

2. 블랙숄즈옵션가격모형

① 옵션가격결정식 : $C = SN(d_1) - Ee^{-RfT}N(d_2)$, $P = Ee^{-RfT}[1-N(d_2)] - S[1-N(d_1)]$

② 블랙숄즈옵션모형의 의미

제6절 미국달러옵션

1. 미국달러옵션의 정의 : 미래의 특정시점에 미국달러를 옵션매입자와 옵션매도자가 현재시점에서 약정한 환율로 매입 또는 매도할 수 있는 권리

2. 미국달러옵션의 내용 : 미국달러를 기초자산으로 만기일에 권리를 행사할 수 있는 유럽형옵션이며 포지션의 결제는 실물인수도방식으로 청산됨

3. 미국달러옵션의 투자전략

① 미국달러 콜옵션 매입 : 환율이 상승할 것으로 예상되는 경우

② 미국달러 콜옵션 매도 : 환율이 하락하거나 보합으로 예상되는 경우

③ 미국달러 풋옵션 매입 : 환율이 하락할 것으로 예상되는 경우

④ 미국달러 풋옵션 매도 : 환율이 상승하거나 보합으로 예상되는 경우

4. 콜옵션을 이용한 헤지거래

(1) 선물환매입에 의한 헤지 : 수입업자가 환위험을 완벽하게 회피할 수 있는 반면에 환율의 유리한 변동으로 얻을 수 있는 환차익을 포기해야 함

(2) 콜옵션매입에 의한 헤지 : 수입업자는 현물환율이 행사가격보다 상승하면 권리를 행사하고, 현물환율이 행사가격보다 하락하면 권리행사를 포기함

5. 풋옵션을 이용한 헤지거래

(1) 선물환매도에 의한 헤지 : 수출업자가 환위험을 완벽하게 회피할 수 있는 반면에 환율의 유리한 변동으로 얻을 수 있는 환차익을 포기해야 함

(2) 풋옵션매입에 의한 헤지 : 수출업자는 현물환율이 행사가격보다 하락하면 권리를 행사하고, 현물환율이 행사가격보다 상승하면 권리행사를 포기함

제7절 주가지수옵션

1. 주가지수옵션의 의의 : 실체가 없는 추상적인 개념으로 주가지수가 기초자산
2. 주가지수옵션을 이용한 위험헤지

   ① 주가지수 콜옵션을 이용한 헤지 : $N_C = -\frac{S}{I} \times \beta_{SI} \times \frac{1}{\delta_C}$

   ② 주가지수 풋옵션을 이용한 헤지 : $N_P = -\frac{S}{I} \times \beta_{SI} \times \frac{1}{\delta_P}$

3. 주가지수옵션을 이용한 체계적 위험의 관리

제8절 포트폴리오보험전략

1. 의의 : 시세변동에 관계없이 포트폴리오가치를 최저유지수준 이상으로 보장
2. 구성

   ① 방어적 풋옵션전략 : 주식매입+풋옵션매입 = 콜옵션매입+순수할인채매입

   ② 옵션복제전략 : 방어적 풋옵션전략과 동일

   ③ 동적 헤징전략 : $S + P = Fe^{-(Rf-q)T}N(d_1) + Ee^{-RfT}[1 - N(d_2)]$

   ④ 일정비율 포트폴리오보험전략

   ⑤ 시간불변 포트폴리오보험전략

연습문제

01 **다음 중 옵션에 대한 설명으로 옳지 않은 것은?**

① 옵션에는 만기일에만 행사할 수 있는 옵션도 있을 수 있으나 대부분의 경우에 옵션은 만기일 이전에 아무 때나 행사할 수도 있다.
② 기초자산이 주식인 콜옵션의 현재가격은 그 주식의 현재가격이 아닌 거래가격에 의해 변동된다.
③ 옵션은 조건부청구권을 나타내는 증권의 일종으로 투자자들에게 위험을 회피할 수 있는 수단을 제공한다.
④ 기초자산을 매입할 수 있는 권리가 콜옵션이고, 매도할 수 있는 권리가 풋옵션이다.
⑤ 콜옵션의 현재가격은 기초자산 수익률의 변동성이 클수록 증가한다.

해설 옵션의 가격은 그 주식의 현재가격에 따라 변동된다.

02 **다음 중 옵션에 대한 설명으로 가장 옳지 않은 것은?**

① 콜옵션의 가격은 주식(기초자산)의 주가보다 높을 수 없다.
② 무배당 주식에 대한 미국형 콜옵션의 경우 만기일 전에 권리를 행사하지 않는 것이 최적이다.
③ 무위험이자율이 상승하면 콜옵션의 가격은 하락한다.
④ 콜옵션의 가격이 행사가격보다 높을 수 있다.
⑤ 다른 조건이 일정할 경우 콜옵션의 기초자산인 주식의 변동성이 커지면 콜옵션의 가격은 커진다.

해설 무위험이자율이 상승하면 행사가격의 현재가치가 하락하므로 콜옵션의 가격은 상승한다.

03 **완전자본시장에서 차익거래기회가 없다고 가정할 경우에 주식을 기초자산으로 하는 유럽형옵션에 관한 설명 중 가장 적절하지 않은 것은? (단, 문항에서 제시한 조건 이외에 다른 모든 조건은 일정하다.)**

① 주식가격이 상승하면 풋옵션의 가격은 하락한다.
② 행사가격이 클수록 콜옵션의 가격은 낮게 형성된다.
③ 잔존만기가 길수록 풋옵션의 가격은 높게 형성된다.
④ 무위험이자율이 상승하면 콜옵션의 가격은 상승한다.
⑤ 예상배당이 클수록 풋옵션의 가격은 높게 형성된다.

해설 만기가 유럽형 풋옵션의 가격에 미치는 영향은 명확하지 않다. 만기가 길수록 행사가격의 현재가치가 작아져서 풋옵션가격이 낮아지는 효과와 기초주식의 가격분산이 커져서 풋옵션가격이 높아지는 효과도 있기 때문이다.

결정요인	콜옵션가격	풋옵션가격
기초주식의 현재가격 ↑	+	−
행사가격 ↑	−	+
만기까지 잔존기간 ↑	+	+(?)
기초주식의 가격분산 ↑	+	+
무위험이자율 ↑	+	−
기초주식의 현금배당 ↑	−	+

04 다음 중 유럽형옵션의 가격변동에 대한 설명으로 옳지 않은 것은?

① 기초증권의 가격이 상승하면 콜옵션의 가격은 상승한다.
② 기초증권의 가격이 상승하면 풋옵션의 가격은 하락한다.
③ 기초증권의 수익률의 분산이 증가하면 콜옵션의 가격은 상승한다.
④ 기초증권의 수익률의 분산이 증가하면 풋옵션의 가격은 하락한다.
⑤ 무위험이자율이 상승하면 콜옵션의 가격은 상승한다.

해설 기초증권의 수익률의 분산이 증가하면 콜옵션이나 풋옵션 모두 가격이 상승한다.

결정요인	콜옵션가격	풋옵션가격
기초주식의 현재가격 ↑	+	−
행사가격 ↑	−	+
만기까지 잔존기간 ↑	+	+(?)
기초주식의 가격분산 ↑	+	+
무위험이자율 ↑	+	−
기초주식의 현금배당 ↑	−	+

05 강남기업 주식의 현재가격은 20,000원이고 행사가격은 15,000원이다. 옵션의 만기가 1개월 남은 강남기업의 콜옵션 프리미엄은 7,000원이라고 가정할 경우에 콜옵션의 시간가치는 얼마인가?

① 2,000원 ② 3,000원 ③ 4,000원
④ 5,000원 ⑤ 6,000원

해설 옵션가격 = 내재가치+시간가치 → 시간가치 = 옵션가격−내재가치
내재가치는 5,000원(=20,000−15,000)이므로 시간가치는 2,000원이다.

06 다음 중 옵션의 시간가치와 내재가치에 대한 설명으로 옳은 것은?

① 시간가치는 기초자산의 가격이 옵션매입자에게 유리한 방향으로 변동할 가능성 때문에 발생한다.
② 내재가치는 옵션이 등가격(ATM)옵션이 될수록 커진다.
③ 시간가치는 옵션이 내가격(ITM)옵션이 될수록 커진다.
④ 시간가치는 옵션의 만기와는 무관하다.
⑤ 만기가 많이 남은 옵션일수록 옵션의 내재가치가 크다.

해 설 ②와 ⑤는 시간가치에 대한 설명이며, ③은 시간가치에 대한 설명이다. 시간가치는 옵션의 만기가 길수록 커진다.

07 투자자 홍길동은 행사가격이 25,000원인 콜옵션을 4,000원에 2개 매입하였고, 행사가격이 40,000원인 콜옵션을 2,500원에 1개 발행하였다. 옵션의 만기일에 기초주식가격이 50,000원이라고 가정하여 이러한 투자전략의 만기가치와 투자자의 만기손익을 각각 구하시오. (단, 옵션의 기초주식과 만기일은 동일하며 거래비용은 무시하라.)

	투자전략의 만기가치	투자자의 만기손익
①	15,000원	13,500원
②	25,000원	23,500원
③	30,000원	27,000원
④	35,000원	30,000원
⑤	40,000원	34,500원

해 설 행사가격 25,000원 콜옵션의 가치 : $C = Max[50,000 - 25,000, 0] = 25,000$원
행사가격 40,000원 콜옵션의 가치 : $C = Max[50,000 - 40,000, 0] = 10,000$원
투자자의 만기가치 = 25,000원×2개−10,000원×1개 = 40,000원
현재시점 투자금액 = 4,000원×2개−2,500원×1개 = 5,500원
투자자의 만기손익 = 40,000원−5,500원 = 34,500원

08 **배당을 지급하지 않는 A기업의 주가는 현재 10,000원이다. 투자자는 1년 동안 10,000원을 예금하는 경우 만기에 11,000원을 확정적으로 받게 되며, 예금금리와 동일한 금리로 자금을 차입할 수 있다. 여기서 콜옵션과 풋옵션은 A기업 주식에 대한 만기 1년의 유럽형 옵션을 의미하며 행사가격은 11,000원으로 동일하다. 콜옵션가격이 3,000원이라면 다음 중 옳은 것은?**

① 풋옵션가격이 2,000원이라면 콜옵션 하나를 매수하고 풋옵션 하나를 매도함으로써 1년 후 1,100원의 무위험차익을 얻을 수 있다.
② 콜옵션 2개를 매수하고 A기업 주식 1주를 공매하며 10,000원을 예금하는 경우 만기에 주가가 2,500원으로 하락하거나 12,500원으로 상승하면 이익이 발생한다.
③ A기업의 주식에 대한 만기 1년 선도계약의 선도가격이 10,500원이고 풋옵션의 가격이 2,500원이라면 무위험차익거래의 기회는 존재하지 않는다.
④ 무위험차익거래 기회가 존재하지 않는 경우 풋옵션 1개를 매수함과 동시에 10,000원을 차입하여 A기업 주식 1주를 매수함으로써 A기업 주식에 대한 만기 1년의 미국형 콜옵션을 매수하는 것과 같은 효과를 얻을 수 있다.
⑤ 콜옵션과 풋옵션에 대한 행사가격이 A기업 주식에 대한 1년 만기 선도계약의 선도가격과 동일한 경우에 무위험차익거래기회가 존재하지 않기 위해서는 콜옵션가격은 풋옵션가격보다 높아야 한다.

해 설

① $S+P-C=\frac{E}{(1+R)^T} \rightarrow 10,000+2,000-3,000<\frac{11,000}{1.1}$이므로 $S+P-C$를 매입한다.
② 최초투자액 = 3,000×2(콜옵션매입)−10,000(주식공매)+10,000(예금) = 6,000원
㉠ 만기주가 2,500원인 경우의 가치(콜옵션 포기)
0×2(콜옵션)−2,500(주식)+11,000(예금) = 8,500원
㉡ 만기주가 12,500원인 경우의 가치(콜옵션 행사)
(12,500−11,000)×2(콜옵션)−12,500(주식)+11,000(예금) = 1,500원
따라서 만기일 주가가 12,5000원인 경우에 최초투자액 대비 손실이 발생한다.
③ 콜옵션을 하나 매입하고 풋옵션을 하나 매도하면 선도가격이 행사가격이 되는 선도거래와 같은 포지션을 취한다. 선도가격이 10,500원이므로 차익거래가 존재한다.
④ C = S+P−PV(E), 합성콜옵션 = 주식매입+풋옵션매입−행사가격의 현재가치 차입
⑤ F = $S(1+R_f)$ = 10,000(1.1) = 11,000에서 E=F=11,000이므로 무위험차익거래가 존재하지 않으려면 풋옵션가격은 3,000원으로 콜옵션가격과 동일해야 한다.

09 CPA 파생상품 투자주식회사의 옵션운용부에서 근무하는 A부터 E까지 5명의 매니저가 다음과 같은 옵션거래전략을 구성하였다. 옵션을 발행한 기초자산의 가격이 향후 대폭으로 상승할 경우에 가장 불리한 투자결과가 발생할 것으로 예상되는 매니저는 누구인가? 옵션의 행사가격들은 현재의 주가에 근접하고 있으며 동일한 주식을 기초자산으로 하고 있다고 가정한다.

A : 주식을 매입하고 주식에 대한 콜옵션을 발행
B : 행사가격이 동일한 콜을 매입하고 풋을 발행
C : 행사가격이 다른 콜과 풋을 동시에 매입
D : 행사가격이 다른 두 개의 콜 중에서 높은 행사가격을 가진 콜은 매입하고
낮은 행사가격을 가진 콜은 발행
E : 주식을 매입하고 주식에 대한 풋옵션을 동시에 매입

① A매니저　　② B매니저　　③ C매니저
④ D매니저　　⑤ E매니저

해 설
A : covered call은 주식을 1주 매입하고 그 주식을 기초자산으로 하며 현재주가를 행사가격으로 하는 콜옵션을 1단위 매도하는 전략을 말하며 주가가 상승할 경우에 이익은 일정하지만 주가가 하락할 경우에 손실을 축소할 수 있다.
B : 합성선물매입은 행사가격과 만기일이 동일한 콜옵션을 매입하고 풋옵션을 매도하는 전략을 말하며 선물매입과 유사한 효과로 주가가 상승할 경우에 이익을 얻는다.
C : 스트랭글매입은 기초주식과 만기일이 동일하지만 행사가격이 다른 콜옵션과 풋옵션을 한 개씩 또는 동일한 비율로 매입하는 전략을 말하며 기초주가가 두 옵션의 행사가격과 프리미엄을 합한 가격보다 크게 변할 경우에 이익을 얻는다.
D : 약세스프레드는 기초주식의 가격이 약세(bear market)를 보일 것으로 예상될 때 행사가격이 낮은 옵션은 매도하고 행사가격이 높은 옵션은 매입하는 전략을 말하며 주가가 하락할 경우에 이익과 주가가 상승할 경우에 손실을 일정수준으로 한정시킨다.
E : protective put은 주식을 1주 매입하고 그 주식을 기초자산으로 하며 현재주가를 행사가격으로 하는 풋옵션을 1단위 매입하는 전략을 말하며 주가가 상승할 경우에 이익은 시세에 편승하면서 주가가 하락할 경우에 손실을 제한할 수 있다.

연습문제

10 기초자산의 현재가격이 100원이고 행사가격이 110원이며 잔존기간이 1년인 유럽형 콜옵션이 있다. 기초자산의 가격은 10원 단위로 변화한다. 만기일의 기초자산가격의 확률분포가 다음 그림과 같고 무위험이자율이 연 10%라고 가정할 때 이 옵션의 현재 이론가격은 얼마인가? (소수점 아래 셋째 자리에서 반올림하시오.)

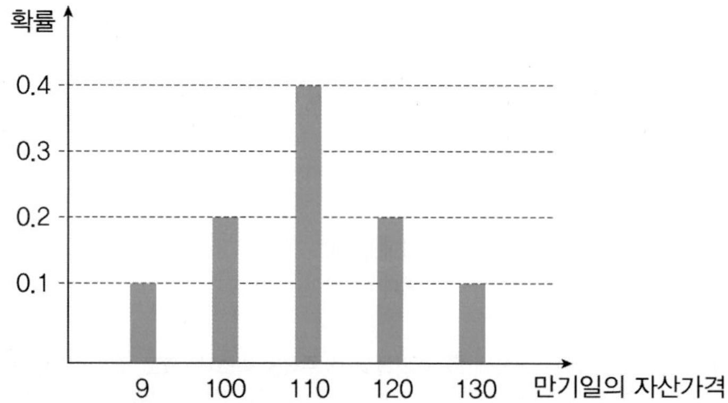

① 0.00　② 1.82　③ 2.73
④ 3.64　⑤ 4.00

해 설
(1) 기초자산의 기대수익률 = −10%×0.1+0%×0.2+10%×0.4+20%×0.2+30%×0.1 = 10%
(2) 위험자산인 기초자산의 기대수익률이 무위험이자율과 동일하여 기초자산가격 확률분포의 상황별 확률을 위험중립확률로 해석할 수 있다.
(3) 위험중립형 평가방법으로 콜옵션가격의 계산

$$C=\frac{0\times0.1+0\times0.2+0\times0.4+10\times0.2+20\times0.1}{1.1}=3.64\text{원}$$

11 동국기업의 주식은 다음과 같은 확률분포를 가지고 있다. 동국기업의 주식에 대해 유럽형 콜옵션이 발행되었고, 옵션만기일은 3개월 후이며 행사가격은 5,000원이다. 옵션의 만기일에 콜옵션 기댓값은 얼마인가?

주가	2,000원	4,000원	6,000원	8,000원	10,000원
확률	0.1	0.2	0.4	0.2	0.1

① 500원　② 1,000원　③ 1,500원
④ 2,000원　⑤ 3,000원

해 설
E(C) = 1,000×0.4+3,000×0.2+5,000×0.1 = 1,500원

12 **배당을 지급하지 않은 K회사 주식에 대해 투자자는 다음과 같은 정보를 가지고 있으며 거래비용은 없다고 가정한다. 현재 상황에서 차익(arbitrage profit)을 얻기 위해 투자자가 취할 수 있는 거래전략을 바르게 명시한 것은?**

> 현재주가 = 11,000원, 무위험이자율 = 연 5%
> 유럽형 콜옵션가격(행사가격 : 10,500원, 만기까지 잔존기간 1년) = 1,700원
> 유럽형 풋옵션가격(행사가격 : 10,500원, 만기까지 잔존기간 1년) = 500원

① 현물주식 1주를 매입하고 그 주식에 대한 콜옵션을 1개 매도하며 풋옵션을 1개 매입하고 동시에 10,000원을 차입한다.
② 현물주식 1주를 공매하고 그 주식에 대한 콜옵션을 1개 매입하며 풋옵션을 1개 매도하고 동시에 10,000원을 예금한다.
③ 현물주식 1주를 매입하고 그 주식에 대한 콜옵션을 1개 매입하며 풋옵션을 1개 매도하고 동시에 10,000원을 차입한다.
④ 현물주식 1주를 공매하고 그 주식에 대한 콜옵션을 1개 매도하며 풋옵션을 1개 매입하고 동시에 10,000원을 예금한다.
⑤ 이 경우 차익거래의 기회가 존재하지 않는다.

해설

$$S+P-C=11,000+500-1,700=9,800<\frac{E}{(1+R_f)^T}=\frac{10,500}{(1.05)}=10,000$$

투자자가 차익거래를 통해서 이익을 얻으려면 과대평가된 E/(!+Rf)를 매도하고 과소평가된 S+P−C를 매입해야 하며 채권을 매도한다는 것은 대출이 아닌 차입을 의미한다.

13 **(주)가나다는 만기가 1년이고 행사가격이 10,000원인 유럽형 콜옵션과 풋옵션을 발행하였다. 가나다의 현재주가는 10,000원, 액면가액이 1,000원인 1년 만기 무위험채권의 가격은 900원이다. 현재 콜옵션의 가격이 2,000원이라고 가정할 경우 풋옵션의 가격은 얼마인가?**

① 1,000원 ② 1,500원 ③ 2,000원
④ 2,500원 ⑤ 3,000원

해설 액면가액이 1,000원인 1년 만기 무위험채권의 가격은 900원이므로 풋−콜 등가를 이용하면 행사가격의 현재가치는 9,000원이 된다.

$$P=-S+C+\frac{E}{(1+R_f)^T}=-10,000+2,000+9,000=1.000$$

연습문제

14 어느 수출업자는 3개월 후 외화 1단위를 수령할 예정이다. 환율변동위험을 헤징하기 위해 만기가 3개월이고 행사가격이 K_p인 풋옵션 1단위를 매입하고 만기가 3개월이고 행사가격이 K_c인 콜옵션 1단위를 매도하였다. (단, $K_p < K_c$) 이 수출업자가 외화 1단위를 수취할 때의 외화표시액을 바르게 표시한 것은?

①
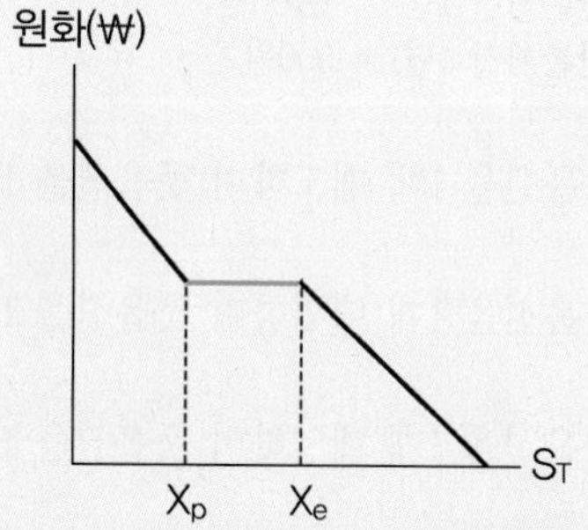

②
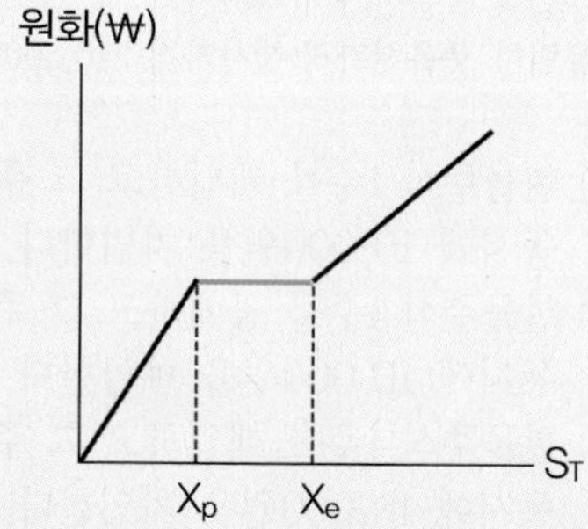

③
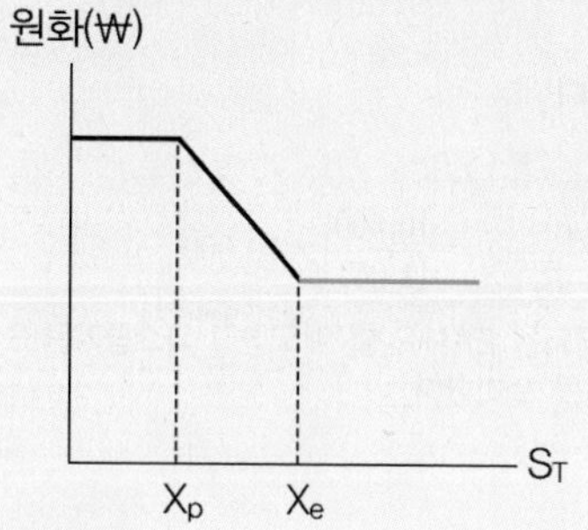

④
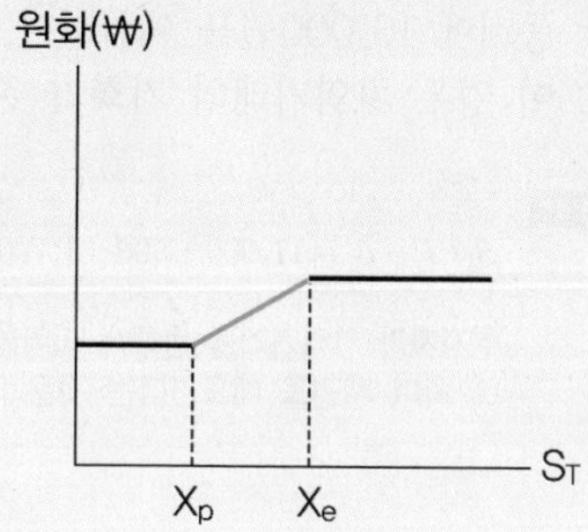

⑤
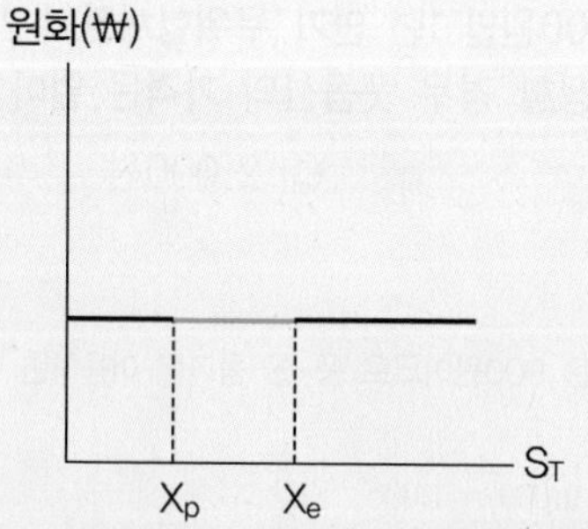

해설 K_P와 K_C가 일치하지 않아 풋–콜 등가는 성립하지 않는다. $K_P < S < K_C$의 구간에서 콜옵션과 풋옵션은 외가격 상태이므로 수출업자는 +S를 유지하여 우상향하는 ④이 정답이다.

15 유한전자의 주식은 10,000원에 거래되고 있다. 이 주식에 대해 행사가격이 10,000원이며 6개월 후에 만기가 도래하는 콜옵션의 가치는 블랙-숄즈옵션모형을 이용하여 계산한 결과 2,000원이었다. 주가가 10% 상승하여 11,000원이 된다면 콜옵션가치의 변화에 대해 가장 잘 설명하는 것은 무엇인가?

① 콜옵션가치는 1,000원보다 적게 증가하고 콜옵션 가치의 증가율은 10%보다 높다.
② 콜옵션가치는 1,000원보다 많이 증가하고 콜옵션 가치의 증가율은 10%보다 높다.
③ 콜옵션가치는 1,000원보다 적게 증가하고 콜옵션 가치의 증가율은 10%보다 낮다.
④ 콜옵션가치는 1,000원보다 많이 증가하고 콜옵션 가치의 증가율은 10%보다 낮다.
⑤ 콜옵션가치는 1,000원 증가하고 콜옵션 가치의 증가율은 10%이다.

해설 (1) 옵션의 델타(delta : δ)는 기초자산의 가격변화에 대한 옵션가격의 변화정도를 말하며 옵션가격의 변화정도는 기초자산의 가격변화보다 작기 때문에 콜옵션의 델타는 0에서 1사이의 정(+)의 값을 갖는다.
(2) 옵션가격의 탄력성은 기초자산의 가격변화에 대한 옵션가격의 변화정도(민감도)로 측정할 수 있으며 콜옵션가격의 탄력성은 다음과 같이 측정할 수 있다.

$$\varepsilon_C = \frac{dC/C}{dS/S} = \frac{dC}{dS}\frac{S}{C} = N(d_1)\frac{S}{C}$$

16 한국기업의 주가는 현재 100만원인데, 1년 후에 120만원 또는 105만원 가운데 하나의 값을 갖는다고 가정한다. 이 주식의 주가를 기초자산으로 하고 만기는 1년이며 행사가격이 110만원인 콜옵션과 풋옵션이 있다. 기초자산과 옵션을 이용한 차익거래가 발생하지 않는 옵션가격들을 이항옵션가격결정모형을 이용하여 구한 후 콜옵션과 풋옵션의 가격차이의 절대값을 계산하시오. 1년 무위험이자율은 10%이고 옵션의 만기일까지 배당지급은 없다.

① 0원 ② 500원 ③ 1,000원
④ 5,000원 ⑤ 10,000원

17 다음 중 블랙-숄즈 옵션가격결정모형에 대한 설명으로 옳지 않은 것은?

① $d_1=0$이면 $N(d_1)=0.5$이고, $d_2=\infty$이면 $N(d_2)=1$이다.
② $N(d_1)$은 기초주식의 가격변화에 대한 콜옵션가격의 변화정도를 나타낸다.
③ 콜옵션 1개의 매도에 대해서 주식을 $N(d_1)$주 매입하면 완전헤지가 가능하다.
④ 주식 1주를 매입하고 풋옵션 $\dfrac{1}{1-N(d_1)}$ 개를 매입하면 무위험헤지포트폴리오를 구성할 수 있다.
⑤ 주식의 가격변동에 대한 콜옵션가격의 변동액은 기초주식의 가격변동액보다 크다.

해설 옵션가격의 변화액은 주식의 변화액보다 적고, 옵션가격의 변화율은 주식가격의 변화율보다 크다.

연습문제

18 **한국거래소에 상장된 미국달러옵션에 대한 설명으로 옳지 않은 것은?**

① 실물인수방식으로 결제가 이루어진다.
② 만기에만 권리행사가 가능한 유럽형옵션이다.
③ 반대의견이 없는 경우 만기에 내가격옵션은 자동으로 행사된다.
④ 달러 콜옵션매입자는 달러를 지급하고 원화를 수취한다.

해설 달러 콜옵션매입자는 원화를 지급하고 달러를 수취한다.

19 **한국거래소에 상장된 미국달러옵션의 만기에 권리행사에 대한 설명으로 옳지 않은 것은?**

① 콜옵션매입자는 원화를 지불하고 달러를 수취한다.
② 콜옵션매도자는 원화를 수취하고 달러를 지불한다.
③ 풋옵션매입자는 원화를 지불하고 달러를 수취한다.
④ 권리행사시 거부요청이 없으면 내가격옵션으로 자동 행사된다.

해설 풋옵션매입자는 원화를 수취하고 달러를 지급한다.

20 **달러표시채권 1백만달러를 보유하고 있는 기업이 환리스크를 헤지하기 위해 미달러옵션을 이용하는 경우에 바람직한 거래는?**

① 콜옵션 100계약 매입 ② 콜옵션 100계약 매도
③ 풋옵션 100계약 매입 ④ 풋옵션 100계약 매도

해설 미달러옵션은 계약단위가 1만달러이므로 헤지계약수는 100계약이다. 외화채권 보유자는 환율하락위험에 노출되어 있으므로 풋옵션을 매입해야 한다.

21 **행사가격 1,100원인 달러 풋옵션을 계약당 10원의 프리미엄을 주고 10계약 매입하였다. 외환시장에서 환율이 1,070원 일 때 반대매매를 통해 포지션을 청산했다면 프리미엄을 고려한 거래손익은?**

① 200,000원 이익 ② 200,000원 손실
③ 300,000원 이익 ④ 300,000원 손실

해설 거래손익 = (1,100−1,070−10)×10계약수×1만달러 = 200,000원 이익

22 서울기업은 3개월 후 수입대금 1백만달러를 결제해야 한다. 향후 환율상승위험을 헤지하기 위해 현물환율 1,120원, 콜옵션의 행사가격 1,120원, 달러당 옵션프리미엄 20원의 조건으로 거래한 경우에 옳지 않은 것은?

① 최대결제비용을 1,140백만원에 고정하는 효과가 있다.
② 3개월 후 환율이 급등하는 경우 손실이 무한대로 갈 가능성이 있다.
③ 달러선물을 이용한 헤지에 비해 비용면에서 불리하다.
④ 달러선물매입을 통한 헤지와 달리 환율하락시 이익을 볼 수 있다.

해설 향후 환율이 급등하더라도 최대 결제비용은 1,140백만원으로 고정되며 환율하락시 이익이 발생한다.

23 연세기업은 1개월 후에 미화 1백만달러의 수입대금이 필요하다. 현재 현물환율은 달러당 1,250원이나, 앞으로 환율의 상승을 우려하여 한국거래소에서 거래되는 만기 1개월, 행사가격 1,200원/$인 미국달러 콜옵션(1계약=$10,000)을 달러당 80원의 프리미엄에 100계약을 매입하였다. 1개월 후 현물환율이 1,350원이고 거래비용을 무시하면 연세기업이 1백만달러를 결제하는데 소요되는 원화대금은?

① 12.8억원 ② 13.0억원
③ 14.2억원 ④ 15.2억원

해설 1달러당 결제비용(1,350원)−옵션행사이익(150원)+옵션프리미엄(80원) = 1,280원
1,280원×100계약×10,000 = 12.8억원

24 고려기업은 2개월 후에 미화 1백만달러의 수입대금이 필요하다. 현재 현물환율은 달러당 1,200원이나, 앞으로 환율상승에 대비하여 만기 2개월, 행사가격 1,200원/$인 미국달러 콜옵션(1계약=$10,000)을 달러당 30원의 프리미엄에 100계약을 매입하였다. 2개월 후 현물환율이 1,260원이라면 옵션의 권리행사를 고려한 고려기업의 총결제비용은?

① 11.4억원 ② 12.0억원
③ 12.3억원 ④ 12.9억원

해설 총결제비용 = 수입결제비용+옵션행사이익 = 12.3억원
수입결제비용 = $1,000,000×1,260원 = 12.6억원
옵션행사이익 = 30원×10,000×100계약 = 0.3억원

연습문제

25 **건국기업은 1개월 후에 미국 달러로 수입대금을 결제해야 한다. 현재 현물환율은 1,260원이다. 앞으로 환율상승에 대비하여 한국거래소에서 거래되는 미국달러 콜옵션(행사가격 1,270원)을 25원에 매입하여 헤지한 경우에 옳은 설명은?**

① 미국달러 상환비용을 1달러당 1,260원으로 고정하였다.
② 미국달러 상환비용을 1달러당 1,285원으로 고정하였다.
③ 미국달러 상환비용을 1달러당 1,245원으로 고정하였다.
④ 미국달러 상환비용을 1달러당 1,295원으로 고정하였다.

해설
현물 매도포지션 상태와 동일한 수입상이 헤지하기 위해 콜옵션을 매입하는 경우에 현물매도+콜옵션매입=풋옵션매입 손익구조와 동일하고, 이는 최고상환비용을 고정시킨다.
최고상환비용 = 행사가격+콜옵션프리미엄 = 1,270원+25원 = 1,295원

26 **홍익기업은 1개월 후에 1백만달러 수출대금을 수취할 예정이다. 홍익기업은 달러약세를 우려하여 미국달러 풋옵션(행사가격 1,280원) 100계약을 프리미엄 15원에 매입하여 헤지한 경우에 옳은 설명은?**

① 미국달러 최고매도가격을 1달러당 1,280원에 고정하였다.
② 미국달러 최저매도가격을 1달러당 1,280원에 고정하였다.
③ 미국달러 최고매도가격을 1달러당 1,260원에 고정하였다.
④ 미국달러 최저매도가격을 1달러당 1,260원에 고정하였다.

해설
현물 매입포지션 상태와 동일한 수출상이 헤지하기 위해 풋옵션을 매입하는 경우에 현물매입+풋옵션매입=콜옵션매입 손익구조와 동일하고, 이는 최저매도가격을 고정시킨다.
최저매도가격 = 행사가격−풋옵션프리미엄 = 1,280원−15원 = 1,260원

27 **다음 중 장외시장에서 미달러 콜옵션을 매입하는 경우와 동일한 결과를 가져오는 것은?**

① 원화 콜옵션 매입 ② 원화 콜옵션 매도
③ 원화 풋옵션 매입 ④ 원화 콜옵션 매도

해설
통화옵션은 두 개의 환율과 관계되어 특정 통화의 콜옵션 매입은 상대 통화의 풋옵션 매입과 동일한 효과가 있다.

28 **한국거래소에 상장된 개별주식옵션에 대한 설명으로 옳지 않은 것은?**

① 한국거래소에 상장된 보통주 30개 종목을 대상으로 한다.
② 만기에만 권리행사가 가능한 유럽형 옵션이다.
③ 거래승수는 1계약당 10주이며 실물인수도방식을 채택하고 있다.
④ 행사가격은 기초자산의 가격에 따라 설정간격이 상이하게 적용된다.

해 설 거래승수는 1계약당 10주이며 실물인수도방식을 채택하고 있다.

29 **한국거래소에 상장된 주가지수옵션에 대한 설명으로 옳지 않은 것은?**

① 거래단위승수인 지수 1포인트당 가격은 10만원으로 한다.
② 거래대상은 만기일에만 권리를 행사할 수 있는 유럽형옵션이다.
③ 결제방법은 실물인수도가 아닌 현금결제방식으로 결제된다.
④ 만기일 이전에 반대매매를 통해 포지션을 청산할 수 없다.

해 설 주가지수옵션은 만기일 이전에 언제든지 반대매매가 가능하다.

30 **한국거래소에 상장된 KOSPI 200지수는 230포인트이다. 다음 중 옵션가격이 가장 높을 것으로 예상되는 옵션은?**

① 행사가격 227.5 콜옵션
② 행사가격 227.5 풋옵션
③ 행사가격 235.0 콜옵션
④ 행사가격 235.0 풋옵션

해 설 내가격상태의 옵션이 가장 가격이 높다. 풋옵션의 내재가치는 행사가격(235포인트)–기초자산가격(230포인트)=5포인트이다. 여기에 시간가치를 고려해도 행사가격 235 풋옵션이 가장 비싸다.

31 **다음 중 거래비용을 고려하지 않는 경우에 KOSPI 200지수 풋옵션 매입전략에 대한 설명으로 옳은 것은?**

① KOSPI 200이 강세일 것으로 예상될 때 사용하는 투자전략이다.
② 옵션만기일의 손익분기점은 행사가격에 풋옵션프리미엄을 가산한다.
③ 옵션만기일의 KOSPI 200이 손익분기점보다 낮은 경우에 이익이 발생한다.
④ 옵션만기일의 KOSPI 200이 행사가격보다 낮은 경우에 손실이 발생하고, 최대손실금액은 지불한 프리미엄이 된다.

해 설
① 풋옵션매입은 KOSPI 200이 약세일 것으로 예상될 때 사용하는 투자전략이다.
② 옵션만기일의 손익분기점은 행사가격에서 풋옵션프리미엄을 차감한다.
④ 옵션만기일의 KOSPI 200이 행사가격보다 낮은 경우에 이익이 발생하고, 최대손실금액은 지불한 프리미엄이 된다.

32 KOSPI 200을 추적하는 현물을 보유한 투자자가 주가하락에 대비하여 행사가격이 250포인트인 KOSPI 200 풋옵션을 4포인트에 매입하는 경우에 손익분기점이 되는 KOSPI 200지수는?

① 246포인트 ② 250포인트
③ 254포인트 ④ 258포인트

해설 풋옵션매입자의 손익분기점 = 행사가격–풋옵션프리미엄 = 250–4 = 246포인트

33 2013년 9월 2일 KOSPI 200지수가 250포인트이다. 한국거래소에서 행사가격이 217.50포인트이고 만기가 9월 12일인 콜옵션이 프리미엄 4.70포인트에 거래되고 있다. 콜옵션을 1계약 매입한 후 만기일에 주가지수가 226.00포인트로 상승한 경우 콜옵션매입자의 프리미엄을 고려한 순손익은?

① 38만원 이익 ② 38만원 손실
③ 65만원 이익 ④ 65만원 손실

해설 권리행사시 순이익 = 내재가치 – 콜옵션프리미엄 = 85만원 – 47만원 = 38만원
㉠ 내재가치 = (226.00–217.50)×100,000원 = 850,000원
㉡ 프리미엄 = 4.70×100,000원 = 470,000원

34 KOSPI 200의 합성콜옵션가격이 2이고, 실제로 시장에서 거래되는 콜옵션가격이 3이라면 차익거래를 위해 어떤 포지션을 취해야 하는가?

① 콜옵션 매도, 풋옵션 매도, KOSPI 200선물 매입
② 콜옵션 매도, 풋옵션 매입, KOSPI 200선물 매입
③ 콜옵션 매입, 풋옵션 매도, KOSPI 200선물 매도
④ 콜옵션 매입, 풋옵션 매입, KOSPI 200선물 매도

해설 시장가격이 이론가격(합성콜옵션)보다 높은 경우에 과대평가된 콜옵션을 매도하고 과소평가된 합성콜옵션을 매입해야 한다. 합성콜옵션매입은 풋옵션매입과 KOSPI 200선물매입으로 구성된다.

35 커버드 콜매도(covered call) 거래에 대한 설명으로 올바른 것은?

① 주가지수의 상승위험을 헤지하기 위한 거래이다.
② 주가지수가 하락하는 경우에 손실을 일정수준으로 제한시켜 준다.
③ 방어적 풋매입보다 바람직한 헤지방법이다.
④ 커버드 콜매도거래는 풋옵션매도와 유사한 경제적 효과를 가진다.

해 설 ① 주가지수의 하락위험을 헤지하기 위한 거래이다.
② 주가지수가 하락하는 경우에 손실이 무한대로 확대될 수 있다.
③ 방어적 풋매입보다 헤지거래 측면에서 바람직하지 못하다.

36 펀드매니저 홍길동은 다음과 같이 구성된 주식포트포리오를 보유하고 있다.

주식	시장가격	보유주식수	베타
A	5,000원	20,000주	1.3
B	10,000원	10,000주	1.9

홍길동은 향후 주가지수의 하락에 따른 포트폴리오의 가치하락위험에 대비하기 위해 KOSPI 200옵션을 이용하고자 한다. 현재의 KOSPI 200은 100포인트, 주가지수 콜옵션의 델타는 0.8, 콜옵션의 가격은 2, KOSPI 200옵션의 포인트당 가격은 100,000원이다. 무위험헷지를 위해 홍길동이 매입 또는 매도해야 할 주가지수 콜옵션의 계약수는?

① 20계약 매입 ② 20계약 매도
③ 40계약 매입 ④ 40계약 매도

해 설 주가지수 콜옵션을 이용하여 보유중인 주식포트폴리오의 가치하락위험을 헤지하려면 콜옵션을 매도해야 하며, 홍길동이 매도해야 할 주가지수 콜옵션의 계약수는 다음과 같다.

$$m = \frac{S}{I} \times \beta_P \times \frac{1}{\delta_C} = \frac{2억^{*}}{100 \times 100{,}000} \times 1.6^{**} \times \frac{1}{0.8} = 40$$

* S = 5,000원×20,000주+10,000원×10,000주 = 2억원

$$** \ \beta_P = W_A\beta_A + W_B\beta_B = \frac{1}{2} \times 1.3 + \frac{1}{2} \times 1.9 = 1.6$$

37 다음 중 포트폴리오보험전략에 대한 설명으로 옳지 않은 것은?

① 포트폴리오보험전략은 콜옵션의 성과를 복제하려는 투자전략으로 현물매입과 풋옵션매입을 통한 방어적 풋옵션전략이 있다.
② 포트폴리오보험전략은 지수가 폭등하거나 폭락할 때도 원하는 결과를 달성할 수 있는 안정적인 투자전략이다.
③ 방어적 풋옵션전략을 통해 기초자산가격이 상승하면 이익을 향유하면서 기초자산가격이 하락하면 손실이 제한적이다.
④ 포트폴리오를 주식과 채권으로 구성한 뒤 기초주식의 가격이 변동함에 따라 포트폴리오 재조정을 통한 동적 자산배분전략이 있다.

해 설 포트폴리오보험전략은 기초주식의 가격변화에 따라 추가적인 포지션 조정이 필요한데 기초주식의 가격이 급등락하면 추가비용이 발생하여 원하는 결과를 얻지 못할 수 있다.

연습문제

38 다음 중 보호적 풋매입(protective put) 거래에 대한 설명으로 가장 옳지 않은 것은?

① 주가지수선물을 매입한 후 주가하락에 대비하여 풋옵션을 매입하는 거래이다.
② 주가지수가 하락하는 경우에 손실이 제한된다.
③ 주가지수가 상승하는 경우에 이익이 제한된다.
④ 콜옵션 매입과 동일한 경제적 효과를 갖는다.

해설 주가지수가 상승하는 경우에 지수상승에 따른 이익을 누릴 수 있다.

39 다음 중 방어적 풋매입(protective put) 포지션으로 옳은 것은?

① 현물매입 + 콜옵션매입
② 현물매입 + 콜옵션매도
③ 선물매입 + 풋옵션매입
④ 선물매입 + 풋옵션매도

해설 방어적 풋옵션전략은 선물(현물)매입과 풋옵션매입의 합성포지션으로 구성된다.

40 다음 중 방어적 풋옵션전략에 대한 설명으로 옳지 않은 것은?

① 주가가 하락할 경우에는 손실회피효과가 없다.
② 강세장에서는 주가상승에 따른 이익의 확대효과가 있다.
③ 콜옵션매입과 동일한 성과도의 형태를 갖는다.
④ 주가가 하락하면 손실은 한정되고 주가가 상승하면 이익은 확대된다.

해설 방어적 풋옵션전략은 현재 보유하고 있는 주식포트폴리오를 기초자산으로 하고, 원하는 최저유지수준의 가치를 행사가격으로 하며, 목표투자기간을 만기로 하는 주가지수풋옵션을 매입하는 전략을 말한다.

정답

01.②	02.③	03.③	04.④	05.①	06.①	07.⑤	08.④	09.④	10.④
11.③	12.①	13.①	14.④	15.①	16.①	17.⑤	18.④	19.③	20.③
21.①	22.②	23.①	24.③	25.④	26.④	27.③	28.③	29.④	30.④
31.③	32.①	33.①	34.②	35.④	36.④	37.②	38.③	39.③	40.①

17 스왑거래

스왑은 금융공학에 의해 창출된 파생상품으로 금리스왑과 통화스왑으로 구분할 수 있고, 스왑거래의 이론적 근거는 비교우위이다. 따라서 스왑거래의 당사자들이 비교우위가 있는 금리로 자금을 차입한 후에 이자 및 원리금 지급의무를 서로 교환하게 되면 거래당사자 모두 차입비용을 절감할 수 있다.

제 1 절 기본개념

1 스왑거래의 등장

스왑거래의 기원은 1970년대 초 미국과 영국간에 성행한 평행대출과 국제상호직접대출에서 찾을 수 있다. 당시 대부분의 국가는 자금의 해외유출을 막기 위해서 외환통제가 엄격하였다. 따라서 금융기관과 다국적기업은 외환통제를 회피하기 위한 수단으로 평행대출과 국제상호직접대출을 많이 이용하였다.

1980년대 들어 통화스왑을 포함한 스왑금융은 금리변동과 환율변동에 따른 위험을 효과적으로 관리하는 동시에 차입비용도 절감하는 금융기법으로 발전되어 왔다. 최근에는 다국적기업을 비롯한 개별기업이 스왑거래를 적극 활용하고 있으며, 세계은행 등 국제금융기구와 정부도 스왑금융시장에 참여하고 있다.

스왑거래는 외환시장에서 이종통화간 현물환거래와 선물환거래가 반대방향으로 동시에 이루어지는 거래로서 환위험을 회피하거나 통화간 일시적인 불균형을 해소하기 위한 수단으로 널리 이용되었다. 그러나 최근에는 금리스왑, 통화스왑, 혼합스왑 등 거래목적에 따라 다양한 형태로 발전해 가고 있다.

스왑거래는 국제무역에서 비교우위의 원리를 금융거래에 응용한 것이다. 개별기업이나 금융기관들은 서로 다른 금융시장에서 자금을 조달하기 때문에 비교우위가 발생한다. 따라서 비교우위가 있는 시장에서 자금을 차입한 후 차입금리, 지급조건을 서로 교환하면 이익을 얻기 때문에 스왑거래가 이루어진다.

스왑거래는 이용이 편리하고 다양한 상품이 개발될 수 있다는 장점으로 외환금융거래 상품 가운데 빠른 속도로 증가하고 있다. 또한 국제스왑딜러협회(ISDA)가 금리스왑과 통화스왑의 표준계약을 발행하면서 스왑시장의 유동성은 크게 증가하였다. 오늘날 스왑거래는 일반증권과 같은 형태로 발전해 가고 있다.

(a)는 미국 모회사가 영국소재 미국 자회사에 달러자금을 직접대출하거나 영국 모회사가 미국소재 영국 자회사에 파운드자금을 직접대출하는 경우의 현금흐름을 나타낸다. 미국과 영국의 모회사가 직접대출에서 외환통제를 받을 경우에 양국의 모회사는 평행대출을 통해 자국소재 상대국 자회사에 자국통화를 대출할 수 있다.

(b)는 미국 모회사가 미국소재 영국 자회사에 달러자금을 대출해 주는 대신에 영국 모회사는 영국소재 미국 자회사에 파운드자금을 대출해 주는 평행대출의 현금흐름을 나타내며 국제간에 자금이동이 발생하지 않아 정부의 외환통제를 회피할 수 있는 반면에 대출과정에 금융기관이 개입하지 않아 신용위험이 발생할 수 있다.

(c)는 미국과 영국의 모회사가 달러자금과 파운드자금을 상호 직접대출한 후 이를 다시 양국의 자회사에 평행대출을 실시할 경우 현금흐름을 나타낸다. 국제상호직접대출은 양국의 모회사간에 채무를 상계할 수 있어 평행대출보다 신용위험을 감소시킬 수 있으나 국가간에 자금이동이 발생하여 정부의 외환통제를 피할 수 없다.

1971년 미국의 닉슨대통령이 금태환 중지를 선언한 이후에 브레튼우즈협정이 붕괴되고 고정환율제도가 변동환율제도로 전환되면서 외환통제는 점차 철폐되었다. 이에 따라 다국적기업들은 세계 각국의 자회사에 자금을 무제한으로 대출할 수 있었으나 변동환율제도의 시행으로 환율변동위험이 크게 증가하였다.

1970년대 두 차례의 오일쇼크에 의한 인플레이션과 세계경제의 불황으로 각국 금리변동이 확대되는 상황에서 직접대출시 발생하는 환위험과 평행대출시 발생하는 신용위험을 제거할 수 있는 통화스왑이 1976년 영국에서 최초로 등장하였다. 또한 1981년에는 금리변동위험을 제거하기 위한 금리스왑이 개발되었다.

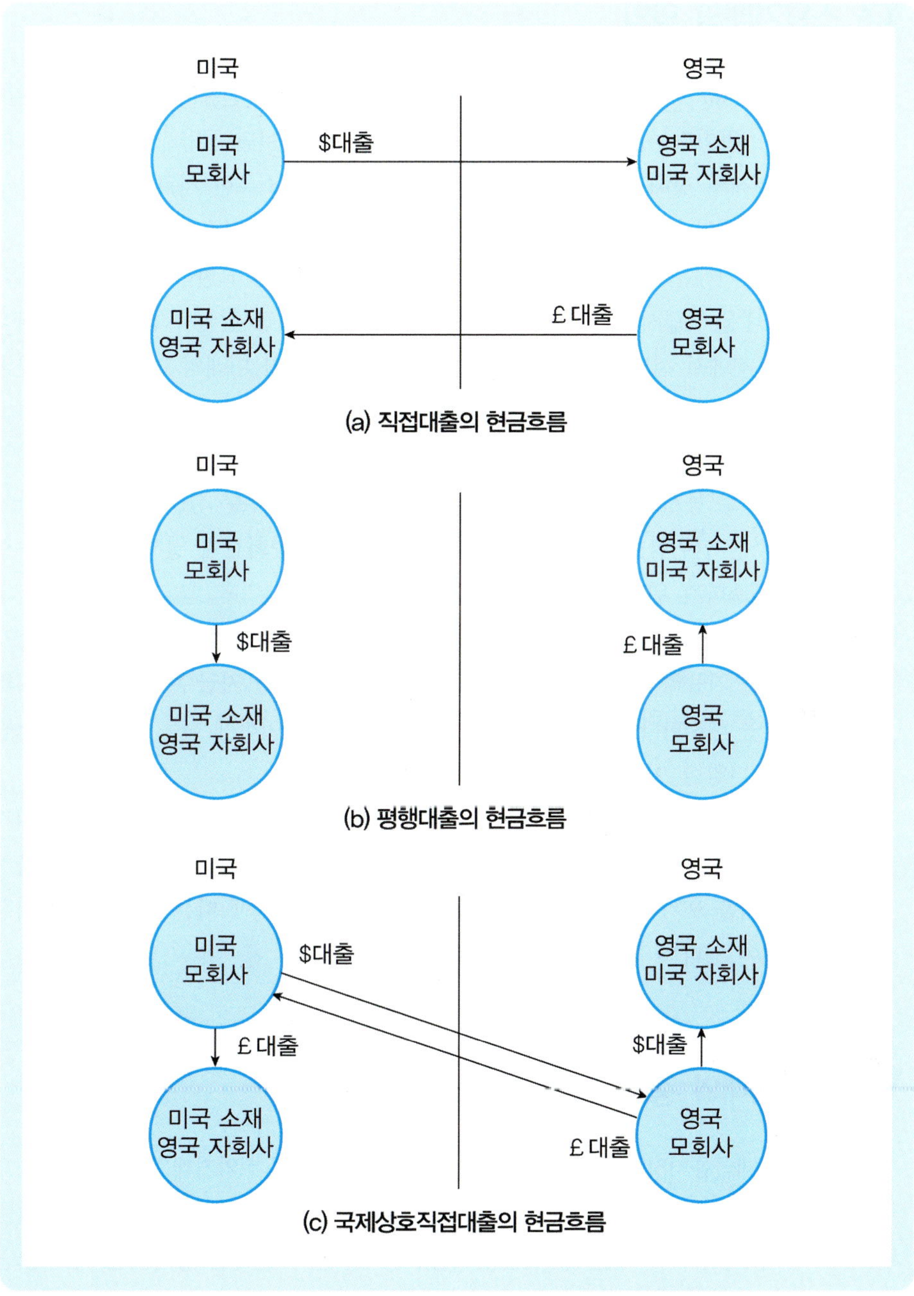

【 그림 17-1 직접대출, 평행대출, 국제상호직접대출의 현금흐름 】

2 스왑거래의 의의

스왑(swap)은 교환한다는 의미이다. 교환의 대상이 원유나 곡물과 같은 일반상품이면 상품스왑이라 하고, 통화나 채권과 같은 금융상품이면 금융스왑이라고 한다. 금융스왑은 미래의 정해진 기간 또는 기간 동안에 각자가 소유한 서로 다른 현금을 교환하기로 스왑거래의 당사자간에 약정을 체결한 계약을 의미한다.

스왑거래는 거래당사자가 미래현금흐름을 일정기간 교환하기로 약정한 계약을 말하며 계약내용이 당사자의 합의에 의해 결정되고 장외시장에서 사적인 형태로 계약이 체결된다는 점에서 선도거래와 유사하다. 다만, 선도거래가 미래의 한 시점에서 현금흐름을 교환하지만 스왑거래는 여러 시점에서 현금흐름을 교환한다.

전통적 스왑거래는 외환시장에서 이종통화간의 현물환거래와 선물환거래가 서로 반대방향으로 동시에 이루어지는 이중거래를 말한다. 대부분 환포지션을 커버하여 환율변동에 따른 환위험을 회피하거나 외환시장에서 이종통화간에 일시적인 자금수지의 불균형을 해소하기 위한 수단으로 이용되어 왔다.

최근에 스왑금융은 시장간 스프레드의 차익거래를 통해 위험부담 없이 추가적인 이익실현을 가능하게 하고 차입비용의 절감과 이종통화간 자금수지의 불균형에 의한 유동성 제약을 해소한다. 또한 새로운 시장에의 접근을 용이하게 하는 등 과거의 스왑거래에 비해서 다양한 이용가치를 제공하고 있다.

스왑거래가 성립되기 위해서는 스왑거래당사자들의 거래조건에 대한 합의가 이루어져야 한다. 그런데 스왑계약을 체결하면 스왑거래를 하지 않았을 경우에 얻을 수 있는 기회이익을 포기해야 하고 스왑거래 자체의 거래불이행에 따른 신용위험과 시장위험이 내포되어 있다는 점에 유의할 필요가 있다.

3 스왑거래의 종류

국제금융시장의 통합화, 정보기술의 혁신 그리고 부외거래의 신장을 배경으로 급속히 발전한 스왑거래는 거래대상과 교환되는 현금흐름에 따라서 이자지급조건을 교환하는 금리스왑, 서로 다른 통화의 원리금상환의무를 교환하는 통화스왑, 금리스왑과 통화스왑을 결합한 혼합스왑 그리고 외환스왑으로 구분된다.

(1) 금리스왑

금리스왑(interest rate swap)은 스왑거래당사자가 동일한 통화로 표시된 각자의 차입금에 대한 이자지급의무를 서로 교환하여 지급하기로 약정한 거래를 말한다. 스왑금융에서 가장 큰 비중을 차지하는 금리스왑은 차입금에 대한 금리변동위험의 헤지나 차입비용을 절감하기 위해서 이루어진다.

금리스왑은 동일한 통화로 표시된 차입금을 부담할 경우 변동금리와 고정금리를 교환하는 형태로 거래가 발생하기 때문에 환위험이 발생하지 않는다. 특히 순수한 금리스왑은 통화스왑과 달리 스왑거래의 당사자가 실제로 원금상환의무를 교환하지 않고 성격이 다른 이자지급의무만 서로 교환한다.

(2) 통화스왑

통화스왑(currency swaps)은 스왑거래의 당사자가 상이한 통화로 차입한 자금의 원리금상환의무를 서로 교환하여 지급하기로 약정한 거래를 말한다. 즉, 상이한 통화로 표시된 명목원금을 교환하고, 만기까지 명목원금에 기초하여 상이한 통화로 표시된 이자를 지급하며, 만기일에 약정한 환율로 명목원금을 다시 교환한다.

금리스왑은 동일한 통화간 변동금리와 고정금리를 교환하는 반면 통화스왑은 상이한 통화의 금리와 원금을 교환한다. 통화스왑이 금리조건을 교환한다는 점에서는 금리스왑과 같지만 거래시점과 종료시점에 원금의 실질적인 교환이 수반되고 서로 다른 통화간의 교환으로서 외환스왑의 성격을 가지고 있다는 점에서 다르다.

(3) 혼합스왑

혼합스왑(cocktail swap)은 금리스왑과 통화스왑을 혼합한 형태의 거래를 말하며 통상 은행이 스왑중개기관으로서의 기능을 수행하고 복합스왑 또는 통화금리스왑이라고도 한다. 이는 거래대상이 되는 자산의 표시통화가 서로 다르며, 금리기준도 서로 다른 경우를 말하며 원금은 물론 이자지급의무도 교환된다.

(4) 외환스왑

외환스왑(FX swap)은 스왑거래의 당사자가 현재환율에 따라 서로 다른 통화를 교환하고 일정기간이 경과한 후 계약시점에 약정한 선물환율에 따라 원금을 재교환하기로 하는 거래를 말한다. 즉, 동일한 거래상대방과 현물환과 선물환, 만기가 상이한 선물환과 선물환, 현물환과 현물환을 서로 반대방향으로 동시에 매매한다.

(5) 자산스왑

자산스왑(asset swap)은 스왑금융을 이용하여 채권의 현금흐름을 변환시키는 거래를 말하며 금융기관들이 장기고정금리자산을 변동금리자산으로 전환하기 위한 수단으로 많이 활용하고 있다. 예컨대 고정금리채권을 매입하고 고정금리지급 금리스왑계약을 체결하면 변동금리채권의 매입포지션을 합성하는 효과를 갖는다.

(6) 상품스왑

상품스왑(commodity swap)은 스왑거래의 상대방에게 일정수량의 상품에 대해서 고정된 단위당 가격을 적용하여 정기적으로 지급하고 상대방으로부터는 고정가격 대신에 현재의 시장가격을 수령하는 거래를 말한다. 여기서 가격결정의 대상이 되는 기초자산은 동일한 상품이 될 수 있고 서로 다른 상품이 될 수도 있다.

4 스왑거래의 기능

스왑거래는 장외파생상품으로 장내파생상품인 선물거래와 옵션거래에 비해 거래비용은 높고 유동성은 낮으나 융통성은 높고 신용위험에 대한 노출도 크다. 스왑거래는 차입비용의 절감, 이자수익의 증대, 가격위험의 헷지, 시장규제의 회피, 금융시장의 보완, 합성상품의 창출 등 다양한 목적으로 활용되고 있다.

(1) 차입비용의 절감

국제금융시장에서 차입자의 신용도, 개별시장의 특성, 지역간 금융환경의 차이로 인해 기업들은 서로 다른 차입조건을 갖는다. 이때 두 차입자가 상대적으로 비교우위가 있는 금융시장에서 자금을 조달한 후 현금흐름을 교환하면 차입비용을 절감할 수 있고, 금리위험과 환위험을 효과적으로 관리할 수 있다.

예컨대 한 쪽은 고정금리 자금조달에 비교우위가 있으나 변동금리 자금조달을 원하고 다른 쪽은 변동금리 자금조달에 비교우위가 있으나 고정금리 자금조달을 원하는 경우 비교우위가 있는 자금조달방법으로 자금을 조달한 후 이자지급의무를 서로 교환하는 금리스왑을 체결하면 차입비용을 절감할 수 있다.

(2) 이자수익의 증대

금융시장에서 변동금리자산에 투자한 투자자는 미래에 금리가 하락할 것으로 예상되는 경우 변동금리자산을 고정금리자산으로 변경시키고, 고정금리자산에 투자한 투자자는 미래에 금리가 상승할 것으로 예상되는 경우 고정금리자산을 변동금리자산으로 변경시키면 이자수익을 증대시킬 수 있다.

차입자가 스왑거래를 이용하여 변동금리부채를 고정금리부채로 변경시키고, 고정금리부채를 변동금리부채로 변경시켜 차입조건을 개선하면 이자부담과 금리위험을 크게 줄일 수 있다. 그리고 개별기업과 금융기관들이 스왑거래를 이용하면 장래의 자금수지나 환위험을 쉽게 관리할 수 있게 된다.

(3) 가격위험의 헤지

스왑거래를 이용하면 금리와 환율의 변동에 따라 발생하는 가격변동위험을 제거할 수 있다. 선물거래와 옵션거래는 단기헤지에 이용되는 반면 스왑거래는 장기간 헤지에도 사용할 수 있다. 또한 신용도가 높은 중개은행에 의해 스왑거래가 이루어지는 경우 거래상대방의 위험노출도 크게 줄어든다.

(4) 시장규제의 회피

장래에 발생할 자금의 유출입이 기간별・통화별로 불일치하거나 중장기 외화자금의 거래증가로 헤지기 어려운 경우 스왑거래는 정상적인 거래를 어렵게 하거나 불가능하게 하는 각국의 조세, 금융, 외환상의 규제를 회피하는 수단으로 이용되어 각종 규제가 있는 시장에서 기대할 수 없는 이익을 얻을 수 있다.

(5) 금융시장의 보완

스왑거래는 장기계약과 유동성이 낮은 통화에 대한 계약도 가능하기 때문에 선물시장과 옵션시장이 충족시키지 못하는 위험헤지에 대한 보완적 기능을 수행한다. 특히 신인도가 낮아 자본시장에 접근이 어려운 경우에 신인도가 높은 차입자와 스왑거래를 체결하면 차입비용을 절감할 수 있다.

제 2 절 금리스왑

1 금리스왑의 의의

금리스왑(interest rate swap)은 동일한 통화로 표시된 채무를 부담하고 있는 스왑거래의 당사자가 계약기간 동안 일정한 간격으로 이자지급의무를 교환하여 부담하기로 약정한 계약을 말한다. 금리스왑은 이자지급의무만 교환하고 원금상환의무는 교환하지 않는다는 점에서 통화스왑과 차이가 있다.[1)]

금리스왑은 고정금리로 자금차입을 원하지만 변동금리로 유리하게 차입할 수 있는 차입자와 변동금리로 자금차입을 원하지만 고정금리로 유리하게 차입할 수 있는 차입자가 일정금액에 대해 상이한 조건의 이자지급의무를 서로 교환하는 거래를 말하며 부외거래(off-balance sheet)의 성격을 갖는다.

금리스왑은 대부분 LIBOR, 프라임레이트(prime rate) 등에 연계된 변동금리채무와 고정금리채 발행에 따른 고정금리채무를 교환하는 거래가 주축을 이룬다. 금리스왑은 동일한 통화에 대해 이자만 교환되는 단일통화 금리스왑과 상이한 통화에 대해 원리금이 교환되는 이종통화 금리스왑으로 구분된다.

2 금리스왑의 종류

금리스왑은 표준형 스왑과 비표준형 스왑으로 구분한다. 표준형 스왑은 스왑거래 당사자가 동일한 명목원금에 대해 고정금리와 변동금리를 일정기간 동일한 통화로 교환하기로 약정한 계약으로 변동금리는 매기간 초일에 확정하여 매기간 말일에 고정금리와 교환하되 실제로는 상호지급분의 차액만을 교환한다.

비표준형 스왑에는 원금변동형스왑, 베이시스스왑, 선도스왑 등이 있다. 원금변동형 스왑은 명목원금이 고정되어 있지 않고 스왑기간이 경과함에 따라 미리 약정한 방식에 의해 명목원금이 변하는 형태의 스왑을 말한다. 여기에는 원금증가형스왑, 원금감소형스왑 그리고 원금증감형스왑의 세 가지로 구분된다.

---

1) 금리스왑에서 교환의 대상이 되는 원금은 동일한 통화이며 금액도 동일하기 때문에 원금상환의무는 교환하지 않는다.

(1) 고정-변동금리스왑

일반적으로 금리스왑은 이자지급조건을 고정금리에서 변동금리 또는 변동금리에서 고정금리로 교환한다. 따라서 한쪽은 고정금리를 지급하고 다른 쪽은 변동금리를 지불하며 고정금리는 이표채의 표면이자를 반영하므로 쿠폰스왑(coupon swap) 또는 표준형 금리스왑(plain vanilla interest rate swap)이라고도 한다.

예컨대 A기업은 처음에 고정금리로 채권을 발행하여 필요한 자금을 차입하고 이를 B은행에게 변동금리로 교환하는 스왑거래를 체결하였다. 이때 A기업은 금리가 하락하면 손실이 발생할 위험에 노출되어 있기 때문에 변동금리지급자로 금리스왑을 체결하면 금리하락위험을 헤지할 수 있다.

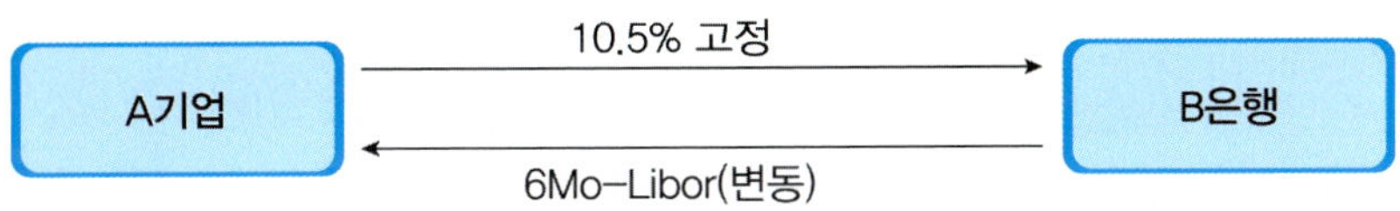

(2) 베이시스스왑(basis swap)

베이시스스왑(basis swap)은 서로 다른 변동금리부 이자지급조건을 교환하는데 거래당사자 모두 산정방식이 서로 다른 변동금리를 기준으로 변동이자를 계산하여 변동금리를 지급한다. 예컨대 A기업은 3개월 LIBOR 변동금리로 자금을 차입한 후 이를 B은행과 미국 회사채수익률과 이자지급을 교환하는 스왑거래이다.

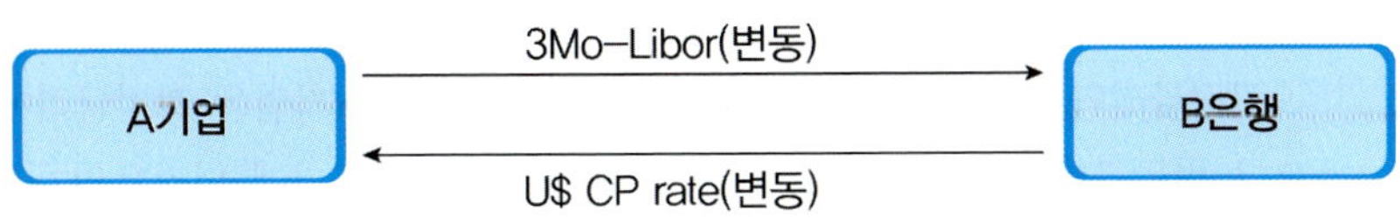

(3) 크로스커런시스왑

크로스커런시스왑은 상이한 통화간 이자지급조건을 교환하는 스왑거래를 말한다. 예컨대 A기업은 스위스 프랑으로 자금을 차입한 후 스위스 프랑의 차입금리인 고정금리를 B은행과 변동금리인 미국 달러표시 6개월 Libor로 교환하는 스왑거래이다. 그러나 통화스왑과 달리 이종통화간 원금교환은 발생하지 않는다.

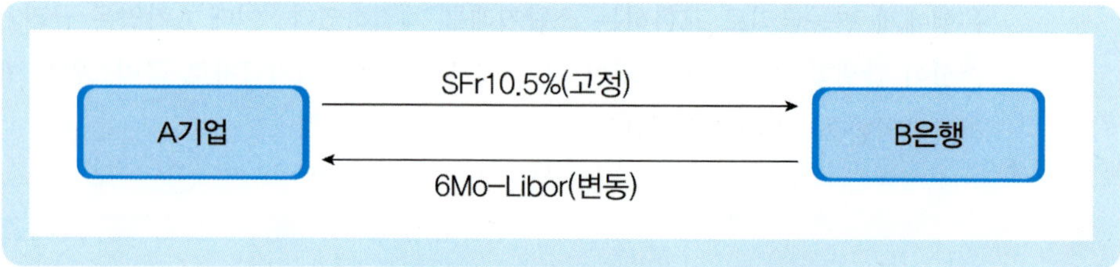

3 금리스왑의 설계

현재 국제금융시장에서 신용도가 높은 A기업과 신용도가 낮은 B기업의 차입조건이 다음과 같이 주어졌다고 가정하자.

【 표 17-1 차입조건 】

기업	고정금리	변동금리
A	10.0%	LIBOR+0.4%
B	11.2%	LIBOR+1.0%
금리차이	1.2%	0.6%

고정금리와 변동금리에서 모두 절대우위에 있는 A기업은 고정금리에 비교우위가 있으나 변동금리로 자금조달을 원하고, B기업은 변동금리에 비교우위가 있으나 고정금리로 차입을 원한다고 가정하자. A기업은 비교우위가 있는 고정금리로 차입하고 B기업은 변동금리로 차입한 후 이자지급의무를 서로 교환하는 금리스왑을 체결하면 두 금융시장의 금리차이인 0.6%의 차입비용을 절감할 수 있다.

(1) 은행의 중개가 없는 경우

은행의 중개없이 스왑계약을 체결하여 차입비용의 절감으로 인한 이득을 50%씩 분배할 경우 변동금리로 차입을 원하는 A기업은 원래의 변동금리 LIBOR+0.4%보다 0.3%가 낮은 LIBOR+0.1%에, 고정금리로 차입을 원하는 B기업은 원래의 고정금리 11.2%보다 0.3%가 낮은 10.9%에 자금조달효과가 있도록 스왑계약을 체결한다.

A기업은 외부대출자에게 연 10%를 지급하고, B기업으로부터 연 9.9%를 수취한다. 그리고 B기업에게 LIBOR를 지급한다는 세 가지 현금흐름을 모두 고려하면 A기업은 연 LIBOR+0.1%의 이자를 지급하는 것이 되어 변동금리시장에서 직접 지급할 때보다 연 0.3% 낮은 이자율이다.

B기업은 외부대출자에게 LIBOR+1%를 지급하고, A기업으로부터 LIBOR를 수취한다. 그리고 A기업에게 연 9.9%를 지급한다는 세 가지 현금흐름을 모두 고려하면 B기업은 연 10.9%의 이자를 지급하는 것이 되어 고정금리시장에서 직접 지급할 때보다 연 0.3% 낮은 이자율이다.

스왑거래가 없었다면 A기업이 부담하는 변동금리는 LIBOR+0.4%, B기업이 부담하는 고정금리는 11.2%이다. 스왑거래를 이용하면 A기업은 LIBOR+0.1% 변동금리, B기업은 10.9% 고정금리로 차입할 수 있어 모두 0.3%의 이자비용을 절감할 수 있다. 따라서 A기업과 B기업이 얻는 이자비용의 절감효과는 다음과 같다.

구 분	A기업	B기업
자사의 차입금에 대한 이자 상대방에게 지급하는 이자 상대방으로부터 받는 이자	10% LIBOR (9.9%)	LIBOR + 1.0% 9.9% (LIBOR)
실제로 부담하는 이자 스왑거래 이전의 이자	LIBOR + 0.1% LIBOR + 0.4%	10.9% 11.2%
차입비용의 절감효과	0.3%	0.3%

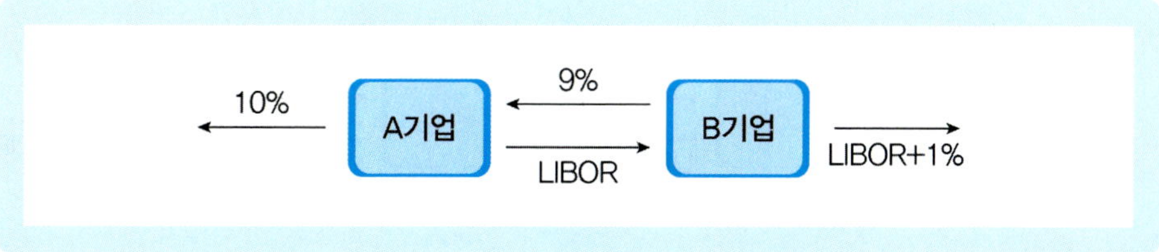

[그림 17-2 은행의 중개가 없는 금리스왑]

(2) 은행의 중개가 있는 경우

스왑중개인으로서 은행은 스왑거래 당사자의 요구조건을 충족시킬 수 있는 스왑계약을 설계해 주고 호가스프레드(bid-ask spread)의 형태로 스왑거래에 따른 차입비용 절감액의 일부를 수수료로 가져간다. 스왑딜러인 은행이 중개하는 스왑계약의 설계방법은 무수히 많은데 그 중 하나는 다음과 같다.

A기업은 10.00%의 고정금리로 자금을 조달한 후 은행과 6개월 LIBOR+0.20%의 변동금리를 지급하고 10.00%의 고정금리를 수취하는 스왑계약을 체결하면 A기업이 부담하는 금리수준은 LIBOR+0.20%가 되는데, 이는 변동금리시장을 이용할 경우에 부담하는 수준 LIBOR+0.40%보다 0.20% 낮은 수준이다.

B기업은 LIBOR+1.00%의 변동금리로 자금을 조달한 다음 은행과 고정금리 11.00%를 지급하는 대신 6개월 LIBOR+1.00%의 변동금리를 수취하는 스왑계약을 체결하면 B기업이 부담하는 금리수준은 11.00%가 되는데, 이는 고정금리시장을 이용할 경우에 부담하는 수준 11.20%보다 0.20% 낮은 수준이다.

은행은 변동금리 LIBOR+0.20%를 받아 LIBOR+1.00%를 지급하고, 고정금리 11.00%를 받아 10.00%를 지급하여 0.2%를 수익으로 얻는다. 즉, 고정금리차이 1.20%에서 변동금리차이 0.60%를 차감한 0.60%를 세 당사자가 동일한 크기로 나누어 갖는다. 따라서 A기업과 B기업이 얻는 이자비용의 절감효과는 다음과 같다.

구 분	A기업	B기업
자사의 차입금에 대한 이자 상대방에게 지급하는 이자 상대방으로부터 받는 이자	10% LIBOR + 0.2% (10%)	LIBOR + 1.0% 11% (LIBOR + 1.0%)
실제로 부담하는 이자 스왑거래 이전의 이자	LIBOR + 0.2% LIBOR + 0.44%	11.0% 11.2%
차입비용의 절감효과	0.2%	0.2%

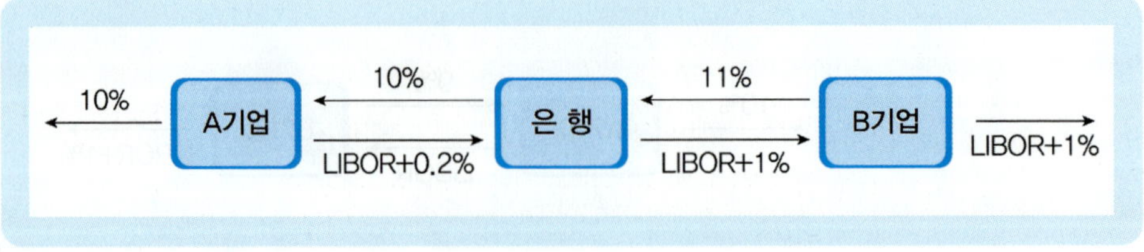

【 그림 17-3 은행의 중개가 있는 금리스왑 】

4 금리스왑의 가치평가

금리스왑은 고정금리부채권에 대한 선도계약과 변동금리부채권에 대한 선도계약의 합으로 한 채권에 대해서 매도포지션을 취하고 동시에 다른 채권에 대해서는 매입포지션을 취하는 포트폴리오 또는 금리선도계약의 포트폴리오로 간주할 수 있다. 스왑거래의 현금흐름은 각 기간별 LIBOR 현물이자율로 할인한다.

(1) 채권가치를 이용하는 경우

스왑의 가치를 평가하기 위해 채권의 액면가액을 F, 각 이자지급일 고정금리지급액을 C, 스왑의 만기일까지 잔존기간을 t_n, 현재시점부터 각 이자지급일까지 기간을 $t_i(1 \leq t_i \leq n)$, t_i 동안의 현물이자율을 r_i라고 하면 스왑의 가치는 변동금리부채권의 가치(B_V)에서 고정금리부채권의 가치(B_F)를 차감한 값이 된다.

$$NPV = B_V - B_F \tag{17.1}$$

변동금리부채권의 가치를 평가하기 위해서는 미래의 이자를 추정해야 하며, 다음 이자지급일의 이자는 명목원금에 직전 1기간(보통 6개월)동안의 선도이자율을 곱하여 계산한다. 따라서 t_i시점에서 직전 1기간 동안의 선도이자율을 f_{t1}라고 정의하면 변동금리부채권의 가치는 다음과 같이 구할 수 있다.

$$B_V = \sum_{i=1}^{n} \frac{F \times f_{ti}}{(1+r_i)^{t1}} + \frac{F}{(1+r_n)^{tn}} \tag{17.2}$$

고정금리부채권의 현금흐름은 t_i시점에서 C이고 t_n시점에서 F이므로 고정금리부채권의 가치는 다음과 같이 구할 수 있다.

$$B_F = \sum_{i=1}^{n} \frac{C}{(1+r_i)^{ti}} + \frac{F}{(1+r_n)^{tn}} \tag{17.3}$$

따라서 은행의 입장에서 스왑의 가치는 식(17.2)로 평가한 변동금리부채권의 가치에서 식(17.3)로 평가한 고정금리부채권의 가치를 차감한 값이 된다.

$$NPV = \sum_{i=1}^{n}\frac{F\times f_{ti}}{(1+r_i)^{ti}} + \frac{F}{(1+r_n)^{tn}} - \sum_{i=1}^{n}\frac{C}{(1+r_i)^{ti}} - \frac{F}{(1+r_n)^{tn}}$$

$$= \sum_{i=1}^{n}\frac{F\times f_{ti} - C}{(1+r_i)^{ti}} \qquad (17.4)$$

(2) 선도계약을 이용하는 경우

금리선도계약(FRA)은 특정원금에 대해 미래의 계약기간에 적용될 특정이자율을 확정하는 거래를 말한다. 따라서 미래의 현금흐름을 거래당사자간에 교환하는 금리스왑은 이자지급일마다 변동금리를 지급받고 고정금리를 지급하는 여러 개의 금리선도계약으로 구성된 포트폴리오라고 간주할 수 있다.

스왑의 가치는 선도계약의 현재가치로 평가할 수 있다. 스왑거래의 가치평가는 스왑의 현금흐름을 결정하는 각 이자지급일의 LIBOR에 대한 선도이자율을 계산하고 LIBOR가 선도이자율과 동일하다는 가정하에서 스왑의 현금흐름을 계산한 후 스왑의 가치를 스왑현금흐름의 현재가치와 동일하게 한다.

예제>>> 17-1 금리스왑의 가치

A기업은 차입원금이 10억원이고 계약기간은 3년이며 매년 1회 이자를 교환하는 조건으로 은행과 금리스왑을 체결하였다. 거래상대방에 대한 이자지급은 변동금리조건이고 이자수취는 고정금리조건이다. 만기 1년, 2년, 3년 무이표채 수익률이 각각 연 10%, 11%, 12%이며 최근 이자지급일에서의 6개월 LIBOR는 연 10%라고 가정하여 다음 물음에 답하시오.

1. A기업의 입장에서 채권가치를 이용하여 금리스왑의 가치를 평가하시오.
2. A기업의 입장에서 선도계약을 이용하여 금리스왑의 가치를 평가하시오.

해설

1. 채권가치를 이용하는 경우
   A기업은 고정금리로 이자를 수령하고 변동금리로 이자를 지급하므로 원금 100억원의 고정금리부채권을 매입하고 원금 100억원의 변동금리부채권을 매도한 포트폴리오로 간주할 수 있다. 고정금리를 지급받고 변동금리를 지급하는 A기업의 입장에서 금리스왑의 가치는 고정금리부채권의 가치에서 변동금리부채권의 가치를 차감하여 구한다.
   ① 고정금리부채권의 가치
   $$B_F = \sum_{i=1}^{n}\frac{C}{(1+r_i)^{ti}} - \frac{F}{(1+r_n)^{tn}} = \frac{8}{(1.10)^{12/12}} + \frac{8}{(1.11)^{24/12}} + \frac{108}{(1.12)^{36/12}} = 90.64\text{억원}$$
   ② 변동금리부채권의 가치
   $$B_V = \sum_{i=1}^{n}\frac{F\times f_{ti}}{(1+r_i)^{t1}} + \frac{F}{(1+r_n)^{tn}} = \frac{C_1+F}{(1+r_1)^{t1}} = \frac{10+100}{(1.1)^{12/12}} = 100\text{억원}$$

2. 선도계약을 이용하는 경우

금리선도계약은 미래의 특정기간 동안에 특정이자율이 특정원금에 적용되는 계약이므로 미래의 현금흐름을 교환하는 여러 개의 선도계약으로 볼 수 있다. 따라서 스옵의 가치는 금리선도계약의 현재가치로 평가할 수 있다. A기업의 입장에서 스왑계약은 다음과 같은 세 개의 금리선도계약으로 구성된 포트폴리오라고 할 수 있다.

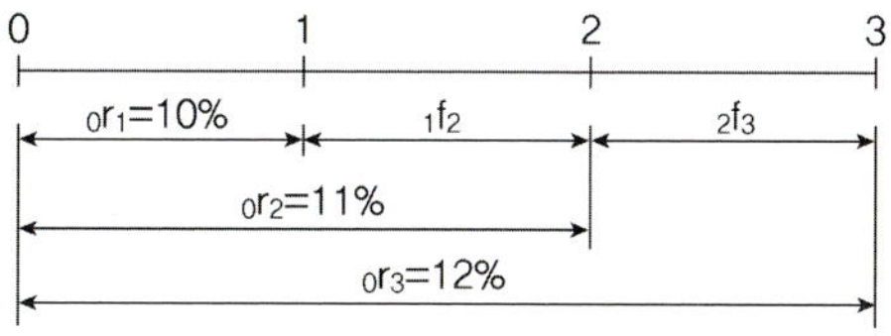

① 1년 후의 이자교환은 원금 100억원에 대해 연 8%의 이자를 지급받고, 연 10%의 이자를 지급하는 선도계약이라고 할 수 있다. 1년간의 현물이자율이 10%이므로 선도계약의 현재가치는 다음과 같다.

$$\text{선도계약의 현재가치} = \frac{(0.08-0.10)100}{(1.1)^{12/12}} = -1.82\text{억원}$$

② 2년 후의 이자교환은 원금 100억원에 대해 연 8%의 이자를 지급받고, 1년후부터 1년간의 선도이자율로 이자를 지급하는 선도계약이라고 할 수 있다. 2년간의 현물이자율이 11%이므로 선도계약의 현재가치는 다음과 같다.

$$\text{선도계약의 현재가치} = \frac{(0.08-0.1201)100}{(1.11)^{24/12}} = -3.25\text{억원}$$

③ 3년 후의 이자교환은 원금 100억원에 대해 연 8%의 이자를 지급받고, 2년후부터 1년간의 선도이자율로 이자를 지급하는 선도계약이라고 할 수 있다. 3년간의 현물이자율이 12%이므로 선도계약의 현재가치는 다음과 같다.

$$\text{선도계약의 현재가치} = \frac{(0.08-0.1403)100}{(1.11)^{36/12}} = -4.29\text{억원}$$

따라서 A기업의 입장에서 금리스왑의 가치는 세 개 선도계약의 현재가치를 합산한 값 −9.36억원이며, 이는 채권가치를 기준으로 계산한 결과와 일치한다.

$$\frac{(8-10)}{(1.10)^1} + \frac{(8-10\times0.1201)}{(1.11)^2} + \frac{(8-10\times0.1403)}{(1.12)^3} = -9.36\text{억원}$$

제 3 절 통화스왑

1 통화스왑의 의의

통화스왑(currency swap)은 상이한 통화로 표시된 채무를 부담하는 거래당사자가 계약기간 동안 원금에 기초하여 상이한 통화로 표시된 이자를 지급하고 만기에는 계약시점에 약정한 환율에 의해 원금을 교환하는 계약을 말한다. 즉, 통화스왑은 특정통화로 차입한 자금을 다른 통화차입으로 맞교환하는 거래에 해당한다.

금리스왑은 일반적으로 고정금리와 변동금리의 교환에 국한되는 거래인 반면에 통화스왑은 다양한 형태의 이자지급이 교환된다. 고정금리이자간의 교환과 변동금리이자간의 교환이 있고 고정금리이자와 변동금리이자간의 교환도 있다. 전자의 방식을 순수통화스왑이라고 하고, 후자의 방식을 금리통화스왑이라고 부른다.

통화스왑은 이자지급의무를 교환하고 금리교환이 스왑거래자의 상황에 따라서 결정된다는 점에서는 금리스왑과 동일하다. 그러나 스왑거래의 개시시점과 종료시점에 원금의 실질적인 교환이 수반되고 서로 다른 통화간의 원금교환으로서 외환스왑의 성격을 갖는다는 점에서 금리스왑과 큰 차이가 있다.

2 통화스왑의 종류

스왑금융은 상호융자 또는 평행대출과 상호직접대출에서 발전된 거래기법이다. 통화스왑은 처음에 통화담보부대출, 상호융자, 상호직접대출 등의 형태로 출발했다. 그러나 장기선물환계약, 직접통화스왑, 통화–금리스왑, 역통화스왑, 이중통화스왑, 통화옵션스왑 등 다양한 형태로 발전하고 있다.

(1) 장기선물환계약

장기선물환계약은 장기적인 환위험을 회피하기 위해 거래당사자가 계약시점에 약정한 환율에 따라 특정통화를 미래의 일정시점에 매입하거나 매도하기로 한 계약을 말한다. 장기선물환계약은 단기선물환계약과 비슷하며 선물환시장에서는 거래가 어려운 대규모 장기외화자금의 환위험 헤지수단으로 이용된다.

장기선물환계약은 만기까지 환위험의 부담없이 자금을 활용할 수 있기 때문에 장기적인 환위험 관리수단으로 사용될 수 있다. 그러나 계약기간이 길어 거래조건이나 현금흐름이 맞은 거래상대방을 찾기가 어렵다. 그리고 만기일에 거래상대방이 계약을 이행하지 않을 수 있는 신용위험이 상대적으로 크다.

장기선물환계약에 적용되는 선물환율은 미래시점에 거래가 한번 발생한다면 하나의 선물환율이 존재하지만 여러 번 발생한다면 거래시점마다 서로 다른 선물환율이 적용될 수 있다. 장기선물환계약에서 선물환 프리미엄 또는 디스카운트의 크기는 선물환의 만기와 두 통화간 금리차이를 반영하여 결정된다.

일반적으로 장기선물환계약에서 약정환율은 이론적 선물환율이 이용된다. 이론적 선물환율은 두 통화간의 금리차이가 반영되어 결정되는데 이는 환율결정메커니즘의 이자율평가식에서 도출할 수 있다. 따라서 한국기업이 미국기업과 t년 만기 선물환계약을 체결할 때 적용되는 약정환율은 다음과 같이 결정된다.

$$F_t = S_0 \times \left[\frac{1+R_K}{1+R_A}\right]^t \tag{17.5}$$

식(17.5)는 통화선물의 균형가격을 나타내는 식과 같다. 여기서 각 기간마다 서로 다른 수준의 이자율이 존재하고 이를 예측할 수 있다면 이를 재투자수익률로 해서 약정환율을 산출해야 한다. 예컨대 만기가 2년인 선물환계약을 체결하면서 각 국가의 2년간 금리수준을 예측할 수 있다면 약정환율은 다음과 같이 구한다.

$$F_t = S_0 \times \left[\frac{(1+R_{K1})(1+f_{K2})}{(1+R_{A1})(1+f_{A2})}\right] \tag{17.6}$$

예컨대 파운드화표시 장기부채를 보유하고 있는 미국의 A기업과 미국에 유로화표시 자동차 수입대금을 장기분할 결제조건으로 지급해야 하는 영국의 B기업이 있다고 가정하자. 이들 기업은 계약시점에 약정한 환율에 따라 특정통화를 만기일에 거래하는 장기선물환계약을 체결하면 환위험을 헤지할 수 있게 된다.

미국의 A기업은 유로화표시 부채를 달러화로 고정시키기 위해 달러화를 대가로 파운드화 장기선물환을 매입하고, 영국의 B기업은 달러화표시 부채를 유로화로 고정시키기 위해 유로화를 대가로 달러화 장기선물환을 매입하는 스왑계약이 체결되는 경우 선물환계약의 결제에 따른 현금흐름은 [그림 17-4]와 같다.

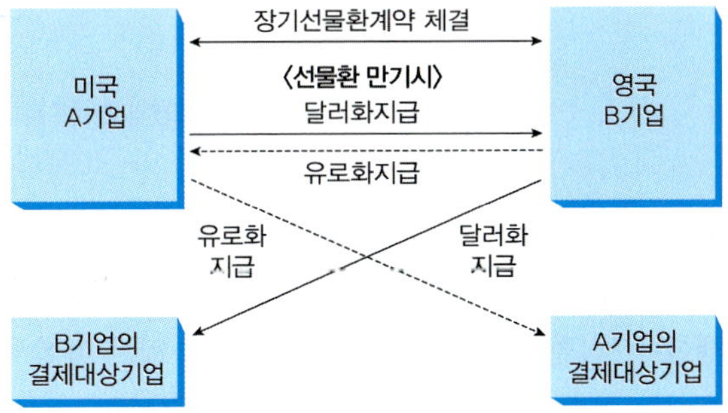

【 그림 17-4 장기선물환계약의 현금흐름 】

(2) 직접통화스왑

직접통화스왑(direct currency swap)은 통화스왑의 거래당사자가 스왑계약에 따라 서로 필요로 하는 통화표시자금을 현물환율을 적용하여 매입해서 사용하고 만기일에 가서는 계약기간 동안의 환율변동과는 관계없이 최초계약시점의 현물환율로 동일한 금액을 상환하기로 약정하는 금융방식을 말한다.

직접통화스왑과 장기선물환계약은 만기시점에 적용되는 환율에서 차이가 있다. 장기선물환계약에서는 선물환율을 두 통화간 금리차이에 근거하여 조달금리를 복리로 재투자하는 것을 가정하여 산정한다. 그러나 직접통화스왑에서는 만기상환일에 적용되는 환율이 선도환율이 아닌 계약시점의 현물환율과 동일하다.

직접통화스왑은 상호융자와 이용목적이나 현금흐름의 형태가 비슷하다. 그러나 상호융자는 두 개의 독립된 융자계약으로 이루어지나 직접통화스왑은 단일계약으로 이루어진다. 따라서 직접통화스왑은 상호융자와 달리 단일계약이므로 어느 한쪽이 채무를 이행하지 않는 경우에 자동적으로 상계권을 행사할 수 있다.

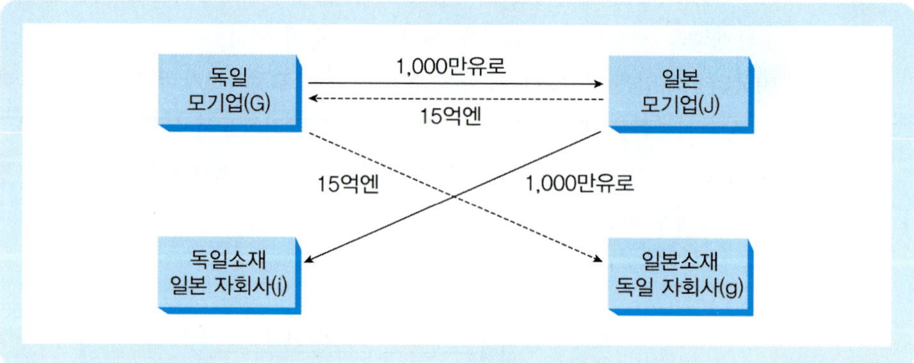

【 그림 17-5 직접통화스왑의 현금흐름 】

직접통화스왑을 나타내는 [그림 17-5]는 독일의 모기업과 일본의 모기업간 통화스왑 거래에 따른 최초 현금흐름을 표시하고 있는데 만기에는 이와 정반대의 동일한 현금흐름이 발생한다. 직접통화스왑을 통해 독일소재 일본 자회사는 1,000만유로를, 일본소재 독일 자회사는 15억엔을 각각 모기업을 통해 조달할 수 있다.

(3) 채무교환스왑

채무교환스왑은 스왑거래당사자가 환위험을 회피하고 차입비용을 절감하기 위해 서로 다른 통화로 표시된 채무에 대해 원리금상환의무를 교환하기로 약정한 계약을 말한다. 일반적으로 채무의 교환거래에는 고정금리간 통화스왑, 변동금리-고정금리간 통화스왑 그리고 변동금리간 통화스왑으로 구분한다.

① 고정-고정금리 통화스왑

고정금리 통화스왑(currency coupon swap)은 스왑거래당사자가 이종통화표시 고정금리채무에 대한 원리금의 상환의무를 서로 교환하는 거래를 말하며 비교우위 때문에 발생한다. 따라서 스왑거래의 당사자들은 이러한 고정금리 통화스왑을 통해 환위험을 헤지할 수 있을 뿐만 아니라 차입비용도 절감할 수 있다.

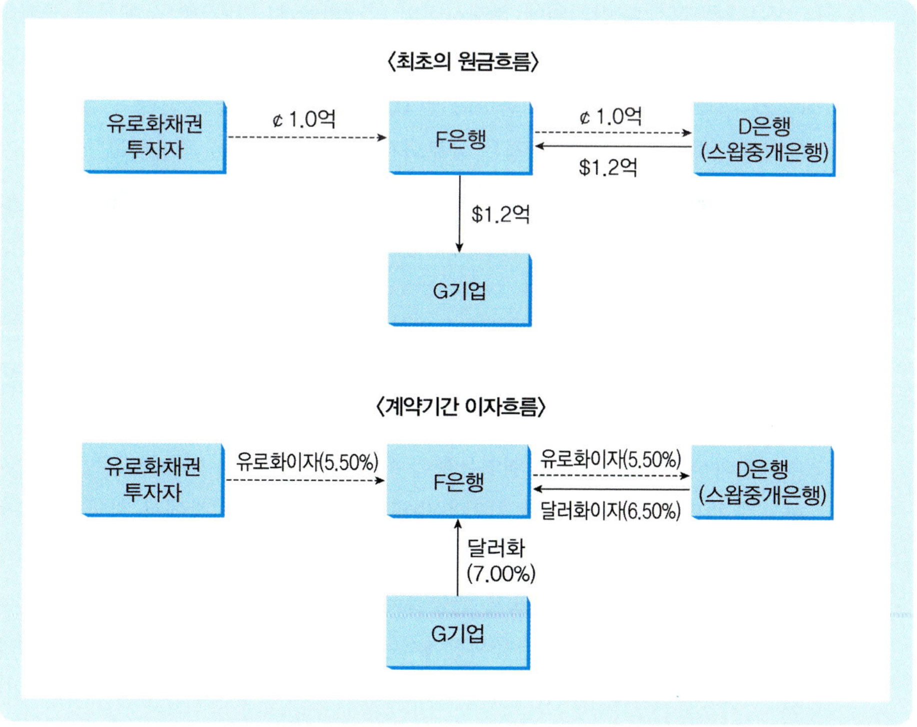

【 그림 17-6 고정금리 통화스왑의 현금흐름 】

예컨대 프랑스의 F은행이 미국에 진출한 G기업에 자금을 대출해 주기 위해서 1억유로에 해당하는 유로화채권을 7년 만기, 연 5.5%의 고정금리로 발행하고 F은행은 1억유로를 환율 $1.2000/€로 환전하여 G기업에 7년간 연 7.0%의 고정금리로 1.2억달러를 대출해 주었다고 가정하자.

대출기간에 달러화가 약세를 보이면 이자지급과 만기일에 환위험에 노출된다. 만기일에 환율이 $1.4000/€이면 원금상환시 0.14억유로[=$0.2억/($1.4000/€)]에 달하는 환차손이 발생한다. 이러한 환위험을 헤지하기 위해 F은행은 스왑중개인 D은행과 7년간 1억유로를 1.2억달러와 교환하는 통화스왑을 체결했다.

또한 F은행은 달러화채무에 대한 이자로 연 6.50% 고정금리를 D은행에 지급하고, D은행은 유로화채무에 대한 이자로 연 5.50% 고정금리를 F은행에 지급하기로 했다고 가정하자. 이러한 고정금리 통화스왑을 통해서 F은행은 환위험을 헤지할 수 있을 뿐만 아니라 금리차익을 수익으로 얻을 수 있게 된다.

F은행은 7년 후 만기일에 현재시점의 약정환율 $1.2000/€로 채무를 교환하여 환위험에서 벗어나고, F은행은 스왑은행과 약정한 달러화의 스왑금리가 연 6.5%이나 G기업에는 연 7.00% 대출금리를 적용하여 연 0.50% 금리차익을 실현할 수 있다. 스왑은행은 F은행과 통화스왑을 체결할 경우 유로화자금에는 매입률을 적용하고, 달러화자금에는 매도율을 적용하므로 이에 상응하는 금리차익을 얻는다.

② 고정-변동금리 통화스왑

고정-변동금리 통화스왑(cross currency coupon swap)은 통화스왑과 금리스왑이 혼합되어 이종통화표시 고정금리채무와 변동금리채무를 서로 교환하는 거래를 말한다. 이는 고정금리채무를 변동금리채무로 전환한다는 점에서 금리스왑과 유사하지만 만기일에 이종통화표시 원금을 재교환한다는 점에서 차이가 있다.

예컨대 비달러화 위주의 영업은행이 유로달러시장에서 변동금리로 달러화자금을 차입하고자 하나 신용도가 낮아 차입조건이 불리하면 국내시장에서 자국통화표시자금을 고정금리로 차입한 후에 거래상대방과 고정-변동금리간 스왑거래를 체결하면 자국통화표시 고정금리부채를 달러화표시 변동금리부채로 전환시킬 수 있다.

우리나라 K은행은 국내금융시장에서는 연 5.50%의 고정금리로 원화표시채권을 발행할 수 있고, 유로달러시장에서는 연 LIBOR+0.50%의 변동금리로 자금을 차입할 수 있다. 한편 우리나라에 자동차공장을 설립하고자 하는 독일의 H기업은 유로달러시장에서는 연 LIBOR+0.25% 달러화표시채권을 발행할 수 있고, 국내금융시장에서는 연 6.25%의 고정금리로 원화표시채권을 발행할 수 있다고 가정하자.

[표 17-2]에 제시된 차입조건을 살펴보면 국내 K은행은 국내금융시장에서 절대우위에 있고, 독일의 H기업은 유로달러시장에서 절대우위에 있다. 이러한 경우에 국내 K은행은 국내금융시장에서 원화를 연 5.50%로 조달하고, 독일 H기업은 유로달러시장에서 달러화를 연 LIBOR+0.25%로 조달하여 원리금을 맞교환하는 통화스왑계약을 체결하면 모두 자금조달비용을 절감할 수 있다.

【 표 17-2 차입조건 】

기업	달러화	원화
국내 K은행 독일 H기업	LIBOR+0.50% LIBOR+0.25%	5.50% 6.25%
금리차이(K-H)	0.25%	0.75%

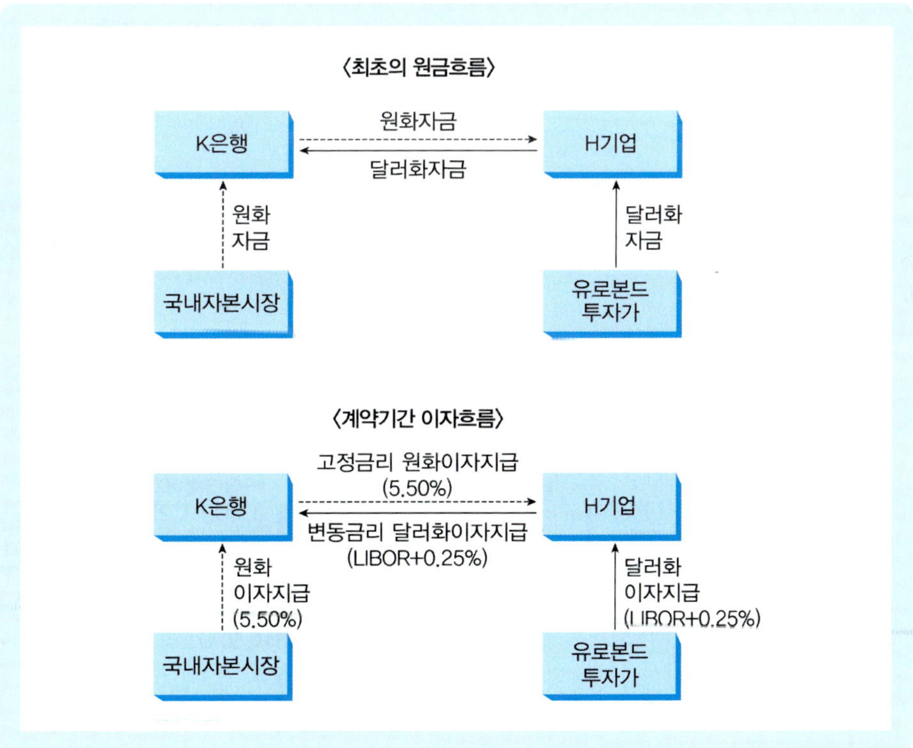

【 그림 17-7 고정-변동금리 통화스왑의 현금흐름 】

독일의 H기업은 원화자금의 조달금리를 0.75%(=6.25%−5.50%) 절감할 수 있고 국내 K은행은 달러화자금의 조달금리를 0.25%[=(LIBOR+0.50%)−(LIBOR+0.25%)]를 절감할 수 있다. 한편 국내의 K은행은 낮은 금리로 조달한 달러화자금을 이를 필요로 하는 고객에게 매칭시켜 높은 금리로 대출할 수 있기 때문에 환위험을 헤지할 수 있을 뿐만 아니라 금리차익을 수익으로 얻을 수 있다.

③ 변동–변동금리 통화스왑

변동금리 통화스왑(cross currency basis swap)은 거래당사자가 이종통화표시 변동금리 채무에 대한 원리금의 상환의무를 맞교환하는 거래로 고정금리 통화스왑과 구조는 같지만 적용금리가 변동금리라는 점에서 다르다. 거래당사자들은 변동금리 통화스왑을 통해서도 환위험을 헤지할 수 있고 차입비용도 절감할 수 있다.

예컨대 미국의 A기업이 1,000만유로를 향후 5년간 정기적으로 LIBOR+0.50%의 수익이 예상되는 프로젝트에 투자한다고 가정하자. 만약 A기업이 B은행으로부터 1,200만 달러를 연 LIBOR+0.25%로 대출받아 현재의 환율로 환전하여 1,000만유로를 프로젝트에 투자할 경우에 A기업은 환위험과 금리위험에 직면할 수 있다.

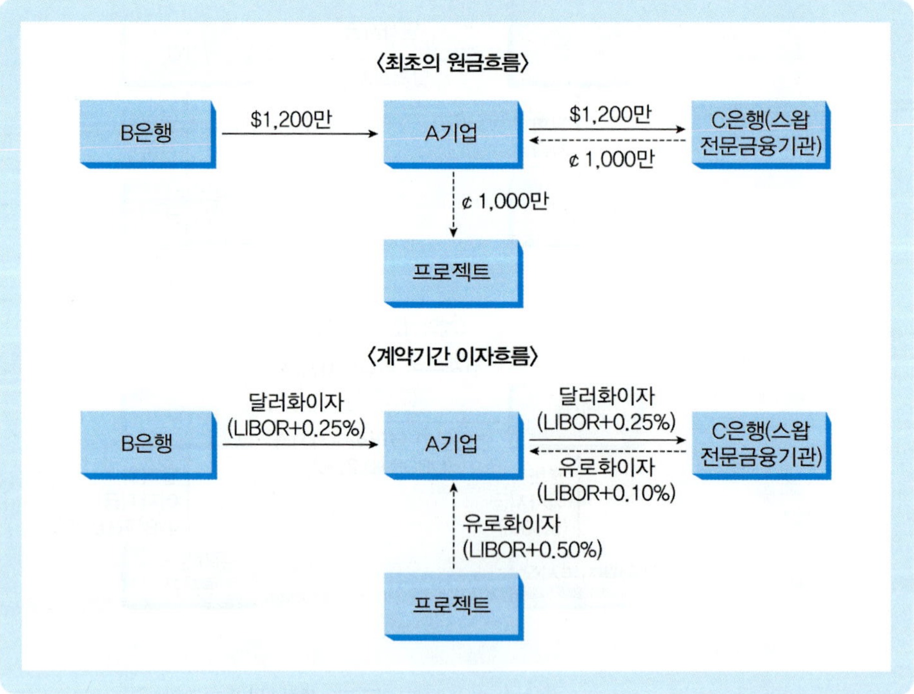

【 그림 17-8 변동–변동금리 통화스왑의 현금흐름 】

이러한 환위험과 금리위험을 헤지하기 위해 A기업은 스왑딜러인 C은행과 5년간 1,000만유로를 1,200만달러와 교환하는 통화스왑을 체결했다고 하자. 또한 유로화 채무에 대한 이자로 연 LIBOR+0.10%를 C은행에 지급하고, C은행은 달러화 채무에 대한 이자로 연 LIBOR+0.25%를 A기업에게 지급하기로 했다고 가정하자.

A기업은 5년후 만기시 현재 약정한 환율 $1.2000/€로 채무를 교환하기 때문에 환위험을 헤지할 수 있고 유로화 차입금리가 연 LIBOR+0.10%이지만 프로젝트에서 연 LIBOR+0.50%의 수익이 예상되어 0.40% 투자수익을 얻을 수 있다. 스왑은행은 다른 은행과 포지션의 조정거래를 통해 환위험과 금리위험을 헤지하게 된다.

3 통화스왑의 설계(고정-고정금리)

현재 국제금융시장에서 신용도가 높은 A기업과 신용도가 낮은 B기업의 달러화와 파운드화에 대한 차입조건이 다음과 같이 주어졌다고 가정하자.

【 표 17-3 차입조건 】

기업	달러화	원화
A	7.00%	10.60%
B	8.00%	11.00%
금리차이	1.00%	0.40%

A기업은 달러화시장에서 비교우위가 있으나 원화로 자금조달을 원하고 B기업은 원화시장에서 비교우위에 있으나 달러화로 자금조달을 원한다고 가정하자. A기업은 달러화로 차입하고 B기업은 원화로 자금을 차입한 후 A기업은 B기업에 9.80%의 원화 원리금을, B기업은 8.00%의 달러화 원리금을 지급하는 통화스왑을 체결하면 두 통화시장의 금리차이인 0.60%만큼의 이자비용을 절감할 수 있다.

(1) 은행의 중개가 없는 경우

은행의 중개없이 직접 스왑계약을 체결하여 차입비용의 절감으로 인한 이득을 50%씩 분배할 경우 원화로 차입을 원하는 A기업은 원래의 원화로 차입할 경우의 금리인 10.60%보다 낮은 0.30%가 낮은 10.30%, 달러화로 차입을 원하는 B기업은 원래의 달러화로 차입할 경우의 금리인 8.00%보다 0.30%가 낮은 7.70%에 자금을 조달하는 효과가 있도록 통화스왑계약을 체결하면 된다.

A기업은 비교우위에 있는 달러화로 자금을 차입한 후 원화로 자금을 차입할 경우에 부담하는 이자율 10.60%보다 차입비용의 절감액 0.30%보다 낮은 10.30%를 B기업에 지급하고, B기업은 비교우위에 있는 원화로 자금을 차입한 후 A기업의 달러화 이자를 지급하면 원하는 스왑계약을 체결할 수 있다.

스왑거래가 없었다면 A기업이 부담하는 원화금리는 10.60%, B기업이 부담하는 달러화금리는 8.00%이다. 그러나 스왑거래를 이용하면 A기업은 10.3%의 원화금리, B기업은 7.7%의 달러화금리로 차입할 수 있어 두 기업 모두 0.30%의 차입비용을 절감할 수 있다. 따라서 통화스왑거래를 통해 A기업과 B기업이 얻게 되는 차입비용의 절감효과를 분석하면 다음과 같다.

구 분	A기업	B기업
자사의 차입금에 대한 이자 상대방에게 지급하는 이자 상대방으로부터 받는 이자	달러 7.0% 원 10.3% (달러 7.0%)	원 11.0% 달러 7.0% (원 10.3%)
실제로 부담하는 이자	원 10.3% –	달러 7.0% 원 0.7%
스왑거래 이전의 이자	10.3% 원 10.6%	7.7% 달러 8.0%
차입비용의 절감효과	0.3%	0.3%

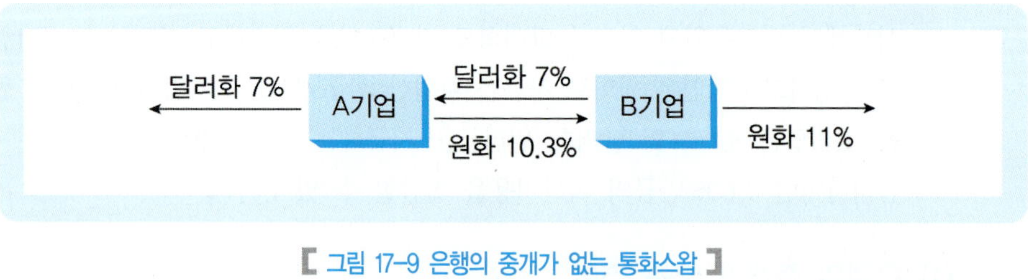

【 그림 17-9 은행의 중개가 없는 통화스왑 】

(2) 은행의 중개가 있는 경우

A기업과 B기업이 직접 거래하지 않고 은행을 통해 통화스왑을 체결하고 차입비용의 절감으로 인한 이득을 공평하게 분배할 경우에 원하는 자금조달효과를 달성할 수 있도

록 스왑계약을 설계하는 방법은 많다. 은행이 중개하는 통화스왑의 설계는 두 기업이 직접 거래하는 것보다 다음과 같이 쉽게 해결할 수 있다.

A기업은 7.00%의 달러화이자를 지급해야 하므로 은행으로부터 7.00%의 달러화이자를 수취하는 계약을 체결한 다음 원래의 원화에서 부담해야 할 이자율 10.60%보다 0.20%가 낮은 10.40%를 은행에 지급하는 계약을 체결하면 10.40%의 원화금리로 차입할 수 있게 되어 0.20%만큼의 차입비용을 절감할 수 있다.

B기업은 11.00%의 원화이자를 지급해야 하므로 은행으로부터 11.00%의 원화이자를 수취하는 계약을 체결한 다음 원래의 달러화시장에서 부담해야 할 이자율 8.00%보다 0.20%가 낮은 7.80%를 은행에 지급하는 계약을 체결하면 7.80%의 원화금리로 차입할 수 있어 0.20%만큼의 차입비용을 절감할 수 있다.

은행은 원화시장에서 0.60%(=11.00−10.40)의 손실을 보지만 달러화시장에서 0.80%(=7.8−7.0)의 이익을 얻는다. 따라서 달러화의 금리차이 1.00%에서 원화의 금리차이 0.40%를 차감한 0.60%를 세 당사자가 똑같이 나누어 갖는다. 통화스왑을 통해 두 기업이 얻는 차입비용의 절감효과를 분석하면 다음과 같다.

구 분	A기업	B기업
자사의 차입금에 대한 이자 중개은행에 지급하는 이자 중개은행으로부터 받는 이자	달러 7.0% 원 10.4% (달러 7.0%)	원 11.0% 달러 7.8% (원 11.0%)
실제로 부담하는 이자 스왑거래 이전의 이자	원 10.4% 원 10.6%	달러 7.8% 달러 8.0%
차입비용의 절감효과	0.2%	0.2%

통화스왑에서 외국통화로 지급하는 이자와 수취하는 이자가 일치하지 않으면 환위험에 노출될 수 있다. 스왑중개인이 미국의 은행이면 원화차입금에 대한 이자지급액이 환위험에 노출되며, 한국의 은행이면 달러화차입금에 대한 이자수령액이 환위험에 노출된다. 그러나 환위험에 노출된 기업이나 은행은 환위험에 노출된 통화에 대한 선물계약을 이용하면 환위험을 헤지할 수 있다.

[그림 17-10]에서 은행은 국내 원화에 대해 0.6%의 이자를 지급하고, 미국 달러화에 대해 0.8%의 이자를 수취한다. 따라서 스왑중개은행이 미국의 은행이면 원화차입금에 대한 이자지급액이 환위험에 노출되고, 한국의 은행이면 달러화차입금에 대한 0.8%의 이자수령액이 환위험에 노출될 수 있다.

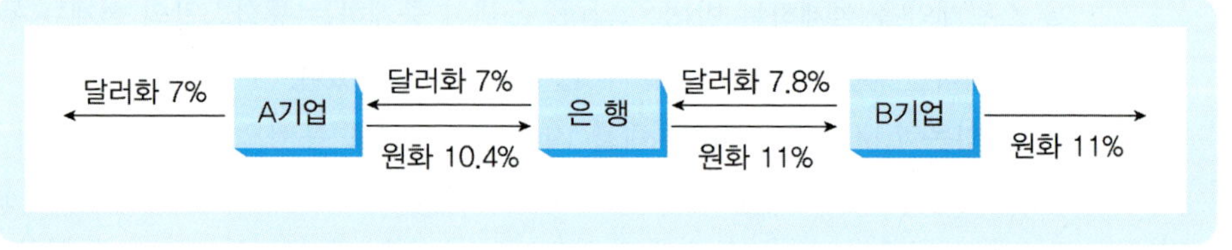

[그림 17-10 은행의 중개가 있는 통화스왑]

4 통화스왑의 가치평가

통화스왑도 금리스왑처럼 한 채권에 대해서 매도포지션을 취하고 다른 채권에 대해서 매입포지션을 취하는 포트폴리오로 간주될 수 있다. 통화스왑의 기초가 되는 외국통화표시채권의 가치를 B_F, 자국통화표시채권의 가치를 B_D, 외국통화 단위당 자국통화의 교환비율로 나타낸 현물환율을 S_0이라고 정의하자.

외국통화표시채권을 매입하고 자국통화표시채권을 매도하는 경우에 통화스왑의 가치는 다음과 같이 구할 수 있다.

$$NPV = S_0 \times B_F - B_D \qquad (17.7)$$

자국통화표시채권을 매입하고 외국통화표시채권을 매도하는 경우에 통화스왑의 가치는 다음과 같이 구할 수 있다.

$$NPV = B_D - S_0 \times B_F \qquad (17.8)$$

식(17.7)와 식(17.8)에서 외국통화표시채권의 가치는 외국통화의 원리금을 외국의 이자율로 할인하여 구하고, 자국통화표시채권의 가치는 자국통화의 원리금을 자국의 이자율로 할인하여 구한다. 따라서 통화스왑의 가치는 외국통화의 이자율 기간구조, 자국통화의 이자율 기간구조, 계약시점의 현물환율에 의해 결정된다.

예제>>> 17-2 통화스왑의 가치

강남기업은 미국의 C은행과 통화스왑을 체결하였다. 스왑계약은 3년간 존속하고 두 통화의 원금이 각각 100만 달러와 12억원이다. 강남기업은 C은행으로부터 매년 달러화로 연 5%의 이자를 지급받고, C은행에 원화로 연 8%의 이자를 지급한다. 현재의 현물환율은 ₩1,200/$, 향후 3년간 미국의 이자율은 7%, 한국의 이자율은 10%, 이자율의 기간구조가 모두 수평적이라고 가정하여 다음의 물음에 답하시오.

1. 강남기업의 입장에서 채권가치를 이용하여 통화스왑의 가치를 평가하시오.
2. 강남기업의 입장에서 선도계약을 이용하여 통화스왑의 가치를 평가하시오.

해설

1. 채권가치를 이용하는 경우
강남기업은 원금 100만 달러에 대해 연 5%의 이자를 지급받는 달러화채권을 매입하고, 원금 12억원에 대해 연 8%의 이자를 지급하는 원화채권을 매도한 것으로 간주할 수 있다.
① 외국통화표시부채권의 가치
외국통화표시채권의 가치(BF)는 외국채권에 대한 원리금을 외국의 이자율로 할인하여 다음과 구할 수 있다.

$$B_F = \frac{5}{(1.07)^1} + \frac{5}{(1.07)^2} + \frac{105}{(1.07)^3} = 94.75\text{만 달러}$$

② 자국통화표시채권의 가치
자국통화표시채권의 가치(BD)는 자국채권에 대한 원리금을 국내의 이자율로 할인하여 다음과 구할 수 있다.

$$B_D = \frac{0.96}{(1.1)} + \frac{0.96}{(1.1)^2} + \frac{12.96}{(1.1)^3} = 11.40\text{억원}$$

따라서 강남기업의 입장에서 통화스왑의 가치는 현재의 환율로 환산한 달러화채권의 원화가치에서 원화채권의 가치를 차감하여 다음과 같이 구할 수 있다.

$$NPV = S_0 \times B_F - B_D = (1{,}200 \times 94.75) - 11.40 = -0.03\text{억원}$$

2. 선도계약을 이용하는 경우
통화선도계약은 미래의 특정기간 동안에 특정이자율이 특정원리금에 적용되는 계약이므로 미래의 현금흐름을 교환하는 여러 개의 선도계약으로 볼 수 있어 강남기업의 입장에서 스왑의 가치는 다음과 같은 네 개의 통화선도계약으로 구성된 포트폴리오라고 할 수 있다.
① 1년 후의 이자교환은 5만 달러의 이자를 수령하고, 0.96억원의 이자를 지급하는 선도계약이라고 할 수 있다. 이 선도계약의 현재가치는 1년 후의 선도환율로 5만 달러를 원화로 환산하고 여기서 지급해야 할 원화이자를 차감한 값을 국내의 이자율로 할인한 값이다.

$$\text{선도계약의 현재가치} = \frac{5 \times 1233.64 - 0.96}{(1.1)^1} = -0.312\text{억원}$$

② 2년 후의 이자교환은 5만 달러의 이자를 수령하고, 0.96억원의 이자를 지급하는 선도계약이라고 할 수 있다. 이 선도계약의 현재가치는 2년 후의 선도환율로 5만 달러를 원화로 환산하고 여기서 지급해야 할 원화이자를 차감한 값을 국내의 이자율로 할인한 값이다.

$$\text{선도계약의 현재가치} = \frac{5 \times 1268.23 - 0.96}{(1.1)^2} = -0.269\text{억원}$$

③ 3년 후의 이자교환은 5만 달러의 이자를 수령하고, 0.96억원의 이자를 지급하는 선도계약이라고 할 수 있다. 이 선도계약의 현재가치는 3년 후의 선도환율로 5만 달러를 원화로 환산하고 여기서 지급해야 할 원화이자를 차감한 값을 국내의 이자율로 할인한 값이다.

$$\text{선도계약의 현재가치} = \frac{5 \times 1303.79 - 0.96}{(1.1)^3} = 0.779\text{억원}$$

④ 3년 후의 원금교환은 100만 달러를 수령하고, 12억원을 지급하는 선도계약이라고 할 수 있다. 이 선도계약의 현재가치는 3년 후의 선도환율로 100만 달러를 원화로 환산하고 여기서 지급해야 할 원화원금 12억원을 차감한 값을 국내의 이자율로 할인한 값이다.
따라서 강남기업의 입장에서 통화스왑의 가치는 네 개의 선도계약의 현재가치를 합산한 값 −0.03억원이며, 이는 채권가치를 기준으로 계산한 물음 1의 결과와 일치한다.
NPV = −0.312−0.269−0.231+0.779 = −0.03억원

제 4 절 외환스왑

1 외환스왑의 의의

외환스왑(FX swap)은 거래당사자가 현재의 환율에 따라 상이한 통화를 교환하고 일정 기간 후 계약시점에 약정한 선물환율에 따라 원금을 재교환하기로 하는 거래를 말한다. 즉, 동일한 거래상대방과 현물환과 선물환, 만기가 상이한 선물환과 선물환, 현물환과 현물환을 서로 반대방향으로 동시에 매매한다.

외환스왑은 외환매매의 당사자가 가까운 만기(near date)의 거래와 동시에 반대방향으로 동일한 금액의 먼 만기(far date)의 거래의 방향을 반대로 하여 체결된다. 따라서 전체포지션은 스퀘어가 되므로 환위험은 없으며 외환스왑기간 동안에 다른 통화의 자금을 창출하여 사용하는 자금거래의 일종이다.

외환스왑은 특정통화의 외환시장이 발달되어 있지 않아 그 시장에 접근이 쉽지 않거나 차입거래와 예치거래가 여의치 않을 경우 차입이 쉬운 통화를 먼저 차입하고 이를 담보로 특정통화를 차입하는 효과를 얻되 통화간 금리차이를 환율로 계산해서 정산하며 통화스왑과 달리 만기까지 이자교환이 이루어지지 않는다.

외환스왑은 상이한 통화의 차입과 예금으로 구성되어 있다고 해석할 수 있다. 즉, EUR 차입과 USD 예금을 합성하면 외환스왑(EUR buy & sell)이 된다. 그리고 외환스왑은 EUR 현물환 매입과 EUR 선물환 매도로 구성되어 있다고 해석할 수 있다. 따라서 외환스왑을 현물환거래와 결합하면 선물환거래가 복제될 수 있다.

> EUR 매입 + EUR 선물환매도 = EUR Buy & Sell(FX Swap)
> EUR Buy & Sell(FX Swap) + EUR 매도 = EUR 선물환매도

외환스왑거래의 가격은 일반선물환(outright forward)을 거래할 때 적용하는 선물환포인트(forward point)와 동일하며 스왑포인트(swap point)라고 부른다. 외환스왑거래에 적용하는 환율은 현물환 부분에 적용하는 환율을 기준으로 스왑포인트를 가산하여 선물환 부분의 환율을 결정한다.

> 현물환율 + 스왑레이트 = 선물환율

일반선물환거래에 적용하는 선물환포인트와 스왑거래에 적용하는 스왑포인트는 동일하기 때문에 거래되는 두 통화의 금리차이에 의해서 결정되는 가격결정원리도 동일하다. 외환스왑거래에서 일반선물환 호가를 사용하기보다는 일반선물환 호가에서 현물환 호가를 차감한 선물환포인트로 호가를 한다.

일반선물환 호가는 현물환율의 수준에 의해 영향을 받는 반면에 선물환포인트는 현물환율의 움직임과는 독립적이며 단지 이자율의 차이에 의해서 영향을 받는다. 따라서 외환시장의 참가자들은 선물환포인트로 호가를 하면 현물환율의 움직임과 관련된 위험과 금리차이와 관련된 위험을 분리할 수 있다.

2 외환스왑의 동기

외환스왑은 환위험을 관리하는 측면에서 매우 유용하게 활용되고 있으며, 환위험관리에 사용되는 파생금융상품 중에서 활용도가 높은 상품이라고 할 수 있다. 또한 수출입업체가 외환스왑을 활용할 경우에 외환의 수취시점과 지급시점간의 불일치문제를 해소할 수 있으며 외환거래의 결제일을 조정할 수 있다.

(1) 단기자금의 조달

외환스왑은 외화자금에 여유가 있으나 원화자금이 필요한 외국은행 국내지점과 원화자금은 풍부하나 외화자금이 부족한 국내은행간에 일시적인 자금조달수단, 현재의 스왑레이트와 국내외 금리차간의 차이를 이용한 재정거래, 그리고 향후의 국내외 금리차 및 장단기 금리차의 변동을 예상한 투기거래에 이용된다.

(2) 환리스크의 회피

수출자금 유입과 수입자금 유출이 빈번히 발생할 경우 외환의 수취시점과 지급시점을 예상하여 결제시점의 차이 기간 동안 외환스왑을 체결하면 환위험을 회피할 수 있고, 예상결제일보다 자금이 조기 또는 늦게 회수될 경우에 외환스왑을 통해 자금흐름의 시차문제를 해소하여 환위험을 헤지할 수 있다.

수출입기업은 외환스왑을 이용하여 외환의 수취시점과 결제시점간의 불일치에 따른 환위험을 관리하고 외환거래의 결제일을 조정할 수 있다. 예컨대 수출대금의 입금시점이 수입대금의 결제시점보다 빠를 때 현물환을 매도하고 선물환을 매입하면 외환의 수취시점과 결제시점의 불일치 문제를 해소할 수 있다.

예제 17-3 수지시점의 불일치 해소

현재 달러/원 현물환율은 1,000원이고 1개월 선물환율은 1,000.80원이며 1개월 후에 실제로 달러/원 환율이 1,050원이 되었다. 시장금리는 원화 예금금리가 연 5.0%이고 미달러화 예금금리가 연 4.0%라고 가정하자. 미국과 수출입거래를 하는 한국의 서강기업은 오늘 수출대금 U$500,000를 수취했으나 1개월 후 수입결제대금 U$500,000의 지급이 예정되어 있다. 서강기업의 외환(달러화)포지션은 매입(자산)과 매도(부채)의 차액이 없는 스퀘어 포지션 상태(square position)이나 외화의 수입과 지출시점간의 불일치로 인한 환위험을 관리할 필요가 있다. 이러한 상황에서 서강기업이 수출대금을 처리할 수 있는 방안을 설명하시오.

해설

1. 방안 1 : 외환스왑 = 현물환 매도 + 선물환 매수
   ① 수출대금 U$500,000를 현물환율 1,000원에 매도하고 원화 5억원을 수취하여 이를 운용한다. (현물환 매도+원화예금)
   ② 1개월 후에 지급해야 할 수입결제대금을 확보하기 위해 1개월 만기 선물환으로 U$500,000를 선물환율 1,000.80원에 매입한다. (선물환달러 매입)

2. 방안 2 : 외화예금
   외화예금에 예치하여 1개월 후 수입결제대금으로 사용한다. 오늘 입금된 수출대금을 매도하는 대신 외화예금에 예치하고 1개월 후 수입결제대금으로 사용하는 경우도 하나의 환위험관리방법이라고 할 수 있다. 그러나 원화 및 외화예금금리, 선물환율을 고려하여 외환스왑을 이용하는 경우와 비교해서 선택해야 한다.

3. 방안 3 : 수출대금 매도하고 1개월 후 수입결제대금 재매수
   수출대금을 매도하고 1개월 후 수입결제대금을 재매수한다. 만약 서강기업이 오늘 입금된 수출대금을 그대로 현물환 매도하여 원화자금을 운용한 후 1개월 후에 당시의 현물환율로 달러를 매입하여 수입결제대금을 결제하는 경우에 환율이 상승하면 손실이 발생한다. 현재는 스퀘어포지션 상태에 있지만 수출대금을 현물환 매도하면 1개월 후에 수입결제의무가 남게 되어 결과적으로 환율상승위험에 노출된다.

【 표 17-4 환위험관리방안의 비교 】

방안	시기	거래	달러화	원화
1	현재시점	수출대금 입금 현물환 매도(1,000원) 원화자금 운용	+500,000 −500,000	+500,000,000 −500,000,000
	1개월 후	원화운용(5%) 원리금 회수 선물환 결제(1,000.80원)	+500,000	+502,054,794 −500,400,000
	잔액	1개월 후 현물환율 1,050원	+500,000	+1,654,794 (U$1,576)
	1개월 후 달러화 총액 = U$500,000+U$1,576(연 3.76%) 이 중 U$500,000를 수입대금 결제에 사용함			
2	1개월 후 달러화 총액 = U$500,000+U$1,667(연 4.00%) 이 중 U$500,000를 수입대금 결제에 사용함			

3	현재시점	수출대금 입금 현물환 매도(1,000원) 원화자금 운용	+500,000 −500,000	 +500,000,000 −500,000,000
	1개월 후	원화운용(5%) 원리금 회수 1개월 후 현물환율 1,050원		+502,054,794 (=U$478,147)
	1개월 후 달러화 총액 = U$478,147 수입대금 결제에 필요한 U$500,000에 부족함			

(3) 외환거래의 결제일 조정

수출입기업은 외환스왑을 활용하여 외환거래의 결제일을 조정할 수 있다. 수출입기업이 환위험관리를 위해 선물환을 이용한 경우, 현물환의 결제일이 변경될 경우 헤지거래인 선물환의 만기일을 조정해야 하는 경우도 발생한다. 여기서는 선물환의 만기일을 연장하는 경우와 만기일을 앞당기는 경우에 대해 살펴본다.

1) 선물환거래의 만기일을 연장하는 경우

2013년 2월 10일 현재 A기업은 1월 10일 수출계약을 체결하고 1개월 후에 수출대금이 입금될 것을 예상하고 환율하락위험을 헤지하기 위해 당시 선물환율 1,010원에 1개월 선물환(만기 2월 10일) U$500,000를 매도하였다. 그러나 상대방의 사정으로 수출선적을 1개월 연장해달라는 요청에 A기업은 동의하였다.

따라서 A기업의 수출대금 입금도 1개월 지연될 것이므로 2월 10일 만기가 도래하는 선물환계약을 3월 10일까지 연장해야 할 필요가 발생하였다. 2월 10일 현재 달러/원 현물환율이 1,030원/1,031원이고 1개월물 달러/원 스왑포인트가 +40/+70 시장상황에서 A기업은 외환스왑을 이용하면 선물환 만기를 연장할 수 있다.

[그림 17-11]에서 A기업은 선물환 달러 매도거래의 만기연장을 위해 USD Buy & Sell의 외환스왑거래를 실행한다. 즉 2월 10일에 만기가 도래하는 선물환거래를 상쇄시키기 위해 2월 10일 당시 시장환율인 1,031원 기준으로 현물환 달러를 매입하고 동시에 1개월 만기 선물환 달러를 매도하는 외환스왑거래를 체결한다.

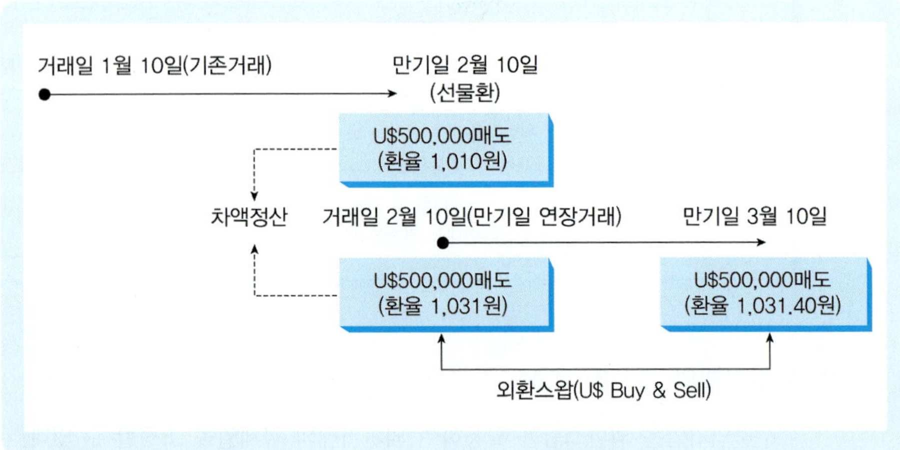

【 그림 17-11 선물환거래 만기연장 】

3월 10일 만기 선물환 달러 매도거래에 적용되는 환율은 외환스왑의 현물환거래 환율인 1,031원을 기준으로 고객의 1월물 달러 매도시 적용하는 스왑포인트 +40(0.4원)을 가산하여 1,031.4원이 된다. 따라서 A기업은 2월 10일에 만기 결제되는 두 개 외환거래의 환율차이(=1,031−1,010=21원)에 의한 금액 10,500,000원(=U$500,000×21원)을 지급해야 한다.

그러나 3월 10일 만기의 선물환거래 환율은 1월 10일에 거래했던 환율보다 21.4원(2월 10일 지급한 환차 21원+1개월 스왑포인트 0.4원) 높은 1,031.40원이다. 즉, 2월 10일 환율이 상승하여 환율의 차이인 1달러당 21원을 은행에 지급하고 3월 10일에 다시 찾아오는 결과가 된다. 이러한 과정을 거쳐 A기업은 1월 10일에 거래한 1개월물(만기 2월 10일) 선물환거래의 만기가 1개월(만기 3월 10일) 연장된다.

그런데 만기를 연장하는 경우 A기업이 2월 10일 현재의 환율 차이 21원에 해당하는 결제차액을 지급하지 않고 기존 선물환율 1,010원에 1개월 스왑포인트 0.4원만 조정한 1,010.40원으로 연장하는 것은 외국환거래규정으로 금지되어 있다. 이는 만기연장시 고객이 손실을 결제하지 않은 상태에서 만기연장으로 손실이 크게 늘어나는 것을 사전에 예방하기 위한 조치에 해당한다.

2) 선물환거래의 만기일을 앞당기는 경우

B기업은 해외에서 설비수입을 계획하고 수입대금 결제시의 환율상승위험을 헤지하기 위해 6개월 만기(만기일 5월 10일) 선물환으로 U$500,000을 선물환율 1,020원에 매입하

였다. 설비수입이 완료되고 수입대금을 3월 10일까지 지급하라는 은행의 통보를 받아 이미 계약해 놓은 선물환을 이용해 수입대금결제를 하기로 하였다. B기업은 기존 선물환거래의 만기일을 2개월 앞당겨 조기결제해야 하며 3월 10일 시장상황에 따라 외환스왑을 거래해야 한다. 3월 10일 달러/원 현물환율은 1,035원/1,036원이고 2개월물 달러/원 스왑포인트는 +60/+90이다. [그림 17-12]에서 B기업은 선물환의 조기결제를 위해 USD Buy & Sell의 외환스왑을 실행한다.

5월 10일 만기가 도래하는 선물환을 3월 10일 만기로 앞당겨 결제하고자 현물환 달러매입거래(만기일 3월 10일)를 시장환율인 1,036원에 실행하고 2개월물(만기일 5월 10일) 선물환 달러매도거래를 계약하는 외환스왑(현물환+선물환)을 거래한다. 이때 적용하는 5월 10일 만기 선물환 달러매도거래의 적용환율은 외환스왑의 현물환거래 환율 1,036원을 기준으로 고객의 2개월물 달러매도시 적용하는 스왑포인트 +60(0.6원)을 가산하여 1,036.60원이 된다.

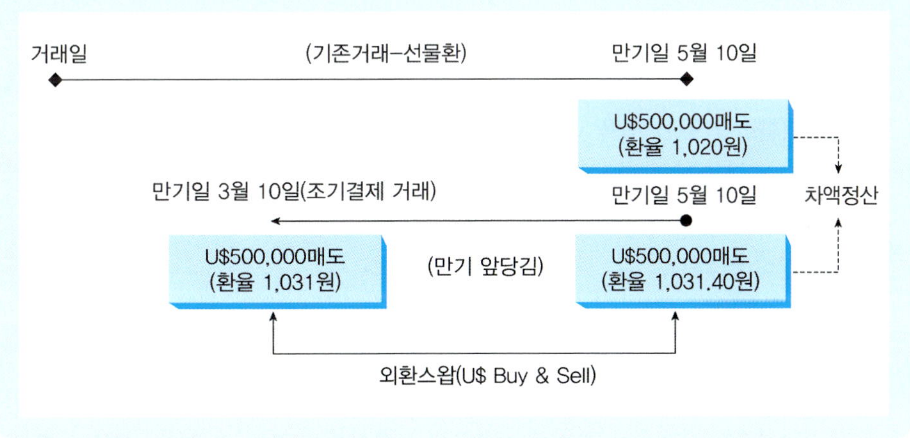

【 그림 17-12 선물환거래 조기결제 】

B기업은 3월 10일 U$500,000을 1,036원에 인도받아 수입결제대금으로 사용하여 기존의 선물환율과 비교하면 1달러당 16원(=1,036−1,020) 높다. 그러나 외환스왑의 달러매도 선물환율이 1,036.60원으로 결정되어 5월 10일이 되면 과거에 계약한 달러매입 선물환(환율 1,020원)과 3월 10일에 새로 계약한 달러매도 선물환(환율 1,036.60원)의 환율차이 16.60원(3월 10일에 지급한 16원+2개월물 스왑포인트 0.6원)에 해당하는 정산차액 8,300,000원(U$500,000×16.6원)을 B기업은 수취한다.

3 외환스왑의 종류

(1) 현물환거래와 현물환거래

스왑기간이 1-2일인 단기 외환스왑(Roll-over swap)은 대개 자금결제일을 1-2일간 조정하기 위한 수단으로 이용된다. 여기에는 오늘부터 익영업일까지의 외환스왑인 O/N(over-night) 스왑거래와 익영업일부터 제2영업일까지의 외환스왑인 T/N(tom-next) 스왑거래가 있다.

(2) 현물환거래와 선물환거래

일반적으로 외환스왑은 특정 외화를 현물환시장에서 매입(매도)하고 동시에 선물환시장에서 매도(매입)하는 형태이다. 여기에는 제2영업일부터 제3영업일까지의 외환스왑인 S/N(spot-next) 스왑거래와 제2영업일부터 1억월 이후까지의 외환스왑인 Spot 1 month 스왑거래가 있다.

(3) 선물환거래와 선물환거래

외환스왑의 만기일 모두가 선물환거래의 형태를 말하며 1개월후부터 3개월후까지의 외환스왑 등이 있을 수 있다.

4 외환스왑의 장점

(1) 회계처리상의 장점

일반적으로 기업이 자금을 차입하게 되면 재무상태표 대변에 부채로 계상되기 때문에 부채비율의 증가로 신용도 평가상에 불이익을 초래할 수 있다. 그러나 외환스왑은 부채로 기록되지 않는 부외거래(off balance sheet engagement)로 취급되기 때문에 신용도 평가에 영향을 미치지 않는다.

(2) 신용위험의 최소화

외환스왑에서는 만기가 짧은 일자(near date)와 만기가 긴 일자(far date)에 거래당사자간에 해당 통화의 실질적인 교환이 발생한다. 따라서 금융시장에서 투자원금을 회수할 때까지 상대방에 대한 신용위험이 있는 은행측의 입장에서 보면 외환스왑은 신용위험이 적은 편이며 환율변동위험만 부담하면 된다.

(3) 은행간금리의 적용

신용도가 상대적으로 낮은 기업은 금융시장을 이용하면 은행간금리에 스프레드를 가산한 불리한 금리를 적용받는다. 그러나 외환스왑을 이용하게 되면 은행간 거래에 적용하는 금리로 자금을 차입하거나 예치하는 효과를 얻을 수 있기 때문에 신용도가 낮은 기업도 유리할 수 있다.

(4) 풍부한 유동성

외환스왑이 갖는 여러 가지의 장점으로 인해 주요 통화에 대한 외환스왑의 유동성이 금융시장보다 훨씬 풍부하다.

5 통화스왑과 비교

외환스왑(FX Swap)과 통화스왑(Currency Swap)은 기본적으로 현물환과 선물환으로 원금의 교환이 이루어진다는 점에서 동일하다. 그러나 외환스왑과 통화스왑은 모두 스왑이라는 용어를 사용하고 있어 혼동될 우려가 있기 때문에 유사점과 차이점을 비교하면 다음과 같다.

(1) 유사점

외환스왑과 통화스왑은 모두 스왑계약기간 동안 거래당사자들이 특정 통화를 다른 통화로 바꾸어 사용한 후 만기일에 원래의 통화로 다시 바꾸는 거래를 말한다. 따라서 스왑거래의 성격이 동일하기 때문에 두 통화간의 금리차이를 정산하는 등 거래원리는 동일하다.

(2) 차이점

외환스왑은 단기자금조달 및 환위험 헤지수단으로 이용되고 두 통화간의 금리차이를 환율로 전환하여 만기가 긴 일자(far date)의 환율에 반영하기 때문에 만기가 짧은 일자(near date)의 환율과 만기가 긴 일자(far date)의 환율이 서로 다르며 만기가 주로 1년 내외이다.

통화스왑은 장기자금조달 및 환위험 헤지수단으로 이용되고 계약기간 동안 해당통화의 이자를 주기적으로 수수하기 때문에 만기가 짧은 일자(near date)의 환율과 만기가 긴 일자(far date)의 환율은 거래당시의 현물환율로서 서로 같으며 만기가 10년 이상도 가능하다.

핵심요약

제1절 기본개념

1. **스왑의 의의** : 거래당사자가 미래현금흐름을 일정기간 교환하기로 약정한 계약
2. **스왑의 종류**
   ① 금리스왑 : 변동–고정금리스왑, 베이시스스왑, 크로스커런시스왑, 기준금리스왑
   ② 통화스왑 : 장기선물환계약, 직접통화스왑, 채무교환스왑
   ③ 혼합스왑 : 금리스왑과 통화스왑이 결합된 것
3. **스왑의 기능** : 차입비용 절감, 이자수익 증대, 가격위험 헤지, 시장규제 회피, 금융시장 보완
4. **스왑의 설계**
   ① 은행의 중개가 없는 경우 : 자신의 차입금에 대한 이자를 상대방으로부터 지급받고 원래 차입을 원했던 시장에서 부담해야 하는 금리보다 낮은 이자를 지급
   ② 은행의 중개가 있는 경우 : 자신의 차입금에 대한 이자를 상대방으로부터 지급받고 원래 차입을 원했던 시장에서 부담해야 하는 금리보다 낮은 이자를 지급

제2절 금리스왑

1. **금리스왑의 의의** : 동일한 통화로 표시된 채무에 대해 일정기간 이자지급의무를 교환하여 부담하기로 약정한 계약
2. **금리스왑의 평가**
   ① 선도계약으로 구성된 포트폴리오로 이해하여 평가하는 방법
   ② 채권포트폴리오로 이해하여 평가하는 방법 : $NPV = B_V - B_F$

제3절 통화스왑

1. **통화스왑의 의의** : 상이한 통화로 표시된 채무에 대해 일정기간 이자와 원금을 교환하여 부담하기로 약정한 계약
2. **통화스왑의 평가**
   ① 선도계약으로 구성된 포트폴리오로 이해하여 평가하는 방법
   ② 채권포트폴리오로 이해하여 평가하는 방법 : $NPV = S_0 \times B_F - B_D$

제4절 외환스왑

1. **외환스왑의 의의** : 현재의 환율로 서로 다른 통화를 교환하고 일정기간 후 계약 시점에 약정한 환율에 따라 원금을 재교환하기로 약정한 계약
2. **외환스왑의 동기** : 단기자금의 조달, 환리스크의 회피, 외환결제일의 조정
3. **외환스왑의 종류** : 현물환과 현물환, 현물환과 선물환, 선물환과 선물환

연습문제

01 다음 중 스왑에 대한 설명으로 가장 옳지 않은 것은?

① 스왑은 거래당사자간 미래현금흐름을 교환하는 계약으로 일련의 선도거래 또는 선물계약을 한번에 체결하는 것과 유사한 효과를 갖는다.
② 스왑은 표준화된 상품인 선물, 옵션과 같이 거래소에서 거래되지 않고 스왑딜러 및 브로커의 도움을 얻어 주로 장외에서 거래가 이루어진다.
③ 금리스왑은 미래 일정기간동안 거래당사자간 명목원금에 대한 변동금리 이자와 고정금리 이자를 교환하며 원금교환은 이루어지지 않는다.
④ 통화스왑은 미래 일정기간동안 거래당사자간 서로 다른 통화표시 채무 원금에 대한 이자금액을 교환하며 원금교환은 이루어지지 않는다.
⑤ 스왑은 거래당사자간 필요에 따라 다양하게 설계될 수 있는 장점이 있어 금리 또는 환위험관리를 위해 적절하게 사용될 수 있다.

해설 금리스왑은 이자만을 교환하는 반면에 통화스왑은 이자와 원금을 교환한다. 그리고 통화스왑은 고정금리와 고정금리, 변동금리와 변동금리, 고정금리와 변동금리 모두 가능한 형태로 스왑이 이루어진다.

02 다음 중 스왑에 대한 설명으로 옳지 않은 것은?

① 스왑은 기업들이 부담하는 환율과 금리변동위험에 대처하기 위해 도입된 금융기법의 하나이다.
② 스왑은 선물이나 옵션과 마찬가지로 헤지의 대상기간이 비교적 짧다.
③ 스왑은 외환통제, 세금차별 등 각종 규제가 있는 자본시장에서 기대할 수 없는 이익을 얻을 수 있는 기회를 제공한다.
④ 스왑은 유동성이 낮은 통화에 대한 계약도 가능하므로 선물과 옵션으로 충족시키지 못하는 부분에 대한 보완적 상품이라고 할 수 있다.
⑤ 중복금리스왑에서는 스왑거래당사자 사이에 스왑중개은행이 개입하여 차입비용의 절감액 중 일부를 가져간다.

해설 선물거래와 옵션거래는 비교적 헤지기간이 짧은 단기헤지에 적합한 반면에 스왑거래는 보통 1년 이상의 장기헤지에 적합하다.

03 기업 A와 B는 국제금융시장에서 다음과 같은 조건으로 자금을 차입할 수 있다. 은행이 기업 A와 B사이에서 스왑을 중개하고자 한다. 은행이 기업 A에게 변동금리를 지급하고 고정금리를 수취하는 스왑계약을 체결하며, 기업 B와는 그 반대의 스왑계약을 체결한다. 본 스왑으로 인한 은행의 총마진은 0.2%이며, 스왑이득은 두 기업에게 동일하다. 만약 은행이 기업 A에게 LIBOR+1%를 지급한다면 기업 A는 은행에게 얼마의 고정금리를 지급해야 하는가?

기업	유로본드 시장	유로달러 시장
A	8%	LIBOR+1%
B	9%	LIBOR+3%

① 8.0%　② 7.8%　③ 7.6%
④ 7.4%　⑤7.2%

해설 고정금리 스프레드는 1%이고 변동금리 스프레드는 2%이므로 두 기업은 스왑거래를 통해 1%의 이자비용을 절감할 수 있다. 그러나 스왑을 중개하는 은행에서 0.2%의 마진이 발생하면 A기업과 B기업은 각각 0.4%의 이익이 있어야 한다.

04 기업 A와 B는 달러화시장에서 3년간 100만달러를 차입하려고 하는데 차입조건은 아래와 같다. 기업 A와 B는 스왑계약을 체결하면서 차입비용의 절감으로 인한 이익을 50%씩 분배하기로 하였다. 스왑계약에 따른 고정금리를 11%로 할 경우에 변동금리는 얼마나 되겠는가?

기업	유로본드 시장	유로달러 시장
A	10%	LIBOR+2%
B	12%	LIBOR+3%

① LIBOR+1%　② LIBOR+1.5%　③ LIBOR+2%
④ LIBOR+2.5%　⑤ LIBOR+3%

해설 고정금리가 11%이므로 B기업이 A기업으로부터 지급받는 변동금리를 x라고 하면 B기업이 부담하는 금리는 (LIBOR+3%)+11%−x이며 B기업이 스왑계약 후 부담하는 고정금리는 11.5%가 되어야 한다. (LIBOR+3%)+11%−x=11.5%　∴ x = LIBOR+2.5%

05 문제 4에서 변동금리를 LIBOR+2%로 한다면 고정금리는 얼마나 되겠는가?

① 9%　② 9.5%　③ 10%
④ 10.5%　⑤ 11%

해설 A기업이 B기업으로부터 지급받는 고정금리를 x라고 하면 A기업이 부담하는 금리는 10%+LIBOR+2%−x이며 A기업이 스왑계약 후 부담하는 변동금리는 LIBOR+1.5%가 되어야 한다.
10%+LIBOR+2%−x=LIBOR+1.5%　∴ x=10.5%

06 A기업과 B기업은 향후 3년간 자본시장에서 일정금액을 차입하려고 하는데 차입조건은 다음과 같다. 스왑은행이 개입하여 연 20%의 이익을 가져가고 두 기업은 이익을 공평하게 분배하기로 스왑계약을 체결했을 경우에 옳지 않은 설명은?

기업	원화	달러화
A	7.0%	10%
B	9.0%	11%

① A기업은 원화시장에서 비교우위가 있고, B기업은 달러화시장에서 비교우위가 있다.
② A기업은 달러화로 차입하기를 원하고, B기업은 원화로 차입하기를 원한다.
③ 스왑계약을 체결하면 연 1%의 차입비용을 절감할 수 있다.
④ A기업은 달러화 이자율 9.6%, B기업은 원화 이자율 8.6%로 자금을 조달하는 효과가 있도록 스왑계약을 체결하면 된다.
⑤ 은행이 A기업으로부터 달러화금리 9.6%를 지급받고 B기업에게 달러화금리 11%를 지급하기로 한다면 A기업은 은행으로부터 원화금리 8%를 지급받고 B기업은 은행에게 원화금리 8.6%를 지급해야 한다.

07 강남기업은 2년을 계약기간으로 차입금 1,000만원에 대한 금리스왑을 체결하여 매년 말 15%의 고정금리를 수취하고 변동금리를 지급하기로 하였다. 이자교환은 매년 말 1회이며 1년 만기 및 2년 만기 순수할인채의 만기수익률이 각각 10%와 12%라고 하면 선도계약의 관점에서 스왑의 가치는 대략 얼마인가?

① 534.26만원 ② 548.27만원 ③ 584.36만원
④ 596.28만원 ⑤ 602.23만원

해 설 $(1+{}_0r_n)^2 = (1+{}_0r_1)(1+{}_1f_2)$에서 $(1+0.12)^2 = (1+0.1)(1+{}_1f_2)$ $\therefore {}_1f_2 = 14\%$

$$V_s = \frac{500}{(1.10)^1} + \frac{100}{(1.12)^2} = 534.26\text{만원}$$

한편 채권포트폴리오의 개념에 의해 스왑의 가치를 구하면 다음과 같다.

$$V_s = B_X - B_L = \frac{1,500}{(1.10)^1} + \frac{1,500 + 10,000}{(1.12)^2} - 10.000 = 531.37\text{만원}$$

08 A기업과 B기업의 고정금리시장과 변동금리시장에서의 차입조건은 각각 다음과 같다. 두 기업이 비교우위에 있는 금리로 자금을 차입한 후 이자를 교환하는 스왑계약을 체결할 경우에 기대할 수 있는 차입비용의 절감효과는 얼마인가?

기업	고정금리	변동금리
A	10.0%	LIBOR+0.8%
B	11.4%	LIBOR+1.4%

① 0.6% ② 0.8% ③ 1.0%
④ 1.2% ⑤ 1.4%

해설 기업 A와 B의 고정금리의 차이는 1.4%이고, 변동금리의 차이는 0.6%이다. 따라서 기업A는 비교우위가 있는 고정금리로 차입하고, 기업B는 비교우위에 있는 변동금리로 차입한 후 이자지급의무를 교환하면 두 시장에서의 금리차이인 0.8%의 차입비용을 줄일 수 있다.

09 우리기업과 나라생명이 국제금융시장에서 자금을 차입할 수 있는 금리조건은 다음과 같다. 금리스왑을 이용할 수 있는 상황에서 두 기업의 조달금리부담을 확정적으로 최소화하는 차입방법은?

기업	고정금리	변동금리
우리기업	9.00%	LIBOR+0.50%
나라생명	8.25%	LIBOR+0.25%

① 우리기업 고정금리 차입, 나라생명 고정금리 차입
② 우리기업 변동금리 차입, 나라생명 변동금리 차입
③ 우리기업 고정금리 차입, 나라생명 변동금리 차입
④ 우리기업 변동금리 차입, 나라생명 고정금리 차입

해설 변동금리에서 비교우위에 있는 우리기업은 변동금리로 자금을 차입하고, 고정금리에서 비교우위에 있는 나라생명은 고정금리로 자금을 차입한 후에 이자지급을 교환하는 금리스왑계약을 체결하면 된다.

10 우리나라의 조선회사가 수주한 선박대금을 미국달러로 향후 5년간 매년 동일한 금액을 나누어 받기로 하였다. 이러한 거래에 내포된 환위험을 현재시점에서 모두 회피할 수 있는 거래는?

① 5년 만기 선물환 달러 매도 ② 5년 만기 달러 금리스왑
③ 5년 만기 유러달러선물 매도 ④ 5년 만기 원달러 통화스왑

해설 통화스왑은 두 거래당사자가 계약시점에 약정한 환율에 따라 특정통화를 일정시점에 상호 교환하는 외환거래를 말하며 단기적인 환위험의 헤지보다는 중장기적인 헤지수단으로 이용되고 있다.

11 다음 중 통화스왑에 대한 설명으로 옳지 않은 것은?

① 서로 다른 통화로 표시된 현금흐름을 갖는 양측이 미래의 정해진 만기까지 일정한 기간마다 서로의 현금흐름을 교환하기로 약정한 계약이다.
② 교환되는 금리의 형태는 합의에 의해 고정금리와 변동금리가 모두 가능하다.
③ 계약원금에 대한 이자를 합의에 의한 금리를 적용하여 해당 통화로 거래당사자간에 서로 지급한다.
④ 명목원금만 있을 뿐 실제로 원금의 교환은 발생하지 않는다.

해설 금리스왑은 동일한 통화로 표시되어 명목원금만 있을 뿐 실제로 원금의 교환이 발생하지 않는다. 그러나 통화스왑은 상이한 통화로 표시되어 원금의 교환이 필요하다.

12 다음 중 금리스왑에 대한 설명으로 옳지 않은 것은?

① 금리스왑에서는 원금이 서로 교환되지 않고 단지 이자계산에만 사용하는 것이 일반적이다.
② 금리스왑에서 가장 중요한 변수는 고정금리이며 이를 보통 스왑가격 또는 스왑률이라고 한다.
③ 금리스왑에서 고정금리 수취, 변동금리 지급의 포지션을 금리스왑 매입포지션이라고 한다.
④ 금리스왑에서 변동금리 이자계산에 사용되는 변동금리가 결정되는 날을 기준일이라고 한다.

해설 금리가 상승하는 경우에 이익이 되는 포지션을 매입 스왑포지션이라고 한다. 이는 고정금리를 지급하고 변동금리를 수취하는 포지션이다.

13 다음 스왑에 대한 설명 중 옳지 않은 것은?

① 통화스왑은 상이한 통화로 표시된 이자를 교환 지급하고 만기일에는 미리 약정한 환율에 의해 원금을 교환한다.
② 이종통화간 고정금리와 고정금리의 지급을 교환하는 것을 currency basis swap이라 한다.
③ 이종통화간 고정금리와 변동금리의 지급을 교환하는 것을 cross currency coupon swap이라 한다.
④ 이종통화간 변동금리와 변동금리의 지급을 교환하는 것을 cross currency basis swap이라 한다.

해설 금리스왑(IRS)은 스왑당사자가 동일한 통화로 표시된 차입금을 부담하고 있을 경우 이자지급의무를 서로 교환하여 차입비용을 절감하는데 있다. 쿠폰스왑(coupon swap)은 일반적인 금리스왑의 형태로 차입금의 이자지급조건을 변동금리에서 고정금리 또는 고정금리에서 변동금리로 바꾸는 거래이다. 베이시스스왑(basis swap)은 각기 서로 다른 변동금리부 이자지급조건을 서로 교환하는 거래이다. 크로스커런시(cross currency) 금리스왑은 서로 다른 통화의 이자지급조건을 교환하는 거래를 말한다.

14 **변동금리 LIBOR+1%로 100만달러를 차입한 투자자가 LIBOR 금리스왑을 체결하면서 LIBOR를 수취하고 고정금리 6%를 지급하기로 하였다면, 이 투자자의 궁극적 금리구조는?**

① LIBOR+2% 차입
② LIBOR 차입
③ 5% 변동금리 차입
④ 7% 고정금리 차입

해설 LIBOR+1% 지급하면서 LIBOR 수취+고정 6% 지급
= −(LIBOR+1%)+LIBOR−6% = −7%

15 **다음 중 스왑과 채권을 결합하여 결과적으로 얻어지는 자금조달의 형태를 연결한 것으로 적절하지 않는 것은?**

① 달러고정금리채+(달러고정금리수취×달러변동금리지급)금리스왑=달러변동금리채
② 달러고정금리채+(달러고정금리수취×엔화변동금리지급)통화스왑=엔화변동금리채
③ 엔화고정금리채+(달러고정금리수취×엔화고정금리지급)통화스왑=달러고정금리채
④ 엔화변동금리채+(엔화변동금리수취×달러변동금리지급)통화스왑=달러변동금리채

해설 한 종류의 채권발행은 금리스왑이나 통화스왑과 결합하면 다른 통화의 채권으로 전환된다. 원래 발행된 채권의 통화 및 금리의 지급형태와 동일한 형태의 포지션 수취와 다른 통화 및 금리의 포지션 지급의 스왑은 채권포지션과 스왑 중 수취포지션은 상쇄되고 스왑의 지급포지션만 남게 된다.

16 **(주)한국은 미국에 공장을 설립하기 위해 $10,000,000상당의 달러화 자금을 10년간 차입하고자 한다. 한편 미국의 회사는 한국에 지사를 설립하기 위해 $10,000,000 상당의 원화자금을 10년간 차입하고자 한다. 이 두 회사가 달러화와 원화로 차입하고자 할 경우의 이자율이 아래와 같을 때 통화스왑에 대한 설명으로 옳은 것은?**

기업	원화	달러화
(주) 한국	5.0%	7%
미국회사	7.0%	10%

① (주)한국의 자본조달비용이 두 나라 통화에서 모두 저렴하므로 스왑거래는 불가능하다.
② 스왑계약을 통해 (주)한국은 달러화를 4.5%에, 미국회사는 달러화 자금을 9.4%에 조달할 수 있도록 도와줄 수 있다.
③ 스왑계약을 통해 (주)한국은 달러화를 4.5%에, 미국회사는 원화자금을 9.5%에 조달할 수 있도록 도와줄 수 있다.
④ 스왑계약을 통해 (주)한국은 달러화를 4.4%에, 미국회사는 원화자금을 9.5%에 조달할 수 있도록 도와줄 수 있다.

해 설 (주)한국이 자금조달비용에서 달러화시장과 원화시장 모두 절대우위를 가지고 있다.그러나 미국회사는 달러화시장에서 (주)한국은 원화시장에서 상대적으로 비교우위를 보이고 있다. (주)한국은 미국회사에 비해 원화시장에서 3%를 저렴하게 조달할 수 있는 반면 달러화시장에서는 2% 저렴하게 조달할 수 있다. 따라서 스왑거래를 통해 두 회사간에 절감할 수 있는 이자비용은 1%(=3%−2%)가 된다.

17 기업 A와 기업 B가 각각 $1,000만불을 5년동안 차입하고자 한다. 차입비용이 아래와 같을 경우에 해당되는 금리스왑에 대한 설명으로 적절한 것은?

기업	고정금리	변동금리
A	6%	LIBOR+0.25%
B	7%	LIBOR+0.75%

① 스왑이 가능하며 스왑을 체결하는 경우 두 회사가 절감할 수 있는 자본조달비용은 0.5%이다.
② 스왑이 가능하며 기업 A는 변동금리로 차입한 후 고정금리로 스왑한다.
③ 스왑이 가능하며 기업 B는 고정금리로 차입한 후 변동금리로 스왑한다.
④ 기업 A가 기업 B에 비해 고정금리시장과 변동금리시장에서 모두 저렴한 비용으로 조달할 수 있으므로 스왑은 가능하지 않다.

해 설 기업 A가 기업 B에 비해 신용등급이 높다. 기업 A는 고정금리시장, 기업 B는 변동금리시장에서 비교우위를 보인다. 따라서 기업 A는 고정금리로 차입하여 변동금리로 스왑하고 기업 B는 변동금리로 차입하여 고정금리로 스왑하면 두 회사 모두 자본조달비용을 두 시장에서의 금리차이(7%−6%)−[(LIBOR+0.75%)−(LIBOR+0.25%)]=0.5%가 된다.

18 현재 엔화의 낮은 금리에 이끌려서 사무라이 본드를 발행한 기업이 앞으로 엔화에 대한 달러가치의 하락과 엔을 포함하는 주요 통화의 전반적 금리상승을 기대하는 경우에 선택할 수 있는 통화스왑으로 적절한 것은?

① 엔화고정금리수취 + 달러고정금리지급
② 엔화고정금리수취 + 달러변동금리지급
③ 달러고정금리수취 + 엔화고정금리지급
④ 달러고징금리수취 + 엔화고징금리지급

해 설 사무라이본드는 외국인이 일본에서 발행하는 엔화표시채권을 말한다. 채권발행을 통한 차입과 통화스왑을 결합하면 다른 통화표시의 차입으로 전환할 수 있다. 이러한 결정은 환율변동과 금리변동에 대한 전망에 따라 이루어진다. 달러가치의 하락과 주요통화의 전반적 금리상승이 기대되는 경우에 달러화 고정금리 차입으로 전환하는 것이 바람직하다. 엔화의 사무라이 본드를 발행한 경우에는 엔화고정금리를 수취하고 달러화고정금리를 지급하는 통화스왑과 결합하면 달러화고정금리 차입으로 전환할 수 있다.

19 다음 중 (가)와 (나)에 들어갈 말은?

A기업은 B은행과 통화스왑을 체결한다. A는 연간 고정금리 8%로 스위스 프랑화(CHF)로 지급하고, B는 연간 고정금리 6%로 미달러화(USD)로 매 6개월마다 지급한다. 만기는 4년이고 원금은 US$ 100,000,000과 CHF 100,000,000이다. 스왑거래의 계약시에 원금교환은 이루어진다. → A의 지급은 다음과 같을 것이다. "A는 계약시에 (가)를 지급하고, 6개월 후에는 (나)를 지급해야 한다."

	①	②	③	④
(가)	USD 100,000,000	USD 100,000,000	CHF 100,000,000	CHF 100,000,000
(나)	CHF 8,000,000	CHF 4,000,000	CHF 8,000,000	CHF 4,000,000

해설 A는 원금교환 CHF 100,000,000을 수취하고 USD 100,000,000을 지급한다. 6개월 후에는 이자교환인데 USD 3,000,000을 수취하고 CHF 4,000,000을 지급한다.

20 다음 중 (가)와 (나)에 들어갈 적절한 말은?

명목원금이 $10,000,000이고 고정금리로 지급하는 금리스왑의 스왑개시시점에서의 가치는 (가)이고, 향후 금리가 상승하면 스왑의 가치는 (나)한다.

	①	②	③	④
(가)	$10,000,000	$10,000,000	$0	$0
(나)	증가	감소	증가	감소

해설 스왑거래 개시시점의 가치는 0이다. 고정금리로 지급하고 변동금리로 수취하는 현금흐름이므로 금리가 상승하면 스왑의 가치는 상승한다.

*** 문제 21번부터 24번까지 다음의 상황을 읽고 답하시오.**

호주회사 B는 달러화 자금시장에서 변동금리로 달러화 자금을 차입하기를 원하지만 달러화 자금시장에서 신용도가 높지 못해 높은 수준의 금리를 부담해야 한다. 그러나 이 회사는 호주 달러화 자금시장에서는 유리한 조건으로 고정금리부 호주 달러화 자금을 차입할 수 있다. 반면에 미국회사 A는 유리한 조건으로 변동금리부 달러화 자금을 차입할 수 있으나 호주 달러화 자금을 차입할 경우에는 높은 금리를 부담해야 한다.

기업	호주 달러화	미국 달러화
미국회사 A	4.75%	LIBOR+0.50%
호주회사 B	4.50%	LIBOR+0.75%

21 이러한 상황에서 필요한 스왑계약의 종류는 무엇인가?

① 금리스왑(IRS) ② 통화스왑(CRS)
③ 베이시스스왑 ④ 부채자본스왑

해설 통화스왑은 상이한 통화로 표시된 자금을 필요로 하는 거래당사자가 계약기간 동안 원금에 기초하여 상이한 통화로 표시된 이자를 지급하고 만기일에 계약시점에 약정한 환율에 의해 원금을 교환하는 거래를 말한다.

22 이러한 상황에서 호주회사 B는 스왑계약을 체결하기 위해서 우선 무엇을 해야 하는가?

① 변동금리부 미국 달러화 자금차입
② 고정금리부 호주 달러화 자금차입
③ 고정금리부 미국 달러화 자금차입
④ 변동금리부 호주 달러화 자금차입

해설 기업 A와 B의 고정금리의 차이는 0.25%이고, 변동금리의 차이는 0.20%이다. 따라서 기업 B는 비교우위에 있는 고정금리로 차입한다.

23 이러한 상황에서 미국회사 A는 스왑계약을 체결하기 위해서 우선 무엇을 해야 하는가?

① 변동금리부 미국 달러화 자금차입
② 고정금리부 호주 달러화 자금차입
③ 고정금리부 미국 달러화 자금차입
④ 변동금리부 호주 달러화 자금차입

해설 기업 A와 B의 고정금리의 차이는 0.25%이고, 변동금리의 차이는 0.20%이다. 따라서 기업 A는 비교우위에 있는 변동금리로 차입한다.

24 미국회사 A와 호주회사 B가 스왑계약을 체결하여 차입한 원금을 서로 교환하고 스왑계약기간에 이자지급 및 만기시의 원금상환도 계속 교환하기로 약속한다면 호주회사 B는 달러화 자금시장에서 직접 자금차입을 하는 경우보다 달러화 자금의 차입비용을 얼마나 절감할 수 있는가?

① 0.75% ② 0.50%
③ 0.20% ④ LIBOR

해설 직접 변동금리부 달러를 차입할 경우 LIBOR+0.70%이고 스왑을 통한 변동금리부 달러를 지급할 경우 LIBOR+0.50%이다. 따라서 (LIBOR+0.70%)−(LIBOR+0.50%)=0.20%

연습문제

25 다음과 같은 금리스왑이 주어져 있을 경우 6개월 후에 결제되는 금액과 방향으로 맞는 것은?

> * 원금 100만 달러　* 결제주기 6개월　* 만기 5년　* 변동지표 6개월 LIBOR
> * 고정금리 6%　* 고정금리 지급자 A　* 고정금리 수취자 B
> * 계약시점의 6개월 LIBOR 7%　* 6개월 후 실현된 6개월 LIBOR 8%

① A가 5,000달러 지급　② B가 5,000달러 지급
③ A가 10,000달러 지급　④ B가 10,000달러 지급

해설 (7%−6%)×100만달러×(180/360) = 5,000달러
변동금리가 고정금리보다 크므로 고정금리 지급자 A는 이익이 발생하는 반면에 고정금리 수취자 B는 손실이 발생한다. 따라서 B가 A에게 5,000달러를 지급해야 한다.

26 다음과 같은 금리스왑이 주어져 있을 경우 1년 후에 결제되는 금액과 방향으로 맞는 것은?

> * 원금 100만 달러　* 결제주기 6개월　* 만기 5년　* 변동지표 6개월 LIBOR
> * 고정금리 6%　* 고정금리 지급자 A　* 고정금리 수취자 B
> * 계약시점의 6개월 LIBOR 7%　* 6개월 후 실현된 6개월 LIBOR 8%

① A가 5,000달러 지급　② B가 5,000달러 지급
③ A가 10,000달러 지급　④ B가 10,000달러 지급

해설 1년 후에 지급되는 금액은 6개월 후의 금리에 의해 결정된다. 변동금리가 고정금리보다 크므로 고정금리 지급자 A는 이익이 발생하고 고정금리 수취자 B는 손실이 발생한다. 따라서 B가 A에게 5,000달러를 지급해야 한다. (7%−6%)×100만달러×(180/360) = 5,000달러

27 변동금리 LIBOR+1%로 100만달러를 차입한 투자자 홍길동이 LIBOR 금리스왑을 체결하면서 LIBOR를 수취하고 고정금리 6%를 지급한다고 가정할 경우 투자자 홍길동의 궁극적 금리구조는 어떻게 되는가?

① LIBOR+2% 차입　② LIBOR 차입
③ 5% 변동금리 차입　④ 7% 고정금리 차입

해설 LIBOR+1%를 지급하면서 LIBOR를 수취하고 고정 6%를 지급하는 경우이다.
= −(LIBOR+1%) + LIBOR − 6% = −7%

28 투자자 홍길동은 LIBOR와 7%를 교환하는 고정금리지급포지션의 금리스왑을 체결하였다. 홍길동의 포지션을 채권을 통해 나타낼 경우에 알맞은 것은?

① 고정채 발행 변동채 매입 ② 고정채 매입 변동채 발행
③ 고정채 발행 변동채 발행 ④ 고정채 매입 변동채 매입

해설 고정금리를 지급하고 변동금리를 수취하기 때문에 고정채를 발행하고 변동채를 매입한 경우와 동일하다.

29 기업 A와 기업B가 고정금리와 변동금리로 자금을 차입할 경우에 금리는 다음과 같다. 다음 중 가장 적절한 것은 어느 것인가?

기업	고정금리	변동금리
A	10%	LIBOR+0.3%
B	11%	LIBOR+1.0%

① A는 변동금리에서 비교우위를 갖는다.
② B는 고정금리에서 비교우위를 갖는다.
③ A는 고정금리로 차입하고, B는 변동금리로 차입하여 스왑계약을 체결하는 것이 바람직하다.
④ A와 B는 스왑계약을 체결함으로써 이득을 볼 여지가 없다.

해설 A는 고정금리에서, B는 변동금리에서 비교우위를 갖는다. 따라서 A는 고정금리, B는 변동금리로 자금을 차입한 후 스왑계약을 체결하면 고정금리의 차이 1%와 변동금리의 차이 0.7%에 해당하는 0.3%를 두 회사가 공유하면 0.15%를 절약할 수 있다.

30 대규모의 달러를 고정금리로 차입한 기업의 경우에 금리가 하락할 것으로 예상되면 어떤 포지션을 통해 헤지를 할 수 있는가?

① 고정금리 지급스왑 ② 고정금리 수취스왑
③ 금리 플로어 매수 ④ 금리 캡 매수

해설 고정금리 수취스왑을 체결하면 고정금리를 변동금리로 전환할 수 있다.

정답

01.④ 02.② 03.③ 04.④ 05.④ 06.⑤ 07.① 08.② 09.④ 10.④
11.④ 12.③ 13.② 14.④ 15.③ 16.③ 17.① 18.① 19.② 20.③
21.② 22.② 23.① 24.③ 25.② 26.② 27.④ 28.① 29.③ 30.②

찾아보기

ㅅ

ㅇ

ㅈ

ㅊ

A~Z

李 河 鎰

- 건양사이버대학교 자산관리학과 교수
- 동국대학교 경상대학 회계학과 졸업(경영학사)
- 동국대학교 대학원 경영학과 졸업(경영학석사)
- 동국대학교 대학원 경영학과 졸업(경영학박사)
- 대신증권주식회사 명동지점 근무
- 재무설계사(AFPK), 자산관리사(FP), 재무관리사, 증권투자상담사, 파생상품투자상담사, 외환관리사, 기업가치평가사, M&A 전문가
- 강남대학교, 강원대학교, 공주대학교, 동국대학교, 동신대학교, 덕성여자대학교, 서강대학교, 용인대학교, 중부대학교, 숭실사이버대학교, 한국생산성본부 강사

저 서

- 파생상품론(와우패스, 2013)
- 금융학개론(와우패스, 2012)
- 외환파생상품(한경사, 2011)
- 금융경제의 이해(도서출판 청람, 2010)
- 재무관리연습(도서출판 청람, 2009)
- 파생금융상품의 이해(한경사, 2007)
- 파생금융상품(한경사, 2005)

논 문

- KOSPI 200선물을 이용한 동적헤징전략에 관한 실증적 연구
- 금융공학을 이용한 포트폴리오보험전략의 유용성에 관한 실증적 연구
- 금융기관의 효율적 위험관리시스템 구축방안에 관한 연구
- 듀레이션을 이용한 채권포트폴리오의 면역전략에 관한 실증적 연구
- 효용에 근거한 포트폴리오보험전략에 관한 실증적 연구
- 재정가격결정이론에 관한 실증적 연구

증권투자론

2014년 7월 25일 1판 1쇄 인쇄
2014년 7월 30일 1판 1쇄 발행

저 자 이 하 일
발행인 고 덕 환
조 판 다 섯 고 래

143-853
발행처 서울특별시 광진구 아차산로 335 삼영빌딩
도서출판 三英社
등 록 제300-1972-1호
전 화 737-1052 · 734-8979 FAX 739-2386

정가 36,000원

ISBN 978-89-445-0338-2-93320